國家出版基金項目
NATIONAL PUBLICATION FOUNDATION

陝西出版資金資助項目

「十二五」國家重點圖書出版規劃項目

關學文庫·關學文獻整理系列

總主編 劉學智 方光華

馬理集

［明］馬理 著

許寧 朱曉紅 點校整理

西北大學出版社

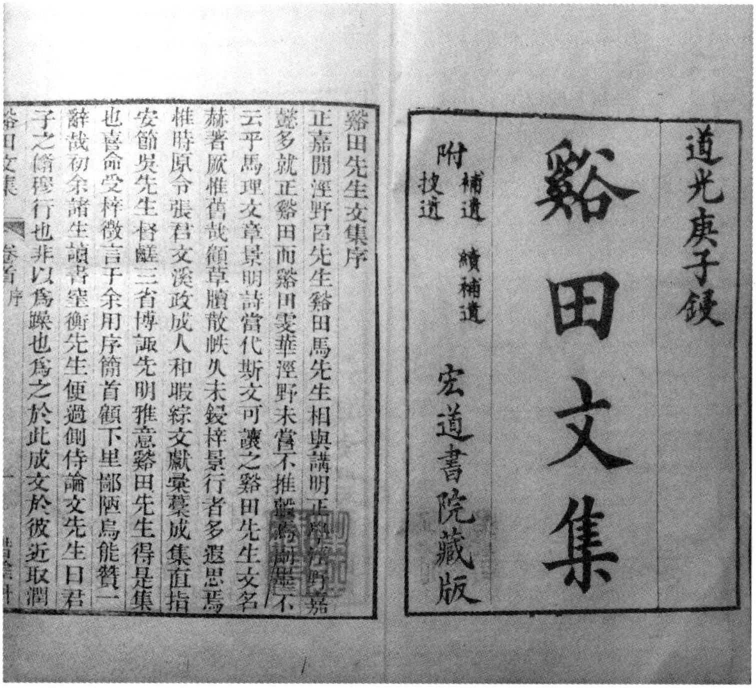

谿田文集書影

馬理撰寫的周處士墓誌銘

總序

張載（一〇二〇—一〇七七），字子厚，宋鳳翔府郿縣（今陝西眉縣）人，祖籍大梁，宋仁宗嘉祐二年（一〇五七）進士。張載出身於官宦之家。祖父張復在宋真宗時官至給事中、集賢院學士，死後贈司空。父親張迪在宋仁宗時官至殿中丞、知涪州事，贈尚書都官郎中。張迪死後，張載與全家遂僑居於鳳翔府郿縣横渠鎮之南。因他曾在此聚徒講學，世稱「横渠先生」。他的學術思想在學術史上被稱爲「横渠之學」，他所代表的學派被後人稱爲「關學」。張載與程顥、程頤同爲北宋理學的創始人。可以説，關學是由張載創立并於宋元明清以至民國初年，一直在關中地區傳衍的地域性理學學派，亦稱「關中理學」。

關學基本文獻整理與相關研究不僅是中國思想學術史的重要課題，也是體現中國思想文化傳承與創新的重要舉措。關學文庫關學文獻整理系列以繼承、弘揚和創新中華文化爲宗旨，以文獻整理的系統性、全面性爲特點，是我國第一部對上起於北宋、下迄於清末民初，綿延八百餘年的關中理學的基本文獻資料進行整理的大型叢書。這項重點文化工程的完成，對於完整呈現關學的歷史面貌、發展脈絡和鮮明特色，彰顯關學精神，推動傳統文化創造性轉化、創新性發展無疑具有重要意義。因爲文庫關學文獻整理系列的各部分均有整理者具體的前言介紹和點校説明，我這裏僅就關學、關學與程朱理學的關係、關學的思想特質、關學文庫關學文獻整理系列的整體構成與學術價值等談幾點意見，以供讀者參考。

一、作爲理學重要構成部分的關學

衆所周知，宋明理學是中國儒學發展的新形態與新階段，一般被稱爲新儒學。但在新儒學中，構成較爲複雜。比較典型的則是程朱理學與陸王心學。南宋學者呂本中較早提到「關學」這一概念。南宋朱熹、呂祖謙編選的近思録較早地梳理了北宋理學發展的統緒，關學是作爲理學的重要一支來作介紹的。朱熹在伊洛淵源録中，將張載的「關學」與周敦頤的「濂學」、二程（程顥、程頤）的「洛學」并列加以考察。明初宋濂、王褘等人纂修元史，將宋代理學概括爲「濂洛關閩」四大派別，其中雖有地域文化的特色，但它們的思想內涵及其影響并不限於某個地域，而成爲中國思想文化史上重要的一頁，即宋代理學。

根據洛學代表人物程顥、程頤以及閩學代表人物朱熹對張載關學思想的理解、評價和吸收，張載創始的關學本質上當是理學，而且是影響全國的思想文化學派。過去，我們在編寫中國思想通史第四卷、宋明理學史上册的時候，在關學學術旨歸和歷史作用上曾作過探討，但是也不能不顧及古代學術史考鏡源流的基本看法。

需要注意的是，張載後學，如藍田呂氏等，在張載去世後多歸二程門下，如果拘泥門戶之見，似乎張載關學發展有所中斷，但學術思想的傳承往往較學者的理解和判斷複雜得多。關學，如同其他學術形態一樣，也是一個源遠流長、不斷推陳出新的形態。關學沒有中斷過，它不斷與程朱理學、陸王心學融合。明清時期以至民初，關學的學術基本是朱子學、陽明學的傳入及與張載關學的融會過程。因此，由宋至清末民初的關學，實際是中國理學的重要組成部分，它是一個動態的且具有包容性和創新性的概念，它開啓了清初王船山學術的先河。

關學文庫關學文獻整理系列所遴選的作品，結合學術史已有研究成果，如宋元學案、明儒學案、關學編及關學續編、關學宗傳等，均是關中理學的典型代表，上起北宋張載，下至晚清的劉光蕡、民國初期的牛兆濂，能够反映關中理學的發展源流及其學術內容的豐富性、深刻性。與歷史上的關中叢書相比，這套文庫文獻整理更加豐富醇純，是對前賢整理文獻思想與實踐的進一步繼承與發展，其學術意義不言而喻。

二、張載關學與程朱理學的關係

佛教傳入中土後，有所謂「三教合一」說，主張儒、道、釋融合滲透，或稱三教「會通」。唐朝初期可以看到三教并舉的文化現象。當歷史演進到北宋時期，由於書院建立，學術思想有了更多自由交流的場所，從而促進了學人的獨立思考，使他們對儒家經學箋注主義提出了懷疑，呼喚新思想的出現，於是理學應時而生。理學主體是儒學，兼采佛、道思想，研究如何將它們融合爲一個整體，這是一個重要的課題。從理學產生時起，不同時代有不同的理學學派。譬如，在「三教融合」過程中，如何理解「氣」與「理」（「理」的問題是迴避不開的，華嚴宗的「理事説」早在唐代就有很大影響）的關係？理學如何捍衛儒學早期關於人性善惡的基本觀點，又不致只在「善」與「惡」的對立中打圈子？如何理解宇宙？宇宙與社會及個人有何關係？君子、士大夫怎麽做才能維護自身的價值和尊嚴，又能堅持修齊治平的準則？這些都是中國思想史中宇宙觀與人生觀的大問題。對這些問題的研究和認識，不可能一開始就有一個統一的看法，需要在思想文化演進的歷史進程中逐步加以解決。宋代理學的產生及不同學派的存在，就是上述思想文化發展歷史的寫照，因而理學在實質上是中國思想文化的傳承創新，具有重要的歷史意義。

張載關學、二程洛學、南宋時朱熹閩學各有自己的特色。作爲理學的創建者之一，張載胸懷「爲天地立心，爲生民立命，爲往聖繼絶學，爲萬世開太平」的學術抱負，在對儒學學説進行傳承發展中做出了重要的理論貢獻。北宋時期，學者們重視對易的研究。易富於哲理性，張載通過對易的解説，闡述對宇宙和人生的見解，積極發揮禮記、論語、孟子等書中的義理，并融合佛、道，將儒家的思想提升到一個新的高度。

張載與洛學的代表人物程顥、程頤等人曾有過密切的學術交往，彼此或多或少在學術思想上相互產生過一定的影響。宋仁宗嘉祐元年（一〇五六），張載來到京師汴京，講授易學，曾與程顥一起終日切磋學術，探討學問（參見二程集河南程氏遺書卷二上）。張載是二程之父程珦的表弟，爲二程表叔，二程對張載的人品和學術非常敬重。通過與二程的切磋與交流，張載對自成一家之言的學術思想充滿自信：「吾道自足，何事旁求！」（呂大臨横渠先生行狀）

因爲張載與程顥、程頤之間爲親屬關係，在學術上有密切的交往，關學後傳不拘門戶，如呂氏三兄弟呂大忠、呂大鈞、呂大臨，蘇昞、范育、薛昌朝以及种師道、游師雄、潘拯、李復、田腴、邵彦明、張舜民等，在張載去世後一些人投到二程門下，繼續研究學術，也因此關學的學術地位在學術史上常常有意無意地受到貶低甚至質疑（包括程門弟子的貶低和質疑）。事實上，在理學發展史上，張載以其關學卓然成家，具有鮮明的特點和理論建樹，這是不能否定的。反過來，張載的一些觀點和思想也影響了二程的思想體系，對後來的程朱學說及閩學的形成也有重要的啓迪意義，這也是客觀的事實。

張載依據易建立自己的思想體系，但是，在基本點上和易的原有内容并不完全相同。他提出「太虛即氣」的觀點，認爲沒有超越「氣」之上的「太極」或「理」世界，換言之，「氣」不是被人創造出的產物。又由此推論出天下萬物由「氣」聚而成；物毁氣散，復歸於虛空（或「太虛」）。在氣聚、氣散即物成物毁的運行過程中，纔顯示出事物的條理性。張載說：「太虛不能無氣，氣不能不聚而爲萬物，萬物不能不散而爲太虛，循是出入，是皆不得已而然也。」（正蒙卷一）他用這個觀點去看萬物的成毁。這些觀點極大地影響了清初大思想家王船山。

張載在西銘中說：「乾稱父，坤稱母。予兹藐焉，乃混然中處。故天地之塞，吾其體；天地之帥，吾其性。民，吾同胞；物，吾與也。」天地是萬物和人的父母，人是天地間藐小的一物。天、地、人三者共處於宇宙之中。由於三者都是氣聚之物，天地之性就是人之性，所以人類是我的同胞，萬物是我的朋友，歸根到底，萬物與人類的本性是一致的。進而認爲，人們「尊高年，所以長其長；慈孤弱，所以幼其幼。聖，其合德；賢，其秀也。凡天下疲癃殘疾、煢獨鰥寡，皆吾兄弟之顛連而無告者也」。這裏所表述的是一種高尚的人道主義精神境界。

二程思想與張載有别，他們通過對張載氣本論的取捨和改造，又吸收佛教的有關思想，建構了「萬理歸於一理」的理論體系。在人性論方面，二程在張載人性論的基礎上進一步深化了孟子的性善論。二程贊同張載將人性分爲「天地之性」和「氣質之性」。但二程認爲「天地之性」是天理在人性中的體現，未受任何損害和扭曲，因而是至善無瑕的；「氣質之性」是氣化而生的，也叫「才」，它由氣禀決定，禀清氣則爲善，禀濁氣則爲惡，正因爲氣質之性不可避免地受到了「氣」的侵蝕而出現「氣之偏」，因而具有惡的因素。在二程看來，善與惡的對立，實際上是「天理」與「人欲」的對立。

朱熹將張載氣本論進行改造，把有關「氣」的學說納入他的天理論體系中。朱熹接受「氣」生萬物的思想，但與張載的氣本論不同，朱熹不再將「理」看成是「氣」的屬性，而是「氣」的本原。天理與萬事萬物是一種怎樣的關係？朱熹關於「理一分殊」的理論回答了這一問題。他認爲：「太極只是個極好至善的道理。人人有一太極，物物有一太極。」又説：「太極非是別爲一物，即陰陽而在陰陽，即五行而在五行，即萬物而在萬物，只是一個理而已。」（朱子語類卷九四）「理一分殊」理論包括一理攝萬理與萬理歸一理兩個方面，這與張載思想有別。

總之，宋明理學反映出儒、道、釋三者融合所達到的理論高度。這一思想的融合完成於兩宋時期。張載開創的關學爲此做出了重要的學術貢獻。正如清初思想家王船山所説：「張子之學，上承孔孟之志，下救來茲之失，如皎日麗天，無幽不燭，聖人復起，未有能易焉者也。」（張子正蒙注序論）船山之學繼承發揚了張載學説，又有新的創造。

三、關學的特色

關學既有深邃的理論，又重視經世致用。這可以概括爲以下幾個方面：

首先，學風篤實，注重踐履。黄宗羲指出：「關學世有淵源，皆以躬行禮教爲本。」（明儒學案師説）躬行禮教、學風樸質是關學的顯著特徵。受張載的影響，其弟子藍田「三呂」也「務爲實踐之學，取古禮，繹其義，陳其數，而力行之」（宋元學案呂范諸儒學案），特別是呂大臨。明代呂柟其行亦「一凖之以禮」（關學編）。清代的關學學者王心敬、李元春、賀瑞麟等人，依然守禮不輟。

其次，崇尚氣節，敦善厚行。關學學者大都注意砥礪操行，敦厚士風，具有不阿權貴、不苟於世的特點。張載曾兩次被薦入京，但當發現自己的政治理想難以實現時，毅然辭官，回歸鄉里，教授弟子。明代楊爵、呂柟、馮從吾等均敢於仗義執言，即使觸犯龍顔，被判入獄，依舊不改初衷，體現了大義凛然的獨立人格和卓異的精神風貌。清代關學大儒李顒，在皇權面前錚錚鐵骨，操志高潔。這些關學學者「窮則獨善其身，達則兼善天下」，體現出「富貴不能淫，貧賤不能移，威武不能屈」的「大丈夫」氣節。

最後，求真求實，開放會通。關學學者大多不主一家，具有比較寬廣的學術胸懷。張載善於吸收新的自然科學成果，不斷充實豐富自己的儒學理論。他注意對物理、氣象、生物等自然現象做客觀的觀察和合理的解釋，具有科學精神。後世關學學者韓邦奇、王徵等都重視自然科學。三原學派的代表人物王恕以治易入仕，晚年精研儒家經典，強調用心求學，用心考證，求疏通之解，形成了有獨立主見的治國理政觀念。關學學者堅持傳統，但并不拘泥於傳統，能够因時而化，不斷地融合會通學術思想，具有鮮明的開放性和包容性特徵。由張載到「三呂」、呂柟、馮從吾、李顒等，這種融會貫通的學術精神得到不斷承傳和弘揚。

四、關學文庫關學文獻整理系列的整體構成與學術價值

關學文獻遺存豐厚，但是長期以來沒有得到應有的保護和整理，除少量著作如正蒙、涇野先生五經說、少墟集、元儒考略等在清代收入四庫全書之外，大量的著作仍以綫裝書或手抄本的形式散存於陝西、北京、上海等地的圖書館或民間，其中有的已成孤本（如韓邦奇的禹貢詳略、李因篤的受祺堂文集家藏抄本），有的已殘缺不全（如南大吉集收入的瑞泉集殘本，現重慶圖書館存有原書，國家圖書館僅存膠片；收入的南大吉詩文，搜自西北大學圖書館藏周雅續）。即使晚近的劉光蕡、牛兆濂等人的著述，其流傳亦稀世罕見。二十世紀七十年代以來，中華書局出版了張載集，并將藍田呂氏遺著輯校、關學編、正蒙合校集釋、涇野子內篇、二曲集等收入理學叢書陸續出版，這些僅是關學文獻的很少一部分。全方位系統梳理關學學術文獻仍係空白。

關學典籍的收集與整理，是關學學術研究的重要基礎。這次關學文庫文獻的整理與編纂者在全國范圍的圖書館和民間廣泛搜集資料，一是搶救性發掘整理了一批關學文獻，二是對一些文獻以新發現的版本進行比對校勘、輯佚補充，從而使關學文庫關學文獻整理系列成爲目前最能反映關學學術史面貌，對關學研究具有基礎性作用的文獻集成。關學文獻整理系列圖書共涉及關學重要學人二十九人，編訂文獻二十六部，計一千八百六十餘萬字。這些文獻分別是：張子全書、

藍田呂氏集、李復集、元代關學三家集、王恕集、薛敬之張舜典集、馬理集、呂柟集涇野經學文集、呂柟集涇野子內篇、呂柟集涇野先生文集、韓邦奇集、南大吉集、楊爵集、馮從吾集、王徵集、王建常集、王弘撰集、李顒集、李柏集、李因篤集、王心敬集、李元春集、賀瑞麟集、劉光蕡集、牛兆濂集以及關學史文獻輯校等。其中的韓邦奇集、南大吉集、李柏集、李因篤集、牛兆濂集屬于搶救性整理；李復、王恕、薛敬之、呂柟、馬理、楊爵、王建常、王弘撰、王心敬、李元春、賀瑞麟等學人文獻屬于首次系統整理出版；張子全書、藍田呂氏集、李顒集、劉光蕡集、關學史文獻輯校是在進一步輯佚完善的基礎上整理出版的。總之，關學文獻整理的系統性和全面性得到了體現。

關學文庫文獻整理力圖突出全面性、系統性和深度整理的特點。就全面性和系統性而言，就是保證關學史上重要學人的文獻資料不被遺漏，這裏所選的二十九位學人，都是關學史上較爲重要的和代表了關學發展某一環節的學人。其中如張載、藍田「三呂」、馬理、呂柟、楊爵、馮從吾、王弘撰、李顒、李柏等人的著作集，是迄今文獻收集最爲齊全的。同時對於有關關學史的文獻也進行了全面系統的搜集和整理，如關學史文獻輯校，不僅重新點校整理了馮從吾的關學編，收録和點校整理了王心敬、李元春、賀瑞麟以及由劉光蕡、柏景偉重加整理校勘的關學續編，還首次點校整理了清末民初張驥的關學宗傳，并從諸多史書中輯録了一些零散的關學史資料，使之成爲目前能全面反映關學史面貌的文獻輯校本。關學文庫關學文獻整理系列，以豐富的關學史文獻，證明了「關學之源流初終，條貫秩然」，關學有其自身發展演變的歷史。就深度整理來説，關學文獻整理系列遵循古籍整理的傳統做法，采用繁體字、竪排版，標點、校勘，并對專用名詞做下劃綫處理。其目的不僅在於使整理與編纂者在文獻整理中提高自身的學術素養，同時也爲以後文獻研究者提供方便，推動關學研究深入開展，這也是關學文庫關學文獻整理系列圖書出版的重要目的。

關學文庫係「十二五」國家重點圖書出版規劃項目，國家出版基金項目、陝西出版資金資助項目，得到了中共陝西省委、陝西省人民政府、國家新聞出版廣電總局以及陝西省新聞出版廣電局的大力支持。文庫的組織、編輯、審定和出版工作在編輯出版委員會領導下進行，日常工作由陝西省人民政府參事室（陝西省文史研究館）和西北大學出版社負責。本文庫歷時五年編纂完成，凝結着全體參與者的智慧和心血。總主編劉學智、方光華教授，項目總負責徐曄、馬來同志統籌全書，精心組織，陝西師範大學、西北大學、西北政法大學、中國人民大學、華東師範大學、鄭州大學等十餘所院校的數十位專家學者協力攻關，精益求精，體現出深沉厚重的歷史使命感和復興民族文化的責任感；他們孜孜矻矻，持之以恒，任勞任怨，樂於奉獻，以古人爲己之學相互勉勵，在整理研究古代文獻的同時，不斷錘煉學識，砥礪德行，努力追求樸實的學風和嚴謹的學術品格。出版社組織專業編輯、外審專家通力合作，希望盡最大可能提高本文庫的學術品質。作爲文庫編輯出版委員會主任，我謹向大家卓有成效的工作表示衷心的感謝。由於時間緊迫、經驗不足等原因，文獻整理中存在的疏漏差錯難以完全避免。希望讀者朋友們在閱讀使用時加以批評指正，以便日後進一步修訂，努力使文庫文獻整理更加完善。

張豈之

二〇一五年一月八日

于西北大學中國思想文化研究所

前言

一、生平與著述

馬理，字伯循，號谿田，陝西三原人，生于明成化十年（一四七四），卒于嘉靖三十四年十二月（一五五六年一月）。他是明代著名的理學家。

馬理的生平可分為三個時期：

一是求學時期。馬理幼承庭訓。其祖父馬貴，字尚賓，號靖川。優遊不仕，授受有徒，精研中庸，著有語録、周易雜占、中庸講義等。其父馬江，字雲巖，科舉不就，後設館授徒，「教學不倦，興之以詩，肄之以禮，博之以經史，約之以小學、大學、論語、孝經，先後弟子數以千計，邦伯州牧亦出其門，可謂得師道矣」（吕柟雲巖先生耆德官馬公墓誌銘）。據説馬理幼敏慧醇，雅如成人，四歲即能讀書作字，十歲通文選，又工詩，接續了良好的家學傳統。十四歲進縣學，對於五經的研究頗有心得，所論往往出人意表。適遇庠生雷鳴，隨其學習周易。二十歲與吕柟結爲至交，當時陝西學政楊一清對他們的學識才華非常欣賞，稱贊道：「馬生、吕生之經學，皆天下士也。」（明史儒林門馬理）他們切劘於學，彼此推重，意見最合，「涇野嘉懿，多就正谿田；而谿田雯華，涇野未嘗不推轂焉」（谿田文集雒遵序）。關中士人認爲他們紹承了張載關學的學脈，「並爲關中學者所宗」（明史儒林門馬理）。弘治十一年（一四九八），以春秋中鄉試第四。

王恕、王承裕父子是三原學派的領袖，其學術思想對馬理產生了深刻的影響。馬理從學於王承裕，常侍左右，得聞國朝典故及當世諸儒之學，又遍覽王氏家藏書，明經博史，學業大進。自己以曾子「三省」、顏子「四勿」爲約，有古人風，論學歸準于程朱，深獲王氏父子的賞識屬意，一時學者即以爲「今之橫渠」。

二是仕宦與治學並重時期。這一時期從馬理四十一歲中正德九年甲戌科（一五一四）進士，列殿試中二甲第二名入仕始，到七十歲致仕止。歷任吏部稽勳司主事，文選司主事，考功郎，稽勳員外郎，考功郎中，南京通政司右通政，南京光禄寺卿，故又稱爲馬光禄。馬理任文選司主事時，本部尚書萬鏜與他意見不合，馬說：「居官不能盡道，不如回家。」萬說：「相逢盡道休官去，林下何曾見一人。」馬理第二天即上本辭官回家。萬鏜深感慚愧，因而對馬十分敬佩，常常寄書問候。（賀瑞麟三原縣新志卷八）觀其仕宦生涯，做官不一、二年而歸，歸家即開館講學，傳道不輟；歸必十數年而後起，綽綽然於進退之間。馬理自言：「身可絀，道不可絀。」（關學編谿田馬先生）李開先稱贊他：「五仕五已，在朝不數年，退處恒數十年，古稱難進易退，先生真其人哉！」（谿田馬光禄傳）崔銑稱馬理「愛道甚於愛官」，被時人引爲確論。

馬理人格高峻，注重氣節，志不在官，所以能夠舉賢任能，毫無偏私。他在謝恩疏中非常謙虚地説道，若論應事精詳，廉正公平，我不如浙江的周文興；若論明敏有爲，文武俱優，我不如朝邑的韓邦奇；若論靜正無私，屹若砥柱，我不如懷慶的何瑭；若論遇事安和，中行無咎，我不如榆次的周鈇。此外濟時之才，足以抵禦胡虜，安定華夏的俊傑，尚濟濟在野，數不勝數。這番話一方面説明馬理善於識人、察人，任人唯賢，唯才是舉的傑出才能；另一方面也體現出了其光明磊落，忠誠懇切，真正爲國家社稷選拔優秀人才的無私情懷。馬理主事禮闈期間，所取均爲海内名士，被譽爲「真考功」。

馬理反對結黨營私，對逢迎皇帝的奸佞之臣，敢於上本彈劾，同時對受到冤屈的賢臣又能夠仗義執言，申辯維護。原任戶部郎中莊襗正德年間曾力主劉瑾核查國庫，尋因劉瑾被誅，莊襗獲罪降職，後莊襗上奏請求復職，馬理堅決反對，故復職事作罷。嘉靖五年（一五二六）考察在外任職的高官，大學士賈詠、吏部尚書廖紀各攜私忿，想把廣東副使魏校、河南副使蕭鳴鳳、陝西副使唐龍革職。馬理據理力爭，極力反對，認爲三人督學政名著天下，如果一定要罷免此三人，請先罷免他，這才平息了此事。第二年，考察在京官員時，馬理力主罷黜張璁、桂萼的黨羽吏部郎中彭澤，張璁、桂萼竟然得到聖旨，留任了彭澤。馬理雖已擢升爲南京通政使，但因不滿此事，認爲朝政奸佞當道，隨即請辭歸田。

他在任期間曾多次犯顔直諫，以致觸怒龍顔，受到罰俸、廷杖甚至免職處分。第一次是勸阻明武宗南巡事件。正德十四年（一五一九）三月，武宗下詔南巡，時江淮大饑，百姓不堪其擾，紛紛挈妻攜子遠避，受盡顛沛流離之苦，馬理等伏闕極諫，交疏勸阻武宗南巡，馬理受到廷杖之責，但南巡之事也就此作罷。第二次是「大禮議」事件。朱厚熜是興獻王朱祐杬次子，武宗的堂弟，因武宗無嗣，被迎立爲明世宗。世宗登基不久，便希望尊興獻王爲皇考，繼統不繼嗣，但以楊廷和爲首的大臣認爲應當尊奉正統，以孝宗爲皇考，既繼統又繼嗣。圍繞嘉靖帝生父是否該追謚興獻帝、稱考、立廟問題，爭議歷時三年之久。馬理亦認爲應當承繼皇統，與百官進諫，世宗震怒，命開上奏者姓名，百官以馬理名爲首，「上大怒，命逮五品以下員外郎馬理等一百三十四人，悉下詔獄拷訊，四品以上及司務官姑令待罪」（明世宗實録）。雖然「大禮議」事件以嘉靖帝憑絶對皇權壓倒衆臣獲得勝利而告終，但客觀上以馬理爲代表的諸大臣體現了應有的氣節，對皇權也産生了一定的制衡作用，嘉靖帝事後不久便對馬理等人復職復俸。

三是講學著述時期。馬理曾講學於宏道書院、京師寶慶寺、嵯峨書院和商山書院。正德十五年（一五二〇），馬理辭官回鄉，設教于武安王祠，督學唐漁石爲他建造嵯峨精舍，譽爲得「關洛真傳」。李開先評價道：「先生自成童以至垂老，無一日不爲學；自筮仕以至謝政，無一日不講學。」準確地說，講學、著述成爲他生命中最後十年的重心。嘉靖二十二年（一五四三），他歸隱商山書院，鶴髮童顔，山巾野服，飄然望之若仙人，學者踵集，縉紳過訪，應之不倦，「其爲教既非信耳塗目，又非掩耳閉目，以窮理主敬爲本，讀書作文爲末」（李開先谿田馬光禄傳）。馬理在新修四皓先生廟記稱贊四先生「時潛而潛，時見而見，躍而不亢，遊而不淵」（谿田文集卷三），這何嘗不是馬理本人的人生寫照和儒者懷抱。他青年時性格介而毅，方大以直，至晚年則益恭而和，直諒而有容。其執禮如横渠，其論學歸準于程朱，然亦與時儒異同，自有獨得之見。周易贊義就是他晚年所作的最重要的哲學著作。朱睦㮮介紹説：「自卿寺謝病而歸，卜築名山，雅志著述。是時四方請業者踵接於門，講授之暇，先生乃謂易爲六籍之原也，今者不作，二三子何觀焉？於是發凡舉例，闡微擿隱，博求諸儒同異，得十餘萬言，釐爲十有七卷。」（周易贊義朱睦㮮序）

嘉靖三十四年十二月十二日（一五五六年一月二十三日）子時，處於陝西關中地區的華縣發生強烈地震，死亡人數達八十三萬，是全世界有史以來死亡人數最多的一次地震，史稱「關中大地震」。馬理與妻皆歿于此震。天啟元年（一六二一），馬理被追謚忠憲。先生門人有何永達、楊守信、任舜臣、周廷等。

馬理的撰述有周易贊義、尚書疏義、詩經删義、周禮注解、春秋修義、四書注疏、嵯峨書院志、馬百愚傳、谿田文集等，今多已散佚，另編輯陝西通志四十卷。

二、思想體系

馬理的思想體系包括三個方面，即易學思想、禮學思想和實學思想。

（一）易學思想

宋史指出張載的治學特點是「以易爲宗，以中庸爲體，以孔孟爲法」，強調「學貴心悟」，心解則義理自明，開創了宋學以義理治經的新學風，現有橫渠易說三卷存世。馬理也極爲重視周易，其撰述的周易贊義一方面具有強烈的以義理解經的風格，如四庫全書總目提要指出：「其書雖參用鄭玄、王弼及程、朱二家之說，然大旨主于義理，多引人事以明之。」另一方面，又受到朱熹的影響，體現了重義理而不忘象數的融合兼綜的特點。周易贊義一書注重象數、變占之法，尤其強調對各卦爻時位與時義的把握。我們看到，周易贊義不僅以互體、納甲等象數方法解易，且極爲重視卦爻辭和卦爻象之間的關係。故鄭絅在刻周易贊義序中說：「先生參酌四氏，旁求諸說，由詳而約，考異而同，於是乎象辭之旨，變占之法，乃燦然明矣。」

①太虛即天。

張載提出：「由太虛，有天之名；由氣化，有道之名。」（正蒙太和）亦即太虛是天之實，天是太虛之名，太虛與天處於同一個本體層次。他又指出：「太虛無形，氣之本體」，「知太虛即氣，則無無。」（正蒙太和）這是說太虛是氣的本體，氣是太虛的流行，正因爲太虛本體通過陰陽二氣的發動呈現，從而並不空虛，太虛與氣處於不同的層次。所以他充分肯定「太虛者，天之實也」，「人須於虛中求出實」（張子語録語録中），太虛或天是最終的存在依據和價值根源。後世對於張載氣本論或太虛本體的爭議不斷，林樂昌教授則提出張載哲學以「天」爲本體或核心範疇，故可以將它定性爲「天學」，而不宜定性爲「氣學」，他指出：「『太虛即氣』與『合虛與氣』的意涵是一致的，而『即』則等同於『合』」，〔一〕並非以往論述中認爲的「太虛是氣」，從而誤把張載引爲氣本論者。

馬理在本體論上深化了張載以「天」爲核心範疇的思路，直接提出「太虛即天」的命題，從而拓展了關學本體論的理論意涵。馬理認爲，天是最根本、最高級的存在，是一切事物存在的形上依據。馬理認爲宇宙之間，没有什麼事物比乾元更大的。天又稱乾或乾元，又稱天道，天道是一理而萬殊的。他提出：「蓋太虛即天。凡山中地上虛而通氣者即天，故山中氣候寒暖與山外不同，其物之生長收藏亦異。是山畜乎天，誠不小也，故曰大畜。」（周易贊義卷三）大畜卦下卦爲乾，上卦爲艮，爲山中之天之象，太虛就是天。這一命題的哲學意義不僅在於使天成爲萬有的存在依據，而且他明確規定了「太虛」與「天」的關係，更爲系統地論證了太虛或天的本體地位，成爲關學思想的主要理論創獲。

那麼，太虛與氣又是什麼關係呢？馬理認爲，太虛、天、理、太極屬於形而上層次，氣屬於形而下層次。他説：「陰陽者，氣也，形而下者也，一陰一陽寓於氣之中；非氣而爲氣之主者，理也，形而上者也，即太極之謂也。」（周易贊義繫辭卷上）朱熹在注周敦頤通書時説：「陰陽，氣也，形而下者也；所以一陰一陽者，理也，形而上者也。」〔二〕很明顯，在理氣關係上，馬理吸收了朱熹的理本論觀點，萬物「各正定其性命之理以主乎氣，各會合其沖和之氣以含乎理」（周易贊義卷一），以理爲本，理主氣從，視太虛、天、理、太極爲人與萬物存在和價值的形上根源。理氣落實到具體事物上，氣使得物成其形，

〔一〕林樂昌：張載兩層結構的宇宙論哲學探微，中國哲學史二〇〇八年第四期。
〔二〕〔宋〕朱熹：通書注誠下第二，朱子全書第一三册，上海：上海古籍出版社，合肥：安徽教育出版社，二〇〇一年版，第九十八頁。

理使得物成其性。

同樣，馬理與張載都認爲鬼神、生死只不過是理氣的聚合與離散的不同狀態，鬼神並不是一種神秘的主宰力量。張載指出：「鬼神者，二氣之良能也。」（正蒙太和）他認爲，陰陽二氣具有聚合與離散兩種狀態，鬼神只是陰陽二氣離散的表現。馬理也認爲：「人物有生有死，未易知也。聖人以易而究之，則原其理氣之合而知其所以生，反其理氣之散而知其所以死……至於鬼神之情狀，又難明也，聖人以易而究之，知精氣聚則爲物爲神，魂離魄而遊散則爲變而爲鬼。」（周易贊義繫辭卷上）人與物的生死由於理氣之聚散，而鬼神又因爲精氣魂魄的聚散。

②天理之心。

張載指出：「合虛與氣，有性之名；合性與知覺，有心之名」（正蒙太和），又言「心統性情」（性理拾遺）。人先天地稟受太虛之氣而具有的普遍本性就是「天地之性」，同時人所稟氣之厚薄及後天習染不同而產生的具體的人性，稱爲「氣質之性」。這種二重人性論，既論證了人性善的根據，又說明了人性惡的來源，是宋代理學的代表性學說。他還進一步提出，人要善於反省自身，變化氣質，回歸善的本然。

馬理按照張載的二重人性論的思路，也劃分出「天理之心」和「童蒙之心」。「與物无妄之理，天之命也；在人則爲心之理，即天所命也。」（周易贊義卷三）這是太虛或天本體落實到人性上，就是「天理之心」，此心純善無妄，普遍至誠。「同人，有亨道焉，非於朝市而於曠野。朝市者，名利之所，曠野則天理之心有未失也。」（周易贊義卷二）張載認爲「性之本原，莫非至善」，[二]在本原意義上「性於人無不善」（正蒙誠明）。這是因爲作爲天地之性根源的太虛是「至善」的，故而張載說：「天地以虛爲德，至善者虛也。」（張子語録語録下）馬理也認爲，此「天理之心」來自於太虛或天本體，與「天地之性」相類似，「天理之心」也就具有了超越性和普遍性，因而是純善無惡的。他說：「善者性之發，性者善之斂。」（周易贊義繫

〔二〕參閱林樂昌：張載佚書孟子說輯考，第五一條，刊於中國哲學史二〇〇三年第四期。

辭卷上）我們注意到，「天理之心」概念與同時代的陽明心學有相似之處。陽明認爲：「此心無私欲之蔽，即是天理……以此純乎天理之心，發之事父便是孝，發之事君便是忠，發之交友治民便是信與仁。」（傳習録上）

在張載看來，氣質之性是每個人「形而後」産生的，由於各人所稟之氣不同，從而導致人在性格、才情等方面的差異，而且氣質之惡者還會對人性造成危害。正如張載所言：「性猶有氣之惡者爲病，氣又有習以害之。」（張子語録語録下）那麼，何者爲氣，何者爲習呢？他指出：「氣者自萬物散殊時各有所得之氣，習者自胎胞中以至於嬰孩時皆是習也。」（張子語録語録下）馬理認爲：「君子觀象則不徒以天理之心。」（周易贊義卷四）他依據周易文本提出在「天理之心」之外，還有「童蒙之心」。他説：「童蒙之時，但知有良心而已，未有物交之害也。」（周易贊義卷二）這種童蒙之心是人心的本然狀態，是未與物交的初始之心，包含了實於中而虛諸外的良知善端。如果不能很好地保持、存養這種童蒙之心，就會導致真純喪失，邪慝顯現。

對於張載而言，需要變化氣質以復其善性；對於馬理而言，需要「洗滌其心」以達到無妄之境。馬理説：「蓋一心之明足以照萬物而無外，一心之大足以包萬物而有餘，人能于應物之後，未應之先，洗滌其心，使一切外物足以害吾心者，皆無得而感焉，則心體自正而天下無餘事矣。」（周易贊義卷四）馬理認爲，心是感應物的主體，若要使心感應外物時免遭誘惑，以致罪惡萌發，就需要洗心的工夫，使一切有可能誘惑吾心的物得不到感應，心體自然貞正。

③易即造化，造化即易。

張載提出：「易，造化也。聖人之意莫先乎要識造化」，「不見易則不識造化，不識造化則不知性命。」（横渠易説繫辭上）張載認爲，易就是造化，觀易就是要先識造化之理，識得造化也就悟解了天道性命之理。那麼，什麼是造化呢？造化即是一陰一陽的變化之道。正如張載指出的那樣：「知虛空即氣，則有無、隱顯、神化、性命通一無二，顧聚散、出入、形不形，能推本所從來，則深于易者也。」（正蒙太和）

在此基礎上，馬理進一步提出「易即造化，造化即易」（周易贊義繫辭卷上）的命題。一方面，「易即造化」是接受了張載的觀點，從觀易的層面肯定易是造化之道的反映和體現。「造化，常久之道，一陰一陽，一動一靜而已矣。」（周易贊義卷四）造化就是循環不已、生生不息的天道，即是陰陽、動靜、消息、盈虚的變化之道。而造化通過易的卦象體現出來，易道始于動靜之常，分爲剛柔奇偶兩儀，兩儀相摩而爲四象，四象相摩而成八卦，八卦相蕩而演爲六十四卦，如此「貴賤位而卑高陳，剛柔分而動靜著，方物聚分而吉凶生，成象形而變化見，是造化之道畫于易而發之矣」（周易贊義繫辭卷上）。正因爲易之道盡於造化，即「易即造化」，故而通過觀易即可以把握造化之道。

另一方面，「造化即易」是馬理從用易的層面提出的新看法，即始以觀易，終以用易。在他看來，「造化之道，一陰一陽而已矣……君子欲以造化之道，以益乎天下」（周易贊義卷四）。這裏，他提出了人需要展現「回造化」的主觀精神。人總有遇到窮、逆、凶之時，關鍵在於不爲暫時的困苦艱難所動搖，通過主觀能動性的發揮去改變不利的狀況，轉化爲達、順、吉。「是故吉凶在天，而召吉與凶在人，此人之所以回造化、配天地也。」（周易贊義卷五）所以，易既然是天道的體現，那麼也應當將易道運用到社會生活中，虚則盈，盈則虚，與時消息，交相爲用，對富人要徵收賦税，對窮人要救濟補助，以產生修齊治平的積極效果。

馬理立足于周易文本的闡發，和會張載關學與朱熹理學、陽明心學，提出了「太虚即天」、「天理之心」和「造化即易」等觀點並加以論證，爲明代關學本體論提供了新的理論内容和價値意蘊。

（二）禮學思想

「以禮爲教」是張載關學思想的重要内容，他極力宣導和推行古禮，其弟子藍田三呂兄弟制定鄉約，内容包括「德業相勸」、「過失相規」、「禮俗相交」、「患難相恤」等，旨在淳風厚俗，使「關中風俗一變而至於古」。關中這一知禮、崇禮的鄉風到了明代得到進一步的延續和強化，以馬理、呂柟、南大吉爲代表的一批關中學者接續「以禮爲教」的導向，刊刻鄉約，躬行禮教，以禮化民，使得關中地區的禮俗保持了儒家倫理的傳統特色。

與張載相同，馬理尤好古禮儀，對於婚禮、冠禮、祭禮、喪禮等，則兼取司馬光家儀、朱熹家禮與大明集禮折衷用之，被認爲「執禮如橫渠」。

馬理的禮學思想包括以下三個方面：

①天秩之禮。

張載認爲禮即天地之德性，是本於天之自然而有的。他說：「禮不必皆出於人，至如無人，天地之禮自然而有，何假於人？天之生物便有尊卑大小之象，人順之而已，此所以爲禮也。學者有專以禮出於人，而不知禮本天之自然。」（經學理窟禮樂）馬理同樣指出：「若曰萬物資始乃統天，固爲元矣。其在人則爲好生而惡殺之仁，凡義禮智之德皆從此出，實萬善之長也。」（周易贊義卷一）禮是天地的德性，自然的秩序，人有好生惡殺之德是上承天道，落實到人性，就體現爲嚴而泰、和而節的「禮」，人的一切行爲應當合於禮而由之。

張載還提到「天序」「天秩」，肯定這是禮中不須變、不能變的部分。什麼是「天序」「天秩」呢？他作了這樣的解釋：「生有先後，所以爲天序；小大、高下相並而相形焉，是謂天秩。天之生物也有序，物之既形也有秩。知序然後經正，知秩然後禮行。」（正蒙動物）馬理也提到了「天秩之禮」。他在對「履卦」象辭進行解釋時指出：「傳釋履義：履者，天秩之禮也，其分截然者也，豈徑情直行者哉？蓋和順從容，以兑之柔而履乎乾之剛，斯爲履也。」（周易贊義卷一）認爲「天秩之禮」職分截然，不能徑情直行，以爻位言，以下卦「兑」的柔的品質禮敬上卦剛健之「乾」，這便是履。可以看出，馬理接續張載關於禮來源於天道的看法，貞定禮的本質，力求爲禮的現實教化尋找到堅實的形上依據。

②合同之妙。

天地間的事物是有差異的，所以「禮別異」。禮面向不同的對象而包含不同的內容，自然地具有不同的類型。依據不同對象言，有君禮、臣禮、父禮、子禮等；依據不同內容言，則有冠禮、服禮、婚禮、祭禮、喪禮等。那麼，如何認識諸禮之間的關係呢？馬理依據周易提出了一個重要的制禮原則，就是「類族辨物」。「類族」，言天生萬物，各類殊分，此法乾天之無私，於殊分之族中，而類聚其所同，貴在異中求同；「辨物」，言火之所及，凡物必照，此法離火之普照，而辨析其義，貴在同中求異。可见，類族辨物是制禮的手段和方法，尊重差異，突出義務，於差異性中彰顯同人之道的和諧性。馬理指出，天子有天子之禮，諸侯以至公卿、大夫及士、庶人莫不有禮，類族辨物，可發揮讓萬物和諧相處的合同妙用，具有積極的社會意義。

用禮需要注意經與權的關係。張載提出：「時措之宜便是禮，禮即時措時中見之事業者。」（經學理窟禮樂）這是將合乎時宜作爲用禮的原則。朱熹主張「禮，時爲大」，認爲古禮須符合今世，酌古今之宜，隨時裁損變通。馬理也非常重視禮的時用原則，稱之爲「合同之妙」。他在對「睽卦」彖辭解釋時說：「斯大禮之中有合同之妙，以爲其時用，不亦甚大也耶？」（周易贊義卷四）他反對拘泥於禮，不知變通，「明於分辨之禮，而不復知有合同之化；嚴於限隔之守，不復知有聯屬之道」（周易贊義卷五），認爲這就混淆了經與權的關係。他不厭其煩地舉證具體事例，說明如何處理用禮中的經與權的問題。例如，臣子赴朝會是禮之常經，若偶遇日食，則舉行朝禮就會有所妨礙，目的是一致的，所通在於救護；婚姻是禮之常經，而男女雙方父母若有歿故，則舉行婚禮就會有所妨礙，而所通在於喪禮；正值服喪守孝期間，敵兵侵犯邊境，則舉行喪禮就會有所妨礙，那麽就應當身穿黑色喪服去保家衛國。馬理在與呂涇野書中指出：「如此之類，皆禮之變，經而權，皆所觀其會通，以行其典禮者也。」（谿田文集卷四）所謂「會」，即是理之所聚不可遺；所謂「通」，即是理之可行無所礙。應當說，不拘舊制，經權有變，合同妙用，「觀其會通」，是馬理禮學思想的基本特點。

③以禮淑世。

張載肯定「知禮成性」是工夫論和知識論的統一，作爲成性工夫的「行禮」、「中禮」，要以「知禮」爲前提，故「成性須是知禮」（橫渠易說繫辭上）。馬理在爲先師王承裕所作行實中，對其重視禮教的言行給予了表彰：「先生自始學好禮，終身由之，故教人以禮爲先。凡弟子家有冠、婚、喪、祭之事，必令率禮而行。又刊佈藍田呂氏鄉約、鄉儀諸書，俾鄉人由之。又表章先哲，……或立祠致祭，或撰記署扁建碑，皆顯其忠義，激勸後學。故三原人士多所勸法，動皆由禮，凡酒壚茶肆足不屑履，雖官府公所亦稀至焉。」（谿田文集卷五）在爲呂枏所作墓誌銘中，馬理也贊揚呂氏提倡講行藍田呂氏鄉約、文公家禮的行爲。他還對白水縣令周賢推行呂氏鄉約,「以禮淑世」,表示讚賞。

馬理指出:「上下無以辨也,以禮辨之;民志無以定也,以禮定之,則天下寡過而治可常保之也,定萬民之志則天下乎而亂不作矣。」(周易贊義卷一)所以禮是經國濟世的根本。在他看來,充分發揮「以禮淑世」的教化功能是有利於維護統治秩序和社會穩定的。馬理指出:「禮樂以定民之志,和民之心,所以象天險也;爲封疆、關津、城隍、師旅,以備不虞,所以象地險也。于以守國則國固而民安矣。」(周易贊義卷三)禮樂可以堅定百姓的志向,協調百姓的不同訴求,與邊防、兵備等一道發揮固國安民的作用。

馬理秉承張載關學的禮教思想,肯定禮本天地之自然的本質規定,遵循「合同之妙」與「觀其會通」的制禮時用原則,發揮修身成德、淑世教化的現實功能,在理論上與呂柟圍繞婚、喪禮以及禮的經權關係進行了相當深入的探討,是對傳統禮學思想的豐富和推進,而他躬行禮教,重視鄉約,化民成俗,堪稱「以禮爲教」的人格表率。

(三)實學思想

明代中期已經出現了「崇實黜虛」的實學傾向。葛榮晉教授指出:「明清實學思潮的主要代表人物爲了從理論上批判程朱理學與陸王心學,從政治上糾正宋明理學空疏誤國的弊病,在由虛返實的過程中,亦多從張載關學那裏吸取氣實體論思想,出現了由宋明理學向張載關學復歸的學術轉向。」[一]馬理繼承了張載關學崇實尚樸的學風,重視實功、實事、實用、實利。故而四庫全書總目稱贊馬理「務爲篤實之學」,這是精闢之見。本文認爲馬理的實學思想包括實體論、實修論和實功論三個層面。

①實體論:真實無妄。

學界一般認爲張載是實學思想萌芽時期的學者,是實學觀念最早的奠基人之一。在哲學本體論上,張載繼承荀子、王

[一] 葛榮晉:中國實學文化導論,北京:中共中央黨校出版社二〇〇三年版,第七五—七六頁。

充等古典氣論，提升到本體論層次加以論證。「知太虛即氣，則無無」是張載實學思想的核心觀點。「太虛即氣」一方面認爲太虛是氣的本然狀態，如「太虛無形，氣之本體，其聚其散，變化之客形爾」（正蒙太和）；另一方面又肯定了虛空與氣是相即不離的關係，如「天地之氣，雖聚散、攻取百塗，然其爲理也順而不妄。氣之爲物，散入無形，適得吾體；聚爲有象，不失吾常。太虛不能無氣，氣不能不聚而爲萬物，萬物不能不散而爲太虛。」（正蒙太和）張載肯定「太虛」作爲天地本原的意義：「虛者天地之祖，天地從虛中來。」（張子語録語録中）但「太虛」並非絕對虛空，而是包含了氣化流行、生意盎然的「至實」存在。他指出：「天地之道無非以至虛爲實，人須於虛中求出實……金鐵有時而腐，山嶽有時而摧，凡有形之物即易壞，惟太虛無動搖，故爲至實。」（張子語録語録中）張載所謂的「太虛」既是真實存在的萬物本原，又是天地萬物消散復歸的終極狀態。這就消解了佛老「以山河大地爲見病」、「誣世界乾坤爲幻化」等對於世界真實性和存在性的否定。

馬理在本體論上深化了張載以「太虛」爲核心範疇的思路，認爲天是最根本的存在，是世界萬物的形上依據。一方面，「太虛」即是天，而天道是真實無妄的。他指出：「蓋乾者，健也，天理真實無間之謂。」（周易贊義卷一）「真實无妄，天之道也。」（周易贊義卷三）另一方面，不僅天道如此，人道亦然。他在解釋「无妄」一卦時強調：「无妄者，大中至正，實理蘊於陰陽而非陰陽，即所謂無極而太極。與物无妄之理，天之命也；在人則爲心之理，即天所命也。」（周易贊義卷三）人秉承天道之實理，轉化爲內在的實德，通過陰陽二爻的變動微妙地反映出來。「陽實德也，以陽居陽而位乎其中，則實而又實，誠之至正且中矣。」（周易贊義卷六）內在的實德保證了人的視聽言動合乎儒家倫理的要求，從而彰顯「履正篤實」的價值意蘊。「蓋有剛中之德，履正而篤實，光輝著焉，是爲大人斯其所以吉也。」（周易贊義卷五）

包括馬理在內的明代中期的關學學者重視實行、實踐、實功，既是對張載以來敦本尚實的關學學風的繼承，也是對佛老之弊批判的必然產物與發展趨向，故而馬理在實體論上體現爲維護正統的批判精神。他認爲本體論的「真實無妄」恰恰構成了儒家與佛老的本質區別。「无妄之理，不易明且復也，必盡心知命而知天。斯明其理之正，必誠意正心而知中，斯免其妄之失矣。不然……爲達磨面壁之學；爲楊氏之爲我，墨氏之兼愛；老氏之靜篤，釋氏之禪定，巫氏之咒咀蠱毒、請召鬼神之術。雖自以爲至誠无妄，實皆匪正而妄也。」（周易贊義卷三）在他看來，佛老不明無妄之理，所以就產生了「无妄之妄」，歸於虛妄的本體論。「彼老氏、佛氏以靜篤定止而爲道者，其於吾道真妄邪正，豈不曉然也耶？」（周易贊義卷五）馬理從本體論的層面進一步批判佛老之徒不僅流於虛無，而且只求靜止一端，走向靜篤禪定，忽略了萬物的陰陽交泰與生成日新。他指出：「陰陽消息天之道，息而消，消而息，反復其道。」（周易贊義卷三）而佛老之道「或孤陽而無陰，孤陰而無陽，或陰合而陽離，敗俗而亂常，皆非和之道也」（谿田文集卷六）。「學老氏者曰：『吾能駐景而不死』；學佛氏者曰：『吾能涅盤而不生』。是欲陽而不陰，陰而不復陽也，有是理哉？其惑世誣人，甚矣，甚矣！」（周易贊義卷一）正是在維護道統的意義上，馬理高度贊揚程朱「體認宗旨之真，持守斯道之正，續孔孟既墜之緒，辟佛老似是之非」的歷史性貢獻，這些都反映了馬理力圖通過辟佛老來維護理學道統的正宗地位。

②實修論：實踐其仁。

馬理特別重視實踐的工夫，肯定爲學、修身、治國等都需要身體力行，切實踐履，隨處用力。針對那種主張靜坐修養工夫的禪學化傾向，馬理斥之爲「有體無用」，指出：「敬非只是閉門叉手靜坐工夫，要在隨事謹恪做去。若只閉門靜坐，即是禪學，有體無用。」（關中四先生要語録卷二）敬不是在閉門修煉的時候學到的工夫，只有在當下每一件事情中體驗敬。針對當時一部分人只讀書、讀死書而遇到實際情況毫無辦法的問題，馬理認爲這是因爲不曾做身心工夫的緣故。「今之學者有體無用，只緣止讀得硬本子，不曾用身心工夫，故别無展拓，遇事便周章，莫措手處，反被刀筆吏笑。於戲，吾儒果真有體無用者哉？但不能用力於身心之學故耳。果能有用力於身心之學者，則天地可位，萬物可育，于天下國家何有乎？」（關中四先生要語録卷二）如果能下手落實身心工夫，天地各有其位，萬物自然孕育繁衍。應當說，這是馬理一直秉持的信念。據明儒學案記載，馬理參加正德甲戌進士考試時，適以真德秀大學衍義爲問，馬理遂直言批評真德秀所作「止于齊家，不知治國平天下皆本於慎獨工夫。宋儒所造，大率未精」（明儒學案卷九三原學案）。結果未洽主考官之意，被降等録取。馬理對於陽明學的批評也集中在修養工夫上：「夫良知者，即孩提之童良心所發，不慮而知者也，與夫隱微之獨知異矣，與夫格致之後至知，則又異矣。其師曰：『此知即彼知也。』又以中途有悟，如夢斯覺爲言，此真曹溪餘裔。其師如此，徒可知矣。」（谿田文集卷三）馬理批評某些學者誤把先天良知與修養之知混爲一談，依靠「悟」來獲得所謂知識，真可謂是禪宗末流，其師如此，其生徒可想而知，表明了馬理對陽明後學易流爲禪學的憂慮。

躬行踐履和實證實修既是明清實學思潮的一個顯著特點，也是關中理學的鮮明傳統。馬理按照張載「以禮爲教」的致思取向，認爲「君子觀象則不徒以天理之心，操存於內而已，至於有爲之際，則動以克己復禮爲事，非其禮也，則弗以履焉」。（周易贊義卷四）在他看來，禮不僅是個體德性修養切實提升的有效保障，而且是經國濟世的根本途徑。因爲君子總是「不徒居之善，實踐其仁，以發所志」（周易贊義卷二），着力打通本體與工夫，在內在實德的踐履過程中，「有實則其仁明之德足以輔世而長民矣」（周易贊義卷五）。

明清以來，關中不乏類似於馬理這樣致力於講學經世的儒者，如馮從吾、李二曲等力圖重建社會的精神文化價值系統，實現「明學術」、「醒人心」的社會教化。

③實功論：實體行用。

馬理批評「有體無用」的虚學，宣導「體具用周」的實學，反對「無其德而妄有作爲」的妄用，稱頌「有實爲體，能行爲用」（周易贊義卷五），在實際生活中産生了積極的效果。其實功論主要表現在三個方面：

一是對封建、戶役、兵防、河套、西域、用人等時政問題詳細闡發了自己的見解，提出了一些富有建設性的構想，體現了其強烈的經世意識。他看到明中期的社會狀況已經面臨着嚴峻的社會矛盾，「今海內官無善政，邑無善俗，人無善心，民窮而盜起，兵耗而備弛，譬若嚴牆而無基，是之謂亂」（谿田文集卷一），執政者應當警醒奮起，勵精圖治。在戶役論中，馬理深刻反思當今戶役不盛的原因是由於饑餓、戰爭、戍邊等多方消耗的結果，馬理提出「養之者，或未盡道；保之者，或未得方焉耳」（谿田文集搜遺），認爲統治者應當善於思考自身原因，養民是否已經盡力，保民是否運用正確的方法。他進而提出休養生息的養民政策，建議統治者給予百姓較爲寬鬆的生産生活環境。在兵防論中，馬理認爲當前應該在兵防之制上下工夫，做到盡量完備。在邊疆治理方面，他認爲關鍵在於堅持儒家的「修德悦近」的和平思想，一方面施以政教，訓以孝悌忠信之道；另一方面，招募訓練流民，計口授田，農暇師律戰陣之法，這樣自然使得邊疆鞏固，不受侵擾。在用人上，他提出要「廣用人之路」、「進天下之賢，退天下之奸」，官員升降考核應當「明賞罰，昭勸懲」。

二是在明代西學東漸的初期，敏鋭地介紹西方先進的自然科學知識，體現了一定的科學精神。在聖天子設險除器以靖中夏記一文中，馬理提到了包括佛朗機、七眼槍、三眼槍、旋風炮、神機箭等在内的武器裝備，並一一加以介紹。得自南海蠻夷的火器，綜合中國擅長的造法工藝，製成威力巨大的熱兵器，以此資邊防之用。馬理認爲，裝備先進的武器，輔之合理陣法，是取得勝利的重要基礎。

三是強調以史經世，主持編輯陝西通志，反映了事必考徵、學貴有用的爲學宗旨。明嘉靖十八年（一五三九），趙廷瑞出任陝西巡撫，考索陝西舊志，發現成化間所編輯的陝西志已有七十年，其書散落，少有所見。作爲陝西地方最高行政長官，趙深感没有一部系統、完整記述省情的地方志書所帶來的種種不便，遂於嘉靖二十年早春前往三原，與馬理談及纂修陝西通志事宜。馬理贊同並向其推薦好友吕柟共襄此舉。隨後，在趙廷瑞安排下，馬理、吕柟二人「卜竹林祠爲館，各率從遊之士，載所藏群書，肇纂述之事」。陝西通志的編纂自嘉靖二十年（一五四一）三月六日編纂開始，至二十一年（一五四二）十一月十五日完成，歷時約一年零九個月。全書共四十卷，分土地、文獻、民物、政事四綱，下列包括星野、山川、疆域、建置沿革、水利、兵防等二十八目，約一百九十萬字，另附地貌、城池及山脈、河流、天象、物産等圖二百餘幅，保存了許多有價值的文獻資料。馬理在陝西通志序中自述道：「昔所迷者，辨而著之。又稽諸古今茅土之頒在茲土者載之。復見諸郡邑之設昉於茲土，有因有革，有割有合。志者或顧其一指，失其肩臂；或地在他方，冒名在此。史既舛謬，志益踵訛，悉加正焉。」（谿田文集卷二）馬理通過觀象察理、查閲史籍並參互考訂的科學方法，更正了許多前人的舛誤之處。趙廷瑞稱贊此書「考索之精，雖史傳宿訛，亦多是正。藝文無繁富之嫌，政教貽官師之則」，對其資政價值給予了高度評價。有學者以明代另外兩部陝西省級志書即成化陝西志（已佚）、嘉靖雍大記與此書相比較，認爲此書「無論體例之嚴謹，或記事之詳確，遠在前二志之上」，「此書保存了陝甘兩省大量的明代及其以前的史料，實爲陝西明代最有價值的一部省志」（邵國秀中國西北稀見方志續集序）。

馬理的實學思想是在明清實學思潮興起的時代背景下應運而生的。他一方面對傳統儒家思想中的「經世致用」的思想加以吸收，對張載關學中的實學特質加以繼承；另一方面，針對政治、經濟、軍事、社會等問題，提出了相應的對策和建議。馬理的實學思想不僅體現出了鮮明的時代特色，而且豐富了明清實學思潮的內涵，在明清實學思想的發展歷程中具有不容忽視的意義和價值。

三、歷史定位與價值意藴

（一）歷史定位

明代哲學思潮多元展開在馬理身上得到了較爲充分的體現。馬理思想誠然是在明代以朱子學爲官方意識形態的歷史背景下形成的，因此不可避免地帶有朱子學的學術特點，所以明儒學案把「三原學派」歸爲「河東別派」，進而評價河東之學「悃愊無華，恪守宋人矩矱」。馬理高度評價程朱理學的學術貢獻，反對是陸非朱、主釋排儒的做法，他指出：「夫程朱釋經之言，自今觀之，千百言中似亦有一二誤處，然語其體認宗旨之真，持守斯道之正，續孔孟既墜之緒，辟佛老似是之非，則千古不可泯滅。」（谿田文集卷四）但他對程朱之學並未亦步亦趨，例如他在對周易需卦的解釋上，與丁汝夔固守程朱柔退之說的態度不同，肯定需已及坎，切近於五，應當無所退避，直需殺傷之地，有忘身殉國，見危授命的決心（谿田文集卷四）。

馬理思想也是明清實學思潮的重要組成部分。明清實學思潮史中收録的羅欽順、崔銑、鄒守益等人與馬理均保持着密切的關係。如馬理對崔銑的「斂華就實」思想給予了充分肯定，「時理與一二友人同居辟雍，講習明辨篤行之學，後渠三就三省而是之，遂相與日譬聚焉。蓋自是切問近思，以濂洛之學爲階梯，以洙泗授受爲準的，斂華就實，有得於內，不復求諸外矣。乃益相與析義規過，力行數年，所得益深純」（谿田文集搜遺）。可以看出，馬理與崔銑等人於京師求學期間曾廣泛地討論過爲學之方與篤行、力行的關係等問題，這些討論不僅有助於建構各自的思想體系，並且討論本身也成爲明清實學思潮的重要話題。

我們認爲，將馬理歸結爲明代的朱子學，或明代的實學，都存在簡單化的傾向。馬理屬於三原學派，而三原學派是明代關中地區理學的地域性學派，其重要成員有王恕、王承裕、馬理、楊爵、韓邦奇等，以承繼「横渠之學」爲治學取向，又稱「關學别派」。一般認爲，關學自張載殁後影響式微，但關中地區始終保持着對張載思想學習與繼承的高度自覺。馬理的老師王承裕爲當時「張氏門人知尊程朱，程氏門人不知尊張」的情況甚感憂慮和無奈，在他看來，横渠之學自有統緒，義理昭著，只不過由於種種原因没有得到弘揚，需要關中士子共同努力，因而有「尊張」的自覺意識，他進而認爲究心於横渠之學，要採取用實力、務正學的路徑，淡泊名利，甘於寂寞，終究可以發揚關學的道統。馬理無疑是遵循了王承裕的教誨，秉承了張載關學的思想和學風。

馬理還與同時期許多關中人士過從甚密。弘道書院學習期間的學友秦偉、張原、雒昂等人均爲一代名士，其中張原、雒昂因直諫而斃命，留名青史；在西安相識的吕柟與康海，兩人後科場均狀元及第。吕柟作爲河東正傳講學南都，弟子與陽明分其盛；康海作爲明代前七子之一，以詩文活躍於文壇。康海在給馬理的一封書信中寫道：「夫與伯循骨肉生死者，仲木及僕二人耳。」（康海對山集卷二十四）可見三人情同手足，感情深摯。

正如陳俊民先生指出的那樣，明代關中士人走出了一條「折中朱王，返歸張載，還原儒學的曲折路徑」。[二] 在明代哲學思潮多元展開的背景下，馬理禀承和發揮了横渠之學的思想和學風，吸收了程朱之學的某些觀點，體現了實學的取向，無愧於明代關學中興的傑出代表。

（二）價值意藴

[二] 陳俊民：張載哲學思想和關學學派，北京：人民出版社，一九八六年版，第一七頁。

首先，馬理思想具有重要的學術價值。馮從吾關學編肯定馬理是明代關中理學的重要代表，稱譽「光禄與宗伯、司馬金石相宣，鈞天並奏」，〔一〕認爲馬理堪與呂柟、王廷相比肩，並對其學術思想作了詳細介紹。馮從吾還作詩一首紀念馬理，詩曰：「卓彼馬光禄，聲望高山斗。弱冠崇理學，平川稱畏友。立朝無多日，強半在畎畝。富貴與功名，視之如敝帚。垂老學逾虚，一步不肯苟。籲嗟如先生，百代名難朽。」〔二〕在黄宗羲明儒學案中，馬理作爲「三原學派」的代表人物也有專門介紹，明史中馬理列于「儒林門」下，熊賜履學統一書中馬理列入「附統四十二卷」。

馬理的思想具有融匯程朱陸王而不失關學立場的特點。他對張載的哲學思想作了多維度的繼承與展開，例如本體論的「太虚即天」命題，易學思想上「易即造化，造化即易」的發揮，禮學層面「以禮爲教」觀點的貫徹，以及對藍田呂氏鄉約的重視等；他在理氣觀上受到朱熹理主氣從的觀點影響，在心性論上受到陽明心学的啟發，因此對於深化明代理學思潮研究具有重要的學術價值。

其次，馬理身上體現了關中士子的人格魅力，對「爲天地立心，爲生民立命，爲往聖繼絕學，爲萬世開太平」的「横渠四句教」作了最生動具體的闡釋。黄宗羲指出三原學派「多以氣節著，風土之厚，而又加之學問者也」，而馬理尤爲典型，在他的身上體現着剛直不阿、仗義執言、憂時愛民、舉賢任能等優良品質。他說：「不義之富貴爲身家之患，不惟己所不容，人亦不得而榮之矣！」（周易贊義卷二）馬理不懼當道，敢於犯顔直諫；面對民生，針砭時弊，真正體現了明代士大夫階層不畏皇權的儒者氣節與憂國憂民的現實關懷。所以康海稱贊他爲「關西鳳羽，世上真儒，」〔三〕李開先頌揚他「學行重四海，遊從半三秦，述作傳百代，聲名播四夷」（谿田馬光禄傳），這是對馬理的儒者操守、思想贡献与人格魅力的高度肯定。

〔一〕〔明〕馮從吾撰，陳俊民、徐興海點校：關學编（附續編），北京：中華書局，一九八七年版，第一頁。

〔二〕〔清〕劉紹攽纂修：三原縣志（十八卷），乾隆癸卯年木刻本卷十七。

〔三〕〔明〕康海著，趙俊玠校注：有懷十君子詞，沜東樂府校注，西安：三秦出版社，一九九五年版，第九六頁。

點校說明

據薛應旂谿田馬公墓誌銘記載，馬理的著作有四書注疏、周易贊義、書經疏義、詩經删義、周禮注解、春秋修義、全陝通志、詩集、文集等。馮從吾關學編記載，馬理著有四書注疏、周易贊義、尚書疏義、詩經删義、周禮注解、春秋修義、陝西通志與詩文集等。由此看來，馬理對於四書五經皆有深入的研究。晚年他曾將生平所著手定十二册。但馬理於明嘉靖三十四年十二月（一五五五年一月）關中大地震中不幸罹難，所親自整理的手稿沒有得到及時付梓，「剞劂力艱，後悉散亡」，殊爲可惜。

馬理現存最重要的哲學著作是周易贊義。該書正文前有馬理的自序、鄭絅序和朱睦㮮序。鄭絅認爲馬理參用鄭玄、王弼及程頤、朱熹之說，「屏居山中，歷載構綴，乃就斯編，總十有七卷，題曰周易贊義。……參酌四氏，旁求諸說，由詳而約，考異而同。於是乎象辭之旨，變占之法，乃燦然明矣」。朱睦㮮稱該書「發凡舉例，闡微擿隱，博求諸儒同異，得十餘萬言，釐爲十有七卷」。該書由馬理門人涇陽龐俊繕録，河南左參政莆田鄭絅付梓，是为明嘉靖三十五年（一五五六）刻本（簡稱「嘉靖本」）。千頃堂書目載：「馬理周易贊義七卷，上下經六卷，繫辭一卷，餘缺。」四庫全書未收录周易贊義，僅作存目提要，見總目卷七經部七（頁五二下）。四库全書总目提要稱：「原書十有七卷，其門人涇陽龐俊繕録藏於家，河南左參政莆田鄭絅爲付梓。今本僅存七卷，繫辭上傳以下皆佚。」周易贊義在國家圖書館和南京圖書館有藏，並製成縮微膠卷。點校者對這兩個藏本進行了查閱，根據闕失、缺損情況判斷二者屬於同一刻本。其中，南京圖書館藏本附朱彝尊和丁丙的藏書跋（見附録六），對於原書爲十七卷的說法提出了質疑。結合朱彝尊和丁丙的觀點，點校者認爲：一、從版本言，根據現有藏本情況，周易贊義只有「嘉靖本」行世，而且不排除未刊竣的可能性。馬理的九世孫馬錫朋就未曾見過周易贊義，在乾隆十七年補修谿田文集時，他偶然發現馬理批注周易十段手稿（見周易贊義既濟卦），如獲至寶，認爲「其理明辭易，真得程、張薪傳，可爲後學津梁，乃求什一於千百尚不可得，惜哉！」。據此亦可推斷周易贊義未再刊刻；二、從結構言，周易主體部分（包括六十四卦和繫辭上）已注釋，所闕僅爲繫辭下、序卦、說卦、雜卦，不應尚剩有十卷之多的內容，極有可能在刊刻時做了歸併處理； 三、從字數言，現存周易贊義字數已達十五萬字，符合「得十餘萬言」的情況，不應以殘本視之。 谿田文集十一卷是明萬曆十七年（一五八九）由雒遵作序，三原縣令張泮刊印的，簡稱「萬曆本」，已佚。 清乾隆十七年（一七五二），馬理九世孫馬錫朋鑑于谿田文集殘破現象嚴重，在原刻本十一卷的基礎上，進行補修，增刻補遺一卷，增加「送康太史奉母還關中序」一篇，簡稱「乾隆本」。 四庫全書未收録谿田文集，僅作存目提要，見總目卷一七六集部二十九（頁一五七五上）。 四庫全書總目提要稱：「是集凡文六卷，詩五卷。 補遺一卷，則有文無詩。 理少從王恕遊，務爲篤實之學，故所詁諸經，亦多所闡發。」清嘉慶八年（一八〇三），馬錫朋又廣泛搜求，附續補遺一卷，補文二十篇。 清道光二十年（一八四〇），李錫齡對谿田文集進行了校刊，再附搜遺一卷，補詩四十二首，補文四十七篇，由三原宏道書院作爲惜陰軒叢書之一種刊刻，簡稱「道光本」。

本次編校的馬理集分爲四個部分： 第一部分是周易贊義七卷，第二部分是谿田文集十一卷及補遺，此兩部分以「乾隆本」为底本，「道光本」为校本； 第三部分爲谿田文集續補遺及搜遺，以「道光本」爲底本； 第四部分是新輯佚的馬理詩文，主要來源於地方志和出土碑刻，增補佚文十八篇，佚詩三首，以及佚句若干，約兩萬字。 新發現國家圖書館藏明刻本馬理著陶恭介公像贊一册，書前附陶恭介公畫像，全書以篆體大字刻印，每頁三行，每行四字，此次一併録入。 在對勘底本、校本的基礎上，編校者還參考了其他文獻。 需要説明的是，陝西通志四十卷是馬理主編的志書，经过陝西省地方志辦公室整理，業已由三秦出版社出版，因此不再收録。 另編列附録若干供參考。 點校中還涉及「无」和「無」、「于」和「於」等交互使用的情況，均以底本爲准。 整理過程中，承蒙劉學智教授熱心指導，高華夏、張永梅同學幫助搜集、録入資料，在此表示感謝！ 同時，整理點校也獲得點校者主持的教育部新世紀優秀人才支持計劃（NCET11—0675）的資助。 因點校者學殖淺薄，加之時間短促，錯誤難以避免，尚祈讀者批評指正。

點校者

二〇一四年八月

目録

周易贊義

周易贊義卷一

周易贊義卷二

周易贊義卷三

周易贊義卷四

周易贊義卷五

谿田文集卷三……二九六

記

谿田文集卷七

谿田文集卷八

谿田文集卷九

五言律詩

谿田文集卷十 ……四〇〇

七言絕句

谿田文集搜遺

五言古風

五言絕句

五言律詩

七言絕句

七言律詩

曲

贊

題辭

論

輯佚

附録

周易贊義

周易贊義序

馬理

谿田馬氏曰：太極而兩儀，兩儀而四象，四象而八卦，八八而六十四卦者，此伏羲所畫之卦，先天之易也；乾坤設而易行乎其中，至未濟而終焉者，此文王所敘之卦及所繫之辭，後天之易也。周公又繫之爻辭，遂成一代之書，名曰周易者，以别連山、歸藏，夏、商之易也。孔子贊易於周，不於他者，以是易變通無方而不離於正，雖至凶之時之位，有吉道寓焉，潔静精微而不失之賊也。易窮則變，變則通，通則不窮。以是道而行於上則垂裳而治，堯舜之君也；以是道而行於下則昭明協和，堯舜之民也。是故聖人明之則希乎天，君子明之則齊乎聖，小人明之則吉無不利而天祐之矣。是故易之爲書，有轉禍爲福之理，有以人勝天之道，非龜卜之書所可班也，故孔子贊之。自孔子贊易而龜卜書廢，蓋卜之吉凶定於天而易之吉凶係乎人。夫天作孽，猶可違；自作孽，不可活。吉凶誠係乎人而非定於天也。是故孔子獨於周易贊之，以示夫堯舜君民之治，聖人君子之道，吉凶消息之理，在此而不在彼也。於戲〔一〕！易誠萬世不刊之典也歟？

嘉靖三十四年歲次乙卯春三月一日

〔一〕「於戲」，原作「嗚呼」，據道光本改。

刻周易贊義序

鄭絅

余少好讀易，竊覽諸家傳注，其精詣者得四人焉：在漢、魏之際有鄭康成氏、王輔嗣氏，宋有程正叔氏、朱仲晦氏。然四氏者大義不殊，節目亦稍有異，鄭之學主於天象，王之學主於人事，程之學主於義理，朱之學主於占筮。其後諸儒迭興，互相祖述，雖千有餘家，然亦不出四氏之矩畫也。夫易之爲道也，廣大悉備，是以仁者見之謂之仁，知者見之謂之知，要其歸一而已矣。故曰：「其旨遠，其辭文，其言曲而中，其事肆而隱。」遠而可以彌綸宇宙，匡濟邦家；近而可以淑厥身心，推辟咎悔，誠三才之樞籥，六藝之宗統也。光禄卿三原馬伯循先生以卓犖之才、該洽之學，屏居山中，歷載構綴，乃就斯編，總十有七卷，題曰周易贊義。門人侍御南泉龐公繕録藏於家。歲在丙辰，南泉公來按中州政，暇以斯編出示，且屬余序於首簡。余取而讀之，乃知先生參酌四氏，旁求諸說，由詳而約，考異而同。於是乎象辭之旨，變占之法，乃燦然明矣。余因校之刻置省署，將以傳諸四方，後有好古博聞如南泉公者，則子雲之書爲不朽矣。

是歲七月既望，閩中葵山鄭絅謹識

刻周易贊義序

朱睦㮮

乙卯之秋，馬谿田先生以周易贊義寄余且貽之詩，有茲呈管見，編薄言供覆瓿之句。余受之未及卒業而先生云亡。悲夫，悲夫！明年春，侍御南泉龐公来按茲土，首出是編，左使葵山鄭公覽而嘉之，遂付之梓人。刻既竣，命余序之。夫易自伊洛、考亭之後，其學有二：考象辭者，泥於術数；談義理者，淪於空寂。求其所謂弘通簡易之法，仁義中正之歸，則尠矣。國朝道化宣朗，易学大明，而修經之士林林總總。以余所知者，臨江梁石門氏，晉江蔡虚齋氏、陳紫峰氏，增城湛甘泉氏，南海方西樵氏，高陵呂涇野氏，安陽崔少石氏。凡七先生所著者，或曰參義，或曰蒙引，或曰通典，或曰易測，或曰約說，或曰說翼，或曰餘言，咸推明理性，出所自得，無勦說雷同，以與前儒相統承者也。谿田先生少與增城、高陵、安陽同仕於朝，以德藝切磨最久。頃歲，自卿寺謝病而歸，卜築名山，雅志著述。是時四方請業者踵接於門，講授之暇，先生乃謂易爲六籍之原也，今者不作，二三子何觀焉？於是發凡舉例，闡微擿隱，博求諸儒同異，得十餘萬言，釐爲十有七卷，猗與盛哉！當與七先生之易並行矣。然所謂弘通簡易之法，仁義中正之歸，其庶幾乎？先生其它著述歷履，世自有精鑑嘉尚而傳之者，茲不載。南泉公，名俊，涇陽人，丁未進士；葵山公，名絅，莆田人，己丑進士。二公皆以經術緣飾，吏事巍然，爲公輔之望。此其中蓋有合於是編者，故特爲之表章云。

嘉靖三十五年，歲在丙辰，孟秋既望，東陂居士睦㮮撰

周易贊義卷一

乾卦 ䷀

乾，元亨利貞。

天之數以六陽而窮，地之數以六陰而窮，人之數以三陰三陽而窮。陽數奇，陰數偶，天道不易明也。伏羲畫六奇之卦以明之，則天道著矣。蓋奇者，陽也；陽者，健也。六陽之卦，則陽之純而健之至矣。故以是而明天道，不曰天，而曰乾也。蓋曰：「天之道，非高高在上，蒼蒼正色之謂。」其運行而不息，所謂「於穆不已」者，乃天之所以爲天也，是謂至健，故以乾而名卦焉。然天之道，總而言之則曰乾，分而言之則至大、至通、至利、至正，循環无端，爲四德焉。蓋言天之所以爲天者，乾而已；乾之所以爲乾者，元亨利貞，循環而已，此天之道之所以爲於穆不已，所謂「爲物不貳而生物不測」者也。聖人法之則純亦不已，動止而合乎吉凶，君子自強而循理則吉，小人惰慢而違天斯凶。筮者得此，苟非純德，則吉凶自夫循違而決之矣。夫六奇之畫，名之曰乾者，伏羲所畫之卦而含夫四德之辭者也。曰「乾，元亨利貞」者，文王所繫之辭而發乎六畫之藴者也。夫道不易明，畫以發之；畫不易明，辭以發之。先聖、後聖傳道垂訓之意，至矣哉！

初九，潛龍勿用。

凡陽爻用九者，以老而變也。九居乾初者，陽始生也。純陰之時，一陽始生，氣體雖存而功用未見。故其象爲潛龍，未可著見飛騰而有用也，故曰「勿用」而已。是故君子深蟄以存神，蠖屈以待伸，養其幽潛之德可也。誠如是，則飛見之功可期。否則，豫且之患不免，用可言乎哉？占者得此，審有潛德，則勿求發用可也。苟无其德而妄有作爲，能无傷乎哉？

九二，見龍在田，利見大人。

卦爻陰陽善惡，攸分其位，則初二爲地，三四爲人，五六爲天。二陽浸長，於時爲臨位，乃出乎地而臨乎人矣。故爲見龍在田之象，利見大人，宜以類從，不可亂也。蓋九二以乾陽居於中位，是下无索隱行怪之事，上无過中失正之愆，主善以積德，中庸以爲道。言而人信，行而人悅，道常不遠於人，人亦瞻依而不相遠矣。所謂「有斐君子，民不能忘」者也，故爲見龍在田之象。夫龍不離水，田則治。地而爲畦，水所沃溉，人所卽焉而稼穡者也。有斐君子既爲人所瞻依，則鳥獸固不與同群，亦豈小人所宜親狎者哉？故所利見者唯大人而已。蓋大人者，君子所師友輔弼者也，猶夫龍之雲也。龍得雲而飛天，斯澤物之功成。龍德君子見夫大人，其澤物之功，可勝言哉？故舜尚見帝而天下治，否則雖有仲尼之德，亦卒老於行而已矣。占者得此，有是德則見大人利也，不然何利之有？

九三，君子終日乾乾，夕惕若，厲无咎。

九，陽爻；三，陽位。以陽居陽，是德已健矣而復健，內外始終，循乎理而不違也。蓋乾者，健也，天理真實无間之謂。君子靜以忠信爲主，始存誠於內也，是既成乎乾矣。及其動而言也，又必言顧其所行，終立誠於外也，是又成乎乾矣。蓋於終日之間，動靜无時，而誠之存立亦无時焉。至於向晦之夕，或靜或動，猶必惕然戒懼，惟恐誠之存立有或間焉，如是則德无不實而明无不照矣。故先時知幾而无蹈害之患，臨時明義而无從逆之凶，是故君子无往而不善，其道雖危而不危矣，何咎之有？

九四，或躍在淵，无咎。

九，陽爻；四，陰位。以九居四，上鄰於五，而下无應與？陽剛，主進、主施；陰柔，主退、主斂。是居一人之下而位乎萬民之上，下无親交而誠一事上。或陽以施之，啟沃以盡恭敬之道；復陰以斂之，退藏而无馮翊之功，故爲神物或躍在淵之象。人臣如斯，則道濟天下而不成名焉，德蘊諸身而不獨善焉。夫誰其咎之哉？此文王、周公之六四然也。凡人臣之善其道者，皆如之。若夫吾夫子之聖，則不稼不圃而備九四之德，不卿不相而居九四之業。故或進而仕，或退而止，率无恒焉。匪夷之清，匪尹之任，蓋猶神龍之或而躍離淵，非安於躍也，時可躍而躍也，及其可淵則復於淵矣；其不躍而在淵，非安於淵也，時可淵而淵也，及其可躍則復出而躍矣。蓋宜進斯進，毋意毋必而顯諸仁；宜退斯退，毋固毋我而藏其用。君子自省无咎，人亦无得而咎之矣。此吾孔子之道、孟子所願學焉者，實萬世學者之法，不必時位鄰於九五而後然也。學易而占者，其玩之哉，其玩之哉！

九五，飛龍在天，利見大人。

九，陽剛，君德也；五，陽之正位又中位也。以九居五，是以陽剛中正之德，中天下而立，所謂德爲聖人，尊爲天子者也。其上下五陽又皆以類而從之，无乖違焉。故爲飛龍在天，而普天之下皆被其膏澤而變化莫測之象。其人事則爲聖人正南面之位，皇建其極，宜見夫同德大人授之以政，則无爲而治，過化存神，亦猶飛龍之在天矣。稽之於古，若舜得五人而天下治，其次成湯之得伊尹，武王之得亂臣十人，皆是象也。占者得此，則飛龍之象不可妄擬，審有協於皇極之德，則待聘而興可也。否則，闚觀、童觀以見之斯已矣！

上九，亢龍有悔。

上九，踰五而居六，爲四月之卦，乾道之極也。夫位踰五則過中，陽居六則失正。乾道極則陽不可以有加于上，而陰復生于下矣。故其象爲太高過亢之龍，動則不保，其亢必有悔而下也。蓋盈不可久，乾終則姤始，逝者如斯，此理數之必然，雖天亦不能違耳。其在人事則知進而不知退，知存而不知亡，知得而不知喪者之所爲，故孤立而絕物，獨行而无鄰。其所進、所存、所得，其能保之哉？是故有悔于心，知亢之爲咎耳。若夫聖人則明乎陰陽、消息之理，无過中失正之行，何悔之有？

用九，見群龍无首，吉。

凡陽爻之動，發皆爲用九，用九而見潛龍，爲首則勿用。見龍爲首，則利見大人。其他見三四五六爲首者，並如本爻之占其六爻者，則不用爻而用卦，爲元亨利貞之吉占矣，爲見群龍无首之象。「无首」者，陽剛皆變而爲柔。无有〔一〕，身爲物先者矣。蓋以至健之德而爲至順之道，能无吉乎哉？以人事言之，則純一不已而具夫乾健之德，乃善與人同，取諸人以爲善，每下賢而忘自聖焉，此一身之群龍无首，吉也；若夫大君恭讓于上，大臣讓賢在位，庶官讓能在職，此一世之群龍无首，吉也。此豈易見者哉？唯唐虞之時則然耳。占者得此，有乾剛之德，變而爲柔，吉也。苟无其德，柔以苟免于患而已矣，其能吉乎哉？

彖曰：大哉乾元！萬物資始，乃統天。雲行雨施，品物流形。

孔氏正義云：「按褚氏、莊氏並云：『彖者，斷也，斷定一卦之義也。』」此一節釋乾元亨之義，蓋謂宇宙之間，无物爲大，唯乾元爲大。蓋乾有至健不已之理，而含乎至健不已之氣，有是理氣，則萬物或化生，或形生，皆資之以始。是乾元者，萬物之父，故爲大也。然天德之亨及利貞，亦以是元而統之。蓋凡天德之中，皆有乾元之理、之氣貫焉。是乾之四德，亦不外乎一元而乾元之所以爲大也。及夫元氣流行于天，雨澤施降於地，則凡品類之物，化而生、形而生者，皆流布成形，生意畢達，无能遏者，此則亨之德也！

大明終始，六位時成，時乘六龍以御天。

〔一〕「有」，疑當作「首」。

「大明」者，極知之謂；「終始」者，誠通誠復，即元亨利貞之德，一德之貫乎萬物者也。「六位時成」者，潛見以至于飛亢之爻是也。「六龍」者，即時乘之六位也，乘者身跨於物，不勞而行也；「御」者，執轡策以馭物，使進止周旋皆由己而不由乎物也。聖人極知乾道之終始及六位之時成，謂深契夫不貳不息之道，與物各賦物之理，蓋天道一理而萬殊，聖人則一以貫之而知之盡也。何大如之？天道大明於己，由是隨感而應，乘此六龍御而行之，時潛而潛，時見而見，時躍而躍，時飛而飛，時亢則不居乎？盈而有悔，猶乘六龍于天衢之上，磬控而左右之，无不如意，匪由乎龍而由乎我，此行之至也，何亨如之？是爲聖人之元亨也。此堯、舜、孔子之道，孟子所謂聖人之時者是已，後學不明乎此，乃謂老聃之道如是，孔子見之有猶龍之嘆。夫老聃爲我一偏之學，知陰而不知陽，知潛而不知見，知虛而不知誠，乘龍而御天者，固如是耶？其无知妄言如此。經云「非聖人者无法」，其此之類歟？

乾道變化，各正性命，保合大和，乃利貞。

陰陽老而革舊之謂「變」，變而革新之謂「化」。一變一化，此二氣之迭運，乾道之健也。「正」，定也；「保」，安也，全也；「合」者，會而无隙之謂「乾道變化」。品物流形於其間者，或偏或全，莫不隨其稟賦，各正定其性命之理以主乎氣，各會合其沖和之氣以含乎理，是理氣於物，无所不利。又正固而斂藏之，將以起元，乃天道之利貞也。

首出庶物，萬國咸寧。

夫元亨利貞，不唯天德有之，聖人亦然。聖人以天下至誠至明之德，而作民元后，是出類拔萃而首出庶物矣。由是于天下化之處之，俾各綏其猷而安其生，亦如乾道變化，品物各正性命，而保合太和矣。此聖人之利貞也。

象曰：天行健，君子以自強不息。

先儒謂：「象者，斷也，斷其義也；象者，像也，指其形像而言也。」上天之載，斷其義而言之，固如彼矣，然未之能盡也。又以形像而發之，則見夫天之理氣運行，一陰一陽，爲晝爲夜，爲寒爲暑，陰陽互爲其根，運行未嘗有一息間斷，此天之所以爲天，以健爲德，而垂象于萬物者也。君子體天行之健則以自強不息而已，蓋无感而静，則存理于心而氣无所暴；有感而動，則循理于外而氣有所配。動静互爲其根，自強之功亦未嘗有一息間斷，此君子之所以爲君子，以健爲德，而垂法於萬民者也。夫如是則天爲君子之師，天之外无餘師；君子爲萬民之法，則君子之外无餘法矣。學老氏者曰「吾能駐景而不死」，學佛氏者曰「吾能涅槃而不生」，是欲陽而不陰，陰而不復陽也，有是理哉？其惑世誣人，甚矣，甚矣！

潛龍勿用，陽在下也。

「潛龍勿用」云者，謂一陽在于地下，氣尚潛藏，未施用也。

見龍在田，德施普也。

九二出地之上而臨乎人矣，上可以格君，下可以澤民。所謂君用之則安富尊榮而道行，子弟從之則孝弟忠信而道傳者，德施不亦普耶？

終日乾乾，反復道也。

「道」即理也，君子終日乾乾，豈无事而然哉？一動一静，恒循理而不違耳。「反」與翻同，翻復即動静之象。

或躍在淵，進无咎也。

九四或躍在淵而无咎者，進之審而及乎時也。若是則不徒退而安，進亦无其咎矣。

飛龍在天，大人造也。

「造」，舊注訓爲至，本義訓作巽。云聖人作而萬物覩，從作爲有稽也。

亢龍有悔，盈不可久也。

盈不可久，盈必虧也。

用九，天德不可爲首也。

用九，以无首爲吉者，陽老必變，天德以變化爲流行，不可固執以爲首也。

文言曰：元者，善之長也；亨者，嘉之會也；利者，義之和也；貞者，事之幹也。

元亨利貞，夫子既著天道及聖人之道于彖而釋之矣。於此復以天道之在人及君子修之吉者以釋之。若曰「萬物資始乃統天」，固爲元矣。其在人則爲好生而惡殺之仁，凡義禮智之德皆從此出，實萬善之長也。雲行雨施，品物流形，固爲亨矣。其在人則爲禮，嚴而泰，和而節，凡貴賤尊卑之人，小大之事，无不以此美其所合而由之者，實人事大通之道爲加之會也。乾道變化，各正性命，天道之利貞也。其在人利者，則爲人心之義，裁制事物各得其宜而无乖戾焉。「貞」者，則人心之智藏其用而正固其理，凡事之本，本幹皆在此焉。

君子體仁足以長人，嘉會足以合禮，利物足以合義，貞固足以幹事。

元在人，仁也。君子體仁，以父母之心而愛人，則人皆父母之矣，亦乾之元也。亨在人，禮也。君子以禮而行政，制爲經曲之典，使天下之人咸加美，所會无不通其志而達其道焉，斯足以合禮，亦乾之亨也。利在人爲義，君子以義而制事。仁以愛乎人也，禮以加所會也，使親疏貴賤、經曲常變之間，各得其利而无適不宜焉，則利物而无所乖戾，足以和夫義矣，亦乾之利也。貞在人爲智，君子知乎仁，禮義之道守而弗去，是知以藏用正固足以幹乎事矣，亦乾之貞也。

君子行此四德者。故曰：乾，元亨利貞。

君子自強不息，則能行此四德，非其人則不能。故曰：「乾，元亨利貞。」蓋乾能全此四德，他卦則不能。學易者可不自強乎哉？

初九曰：潛龍勿用，何謂也？子曰：龍德而隱者也。不易乎世，不成乎名，遯世无悶，不見是而无悶。樂則行之，憂則違之，確乎其不可拔，潛龍也。

夫子於六爻象辭既釋之矣，於此復設爲問答而釋之。曰：「初九曰『潛龍勿用』，云何說也？」子曰：「有大而化之之德而隐者也。蓋不以舉世所非而改其行，亦不徇流俗所尚而成乎名，雖世不見是而无悶，雖人莫我知而无悶，非固執而守之偏也。遇道亨而樂則行之，遇道否而憂則違之，確乎其操不可以動搖而拔之者，此爲潛龍，乃聖人之德也。」

九二曰：見龍在田，利見大人，何謂也？子曰：龍德而正中者也。庸言之信，庸行之謹，閑邪存其誠，善世而不伐，德博而化。易曰：見龍在田，利見大人，君德也。

九二爻辭，何云然也？夫子以爲有聖人之德而正得中道者也。蓋口无擇言，雖常言之，必信；身无擇行，雖常行之，必謹。省察於隱微之際，而防其邪私；戒懼於至静之時，而存其實理。善施于一世而自不伐其功，德極其廣博而人莫測其蘊，所處雖非五位，實人君之德也。

九三曰：君子終日乾乾，夕惕若，厲无咎，何謂也？子曰：君子進德修業，忠信所以進德也；修辭立其誠，所以居業也。知至至之，可與幾也；知終終之，可與存義也。是故居上位而不驕，在下位而不憂，故乾乾因其時而惕，雖危无咎矣。

九三爻辭，何云然也？語君子進德修業而无間斷也。「進德」云何？内主忠信，无静而不存其誠也。「修業」云何？外全忠信，无言而不顧其行也。「至」者，至善之道，猶夫射之的也。射之中的，惟在於省括之時，先得其度而已。君子知至善之道而至之，是故可與先事知幾而不眩矣。「終」者，至善之獲，猶夫射之中也，射之既中，則宜別省其度，不固執也。君子知終之道而善終之，是故可與因時制宜而存義矣。是故居上位則德業施于天下而不驕，在下位則德業獨善其身而不憂。是故終日乾乾，因其時而惕若，雖危无過咎矣。

九四曰：或躍在淵，无咎，何謂也？子曰：上下无常，非爲邪也；進退无恒，非離群也。君子進德修業，欲及時也，故无咎。

九四之躍淵，有上下進退之象焉。蓋審於所處，或高而在位，或卑而窮居，非爲私邪而无恒也；或進而輔政，或退而沉默，非離群類以索居也。君子進德修業而道在身矣，唯欲及夫進止之時而善其道也，是故其上下進退皆无咎矣。

九五曰：飛龍在天，利見大人，何謂也？子曰：同聲相應，同氣相求；水流濕，火就燥；雲從龍，風從虎；聖人作，而萬物覩。本乎天者親上，本乎地者親下，則各從其類也。

九五之利見大人，何也？自然之理也。蓋凡同聲者必彼此相應，同氣者必彼此相求，水潤下而流濕，火炎上而就燥，龍興而雲從，虎嘯而風生，類也。聖人作於其上而萬物快覩，亦類也。故本乎天者皆親上，本乎地者皆親下，則各以類而相從也，何獨於人類而疑之哉？蓋聖人在位，猶長夜而晝，仕者願立於朝，農者願耕於野，商賈願出於途、藏於市，凡有血氣者皆欲尊親之，此利見大人之謂云。

上九曰：亢龍有悔，何謂也？子曰：貴而无位，高而无民，賢人在下位而无輔，是以動而有悔也。

以象言之，陽體貴矣，乃非五而无位；居上高矣，乃无陰以爲民。二五皆賢人也，乃不同德。在下位而非其輔，是以動而有悔。蓋高亢者必孤立而无助，理數則然也。

注曰：處上卦之極而不當位，故盡陳其闕也，獨立而動，物莫之與矣。

潛龍勿用，下也；見龍在田，時舍也；終日乾乾，行事也；或躍在淵，自試也；飛龍在天，上治也；亢龍有悔，窮之災也；乾元用九，天下治也。

「潛龍勿用」，非德之不足，時方在于下也；「見龍在田」，非不能飛，猶爲時舍而未用也；「終日乾乾」，循理而行事也；「或躍在淵」，自試其道，期發而中也；「飛龍在天」，有大德而在高位，天下平也；「亢龍有悔」，進而窮極，災之招也。「乾元用九」，純陽而无陰，咸寧之時也。

潛龍勿用，陽氣潛藏；見龍在田，天下文明；終日乾乾，與時偕行；或躍在淵，乾道乃革；飛龍在天，乃位乎天德；亢龍有悔，與時偕極；乾元用九，乃見天則。明讀如芒，行讀如杭，協藏韻也。

「潛龍勿用」，謂陽在於潛藏之時，體猶未見，未可以爲用也。「見龍在田」，天下文明，謂德輝發越之盛，天下具爾瞻也。「終日乾乾」，進修不已，與天時而俱邁也。「或躍在淵」，健道至是而已，至乃革其故而鼎新，將以行所學也。「飛龍在天」，乃以天德而居天位也。「亢龍有悔」，時已極而所居復自滿也。「乾元用九」，九，天數也，天數終於九，止其則也，乾元用九而不用他，見其則也。

乾元者，始而亨者也；利貞者，性情也。

此復釋四德之義。「乾元」者，理氣運行之始而亨通者也。「利貞」者，乾元之性而含情者也。性動於情則始而亨，以復于性而含情焉，以此循環而不已，皆乾元之所爲也。

乾始能以美利利天下，不言所利，大矣哉！

易之諸卦皆言所利，唯乾以爲四德而不言所利，蓋乾元始而亨焉。能以美利而利乎萬物故不言所利，以无所不利而然也。此天德所以爲大，而諸卦不得而匹與？

大哉乾乎！剛健中正，純粹精也；六爻發揮，旁通情也；時乘六龍，以御天也；雲行雨施，天下平也。

此復贊乾之德及聖人之道也。曰：大矣哉，乾之爲德乎！剛而不柔，健而不已，中而无過不及，正而不偏不倚，又純乎而不雜，粹乎而極純，精焉而極粹者也。此言乎其體之一也，大德之敦化也。「六爻發揮」而異其辭者，「旁通其情」語其用之殊也，小德之川流也。「時乘六龍以御天」者，語聖人在位乘天運，以行夫天之道也。「雲行雨施」者，語博施濟衆而天下平也。

君子以成德爲行，日可見之行也。潛之爲言也，隱而未見，行而未成，是以君子弗用也。

此文言第六節復明六爻之義。君子之所以爲君子者，以成全其德。爲行以藴於中者，所以見于外；見于外，所以成其內也。「潛之爲言」，隱於內而未見于外，未可以言德之成也，是以龍德之君子弗之用焉。

君子學以聚之，問以辨之，寬以居之，仁以行之。易曰：見龍在田，利見大人，君德也。

夫潛龍非以成德爲行，故君子弗用，見龍君子欲化民而成俗，必由夫學焉。故君子隆師親友，多聞、多見以聚夫不一之善，又審問明辨以求夫至一之理，又必寬以居之於人之善无不容，仁以行之於己之克无不盡，此君子所以德成于內而文見於外，盛德至善，民不能忘。如見龍之在田也，故利見大人以有爲，非君德其至是耶？

九三，重剛而不中，上不在天，下不在田，乾乾因其時而惕，雖危无咎矣。

九三以太剛之德，大過於人之行。上不在天而輔世，下不在田而力耕。既无君子之權以安乎人，又不能以小人之力而奉乎上，是危厲之地也，故乾乾因時而惕，以進德修業焉，則雖危而无咎矣。

九四，重剛而不中，上不在天，下不在田，中不在人，故或之。或之者，疑之也，故无咎。

九四龍德，位則居於剛而不中之地。以上言，非飛龍之位；以下言，非在田利見大人之時；以中言，則行道之時不在進修之地。蓋近君之臣，上不敢以決其澤，下不容以藴其美，中不可以泄其猷，故或之。「或之」者，疑之而慮所處也，慮而後得，故无復咎矣。昔周公思兼三王，以施四事，其有不合者，仰而思之，坐以待旦，正或之事也。然尚有居東之危，故大臣以道事君，不可則止，乃若霍光之徒，其能免耶？

夫大人者，與天地合其德，與日月合其明，與四時合其序，與鬼神合其吉凶，先天而天弗違，後天而奉天時。天且弗違，而況於人乎，況於鬼神乎？

九五既云位乎天德矣，其天德何如？天地者以覆載爲德而无私者也，大人亦覆載萬物而无私，則與之合其德矣；日月以照臨爲明而无私者也，大人亦照臨萬物而无私，則與之合其明矣；春夏秋冬者，四時之序也，大人賞以春夏罰以秋冬，則與之合其序矣；福善禍淫，鬼神之吉凶也，大人亦福善而禍淫，則吉凶與之合矣。是故或先天以有爲，則天必不違；或後天以有爲，則人必從天。夫大人，天且不違，何況於人，何況於鬼神乎哉？此所以人必利見之也。

亢之爲言也，知進而不知退，知存而不知亡，知得而不知喪，其唯聖人乎！知進退存亡，而不失其正者，其唯聖人乎！

亢之爲言也，知進而不知退者也，退斯及之矣；知存而不知亡者也，亡斯及之矣；知得而不知喪者也，喪斯及之矣。知之者，其唯聖人乎哉？蓋知而不失其正以免於悔者，他人不能信，唯聖人而後然也。

坤卦 ䷁

坤，元亨，利牝馬之貞。君子有攸往，先迷後得主，利。西南得朋，東北喪朋，安貞吉。

「坤」者，六偶其畫之卦也，純陰之卦也。陰之數終於六，故伏羲俯察地理，畫六偶之卦以象之，而名曰坤焉。文王從而繫之，辭曰「坤元生物」，亦配乎乾德而大亨焉，但所利者在於利牝馬之貞而已。蓋以健順之德而從乾，猶牝馬之從乎牡也。夫坤，母道也，臣道也，妻道也，故取象如此。言柔順爲德以從陽，爲正不可專有爲也。以人事言之則柔順君子有所往也，先爲之唱則迷於心，後有所隨則得其道，以陽則唱也，以陰則和也。所主者在於利而非義，以陽主義也，以陰主利也。進而西南則得朋者，類行而寅恭也；退而東北則喪朋者，孤忠而輔一人也。安於柔順正固之道則吉，應乎乾也。

彖曰：至哉坤元！萬物資生，乃順承天；坤厚載物，德合无疆；含弘光大，品物咸亨。

坤之元亨，何也？曰：「以氣言之，極矣哉！坤之元也。」萬物之資始於乾者，皆資之以形，乃順從而奉承乎天，无所違也。又以其體言之，則地勢之坤，博厚載物，德則合乎高明，覆物之无疆焉，其量則含容而不狹小，光明而極廣大，以是品物並育其間，各得其所，不相侵害而无有不通。此坤之亨，足以配乎乾也。

牝馬地類，行地无疆。

坤利牝馬之貞，何也？乾陽爲牡，坤陰爲牝。牝馬地類，順而能健，行地无疆。蓋謂坤有利貞之德，非若乾之无所不利而貞也。在于以地類之物行地之道，无疆界爾，此坤道之利貞也。是故人臣之業，无有限量，皆職分所當爲，雖勷勞无疆，不可以自多也。

柔順利貞，君子攸行，先迷失道，後順得常。西南得朋，乃與類行；東北喪朋，乃終有慶。安貞之吉，應地无疆。

君子有攸往，何也？言柔順利貞，君子之德也，有是德則宜有所往。「先迷」「後得」者何？先則牝晨而迷，失其道；後則因唱而隨，得常道也。「得朋」「喪朋」者何？西南得朋，乾居中位進而西南以遠乎乾，則與夫寅恭之人陳其力也；退而東北以近乎乾，則絕其朋黨，孤忠委身，終獲福也。「安貞之吉」者何？應坤道之无疆，安于至順以從乾，所以吉也。

象曰：地勢坤，君子以厚德載物。

以坤象言之，則地之爲勢，博極其博，厚極其厚，隨其山嶽瀆海，陰陽之物，咸載之而不重，振之而不洩，並育而不相害，此其所以爲坤也。君子體此坤象，以博厚之德而載乎庶物，則君子、小人各得其所，鳥獸草木咸若其性，同乎坤德之无不持載矣。

初六，履霜，堅冰至。

本義詳矣。然以陰道及人事言之，夫陰氣始凝，尚易釋也；凝而不已則堅冰至，而不易釋矣。惡心始萌，尚易去也；萌而不已則大惡至，而不易去矣。此君子所以思患預防而辨之宜早，其自修也則謹微。慎獨之功，不容緩與？

象曰：履霜堅冰，陰始凝也，馴至其道，至堅冰也。

初六而云「履霜堅冰」，何也？謂陰氣始結於下，其上猶有陽也，及馴至其陰生之道，則其凝必至於堅冰而純乎陰矣。褚氏曰：「『履霜』者，從初六至六三；『堅冰』者，從六四至上六。」觀於曆象，五月則陰生爲姤，至九月則霜降，十月則冰始結而地凍。由是言之，則姤者履冰之端，霜降則陽剥而陰，堅冰之必至矣。是故三陰生斯極暑，暑極則否；三陽生斯極寒，寒極斯泰。君子謹履霜之戒于姤可也，剥則晚矣。能不盡剥乎哉？姤其可懼矣夫。

六二，直方大，不習无不利。

坤道，貞順而從乾，是其直也；安静而有常，是其方也；博厚悠久，是其大也。此坤之三德，諸爻不備。六二中正，具此三德則資生庶物，以簡而能，不假演習而无不利矣。人臣而具是三德，則體具用周，雖歷諸難，罔不攸宜，豈假學習而後利哉？詩曰：「左之左之，无不宜之；右之右之，无不有之。」此之謂也。

象曰：六二之動，直以方也，不習无不利，地道光也。

六二之直方，何也？語其動以從乾德，如是也，直方斯大矣。「不習无不利」，何也？語地道生物，成功配天而光大也。

六三，含章可貞，或從王事，无成有終。

六三以陰居陽，外柔順而内剛健，衣錦而尚絅者也，故其象爲含章。内含章美而不外見，斯可以正固其守，不躁妄矣。如有時而或從乎王事，則必善於其職而不居成功，可以无患而克有終也。

象曰：含章可貞，以時發也；或從王事，知光大也。

六三含章可正固者，不衒美以求售，唯待時以發知之，藏其用也。或從王事无成而有終者，藏用之知發越光輝而盛大也。蓋能成國家之事而又顯榮其身，非知者含章，能至是哉？

六四，括囊，无咎无譽。

四近五而應初，乃上近君下臨民之臣也，坤之六四以陰居陰而五初皆陰，上下无應則是居禁近之地，陰重而不泄之臣也。蓋禁近之臣通上下之情而致天地之泰，在斯人也；隔上下之情而致天地之否，亦斯人也；宣上下之情以取身家之禍，亦在其身，可不謹哉？六四既陰重不泄，又上下无應，是慎密其言，如結囊口而不發者。結囊口而不發，則既无致否取禍之咎，亦无薦賢致泰之譽矣。夫「无譽」者，非真无言也，有謀有猷以爲君爲國，但緘口不宣泄云耳。

象曰：括囊无咎，慎不害也。

「括囊无咎」，何也？處利害之地，慎密而不泄，可无害也。

六五，黃裳元吉。

易象以坤配乾，坤之六五則乾九五之配后妃之象也。六柔順，五中德，以配乾之九五則陰從乎陽，柔從乎剛，以中順之內子而應乎剛中之主也。所謂「窈窕淑女，君子好逑」者，由是王業興、王化成矣，吉孰大於此耶？夫「黃」者，中色；「裳」者，下體之飾，承衣之服。六五順德積中而生色於外，有令聞矣，乃不以爲衣而爲裳，不敢當尊而居體，唯上是承。斯中貞之賢，后非堯女、舜妻、文王后妃不足以當此，其大吉可知。反是，則呂氏臨朝而幾於亡漢，武氏臨朝而幾于亡唐矣，有天下者可不永以爲鑑也哉？

象曰：黃裳元吉，文在中也。

六五「黃裳元吉」，何也？以文理在中而發見乎外也。以身言之，則中德之盛而生色於外，身修之驗也；以國言之，則内助之至，齊治之彰也，不亦元吉也耶？

上六，龍戰于野，其血玄黄。

陰極則抗陽而爲龍矣，陽不堪而禦之，陰能下之哉？有戰而已。陽雖理直，陰則勢盛，故一戰兩傷而已。陽不能勝陰，陰豈能自存乎哉？呂后臨朝，欲移漢祚而呂无噍類；王莽攝位，欲因假即真而王族盡滅，此其象也。後之爲君臣者，可不永鑑之哉？

象曰：龍戰于野，其道窮也。

坤，牝馬之象也，極則龍矣。自乾而視之，則始怪其然而與爭，遂俱失其位而戰于野矣。至此，則陰道已窮，何能長久乎哉？其不能辨之於早使至此，則陽之咎也。

用六，利永貞。

乾占用九，而喜群龍之无首，言天當從不可爲首，萬物一天而已之義也。坤占用六，變而九，則牝馬而龍矣。非陰陽之利，故其利唯在於長久，其貞順之道而已。蓋陰宜早辨而道不可窮故耳。易垂訓之義，大矣哉！又曰：「凡陽卦之占用九，陰卦之占用六。」故陰陽變占之例於乾坤二卦發之。坤之用六，陰變而陽，則利於長永貞固，其順道是即安貞之吉也。不然，則牝馬而龍，牝雞而晨，何利之有？

象曰：用六永貞，以大終也。

用六而利永貞，何也？陰變而陽，小以成大，而令其終也。陰不可以爲陽，以順道而安於其貞，則无不利矣。

文言曰：坤至柔而動也剛，至靜而德方；後得主而有常，含萬物而化光。坤道其順乎？承天而時行。

坤，純陰而至柔也，而其動則剛不可遏；至靜也，而其德則方以安貞。不先天而後天，不主義而主利，安於順從之道而有常，含容萬物而藏諸幽，化育之而顯諸仁，坤道如是其順矣乎？不自始而唯天道是承，不自行而唯天時是行，非至順能如是耶？

積善之家，必有餘慶；積不善之家，必有餘殃。臣弑其君，子弑其父，非一朝一夕之故，其所由來者漸矣！由辯[一]之不早辯也。易曰：履霜，堅冰至。蓋言順也。

初六「履霜堅冰」，何也？云陰之盛非偶然也。蓋凡爲善之家，非偶以一朝之善而遽獲慶也，積而不已，至於善之極焉，則諸福必臻有餘慶矣；凡爲惡之家，非偶以一朝之惡而遽獲殃也，積而不已，至於惡之盈也，則諸禍必集而有餘殃矣。夫陰者，不善之心之萌也，萌而絕之則爲惡之根斷矣。苟日萌而不已，則臣必弑其君，子必弑其父，豈一朝一夕之故哉？其所由來者，由至微而至於至著，有其漸矣，由去惡者知惡之當去，而不能辯之於早故耳。此履霜必至於堅冰，易云然者，蓋言乎去惡當慎之於微，至於太著則不可改也。蓋當純陽之時，一陰生爲姤；二陰生爲遯，君子逝矣；三陰生則天地閉塞而成否；五陰生則陰居尊位，陽盡剥矣；六陰生則牝馬爲龍而戰乎乾矣。辯之於早，姤繫金柅可也，遯則居中用事而應五，勢難制矣。況夫否剥之時，龍戰之際，雖大有爲者，能如之何哉？

直其正也，方其義也。君子敬以直內，義以方外，敬義立而德不孤。直方大，不習无不利，則不疑其所行也。

六二之「直方大，不習无不利」，何也？六二以陰居陰，故爻辭云「直」，語其正也；中順自裁，故以「方」言，語其義也。蓋君子主敬以直其內，制義以方其外，敬義交修而立焉，德斯博厚而不孤矣。如是則何假修習，又何疑所行

[一]「辯」，原作「辨」，據周易改。

哉？此六二所以備三德，不習无不利也。

陰雖有美，含之，以從王事，弗敢成也。地道也，妻道也，臣道也。地道无成而代有終也。

六三「含章可貞，无成有終」，何也？以陰居陽，是美在其中，含而不發，待時以有爲也。或王事加於其身則宣其美，以從事而又弗敢自成而擅其美焉，何也？乃地之道也，以有乾也；妻之道也，以有夫也；臣之道也，以有君也。緣地唯以從乾爲事，故无成而代有終耳，代君有終斯爲臣克終，不然能有終乎哉？誠齋楊氏曰：「臣有美而不含者，矜也；含而不從王事者，吝也；從事而居成功者，驕也。无是三者，斯可有終。大禹之不矜伐，周公之不驕吝，得是道矣。」人臣其可不玩占也哉？

天地變化，草木蕃；天地閉，贤人隱。易曰：括囊，无咎无譽。蓋言謹也。

六四括囊而无咎譽，何也？四近五而應初，居于要地，通乎上下之情者也。出言而善則泰道成，天地變化而草木蕃；出言而不善則否道成，天地閉而賢人隱矣。此一言可以興邦，可以喪邦之位，可不謹乎哉？啟沃於內而不泄於外，若結囊口而无出，則无咎亦无譽，得失若无所關矣。蓋人臣居近君之位者，宜謹密如是也。

君子黄中通理，正位居體，美在其中，而暢於四支，發於事業，美之至也！

六五「黄裳元吉」，何也？言君子蘊中德於中而達其文理於外，正其居中之尊位矣。乃裳而不衣，謙卑而居于下，體无驕矜焉。是信之美在其中而生色於四支，以暢達於外。又發越於天下而施大中至正之事，立大中至正之業。此坤德之所以元吉，美之至而无以加矣。

陰疑於陽必戰，爲其嫌於无陽也，故稱龍焉；猶未離其類也，故稱血焉。夫玄黄者，天地之雜也，天玄而地黄。

上六「龍戰於野，其血玄黄」，何也？陰道極盛而絕无順德，則陽始疑之必爭而戰焉。坤至於戰，乾則嫌於无陽，不可以爲訓也，故稱龍焉，猶十月无陽，稱陽月也。然陰雖敵陽，猶未離其類也，故稱血焉。血云「玄黃」者，天地之色之雜也，天色玄而地色黃，言乾坤俱傷而見夫血也。至是則乾已失位无權而歸于坤，坤則天下共憤而伐之矣，豈能獨存之哉？

屯卦 ䷂

屯，元亨利貞。勿用有攸往，利建侯。

屯，坎宮之卦也。後天之卦以坎爲首，乾坤定位必相交也，始交而得震，所謂一索得長男也，又一動而遇卦首之坎，是動而難生而爲屯矣。以人物言之，凡懷妊而未娩，萌芽在土而未達；以時世言之，則世難未平，賢人在下，動乎險中而未出，皆屯之象也。屯則有大亨之道焉，蓋妊則必娩，萌芽則必達，難則必平，賢人在下必出，而大有爲焉。蓋屯難之世，正君子經綸之時，故屯必大亨，非止小有通達已也，然所利則在于貞焉。蓋孕而不育，泣血而終，屯皆不貞之故，故屯之大亨利於貞也。然不可以有往，有所往則入於險而不易出矣。當斯之時，有賢在下，大能得民，宜建以爲侯，則庶民歸而亂可定，此亨屯之道也。往者之乎坎也，如漢獻陷於曹操之類。

彖曰：屯，剛柔始交而難生，動乎險中，大亨貞。雷雨之動滿盈，天造草昧，宜建侯而不寧。

卦之爲屯，何也？震一索而得男，此剛柔之始交也，遇坎則難生矣，此屯之謂也。動乎險中，斯大亨所利之貞，亦可見也。其勿用有往利建侯者，何也？震雷坎雨交相動作而滿盈於天地之間，正天之造物草創而冥昧之時，當斯時也，豈宜出而在途有所往哉？宜立君以統衆，不遑寧處可也。不利往者，前有坎也；宜建侯者，動在下也。

象曰：雲雷，屯。君子以經綸。

井以上出爲功，坎以下降爲雨，故震上坎下爲解，坎上震下，則雲未成雨，雷未在天，斯屯難之象也。君子當此之時，體此屯象而施平治之功，則以肇修人紀以盡夫至誠之道，經天緯地以致夫裁成之功，則天下皆歸於綱紀之内，教化四達，无復動而出乎險矣。夫不屯則不可以經綸，屯而經綸，一亂一治之謂，非君子得已而不已也。蓋屯難之世治緒亂矣，經之則縱理其緒，使緒各有分；綸之則横聯其緒，使緒各有合，猶夫機杼之織物然也。必曆象齊政以授時，斯經綸之道行諸天；必經畫井地以授田，斯經綸之道行諸地；必正其倫理，使禮立而樂和，斯經綸之道行諸人，即經天緯地，肇修人紀之謂。非天下至誠，其孰能及之？

初九，磐桓，利居貞，利建侯。

先儒釋「磐桓」爲不進之貌。愚按「磐」，山石安處不遷；「桓」表柱豎立弗移，皆非動物，故「磐桓」爲不進之貌也。屯難之時，五居險中，上下四陰，柔弱无爲，唯初九剛正亨屯之才也，然賢而在下，安處不進而已。其所利者既不能爲大人之業，又不可爲小人之事，則唯尚志以居乎正道已矣。然當屯之時有濟世之才，不能終隱，又不可以自尊而冒乎險也，則利于擇賢立侯以統之。斯衆歸而屯可亨矣。初九之德，大矣哉！

象曰：雖磐桓，志行正也；以貴下賤，大得民也。

初九磐桓居正，何也？屯難之初，動斯遇險，故重剛居正之君子，唯磐桓不進而已。然剛正之才雖磐桓，非終隱淪，實審所進止，志行正道，以濟時也。其「利建侯」何也？陽貴陰賤，初以剛正之德而居於群陰之下，是有則若无，實則若虛，好問好察，以貴下賤，大得乎民，衆所歸也。此所以利於建侯爲亨，屯之主歟？

六二，屯如邅如，乘馬班如，匪寇婚媾，女子貞不字，十年乃字。

六二柔順中正，上應九五，當屯之時，五在險中。君之憂，臣之辱也。故君之難爲己之難，身在於屯如之地焉。然欲進而拯之，爲三四所隔，又才弱不進，屯邅而已。初重剛馬也，乘以前進，又班如而退還。蓋初有濟時之才，二欲資以輔五，初乃磐桓居貞方，以貴下賤將建侯有爲，不屑於資二，是乘馬班如之象也。然非特班如而已，又以陽而求陰焉。夫以陽求陰，非侵害而爲寇也，正欲結爲婚媾，輔己以有爲耳。九二具中正之德，不初之從，唯五是應，乃至十年之久，其貞節猶不改焉，則上下感化，隔者通，班如者進，雲龍會合，坎窞平而屯難濟矣。九二之貞，其終力斡造化者也。「班」訓旋者。禹謨言班師，左傳紀班馬，皆回旋意也。

象曰：六二之難，乘剛也；十年乃字，反常也。

六二「屯如邅如」，何也？乘乎初之剛也，否則比而不復屯矣。「十年乃字」，何也？貞節有終，屯而比也。

六三，即鹿无虞，惟入於林中，君子幾不如舍，往吝。

六三陰柔，不中不正。上應五而有隔，下比二而不合，初則剛正在下而不相即也。當屯之時而所存所遇如此，故有即鹿无虞，入于林中之象。夫即鹿而獵，以虞爲導，苟无導者則行入林中，无得而有害矣。蓋鹿喻禄也，君子言行能謹而有中正之德，斯得禄之道。反是則上下不與，君亦舍之矣。其能得禄而无害哉？君子見幾而作，不如舍鹿，安於屯而不即焉，可也。不然往必取，吝而足羞，其能雪之哉？

象曰：即鹿无虞，以從禽也；君子舍之，往吝窮也。

六三即鹿无虞而入林，何也？荒於從禽而忘身也，使顧其身則必反中正之德，人與之，鹿亦從之矣。「君子舍之往吝」者，何也？往則震道窮，退則坎不及也。

六四，乘馬班如，求婚媾，往吉无不利。

六四有貞順之德，與五同體，居屯坎之地，切欲往進以出坎者也，而所乘之馬則班如，盤旋而不進，不得馬之力也。居主憂臣辱，君臣同患之地，而柔暗不能以濟險，可无求助而遽已哉！然初九負剛明之才，方磐桓在下，匪伊異人，實婚媾之可求者也。苟以暗求明，以柔就剛，必陰陽相合而吉，以上濟其君，下安其民，中保其身，无不利矣。蓋四居震上爲善鳴，爲馵足，爲作足，爲的顙諸馬。初九有得民之德，爲四正應，故爻辭云然。

象曰：求而往，明也。

六四求初往，吉无不利者，何也？四重陰固柔暗之才也。然能求賢自輔以濟時艱，則不唯有自知之明，亦且有取善於人之智矣。有自知之明，又取諸人以爲善，明孰加焉？其往吉无不利，有以哉！

九五，屯其膏，小貞吉，大貞凶。

九五以重剛坎體而居尊位，是有膏澤天下之具，作威作福之權矣。然四爻皆陰，初陽在下復磐桓不進，是賢人在野而前後左右皆逢迎之小人矣。故膏澤雖在於己而施則由人，恩惠盡出於私門，欲一天下，其施莫之能也，是謂屯難。其膏澤之象，蓋威福之權，潛移於人，不自知矣。屯至於是，由是以處小事，若賁餙儀文之類以正而猶可獲吉，以處大事，以遏惡揚善之類則雖正必凶，爲國而至，斯其可不徐求其源而審處之耶？

象曰：屯其膏，施未光也。

九五屯膏，何也？云九五之膏澤，非不施也。屯難之時其施孔多，但威福之權移弄於群小，賞非功而罰非罪，舉則枉而錯則直，施未光明故耳。施未光明，權歸於市恩之家，此膏之所以爲屯五之貞，所以反兇也與？

上六，乘馬班如，泣血漣如。

作難而爲震險者，坎也，爲坎而爲五；險者，四與六也。五有重剛之才，中正之德，其膏澤非不足以濟天下也，六則以重陰而掩蔽于前，四則以重陰而遮隔于後，使在野之賢得衆於下而不之聞，任事之臣十年擯棄而不之進，大君之澤屯于天下而不之顧焉。至此猶假竊主權爲屯不已，其能行之哉？「乘馬班如」，言不可以有行而出乎屯也。五不出坎，主辱且危，臣死之秋也。故泣盡而繼之以血，漣如以自哀，誰其恤之哉？五陽爲馬，六居其上，爲乘馬之象，即假竊主權以行事者，故爲乘馬之象云。

象曰：泣血漣如，何可長也？

壅蔽聰明爲屯，一世之人，人神共憤，爲其主者，始雖悦其媚，終亦悞其奸，而與天下共棄之矣。故重陰小人始雖作難于天下，終則難作於其身，其臨難而自哀也，泣盡而繼之以血，人誰恤之哉？然哀至於此，夫豈長久者耶？

蒙卦 ䷃

蒙，亨。匪我求童蒙，童蒙求我。初筮告，再三瀆，瀆則不告，利貞。

坎在艮下，爲山下出泉之象。泉盈坎而止，實於中而虚諸外，若童稚之人所稟真純之理，未爲物誘者也，故其象爲蒙。山泉之蒙，盈科必進，爲瀾爲瀆，无壅不決，放諸四海而止。童蒙亦如之，是蒙斯亨也。然坎澤中實，艮稿中虚，稿乃資澤，虚以應實，故有師不往教、弟子來學之象。蓋學者誠一而好學，則有受教之地而可教，否則不足教矣。九二有剛中之德，善於養蒙，故擇虚中，應中无他之童蒙，以道教之，是初筮之告也。其他初欲應四而尚賢不專，三欲應六而下賢不篤，四則遠賢无自新之意，是二三其心者，何足以教之？故云再三者爲瀆亂其心，瀆亂者則不屑告也。然君子之施教，蒙之受教，皆宜在於正道而无容邪焉。

象曰：蒙，山下有險，險而止，蒙。蒙亨，以亨行時中也。匪我求童蒙，童蒙求我，志應也。初筮告，以剛中也；再三瀆，瀆則不告。瀆，蒙也。蒙以養正，聖功也。

艮坎爲蒙，何也？艮，山止而坎險，山下有險。内險而外止，有如童蒙，所以謂之蒙也。曰「蒙亨」者，何也？以亨道行焉。亨道在於時中，君子而時中，則无時而不亨也。此語有道君子而能養蒙者也。蒙，剛中于内而柔中于外，是无時不中，此施者道亨而受者亦從而亨也。故先時而授受者，則扞格而不入；後時而授受者，則勤苦而難成。故君子教學有三時，有終身之時，終歲之時，終日之時，不可失也。「匪我求童蒙，童蒙求我」，何也？以六五虛中願學之志，與九二剛中樂育之志應也。禮曰：「禮聞來學，不聞往教。」此之謂也。「初筮告」者，何也？以九二剛中之德，時其誠而開導之也。「再三瀆，瀆則不告」，何也？謂再三則瀆，亂而不誠則不告，爲亦瀆亂。其蒙也利貞，何也？謂童蒙之人純心未失，因其純而養之以正，則純而誠，誠而明，入于聖矣。此作聖之功，唯在于童蒙之時而養之，則利於正也。苟失其時，雖養之以正，成功難矣。

象曰：山下出泉，蒙。君子以果行育德。

山下出泉，乾、坤之蒙也。君子法之則以果決其行而由乎義，泉之達也；養育其德而居乎仁，山之止也。此君子之蒙也。

初六，發蒙，利用刑人，用說桎梏，以往吝。

刑，法也。書云「刑于二女」，詩云「刑于寡妻」，皆是義也。初邪慝未發，上比九二，是當其未發而禁之以發蒙者也，蒙之開明易矣。然不可專以夏楚而威之利用以修諸身，嘗以果育者之德行以示法其人，使其觀感而化，不犯乎械繫之刑焉，斯善矣。苟發蒙不于其初，所以刑之者，又无其本，過此以往，真純喪而邪慝作，雖日撻而求善，終不可得也，不亦吝耶？或曰：「刑者，刑罰。禮所謂『夏楚二物，收其威者』是已。」蓋發蒙之初，不宜姑息，利于不正之蒙，用嚴刑以懲之，期于无刑，俾自不犯于有司，而說其桎梏焉，斯善矣。不然姑息以往，使其犯于桎梏而不說吝之道也，亦通。或曰：「痛懲暫舍，何如？」曰：「非法也，不如刑期无刑爲善。」

象曰：利用刑人，以正法也。

初六「利用刑人」，何也？發蒙之初，端本爲先。有善於己，然後可以責人之善；无惡於己，然後可以正人之惡。故利用以身教爲先，以正乎法也。詩曰：「其儀不忒，正是四國。」此之謂也。又曰：「刑以正法，弼其教也。」

正法于初，禁于未發，教之豫也。

九二，包蒙吉，納婦吉，子克家。

九二以剛中之德爲養蒙之主，初三親比，五乃正應，四六在于所包之中。故其爲德有三：有師道之善焉，有夫道之善焉，有子道之善焉。以師道言之，包容群蒙而納於仰止，科坎之内則不問其類，小大皆成，此師道之吉也；以夫道言之，己有剛中之德而外有柔中之德應之，是正其身而寡妻刑之矣，此納婦之道也；以子道言之，五居尊而柔止，父之蠱也，己具剛中之德則幹父之蠱而能濟矣，此又爲克家之子，吉可知也。

象曰：子克家，剛柔接也。

「子克家」者，何也？五方柔中以止于上，二即剛中以接于下，斯其所以幹蠱而克乎家也。

六三，勿用取女，見金夫，不有躬，无攸利。

六三以陰居陽，不中不正，所應在上，乃悦二之近之富而下比焉。此淫奔之醜，勿用取以爲婦，可也。蓋其人无貞一之心，但見懷金之夫即失身矣，爲人臣僕，則呂布、馮道之徒。於人之家室、社稷，何所利耶？

象曰：勿用取女，行不順也。

六三「勿用取女」者，何也？取女以貞順者，爲吉。六三見金即夫，行不貞順，於室家不利，故勿用取耳。

六四，困蒙，吝。

六四以陰居陰，蒙暗甚矣。急求賢以發之，可也。乃上有陽而隔于五，下有陽而間於三，是弗親仁賢，困而不學，甘於自暴自棄者也。故近五則上无致君之術，應初則下无澤民之猷，古今不通，言則忸怩，行斯窒塞，動取耻辱而已，能不吝乎哉？

象曰：困蒙之吝，獨遠實也。

六四「困蒙之吝」，何也？初及三皆親賢，五居尊而下賢。四重陰之蒙，困而无知，獨遠賢而弗親。乃困而不學，下禺〔二〕之流也，能不吝乎哉？

六五，童蒙，吉。

六五以艮體而居蒙之尊位。艮，少男，是爲童穉之蒙，儲君之象也。虛中好善，下應剛中之賢，以爲保傅，養之以正儲以居尊，則聖學可至而明明德於天下矣。不亦吉乎哉？或曰：「四亦少男，不得爲童蒙，何也？」曰：「四非中非才，又自棄暴而遠實，此卒老而蒙者，何童之有？」

象曰：童蒙之吉，順以巽也。

童蒙何以吉也？六五以互體言，則坤順也；以互〔三〕變而言，則艮爲巽也。既順且巽，所以一其心志，惟賢是親，蒙以養正而聖也。其視夫用刑之蒙，見利忘身之蒙，困而不學之蒙，聖凡異矣。此童蒙之所以吉歟？

上九，擊蒙不利爲寇，利禦寇。

蒙之四陰俱蒙，其二陽則啟蒙之師也。九二以剛中而啟蒙於始，故包蒙而以寬上；九以過剛而疾頑於終，故擊蒙而不宥。蓋發之而蒙如，故包之而不自新。三復導之，猶或見利而忘義，四有遠實之吝，五童蒙之吉。此上九之剛所以必用夏楚二物，所以必施而收其威與？夫威之者，成物之仁也。然至於戕其生，或致其逆於上焉，則反爲之寇害，非所利矣。其擊之之利，唯在于禦其外至之寇而已，如遠實而不親，見聲色貨利而忘義，皆寇也。利用擊寇以禦之，使毋得而爲其害焉，斯義矣。

〔二〕「禺」，疑當作「愚」。

〔三〕「互」，原作「五」，據文意改。

象曰：利用禦寇，上下順也。

用擊蒙之剛而禦寇，則上不爲寇，而下亦无復寇矣。此上下之順，由艮變而坤然也。

需卦 ䷄

需，有孚，光亨，貞吉。利涉大川。

「需」者，待也。此卦乾下坎上，坎險在前以乾健臨之則德行恒易，以知險而不遽進以陷於險，故卦名曰需，言有待而進也。繫辭曰「有孚光亨貞吉，利涉大川」者，謂凡人事已修而天時未至者，當自信自安，恬以待之。此盥而不薦之誠也，故曰有孚。孚則誠明形著，亨通而險如夷矣。然又必所需在于正道，斯吉。不然則淫邪所需，何吉之有？夫需吉則前雖有險，亦利涉而无患矣。

彖曰：需，須也，險在前也。剛健而不陷，其義不困窮矣。需有孚光亨貞吉，位乎天位，以正中[一]也。利涉大川，往有功也。

需，須也，坎險在前，陷溺之所也。以乾健而臨之，則知險而不陷，揆之於義，自不至於困窮爾矣，此以卦體言也。「需有孚，光亨貞吉」者，何也？以爻言也，九五位乎天位而有中正之德，足爲天下法則者也，中正如是則誠于中，輝光于外，亨通而正，无不吉矣。又曰「利涉大川」者，何也？以兩象言也，以乾健而不陷，臨乎坎水，惟不往涉，則已往則有功，篾不濟矣。

[一]「正中」，原作「中正」，據周易改。

象曰：雲上于天，需。君子以飲食宴樂。

雲上於天，雨水必下，此非可攸往之時。需，待之象也。君子當夫此時則以飲食宴樂焉以待之，非故養小而溺于逸也。凡事之當需者，則宜安以待之，聽其天之自定，時之自至焉耳。否則，勞心適以敗事，欲速而反不達矣。

初九，需于郊，利用恒，无咎。

初九未近于坎，是當險難之世，見幾而遠隱者也，故有需郊之象。然上應坎體之六四，若爲所牽引而變其常，守則載胥及溺而有患，故利于堅持其高尚之節以有恒焉，則終能全身遠害而无咎矣。

象曰：需于郊，不犯難行也。利用恒无咎，未失常也。

「需於郊」，不犯坎難而前行也。「利用恒无咎」，宜堅守其節，未失需郊之常也。

九二，需于沙，小有言，終吉。

九二以中德而居健體。當需之時，需不于郊、于泥而于沙，是處于隱見之間者也，如是則遯者譏其干禄，仕者議其忘世，言語小有傷矣。然以道自裕，進則濟時，退則保身，終獲其吉矣。夫孔孟不爲小人之事，欲行道濟時，又危亂之邦，不入不居，正需沙之道也。

象曰：需于沙，衍在中也。雖小有言，以吉終也。

「需于沙」者，言九二以道自裕，進退綽然，衍在中也。時雖見愠于群小，然終能及時進退，則自无不吉也。

九三，需于泥，致寇至。

九三去陷愈近，則是入于危亂，爲富貴功名所溺者，故爲需泥之象。然需泥何所待哉？待夫寇盜之至，戕焉而已。

象曰：需于泥，災在外也。自我致寇，敬慎不敗也。

「需于泥」者，是災不在内而在外也。「自我致寇」者，是過剛而躁進，弗能敬慎以待之也。若能敬慎，則危不入，亂不居，寬衍在我，不需泥而致敗矣。

六四，需于血，出自穴。

六四坎體，近五者而有穴象。當險難之時，而有官守、言責之寄，无所逃焉者也，故有需于血之象。需血則見危受命，以平難而爲心矣。若此者必能濟其君而顯其身矣，能不出自坎穴也耶？

象曰：需于血，順以聽也。

六四所以「需于血」者，但知捐身以求濟而成敗利鈍非所計者，順以聽乎命也。若居此位者，有官守者而不盡職，有言責者而不盡忠，臨難避之，期苟免焉。是不順乎命，誅戮必至，血終不免焉，能出夫穴耶？

九五，需于酒食，貞吉。

九五陽剛中正，需于尊位，是王者布紀綱、行號令，俟天下自化，无欲速期必之心，惟醉飽以德而安，以待其成也。如是則得所需之正，而治平之福自著于篤恭之餘矣。何吉如之？

象曰：酒食貞吉，以正中也。

「酒食貞吉」者，以九五有天德之中，王道之正，所以篤恭，以俟其化也。

上六，入于穴，有不速之客三人來，敬之終吉。

重陰而非健進之體，又居需極坎之地，无立功求名之心，入於嚴穴以自安者也。如是則雖有健而進，不待速召，三客來就，雖暴戾難禦，然酒食之筵既闌且散，此能敬以待之，彼亦无爭，而終能保其吉矣。

象曰：不速之客來，敬之終吉，雖不當位，未大失也。

不速之客來，雖出于无故，然暴横之徒，苟不以禮處之則必有傷矣，故敬之終得吉也。

訟卦 ䷅

訟，有孚，窒惕，中吉，終凶。利見大人，不利涉大川。

訟之爲卦，上乾下坎，内險外剛，又乾上左旋而西，水下右注而東。靜非同體，動即相違，皆爭訟之道也，故名爲訟。繫辭以爲訟有孚而窒，則是理實直而不達，情真是而受誣，必見之訟矣。然訟非美事，當有善處之術，必惕血慮患而狠，无求勝損過就中而忿，必思難則冤抑可伸，囹圄不淹，吉矣。若克伐自遂，終極其訟，則虧體辱親，故凶且訟。貴聽斷得人，必見夫中正之大人，則是非之實不枉，不亦利乎？若行險僥倖，設坎窞以陷人，則自入于淵矣，故曰「不利涉大川」。

彖曰：訟，上剛下險，險而健，訟。訟有孚窒惕中吉，剛來而得中也。終凶，訟不可成也。利見大人，尚中正也。不利涉大川，入于淵也。

卦名爲訟者，何也？此卦乾剛坎險，以上下言則上剛制下，下必不堪；下險伺上，則上爲所挾。以一人言，則内險既忍于害物，外剛又足以遂奸；以二人言則己險能攻彼健，彼健又爲我敵，皆訟之道也，故其卦名曰訟。曰「有孚窒惕中吉」，何也？蓋以卦變剛來，居二遯而訟，則有孚而不達，惕懼而得中也，故吉。所謂「終凶」，蓋訟非美事，若終極其訟，則怨結而禍深，不可成也。所謂「利見大人」者，蓋九五有中正之德，足以化天下之人，故尊尚之而利見焉。所謂「不利涉大川」者，蓋坎險淵之象也，以乾剛健而履之，則冒險而入于淵矣。訟者行險而求勝，寧不爲險所陷乎？

象曰：天與水違行，訟。君子以作事謀始。

天上升而水潤下，天左旋而水東之，其行相違，訟之象也。君子體之以作事，其始也，或在上位則不違乎下，或在下位則不違乎上，至于所居在於內外前後之地，皆謀以善道處之，弗乖忤焉。斯訟端絕而无患乎後矣。又曰天水違行，訟之所由生也。然天一生水而高下相遠，訟斯絕矣。君子作事於非我族類之人，生之而不傷，遠之而不狎，斯居訟之地而无訟之患矣。又曰：訟之招以事之始，行相違也；君子作事謀之于始，行不相違則訟自息矣。

初六，不永所事，小有言，終吉。

初六以陰柔居下而當訟，初才弱勢微，非剛上之敵，而健於訟者。又與二四皆陰陽相比，故不永于訟事，而小有辨說之言也。然始以陰陽相違而少有訟言，終以陰陽相合而善于後矣。

象曰：不永所事，訟不可長也。雖小有言，其辨明也。

「不永所事」者，以其訟事宜息而不可長也，長則有辱身及親之禍矣。「小有言而終吉」者，唯自陳以不敢永事之言而是非已明，不麗刑也。

九二，不克訟，歸而逋。其邑人三百戶，无眚。

上應九五，上下俱剛，必至于訟。然二，臣也；五，君也。以臣而訟君則犯，非其分則大禍不免。二則安爲臣之分，不克訟而逃竄焉。如是則上下之分明，不惟已不陷于罪戾，雖邑人三百戶亦皆无災眚矣。

象曰：不克訟，歸逋竄也。自下訟上，患至掇也。

既不克訟，其勢必歸而逃焉。蓋以臣而訟君，則惡逆之患乃其自取，九二有見於此，故不克訟而逋竄也。

六三，食舊德，貞厲，終吉。或從王事，无成。

六三以陰處乎二陽之間，所應亦陽，是无所貪得而訟，唯食夫舊所得者而已。楊氏所謂保其禄位者也。然以一陰而介乎二剛之間，又居于凶地，能无危乎哉？若能正以自固，恒有危懼之心焉，則終獲其吉，无後患矣。然或上任以事，使其聽訟則擬議以待命，无敢成焉，斯其所以吉也。

象曰：食舊德，從上吉也。

六三「食舊德」而終吉，何也？以正自處而恒有危懼之心焉。以此而從王事，待命以成，毋敢自專，此其所以終保位而獲吉也。

九四，不克訟，復即命渝，安貞吉。

九四以陽居陰，剛而不中，宜有訟也。然處貴近之地而切比食德從上之吉，士又所應在下不永所事之吉，人將誰與訟哉？故不能訟。唯自反而就乎所稟之性命而已矣。夫自反者自見其過，能內自訟者也。既見其過，則必改之，以安于正理而无失矣，不亦吉耶？渝，變也，改也。

象曰：復即命渝，安貞不失也。

「復即命渝，安貞吉」者，是其內不失己，外不失人，而安于无事之天矣。何失之有？

九五，訟元吉。

陽剛中正以居尊位，則是德溥化廣，四方有風動之休，故訟不待聽而无者也，不亦元吉矣乎？

象曰：訟元吉，以中正也。

「訟元吉」者，何也？蓋其有中正〔一〕之德焉耳。中則有以化天下之不中，正則有以化天下之不正。蓋始之聽不偏，斷合理也。至于從欲以治，則興仁而興讓矣。故自无訟而元吉也。

上九，或錫之鞶帶，終朝三褫之。

上九以剛居訟極，終訟而能勝之，故有錫命受服之象。然公論久而自明，曲直久而自定。无理而勝者，其勝必

〔一〕「中正」，原作「正中」，據文意改。

敗；非分而得者，其得必失。故有「終朝三褫」之象。

象曰：以訟受服，亦不足敬也。

命服，所以彰德也。上九以訟受服則受非其道，服之爲不衷于事，雖勝于理，實非不足敬也。況終必見褫乎？

師卦 ䷆

師，貞，丈人吉，无咎。

師，兵衆也。此卦内險外順，以至險而行至順之道，以剛中而統庶陰之人，兵師之象也，故卦名曰師。然師非可以非道而用之也，在於以至仁而伐不仁，以至義而伐不義，以正道興師而已。然又必得夫年高丈人以爲將，則戰勝攻取，動有成功而吉，安天下而非毒天下，衛生民而非殃生民，夫何過咎？不然則凶咎不能免矣。故武王伐罪以尚父大老而爲將，斯獨夫誅而四海清；宣王出師以方叔元老而爲將，斯玁狁襄而蠻荆威矣。

彖曰：師，衆也；貞，正也。能以衆正，可以王矣。剛中而應，行險而順。以此毒天下而民從之，吉。又何咎矣？

彖釋曰「師」者何？言乎其衆也。衆則所以制敵者有其勢，以比閭族黨之民，爲伍兩卒旅之兵，是爲衆也。「貞」者何？言乎其正也。興師動衆在於弔伐，除殘去暴，能以衆而弔伐，則民皆仰之若父母，可以王天下矣。又「丈人吉无咎」者何？九二剛中，上應六五，則是元老爲將而有萬全之謀，天寵專一而无弟子之恭，是以行乎坎險之事而得衆，順之以此凶器而加于天下，皆順從而愛戴之矣。師何不吉，而又何咎哉？

象曰：地中有水，師。君子以容民畜衆。

地中有水，是水不外于地，由兵不外于民，故曰師。君子體此，能容保乎比閭族黨之民，則自得乎伍兩卒旅之衆。蓋披堅執鋭之兵，皆出于服田力穡之農矣。苟養之无素，則民不可聚，兵何由而出耶？

初六，師出以律，否臧凶。

出必以律。律者，行師之法也，必用衆以正。又得丈人毋或輿尸，斯謂之律。不然，雖善亦敗績而凶。況于不善，可幸而吉耶？

象曰：師出以律，失律凶也。

畜衆以仁，用衆以義，故出師必以律焉。苟无以律，雖正衆之道亦必凶焉，深戒其必以律也。

九二，在師中，吉无咎，王三錫命。

九二當師之時以剛中之德，上有虚心委任之主，下无剛愎不從之衆，世无才德與侔之人，是以上副以專制之權，衆聽其左右之命，在師衆中以司旗鼓，則所向克捷，有吉而无咎也。故王者三錫命以褒寵之，蓋成功則錫命，錫命至三而成功，非一二已也。然克捷至此，兵亦可息而勿復用矣。

象曰：在師中吉，承天寵也。王三錫命，懷萬邦也。

「在師中吉」者，何也？以九二身爲一世之丈夫，上應六五，俾爲主將，不在于前後左右伍中，而在招搖之下，專制閫外而承天寵也。寵任既專，成功可必，非特師吉而已，亦社稷之吉，王者之吉而无咎也。「王三錫命」者何？以其用兵之善。東面而征則西方之國來庭，北面而征則南方之國來庭，凡萬國之衆皆在王者懷柔之中矣，所以錫命不已而至于三也。

六三，師或輿尸，凶。

輿，衆也；尸，主也。師以丈人帥師爲吉。六三以陰居陽，才弱志剛，不中不正，乃近四應六，皆人君前後之人。

以此在于師中，必不遵將令，衆主其權，敗績必矣，是以凶也。

象曰：師或輿尸，大无功也。

輿尸之凶，何也？行師之道，將在師中雖君令不受，乃以弟子衆主兵權，則至于亡身敗國而大无功矣。何凶如之？

六四，師左次，无咎。

行師而善戰者，或殺人盈野、盈城，此大罪也。六四以順正之道，行師至此，出以律矣，將承寵矣，不撓權矣，前无勍敵，一鼓而進可也。然駐師而不貪功，止戈以服敵愾，此師之有得无失者，何咎之有？

象曰：左次无咎，未失常也。

「左次无咎」者何？蓋師以克敵爲功，以全師爲常，六四左次而不交鋒，雖无克敵之功，未失其全，師之常矣。何咎之有？

六五，田有禽，利執言，无咎。長子帥師，弟子輿尸，（貞）[一]凶。

六五爲師之主，柔順而中，以處尊位，是大君命將者。時或蠻夷、猾夏、寇賊、姦宄，擾我疆域，害我生民，是田中有害稼之禽矣，故利于聲罪以討之也。如是則是王者本无好戰之意，天下乃有横行之人勦以安民，何咎之有？若將弗擇人，任之弗專不可也，彼九二剛中有才德之長子也，必以是人任將師之責，專閫外之寄，斯吉之道也。若使三四之弟子恭之則是衆主其事，雖以正道討罪，必敗績而凶矣。夫用將可不謹耶？

象曰：長子帥師，以中行也。弟子輿尸，使不當也。

帥師而必以長子者何？蓋九二在于群陰之中，既出類拔萃，内无等倫之人，又以剛中而有至善之道，以是人而爲

[一]「貞」字原脱，據周易補。

將，吉之道也。若夫弟子輿尸而致其凶者，由其非剛非中，不堪爲將，使之過也。

上六，大君有命，開國承家，小人勿用。

上六居師之終，正班師凱還之日，大君于此論功行賞。功之大者，須開之以國，俾爲諸侯；功之小者，或承之以家，俾爲大夫。若夫小人用于國則害一國，用于家則害一家，勿用可也。或曰：「小人成功，賞以金帛可也。」曰：「功大而賞之小，召亂之道也。後世或有之，王道則不如此。」成湯興師求元聖與戮力者，伊尹也；成功而位阿衡者，亦伊尹也。武王興師尊爲尚父以膺揚者，太公也；開國而首封於齊者，亦太公也。何「小人勿用」之有？蓋出師慎于以律之時，小人已勿用之矣。故先王有師貞丈人之吉，後世多屠戮功臣之事。

象曰：大君有命，以正功也；小人勿用，必亂邦也。

大君有命，或開國而有公、侯、伯、子、男之封，或承家而有上、中、下大夫之任焉。所以然者，蓋人臣之立功有大小之異，而人君之辨功有隆殺之殊，正所以正其賞功之典，不使其有所差失也。若小人必致謹于始而弗用者，是非吝其爵賞也，蓋用之則足以亂邦，无治期也。

比卦 ䷇

比，吉，原筮元永貞，无咎。不寧方來，後夫凶。

地上有水，其卦爲比。蓋上下之間无物間隔，交相親比，猶元后撫兆民，兆民之戴元后，天下定于一也，不亦吉乎？夫卦之所以吉者，何也？原，本也。本于筮得九五，一爻有仁元，長久正固，无他過咎之德。所謂一人元良，首出庶物，以比兆民者也。故夫兆民自東、自西、自南、自北之衆，有不獲綏猷安其生者，皆星拱而來，以比之有遲疑而後至者，則于三苗之竄、防風之誅，斯爲凶耳，此比之所以吉也。王弼易注及程朱傳義未詳原筮之義，故釋卦辭未明此，特著之云。

象曰：比，吉也；比，輔也，下順從也。原筮元永貞无咎，以剛中也。不寧方來，上下應也。後夫凶，其道窮也。

卦云「比吉」，何也？謂上下不比則凶，比斯吉也。比義云何？謂上之比下，以一人而撫乎億兆，輔翼之而无不周也；下之比上，以億兆而戴一人，順從而无或違也。此比道之吉也，然何所本耶？本于筮得九五，一爻有元仁長久，正固无過。剛中之德，是謂皇建其極，萬國賴以安寧者也。「剛中」者何？謂无直不舉，无枉不錯，无善不勸，无惡不懲者也。故凡天下不獲安寧之人，莫不以方而來戴以比焉。蓋一陽明德在位而比乎一世，而上下五陰皆應而比也，此九五一爻爲比之主也。其「後夫凶」者何？謂聖人在上，萬國咸寧，彼異志者，乃孤立于後，獨不順從，此其比道窮盡，无路以自安也。能无凶乎哉？

象曰：地上有水，比。先王以建萬國，親諸侯。

地載乎水則資生有賴，水依于地則源委不泄，故地上有水爲上下相比之象。先王體此比象，故不以一人理天下而分茅錫爵，建萬國焉，以立上下親比之體；又巡狩述職，親諸侯焉，以達相比之用。斯一人而比乎天下无不周，萬國而比乎一人无或違矣。

初六，有孚比之，无咎。有孚盈缶，終來有他，吉。

比之爲卦，以上下五陰而順從九五之象。初六于五則最遠、最卑者也，當聖人尊居五位之時，初六能以疏遠卑微之人率先順從，是得義之比，何過之有？然比之誠信，積中无他，外餙則不獨。四比之而安其生，五且比之有賢能之與？蓋有比外之他，吉非特比而已也。

象曰：比之初六，有他吉也。

聖人在上以比安下民，初六以疏遠卑微之人能率先順從，此誠信積中无飾者，斯其所以不特比吉而又有他吉也。

六二，比之自内，貞吉。

六二以輔翊中正之德，上與陽剛中正爲應是比，非目外德在内而比自至也，又中正相應，非邪慝焉。夫是比也，猶伊尹元聖而三聘自至，孔明龍臥而三顧自來，出處正矣。夫然後正大光明之業可期，不亦吉耶？

象曰：比之自内，不自失也。

六二之吉云何？德在此而比自至，不失己也。

六三，比之匪人。

六三内柔外剛，不中不正，比五有隔，比上與他，非偶是比，不知擇苟于順從，非人焉已矣。豈吉道耶？

象曰：比之匪人，不亦傷乎？

與薰同器，不期芳而自芳；與蕕同器，不期臭而自臭。比之匪人，寧不損傷而爲匪人也耶？

六四，外比之，貞吉。

六四以順德居正，下不應初而切近九五，而陰陽合德，是内无所顧，一心事上，有所輔弼者也。五居四外是爲外比以正道而輔上，是之謂貞。不亦吉耶？

象曰：外比於賢，以從上也。

外比貞吉者何？四以五爲外，外即上也。六四當比之時，逢顯比之主，是以内无私比，唯外比。夫顯比之德，蓋上欲裁成輔相則比之，欲左右斯民則比之，无不順從之也。如是則上爲安寧萬國之主，己爲安寧萬國之佐矣。不亦吉耶？

九五，顯比。王用三驅，失前禽，邑人不誡，吉。

九五當比之時，以陽剛中正之德居尊而爲比主，是明明德于天下，天下不怒而威，不賞而勸，靡不順從也。斯所謂「光被四表，格于上下」者，其比不亦顯耶？夫是比也，蓋猶王者之狩，用三驅之禮，舍夫背逆，取夫向順者，以失前禽焉。此王者以德服人，來者不拒，往者不追，建中于民而邇者，都邑之人不待誡言，亦自化而中焉。亦猶四體不言，喻心意也，此比卦之吉。本於九五，一爻爲原筮元永貞无咎，爲安諸不寧之主，前四爻爲不寧方來，上六爲後，夫爲背逆可取者也。六二以中正而應中正，此邑人不誡而比德者，寧无吉耶？

象曰：顯比之吉，位正中也。舍逆取順，失前禽也。邑人不誡，上使中也。

「顯比之吉」者何？其居至尊之位，具聖人正中之德，用三驅失前禽者，舍逆取順，不強以比也。「邑人不誡吉」者何？化于上之中也。

上六，比之无首，凶。

當比之時，顯比之主，在天下順從而已。六獨居後，是爲後夫靡有初者，其于誅戮必矣。能无凶耶？

象曰：比之无首，无所終也。

上六之凶者何？凡有初者可期有終，上六比不于初，焉得有終？是以凶耳。

小畜卦 ䷈

小畜，亨。密雲不雨，自我西郊。

陽大陰小，以陰畜陽，凡臣之畜于君，子之畜于父，妻之畜于夫，皆以小畜大，止其欲而復乎理也。故凡小畜者皆有亨通之道焉，何也？存乎内者健，接乎外者巽，二五剛中而所畜之志行焉。能无亨乎？然以陰畜陽，非陽倡陰和，太和之道，故但密布其雲而已，雨未施也。蓋「自我西郊」非自東而西，此文王事殷之事也。〔一〕

象曰：風行天上，小畜，君子以懿文德。

小畜爲卦，天在下而風在上，有風行天上以鼓動萬物之象。蓋物之微者著，蘊者發，此天之小畜然也。君子體此，以一心之德施于四體，又及于家邦之衆，斐然而文，則民近者悦而遠者來，亦君子之小畜，同乎風之行乎天也。

初九，復自道，何其咎，吉。

卦以陰畜乎陽爲義，爻以自立不畜于人爲道，苟不自立則咎也，非吉道也。六四切近于五，爲畜之主，是居權利之地，而能畜乎人者也。初九爲其正應，宜若爲所畜矣。然隔于二三而无援上之志，反身循理而堅自強之心，故内省則无咎，有吉而无凶矣。又曰「復」者，往之返也。往則援上，復則自立。若君平爲揚雄所知而辟薦不起，管寧與華歆爲友而卒老不仕，故莽、操不得而官之，正自立之賢也。

象曰：復自道，其義吉也。

初九之吉，何也？當小畜之時，上有強援而不之援，富貴可取而不之取，能自立而不狗乎人，此唯義是由者也。能不吉乎哉？

九二，牽復，吉。

九二有陽剛之才，藴中行之德，居小畜之時，宜留小畜之矣。然四非其應，三陽間之，故不爲小畜，惟反身循理之

〔一〕 此處正文遺漏「象曰：小畜，柔得位而上下應之，曰小畜。健而巽，剛中而志行乃亨。密雲不雨，尚往也；自我西郊，施未行也。」一段，无注解。

人相牽而復于中道焉。是亦卓然自立而无失者，不亦吉乎？

象曰：牽復在中，亦不自失也。

九二之吉，何也？相牽而復，非從乎人也，己有中道焉。原于稟賦之初，乃與朋友切磨之，以復此固有之中而已。不亦吉乎哉？

九三，輿說輻，夫妻反目。

「輿說輻」，不可行也；「夫妻反目」，无好合之情也。九三陽剛不中，當小畜之時，遇小畜之主，然苟合而非其正應，將資其勢以有爲也。然不自立而阿附于人，輪在彼而輿在我，輪既說輻而輿，豈能行之哉？然以陽合陰，又有夫妻之象焉。夫者，妻之綱也。夫不自立，責其妻之從，身不能正而欲其教之率，能不反目相視而乖戾哉？又曰：「復道牽復，皆不自失。」九三于人己皆有損焉，離道遠矣。

象曰：夫妻反目，不能正室也。

心正而後身正，身正而後家齊。九三以切近六四，相悅而苟合焉。不能正其身矣焉，能齊家而正其室哉？是以終反目也。

六四，有孚。血去惕出，无咎。

六四以陰居陰，柔順得正，爲畜之主，上下親比，无所間隔，是誠于畜君而于上合志者也。故殺傷之害去而憂懼之心出矣，何咎之有？否則内省有疚，外患豈能免哉？此伊尹相太甲、周公輔成王之事，皆以臣而畜君，是殺傷惕懼之地也。然伊尹、周公皆以至誠之心而畜君焉，故血惕免而无咎焉。

象曰：有孚惕出，上合志也。

六四「惕出」者何？蓋臣以得君爲悦，而悦其道行于世；君以得臣爲悦，而悦其澤加于民。與上合志，故血去而惕出也。

九五，有孚攣如，富以其鄰。

「攣」，繫也；「富」，猶富貴；「鄰」，爲鄰里，非一家之人也。九五當小畜之時，與四相應。蓋彼以誠感，此以誠應，相與交固，若相拘繫然也。蓋下能閉邪，上能信之，同心合志，他人不得以間之矣。如是則臣能畜君，欲无不止，而理无不還，德无不實矣。實則誠能動物，不特家人歸之，而凡四鄰之人皆歸于我，左右用之，咸如其意矣。若成王、周公之時海內晏然而越裳來貢，亦攣如以鄰之證也。

象曰：有孚攣如，不獨富也。

君臣合志則左右以鄰，无不如意，雖堯舜亦可期也，豈獨富實也哉？

上九，既雨既處，尚德載。婦貞厲，月幾望，君子征，凶。

小畜之道，欲好君獲福則止，臣不可過其君也，故止于密雲不雨而已矣。上九則畜之太過，不惟密雲而雨，乃既雨而既止矣。而陽剛君子尊尚陰德，至于爲其輿而載之也，以陽載陰，雖正而危，是陰德之盛，猶月之幾望敵乎日也。不惟小人不利，而君子有征，凶即隨之。故君爲臣綱，臣之道在于含章而无成也。

象曰：既雨既處，德積載也，君子征凶，有所疑也。

小畜之道，密雲不雨而已。至于既雨，則純陰用事，陽載之也，君子于此亦不可以征矣。征則從陰，有所礙而失道矣，若狄仁傑相周而歿是也。

履卦 ䷉

履虎尾，不咥人，亨。

「履」者，禮也，人之行也。人之行，禮敬以爲主而節文以行之，有足履虎尾之象焉。以乾之剛行于前，以兑之柔隨于後，是舉足之間常若虎尾之是蹈，蓋動必以禮，敬慎之至，有其象也。然止于不咥于人，則履道无弗亨矣。苟一毫之不敬，則虎必咥人。何亨之有，豈履之道耶？

彖曰：履，柔履剛也。説而應乎乾，是以履虎尾不咥人亨。剛中正，履帝位而不疚，光明也。

傳釋履義：「履者，天秩之禮也。」其分截然者也，豈徑情直行者哉？蓋和順從容，以兑之柔而履乎乾之剛，斯爲履也。其「履虎尾不咥人亨」者，何耶？蓋説天之道，中心好之，无不應也；順地之則，動則説之，无不爲也。是動履乎咥人之地而无咥人之凶焉，是履道之亨也。苟忽易而无説應之心，則履爲背天，虎必咥人，何亨之有？此傳釋亨義以履道之極盛者言，則亨通不足以盡之。九五以陽剛之德居至尊之位，其履之中也，足以養天下之不中；履之正也，足以正萬邦之不正。夫是履也，是以聖人之德，履乎天子之位，内省不疚，所以動而爲天下道焉者也。履道至是則光輝明盛，而不可以復有加矣。

象曰：上天下澤，履。君子以辨上下，定民志。

上天下澤，分定而不可易，履之象也。君子體之以制禮焉，天子有天子之禮，諸侯以至公卿、大夫及士、庶人，莫不有禮。上下无以辨也，以禮辨之；民志无以定也，以禮定之，則天下寡過而治可常保之也。定萬民之志，則天下孚而亂不作矣。

初九，素履，往无咎。

初九居履之初，上无繫應，是人之赤心未喪，未爲物遷者也，是士之素履，貧賤未有應援者也。其履如此，素履而无所賁飾，素位而无願乎外，由是以往，何咎之有？

象曰：素履之往，獨行願也。

君子得志，則與民由之；不得志，則獨行其道。素履之往，獨行所願者也。若功名富貴，豈足以動其心耶？

九二，履道坦坦，幽人貞吉。

九二有剛中之行，无所應援。道者中道，蓋擇乎中庸而履之坦坦然，由之而无疑也。非明揚在朝者之所爲，乃潛處幽人之所履也。蓋履得正而吉者矣，其亦君子之履而无所愧怍也耶？

象曰：幽人貞吉，中不自亂也。

「幽人貞吉」者，何耶？蓋擇中執中，不以外而亂乎內也。

六三，眇能視，跛能履，履虎尾，咥人凶。武人爲于大君。

六三陰柔不中，居兑之極，是務以悦人以爲履者矣。觀其所履，本无所見，自以爲有見也；本未能行，自以爲能行也，以此爲行則敬心不存，冥行妄爲，如履虎之尾而不知懼，自取咥噬之凶必矣。「爲」者，助也，又爲獷悍之武人而助大君之行事，用其生殺之柄而逞其一朝之忿，其剛暴之害可勝言哉？

象曰：眇能視，不足以有明也；跛能履，不足以有行也。咥人之凶，位不當也；武人爲于大君，志剛也。

夫「眇能視」者，自謂能視而實不明也。「跛能履」者，自謂能履而實不能行也。「咥人之凶」，妄履其位而自戕也。「武人爲于大君」，志剛而肆暴，不自量也。

九四，履虎尾，愬愬，終吉。

九四位近于五，是君之左右，行事之大臣也。然以陽居陰，以柔履剛，凡其所行，不敢自肆，有如履虎尾之上，愬愬然而驚懼焉。以此爲履，動无所失，則終獲吉矣。故定齊而求假王之封，追項而愆固陵之期，卒不免于誅戮。出入殿廷，不失尺寸者，卒受託孤之寄焉。

象曰：愬愬終吉，志行也。

近君者，豈爵禄之足望哉？其志固將以行其道也。能愬愬而不肆焉，志豈不行矣？夫斯所以終畜而无凶也。

九五，夬履，貞厲。

九五以陽剛中正之德，履至尊之位，聰明睿知，天下皆不已。若禮樂征伐威權皆由己出，故其履至于果決獨斷，弗商度焉。夫人君一言之下，一行之發，天下之法則，人民之憂戚，生死繫焉，可輕易乎哉？故必詢之左右，詢之公卿、大夫，詢之國人，詢之聖哲，詢之蒭蕘，詢之蓍龜，然後付之有司施行。人君恭己无爲可也，不然則雖貞而必危矣。

象曰：夬履貞厲，位正當也。

九位中正，當其位乃貞厲，何也？中正當位以有恃也，恃其中則不中，恃其正則不正，斯履所以危也。

上九，視履考祥，其旋元吉。

履道尚敬，終宜自考。上九，履道之終也。踐履之初，故嘗若躡虎尾以有敬矣，至此又必視厥所履，以考其善、不善焉。「祥」者，善之謂也。「旋」者，周而无所缺也。若果所履周旋而无缺焉，斯大吉而有餘慶矣。

象曰：元吉在上，大有慶也。

上九元吉，何也？曰「元吉在上」，履之終也。履終而无失焉，是其積善非一朝一夕之故矣。故大有餘慶，降自天也。孔子告仲弓之爲仁，曰「主敬行恕矣」，又曰「在邦无怨，在家无怨」。此「視履考祥」之謂也。

周易贊義卷二

泰卦 ䷊

泰，小往大來，吉亨。

泰，正月之卦也。陰陽相半，天氣下降而地氣上騰，是天地之道通焉，泰之謂也。泰則陰往而就乎夬，陽來而向乎乾矣。在人則小人往而有必錯之勢，君子進而遂拔茅之慶，能无吉亨矣乎？不曰元利貞者，正月之卦不應以三德言也。

彖曰：泰小往大來吉亨，則是天地交而萬物通也，上下交而其志同也。內陽而外陰，內健而外順，內君子而外小人，君子道長，小人道消也。

「泰小往而大來吉亨」者何？蓋以天地言，則是天地交而萬物通也，通則吉亨見矣；以人事言，則是上下交而其志同也，同則吉亨見矣。乾，陽也；坤，陰也，泰則內健而外順。乾，君子也；坤，小人也，泰則內君子而外小人。泰陽長而向乎乾，陰消而向乎夬，君子之道長，小人之道消也。

象曰：天地交，泰。后以裁成天地之道，輔相天地之宜，以左右民。

天地交而萬物通，泰之象也。爲元后者體此泰象，於天地之道，置曆授時，建井分野，裁成之使无或過；於天地之宜，辨厥土性，時厥雨暘燠寒，輔相之使无不及。以左右匡輔乎斯民，使遂其生而復其性，則君道无不交于下，臣道無不行于上，亦如天地之交泰矣。

初九，拔茅茹，以其彙，征吉。

泰之初，雖野有遺賢而君子道長，无陰邪嫉妒之人，故陽之進有拔茅連茹之象。君子進不以身而以其類焉，則庶明勵翼而天下受福矣。不亦吉乎？

象曰：拔茅征吉，志在外也。

「拔茅征吉」者，何耶？蓋志在于天下之泰，而非身家富貴之計也。

九二，包荒，用馮河，不遐遺，朋亡，得尚于中行。

九二以剛中之德，上應九五，明良相逢以成泰道者也。然所以治泰道者，「包荒用馮河，不遐遺朋亡」而已。蓋二居乾之中位，其量如天而无所不包，其德至健而无險可阻，遠則无外，近則无私。故凡在人之荒穢，皆包容之而无求全之心。若夫義之見于己者則勇爲之，而无畏難之心；以人事君而遐遠不遺，精忠報國而朋黨不立。爲德如此，斯以中行之道而見尚于中行之君矣。能无交泰矣乎？

象曰：包荒，得尚于中行，以光大也。

九二包荒馮河，得尚于中行，何耶？蓋以良臣而遇乎明君，輔以裁成輔相，以左右斯民之道。蓋其光輝將以被四表、格上下，不亦大耶？

九三，无平不陂，无往不復，艱貞无咎，勿恤其孚，于食有福。

九三處泰之中，三陽已盡而臨乎三陰，是日午斯未、月望斯虧之時也。故地平則陂，陰往則復，泰之半而否斯及矣。處泰之君子宜艱難以守正，斯可以无咎。苟少有忽易之心，斯不免于否矣。然于艱貞之際而有憂恤有孚之心，動心助長則雖食泰之禄而无其福矣。故當艱貞以有事而勿忘，又當勿憂泰盛則否之，信則人定可以勝天，泰可長保于所食不匱而有其福矣。

象曰：无往不復，天地際也。

九三「无往不復」者何？天道終而地道始，其交際之時也。蓋陰既往則必復，泰過中斯否及矣，理之常也。

六四，翩翩，不富以其鄰，不戒以孚。

「泰」者，陰陽交泰之卦也。下卦三陽主于上，進義于初九見之，故曰「拔茅茹以其彙征吉」也；上卦三陰主于下，復義于六四見之，故曰「翩翩，不富以其鄰，不戒以孚」也。「翩翩」者，飛翔而不戢也。「富以其鄰」者，家道實而奔走其鄰也。「戒以孚」者，告戒而後信也。翩翩飛翔而不戢，居上驕而无下賢之義，不富以鄰，不戒以孚，則不俟利驅，告戒同其事，同其心矣。

象曰：翩翩不富，皆失實也。不戒以孚，中心願也。

陰虛而陽實。「失實」，群陰之虛也，陰小人在上而皆驕也。「不戒以孚」者，中心所願，非期約也。凡泰變而否者，皆有小人在上而不下賢，不約而同如此。

六五，帝乙歸妹，以祉元吉。

六五柔順，居尊虛中而應剛明之賢，此正明君而遇良臣，「帝乙歸妹」之象也。九二包荒而馮河，五則從之；不遐遺朋亡，五則從之。是天子之尊歸妹于其臣，不以他物，乃以福祉爲裝奩而歸之也。歸之以祉，則天下受福，非一家一國之福。不亦大吉也耶？

象曰：以祉元吉，中以行願也。

歸妹元吉者何？以中應中，出于中心所願，非勉強也。故上下共成大吉之業，使一有勉強之心，則所交不固，无是吉也。

上六，城復于隍。勿用師，自邑告命，貞吝。

上六泰極而否，如城郭傾否，反于池隍之象，是豈他人之咎哉？不必用師以伐人，當自邑告命反己，自治可也。然雖正亦吝，况于不正者哉？

象曰：城復于隍，其命亂也。

「其命」，泰之命也；「亂」者，終也，然泰之命自是而終也。夫上下之交者，泰之命也，上下不交則泰之命終矣。保泰君子，可不慎乎？

否卦 ䷋

否之匪人，不利君子貞。大往小來。

天地交而爲泰，泰，人之道也；不交而爲否，否，則非人道矣。若佛老之徒而缺其倫，閹宦之流而絕其類，皆否之匪人者也。夫人者，仁也，桃李有物之實皆曰仁，惟人則曰人，蓋謂天地之仁也。天地交則萬物生，物以人爲大，故泰爲人道，否則人物不生，故曰匪人道矣。當此否時，小人横行而邪説作，正道塞矣，故君子正道不利焉。陽剛往而爲賓于外陰，柔來而爲主于內。否時如此，君子避難，斷可識矣。

彖曰：否之匪人，不利君子貞，大往小来，則是天地不交而萬物不通也，上下不交而天下无邦也。內陰而外陽，內柔而外剛，內小人而外君子，小人道長，君子道消也。

「否之匪人，不利君子貞，而大往小來」者何？則是天地不交，否塞而成秋冬，人及萬物不通而生意幾于息也；上下不交，治命亂而天下之國无能存焉。陰則爲主于內，陽則爲賓于外。小人之道日長，自否而向乎剥也；君子之道日消，自否而向乎坤也。

象曰：天地不交，否。君子以儉德避難，不可榮以禄。

「天地不交」，七月之卦，是爲否也。君子當時則卷藏其道，以儉約之德，避世之難，不可榮以在人之禄焉。蓋君子當斯時也，視不義之富貴爲身家之患，不惟己所不榮，人亦不得而榮之矣。

初六，拔茅茹以其彙，貞吉亨。

泰之時，上下交而求賢之禮隆；否之時，則上下不交而求賢之禮廢。其布在職位者，未嘗乏人；其始仕者，亦以類進。如後世辟舉之事而已，故否之。初六仕者，亦如拔茅連茹以類而進之象，然能素其位而不願乎外，貞其守而不援乎上，如此則得无妄之吉，上不摧而衆不妒，道亦不沮塞矣。初六應四而隔于二三，故有上而不援，筮得此者則變而无妄，故吉亦動而健矣。

象曰：拔茅貞吉，志在君也。

當否之初，上不下賢，亦循乎用賢之典而已；下有三陰，故以類而進也。然筮得初而變，陽得正而吉，亨矣。夫以貞而自處者，非有他也，其志在于正其身以正君，反否而爲泰耳。

六二，包承，小人吉，大人否，亨。

否之六二，否塞深矣。當此之時，在上者驕而无下賢之意，諫則不行，言則不聽，凡辭色之所尚，能逢迎之者，斯悦也。六二以陰居陰，爲坤之主，有无弗包含，无弗順承之象。然包承而通，在小人則可，在君子則非義矣。蓋小人包承順天而存也，故吉；大人則儉德避難，不榮以禄，身雖否而道則亨矣。「包承」，豈其事耶？蓋六二柔順中正，柔順則包承藴乎小人之道，中正則否，亨。大人之德，備矣。又曰不矯其非，具曰予聖之謂包；不失其色，逢迎其意之謂承。

象曰：大人否亨，不亂群也。

「大人否，亨」者何？自守其道，不雜于小人，包承之群也。

六三，包羞。

六三陰柔，不中不正，居坤之極而臨乾之初。以陰媚陽，不獲交泰。蓋欲包容而不得爲包羞，恥于身心而已矣。

象曰：包羞，位不當也。

六二柔順中正，小人之群，尚有大人焉，亦位之當也。六三以陰居陽，蓋色莊奸邪之流，貌欲親乎大人，大人則不群；欲媚乎君上，君上則不交。故身无所容，包羞而已。以其陰居陽，位之不當然也。

九四，有命无咎，疇離祉。

九四，否已過中，泰期可望。又以剛居柔，上下无間，是獲錫爵于上而有命，下交以道而无咎矣。此泰之漸四之福也。然不特四享其福，凡疇類三陽，亦將獲其福矣。祉，福也。

象曰：有命无咎，志行也。

「有命无咎志行」，何耶？當否之時，四有泰志，有命无咎，則泰之志行。否終，傾也。

九五，休否，大人吉。其亡其亡，繫于苞桑。

「休」，息也，止也。九五陽剛中正，尊居五位，當否之時，知撥亂之機。在已能居上不驕，以禮下賢，以止息其否焉。然是止息者，豈徒有位者能之哉？惟有中正之德爲大人者，斯能休否而獲吉。既休其否，不可遽以爲安而无所危也，不可遽以爲存而无所亡也，不可遽以爲治而无所亂也。安不忘危，存不忘亡，治不忘亂。戒懼嘗存，而曰「其亡其亡」，夫然後「繫于苞桑」，身安而國家可保也。匪大人其孰能與于此？

象曰：大人之吉，位正當也。

「大人之吉」，何耶？以大人之德，居大寶之位，故否自我而休，獲泰之吉也。

上九，傾否，先否後喜。

乾上而坤下爲否。傾其否，則乾下而坤上，轉否而爲泰矣。上九以大人之德，居否極之地，以其時、以其德皆足以傾否焉，故能傾否如此。然傾否爲泰，有道焉，非可以遽然而苟合之也。必上擇乎下而知其賢之審，下擇乎上而待其求之誠。先否而後交焉，則傾否而後泰，喜可臻矣。不然，則有始无終，未見其可喜也。

象曰：否終則傾，何可長也？

否泰相尋，自然之理，否終則傾而泰。否，豈可以長久而不反耶？

同人卦 ䷌

同人于野，亨。利涉大川，利君子貞。

天下之情，不同于私而同于公。同人之爲卦，六二以柔得中而應乎乾，是其情同乎天，至公而无私也。推此情也，則東海之東，西海之西，南海之南，北海之北，其人之情无弗同矣，故曰「同人」。同人，有亨道焉，非于朝市而于曠野。朝市者，名利之所，曠野則天理之心有未失也。同人之亨，不在彼而在此也。同人則多驕，周而不比之道，故利于濟險，利于君子之正道也。

象曰：同人，柔得位得中，而應乎乾，曰同人。

凡一陽五陰之卦，以陽爲主，師、比之類是也；一陰五陽之卦，以陰爲主，小畜、同人之類是也。同人之所由名者，謂主于六二而應乎乾也，應乾則无弗同矣，故曰「同人」。

同人于野亨，利涉大川，乾行也。文明以健，中正而應，君子正也。唯君子爲能通天下之志。

以人而應乎乾，匪人之行也，天之行也。天行故不同人于他而同人于野，有亨道焉。內文明而治之周，外剛健而行之果，己中正而上以類而應焉。斯君子之正道也，有不利乎？故君子以文明中正之德，應天之心而接天下之人，則天下之志无攸不通，斯謂之同人。不然，則比而不周，未見其爲同也。

象曰：天與火，同人。君子以類族辨物。

天運于上，火生于地，本不同也。然氣合則同而无間，有同人之象焉。君子體同人之象，以類族辨物而明其異矣，然後志同道合而无所殊也。乾之爲天，不貳之物也；離之爲火，附麗之物也。然二氣合則无間，大通无私，有同人之象焉。君子體此，以類男女之族而辨其物，而冠服殊焉，則夫婦合而同矣；類貴賤之族而辨其物，而等威明焉，則尊卑合而同矣；類君子、小人之族而辨其物，而職業異焉，則上下交而其志同矣。故君子先異而後同，小人則始同而終異。

初九，同人于門，无咎。

同人之卦，六二爲主，諸陽能同乎二者爲同人，否則不言同也。初九切近于二，外无正應，將有攸往，輒合于二，无有間隔，是同人于出門之際者也。初无心于同人，乃天作之合，何咎之有？

象曰：出門同人，又誰咎也？

六二柔順中正，衆望攸歸，欲與之同而未能也。初九則彼无所待，此无所求，偶一出門，輒相際遇，俱未婚媾，遂成好合。此非人力能爲，天所合也，誰其咎之哉？

六二，同人于宗，吝。

六二離也，初三亦離也，非其正應，乃因其切近而同之。是非同乾而同乎宗矣，同宗則衆異能无吝耶？同人，一也。在初，同二則爲出門之同，无咎。在二，同初、同三皆爲同宗之吝，非義也。蓋陽未有偶可因，出門而同乎陰，如是則非義矣。二五正應，爲三四所隔，初與三又先後麗之，故不得同乾而同宗也。

象曰：同人于宗，吝道也。

凡同人于仁賢，益道也；于野，亨道也；于天，至公之道也。今六二乃他无所同而以火濟火，同于其宗焉，則親黨比，仁賢遠，公道廢而亨道塞矣。斯非吝之道耶？

九三，伏戎于莽，升其高陵，三歲不興。

六二與初爲宗，同人之先，同于門矣。九三亦宗也，後求同而未合于是，猜二應五，往同之也。乃伏兵于莽以備之，未見其往復。猜同于初而歸有時也，又升其高陵以瞰之。然五尊而不可敵，初而不可異，二中正而不可回，則升降三歲之久，終于不興而已矣。

象曰：伏戎于莽，敵剛也。三歲不興，安行也。

「伏戎于莽」者，備剛之來而敵也，言潛于下而備乎上也，不言升陵則陟於上而禦乎下，亦可知矣。如是而三歲不興者，得非知命而安行也耶？

九四，乘其墉，弗克攻，吉。

二同於初，三求同而不得安行而已。九四陽剛，謂三間之也，于是乘墉以攻之，然剛而能柔，義弗克攻焉，則反身循義而已，不亦吉乎？

象曰：乘其墉，義弗克也。其吉，則困而反則也。

九四居高而臨下，非其勢力之，弗克攻也。揆之于義，知勢力之不可逞，發乎情止乎義，而自弗克攻耳。如是其吉，何也？以其求同于人而不得困于心，反諸身得其則焉耳。其則者，人心同然之理也。能得其理則聖人之于蒸民，无弗同矣。又何有不同之患耶？

九五，同人先號咷而後笑，大師克相遇。

同人之時，上有陽剛中正之君，下有柔順中正之臣，宜明良相逢，无不同也。然三間于下，四間于上，勢不得同。而中正之臣又不能自衒而自媒焉，故出處語默不同。然勢位雖異，中正則同，物終不得而間之，故號咷於前而歡笑於後，其所間者非能自釋其敝賢之心、嫉妒之情也。必大師以克其三，又克其四，然後能遇之。故成湯之于伊尹三聘之餘，然後翕一德之會；昭烈之于孔明三顧之餘，然後洽魚水之歡。其次若苻堅之於王猛，殺諸羌而任之專，亦大師之克也。

象曰：同人之先，以中直也。大師相遇，言相克也。

「同人」者，二人同心，語臭如蘭者也。「中直」，即中正之謂。使所同之先，非各有中正之德，豈能號咷以相求，歡笑以相契哉？故成湯之于伊尹，非合於阿衡之時而咸有一德，實在于三聘之先也。「大師」者，六師之屬，天子之威武也。當君臣咸有一德而隔間之時，非山林處士之力可致而同，必天子奮其威武，流其娼嫉之人，斯魚水之情洽矣。此天子極力求賢之效也，非大師相克而何？

上九，同人于郊，无悔。

同人之時，初同于門，三陟四降，皆求同而未之能也。惟五以中正而合，中正始異而終同，有同朝之慶焉。上九在君臣同朝之外，理勢不得而同，遠處郊野，唯于其出郊之時得一同焉而已。然亦不以求同爲事，故特立獨行而終无悔也。

象曰：同人于郊，志未得也。

同人之時，非木非石，爲斯人之徒者，則均有同人之志焉。今有人焉，天下所欲同也，己乃不得同門同期而結金蘭之契焉。雖曰「高尚其事」，豈得志者乎？故同人之時，獨行君子雖遯處，終身而无悔，然揆其所志，未爲自得。故四皓商山之時，尚有定儲之事；陳摶華山之前，亦有入汴之情。

大有卦 ䷍

大有，元亨。

「大有」者，大得乎衆也。得衆則道可大行，故大亨焉。

彖曰：大有，柔得尊位大中而上下應之，曰大有。其德剛健而文明，應乎天而時行，是以元亨。

大有以六五一爻爲主而衆陽攸歸，蓋柔得尊位，有大中之德而上下應之，是以大得乎衆，故以「大有」名也。爲卦內乾外離，五應乎乾，是以剛健而文明，應乎天而時行也。若然則道可大行，茲其所以大亨而莫之塞歟？

象曰：火在天上，大有。君子以遏惡揚善，順天休命。

火在天上，照臨下土，凡物皆在所照之內而无外，大有之象也。君子體此大有之象，則遏惡揚善，順天休命而已。蓋大有之時，有人有土，普天率土，无弗照臨之也。夫无弗照臨者，是天與以休美之命，爲兆民之主也。苟於惡而不遏，善而不揚，則衆无以保於天之命，逆矣。君子體此大有之象，以无不照臨之明，行至公无私之法，惡必遏，善必揚，以順上天之休命焉，則衆可長保而无虞矣。

初九，无交害匪咎，艱則无咎。

初九近二而應四，皆以陽與陽，未有所合，是童蒙之時，但知有良心而已，未有物交之害也。夫无交害者，良心未失，豈其咎哉？但恐有慕于外，忽易之頃，遂忘其內，斯終有咎耳。能戒懼艱難以養之，則大人可期，何咎之有？

象曰：大有初九，无交害也。

大有者，大德之人，无所不能者也。然其初亦惟赤子之心不失而已，故有大〔二〕之初不以无交爲咎，貴于艱其守焉。

九二，大車以載，有攸往，无咎。

初九无交害，赤子之心不失而已。二則多聞多見，中德成而體具，故上有中德之君，又將虚己以任之。是大車以載，足以任重而道遠矣。如是不往則已，苟有攸往，何施不當，焉有咎耶？

象曰：大車以載，積中不敗也。

九二无咎者，何也？「大車以載」，積中而行，左右攸宜，有成而无敗矣。

九三，公用亨于天子，小人弗克。

九三以陽居陽，乾。乾，剛正之賢也，足以輔世而長民矣。然上有九四，近君之臣，公孤之屬也。公明則薦賢爲國而用獻于天子，而天下受福。或小人而暗則蔽，賢而弗克獻矣。蓋九陽而四陰，故善惡不定如此。

象曰：公用亨于天子，小人害也。

薦賢爲國，公用亨上。妨賢病國，小人害也。

九四，匪其彭，无咎。

「彭」，壯也，近也，一曰驕貌。九四當大有之時而位近六五，是人臣富貴之極者也。然陽德方舒而陰輒歛之，是居禁近之地，自謙自卑，安其分而明其禮，不壯盛而驕者，彭矣。而亡其彭也，如此則上安而下順矣。何咎之有？

象曰：匪其彭，无咎，明辨晳也。

〔二〕「有大」疑誤倒，當作「大有」。

九四大有彭矣。而匪彭无咎者，安于上下之分，明辨而哲也。蓋君臣上下之間，有經禮、曲禮在焉，所以辨分而定志者，无弗至也。小人忽之，則僭差而招禍；君子盡禮，无毫髮之僭差焉。則居彭之地而匪其彭，自无咎矣。非明辨其分而哲焉，能至是耶？

六五，厥孚交如，威如，吉。

六五柔順，以從天下之欲而所惡勿施。其感之者誠矣，天下之心咸歸焉。是人君信乎天下，天下信乎一人。「厥孚交如」，大有至此，可謂極矣。然庶而不教，未可也；教而不嚴，未可也。必遏其惡而揚其善，抑強暴而扶寡弱焉。使天下之人皆知上有王法，凜然而不敢犯，則大有斯吉，无他虞矣。

象曰：厥孚交如，信以發志也，威如之吉，易而无備也。

人君有仁天下之心而无仁天下之政，則徒善不足以爲政，在己之信弗至，人亦弗之信矣。「厥孚交如」，蓋不徒居之善，又實踐其仁，以發所志也。人有弗信者乎？此人君所以有人有土而无外也。「威如」之吉者，刑期无刑，從欲以治，易而无弗備也。「易」，平夷也。平夷者，謂天下太平，不復戒備之也。

上九，自天祐之，吉无不利。

上九以陽而居大有之終，是一德无闕而格于皇天者也。格于皇天則天助之矣，況于人乎？天人交助，斯動而獲，吉无不利矣。一德无闕，即繫辭所謂履信思順，又以尚賢之謂。

象曰：大有上吉，自天祐也。

「大有上吉」者，何也？一德不二，是所履者，信也；剛極則變，柔又居陰位，是所思者，順也。九高而无位，居上而附五，是成功而退，尚乎賢也。有此之德，則高而不危，滿而不溢，所以自天祐之，獲吉无不利也。

謙卦 ䷎

謙，亨。君子有終。

坤下有艮爲謙。艮，止也，止于至善者也；坤，順也，以從乾爲德者也。君子德修于內，止于善矣。然又順從以爲道，行不先物，自藏其善而无露焉，是爲之謙，則天地鬼神皆祐之矣，况於人乎？是故亨焉。然必謙德已成之，君子則有始有終而遂其亨焉。不然，雖勉強以謙，无所終矣。豈能亨乎？

彖曰：謙亨，天道下濟而光明，地道卑而上行。天道虧盈而益謙，地道變盈而流謙，鬼神害盈而福謙，人道惡盈而好謙。謙，尊而光，卑而不可踰，君子之終也。

「謙亨」者，何也？天道下濟于地者，謙也，然萬物資始，天道光明；地道卑下者，謙也，然交泰于天，其道上行。是天地之道，皆以謙而亨也。又以天地鬼神及人情徵之，日月盈滿則虧，晦蝕則益，是虧盈而益謙者，天道然也；高岸爲谷，深谷爲陵，是變盈而流謙者，地道然也；滿招損，謙受益，是害盈而福謙者，鬼神然也；盈滿者衆惡之，謙遜者衆好之，是惡盈而好謙者，人道然也。如是則謙亨審矣。今而能謙，則天地、鬼神及人皆與之，故尊則彌光，卑則人莫能踰。謂君子有終者，其以是夫？

象曰：地中有山，謙。君子以裒多益寡，稱物平施。

山高而剛蘊于地，若无山焉，謙之象也。君子體此謙象者，則於凡多者裒取之，於凡寡者增益之，稱物之情而平其施，此之謂絜矩之道，而天下所由平也。

初六，謙謙君子，用涉大川，吉。

山蘊地中謂之「謙」。初六陰柔，又居山下，是謙而又謙。「君子」，人也。互體有坎在前，是有大川之阻焉。涉川貴需，君子謙而又謙，則需且讓矣。以之涉川，何所不濟，不亦吉乎？

象曰：謙謙君子，卑以自牧也。

「牧」，養也。君子謙而又謙，豈爲人乎哉？卑以自養而已。自養則无慝不修，无德不崇爾矣。

六二，鳴謙，貞吉。

六二柔順居中，謙所當謙，无過不及，此謙德之盛，大有聲聞而鳴焉者也。又當位而正，非務外以要譽者，故貞而吉焉。或曰「鳴謙」者，鳴夫人之謙也。三在上而有勞，初在下而自牧，勞者不施其功，牧者不伐其善。不有君子推之引之而鳴于時焉，則上或遺賢，下或不知其勞矣。六二有中正之德，无媢嫉之心，故能悅其謙而鳴之，是非干譽于上下也，其職分當然，貞也。然有利于國家、子孫、黎民，吉可知矣。

象曰：鳴謙貞吉，中心得也。

夫鳴人之謙，非己德業，「貞吉」何也？居中執政之臣，前推後引而薦賢爲國，其職分也，不盡其職則休休之心不遂，盡則遂矣。其吉非中心自得者耶？

九三，勞謙，君子有終，吉。

謙五陰而一陽居三，任天下之勞者也。有功而不矜，有德而不伐。斯君子而有終者也，不亦吉乎？

象曰：勞謙君子，萬民服也。

九三之終吉，何也？當謙之時，獨以一陽而幹天下之事，君子在上，己則輔之；小人在下，己則安之。凡多者裒之，寡者益之，以裨絜矩之治，誠獨勞矣。乃功蓋天下而不矜，德高天下而不伐焉，天下萬民皆心誠服之矣。寧不有終而獲吉也耶？

六四，无不利，撝謙。

六四當謙之時，柔順得正，上親恭讓之君，下接勞謙之臣，近尊者懼，乘剛者危，宜不利也。然事上則獲其心，接下則和其衷，无不利焉。其何修而得此耶？由能撝其謙耳。蓋上有謙德，賴親臣以宣之也，四則撝而宣之于下，斯陳力就列者忘其勞矣；下有謙功，賴親臣以達之也，四則撝而達之于上，斯酬德報功者體其心矣。俾上下交泰，明良相悅，皆撝謙之力也。其无所不利，豈徒然耶？

象曰：无不利撝謙，不違則也。

天生蒸民，有物有則，撝謙六四之則也，能不背焉？則懿德成而人皆好之矣，故所動无不利焉。

六五，不富以其鄰，利用侵伐，无不利。

六五當謙之時，以柔順中德而居尊位，是有恭讓之德，執中以臨天下者也。天子恭讓于上則臣鄰恭讓於下，同心協力，不待富實賞賚而勵翼之矣。如是乃尚有不享不王者焉，斯天地、鬼神、人情之所惡也，則宜師以討之。酌其時義，或潛師以侵，或鳴鼓以伐，无不利矣。

象曰：利用侵伐，征不服也。

六五謙德之主，宜勿用師矣。乃「利用侵伐」，何也？恭讓之主在上，人臣皆不賞而勸，篤恭而天下平矣。有不服者則宜往正其罪，此絜矩平施之道，非窮兵也。

上六，鳴謙，利用行師，征邑國。

上六以貞順之德，居謙之終，履順之極，至謙而有聲聞者也。如是而邑國猶不服焉，則利用行師以討之。不宜縱惡而過於謙也，過則非平施矣。

象曰：鳴謙，志未得也。可用行師，征邑國也。

上六德高而過中，不富而寡鄰，能以謙德終焉，此聲聞外著而志則有未得者也。鄰有不服，勿問可也；邑國不服，不行師以征討，其可哉？

豫卦 ䷏

豫，利建侯行師。

五陰之卦，一陽在四，大臣匡君而上下應之之卦也。又事以順動，人心大悅，是之謂豫。豫以建侯，則民不二矣；豫以行師，則上无敵矣。故二者无不利焉。

彖曰：豫，剛應而志行。順以動，豫。豫順以動，故天地如之，而況建侯行師乎？天地以順動，故日月不過而四時不忒；聖人以順動，則刑罰清而民服。豫之時義，大矣哉！

當純陰之世有陽剛之賢，位於四而近五，剛應于下而志行於上，此由豫者之豫也。又順以動則天下之豫也，故卦名曰豫。夫有由豫之賢，剛應而志行矣，又事以順動，故天地如之而弗違，況于建侯行師，有不利乎？夫順動之道大矣。天地以順動，故日月代明，各遵其度而不過；四時錯行，各循其節而不差。聖人以順動則彜教興，刑罰清而萬民服矣，皆豫之謂也。豫得時宜，則天地聖人同其功，豈曰小補之哉？

象曰：雷出地，奮豫。先王以作樂崇德，殷薦之上帝，以配祖考。

雷出地上，奮迅有聲，萬物咸甦，各有生色，豫之象也。先王體此豫象，因天下和豫之時，功德既成之際，作爲聲容之樂以崇祖考之德，以殷薦之上帝，以配祖考，如周祖后稷有粒食蒸民，克配彼天之德則；作爲思文之樂祀天于郊，殷薦之以后稷而配天，如厥考文王有純亦不已之德，克配彼天則；作爲清廟之樂祀帝於明堂，殷薦之以文王而配帝。

此先王以天下人心之豫，大合樂以奏之郊廟之間，斯神人胥悦，豫莫大于是矣！

初六，鳴豫，凶。

凡一陽五陰之卦，皆一卦之宗，雖一陰之卦亦然。故陽在初爲復，在二爲師，在三爲謙，在四爲豫，在五爲比，在上爲剥。故四陽爲由豫，上下之所由豫也。初爲正應，不勝自豫，動宣諸人而鳴之。夫豫由諸己，鳴猶不可；豫在所援，乃妄爲己。豫而鳴之，則凡在上之人孰能容之？其所援者亦惡之矣。將見豫未得而哀生，不亦凶乎？

象曰：初六鳴豫，志窮凶也。

由豫而弗豫，君子不動其心者，然也。故雖功蓋天下而志弗滿焉。初六小人視由豫所在，應援輒不勝其豫而自鳴諸人，是其志已窮，極滿而溢矣。能无凶乎？

六二，介于石，不終日，貞吉。

二當豫之時，五荒樂而无求賢之心，四由豫而非己正應。鄰于己者，三多悔而弗豫，初妄豫而起凶，二以柔順中正之德居于其間，肯雷同之耶？故當此豫時，將有豫焉。其介如石，見幾而作，不俟終日，外有豫樂之事，内无好樂之心。其貞如此，吉可知矣。

象曰：不終日貞吉，以中正也。

六二當豫之時，不俟終日貞吉，何也？蓋見幾而作，不豫諸外而豫諸内也。君子所豫在中，匪中弗豫，所豫在正，匪正弗豫，斯所以中正而吉也。故孔子蔬食飲水，樂在其中；顔子簞瓢陋巷，不改其樂。豈以在外者而爲豫哉？内自有其豫耳。

六三，盱豫悔，遲有悔。

「盱」者，望於前也；「遲」者，待于後也。六三不中不正，前有由豫之臣欣慕而望之，後有見幾之賢回顧而待之。

然德位不同，不能自立前，却於人以求所豫，斯其所以皆有悔矣。

象曰：盱豫有悔，位不當也。

九四之豫，有由豫之德而當其位也，上近乎君，下臨乎人及民也。三不得四位而又非其德，望於由豫而思齊，焉能无悔耶？六二之貞吉，有中正之德而當其位也，三不得二位而又非其德，待乎貞吉欲匹美，焉能无悔耶？

九四，由豫，大有得，勿疑朋盍簪。

九四以陽剛之德，處群陰之世，近至尊之位。上致其君而君悅，下澤其民而民悅，天下由我而豫，能不疑懼而動心矣乎？苟疑懼動心則喪厥所主，而得者損矣。要在以天下爲己任而不疑，則德不孤立，朋類合簪，共成大豫之業矣。夫由豫者，豫世之功勿疑者，自豫之學若伊尹之學，足以徵矣。

象曰：由豫大有得，志大行也。

君子隱居求志，抱道自樂，而未必其志之行也。九四則其君親之而信任于上，其民順之而樂利于下，上下皆由我而豫，天下太和而樂作焉。其大有所得如此，非隱居之志大行矣乎？

六五，貞疾，恒不死。

當豫之時，六居五位，下任由豫之臣无復憂。虞以天下而奉一人，恣情縱欲而沉溺于豫者，故有貞疾而未易愈焉。然疾雖難愈，有良醫以調治之養，不至于太過，亦不至于不及。故生得以延，恒不至于亡耳。「貞疾」者，不正之患；未死者，調中之功。或曰：「貞疾以貞爲患，而甘于不貞者耶？」

象曰：六五貞疾，乘剛也；恒不死，中未亡也。

六五而貞疾者，非任賢之過也，以過剛在下可由以豫，遂因而乘之，恣其逸豫而不自強也。其恒不死者，賴有調中之功，未至于亡耳。

上六，冥豫，成有渝，无咎。

上六上无所援，下无所應而處豫之極，是縱欲而荒樂於上，窮奢而不顧其民，昏冥而豫者也。夫樂極則悲生，使緣此成事而變其情焉，則過而知改，可以无咎，无始而有終矣。故太甲有復辟之休，玄宗有幸蜀之禍。

象曰：冥豫在上，何可長也？

冥豫在上，樂斯極矣。樂極則悲生，何可長也？

隨卦 ䷐

隨，元亨利貞，无咎。

「隨」，從也。柔從剛也，然非柔來而下剛也。震之剛而來下乎兑之柔，震動而兑悦，斯柔從乎剛而弗離，是爲隨之道耳。隨則大通而利於正焉，剛來下柔，少以從長，始之正也。身不離道，動斯説，從終之正也。如是而隨，則夫婦合而家道成，君臣合而天下治矣。何咎之有？

彖曰：隨，剛來而下柔，動而說，隨。大亨貞无咎，而天下隨時。隨時之義，〔一〕大矣哉！

隨之爲卦，震一陽而下乎二陰，兑二陽而下乎一陰，又震下乎兑，皆剛來而下柔也。其德則爲震動而兑説，斯陰從陽而弗離，是之謂隨也，隨則大亨，利貞无咎，而普天之下率土之民，皆隨其時。隨之時且宜也，大矣哉！又曰：「堯舜帥天下以仁而民從之，隨之道也；桀紂帥天下以暴而民從之，反乎隨之道矣。」

〔一〕「隨時之義」，原作「隨之時義」，據周易改。

象曰：澤中有雷，隨。君子以嚮晦入宴息。

柔從乎剛，非隨也，剛來而息於柔，動而涵乎靜，始謂之隨耳。故澤中有雷，以造化至動、至神之氣而藏于一澤之中，凝然寂然而无動无聲焉。斯相從之至，執維不足以喻之，此隨之象也。君子晝則居于外，動於天下國家之事，勞亦久矣；至於嚮晦日入之際，則入寢室之內，以晏安而休息焉，可也。昔宰予當晝而寢，夫子責之，惡其不當隨而隨之；桀紂爲長夜之飲，湯武伐之，惡其當隨而不隨也。故堯舜之民，日出而作，日入而息。

初九，官有渝，貞吉。出門交有功。

君子不貴從俗，貴於自立，官職守之謂也。初九居隨之初，所應不應，蓋職守在隨，變而弗隨，以正道而自立矣。不亦吉乎？然前有六二中正之賢，近而合德，出門之際，不期而以正配正，又資其中德，非交而有功者乎？諺曰：「門內有君子，門外君子至。」詩曰：「知子之來之，知子之順之。」此之謂矣。

象曰：官有渝，從正吉也；出門交有功，不失也。

初九以陽居陽，正也。所應在四，非陰陽合德，又爲二三所隔，是職守在于隨人。今則變而不隨，從正而自立矣。自立而不狥人，不亦吉乎？然門外有賢，六二是也，出門而交之，得三益焉。良有功矣，何失之有？以正相資，一益也；剛柔相摩，二益也；友其中德，補所不足，三益也。得茲三益，自立益固，何失之有？

六二，係小子，失丈夫。

六二具中正之德，亦世之賢矣。初九在下，小子也，所居切近陰陽，相合而比之，是爲私情所牽，係小子矣。九五正應中正，居尊丈人也，乃爲三四所隔，遂因係初而弗隨，失丈夫矣。故初之交爲有功，二之係爲无得也。

象曰：係小子，弗兼與也。

兩相與者，隨之專。二既係初則五雖正應，弗能兼與之矣。二有中正之德，乃遠賢而親損焉，能不自喪矣乎？

六三，係丈夫，失小子；　隨有求得，利居貞。

六三以陰居陽，不中不正，宜若不足取矣。然從違得義，足以補過，則隨所求而有得，所益多矣。然所隨雖義，亦宜居正而弗邪，斯隨之善也。四陽剛而居上，丈夫也；　二陰柔而居下，小子也；　三仰四而合德，係丈夫也。俯視二而不合，失小子矣。如此則暗往而明歸，虛往而實歸，隨所求而无弗得矣。然其隨其求，皆宜居正而无邪，斯有得无失爲隨之善也。夫悅其明誠而就之者，隨之正也。是非求諸外也，求在我者也。求之正也，舍是非求之正矣。

象曰：　係丈夫，志舍下也。

六三心係丈夫者，以小子在下，隨之无益而有損，志舍下也。

九四，隨有獲，貞凶。有孚在道以明，何咎？

九四當隨之時，位近九五，乃長隨大君者也。隨則有獲，蓋得其心，得其爵禄，得其賞賚，異於疏遠者矣。若是則婦寺之忠，无所匡救，所隨雖正，亦必凶矣。使其有忠貞之實，所隨在道，非道不隨，積誠而至于形著而明焉，則君心亦孚而天下隨時義矣。何咎之有？

象曰：　隨有獲，其義凶也；　有孚在道，明功也。

隨君而有獲，匡救不聞，其義凶也。有孚在道而无咎，誠形而明之功也。

九五，孚于嘉，吉。

九五居尊當位，其中正之德不唯信諸己，而尤信諸所嘉。蓋誠之至而天下皆隨之而不違也，能无吉耶？「嘉」謂嘉偶，六二以中正而合，中正是嘉偶也。君孚于所嘉，則君臣相隨而天下治；　夫孚于所嘉，則夫婦相隨而家道成。

象曰：　孚于嘉，吉，位正中也。

九五「孚于嘉，吉」者，以中正之德而當其位也。

上六，拘係之，乃從而維之，王用亨于西山。

「拘」，止也，執也；「係」，絜束，維係也。上六柔順得正而居隨之極，是相隨之至无可間而有終者也。故有拘之不可釋者，既止而執之矣。又從而絜束之，又從而維係之。周王用亨於西山之神，則相隨之極，孚于神明，神罔怨罔恫爾矣。匪文王治岐，其孰能臻此？

象曰：拘係之，上窮也。

隨之上六，至若拘執係維而不可離者，隨之極。至于上而有終也，夫何隨哉？交于神明而已矣。

蠱卦 ䷑

蠱，元亨。利涉大川，先甲三日，後甲三日。

蠱皿爲蠱。今南蠻之人，置蠱皿中，使衆相吞噬，衆盡而一存者，以爲蠱種。末之種人，茹者輒腹生蠱物如其所種，其人无不死者。大抵物敝而蠱主爲蠱，壞之象也。艮，山也；巽，風也，木也。山下有風則氣不畜而物壞，有木則漸不可期腐敗而已，皆壞之象也。夫天地之道生生不息，蠱能亂之，使生意頓絶，故凡壞亂者莫如蠱。夫天下之道不亂不治，故蠱斯大亨，天下從而治焉。當此蠱時，天下厭亂而思治之心，不約而同，故拯亂如涉川，同舟濟險，則胡越之人視如父子，故蠱則利涉大川，言險必濟也。先甲三日，辛也；後甲三日，丁也。丁者，丁寧之也；甲者，干之首、治之初也。事已壞而後圖者，晚也；事方治而早圖者，豫也。故必先于未亂之前，揆度以求天，治機復於更治之後，丁寧以塞夫亂源，于以救亂而保治，斯庶幾矣。

彖曰：蠱，剛上而柔下，巽而止，蠱。蠱元亨，而天下治也。利涉大川，往有事也。先甲三日，後甲三日，終則有始，天行也。

卦以二體言之。艮，陽卦也，乃居上而氣不下降；巽，柔卦也，而氣不上升。又以二德言之，内巽而无剛健之心，外止而无漸進之意。如是則壞亂不治，猶物壞而蟲生，生意絶，故卦名爲蠱。其辭曰：「元亨者，蓋治生於亂。」亂之極，斯天下之所由治也。「利涉大川」者，蓋人有厭亂之心，往有濟世之事也。「先甲三日」者，更新於未治之先，端治本也；「後甲三日」者，丁寧於方治之時，防亂源也。蓋以終則有始，逝而不已者，天之行也。君子知天，故宜乘時機之會，以有爲不可失也。

象曰：山下有風，蠱。君子以振民育德。

山下有風，風落山而事壞，時之所由蠱；風薄山而事生，蠱之所由幹也。君子以幹蠱爲事，鼓舞之以振民，則風可期而興；静止之以育德，則善可期而止。此治蠱之要道也。

初六，幹父之蠱，有子，考无咎，厲終吉。

六居蠱初，輒逢事蠱，非其自致，父所遺也。然事蠱未甚親，二陽而幹之則事可立，父爲有子善，蓋前人之愆而考无咎矣。然幹才弱而改父之道，恐不勝其任而危。然初心未失而孝道豫，終獲吉也。

象曰：幹父之蠱，意承考也。

父事壞而子幹之，蓋改其道矣。乃爲有子而終吉者，其意在于承考非有違者，正孝子之道也。

九二，幹母之蠱，不可貞。

九二當蠱之時，上應六五，柔居中而非正，是父亡而母存，事蠱而子宜，幹也。苟以正道幹之則彰母之失，母恐无以自立，而子道亦有虧矣。必柔順以曲盡其孝，使口體嗜欲无所勞其心；剛中以刑其家，使妻子婢妾无或踰于禮。斯爲善幹其蠱，必不可以正道幹也。魯莊公、漢惠帝、唐中宗之儔不知幹蠱者也，秦政則似貞而非貞矣。

象曰：幹母之蠱，得中道也。

幹母蠱者，太剛則彰其愆，太柔則成其蠱，必剛柔得中。正其家而如其父之存，盡其孝而致其母之從，斯爲得乎中道而不偏也。非九二不足以語此。

九三，幹父之蠱，小有悔，无大咎。

九三當蠱之時，應上而弗合，是父有蠱而子幹之也。然剛果過中以改其道，斯小有悔矣。夫子改父道，以蓋其愆孝也。但太剛而小有悔耳，亦何大咎之有？

象曰：幹父之蠱，終无尤也。

幹父之蠱无大咎者，始雖過剛而小有悔，然終蓋前愆，亦何尤也？

六四，裕父之蠱，往見吝。

六四當位而居正，才弱而失中，是知父之蠱不忍遽幹，失于柔寬者也。夫幹蠱之道，宜豫宜果。苟裕之以往則蠱，日深而不可爲矣，寧不吝耶？

象曰：裕父之蠱，往未得也。

幹蠱而裕，往則害深，何得之有？

六五，幹父之蠱，用譽。

六五當蠱之時，柔順居中，是幹父之蠱而不剛不柔者也。夫不柔則往，无裕蠱之吝；不剛則旋，无小悔之遺。父惡不著而孝道益彰，所謂揚名于天下以顯父母者也，非用譽矣乎？

象曰：幹父用譽，承以德也。

六五幹父之蠱而用譽者，匪承以爵禄而徒尊養之也。承以中德爲聖賢，使其親爲聖賢之親者也。非大孝，其孰能之？

上九，不事王侯，高尚其事。

上九德高而无與儔，事終而无所往，幹蠱非時也，故不爲後夫之比。天子諸侯咸不得而臣事焉，所好可從也。斯甘于肥遯，自尊自貴而高尚其事焉。「高」者，尊也；「尚」者，貴也。自尊自貴其事則所重在內，天下无以尚矣。詩曰：「考槃在澗，碩人之寬，永矢弗諼。」此之謂也。求其人，其漢之四皓、嚴光之儔乎？

象曰：不事王侯，志可則也。

夫不事王侯，非忘世也，蠱終而世平矣。苟隨時而穀，則志卑无足取矣。上九能高尚其事，則清風高節足以激頑而起懦，有補于天下後世之風化不淺，誠百世之師也，其志不可則耶？又曰：「幹蠱者，畢一世之事，高尚者，爲百世之師也。」易地則皆然。

臨卦 ䷒

臨，元亨利貞。至于八月有凶。

臨之爲卦，二陽彙征，內則幾乎乾，外則向乎泰，是之謂臨。以臨體言，則剛浸長而柔消；以貞晦言，則內說而外順。剛柔相應而中，斯大亨之道也。然二非剛所居，五非柔之位，二五相交，各補所不足。斯不貞者，貞故利于貞焉。陰陽消則有息，二陽長則五陰消，斯大亨之時也。消而至于八月，則二陰浸長，陽遯而有凶矣。亨可恃耶？

彖曰：臨，剛浸而長。說而順，剛中而應。大亨以正，天之道也。至于八月有凶，消不久也。

卦何以爲臨？二陽彙征，剛浸而長，臨乎柔也，足有臨矣，是謂之臨。內說而外順，剛中而上應，以是有臨則天道全而君道盡矣。然元亨利貞，天之道也，臨有之非全天之道乎？乾，爲天，爲君，全天之道是君道盡而足以有臨矣。臨至遯則陽往而二陰向剥，今之吉變而爲八月之凶矣。陰之消，豈長久哉？君子當臨之時，須知其吉而全所當全，又知其凶而防其所當防，可也。

象曰：澤上有地，臨。君子以教思无窮，容保民无疆。

澤上有地，地包乎澤，相親而无間，容受而不泄，臨之象也。君子體此以臨民，則作君作師焉。作之師以新乎民也，則教思无窮而期復其性；作之君以養乎民也，則容保无疆而期遂其生。夫君子之凝命，固應爾耶？

初九，咸臨，貞吉。

「咸」，皆也。九居臨初，與二彙征，不相妨害而各有所應，是臨而皆有所感也。以陽居陽，一德當位，罔不吉矣。

象曰：咸臨貞吉，志行正也。

初九貞吉者，何也？士修于家，貞德不回其志，將行其正道於斯世也，能无吉乎？

九二，咸臨，吉无不利。

九二陰陽全德，執中不偏。上應知臨之君，下協貞吉之友，近簪无咎之朋，是君子之進无所不臨。上得其君，中得其朋，下得其民者也，吉可知矣。何利如之？

象曰：咸臨吉无不利，未順命也。

九二「吉无不利」者，何也？一陽來而爲復，二陽長而爲臨，是臨之全德，剛浸而長，説而順，剛中而應。元亨利貞者，在此不在他也。是故有咸臨之，吉无不利焉。然至于八月有凶，天之命也。二則以咸臨自任，以知臨輔君，夙夜基命而凝之，未肯順聽以遲，八月之凶焉。昔周公之留召公曰「時我二人」，意正如此。

六三，甘臨，无攸利。既憂之，无咎。

六三居兑之極，爲悦之主，其象爲口，陰柔不中，外臨于坤，好以甘言而臨人，欲悦而順之不自立也。甘臨如此則上交而謟下，交而瀆，何利之有？然陰變斯泰，苟自知其非，憂而改之。效二之中，法四之正，應上之敦，又何咎耶？

象曰：甘臨，位不當也。既憂之，咎不長也。

甘臨而无攸利者，以陰居陽，外甘而内乖也。既知其過，憂而改之，則表裏如一，過不長矣。又曰陰變斯泰，何咎之有？

六四，至臨，无咎。

六四柔順得貞。上居坤體而近五，下交於兑而應初，是正身事上而格其君，厚德載物而悦其民，皆相臨以心，至親至密而非以貌矣。何咎之有？

象曰：至臨无咎，位當也。

六四「至臨无咎」者，何也？臨，大亨以正，四當位而德正也。

六五，知臨，大君之宜，吉。

六五以坤體中德而居尊位，坤則順承乎天，不自用而取善于人，中則好問好察，擇中而允執之也。是不以一人之聰明而臨天下，實以天下之聰明而助一人，是謂知臨。非舜之大智不足以語此。斯恭己无爲而天下治，非其宜而吉耶？

象曰：大君之宜，行中之謂也。

記曰：「唯天下至聖爲能聰明睿智，足以有臨也。」書曰：「亶聰明作元后，元后作民父母。」皆知臨之謂。其曰「宜」者，何也？蓋大君在上，一顰一笑，天下之生殺出焉，休戚係焉。苟有一偏執則害及天下，不勝言矣。故一人聰明不足恃也，必取善于人；衆論之參差未必中也，必擇善于己。惟精惟一執中而行之，斯天下被澤而无害矣。大君之宜，非此也耶？

上六，敦臨吉，无咎。

五應二，四應初，皆有臨也，六无所臨矣。然當臨之時，居臨之上，能无臨乎？蓋民視同胞，視吾與篤親而逮疏，敦邇而及遠，純以厚道而臨下也，其獲吉必矣。于身亦何咎哉？

象曰：敦臨之吉，志在內也。

上六居外而應內，內非在外者也，我固有之理，當然之事也。故君子敦臨以厚民，非求諸外也。志全乎固有之理，盡吾當然之事耳。

觀卦 ䷓

觀，盥而不薦，有孚顒若。

四陰在下，二陽在上爲觀。觀，示也。人君居上爲天下之觀，而天下觀而化之，觀之謂也。其象如何？有如大祭之時，主人洗而盥矣。未及薦獻，其動容周旋之儀，升降進退之文，未之見也。但見其敬順之德，積諸中而有孚；見諸貌者，顒若而已。此豈待形諸聲色以化民哉？蓋猶上天之載，无聲无臭耳矣。

彖曰：大觀在上，順而巽，中正以觀天下，觀。盥而不薦，有孚顒若，下觀而化也。觀天之神道，而四時不忒；聖人以神道設教，而天下服矣。

觀道有二：有大觀以示下者，有下觀而化于上者。天下仰望之時，大觀在上順巽无聲色之形，篤恭如上天之載，建中以立極，正身以端本，以示法則于天下，此大觀之道。譬之郊廟設而神道存，其篤恭之德未易以形容之也。其猶盥而不薦，有孚顒若者乎？蓋猶夫承大祭者，主人就位而盥矣。未及薦獻，其九十之儀文，百千之禮節，皆蘊于中而有孚，見于貌而敬順爾矣，其下觀而化也。譬之郊廟之中不令而肅，不戒而毋敢慢矣。豈惟人哉？天有神道貞觀于上，於穆而不可測也，而四時不忒；聖人有神道設教于上，篤恭而不可測也，而天下咸服。皆大觀在上，下觀而化，觀之道也。

象曰：風行地上，觀。先王以省方，觀民設教。

風行地上，无心于動物，而物應以動焉。和風行而百物生，薰風行而百物長，涼風行而百物成，朔風行而百物易，此天之觀也。先王觀天之象，春省東方至于泰嶽之下，以觀其民，示以大觀以設教，其三時亦如之。若書載帝舜巡狩之事是已，此聖人之觀也，亦天也，故民風動而諸侯法，下觀而化也。後世有封禪以比先王之觀，謬矣，謬矣。

初六，童觀，小人无咎，君子吝。

陰柔在下，不知大觀所觀，觀光之賢而已，是童子之觀也。細民視俊秀之英，鄉里舉選而賓興之，遂以爲榮，欣羨而觀之，亦无過矣。君子而如此，不亦可羞也耶？

象曰：初六童觀，小人道也。

懷玉在身，合于大觀，以示群下，自玉君子也。童子不知自玉，見世有所觀者，輒趨而觀之。此小人之道，焉足尚耶？

六二，闚觀，利女貞。

二以中正之德，上應九五，亦君子之道也。但居觀之時，以觀爲德，是女子居於閨門，自門而窺人者也。闚夫猶可，闚賓失矣。故利於守貞，修德於內，中門不至可也。又曰觀道有二：上以大觀示下，下以觀上而已。九五大觀在上，爲一世所觀，六二柔順中正，陰陽合德爲其正應，觀光爲賓可也。然陰方居中，无與外事，又爲三四所隔，莫克適從，但于中門潛以闚觀而已。是潛身以觀，女子之觀也，利在居中守貞，觀于外而益省于內，闚其顯而益謹其微，則匹休大觀可也。不然則觀道失矣，其有終乎？

象曰：闚觀女貞，亦可醜也。

「闚觀」者，門隙之觀也。雖利於女子之貞，然媒妁不至，父母未戒，門隙以相闚，亦可醜矣。故君子未嘗不欲仕，又惡不由其道。

六三，觀我生，進退。

「我生」者，猶言生理、生涯、生事、生產，謂之德業，所以顯晦其身者也。六三居下觀上，出乎闚觀之外，未達觀光一間，是以女貞爲醜，賓興未之及者。是故不觀諸外，覬覦其光，惟反觀己之德業，可進斯進，可退斯退，其自立自省如此。其視童觀、闚觀，徒欣慕于外者，異矣。

象曰：觀我生，進退，未失道也。

觀所學之信否，爲一身之進退，是所觀在內，未失道也。

六四，觀國之光，利用賓于王。

六四當大觀在上之時，具貞順之德，居群陰之首，而密近至尊，是其賢其能出乎邦彥之上，以觀生爲不足而觀國光輝者也。斯中正以觀天下之道，既嘗知之而可與行矣。斯人也，豈一國之士哉？宜用賓于天王，以輔大觀之治可也。若堯之時，舜則見而知之；湯之時，伊尹則見而知之，正此象也。

象曰：觀國之光，尚賓也。

九五，觀我生，君子无咎。

上有大觀无爲之君，則下有不召之臣，士能觀光，豈宜以非禮使之？尚而賓之于王，以觀天下，斯其宜也。

大觀之時，九五居中得正中，以觀天下者也。然王者之生不在一身，而在于天下，必也。觀我畿甸之民，何如？萬國之民，何如？其風化之行，果歸于中正，斯我生之得否則宜自反也。然唯大中至正之君子，足以觀天下而无咎焉。

象曰：觀我生，觀民也。

王者以萬民爲一身，故大觀之觀生，非觀身也，觀萬民也。萬民足觀，斯觀乎天下而无愧矣。

上九，觀其生，君子无咎。

六三鄰於觀光，宜審進退之機，故觀我之生。九五當位居尊，宜省大觀之道，故亦觀我生。上九居五之外，上无所進，大觀非生，上進亦非生也。故不觀我生，觀諸其生而已，遠觀六三之生而不與之同其樂，内觀九五之生而不與之同其憂。斯人也如其君子，則邇不趨時而无要求爵禄之心，遠不忘世而有移風易俗之節，何咎之有？

象曰：觀其生，志未平也。

上九以過剛之德，居觀之外，高視一世之生而不屑所爲者也。夫君子豈无大觀之心哉？貴而无位，高而无民，徒有其志，而未之能平耳。

周易贊義卷三

噬嗑卦 ䷔

噬嗑，亨。利用獄。

大觀在上，乃有梗化之人，如頤中有物必齧之而後合也，故噬嗑。次觀噬嗑則梗化者去，故亨。夫梗化之徒，非德禮可勸，故利用獄以治之，此刑所以弼夫教也。

彖曰：頤中有物，曰噬嗑。噬嗑而亨，剛柔分，動而明，雷電合而章。柔得中而上行，雖不當位，利用獄。

火上雷下之卦，二陽三陰之中，一陽在內，如頤中有物，噬而後嗑之象，故曰噬嗑。噬嗑，斯通震一陽而二陰，離一陰而二陽。噬嗑，三陰三陽之卦也。剛柔不亦分乎？剛柔分則強弱、是非判矣。「動而明」，豈徒判哉？雷天威電，天明也。天威天明合作而章，斯冥頑知警懼矣。又以噬嗑之主言之，六五柔順得中，履尊位而上行，雖非當位而雷電成象，利用獄矣。

象曰：雷電，噬嗑。先王以明罰勑法。

雷電交作，天之明威，噬嗑之象也。先王體此卦象，以昭明其刑罰，謹勑其法之垂焉，亦天之明威也。

初九，屨校滅趾，无咎。

初九居卦之下而過剛不中，動輒麗刑在足，「屨校」者也。「屨校」，斯滅趾而不行矣。蓋爲惡之初即有懲而知戒，此小人之福也。何咎之有？

象曰：屨校滅趾，不行也。

小人犯刑而滅趾矣，无咎何也？「趾」者，人之所以行也，滅則不行。蓋小人以不仁而犯刑，始知不仁之可戒而不行矣；以不義而犯刑，始知不義之可戒而不行矣。此刑之有免小人之福也，又何咎耶？

六二，噬膚滅鼻，无咎。

卦以上下二陽爲用刑之主，爻以二陽爲被刑之人，其中四爻則上下典刑者也。六二具柔順中正之德，典刑无難，故凡刑之所用皆如噬膚之脆，无骨鯁焉。而又至於深滅其鼻，无聲聞焉。此用刑之淑問者，何咎之有？鼻者，聞聲之體，滅於用刑之時，則心服其罪，而冤聲无所聞矣。趾，行之體也，滅則不行；鼻，聞之體也，滅則不聞。

象曰：噬膚滅鼻，乘剛也。

噬膚而无咎者，以膚之脆而乘夫齒之剛也。剛則脆不可支，雖至於深，噬无所鯁而无所聞矣。六二具柔順中正之德，自有噬膚滅鼻之道，无待於外傳，又取於乘初之剛如此。

六三，噬腊肉遇毒，小吝，无咎。

六三以陰暗之才，居陽剛之任，不中不正者也。用以典刑則所處不當，人不服而犯者至矣。「腊肉」者，獸之全體乾肉，中而多骨也。苟不審而噬之，非損齒則鯁其喉矣，二者皆噬肉之毒也。世有偏執之人，當刑不刑好于不當刑者，刑之或以茹剛爲本，或以訖威爲名，舍膚鼎而不食，擇腊肉而食之，能不遇毒矣乎？雖不至於大害，亦小有吝也。然當用刑之任，非出位而妄爲也。更此毒吝，宜知補過，斯无咎矣。

象曰：遇毒，位不當也。

噬嗑之位，用刑之位也。用刑而不當則過失殺傷人矣，其遇毒非自取矣乎？

九四，噬乾胏，得金矢，利艱貞吉。

「乾胏」，乾肉之帶骨者。難噬者，刑之奢也。九四以剛處柔，居下之上而近君位，是司寇大臣而任重者也。才剛而處柔則用刑，審勝重任矣。故所刑如噬乾胏，得剛直之道焉。然恃其剛直而夬履則凶，故宜艱難以審之，至正而不易焉，斯可以免毒而獲吉也。

象曰：利艱貞吉，未光也。

大臣居近君之位而任刑，政從欲以治刑，期于无刑可也。猶以噬胏爲患，利在艱貞，有處之才，无化之效，道雖行而未光也。

六五，噬乾肉，得黄金，貞厲无咎。

六五以柔顺中德，當噬嗑之時而居尊位，是用刑之主也，所噬非膚，爲乾肉。蓋用刑自下而上，小而易決者不達，大而難決者斯聞，故所噬非膚，爲陳乾之肉也。一人在上，天下乃有横行不畏法者，何可以赦？噬之則柔不茹而剛不吐，得中剛之道矣。但茹剛之事，必用凶器，雖正亦危，然時義所在，非可姑息焉者。故四凶誅而天下服，三叛戮而商亂平，亦何咎哉？

象曰：貞厲无咎，得當也。

六五貞厲而无咎者，六五以中順之德，履至尊之位，是任德而不任刑之主也。乃不期有作孽之人爲治之害，故必動凶器以治之，似爲純德之累，若有咎矣。然刑得其當則刑，期无刑之治也，何咎之有？

上九，何校滅耳，凶。

上九陽剛過中，居噬嗑之極，是小人之極，積惡盈滿，罪必誅戮者也。故有「何校滅耳」之象，凶可知矣。

象曰：何校滅耳，聰[一]不明也。

夫何校以至于滅其耳者，非有他也，以耳聽不明，謂小善小惡不足聽聞之也。故積而至貫盈，弗可解耳。

賁卦 ䷕

賁，亨。小利有攸往。

山下有火，草木榮華如素之絢，蓋以文而飾質故爲賁。爲卦下體乾也，柔來於內而文剛；上體坤也，剛往居上而文柔，皆以文而飾質，賁之道也。賁則不徒忠信以質，又禮樂以文之，斯在邦在家，无弗達也，能无亨乎？然賁飾非大行之道，故小利有攸往而已。

彖曰：賁亨，柔來而文剛，故亨。分剛上而文柔，故小利有攸往。（剛柔交错）[二]，天文也；文明以止，人文也。觀乎天文，以察時變；觀乎人文，以化成天下。

「賁」者，以文飾質，自有亨道，亦小利有攸往矣。然以二體言之，外之柔而來文乎剛，大之賁也，大斯亨矣；分內之剛而上文乎柔，小之賁也，小不利有攸往矣乎。然以賁之大者言之，豈但如是天有文焉。剛柔交錯而經緯成，天之文也，賁也；彝倫明敘而各止其極，人之文也，賁也。觀乎天文曆象，以察時變，而位育之本端；觀乎人文明倫，以化成天下，而經綸之道盡此。又聖人貫天人之文於一身，修一身之文爲天人之主，而致中致和者也。賁之道，不其

[一]「聰」，原作「聽」，據周易改。
[二]「剛柔交错」四字原脫，據周易補。

大乎？曰「小利有攸往」，亦指其小人小事言也。

象曰：山下有火，賁。君子以明庶政，无敢折獄。

山下有火，文明以止，賁之象也。君子觀此賁象，以修明庶政，成文明之治而已。其有不服，亦修文德以來之。其事也若夫折獄，遏惡揚善之政則俟夫大有之時，无敢輕有爲也。

初九，賁其趾，舍車而徒。

剛居賁初，柔來文之，所文在下，是賁其足趾者也。小人以乘車爲榮，君子以行道爲貴，故舍代勞之車而徒行焉。蓋力行其道，足之光也，苟不義而乘，則囚辱甚矣。何賁之有？大夫則有命車，不可徒行，士則徒行義也。

象曰：舍車而徒，義弗乘也。

當賁之時，小人賁外，君子賁內。初陽在下，身非大夫，家无命車，乃舍車弗乘而徒行焉。非好勞而惡逸也，義弗可乘，故弗乘耳。斯君子之足所以異于人而有光與？

六二，賁其須。

六二柔往文剛，是頤之有須以爲飾也，蓋柔質而附剛者自不足以有爲，美其容觀而已。蓋文事附質而美，苟无其質，文焉附耶？

象曰：賁其須，與上興也。

須附諸頤。頤，須之質也。須必待頤而興，須之賁亦末矣哉？

九三，賁如濡如，永貞吉。

九三重剛而居下之上，上下二柔皆來文之，是賁如在內而文明。又濡如于外而潤澤，蓋非外飾而已者，賁至於是，又何求哉？但能長永貞固其德，斯吉之道也。

象曰：永貞之吉，終莫之陵也。

凡致飾於容貌辭氣者，賁也。賁，則人或凌侮之，君子賁於外以養其內，文明于內，以澤其外，是賁道之貞也。能長保此貞，无少間斷，則充實之美、光輝之著于是乎在。觀者將久而彌信，无不敬服之矣。終其身，誰敢凌侮之哉？

六四，賁如皤如，白馬翰如，匪寇婚媾。

六四以貞順之德，近中順之君。當飾治之時，不剛以文之，初爲正應乃白賁其趾，非以剛而文柔者。又爲二三所隔，故求賁而質素如初，皤然而已。以質素之人乘質素之馬，如飛而來，蓋求賁之心，切將有爲也。然乘馬飛如，非爲寇也，求好合也。求賢于下，以輔乎上，始雖暌而終必合，求有益也。

象曰：六四，當位疑也。匪寇婚媾，終无尤也。

「六四當位」，貞矣。乃求賁而弗賁者，終有間隔，賁而疑也。「匪寇婚媾」，迄无怨尤，得所賁也。

六五，賁于丘園，束帛戔戔，吝終吉。

六五具中順之德，下求飾治之賢，既非剛中之應，又爲三四所隔，不得其賁。所得賁者，高尚丘園之賢而已。「束帛」，禮賢之物；「戔戔」，委積貌。人君賁丘園之賢不可得，而臣鄰亦可吝矣。然以貴下賤足以得民，以禮尊賢足以不惑，不終吉耶？若漢高之于四皓，光武之于子陵，吉可徵矣。

象曰：六五之吉，有喜也。

五賁丘園而吝終吉者，君能賁賢，賢亦賁君，清風高節，激頑起懦，教化行而風俗美，非賢人之喜，實人君之有喜也。

上九，白賁，无咎。

上九居剛上文柔之位，外處艮極而內无賁應，是白以爲賁，素以爲絢者也。蓋忠信爲質而加以禮文，此文質彬彬无可議者。何咎之有？

象曰：白賁无咎，上得志也。

質勝文則野，文勝質則史，以野史之道而率人，弗從也。素以爲絢，則文質彬彬，德盛而斐然，下民不能忘矣。故動无咎而有獲，非上之得志也耶？

剥卦 ䷖

剥，不利有攸往。

「剥」者，陰剥陽也。五陰而剥一陽，九月之卦也。往則陽盡而陰全，故不利有所往，以小人道長，君子宜順而止之也。

彖曰：剥，剥也，柔變剛也。不利有攸往，小人長也。順而止之，觀象也。君子尚消息盈虚，天行也。

「剥」，猶剥棗之剥，剥落之也。下侵上而致之落也，亦以陰之柔而變乎陽之剛也。「不利有攸往」者，小人道長而君子不可行也，君子觀象則象而止之。斯處剥之道，无所戕也。陰陽之運，消則息，盈則虚，天之行也。君子亦承順乎天而已矣，其能違之哉？

象曰：山附於地，剥。上以厚下安宅。

卦之陰而畫六斷者，地也；卦之陽而畫如覆碗者，山也。山附於地則五偶在下，一奇在上，剥落之象也。然博厚而悠久者莫如地，安固而不遷者莫如山。君子觀象，不取於剥落若騫若崩之形，而取其安固博厚悠久不遷之義，以厚其下而居以安宅，如地載山而博厚悠久，如山附地而安固不遷，則民安而邦本寧矣。何剥之有？

初六，剥牀以足，蔑貞凶。

剥之爲卦，五陰在下，而上剥一陽。初六者，剥之本也，本剥則上殞矣。「牀」者，人所安息之具，君子居之所也。陰邪小人將傾其國，先傾其賢；將傾其賢，先傾其居，必自其所安之牀足而剥之，足傾則牀隨之矣，賢將焉居？蓋其陰險之機深，讒邪之計遠，以邪爲正，滅絶正道，良心喪已甚矣，能无凶乎？

象曰：剥牀以足，以滅下也。

剥牀不於其牀而于其足者，以滅其下而剥其上也。小人陰險之巧計，君子所必剥也。蓋君子居上必嘗有所用之人及所爲之事，皆其下也。索其隙而剥之，則下必滅而上斯及矣，寧能免耶？

六二，剥牀以辨，蔑貞凶。

「辨」，牀幹。初剥牀足，二剥牀幹，以漸而剥其上也。剥牀以幹，以邪而滅正，牀傾必矣。能无凶乎？

象曰：剥牀以辨，未有與也。

「剥」，陰剥陽也。卦唯上九一陽，二遠于上，其剥以辨者，何哉？蓋二非上九之應，未嘗相與故耳，使相與則弗剥也。小人之害君子，不揆義之可否，惟狗交情。類如此，其不傾人之國者，鮮矣。

六三，剥之无咎。

六三以柔居剛，與上相應，陰陽合德。蓋當天群陰剥陽之時，獨與陽交不相害也。此蔑貞之時，知其不義，獨離群而從正者，涇渭並流，清濁自分，何咎之有？其曰「剥之无咎」者，非謂剥陽而无咎，謂居剥時而獨无咎也。

象曰：剥之无咎，失上下也。

當剥之時，群陰剥陽，初剥足，二剥辨，四剥膚，皆凶惡之流也。三處其間而獨无咎者，以失其上下，三陰之黨獨從正耳。陽在剥時，雖下有五陰，然三應而五比，剥之者獨初二及四三陰爲害耳。故愚謂失上下者，指初二及四之三陰，不及五也。

六四，剥牀以膚，凶。

六四位近至尊，蓋股肱耳目之臣也。剥而及之則非剥牀而已，剥及肌膚非但蔑貞，將蔑其身。雖去其君之股肱耳目而不恤，凶可知矣。

象曰：剥牀以膚，切近災也。

剥牀而及人之膚則剥无可剥，切近之災也，爲國者信小人以剥賢，賢盡斯及其身矣。雖有善者，如之何哉？

六五，貫魚以宮人寵，无不利。

凡陰之剥陽以遠乎陽也，近則合，不復剥矣，故剥之五，以后妃取象焉。六五柔順居中，率群陰以事其上，蓋貫魚敘進使天下之嬪婦御妾之屬，皆得承寵於君。如是則后妃建丁，宮人无怨，祚胤繁而社稷安矣，何不利之有？

象曰：以宮人寵，終无尤也。

六五之无不利者，凡易之道，親益期親，親于我何加焉？祇見疏耳，推而及於疏，親斯久矣。近益期近，近于我何加焉？祇見遠耳，推而及于遠，近斯切矣。六五切近于上下，隔群陰能貫魚以進，則不徒下人歸德，上益親而賢之矣。終其身，人誰尤之哉？

上九，碩果不食，君子得輿，小人剥廬。

上九剥極斯復，有碩果不食，種而復生之象，如其君子也，則宜在高位爲人所載；如其小人則播惡于衆，剥其廬舍，何所容其身耶？陽在上而居陰位，正當剥所，故吉凶相半如此。

象曰：君子得輿，民所載也；小人剥廬，終不可用也。

一陽而居群陰之上，非无民也。君子仁民，民斯載之矣，故曰「得輿」，獲夫載而不徒行也；小人虐民，民斯傾之矣，故曰「剥廬」，喪其居而終不可用也。

復卦 ䷗

復，亨。出入无疾，朋來无咎。反復其道，七日來復，利有攸往。

冬至陽生爲復，在天地爲生物之心，嘗爲主乎內而生物也，乃生生而爲臨，以至於爲乾、爲坤，則陽消物盡而復反於內矣。復則生物有主，生生无窮矣。人心放而復者亦如之，能无亨乎？放心而復則身有所主，出无妄動，入斯靜安，无復疵病，由是朋來則爲下仁、爲從道，亦无過矣。蓋身有所主，能成己成物如此。然陰陽消息天之道，息而消，消而息，反復其道，由垢而變，則七更干支而來復，陽之消者不易息，心之放者不易收也。收而復則身有所檢，宜自內而之外，有攸往矣。

彖曰：復亨，剛反動而以順行，是以出入无疾，朋來无咎。反復其道，七日來復，天行也。利有攸往，剛長也。復，其見天地之心乎？

「復亨」，何也？剛自外而反于內也。剛反而爲主于內，則內震外坤，動而以順行矣。是以己之動靜，在道而无疾，朋類之來，亦无不就道而无過矣。「反復其道，七日來復」，理數如此，天之運也。「利有攸往」，剛反而長也。天地有心，不可得而見也；復，其見之矣。人各有心，舍則亡，操則存，存者復，人之心亦于是而見之矣。

象曰：雷在地中，復。先生〔二〕以至日閉關，商旅不行，后不省方。

雷出地奮而大壯，震動於兩間而聿駿有聲者也，乃寂然而在於地中，謂之復也，猶行者之歸於家也。先王觀此復象，以陽復之日，閉關之門，俾在途商旅皆駐而不行，天子亦不以省方觀民，如陽之復，不妄動焉。在人則於心應物之後，未應物之前，操而存之，无所偏倚，如鑑斯空，如衡斯平可也。

初九，不遠復，无祇悔，元吉。

冬至之日，一陽來復，是去未遠而輒反也。在人則心于靜虛之時，物有所感，理欲攸分，其理耶，欲耶？人不得而知之，己獨知也。則克去其欲而反乎理，未涉于事，先正其心，是心將放而輒存，不遠之復也。此克己復禮之仁，何至于悔之有？由是仁體事而无不在，由是天體物而不遺矣，不亦大吉也耶？

象曰：不遠之復，以修身也。

「不遠之復」者，非外諸形色玄空以爲心也，蓋以爲人有形色即天性之所在。吾盡性則形踐，形踐則身修，身修則家國天下可齊治而平矣。爲仁爲聖者此也，配天配地者此也，形色豈累人者哉？此不遠之復，存心于隱微之際，于以踐形盡性以修其身耳。豈異端之流以形色爲累，所謂玄空之學者耶？

六二，休復，吉。

「休」，美也。二具中正之資，初九不期而合，蓋美其不遠之復，以爲仁而親之也。親仁則欲仁而仁，中正之資復而爲中正之德矣。不亦吉乎？

象曰：休復之吉，以下仁也。

〔二〕「生」，疑當作「王」。

不遠復者，仁也；休復者，休美其仁也。蓋不徒欣羨而已，實舍己而依於仁，與之同其歸也。能无吉乎？

六三，頻復厲，无咎。

六三陰柔不中不正，復遠于仁而不知其美，至于恒過而後改，頻蹙而始復者，能无危乎？然能復而不違，雖危亦无咎矣。

象曰：頻復之厲，義无咎也。

復而頻，是不知復之美者，危可知矣。然非終忘返者于義，亦无咎矣。

六四，中行獨復。

六四以貞順之德，居群陰之中，下應初九，如世皆同流合污，滔滔然矣而已。獨中行特立，離群而依仁焉。蓋不五之隨而求獲也，非擇善固執，能如是耶？不曰无咎者，中行斯无咎也。如閔、冉之學，居由、求之間，希顔而同歸，孔明之仕處魏、吴之間，藴玉而歸漢，即其人矣。

象曰：中行獨復，以從道也。

四近尊位，隨而求之，有獲者也，乃離群而獨復，是豈慕外者哉？蓋知不遠之復，有元吉之道，故離群旋歸以相從于道耳。

六五，敦復，无悔。

復以初九爲主，乃一陽之來復也。故親此而復者，爲下仁應此而復者爲從道，五非親非應，若遠實矣，然居尊而統下，虚中而受善。所應在二，二下仁而復也，己亦同其復矣；所親在四，四從道而復也，己亦同其復矣。不亦敦厚，其復也耶？夫敦厚其復，動能復初，何悔之有？

象曰：敦復无悔，中以自考也。

敦復之復，无所悔者，非既失而後復也。下仁而復其初矣，猶不自信，中以自考，慮有失而益厚其下也；從道而復其初矣，猶不自信，中以自考，慮有失焉，益厚其從也。此復而又復者，何悔之有？

上六，迷復凶，有災眚。用行師，終有大敗，以其國君凶。至于十年，不克征。

上六居復之終，去初甚遠，乃不知復道。昏迷而忘返者，在一人之身則恣情縱欲；放心而不知收者，故招災致眚而休祥莫見焉。如是而乃用行師，則終有大敗。不徒師殲將獲，其國其君皆將罹于凶禍，弗可保矣。休息至於十年之久，亦不克征，蓋一敗而不復振也。可不戒哉？

象曰：迷復之凶，反君道也。

「復」，君道也。一陽來復爲群陰之主，所謂帝出乎震者也，然非君道而何？上六迷而不復，反君道矣，能无凶敗矣乎？

无妄卦 ䷘

无妄，元亨利貞。其匪正有眚，不利有攸往。

靜而正，欲之盡也；動而健，理之行也。剛往而不復爲妄，猶女之亡也。故剛來而爲主於內，斯真實无妄，天之道也。天有四德，无妄如之，亦大亨而利於正焉。其匪正斯妖眚見妄之徵也，妄則不利，有所往矣。

彖曰：无妄，剛自外來而爲主於內。動而健，剛中而應，大亨以正，天之命也。其匪正有眚，不利有攸往。无妄之往，何之矣？天命不佑，行矣哉？

「无妄」者，大中至正，實理藴於陰陽而非陰陽，即所謂无極而太極，與物无妄之理，天之命也；在人則爲心之理，即天所命也。命不可見，唯一陽來復爲主於內，天下雷行，物與无妄之時，則全體呈露而莫掩矣。帝出乎震而主乎天，故動而健。天以剛中之德，應雷之動，則斯理因雷之動而與物无所遺也，故元亨利貞，天命然也。在人則心自外來而爲主於內，大中至正而无妄，其動而健，剛中而應，時萬時億亦如之。其元亨利貞不在天而在我，亦天之命也。蓋命之无妄，本乎无極、太極之理；人心之无妄，本乎盡性至命之誠。天命无不正之理，其七政不齊則亦有失正之時。失正則妄，妄則眚祥見，不可有往。蓋違乎天命不祐，其能行之哉？在人之匪正，何也？无妄之妄也。无妄之理，不易明且復也，必盡心知命而知天。斯明其理之正，必誠意正心而知中，斯免其妄之失矣。不然爲尾生之信，爲仲子之廉；爲許行並耕之治，爲達摩面壁之學；爲楊氏之爲我，墨氏之兼愛；老氏之靜篤，釋氏之禪定，巫氏之咒咀蠱毒、請召鬼神之術。雖自以爲至誠无妄，實皆匪正而妄也。故无妄而正則致中，天地可位；无妄而妄則眚見，而天命不祐之矣。故漢武切于求仙而招巫蠱之禍，梁武篤于奉佛而致臺城之凶。此千古之鑑，可不戒哉？

象曰：天下雷行，物與无妄。先王以茂對時育萬物。

天下雷行，帝之出乎震也，則物各稟氣以成形，與之理以爲性矣，所謂各正性命者是也。先王觀象以至誠无妄之道，建極於上，則天時足以茂對，物各遂其生矣。蓋天命與物爲性而賦之形，聖人俾物踐形而盡其性，皆至誠无妄之道也。

初九，无妄，往吉。

初九剛自外來而爲主，於內爲萬物之本，乃卦之所由名，正至誠无妄時也，以此有往，則大本立而達道行，何不吉之有？

象曰：无妄之往，得志也。

无妄往吉者何？君子之學，志于修己，獲吉而已。今誠於內而形於外，則事无不立而物无不動。斯吉之獲，非志之得耶？

六二，不耕穫，不菑畬，則利有攸往。

至誠无妄之道，寂然不動，感而遂通而已。九居卦初，爲主於內，足以當之；二則以柔比剛，非无妄之主，而有所覬覦者也。蓋春耕而思秋穫，有謀利之心；初菑而思易畬，有計功之心。是有望而動，非无妄之道，必无是二者之心，斯合于无妄之道，利有攸往矣。六二中正而非剛德，乃親初合德，故其象如此。

象曰：不耕穫，未富也。

无妄之妄，古與望通，耕穫、菑畬，皆有所望者也。六二之利往，在于无所望者，以其陰虛，未如剛之實也。

六三，无妄之災，或繫之牛。行人之得，邑人之災。

六三去初益遠，不中不正，又非二之可比。妄而違天命者，斯天命不祐，降以非其所致之災。有如或有繫牛於邑者，行人過則牽而去，主者訟則邑人災。此无妄之災，不知者以爲非其招也，知者則識其有以取之矣。

象曰：行人得牛，邑人災也。

行人得牛而邑人得災，言災非所望而得也。

九四，可貞，无咎。

初九剛來爲无妄之主于內，九四應初而无妄之德寔同，斯无妄之理得于天而守于己者，可以貞固而无失矣。何咎之有？

象曰：可貞无咎，固有之也。

九四應初，是親賢獲无咎者，其可貞固以守者，何謂非分？人之有以自益也。无妄之理，己所固有，自復之也。九四乾體，故可以自強如此。

九五，无妄之疾，勿藥有喜。

九五天德中正，居尊當位，若无憾矣。然非剛來主内而无妄者，故有无妄之病。蓋无妄之病，病于有妄焉耳。豈外物所能醫之哉？勿求醫于外，存其固有之理，即有喜矣。

象曰：无妄之藥，不可試也。

藥對證而後效，五以无妄爲病，此堯舜病諸之心，不可藥也。藥斯妄矣，是不知藥之毒否，而以人試之也，可乎哉？

上九，无妄，行有眚，无攸利。

上九去初極遠，是妄行之極者也。「眚」謂妖眚，如異眚、五眚之類，天降之禍也。蓋妄極所召，行豈有所利哉？六三去无妄之吉尚近，故人災及身；上九去无妄之吉極遠，故天禍加之矣。夫人之妄者，人災天禍，皆加其身，可不鑑之哉？

象曰：无妄之行，窮之災也。

上九之有眚者，妄行之極，招夫災也。又曰妄極者，亦自謂无妄之道，蓋亦以至誠爲心，實匪正之心積而至于極，故亦曰无妄之災。凡異端邪術，積所存想，亦能招致鬼神，登雲步月，皆眚之見也。世主不知其災，乃親狎而寵異之，能无及之哉？故漢武帝能致王母之至而不能免江充之災，唐玄宗能傳月宮之樂而不能脱禄山輔國之禍。

大畜卦 ䷙

大畜，利貞。不家食吉，利涉大川。

孟子曰：「學問之道无他，求其放心而已矣。」孔明曰：「學須靜也，心不妄動。」學斯有得，故大畜次于无妄。大畜者，以大學之道畜其身，多聞多見，博學于文之謂。所利畜者，宜學聖人之正道，凡異端邪術皆當遠之，不可學也。蒙之彖曰：「蒙以養正，聖功也。」故曰貞爲聖人之正道也。曰「大」者，正也。不正斯小，非大畜矣，故大畜之學利於正焉。斯道既畜于己，則當不食于家而大烹于朝，斯致君而澤民，天下並受其福矣。不亦吉乎？乃互體有澤，是大川爲上下之阻，然健而不陷，悅而動，則大畜之賢即國之舟楫，往而濟，无不利矣。

彖曰：大畜，剛健篤實，輝光日新其德。剛上而尚賢，能止健，大正也。不家食吉，養賢也。利涉大川，應乎天也。

君子而大畜者，何也？乾，健者，不已之學也；艮，止者，有能而不忘之功也。健而止則剛健篤實，光輝而德日新矣。孟子言：「充實之謂美，充實而有光輝之謂大，大而化之之謂聖，篤實而輝光，日新其德，則大人而幾于聖，美不言矣。」斯謂之大畜。艮，剛止而尚賢。止，乾之健，是所崇在賢，不於邪術。能止于至善而不遷，皆大正之道也，故利貞。「不家食吉」，賢而在下，舉而養之，斯世受其福，吉大來也。「利涉大川」，應天而濟險也。

象曰：天在山中，大畜。君子以多識前言往行，以畜其德。

乾內而艮外，則天在山中，山包天之外矣。蓋太虛即天，凡山中地上虛而通氣者即天，故山中氣候寒暖與山外不同，其物之生長收藏亦異。是山畜乎天，誠不小也，故曰大畜。君子以多識前古之嘉言及往哲之德行，以日畜其德，則積而至於明誠，充實輝光，大而幾於化矣，斯君子之正學也。

初九，有厲，利已。

卦以大畜爲義，爻以自畜爲功。夫畜之初在于自止其欲，无妄于心，然後多畜可也。初居健體，欲進遇四，以艮應之是已。未畜德斯有厲矣，故利於止而弗進，自畜而不畜于人，斯厲可免也。

象曰：有厲利已，不犯災也。

四欲畜初，初之厲也，災也。知其厲，而已之何犯災之有？

九二，輿說輹。

卦以大畜爲象，不貴進，貴于健而能止。能健斯日新，止斯德積，充實輝光，可期而至矣。故大畜內卦皆不利于進，而利于止也。九二乾之中體宜進，進而不已也。鑑於初之厲災，隔于三之輿衛，方以自畜爲事，故有輿說其輹之象。輿說其輹，則自止以畜德而不爲人所畜矣。

象曰：輿說輹，中无尤也。

九二當畜之時，大輿以載矣。乃說輹而不行，非人尼之也，自不行耳。此漆雕開之不仕，所畜其可量乎？自畜不患其過而患于不及。九二之說輹，可以行而不行，豈畜之過哉？道可試而不試，學可已而不已，正大畜之中道也。何尤之有？

九三，良馬逐，利艱貞，日[一]閑輿衛，利有攸往。

九三居健之極，應上之終，又以乾接艮體，中无間隔，是大畜之德成，大正之道備，可以不家食而行其道也。故其象爲良馬逐，爲「日閑輿衛」。良馬者，調良不驚之馬，足以遠行而无敗車之患者也。乾爲良馬，三居乾上，則引群良以相逐，而行有餘力矣。然又恐其正道之不易，由以爲艱而戒之。又恐乘其輿，而御者未精其法；出於途，而衛者未盡其道。須日閑而習之，俾御于馬而同情，輿與衛而相得，斯宜有所往。不然，猶善畜之可也。邵子詩曰：「施爲欲似千鈞弩，磨礪當如百煉金。」此之謂也。本義曰：「曰當爲日。」今從之。

[一]「日」，原作「曰」，據周易改。

象曰：利有攸往，上合志也。

九三之利有所往者，何也？大畜之道成，上復合志，故利往也。苟道成而上非合志，則亦不利于往矣。

六四，童牛之牿，元吉。

六四艮體，下應乾初，是止健能豫。如防牛觝觸者，于始角之時，即牿以制之，則他日角長，亦弗觝觸而爲患矣。蓋止惡于微，則善易生而惡可絕也。塞水于蟻穴之時，則无滔天之害；滅火於一星之微，則免燎原之災。不亦元吉也耶？大臣上格其君，下新其民，其畜止之，道皆如是，斯大善矣。

象曰：六四元吉，有喜也。

止惡于豫則惡止而大吉。初之止，四之喜也。

六五，豶豕之牙，吉。

六五以艮之中德，柔順居尊，將以止健于天下者也。焉得人人而止之得其機焉，斯可矣。彼牡豕有牙，所以噬也；苟去其勢而豶之，則牙存而不爲害，此制之之機也。九二在下而健進，五以柔德止之，是豶其豕而止以機者。蓋柔豶則不徒有牙而无害，其類亦絕而所止衆矣。故君子刑一人而千萬人懼，令斯行，禁斯止，不亦吉耶？四止惡於未形，而不言角而言牿；五止惡于有形，故不徒曰豶而曰牙也。止有早晚，故獲吉不同。

象曰：六五之吉，有慶也。

「慶」，福也，人賀之也。六五之獲吉者，止之也。四止惡于未形，故有自得之喜；五止惡而得機，故有人賀之慶。蓋止惡於未形，曲突徙薪者也；止惡於有形，雖得機而止之，鄰于焦頭爛額者矣。故治貴无訟，刑宜滅趾。

上九，何天之衢，亨。

止極則通，上九居大畜之終，止之極矣。蓋止欲之極，則人欲盡而天理行，多識之極則理一貫而汎應妙，以之而從政，以之而應物，則左右逢原，无所不宜。如出籠之鳥，飛翔於天衢之上，隨所之而无礙，何亨如之？何猶言，无何言。大畜，至是无何亨而有如此者。

象曰：何天之衢，道大行也。

上九猶天衢之亨者，大畜之極，其道大行，猶天空之鳥，任所飛而无所礙也。

頤卦 ䷚

頤，貞吉。觀頤，自求口實。

頤，艮上震下，外實内虚，有口齒之象。口齒下動而上止，頤亦如之，故取象爲頤。頤，養也。凡養人、養物、自養，皆以正道則吉。正道者，自求口實，食其力而不素餐是也。君子治人而食於人，小人治於人而食人，皆食其力，非素餐也。故觀其所養及所自養，道皆如是，正可知矣。

象曰：頤貞吉者，養正則吉也。觀頤，觀其所養也。自求口實，觀其自養也。天地養萬物，聖人養賢以及萬民。頤之時〔義〕[一]，大矣哉！

「頤貞吉」者，養以正則吉也。「觀」猶省察；「觀頤」者，省察所養之道也。「自求口實」者，省察其自養之道也。豈惟人哉？天地之養萬物，在於正位而不二；聖人養賢以及萬民，在於正身以取人，亦皆以正而已。養之時，不亦大矣乎哉？頤兼所養、自養而已。聖人恐觀者不諦，故別而言之也。

〔一〕「義」字周易無，疑衍。

象曰：山下有雷，頤。君子以慎言语，節飲食。

山下有雷，上止下動，中虚而有聲，口頤之象也。君子觀頤之象以養德、養生，皆由乎中道而已。聲之出爲言語，言語不慎則損氣而取辱；口之實爲飲食，飲食无節則損德而傷胃，皆禍之階、病之源也。故君子慎密其言語，時然後發，發必當理；撙節其飲食，時然後饌，饌不踰節。此皆養德、養生之中道，君子所當慎節者也。

初九，舍爾靈龜，觀我朵頤，凶。

「靈龜」，前知之大寶，有時不食之物。「朵」，動也。初九陽明剛正之才，如大寶靈龜，可以有時不食者也。乃以陽居震體，悦陰而動，遂舍己剛明之寶而悦飲食之人，觀以朵頤而欲飲食，不自知其非也。蓋失其本心，至於餔啜之徒耳。故君子賤之，自求口食，非道非義，一介不以取人。

象曰：觀我朵頤，亦不足貴也。

才以剛明爲貴，此人之寶也。有此寶矣，乃舍之而悦人之食，是口腹之人，人所賤也。雖有剛明之才，亦何足貴哉？

六二，顛頤，拂經于丘頤，征凶。

天地養萬物，聖人養賢以及萬民，上以養下，理之常也。六二陰柔，才不足以養下，反賴初九之養，是反頤之道，拂其經常之理矣。拂經未安，乃求養于上九之富，然疏遠非類，求无所益，能无凶乎？

象曰：六二征凶，行失類也。

六二顛頤，征則凶者，昧乎生養之道，往依非類之人，疏外不免，殍必及之，是以凶也。

六三，拂頤貞凶，十年勿用，无攸利。

六三陰虚不富，才非中正，位處動極而應上之富，是居下而不能養上，又不能以自養，動求養于上者。如此則逆其養道，往必凶矣。斯人也，柔媚奸惡，日以自養爲計，无爲國爲民之心，非但暫不可用，雖歷十年之久，亦不可用于國家民社。一无所利，棄之可也。

象曰：十年勿用，道大悖也。

「十年勿用」，終勿用也。在頤而勿用，弗養之也。蓋國之用賢，資以事其上也。六三乃專以自養爲計，爲子而不孝其父，爲臣而不忠其君，道大悖逆，豈終可養之者耶？

六四，顛頤，吉。虎視眈眈，其欲逐逐，无咎。

六四陰虚，應初之實，不能自養，賴下以養者也。顛，其養道似與二同，然其貞順之德居近君之位，取彼靈龜之寶，爲我輔世之用，以養上則益明睿之德，以養下則免饑餒之患，是治人而食于人者。雖顛頤，不亦吉耶？但賢明在下，望之不專，求之无常，其寶不可得也。必虎視之眈眈然而專切，欲得之心逐逐然而不已，則寶不在初而在我，斯盡顛頤之道，求仁得仁而非貪矣。何咎之有？艮有虎象，初爲己應，其靈龜之寶我固有之也，故其象占如此。

象曰：顛頤之吉，上施光也。

顛頤而反吉者，取賢之善輔乎上而施于下。此頤道之光，非素餐也。

六五，拂經，居貞吉，不可涉大川。

六五以柔中之德，居至尊之位，天下之賢、之民皆賴所養也。然陰虚不能自養，反資上九剛明實德以養之，是逆其常理，非順道矣。蓋柔暗之君德未當位，資師保以養民也，苟任之疑貳，明信不足，則凶立致。故必正固其守，一聽師保之謨，斯獲吉也。但平時則可，有大難在前，則艱于濟渡，不可涉矣。故成王遭變而幾失周公，燕君聽讒而遠棄樂毅。一變而失幾，此貞之所宜居也。可不慎哉？

象曰：居貞之吉，順以從上也。

六五得居貞之吉者，堅固其貞順之心，以從賢也。苟一有疑貳之心，則失幾而非貞矣。

上九，由頤，厲吉。利涉大川。

上九以剛明之才，居師保之位，以親順從之主，以臨億兆之民，此天下由頤之賢也。以天下之頤而係于一身，當斯大任，能无畏懼矣乎？然常有畏懼之心，斯曲盡由頤之道，上下卒賴其養，終獲吉矣。當此頤時，上下歸心，雖遭變臨險，亦利于涉濟，无他虞也。

象曰：由頤厲吉，大有慶也。

上九由頤而厲吉者，非專以才德高天下也。由有危厲之心焉，故養一人也；而一人順從其道，養萬民也。而萬民咸被其澤，非一身一家之慶而已，天下之大慶也。

大過卦 ䷛

大過，棟橈。利有攸往，亨。

易之道，陰陽變化而已矣。大過，頤之變也。頤求口實，食求飽也。大過有屋棟之象焉。居求安也，構屋而中用大木，本末之材乃微弱焉，則棟必曲橈，不可居矣。居求其安，有棟橈之患；猶食求飽，有脾胃之疾，皆養之過也。故養貴適中而已。居以寧身，固所當葺，至于瓊宫、瑤臺、阿房、建章，是作國本，其能堪之哉？故未幾變作棟橈之驗也。大過，大者，過也。四陽在中而二陰居於上下，本末弱矣。故其象如此，棟橈之下，居固不可動則攸宜。蓋大過之材剛過而執中，始終用柔又內巽而外說。如是，何往不利而亨耶？

彖曰：大過，大者過也。棟橈，本末弱也。剛過而中，巽而說行，利有攸往，乃亨。大過之時，大矣哉！

卦名大過者何？四陽在中，大者過於小也。「棟橈」者何？二陰居外，本末皆弱而不勝任也。爻過剛而處中，卦巽順而說行，故居乃不宜，如有所往則利而亨也。夫大過患乎不時，如其時也，則德行配乎天地，功烈冠乎古今，不亦甚大也耶？

象曰：澤滅木，大過。君子以獨立不懼，遯世无悶。

澤水生木，以溉其根，足矣。乃淹没其杪焉，斯大過之象也。當昏弱之世，人皆同流合污，若醉而傾，若疾而顛，不自立矣。君子則執中不倚，獨立于世而不懼，幽潛以至終身而无悶焉。子曰：「君子依乎中庸，遯世而不知而不悔，唯聖者能之。」此之謂也。非君子大過乎人，其能爾耶？

初六，藉用白茅，无咎。

初六陰柔在下，當大過之時，能爲過慎之事，以奉其上者也。夫物錯諸地可也，乃藉用白茅，豈非有過慎之心而行夫過慎之事者耶？夫茅亦薄物，世所常有非難致者，但人不知用耳。苟時乎用茅，藉而用之，則敬慎之心著於舉錯之間，祭可承而神可交，過人遠矣。此巽道盡而上悦者，何失之有？茅，連茹叢生之草，葉有刺而三脊似菅而健，取其根煮治之即成絲，祭祀可用縮酒，處處有之，楚産者良。禹貢云：「包匭菁茅，齊桓伐楚，云包茅不入，王祭不供。」是知楚産之良也。藉用白茅，亦用以縮酒而已。以灌地而降神，是其爲物薄而用可重也，故過人之行，非必人所難爲，自不爲耳。茅，南人用以覆屋，根作筆，良。

象曰：藉用〔一〕白茅，柔在下也。

〔一〕「用」，原作「在」，據周易改。

初九陰柔在下，爲巽之主。當大過之時，衆皆剛而居上，己獨柔巽於下，是故有藉用白茅之象。蓋大過初爻之才，與小過卦才无異，所謂行過恭者如此。

九二，枯楊生稊，老夫得其女妻，无不利。

大過爲卦，雖以剛過得名，實以得中爲善。初以陰居陽，无咎；三以陽居陽，有凶；四以陽居陰，得吉；五以陽居陽，有醜。上以陰居陰，有凶，非以剛柔得中爲善而何？九二以陽居陰，剛柔已不偏矣。又下比初陰，得柔道以相濟，故其象有二：一曰枯楊而生根於下，一曰老夫而配以女妻，則生意將斷而復續，後嗣有望而不乏矣。何不利之有？蓋大過之時，剛中君子又得柔中，在下之賢以輔之，則上致其君而建光前之烈，下澤其民而遺不世之慶，如有枯楊不望其茂而自茂，老夫不望其胤而有胤矣。君子執中不偏而无施不利，大過乎人乃如此。

象曰：老夫女妻，過以相與也。

九二以過時之老夫妻在室之少女，非婚姻以時者也，過以相與者也。蓋夫老則齊家之道明，女少則從一之心正，有唱必隨，交相和好，過常分矣。故君子進修，欲垂出類拔萃之業，必先擇交，以取非我等夷之友。

九三，棟橈，凶。

九三以陽居陽，近无所與，遠有所隔，是剛愎而過中，自用而不能取善于人者也。如是而居棟梁之任，必有曲橈不勝之患。傾覆之凶，其能免耶？

象曰：棟橈之凶，不可以有輔也。

「棟」，大任也。棟矣而復有橈之凶者，剛愎自用，不可以善道輔佐之也。

九四，棟隆吉，有它吝。

九四陽居陰位，剛柔得中，有屋棟豐隆之象，足當大任而獲吉矣。然正應在下，以柔道牽焉。若不固執其中，牽於所應，則失道而過柔，取羞吝矣。又何吉耶？

象曰：棟隆之吉，不橈乎下也。

九四棟隆而吉者，有剛中之德，不牽於欲而橈乎下也。蓋九四近五而應初，乃人主所親輔世長民大臣。初者其所與之人，若妻子及親舊窮乏之屬也。四以剛中之德負荷重大之任，所以棟隆而獲吉者，以其忘私忘家，不以欲而橈乎下也。人有欲則无剛，能不橈乎哉？

九五，枯楊生華，老婦得其士夫，无咎无譽。

九五以陽剛中正之德而履尊位，宜有大過人之爲矣。然下无中正之應，上有老陰之合，又當本末俱弱之時，雖有大過之心，誰其輔之？故有枯楊无根而生華之象，榮能久乎哉？又有嘗爲人母之婦，得其未娶之夫之象。蓋陰居悦極，五亦悦體相悦，苟合非禮之正，是過以相與者，主乎陰而不主乎陽，故不曰「夫得其婦」，而曰「婦得夫」也。夫以未娶之士而配再醮之婦，又爲其婦之賓，亦可醜矣。何足是非之哉？无咎无譽，言不足是非之也。燕噲得子之欲隆堯舜之德，魏髦得王祥而行養老之禮，皆此類也。

象曰：枯楊生華，何可久也；老婦士夫，亦可醜也。

枯楊生華，生意不本于根，生不久也。老婦士夫，過以相與，主于其婦，亦可醜也。

上六，過涉滅頂凶，无咎。

上六陰柔不中而處過極，悦于趨事，不度可否而妄爲。大過者也，有憑河過涉，滅没其頂之凶，是自取之也。誰其咎耶？

象曰：過涉之凶，不可咎也。

過涉不濟，滅頂有凶，自不度也，豈他人之罪，可咎之耶？又曰可以无死而必死者，過涉之凶也。如田光恐人疑己，輒授其首；共姬待姆不至，甘於就焚。是有過人之節，雖凶不可咎也。

坎卦 ䷜

習坎，有孚，維心亨，行有尚。

水，外陰內陽之物，天地所以資生萬物，而限隔華夷邦域者也。故聖人畫卦者，外陰內陽之卦名之曰坎。坎，險也，謂水之限隔不可踰也，重卦則爲習。坎謂險，外有險，非一險也。水必趨下，盈科斯進，至誠而有信也。至誠則无所不通，身可陷而心則亨也。險非可尚，行斯可尚，謂行則出所陷也。

彖曰：習坎，重險也。水流而不盈，行險而不失其信。維心亨，乃以剛中也。行有尚，往有功也。天險不可升也，地險山川丘陵也。王公設險，以守其國。險之時用，大矣哉！

習坎者，重復之險也。其有孚者，水流而不盈，行險而不失其信也。流而不盈者，盈科必進，不盈而止，孔子所嘆逝者是已。此道之體也，自強而晝者惡足以語此？行險而不失其信者，不虛以行也。火空而水不空也，故信者水之德也。臨難而失之者，悖其德也，其能濟之哉？故君子寧去食以死而不食其言，體坎之孚也。「維心亨」者，乃以剛中之德主于內也，有主於內，斯无動於外矣。故君子素患難，行乎患難，不願乎外，身蹇而心則亨也。「行有尚」者，往則出險而有功，故以行爲貴也。豈惟水哉？天之險，不可階而升也；地之險，山川、丘陵不可垣而踰也，皆坎之象也。爲王公者，禮樂以定民之志，和民之心，所以象天險也；爲封疆、關津、城隍、師旅，以備不虞，所以象地險也。於以守國，則國固而民安矣。險之時爲用，不亦大耶？

象曰：水洊至，習坎。君子以常德行，習教事。

水自高而趨下，由泉而達於川，由川而達於海，流而不息也。故聖人設卦以象之爲習坎，君子觀象契道之體，則勉於德行而有常，習其教事而无倦。治己治人，皆循序以進，如水之流而不息焉。

初六，習坎，入于坎窞，凶。

卦以陽陷於陰爲義，爻以陰自陷險爲凶。初六居重坎之體，又居於下。坎之初是入於重坎之底，又入坎之穴，能无凶耶？小人爲重坎以陷人，以爲不足，乃于重坎之下，又爲之穴焉。殊不知陷人之地，正自陷之所，故自不免於凶矣。

象曰：習坎入坎，失道凶也。

君子之道，不偏不陂，平易而已。初六居重坎之地，又入坎中，失道甚矣。不亦凶耶？

九二，坎有險，求小得。

九二居重坎之地，陷於二陰之間，是有險也。然剛中而有孚，身陷而心亨，可求小得，不至入於窞中，失道凶也。

象曰：求小得，未出中也。

「求小得」，心亨而未出險也，出則大得志矣。

六三，來之坎坎，險且枕。入于坎窞，勿用。

六三陰柔，不中不正，居坎下坎上之地，來往重險。其足之所履，首之所枕，亦不離險，是陰邪小人一進一退，一動一靜，皆以陷人爲心者也。如是則坎窞者，其所安也，寧不及之哉？亦終入坎窞而已，將焉用之耶？

象曰：來之坎坎，終无功也。

六三來往坎坎，險且枕者，其夙夜豈无所用其心哉？其一進一退，一動一靜，皆有深計，亦云勞矣。然皆陷害君子之謀，傾覆國家之計，其究自入坎窞而已，何功之有？

六四，樽酒簋貳用缶，納約自牖，終无咎。

習坎之時，凡五居陷溺之地，思出之心亦已切矣。當此用人之際，適有正人在側，援溺以質不以文，飲用罇酒，食用簋飯，貳用瓦缶，以出險之約，自牖而納之，則主必聽從而險可出矣。若非正道，密從其主，以通明之實，濟險有功，正仁愛之術也。終亦何咎之有？故齊梁无坎中之陷，孟子雖即貨即色，以言道而從之難；漢高有坎坎之險，張良用躡足附耳，以言道而從之易。

象曰：樽酒簋貳，剛柔際也。

天下不患无聽諫之主，患无善諫之臣；不患无善諫之臣，患君无通明之處。而善諫之人不相際遇，亦徒然耳。九五陷於坎中，當坎平欲出之際，適遇忠順之臣，用儉質之享，以出險之約，納於通明之處，能不從之哉？蓋由其君臣際遇，有此奇逢，故如是耳。

九五，坎不盈，祇既平，无咎。

九五具陽剛中正之德，履至尊之位，又得六四貞順之賢，善其道以輔之，天下宜无不平矣。雖處於險難洊臻之世，坎既盈而未盈，未可慶也。然前坎已踰，剛柔際遇，亦將庶幾而祇平矣。此太平之漸也，何咎之有？

象曰：坎不盈，中未大也。

「坎不盈」者，天下幾平而未一也。此无他，以剛中之德未至于大耳。大則皇建其極，天下无不平矣。

上六，係用徽纆，寘于叢棘，三歲不得，凶。

坎以陽陷於陰爲象，上六重陰而不中，居坎之極，是始終以陷人爲事，怙惡不悛，自招刑辟之徒也。斯人也，將縛之以徽纆之索而加之刑，置之于叢棘之中而防其逸，至于三年之久，不見免焉。坎陷如此，豈非凶耶？

象曰：上六失道，凶三歲也。

君子有終吉之道也。上六怙惡无終，失其道矣。其致徽纆、叢棘之凶，至于三歲而不釋，亦自取而已矣。

離卦 ䷝

離，利貞亨。畜牝牛，吉。

火无體以麗物爲體而用行，故於木、土、金、水之物，无所不麗而體用著焉。其爲物外陽而内陰，故聖人畫卦象之而命之曰離，以明其麗于物也。夫火能生人，亦能殺人，烹及焚燒是也。蓋生人者，麗之正；殺人者，麗之不正故耳。故火之麗物，利于正則亨焉。故夫婦相麗以正則室家和，君臣相麗以正則天下治，所麗正矣。苟所畜者，非牝牛之物亦爲未善。蓋牛之爲牲，大而性順，耕墾養人之畜也。牝牛，又牛中之至順者，誠能畜此至順之物則相麗有終，得其養人之力爲不細矣，不亦吉乎？故麗人者，必先擇夫至順之賢；麗于人者，必自畜其至順之德。

彖曰：離，麗也。日月麗乎天，百穀草木麗乎土，重明以麗乎正，乃化成天下。柔麗乎中正，故亨，是以畜牝牛，吉也。

此傳釋卦辭之義。離者，何也？附麗之也。豈惟火爲然哉？觀乎日月各具太極者也，然必附麗乎天以代明；百穀草木各正性命者也，然必麗乎土以生長。蓋凡在天成象者皆麗于天，在地成形者皆麗乎土。凡物皆如此，豈獨火爲然也？然以卦體言，則重明以麗乎正，久於其道而天下化成；以卦爻言，則柔麗中正，君臣契合而其道大亨。離之貞亨如此，是以麗人、麗于人者皆宜畜以至順之德，斯獲吉也。

象曰：明兩作，離。大人以繼明照于四方。

前明作而普照，後明作而相輝，大明兩作，離之象也。大人觀而象之，則以繼明之德照于四方，則光之所被无弗至也。明明德而日新，身之繼明者也；明明德而嗣服，世之繼明者也，皆繼明而照四方也。

初九，履錯然，敬之无咎。

初九負剛明之德能麗物者，然剛則壯於所麗，明則知所可否。初遠欲麗四，勢不能也，而理則可求；近思麗二，理非正也，而欲之則至。是以理欲交戰於中，履遂錯然於外，而定向之莫知也。夫履无定向者，身无主也；身之无主者，敬不存也。苟能敬之則身有所主，明斯不惑，剛斯不撓，一于所麗之正，至死而靡他矣，何咎之有？

象曰：履錯之敬，以辟咎也。

履錯則麗非其正，履之咎也。敬則非正之麗免矣，人誰咎之哉？故履錯之敬爲辟咎。冉求以孔子之徒，臣季氏而聚斂；樂克以孟子之徒，從王驩而餔啜。皆履錯之麗，亦不敬之咎也。故顏、閔、曾子之儔以聖人爲之依歸，三桓之家，莫得而臣焉，然非辟咎也。敬之豫，履不錯也。

六二，黄離，元吉。

六二以中正文明之臣，麗中順文明之君，非同人出門之交，大過老少之與也。道同而德合，其勢分雖異而其心則一，是之謂黄離。黄，中色，謂中庸之麗也。夫道以中庸爲至，凡物相麗，不及則增，大過則損。六二麗五以執中之臣，輔執中之主，則離明之治无可損益，光四表、格上下矣。不亦大吉也耶？

象曰：黄離元吉，得中道也。

坎離，乾坤之中氣也。乾坤變乎六子，陰陽之變皆自下而上，坎離不與，非不與也。乾坤中氣周流于諸卦之間，无所不與。凡得陰陽之中者，即坎離也。故坎離，卦之中也，故皆以中爻爲主。六二，離之主、明之本也，爲離之中爻，中卦之中也，以此相麗，是謂黄離。凡道之過者可損，非至善也；不及者可益，非至善也。唯中道爲至善，黄離所以大吉者，非得乎至善之道也耶？

九三，日昃之離，不鼓缶而歌，則大耋之嗟，凶。

日昃，嚮晦宴息時也。當此之時有所附麗，其入居於危亂之邦者乎？不然，則仕于垂亡之時者乎？不然，則莫以爲期，麗於奸盜之魄者乎？若是，則所麗危矣，吾獨何安；所麗亂矣，吾獨何治；所麗亡矣，吾獨何存；所麗凶矣，吾獨何吉？蓋麗如比翼之禽，一翼折矣，何能獨翔？蓋前明已盡，不鼓缶而歌，則大耋是嗟，屆乎凶也。故君子審于所離，若伊尹、太公去就尚矣。其次如東陵之種瓜、四皓之採芝，亦庶幾焉。劉歆博矣，而麗于王莽；蔡邕藝矣，而麗于董卓，豈知審彼己者哉？又曰「缶」，周、秦瓦器，即今之瓦盆是也。古狂士妻亡則鼓而歌，以弔亡也。蓋狂士弔亡則鼓盆而歌，庸人自悲則大耋是嗟。蓋謂嚮晦之麗，其麗人者，及麗于人者，皆不祥也。

象曰：日昃之離，何可久也？

日昃之離，會且晚矣。何可以久？故君子審所麗也。

九四，突如其來如，焚如，死如，棄如。

九四才非中正，位近至尊，才足濟奸者也。當離之時，不度可否，急於麗物，不善于所離。夫火也，麗于薪膏，則爲養生繼日之用，逐物以傅麗于原林宮室，則爲焚燎延燒之災，隨物以盡。夫火性熾烈乃突然而來，麗之則必焚、必死、必棄，何善後之有？蓋三爲日昃之離，勢不能久，四欲逼五，突如來麗，故无以善後如此。

象曰：突如其來如，无所容也。

火麗于鼎，則君子象以凝命，麗非其正，則禍極自滅。九四突如其來，下焚而上灼，天下其誰能容之？故必至於焚，死棄而後已也。

六五，出涕沱若，戚嗟若，吉。

六五之離，其象有二，居尊而无乾剛之德，柔順而麗二陽之間。上居重明之地而不能麗乎正，下有中正之應而不能用其才，蓋居尊而无攸，遂曲盡柔順之道而已。故或出涕沱若而有可憫之狀，其戚嗟若而无驕矜之情，則可以免禍而獲吉矣。亦政事不關，若周、漢東遷西播之君而已。不然則魯昭愎諫死於乾侯之次，魏髦用鉞終罹成濟之難，可不鑑之哉？又曰六五具文明之德，當繼明之位，回視先明往矣，乃遺烈是承，能无哀戚已乎？故出涕沱若哀之深而繼以泣也，其戚嗟若憂之甚而形諸聲也。蓋如舜之思堯，見于羹墻，其繼明之心，未嘗頃刻忘也。夫然後重光可期，先明庶无愧焉，不亦吉耶？如前說絕无吉道，勿從可也。

象曰：六五之吉，離王公也。

六五之吉，何也？蓋嘗有先明焉，先王、先公是也，于其往也，乃哀戚孝思之甚焉，則世德作求後之明，足以麗先明矣，能无吉乎哉？「離王公」者，麗先明也。周有先王、先公，他則无，故周公於爻云然。

上九，王用出征，有嘉折首，獲匪其醜，无咎。

夫日盈則蝕，麗極則睽。上九負剛明之才，當麗睽之時，故王用出，征討睽戾焉。蓋出征之際必有善可嘉者，則褒嘉之以勸善，如武王釋箕子之囚，表商容之閭，封比干之墓，大賚善人是已。亦必有爲惡之首者則折而殲之，其餘脅從之醜罔治。武王之戮飛廉、惡來，伐罪弔民是已，何咎之有？

象曰：王用出征，以正邦也。

麗極睽時，必有夷猾夏、下背上者，此紊亂綱常邦國之不正也。故用出征以討之，所以明綱常而正邦國焉，詩曰「以匡王國」是已。正則止戈，故无咎焉。

周易贊義卷四

咸卦 ䷞

咸，亨利貞。取女吉。

有天地然後有男女，有男女然後有萬民。萬物、天地者，氣化之始；男女者，形化之始。有氣化然後有形化，故易上首乾坤，下首咸恒。易之門，易之序也。易者，二氣感應以相與而已矣。男女之感始於二少，故艮下兑上之卦爲咸。艮，陽也，剛也，少男也，而先於兑，陽感於陰，止而專也，天氣之降也；兑，陰也，柔也，少女也，而後於艮，陰應於陽，來而說也，地氣之騰也。又初應四，二應五，三應上，皆陰陽相合而无所乖戾，故謂之咸。咸則分之，殊者合同而化行矣，故亨。然必相感以正，有父母之命，媒妁之言，問名納采，徵吉親迎之禮，然後得亨。不然則終相棄背，何亨之有？苟以少男而下少女，又相感以正，如是娶女，斯諧和偕老，獲吉必矣。凡君臣、朋友、主賓相感皆如此，非徒男女然也。

彖曰：咸，感也。柔上而剛下，二氣感應以相與。止而說，男下女，是以亨利貞，取女吉也。天地感而萬物化生，聖人感人心而天下和平。觀其所感，而天地萬物之情可見矣。

卦名咸者何？感之義也。其亨而利貞，取女吉者何？柔上而剛下，剛下於柔，二氣相交，此感而彼應，以相與也。艮止而感之專，兑說而應之至，以少男而下於少女，皆誠一不貳，是以亨利貞，取女吉也，豈惟男女然哉？天地之化，聖人之治，亦感而已矣。蓋天地之於萬物，匪逐品而造作之也，二氣交感，自化生而不息也；聖人之治萬民，匪家諭而戶曉之也，以心感心，自和平而咸寧也。觀其所感，則天地萬物之情可見，不外乎一感而已。輔世而圖治者可不明乎感義，徒以智力圖之哉？

象曰：山上有澤，咸。君子以虛受人。

山，陽物也，位乎地上者也，乃中虛而通澤之氣；澤，陰物也，位乎地下者也，乃乘虛而升山之上，其象爲咸。君子觀此咸象，以虛自居，不有所藴則天下之善翕受之矣。古之人有行之者，若帝舜之舍己從人，取諸人以爲善。秦誓所謂「斷斷无技，休休有容」，顏子之「有若无，實若虛」，皆是道也。不然，則孟子所謂「訑訑之狀，拒人于千里之外」矣，其能受人乎哉？

初六，咸其拇。

卦以交感爲義，爻以无感爲德，故咸之六爻皆主乎靜而已矣。感人以心非以體也，初六居咸之下體，故无大體之感，感其拇焉已矣，此躡足之類。詩曰：「在我闥兮，履我發兮。」此咸拇之謂不正之感也。亦有事勢危殆而感以權者，若張良躡足封齊是也，然亦匪萬世人臣之法。故感人之道，以心感心，至誠至正爲善。

象曰：咸其拇，志在外也。

初六咸其拇者何？以陰居陽，躁而不靜，身雖在內，志已在外，故拇之咸，亦志之招也。大貞而靜者，孰得而咸之？

六二，咸其腓，凶居吉。

咸之下卦三體，股爲上，腓爲中，拇其下也。六二居中應五，有咸腓之象。有感則不能自持，隨股及拇以動，不能靜處者也，爲士爲女，皆失其道以凶。然中正之德所固有也，能存固有，靜處而不動，斯邪妄之感去而正應合矣。不亦吉乎？

象曰：雖凶居吉，順不害也。

六二本有中正之德，動應客感，逆厥德而害矣。能靜處而吉者，蓋順乎其德而无害也。

九三，咸其股，執其隨，往吝。

九三居下體之上，當股之處，有感則隨拇、隨腓以動者也。所執如是，則无自立之操，動以隨人而爲道矣。如有所往，能无吝乎？

象曰：咸其股，亦不處也。志在隨人，所執下也。

拇腓有感，斯動不能靜處，咸股亦然。牽所誘也，豈徒行之咎哉？蓋志在隨人，弗克自立，所執下而賤也。

九四，貞吉悔亡，憧憧往來，朋從爾思。

九四位居心體，咸之主也。苟得其正，无思无慮，其忿懥、好樂、恐懼、憂患之情，一切无有，則廓然太公，虛能受人，公普萬物，不惟履旋而獲吉，亦且內省而悔亡矣。不然，意无所定，憧憧然往，憧憧然來，唯以感物爲心，則心有偏係，他无見聞而物之蒙感者，亦惟類應，而他斯違之矣。心可憧憧乎哉？蓋心之存亡，在人之操舍。九四以陽居陰，近五不比，應初有隔，故貞否不定如此。

象曰：貞吉悔亡，未感害也。憧憧往來，未光大也。

夫人之感物，貞吉而悔亡者，非有假於外也。蓋一心之明，足以照萬物而无外；一心之大，足以包萬物而有餘。人能於應物之後，未應之先，洗滌其心，使一切外物足以害吾心者，皆无得而感焉，則心體自正而天下无餘事矣。何不吉而奚悔之有？不然私意一起，良心斯蔽，非不感于物也，而非公溥之心，非不應乎物也，而非虛受之意，故止於朋類之從，所感悔且小耳。故正其心則和平天下而有餘，不正其心則檢乎一身而不足，奚啻感未光大也耶？

九五，咸其脢，无悔。

「脢」，背肉，與心相背者也。九五當咸之時，陽剛中正，居尊當位，上无所應，下有所隔，正心普萬物而无心者，故曰「咸脢」。以此感物則和平天下而无遺恨矣，何悔之有？

象曰：咸其脢，志末也。

「末」，无也，感物以脢不以心者，非謂脢之足感物也，廓然太公，感物之志无也。蓋感物有心則狹，无則大也。九四悔亡，未當位也；九五无悔，原无所悔以中正也。脢之感，大矣哉！又曰上六爲末，九五以陽合德是爲志末，非志六也，志之无也。

上六，咸其輔頰舌。

兑有口象，上當其處，是感物不能以心，以言說之而已。故曰「咸其輔頰舌」，若儀、秦之類是已。感道其窮矣哉！

象曰：咸其輔頰舌，滕口說也。

謂不能感以誠心，而感以言也。不言吉凶者，感道亦有言不可以已者，爲使而專對盟會，而相君、如皋、田夾谷皆是也。君子時然後言，亦何不可？但感道至此非无感，而无所不感者，至此感道窮矣，故非所尚焉。

恒卦 ䷟

恒，亨无咎利貞。利有攸往。

造化，常久之道，一陰一陽，一動一靜而已矣。震，陽也，動之端也；巽，陰也，靜之始也。一陰一陽，一動一靜，斯天地所由以始終，萬物如斯而已矣。故震巽爲常久之道，常久斯四達不悖而亨，亦无咎矣。其所利者唯在於正道，若彝倫常行，正己、正人之道是矣。若夫異端邪術，可以欺誑人者，或暫以行之，常則非所利也。然恒非久，止之之謂。止宜有作，靜宜有動，斯可久常。故必利有攸往，變動而非固焉。

彖曰：恒，久也。剛上而柔下，雷風相與，巽而動，剛柔皆應，恒。恒亨无咎利貞，久於其道也。天地之道，恒久而不已也。利有攸往，終則有始也。日月得天而能久照，四時變化而能久成。聖人久於其道，而天下化成。觀其所恒，而天地萬物之情可見矣。

震巽而爲之恒者，何也？剛位於上而柔位於下，道之常也；長男長女以相與，亦道之常也；內巽外動而无違，剛柔相應而不孤，亦常也，是以謂之恒也。恒言无咎利貞者，何也？道者正也，久於其道，故如是也。天地之道亦恒久不已而已矣，故亨无咎而利于正焉。利有攸往者何？靜終則動始也，變通而无已也，此即天之道也。日月得之，故一往一來而能久照；四時得之，故一變一化而能久成；聖人之道，猶日月之代明焉，四時之變化焉。陽舒陰慘而久於其道，則天下安於經常之道，化行而俗成，是皆恒之道也。觀其所恒，則天地萬物之情皆於此而可見。恒之道，其大矣哉！

象曰：雷風，恒。君子以立不易方。

天地恒久之道，一陰一陽而已矣。雷者，陽之始，由此而積六陽以成乾；巽者，陰之始，由此而積六陰以成坤。故自震而巽，自巽而震。邵子所謂「天根月窟，來往皆春」者。是以震巽相與，近則復姤，週而成歲，遠則元會，終而闔闢，皆在於是。故恒久之道，聖人於此發之，不於他也。君子觀此恒象，故一動一靜，立於中和之道而不易焉。

初六，浚恒貞凶，无攸利。

初六以巽卦之主，應震之初，陰陽相合，理之常也。然陰陽相與之初，貞以自安可也，中无攸遂可也。乃不俟其信，輒深以常理求之，而望其行之備、養之周焉。如是則雖貞亦凶，不貞甚矣，初不當位，故示戒如此。又曰常久之道，衆人所能知能行也，以爲不足知而深求隱僻之理，以爲不足爲而深求怪異之行。夫恒道可循而不可浚也，乃浚恒如是，則背理亂常。雖正必凶而无所利矣，況不正乎？

象曰：浚恒之凶，始求深也。

君子定其交而後求，信而後諫。始交而深求，未信而極諫，爲人子以盡道而求其父，爲人臣以盡道而求其君，爲人妻以盡道而求其夫，所求固道之常也。然身未盡道，始求如此，不亦太深矣乎？茲其所以凶也。蓋恒道可以誠感，而未可以強求，矧不誠而深求之哉？

九二，悔亡。

當恒之時，以九居二，雖非其正，然以剛中之德，處柔巽之位，應中順之動，是能久於恒道而无過不及者也。夫爲子而不知中，過則僭，不及則儉，二者皆違理而有悔也；爲臣而不知中，過則出位，不及則曠官，二者皆違理而有悔也。能久於中，斯无違而悔亡矣。非中庸君子，焉足以語此？

象曰：九二悔亡，能久中也。

以九居二，處非其正，宜有悔矣。然天下之道中則庸，不中則不庸也。九二能久於中，斯君子而中庸者，中斯正矣，何悔之有？

九三，不恒其德，或承之羞，貞吝。

九三重剛之恒，處巽極而過中，企震動而不及，是不能以中庸爲行，或失之過而妄慕乎轟烈之行，或失之不及而苟隨乎風靡之俗，朝更暮易，不恒其德。如此則招羞於身，莫知所招而或承之羞矣。雖貞亦吝，常中之棄物也，焉用之哉？

象曰：不恒其德，无所容也。

无恒之人，虚誇无實，暫則人或可欺，常則人所同惡。似君子而非君子，君子不與也；真小人而絕小人，小人不與也。誰其容之哉？

九四，田无禽。

當恒之時，以九居四，久非其位。譬之田獵，聞株嘗獲兔，守以待之，其能有禽乎哉？

象曰：久非其位，安得禽也。

四近於五，致君之位也；下應初六，澤民之位也。乃知常而不知變，知守而不知爲，是守株而田者，安能得禽也哉？

六五，恒其德，貞。婦人吉，夫子凶。

處恒之世，浚恒者則不利，振恒者則无功。恒非其位者則无獲，不恒其德者則取羞。唯恒于中者則悔亡，有足尚也。六五明於中德，外柔內剛，鑑于諸恒之失，獨於恒中之賢，剛柔有合而相應焉。此以恒爲德，終始不易，柔道之貞也。然非時義之道，以婦人而處之，則得道而吉；夫子處之，則失道而凶，无足貴矣。

象曰：婦人貞吉，從一而終也。夫子制義，從婦凶也。

恒德之貞，婦人而吉者，從一而終，无攸遂也。蓋女利一貞，貞則有常，常則德全而无虧矣。夫子有凶者，士有百行，在裁制而得義，時中而无固也。苟以順爲正，則從乎婦人之道，是爲凶矣。

上六，振恒，凶。

「振」猶公羊所謂「振振然」也，振即震矜之意也。蓋恒常之道，如禹平水土，周公之制禮作樂，皆臣子之分所當爲，不可有而矜。苟一有而矜之則喪厥善與厥功，凶斯至矣。雖聖人且如此，況其下者恒可振乎？上六居恒之終，處震之極，有震矜之象，故示訓如此。

象曰：振恒在上，大无功也。

上者一卦之上，即恒之終也。恒道有終，毋固毋我可也，乃振而矜之，則雖功蓋天下，一掃而空之矣。故夏禹之功大矣，以爲常道而不伐不矜；周公之功大矣，以爲常道而不驕不吝。

遯卦 ䷠

遯，亨。小利貞。

遯，退隱也。有身遯，有言遯，有貌遯。遯者，所以遠身家之害，成治平之功也。其遠害，其成功，皆其道之亨也。遯也者，大以漸而退，小以漸而長也。故小者利于居貞，小者貞則大者應而時行，其不貞則絕係與好，終遠之矣。

象曰：遯亨，遯而亨也。剛當位而應，與時行也。小利貞，浸而長也。遯之時義，大矣哉！

彖言遯而亨者，謂潛隱而道亨也。潛隱而道亨者，非謂其身隱於山林之間而後道斯亨也，朝廷官府之間有隱道焉。蓋時有慎密不可漏泄之事，不泄斯亨，此謂言遯，非身遯也。九五以陽剛中正之德而居尊位，下與六二中正相應，時乎遯時，則相與密謀以時行之，或剪惡于幾稔之時，或消變于將作之際，則一朝之頃危者安而亂者平矣。非遯之亨耶？易曰：「君不密則失臣，臣不密則失身，幾事不密則害成。」此戒夫時遯而不知時行者也。夫時遯而不遯，古之人多經之者，蓋不止于有失而已。「小利貞」，小者，浸而長也，若非大者之利。然二有中正之德，能以中正應五，則自有時行之亨，是成嘉遯之吉。故小雖浸長，與大有合，所利惟在貞也。故遯得時義，道亦大矣。夫豈小補之哉？

象曰：天下有山，遯。君子以遠小人，不惡而嚴。

天下有山，狀若相援而邈不可通，遯之象也。君子觀此遯象，則所以遠夫小人，不惡聲厲色以相加，惟恭莊威嚴以蒞之，此言、貌之遯也。斯小人自遠，不得而親之矣。

初六，遯尾厲，勿用有攸往。

遯有退避之義，遯之初六是也。蓋上爲遯首，初爲遯尾。尾者，遯者之尾也。六二應五，兩相與而嘉遯之矣。或陰謀傾否之謀，或潛結出坎之計，亦不但嘉遯爲然。凡兩相與而密合者，或善或惡皆遯也，于此而躡其後，斯爲其尾矣。其所遯之事有小大，則尾者之禍隨之。故宜見幾退避勿用，有往則遯，不尾而厲可免也。禮曰「户外有二屨，言聞則入，言不聞則不入」，又「離坐離立，毋往參焉」。皆不爲遯尾，遠厲之道也。

象曰：遯尾之厲，不往何災也。

遯尾之厲，遯有小大，厲災隨之。謀誅戮者則尾有誅戮之災，謀殲滅者則尾有殲滅之慘，謀貶斥者則其患亦如之。苟不往而與聞所遯，何災之有？

六二，執之用黄牛之革，莫之勝説。

六二以陰居陰，具中順正固之德，陰重不泄，爲九五中正之應，因時嘉遯，相與以有爲也。殆猶執用黄牛之革，莫能解脱之者。當遯之時，得臣如此，撥亂而圖治，何難之有？

象曰：執用黄牛，固志也。

「執用」，中順貞固之德者。非但其行之固也，志與之固，不可解也。

九三，係遯，有疾厲，畜臣妾吉。

九三過剛不中，近於二陰，私相牽係，好合而遯，此以事遯者也。如是則所遯非嘉而有病，外患將至而身危矣。夫遯道其可因所係而行哉？然艮爲閽寺、臣妾之象也。苟以牽係之情而畜其臣妾，則感于所遯，安于所止而靡他矣，不亦吉乎？

象曰：係遯之厲，有疾憊也。畜臣妾吉，不可大事也。

九三當陰陽消長之會，不牽於陰則陽无所害，而遯道成矣。乃以係遯而有厲者，不能全身遠害，至於有疾而疲憊也。畜臣妾而吉者，遯可以得臣妾之心，而不可以濟國家之大事。然歷觀古今之遯，嘉遯者成濟世之功，係遯者來殺身之禍，不止憊焉而已。可不戒哉？以事遯者如此。以身遯者言之，時乎遯也，或係于朝有牽挽之人，或係于家有俯仰之累，心則遯而身則留，或身雖遠而心有戀，若揚雄之清淨寂滅，王衍之心无宦情是已往，无危乎哉？

九四，好遯，君子吉，小人否。

好遯一爻，古今經傳，皆以身遯爲言，未有及夫言者。夫身遯者，小而易；言遯者，大而難也。蓋九四爲近君之臣，其于君有密謀至計，不惟不輕以語人，雖所好愛至親之人，亦隱而弗泄，此好遯之謂也，是之謂言遯。非語默以時者不足以語此。君子而處此則公爾忘私，隱所當隱，以成濟時之功；小人而處此則當隱弗隱，泄於所好，而敗廼公事矣，故君子吉而小人否也。又曰好遯，非係而遯，中心好遯而遯焉者也。其目所不覩而戒慎者乎，耳所不聞而恐懼者乎，其切于爲己而恒有尚絅之心者乎？故君子能之，造其極則匹乎上天之載，此好遯之效，君子之吉也。小人則的然日亡而已，其能好遯乎哉？

象曰：君子好遯，小人否也。

君子慎獨而爲己，故好遯而吉；小人露才而揚己，故反其所好而已矣。

九五，嘉遯，貞吉。

嘉，美也，善也。九五以陽剛中正之德，下應六二柔順中正之賢。當遯之時，相應而遯，非係非好。正遯之美善，與時行焉者也，此言之遯也。時乎遯矣，兩相與而遯，以正而不以邪，則密謀至計爲民社也，非爲他也。所遯一行則君不失臣，臣不失身，亂克而民社安矣，非吉而何？不然，所遯非嘉，或嘉矣未貞，皆凶道也。又曰嘉遯有二道焉：男女嘉遯而貞，則夫婦合而家齊；君臣嘉遯而貞，則君臣遇而天下平。遯之亨，時義之大，不在是耶？

象曰：嘉遯貞吉，以正志也。

九五嘉遯而貞吉者，非正行而然也，以正志而然也。蓋正行而非其志，則所履或有時而失正志，則其極在我，時萬物億率履而弗越矣。九五陽剛中正，正其志也；所應六二，柔順中正，亦正其志也。故相與時遯而遯，而獲吉如此。

上九，肥遯，无不利。

此身遯而肥者也。肥者，内腴而外潤之貌。諸爻二陰浸長，非遯者之流。九三遯矣而繫二，九四遯矣而好初，九五遯而嘉矣而應二。唯上九陰未及長而遠去，剥未有形而先作。初无得而尾其後，二无得而挽以執，无三之係，无四之好，无五之應，此内有考槃之樂，外无枯槁之容，是遯之肥腴而不瘠者也。如是則有遯之實而人不我知，无遯之名而所在咸宜。在澗在陸樂也，蔬食水飲亦樂也，何往而不利哉？

象曰：肥遯无不利，无所疑也。

上九「肥遯无不利」者，何也？言遯者不利于有泄，身遯者不利于有累，时遯者亦危懼之所也。上九之遯，外无天下之憂，中有一心之樂，有何泄之？疑累之疑，危懼之疑哉？茲其所以无往不利也與？

大壯卦 ䷡

大壯，利貞。

陽大陰小，壯者，強盛之謂。雷，天之卦，四陽之外，唯餘二陰，大者強盛而小者衰也，故名大壯。然大壯之利，惟在壯于正道而已。蓋義理之勇也，否則血氣而已。故曰：「義理之勇不可无，血氣之勇不可有。」

彖曰：大壯，大者壯也。剛以動，故壯。大壯利貞，大者正也。正大而天地之情可見矣。

卦名大壯者，謂以卦體言則陽長而陽強盛也，又以德言則内剛而外動，故強盛也。大壯而利貞者，謂大者正也，元即貞也。正且大則天地之情可見，所以體物不遺而爲物之終始者與？

象曰：雷在天上，大壯。君子以非禮弗履。

雷始於復，長於臨，盛於出乎地，上於天而大壯矣。壯則陽氣轟轟烈烈於天地之間，強盛无以加矣。君子觀象則不徒以天理之心操存于内而已，至於有爲之際，則動以克己復禮爲事，非其禮也，則弗以履焉。如是則君子一身皆天理之流行，其剛大強盛之氣浩然塞于天地之間，如雷霆之在天矣。君子之大壯，无以尚之如此夫。

初九，壯于趾，征凶有孚。

大壯之初，重剛在下，外无應與，是大壯之勇於其趾而發也。蓋未能立而欲行，當緩而急於進，臨險而不知止者，如是征則必凶，有信而不能違也。

象曰：壯于趾，其孚窮也。

「壯于趾」者，无柔順之行也。初不柔則妄行，趾不柔則犯上。蓋知進而不知退，知行而不知止，險及而不知需，血臨而不知去者，征凶必矣。其信趾窮也哉？

九二，貞吉。

九二當大壯之時，居柔處中，是壯不於外而於其内，壯不於過與不及而于其中也。壯於内者自強也，壯於中者擇善而固執之者也。若是則剛動而具夫大壯之道，正大而合乎天地之情矣，不亦吉耶？

象曰：九二貞吉，以中也。

九二以陽居陰，若非貞矣。乃云貞者，何也？君子執中而自強，強莫加矣，斯大之壯也。大者，正也，正大而天地之情得矣。故曰「貞吉」，非以其中立而不倚也耶？

九三，小人用壯，君子用罔，貞厲。羝羊觸藩，羸其角。

「罔」，猶論語「學而不思則罔」之「罔」，昏昧而未明之謂。九三重剛過中而履大壯之道，其小人耶，則好勇尚力而不暇思，夫忿之難是用壯也；其君子耶，則好勇尚行而不暇擇，夫義之精是用罔也。如是則雖正亦危，有羝羊觸藩，羸困其角之象矣。蓋知剛知柔則剛斯大，知進知退則進斯決，乃一於剛進，其能遂之哉？又曰罔者，似知而非真知，故曰昏而无得，如子路聞斯行之強所不知以爲知是也。

象曰：小人用壯，君子罔也。

九三貞厲，何也？重剛過中，小人則以力爲強而進之決，君子則以昏爲明而行之果，其失均也。

九四，貞吉悔亡，藩決不羸，壯于大輿之輹。

剛而能柔則棟隆，太剛則橈大壯。九四以陽居陰疑于不正，然知剛知柔，非壯非罔，斯大壯之正道，其吉而悔亡必矣。不但如是，藩籬已決而无羸角之虞，外无阻也；大輿多載而有堅善之輹，行有具也。九四當大壯之時，以剛居柔，棟隆不橈，前臨二陰，婚媾匪寇，故其象如此。

象曰：藩決不羸，尚往也。

「尚」，猶「尚食尚主」之「尚」，言上進也。九四知剛知柔，壯非過壯，又陽極而臨陰，藩籬已開而无所羸矣，斯可以尚進而有爲也。大壯而欲有爲者，其審之哉？

六五，喪羊于易，无悔。

大壯上卦互體，爲兌、爲羊，其德爲說而和易，「陽」「羊」同聲，因以爲象。六五柔中居尊，是以柔中和易之德而服天下之壯者，故四陽至此皆變而和易，失其壯矣。故曰「喪羊于易」，喪羊疑有悔也，然以柔而勝剛，天下之強莫加焉。

壯亦大矣，何悔之有？

象曰：喪羊于易，位不當也。

「喪羊于易」者，以陰而居陽也，使以陽居陽則羊不喪而夬道成矣。故五位而有變化則壯可夬，夬可壯也。

上六，羝羊觸藩，不能退，不能遂，无攸利，艱則吉。

用壯之道有三：以中道則吉，以藩決則不羸，以柔而喪羊則无悔，反是則凶。上六以陰處動極，動宜靜也，而不能靜；居壯之終，壯宜柔也，而不能柔。羊有隔則存而不喪，道已終則進退非時，无藩于前則觸斯安矣。有此衆愆是羊觸藩而壯於用角，退則敵至不能退矣，進則无地不能遂矣。是壯无所利，唯艱以自居。壯變而柔，動變而靜，斯獲吉也。

象曰：不能退，不能遂，不詳也。艱吉，咎不長也。

不能退，不能遂，失于審而不詳也。艱則吉，知難而審，咎不長也。

晉卦 ䷢

晉，康侯用錫馬蕃庶，晝日三接。

上離下坤爲晉，日出地上之象，在人則昭其明德于四海之内，爲安世之侯矣。君子能自晉如此，王者能无晉之道乎？必也錫馬衆多，隆以三命之禮；晝日三接，加以問勞之儀。蓋君子能自光顯於衆王者，乃優禮以光顯之如此。

象曰：晉，進也。明出地上，順而麗乎大明。柔進而上行，是以康侯用錫馬蕃庶，晝日三接也。

晉者，進之義也。明出地上，進也。順而麗乎大明，臣之義也；柔進而上行，君所與也，此君子之自晉也。是以康侯用錫馬蕃庶，晝日三接王者，優禮之也。

象曰：明出地上，晉。君子以自昭明德。

離，日也；坤，地也。上離而下坤，則日出地上而舉世光明，晉之象也。君子觀象以自昭其德，則光明被乎一世，亦如日之出乎地矣。

初六，晉如摧如，貞吉。罔孚，裕无咎。

晉，進也，明也；摧，沮也，抑也。初六處順應明，進而向乎明矣。然所應非賢，又重陰間之，故復沮如抑如，未有援也。然能踽踽特立，唯正道是由，亦安貞之吉也。設貞矣而上猶未信，復寬綽以自處，何咎之有？

象曰：晉如摧如，獨行正也。裕无咎，未受命也。

「晉如摧如」，始進而无援，特立不失。「獨行正也，裕无咎」者，未得位而錫命也。已錫命而有官守焉，則不得而裕矣。

六二，晉如愁如，貞吉。受茲介福，于其王母。

六二晉而又進異於初矣。然處闇未能出于上，无應援而前有坎險，加憂在焉，則以光明之業爲遠愁而已矣。然柔順中正，斯得晉之正道，无不吉也。六二有善如此，寧不受茲介福于其王母矣乎？「介福」者，大福也，高朗令終之謂，即晉之福也。「王母」者，爾雅謂之「祖母」，六五之象也。六五以陰居五，柔順而尊顯，中處而仁明，保民如子，有母之慈，无母之嚴，是王母之象也。六二中順之德寔同，故始雖三四所隔，終受大福，其光明之業，可不期而致矣。

象曰：受茲介福，以中正也。

「受茲介福」，君子中正之德，始雖闇然，終莫掩也。「介福」者，高朗令終，晉之謂也。「中正」者，自明明德，晉之本也。君子未有不自明其德，而能明光于天下者也。君子之晉，其真有本哉？

六三，衆允，悔亡。

六三當晉之時，履順之極而麗乎大明，是不獨自信，人皆信之。雖不當位，時義不失，其悔亡也。

象曰：衆允之志，上行也。

六三履順之極，麗乎大明，二陰推之於後，一陽援之於前，上九應之于上。蓋三之時義，可以上行，己固自信，人皆信之，无所疑也。

九四，晉如鼫鼠，貞厲。

鼠，竊耗人粟之物。鼫鼠、大鼠，所耗居多。九四不中不晉而近君，位極人臣者也。乃外陽内陰，陰狐媚于上以竊位，陽苟合乎下以蔽賢，乃耗禄而誤國。上負而下乘之醜也，故象爲鼫鼠如是。

象曰：鼫鼠貞厲，位不當也。

九四之晉，如鼫鼠而貞厲者，何也？居位極人臣之地，懷竊禄固位之心，位非其所當居故也。

六五，悔亡，失得勿恤，往吉无不利。

當晉之時，爲晉之主，使德有未明，是有悔也。明非中德，亦有悔也；其下不附，亦有悔也。六五明其明德，无過不及而下皆順從，庶明厲翼，雖以柔居尊，其悔亡矣。然自是能不動心，唯委任庶明，失得无所恤焉，則所往即吉，亦无施而不利矣。六五之晉，大矣哉！

象曰：失得勿恤，往有慶也。

明德既明而心體靜虚，以臨天下則絜矩在我而天下平矣，非有福慶矣乎？

上九，晉其角，維用伐邑，厲吉无咎，貞吝。

上九陽剛過中，居晉之首，角之象也。晉用角矣，復晉則明察之過，觸人而害物矣。故唯用以伐其私邑，攻其惡以自治，至隱至微而省察之嚴，不睹不聞而戒懼之至，則危厲斯吉，吉乃无咎。然非明明德于天下，雖貞能免于咎耶？

象曰：維用伐邑，道未光也。

君子自昭明德，至于光被四表，格于上下，斯道之光也。上九晉角，至于唯用伐邑，厲而吉焉，豈道之輝光者耶？

明夷卦 ䷣

明夷，利艱貞。

夷，滅也，傷也。日入地中，明滅而就乎夜矣。故上坤下離之卦，謂之明夷。當此明滅之時，正陰險之人肆惡時也，君子不可以顯而有爲，利在艱難，以正其志而已矣。

象曰：明入地中，明夷。內文明而外柔順，以蒙大難，文王以之。利艱貞，晦其明也，內難而能正其志，箕子以之。

明入地中，明之滅也，是謂明夷。以卦言之，謂明而晦也。昔者文王當紂之時，內具文明之德，外盡柔順之道，率其畔以事殷，以被羑里之大難，文王以之此遭明夷之事也，「利艱貞，晦其明」也。昔者箕子居紂之邦，以懿親之臣，難自內作，不可違而去也，則佯狂而被其辱，艱難而正其志，箕子以之，此明夷之道也。

象曰：明入地中，明夷。君子以蒞衆，用晦而明。

明入地中，晦之象也。君子觀此晦象，則以蒞乎衆，外晦而內明焉。冕旒蔽目，黈纊塞耳，不自用其明及其聰也，以耳目之用，付之有司而已。蓋外用含弘之道，博厚之載也；內蘊密察之明，明光之沉也。又曰明出地上，明之盛也，則君子用以治己；明入地中，明之晦也，君子則用以治人。故君子身无隱慝于人，无不容也。又曰君子蒞衆，外晦則己之賢智不以先人，內明則人之邪正无不照察。

初九，明夷于飛，垂其翼。君子于行，三日不食。有攸往，主人有言。

明夷者，地之暗而夷，其日之明也。初九居離之初而應坤，是日之明，夷于地矣。是謂昏暗之世，猶日入地中，明光昏暗而向夫夜也。互體初九，變爲小過，有飛鳥之義焉。昏夜之時，群動咸息，故飛鳥亦夷有垂翼，止棲而已，豈君子用世之時哉？故見幾而作，接淅而行，三日不食可也，乘暗有往，主人亦疑而有言，蓋暗不可往而就人，俟明則宜。故太公避紂而入周終顯；伍員去楚而入吴終凶。

象曰：君子于行，義不食也。

道既晦矣，食復何爲？故君子于行，三日不食，非過廉也，義不當食，而不食也。

六二，明夷于左股，用拯馬壯，吉。

初九應四，初昏之候也，暗未太甚，初非得位，違而于行可也。六二應五，夜中矣，暗既太甚，二已得位，違而去之弗能也，則傷其左股而已。蓋中夜而行，舉足有傷。凡人之行舉足有序，男先左，女先右，男君子，女小人，明夷太甚則君子行斯犯難，舉足有傷必矣。其文王蒙難之時乎？當斯之時用壯健之馬，馳而救之則吉。蓋六二柔順中正，麗于二陽之間，皆拯馬之壯也，進則暗可出也。故文王以徽柔懿恭之德，得奔走先後疏附禦侮之臣以輔之，是以羑里之囚終出，徽懿之德益顯。詩曰「戎疾不殄，烈假不瑕」，書曰「光于四方，顯于西土」，皆晦之明也，非吉而何？

象曰：六二[一]之吉，順以則也。

六二舉足犯難，明夷甚矣，獲吉何也？「天生蒸民，有物有則。」則者，中正之謂，天命之所在也。人能順而則之，

[一]「二」，原作「三」，據周易改。

則天命祐之，人能害之哉？蓋六二以柔順之德而修乎中正之則，壯馬獲用，以拯暗就明，斯終吉矣。詩曰「豈弟君子，遐不作人」，又曰「濟濟多士，文王以寧」，此之謂也。

九三，明夷于南狩，得其大首，不可疾貞。

三處出征之離，麗乎失則之坤。此遵養時晦之極，世將純熙時也。君子不幸處此，不得以文明揖遜，終事其明夷于前，大講武事而已。四時之田，蒐苗獮狩，皆以講武唯冬爲大。蓋順天休命是用，大介時也，此伐罪弔民之師，放伐之事也。故唯得其元惡而止，不濫殺也。然茲弔伐之舉所以正天下也，天下被其汙染久矣。宜姑徐徐而正之，不可大速。大速則誅戮，多非弔伐之意矣。湯武之明夷蓋如此。

象曰：南狩之志，乃大得也。

「南狩之志」，將以去暗而求明也。然得其大首則明光昭於天而大有矣，其志不亦大得矣乎？

六四，入于左腹，獲明夷之心，于出門庭。

坤之三陰，皆以暗傷明也，倡之者四也，其首惡在於六四。蓋明夷之世在於小人將夷乎明，必先得君；欲得其君，必先得心。醫書心脉在診左寸、左腹者，心所在也。出門庭者，就道之處，逢迎之所也。六四以親貴之臣居離明之上，乃求得明夷之心，于逢迎之所而肆惡，此昆吾、崇侯之明夷，倡導其主而昏昧一世者也。國家由是傾覆，身能免之哉？

象曰：入于左腹，獲心意也。

凡人腹有心、肝膽所在，明夷關心，不關肝膽。故入于左腹者，求其心意所在，逢迎而深得之也。

六五，箕子之明夷，利貞。

明夷之初，退而于行，可也；六二之夷，拯用壯馬，可也；九三之夷，進而南狩，可也。六五當昏暗之世，處重陰之中，退不能以避去，進不能以南狩，甘以中順之德，被夫辱身之難，此箕子之明夷也。乃天之命也，將如之何哉？利于內明，其德不失，其貞而已。

象曰：箕子之貞，明不可息也。

「箕子之貞」，晦其明也。晦其明者，明命在天，於穆不已。君子致命與天同運，明亦不可息也。

上六，不明晦。初登于天，後入于地。

上六重陰過中，處暗之極，是不明其德而至晦者也。初雖登天而爲天下之首惡，終則入地而爲天下之大戮矣。

象曰：初登于天，照四國也；後入于地，失則也。

初登于天，照臨四國，配上帝也；後入于地，失君之則，喪厥師也。

家人卦 ䷤

家人，利女貞。

天下風化，本於家人，故巽上離下之卦，爲風自火出，爲家人也。家人利在女子之正而已。蓋巽爲長女，四得正也；離爲中女，二得正也。是爲女正，女正而後有夫婦，有夫婦而後有父子兄弟，有父子兄弟而後有君臣。天下之禮皆從此出，風化由此而成。故女貞，正家之本也，正家而天下定矣。女貞之道，大矣哉！

象曰：家人，女正位乎內，男正位乎外。男女正，天地之大義也。家人有嚴君焉，父母之謂也。父父子子，兄兄弟弟，夫夫婦婦，而家道正，正家而天下定矣。

家人利女貞者，何也？蓋謂六二以陰居陰，是女子正位乎內，以貞順而爲道也；九五以陽居陽，三亦如之，是男子正位于外，以齊家而爲道也；六二以陰居陰，四亦如之，是女子正位乎內，以中饋而爲事也。男女正位，豈特一家之事哉？乃天地位而萬物育，疏所謂「義均天地」是已。然家人非特男女正位而已，統于上者有尊嚴之君焉，父母之謂也。九五、六四象之，各得其正，斯男女所由正也，疏所謂「道齊邦國」是已。家人之道在正倫理，倫理正而後恩義篤。家人有父子焉，上初二爻象之，即父子各正其位以自立也；有夫婦爲五，三四、二四爻象之，即夫夫婦婦各正其位而自相和也。父子、兄弟、夫婦，各正其位而後家道正，家道各正則天下定，而无不平矣。正家之功，大矣哉！

象曰：風自火出，家人。君子以言有物而行有恒。

風自火出，是爲家人。家人者，天下風化之本也。君子觀象，知齊家爲風化之原，又知修身爲齊家之本，又知言行爲修身之要。是故將有言也，言皆所行之事，言不妄矣；將有行也，行皆可語之言，行有常矣。故君子修身而家齊。

初九，閑有家，悔亡。

閑，防也，齊家之道在防邪于初。諺有之曰：「教子嬰孩，教婦初來。」蓋良心未喪，豫防其邪，故家道可正而悔亡也。初九陽剛，居家人之初，時乎閑家，才亦克濟，故其象如此。

象曰：閑有家，志未變也。

初九「閑有家」者，乘其志尚未變而豫防之也。防而豫則家道正而恩義全，否則徒傷恩義耳矣。欲家之正，難矣哉？

六二，无攸遂，在中饋，貞吉。

遂，專也；擅，成事也。六二柔順中正，上與九五陽剛中正相應。蓋于百爾家事，无敢擅成，以順從爲道。內助爲事者也在察也，其所察而精詳者唯中饋之事而已，外政无與焉。所謂女正位乎內者也，家道由是而正，不亦吉耶？

象曰：六二之吉，順以巽也。

順，從也；巽，卑柔也。六二事无攸遂，弗敢自專，在乎中饋，不與外事，是安其分而順從，尊其夫而卑柔者也，是謂女貞。不亦吉耶？

九三，家人嗃嗃，悔厲吉；婦子嘻嘻，終吝。

九三陽剛過中，居下之上，是有家之主也。以處乎家人，非過于義則過于仁而已矣。過于義則凡事嗃嗃叫呼而威厲甚焉，如是則義常掩恩，有悔而且危也。然家人賴以正位，善必自勉而惡不敢爲，不亦吉乎？過於仁，斯婦子燕笑嘻嘻而慈愛甚焉，如是則恩常掩義，若雍睦也。然家人由是狎侮，善不知勉，惡將自恣，不亦終吝矣乎？

象曰：家人嗃嗃，未失也；婦子嘻嘻，失家節也。

家人而嗃嗃焉，雖若少恩，然義勝于恩，則合乎孚威之道而家可齊，未失道也；婦子而嘻嘻焉，似若篤恩，然恩勝于義則乖乎禮和之道，家不可齊，失其節矣。

六四，富家大吉。

牝雞晨鳴，維家之索，謂婦不貞順，則傾國耗家，非家之祥也。六四柔巽正位，合德于五，是窈窕淑女，君子之好逑也。蓋主乎一家之利，虛可使實；節乎一家之用，而无可使有。由是用周而家亦保，義修而恩亦全，不亦大吉也耶？

象曰：富家大吉，順在位也。

六四「富家大吉」者，何也？順而在位故也。「順在位」者，正位於內，貞也。貞者，所以敬其身也；順者，從也，隨也。有唱必隨而能和其中也，能敬且和則肅肅雍雍而家道成矣。于富家大吉何有？

九五，王假有家，勿恤吉。

假與格同，感化也。九五以陽剛中正之德，居上臨下，當夫有家之時，内得柔順中正之應，是王者修身而極于中正，家人感化亦如之。由是不勞憂恤而治平之效自可臻矣。何吉如之？詩曰「刑于寡妻，至于兄弟，以御于家邦」，又曰「其儀不忒，正是四國」，此之謂也。假家之道，大矣哉！

象曰：王假有家，交相愛也。

「王假有家」者何？恩生於義，義之盡，斯仁之洽也。蓋王者以中正之德而正乎一家者，義也。家正則仁恩生焉，夫婦正則相愛而和，父子正則相愛而親，兄弟正則相愛而友，是謂一家之仁，皆義所生也。義盡，斯仁至矣。彼闔門之內，恩常掩義者，其能爾耶？

上九，有孚威如，終吉。

齊家之道在於正身，不正其身，人孰信而畏之哉？上九信以入德而言行无僞，剛以自強而身无玷缺，蓋自信之至而人自信之，自嚴之至而人自嚴之也。如是則一家之內，善日積而惡去矣，豈不永保其家而終吉矣乎？

象曰：威如之吉，反身之謂也。

「威如之吉」者，非嚴酷作威之謂，反身循理，是爲一家之法，人自憚之也。

睽卦 ䷥

睽，小事吉。

睽，乖異也。離火兑澤，同處必睽；少女中女，同處必睽，是乖異之卦也。然當此乖異之時，以處小事。居處睽焉，則夫婦有別而家可正矣；應對睽焉，則語不雷同而道相長矣。非吉而何？

象曰：睽，火動而上，澤動而下。二女同居，其志不同行。說而麗乎明，柔進而上行，得中而應乎剛，是以小事吉。天地睽而其事同也，男女睽而其志通也，萬物睽而其事類也。睽之時用，大矣哉！

睽，乖異也。卦名睽者，何也？水火二物相濟，烹飪用本同也。今火居上而上炎，澤居下而下潤，性乖異也。中少二女，出於同胞，居本同也，乃各懷異志，不欲同歸。志乖異也，故名睽焉。凡天下之同而異者，皆屬此矣。睽而小事吉者，何也？睽之德有三：以說道而麗乎明，則主可遇而理弗睽也；柔上行而居尊，則衆可得而勢弗睽也；得中而應乎剛，則上下合德而剛柔相濟，得有鄰而行弗睽也。是以當睽之時，雖不能成夫合同大治之事，其措諸小事，亦自吉也。此言睽之用而贊其大也。高明在上，博厚在下，天地睽矣，然絪緼化醇，事則同也；乾道成男，坤道成女，男女睽矣，然婚媾有合，志則通也；品彙散殊，萬物睽矣，然睽各有合，其事類也。聖人當天下大睽之時，有不睽之用，則天地化育自我而贊，天下之志自我而通，萬物之生自我而遂。斯大禮之中有合同之妙，以爲其時用，不亦甚大也耶？

象曰：上火下澤，睽。君子以同而異。

上火下澤，二陰同體，炎上潤下，動而相違，睽之象也。君子和說以處衆于世，无不同之人；明義以自立于身，无苟合之行。故于人和矣而不同，周矣而不比，群矣而不黨也。

初九，悔亡。喪馬，勿逐自復，見惡人无咎。

初九以陽居陽，當位而正，居睽之初，近无所比，遠有所隔，孑然自立，宜有晦矣。然蓋內不失志于己，外不失色於人，悔自亡矣。夫睽孤无應，是喪馬也。夫馬，外物也，喪非所患，設狥外以求之，則自失其身。馬焉攸用耶？宜自守而勿逐，斯德不孤而有鄰，馬自復也。惡人者，所惡之人與我相睽者也，若二四是也，動則相見不相避也，宜于不可相避之時，則勿睽而見之。若孔子之于陽貨往拜其門，于南子過衛以見，孟子于王驩朝夕相見是已，何咎之有？

象曰：見惡人，以辟咎也。

當睽之時，遇夫睽人，義難睽也，設避而不見，斯過在我矣。故見而不睽，非枉己以免禍也，行吾之義以避夫過耳。

九二，遇主于巷，无咎。

巷者，委曲通行之處。當睽之時，二睽孤而无朋，所自悦而執者，剛中之道而已，猶委巷是由不他適也。五執柔中，文明之德，所明唯中，亦无他適。是以悦麗乎明，剛柔交感，中德相應，雖欲睽之，不能睽矣。猶主在于巷，二適逢之，不期而遇，是謂奇逢，非邪謀之所致也。何咎之有？

象曰：遇主于巷，未失道也。

九二當睽之時，遇主于巷，豈委曲其道，逢迎以求合耶？委曲以求合，則自失其道，喪乎己矣。既喪乎己，遇亦何益？二實不然，以自悦之中道而麗乎明，剛柔交感，中德相應，則不期其遇而不能違矣。豈委曲失道者耶？

六三，見輿曳，其牛掣，其人天且劓，无初有終。

六三當睽之時，以兑之主應離之明，宜有合矣。然二陰在内而爲輿，是見輿欲載之而曳其後也。四陽當前而爲牛，是牛將駕之而掣其前也。然三執其睽，既自刵而傷其顔，又自劓以毁其貌，如古者節婦所爲，則始睽而无初，後必好合而有終矣。人臣而處此，如蘇武在胡，衛律、李陵先後説之，是輿曳而牛掣也，伏劍而求死，執節而不屈，是天且劓也，卒爲漢臣，死且不朽，无初而有終也。

象曰：見輿曳，位不當也。无初有終，遇剛也。

見輿曳而牛掣者，以一陰而居于二陽之間，位不當也。无初有終，睽不終睽，遇夫正應之剛，終有合也。故不當位，非不正也，不幸而寓于非偶之間也。非天且劓，幾失身矣，故始睽而終合之，其節婦忠臣，流芳百世者哉？

九四，睽孤，遇元夫，交孚，厲无咎。

九四當睽之時，處三五之間，所應有間，則天劓而難合。五甘巷遇而應宗，是以四睽而孤立，上不得君，下不得友，无所合也。然以離明之才，察夫正應之賢，則離照之内，自遇夫一德之夫，相悦而應，交孚而不疑也。如是則得以自助佐五以拯睽，雖危无咎矣。如成湯於囚睽之日，遇元聖于莘野；昭烈于旅睽之時，遇臥龍於南陽。由是有雲龍之慶，有魚水之歡，則危難可涉而罔不濟矣。夫何咎之有？

象曰：交孚无咎，志行也。

九四當睽之時，身乃親臣，有合睽之志，患其睽而孤也，乃下遇大善之賢而交孚焉，雖危无咎。謂上可得君，下可得民，大同天下之睽而志行也，何睽孤之患之有？

六五，悔亡。厥宗噬膚，往何咎。

尊宜得衆，柔乃有睽，是有悔也。然具文明黄中之德，則惡睽而尚和，義之與比，所悔亡矣。又當此睽時，正應九二，以中應中，陰陽合德，以厥宗之睽而合之，則如噬膚之易，噬而必合。蓋君臣相遇有往，足以通天下之志，而大合其睽矣，復何咎哉？睽自上九而視，二有噬嗑之象，故曰噬膚云。

象曰：厥宗噬膚，往有慶也。

往則不睽，明斯普，澤斯通，蓋不特二五交歡，天下均受福矣。非有慶而何？

上九，睽孤，見豕負塗，載鬼一車。先張之弧，後說之弧。匪寇婚媾，往遇雨則吉。

上九亢而過中，居睽之極，睽而孤高者也。蓋下瞰所應，六三居于二四，二陽之間，疑下上苟合，若見豕負塗，有污穢焉。又以无爲有，其載鬼一車，比諸匪人，怪異極矣。其始以爲寇仇，張弧而射之，乃惡之欲其死也；其後也，察其清潔无異，遂說弧而悔，張愛之欲其生也。爰知其前之睽者匪有他而爲寇也，實安貞守節俟婚媾于其後耳，由是睽極不睽，往求斯合，殆似陰陽和而雨降，其合永嘉有終，不亦吉耶？

象曰：遇雨之吉，群疑亡也。

上九睽孤，視諸六三，處于二陽之間，其苟合于下與，抑苟合于上與，污穢之甚而不可親與，比諸匪人而甚可怪與，爲身寇仇而直可射與？群疑在心故甘于睽也，既得其情則翕然好合，如大旱而雨，群疑盡釋，而不復存也。

蹇卦 ䷦

蹇，利西南，不利東北。利見大人，貞吉。

山上有水爲蹇，險於外而止於內也。當此蹇時，有利往之地，有利見之人，有獲吉之道焉。背險阻以有往，即乎至順之域，茲攸利之地也，退而復入于險阻，斯无攸利矣。有大人出焉，能易蹇爲解，則利往而見之。然不宜違道以圖倖免，宜反身循理，貞固而不變，則蹇難可解，凶去而吉來矣。不然縱難解，其能以吉終耶？

彖曰：蹇，難也，險在前也。見險而（能）〔一〕止，知矣哉。蹇利西南，往得中也。不利東北，其道窮也。利見大人，往有功也。當位貞吉，以正邦也。蹇之時用，大矣哉！

蹇者，難之義也。坎險在山之前，是爲難義，此卦之所由名也。然蹇之成象，寓知之道焉。外卦險也，內卦止也，見險而能止，相時而動，知者之道，蓋即蹇之中有處蹇之道焉。非知者，其孰能識之哉？西南坤方，蹇利西南，五往得中，坎變而坤，去險阻之順境也。蹇東北之卦，不利東北，蹇而之蹇，蹇斯極也。利見大人，道能拯蹇，往見則恻，拯有功也。當位貞吉，五正尊位，六二以上，各正其位，乘蹇之時，正身以德，以正邦也。夫當蹇之時，有蹇之用，則造化不能以蹇人，人之力可以回造化矣。夫豈小補者哉？

象曰：山上有水，蹇。君子以反身修德。

山上有水，行有不得，蹇之象也。君子則反求諸身，以修其德，觀坎之習而德行有常，法艮之止而思不出位，唯隨其所

〔一〕「能」字原脫，據周易補。

蹇之處，自反而自修耳。故居上而蹇則反身而修，其爲上之德有常而不求乎下，下亦如之。孟子所謂「愛人不親，反其仁；治人不治，反其智；禮人不答，反其敬」，皆非出位之思，有常之德也，反身而正，斯天下歸之矣。何行不得之有？

初六，往蹇，來譽。

艮初之艮，艮其趾也，所應坎初，坎窞之所也。蹇之初六以之往，斯有坎窞之陷來，則知幾而止，有明哲之譽矣。初六之蹇，知矣哉。

象曰：往蹇來譽，宜待也。

往入坎窞，來有哲譽，非終无往也。坎難方殷，姑止之，以待時也。

六二，王臣蹇蹇，匪躬之故。

六二柔順中正，當蹇難之時，過四之坎而應五，是不徒一蹇而已。蹇復蹇也，是謂蹇蹇。王臣而蹇蹇，蓋事有可以安國家、利社稷者，則以九五之蹇而爲己任，歷任天下所難之事，蹈之如夷。若是者，豈以一身之故耶？誠以拯蹇爲心，知有君而不知有其身矣。蓋九五陽剛中正，能任天下之蹇於身，故二以柔順中正應之，遂任天下之蹇於己，盡其匪躬之節如此。不然則雖有子家羈之忠，无狐偃、甯俞之績矣，如其君何哉？

象曰：王臣蹇蹇，終无尤也。

王臣于主蹇之時，犯難而又犯難焉，豈委身以要名哉？蓋心乎愛君，忘其身而不自知耳。若是則主難可拯，終亦何罪也哉？

九三，往蹇，來反。

九三居止之極，前臨坎險，故往則入，蹇來則還于所止。反，哲人也。蓋三應上，六非蹇主，上又能蹇，就終往拯，非所急也。三爲艮主，故臨險能酌量進退以止如此。

象曰：往蹇來反，內喜之也。

六二居蹇而應五，則蹇爲重而身爲輕，故蹇。蹇亡身可也，九三所應非君而蹇難拯矣，故往。蹇不往而來反者，諸在內之人見其止而交喜之也。蓋險難之世，有知止之賢，則同志之士喜其存乎道，同居之人喜其存乎身矣。

六四，往蹇，來連。

六四居蹇之時，當位得正，切近九五，與之同體，是親貴之臣，急欲拯蹇者也。然陰柔才弱，往拯斯難，故來連諸賢，寅協以拯，庶其有濟。蓋五在坎中，是謂大蹇。陰雖合德，未能拯援，同難而已，故曰往蹇。四比九三，應在初六，二在比應之中，亦匪躬而從之，故一者之來，輒能連諸賢也。四其休休有容，薦賢爲國者乎？彼妨賢病國之徒，惡足以語此。

象曰：往蹇來連，當位實也。

凡卦爻陽爲實，陰爲虛，陰陽當位爲之正。夫蹇難之時，非剛正之才不足以有濟。六四以陰居陰，當位正矣，所患虛柔而不實耳。然下連諸賢，協力拯難則虛而實，正且剛矣。記曰：「雖愚必明，雖柔必強。」其此之謂與？

九五，大蹇，朋來。

蹇難之世，大蹇在五。蓋天下之蹇不在天下而在一人，一人之蹇不在一人而在天下，故天下之蹇即一人之蹇，一人之蹇即天下之蹇也，是謂大蹇。九五居蹇之時，或四方未靖，或內訌未除，皆坎未出中，大蹇之在躬也。九五雖陽剛中正，大有作爲之君，然天下非一人所理，必得賢以輔之。況蹇難之世非平時可比，可无輔哉？然五以中正之德在上，凡下有中正之賢，即匪躬而應之，所親有貞順之賢，亦連三及初而來輔之，是謂朋來。由是一人有慶，兆民咸有賴矣。天下无虞，一人其攸寧矣，大蹇何足患耶？

象曰：大蹇朋來，以中節也。

九五大蹇而朋來者，豈爵祿以招來之也？由其執中以節乎天下，是以天下之賢，咸以爲極而歸向焉耳。蓋九五陽剛中正，故能以中節天下而致朋來如此。

上六，往蹇來碩，吉。利見大人。

上六出坎之中，居蹇之極，疑无蹇矣。然九五在坎是一人之蹇，天下之大蹇也。雖遯世之士，其能高飛冥棲，不在人間也耶？故往斯有蹇，苟翻然而來，共恤大蹇，則蹇極斯解，碩大功成。諸朋而來者，咸出其下矣。處蹇之吉，其孰能及之。然尤利見夫中正大人，則往非蹇來，斯吉也。若伊尹去桀而歸湯，太公避紂而入周，若四皓既隱而復出。其次若馬援辭囂而歸漢是已。其下如范增之輔項，蔡邕之依卓，荀彧之佐操，失利見之，義死矣夫。

象曰：往蹇來碩，志在內也；利見大人，以從貴也。

大蹇之時，蹇極而向乎解也。往斯蹇，來斯碩。君子不外往而來內者，以其明于治亂之機，知乎去就之義而志在內也。「利見大人」者，以中正大德之人，擇而見之，爲從夫貴也。

解卦 ䷧

解，利西南。无所往，其來復吉。有攸往，夙吉。

震上坎下爲解。解者，散也，釋也。天下蹇難糾結之時，君子解釋而散之，其道維何？利之西南而已。西南坤方，坤爲生養萬物之母，當天下患難糾結之時[一]，宜代虐以仁，援入于水火之中而置于慈母之懷，故利于之西南也。若

[一]「時」，原作「持」，據文意改。

蹇難已解，无所往焉，則宜來復于中道斯吉。不然則偏而有弊，非常行之道，焉得吉也？蓋中者天下大本，天下萬億之事，皆自此而發之。既往則宜返此，不宜專以西南爲永利也。設難作以解，尚有攸往，則宜先知先覺于幾微之際，難將萌時而豫先解之，斯力少功倍，獲吉必矣。苟失時機之會，難矣哉！

彖曰：解，險以動，動而免乎險，解。解利西南，往得衆也。其來復吉，乃得中也。有攸往夙吉，往有功也。天地解而雷雨作，雷雨作而百果草木皆甲坼。解之時，大矣哉！

內坎外震之卦爲解。坎，險也；震，動也。遇險而動，動而險難釋焉散焉，是以謂之解也。解者何？以順乎輿情，以生養之道而解之，得衆心也。「其來復吉」者，建極而治，得中道也。解者，一時之治來復，則久安長治之道也。「有攸往夙吉」者，知幾而動，則難不萌而解有功也，是則解難之道，利于得衆。其靜之吉，則在於中；動之吉，則尚乎夙也。天地絪緼而散，則雷雨興作，雷雨興作則百果草木皆生發而孚甲悉坼，是天地一解而萬物齊解，无險難也。夫解患不時，如其時也，則所解與天地同流，不亦甚大也哉？故天地解而萬物隨，一人解而天下寧矣。

象曰：雷雨作，解。君子以赦過宥罪。

雷雨一作而萬物甲坼，此解之象天地之仁也。君子體此，以赦其過失者之刑，以宥其可矜疑者之罪，此王者之仁也。

初六，无咎。

初六柔居，解初應時而解，二解而弗比，四解而弗應。卑以自牧不援乎上，柔以自居不倍乎下。此正草木百果甲坼之初，生意方發，而所正性命之理，保合之氣，未之或失也。何咎之有？

象曰：剛柔之際，義无咎也。

初六无咎者，何也？處于剛柔相接之際，能解而不附，以義揆之，自无咎也。

九二，田獲三狐，得黄矢，貞吉。

九二具剛中之德，居解難之位，當解之時，上應九五，其所宜代五而解者有三陰焉，皆能一切解之。雖其多方，邪媚不能固結以自存焉，是田獵而獲三狐，得中直之道，貞而吉矣。蓋狐者晝伏夜動，邪媚之物，小人之類也。卦六五之外唯三陰，田獲三狐則一時在位，小人盡解之矣。黄，中色；矢，直物。小人盡解爲得中直之道，斯得正而吉，否則未爲吉也。或曰：「一世之狐，君子能盡去之耶？」曰：「君子解其所結，初三結于其身，六結于君，解身及君之結，二之解道盡矣。他有伏，何足患耶？」

象曰：九二貞吉，得中道也。

九二非貞，曰貞吉者，得中道也。二處解時，田獲三狐則諸枉錯而直，進一人明而百姓受其福矣。是所解得乎中道，非過不及者，倫也。是爲解之正道，能无吉耶？使非狐而解，解狐而不能盡，則張柬之諸賢之所爲，卒遺殺身之禍，何吉之有？

六三，負且乘，致寇至，貞吝。

解以解去爲義，故六爻善惡不同而爲解則一。六三本以附麗于四二爲事，乃上解而慢，下解而暴焉。是小人有負任之勞而復乘乎君子之器以行者也，能不致夫盜之至而伐之乎？蓋解散朋黨而无麗，解之正也。然既嘗邪媚以附之，乃復上下解之，欲成自立之名焉，則其狐媚之醜掩之而益彰，能不吝乎哉？舊注謂其所爲爲正人所羞，亦通。

象曰：負且乘，亦可醜也，自我致寇，又誰咎也？

小人不能自達，必先後之人挽且推之而後顯也。既至顯時，復解散所與，視如仇讎。負且乘之，有如負戴小人乘而載馳，亦可醜也。其寇之至者，非寇之害乎己也，己所誨而致也，又何歸咎他人乎哉？

九四，解而拇，朋至斯孚。

九四位高而近尊，居解之時，當連其朋類輔君解難者。然負乘小人方有比，在下狐媚而親附焉，是其足之駢拇碍于所行者也。苟解而去之則朋類之來，斯信其能解，同心輔君而无疑矣。

象曰：解而拇，未當位也。

九四「解而拇」者，何也？以所比不當其位，狐媚之醜爲足之贅，斯其所以必解之也。

六五，君子維有解，吉。有孚于小人。

六五具中順之德以居尊位，下與九二剛中相應。當解之時，爲解之主，又得賢以輔之，天下所仰望以有解者也。君子實維有解，如雷雨之作，无所牽係爲吉。夫其吉也，何所信哉？信于解去小人而已。蓋當解之時有三狐在焉，邪媚以惑世，所宜田獵而獲之者也。六五柔中居尊，能應剛中之賢，絕所係而去之，則夫解之吉，寧不有信于此也耶？

象曰：君子有解，小人退也。

六五君子所以解一世之難者也。然非物物而解之，維解去小人，使不在其位則世難自平。夫解之吉，吉之孚，不在是耶？

上六，公用射隼于高墉之上，獲之无不利。

解之諸爻，以解去小人爲事者也。然小人之甚者唯六三。蓋五爲解主，四其親臣，三則負之，非負四也，負其上也；二五輔臣，三則暴之，非暴二也，暴其上也。故三在解時，爲悖逆之人，世所同惡者也。六以順德當位之賢，爲其正應，與時同情。當此解極之時，三之惡積而盈矣。是貪殘之隼集于高墉之上，患在蕭牆，非田禽之比不容不射者。上六君子藏器於身，待時而動，公用射之，動而不括，出而有獲，斯一矢亡，終以讐命矣。何所不利也耶？「无不利」者，蓋上下同情，一世之利也。

象曰：公用射隼，以解悖也。

隼集高墉，悖逆之醜，亂之源也。射之高墉，悖斯解，亂源塞矣。天下其平矣夫？

損卦 ䷨

損，有孚，元吉，无咎可貞，利有攸往。曷之用？二簋可用享。

上山下澤爲損，澤下決而山上完。蓋剥下以奉上之象，非堅固國本之道，故謂之損也。然上下交泰，上勞心以治民而止於至善，下勞力以奉上而出於至誠。説以相信，斯損之時也。然損而非吉，吉而非大，或過中而桀，或不及而貊，或可暫而不可常，皆非損道。必損而大吉，得中而无咎，爲惟正之供，可常行而不易，斯利有所往，損之爲得義矣。然如何而用之哉？宜節儉而勿奢，以黍稷二簋用之祭享，可也。祭享如此，餘可推矣。又曰損義有二：有損下之財，以益上者，賦税之類是也；有損下之道，以益上者，啟沃之類是也。二者皆宜有孚，元吉可貞，斯利往也。

彖曰：損，損下益上，其道上行。損而有孚，元吉，无咎可貞，利有攸往。曷之用？二簋可用享。二簋應有時，損剛益柔有時。損益盈虚，與時偕行。

卦之名乎損者，自泰而來也。下乾變而爲澤，上坤變而爲山，是損下之實益上之虚，下之道行于上也。損以有孚爲本者，蓋食猶可去而信不可去也。信矣而大吉，吉矣中正不過而可常，斯利有攸往而損于下也。然損下之取如何而用之哉？飯以二簋用享于神可也，用二簋以享神則其他節損可知，蓋損下所得，不宜奢用之也。然二簋之享，非常享之也，有時一享而已；損剛益柔，非常損之，有時一損而已。益則損之以賦税焉，虚則盈之以補助焉。損益盈虚，與時偕行。此損道之大，與造化同其流也。

象曰：山下有澤，損。君子以懲忿窒欲。

山有澤，澤氣上通，山形下隤，皆損之象也。君子修身則自觀省其好惡之情，有損於心身者，以理克而損之。彼忿者非理之惡，心之燥也；欲者非理之好，心之溺也。能於隱微之際以理而懲艾之、窒塞之，則非心去而理存，如山不遷、澤不竭，心正而身修矣。此君子修身之道，亦時損之損也。

初九，已事遄往，无咎，酌損之。

九居損初，以實應虚，四虚己以受益而佐上者也，則初之事爲私，四之事爲公也。故宜自損，輟其私事，速往以益公事，孟子所謂「公事畢，然後敢治私事」是也。斯爲以下奉上之道，无過咎矣。然損道貴中，居下不可以踰分，交淺不可以浚恒，故又當酌其中道以損之，斯損可貞也。

象曰：已事遄往，尚合志也。

公事畢，然後敢治私事，此上下之分，當然之道也，上之望下如此。初九乃已其私事，速應公事，則與上合志，誰其咎耶？

九二，利貞，征凶，弗損益之。

初九庶人役則往役，以力事上者也，故已事遄，往則无咎；九二臣鄰，以道事上者也，利于守正，苟嗜進而征，則有損而凶。然居損之時，其損伊何以道益上，非分己所有以益之也，必下无失己之損，上獲輔弼之益，斯善道也。

象曰：九二利貞，中以爲志也。

以九居二，疑于不正，中以爲志則无偏无陂，故利于居貞，得弗損之益也。

六三，三人行則損一人，一人（行）〔一〕則得其友。

〔一〕「行」字原脱，據周易補。

損之爲卦，泰所變也，變而爲損，則九三損而爲上矣。故致一之道於三發之。謂居初者既損私以益公，居二者復損征以益上，三則當損下益上之位，損而致一可也。蓋言損同乎初則不可協乎二，損同乎二則不可協乎初也。此兩以相與，不雜而亂，損而致一之道也。蓋謂凡離立、離坐者，宜勿參其謀；獨居而求友者，斯定其交也。

象曰：一人行，三則疑也。

一人行則得友，兩相與而專也，三則疑所與而不專，故必損其一矣。又曰損下益上，用一緩二，宜也；並征之，民不堪矣。

六四，損其疾，使遄有喜，无咎。

六四以陰居陰，柔之太過於德爲病者也。當損之時，初九以重剛而應之，是取其剛之益而損其柔之疾。夫損過必速，以從善而獲喜，斯无咎之道。不然，咎其能免耶？

象曰：損其疾，亦可喜也。

人不患於有疾，患於有疾而弗能損耳。有疾而遄，損則遄愈，而无患矣。不亦可喜也耶？

六五，或益之。十朋之龜弗克違，元吉。

六五柔順而當陽，德成而執中。處損之時爲損之主，是節損以爲用，謙損以爲德，受天下之益者也。如是則其益无方，无意之頃，不知誰何以十朋寶龜，舉而畀之，使其前知以成明明之德，決疑而利天下之用，己則弗能違之矣。不亦大吉也耶？蓋五能虛己以受善，則天下樂告以善，是千萬人之聞見爲一人之聞見。故其聰明睿知出乎億兆之人，足以臨下而大吉，是謂十朋之益，弗克違也。

象曰：六五元吉，自上祐也。

六五不有其善，取人之善而元吉者，聰明之大德，天祐之也，人能違之哉？

上九，弗損益之，无咎，貞吉，利有攸往，得臣无家。

上九以艮主，居損之極，損極斯反，是弗損而益人者也。弗損而益人，則惠而不費，无過咎矣，可爲常久之道。貞而吉也，動不損人，有所裨益，故利有攸往。設有臣下而使之，則深得其心，知有其上而不知有其家矣。

象曰：弗損益之，大得志也。

「弗損益之」，得臣无家，言得乎人也。得人則有土、有財、有用而道大行矣。非大得志耶？

益卦 ䷩

益，利有攸往。利涉大川。

益自否而變也，否而乾坤交，上變而巽，下變而震。是損其上卦，初畫之陽；益其下卦，初畫之陰。損上益下，以固國本，故謂之益也。上能益下，衆斯愛戴，居有所往，民斯戴之矣，焉往而不利？遇險而涉，民斯濟之矣，又焉涉而不利耶？詩曰「濟濟辟王，左右趣之」，利往之謂也。又曰「淠彼涇舟，烝徒楫之」，其利涉之謂與？

彖曰：益，損上益下，民說无疆。自上下下，其道大光。利有攸往，中正有慶。利涉大川，木道乃行。益動而巽，日進无疆。天施地生，其益无方。凡益之道，與時偕行。

風雷而爲益者，何也？損上之實，益下之虛，固國而厚本也。如是則民悅而歸心，封疆得而限之哉？詩曰「自東自西，自南自北，无思不服」是也。陽自上而下，下民皆天上施矣，故其道偉大而光明焉。詩曰「介爾昭明，高朗令終」，此之謂也。益下之道，大矣哉！「益，利有攸往」何？中正合德，建極于民。「有慶」，民所載也。「利涉大川」者何？巽震木道，爲舟、爲楫，仁濟險也。又曰震巽皆木，仁之道也。益之爲道，豈但利往利涉而已哉？以卦德言，進修之道也，動而有爲，巽以入之，則日進而无疆矣；　以卦變言，化育之道也，天以施之，地以生之，則日益而无方矣。由是觀之，凡益之道與時偕行，效法乎天，如川之流不已而已矣。　君子而求益者，可不勉哉？

象曰：　風雷，益。　君子以見善則遷，有過則改。

造化之道，一陰一陽而已矣。　陰之長始於巽，陽之長始於震。　故邵子云：「乾遇巽而月窟生，地逢雷而天根見。」此陰陽之所由長，萬物皆隨之益焉者也。　故上巽下震之卦，名之曰益。　蓋凡益之道，皆出於此也。　益之爲象如此，君子欲以造化之道，以益乎天下，必先體造化之本，以益其身。　故取巽於辛而見善則遷，取震於庚而有過則改，如是則德日新而歷日修，凡天下之益，莫大於是矣。

初九，利用爲大作，元吉无咎。

損上益下爲益，蓋自否而來。　損乾，九四之實；　益坤，初六之虚，固國之本是爲益也。　初九應四正當否之時，乾坤始交而爲益，下受上益，時也。　上之益下，其利何如？　宜用爲大作，創制立法，行仁政焉。　又必大善而无過，斯于民有益而无損也。　蓋經綸之初，民生孔艱，必井地均田，而後民生遂，必學校申教而後民俗淳，此皆上之大作，非小民所能自爲也。　故爲治之初，利用以此益之，過此則非其時矣。　此王道之於民，大益之道，上下與天地同流者也。　豈曰小補之哉？

象曰：　元吉无咎，下不厚事也。

初九大作元吉而无咎者，細民在下，生不能以自遂，俟上遂之猷；　不能以自綏，俟上綏之下，微賤而不厚事也。　苟上之所作，不至於元吉而无咎，則有損无益，害不可言。　故益民唯在于王道，必井田，必學校，斯爲大作，斯爲厚事，然非微賤者所能自爲之也。

六二，或益之。　十朋之龜弗克違，永貞吉。　王用享于帝，吉。

六二中正而咸虛，下賢而受善，乃天下樂告之善也。故或以十朋寶龜，益而畀之，雖欲辭而弗克違也。蓋龜者至誠，前知之物，國家以卜吉凶，以利民用者也。或以十朋而益之，則至誠如神，天益其衷，人不得而違之矣。受益如是能長永貞固，以輔國家則懷寶而不迷其邦，吉可知也。然斯人者非但治人有益，王用之以享，祀上帝亦有格而吉。蓋格于上帝，克享天心，燕及皇天，如伊尹、文王皆其事也。非享帝之吉也耶？

象曰：或益之，自外來也。

「或」者，不可指名之辭。君子虛己而好善，則四海之內人皆樂告之以善，故曰益自外來。謂告善者衆，非君、非親、非師、非友，不期而至，不可指名之也。

六三，益之用凶事，无咎。有孚中行，告公用圭。

六三以陰居陽，處動之極，應益之終。夫陰居陽則不正，動極則過，多而不中，益終則莫之益也。其或有所益也，必有凶事加于其身，以動其心，以衡其慮，然後善知，遷過知改，日有益而補其過矣。然反身不誠，行有不中，誠信未通于上，益道有未盡也。必所益而底於有孚，補過而中行有常，則信圭在我，可以告公而用之，无弗通矣。斯爲自益之至，而上之益庶可獲也。蓋天下受益之時，懷寶龜者則可以格天得圭，亦可以獲上。其自益不同，故所益有差如此。

象曰：益用凶事，固有之也。

益用凶事，益在外者也，我固有之也。仁義禮智，至善而无過惡者，我固有之理也，乃不知反身而失之，妄動而罹凶事焉。於是始見善而遷，知過而改，復其固有之理以有益也。夫固有之理求則得之，乃待凶事而後益焉。其困知勉行之士矣夫！

六四，中行，告公從。利用爲依遷國。

六四居益之時，當上下變遷之位，上應於五而有合，下應于初而不背，是无過不及之行，告公從而獲乎上也。如是則利用依上遷國，朝市祖社，一切新之；爲下大作田里，學校自是制之，以去危卽安，變否爲益，无不可也。

象曰：告公從，以益志也。

益民者，上之志也；爲臣者，行之過與不及，上斯違之矣。六四損剛以益柔，變否以益下，凡政之過、不及者皆遷改，以就夫中行之道矣。以是告公，能不從之哉？蓋上之志在于益民，四能起發其志而益之，能不從之哉？

九五，有孚惠心，勿問元吉。有孚惠我德。

九五以中正之德，履至尊之位，當益之時，復有中正之應，是有至誠之德，任賢以順民之心，以益天下者也。如是則不必問訊，知其大吉，博施而濟衆矣。然上既至誠，順民之心以爲治，則下感而化，亦各以至誠應之，順上之德以爲德矣。書曰：「皇建其有極，用敷錫厥庶民。」

象曰：有孚惠心，勿問之矣。惠我德，大得志也。

人君有至誠之德，又順民之心以益之則大吉，不假詢問，知其然矣。由是天下以至誠應之，順上之德亦不期然而然耳。夫益下而底于順德，道大行矣。非大得其志也耶？

上九，莫益之，或擊之，立心勿恒，凶。

益極无益，巽極不巽，又求益不已，故无益于人，人亦莫之益而傷之者衆矣。斯人也立心不中不正，故无恒而有中，不足取也。

象曰：莫益之，偏辭也。或擊之，自外來也。

「莫益」云者，自夫益卦而言之，一偏之辭也。然豈特莫益而已哉？高而危矣，危不知安；盈可懼矣，懼不知易。下有問而无交矣，乃无交而求益。故莫之與而擊之者至，或擊之者自外而來，出于意料不及，不可指也。

周易贊義卷五

夬卦 ䷪

夬，揚于王庭，孚號有厲。告自邑，不利卽戎，利有攸往。

雷雨之卦，二有狐，四有拇，五外有隼，故宜解而散之。澤天之卦，五陽在内，獨一陰在外，決而去之可也，故卦名曰夬。「夬」者，決也，決去小人之謂也。當決之時，五陽所決者，上六一陰而已。然五以至尊而感于陰，三爲所應而濡其雨，則尚有所結，不易決也。必稱播其惡于至尊之庭，俟上之決也。又必至誠以呼號于衆，與共決之。然此往決彼，彼必仇而敵之，窮寇之鋒不可以嬰，故決者危焉。其將奈何？亦自治之嚴，使无隙可乘而已，不宜卽之敵也。所利唯在攸往，以進陽德，俾陰自消之可也。

彖曰：夬，決也，剛決柔也。健而説，決而和。揚于王庭，柔乘五剛也。孚號有厲，其危乃光也。告自邑不利卽戎，所尚乃窮也。利有攸往，剛長乃終也。

卦名曰「夬」者，決之義也，以五剛而決一柔也。其德則内險而外説，内決而外和也。「揚」謂播揚，稱播之也。五陽而決一陰，宜若无難，必稱播于王庭者，以柔乘五剛，由逢迎以悅君，至于威福出於君上而君不知也。僭逆如此，宜指陳其惡，俾上知之，割私愛也。「孚號有厲」，揚宣其實而號于衆，則未能遽決而有危焉，危乃道之光也。「告自邑不利卽戎」，利自決其私，不利與寇爲敵，以所尚加於我者，其道窮也，窮寇則不宜極所往也。利有往者，謂陽長而成乾，則陰自終也。

象曰：澤上於天，夬。君子以施禄及下，居德則忌。

施，施散之也；禄，福也，凡犒賞賚予之類皆是也。居，積貯也；德，惠澤也；忌猶禁忌。夬之爲卦，澤上於天之象也。君子體之以散其福禄，及下則如雨之沛然，下降无所留滯可也。詩曰「鐘鼓既設，一朝享之」是已。若居積其德於身，則宜日積月累，忌此決也。蓋施禄於人宜速，天上其施可也；居德於己宜積，故禁忌之，非一朝可決，必健而説，必純乎理，一私不存而后已。

初九，壯于前趾，往不勝爲咎。

「勝」讀如升，堪也，任也。「前趾」者，前往之趾也。夬之爲卦，所決者上六一陰而已，三爲之應，五有往而決之義也。初甚相遠，輒欲往決，是壯于前往之趾，欲舉足以有爲矣。蓋言未及而言謂之妄，行未及而行謂之躁，以是前往，其能勝任乎哉？蓋莫之能決，徒有過焉而已。

象曰：不勝而往，咎也。

度德量力，相時而動，勝決任者之爲也。初九不然，以田野小人、初進之士，欲決國之柄臣，猶折枝以爲棟，豈勝任哉？不勝而往則无損于彼，過在此矣。

九二，惕號莫夜，有戎勿恤。

九二剛中，足以決陰者也。當此夬時，雖去陰猶遠，然所應在鄰，故先事惕懼呼號，而豫以備視，其求合於鄰，如在其躬也。其思患預防如是，故有備无患。雖暮夜有戎，勿以爲憂可也。

象曰：有戎勿恤，得中道也。

初九无位而遠陰，欲往決之，過謬之舉也。九二得位任事，雖號惕太早，若過而實非過矣。

九三，壯于頄，有凶。君子夬夬，獨行遇雨，若濡有愠，无咎。

夬之爲道，以剛長爲終，五以往其時也。三雖與六爲應，然非可決之時，亦无能決之才，姑進德以俟時可也。乃壯于頄顴，厲聲色以決之，則陰不決而反有凶矣。君子不以頄決，乃以心決而決焉。若獨行則所應有合而姑息，如濡染則疾惡之心興于中而有愠，如是則終非濟惡，亦无過矣。蓋九三陽剛過中，與所決者爲應，故其道有三，非壯頄則遇雨則濡，顧所處何如耳？周顗之于王敦，壯頄之凶也，王導其遇而不愠者與？

象曰：君子夬夬，終无咎也。

衆陽夬陰，三獨與應，是有咎也。然君子陽類，扶陽抑陰，決而又決。始雖有咎，終何咎哉？

九四，臀无膚，其行次且。牽羊悔亡，聞言不信。

陽決有時，在五以往，四居五下，无時與位，未可決也。然衆陽迫之于後，陰復有怙于前，故居則不安，行則不進，有臀无肌膚，其行次且之象。然居三陽之首，又有牽羊之象，牽羊則不能遽進，斯妄進之，悔亡矣。乃自任而固，焉能聞言而信耶？

象曰：其行次且，位不當也。聞言不信，聰不明也。

四欲決六，進而未能，未及決時，不得位也。「聞言不信」，不度時宜，自以爲知，實聾聵也。

九五，莧陸夬夬，中行无咎。

陽剛中正，當決陰之時，居至尊之位，是決陰及時，有其德而又有其權也，決若易矣。然以情言之，則親舊一體，未易割恩以義，然柔乘五剛，終難姑息，故有莧陸感于陰之象，又有中正不私，決而又決之象。君子于是撫以恩而不壯以決，決以義而不牽於愛，惟執中以行，斯爲无過咎也。

象曰：中行无咎，中未光也。

五居至尊之位，合群陽而決一陰，易矣。然人君中正以臨天下，宜无不化也。乃至一陰而乘五陽，得非因莧陸之故而致然耶？故五雖中行而決之，於中德亦未光也。

上六，无號，終有凶。

居兑之極，當夬之終，剛已長而邪，柔不可延也。向以悦道而應于三、媚于五矣。至是三慍其雨濡而決之，五惡其莧陸而決之，與衆共棄，无可呼號者矣。蓋其乘剛之惡極至，是竄殛之凶，終及其身。雖欲悦人以求免，其能免耶？

象曰：无號之凶，終不可長也。

「无號」者，積乘剛之惡而流毒于世，人所共棄之也，故禍及其身，哀號于人以求救，人弗憫焉。如是之凶，其終可長延也耶？

姤卦 ䷫

姤，女壯，勿用取女。

姤，遇也，其文從女，從后。后，君主也，女爲主也。又后與後通，陰隨陽也。五陽在外，忽來一陰在內，不期相遇，是謂之姤。姤則陰爲主而陽爲賓，賓主之居有久暫也。陽前陰後，陰日進而陽日退也。故姤之爲卦，乃一陰伏于五陽之後，賓主消長之勢見矣，是謂女壯。如是，女壯必害于陽，勿用取焉可也。以臣道言，若李斯上書而免逐，王莽謙恭以干進，皆不期之姤。其後亡秦篡漢者皆是人也，可不戒哉？

象曰：姤，遇也，柔遇剛也。勿用取女，不可與長也。天地相遇，品物咸章也。剛遇中正，天下大行也。姤之時義，大矣哉！

姤者，相遇之義也。五剛之後，忽來一柔，不期相遇，故謂之姤也。「勿用取女」者，陰陽消長之機，在此姤時，一姤則陰日長、陽日消矣，故宜謹于其初。遇此壯女勿用取也，以其取則不可與長，彼日進而此日消也。取女之義在於父母之命，禮義之備，婚姻以時，故相遇非吉道也。然遇之義則大焉，患不時義焉耳。如其時義，以天地言之，陰陽交姤，遇也，則萬品之物咸章；以君臣言之，剛遇中正，遇也，則天下之化大行，皆姤之致也。姤之時義，不亦甚大也耶？

象曰：天下有風，姤。后以施命誥四方。

乾坤始交，坤道成女，天下有風，是謂之姤。天下有風，動物有聲，命令象也。人君體此姤象，則以施布教命，誥詔四方，如風之動物，无弗周也。

初六，繫于金柅，貞吉。有攸往，見凶。羸豕孚蹢躅。

陽剛之後，朋來无咎，陰柔之姤，義不及賓。姤之初六，以一陰而遇五陽，苟无防閑之道，則遇而亂矣。然當諸陽未遇之時，九二一陽，適先遇之則陰陽合德，感應專確，有如車輪之上繫以金剛之柅，不復前也。陰道以從一而終爲貞，初既遇二，相與專確，是完節而貞吉之道也，至死靡他意矣。設更有所往，復有遇焉，則二剥及三，以及乎四，及五、及六、及其身矣，是爲見凶。初陰伏於五陽之下，勢必上進，蓋猶牝駒、羸豕，信有跳擲不安于伏之象在，遇者勿信其金柅之繫，而過於嚴防可也。

象曰：繫于金柅，柔道牽也。

牽，引也。在姤之初，繫於金柅，此非剛之引柔，乃柔之引乎剛也。此姤之道，有主賓之辨也，姤者知而豫防之，則蹢躅之患免矣。

九二，包有魚，无咎，不利賓。

包，鄭注及韻書作庖，程傳作包苴之包，詳程傳義長，今從之。但包者，裹也；苴者，藉也，毋取藉義。九二居五陽之前，初非所應，乃于衆陽未遇之先遇之，是裹得潛鱗之象，以陽遇陰，是有夫婦之道矣。所遇以義，非有爭奪，何咎之有？然夫婦道成，復有所遇，則綱紀亂矣。故宜内外有別，不利遇夫賓焉。蓋姤之爲卦，三未有牽，四包无魚，五包止二，上姤其角，所獲姤于初者，唯二而已。二實初陰之主，諸陰皆賓也，有別之道在二主之故，爻義如此。

象曰：包有魚，義不及賓也。

幽潛，潛鱗二獲，裹而有之，則陰陽合而夫婦之道成矣。夫婦道成則其義在于有別，不宜及夫賓也。

九三，臀无膚，其行次且。厲，无大咎。

當姤之時，一陰在初，二鄰而姤之，閑于内矣。三重剛而過中，姤之情有甚于二者，故居則不安而心馳，行則不進而[一]靡。姤有臀无肌膚，其行次且之象，動靜皆有危也。蓋未能安於義命，有求姤之心焉，是其咎也。然發乎情止乎禮義，終无亂常之行焉，亦何大咎之有？

象曰：其行次且，行未牽也。

「行次且」者，何也？初牽于二而陰陽遇矣，三有隔而无牽，行將何之？故次且而不前耳。詩曰「行道遲遲，中心有違」，此之謂也。

九四，包无魚，起凶。

正應在初，陰陽相合，則初陰者本包中之魚也，乃姤之不早爲二所獲，則包虛而无魚矣。然豈止虛包已哉？又將起凶禍焉，蓋初在下有妻道焉，民道焉，已有婚而歸人，已有民而之他，能不起凶乎哉？

[一]「而」下疑脫「情」字。

象曰：无魚之凶，遠民也。

詩曰：「衆維魚矣。」魚，民象也，民能載上，亦能傾覆。无魚之凶，失其衆也；失其衆者，失其心也。非民不親，上失其親，疏遠之也。詩曰：「殷之未喪師，克配上帝。」上帝既命侯於周服，此之謂也。

九五，以杞包瓜，含章，有隕自天。

九四有潛陰而不姤，九五去陰遠矣。然陽剛中正，以居尊位，得君道焉。蓋有瓜在下，躬不自包，用杞柳爲苴而包之。蓋二包有魚，能不遠民，五之杞也，五用以爲魚，包宜得魚矣。又內含章美，恭默思賢，則精誠所格所求之賢，或見於夢，或見於卜，或薦於人，降隕自天而奇逢之矣，尚何不遇之患耶？故高宗以此遇傅説，文王以此遇太公，皆含章有隕之徵也。

象曰：九五含章，中正也。有隕自天，志不舍命也。

九五含章，中正在己而恭默之也，賢人在下而不遇命也。舍命者，處于命而无所違也。有隕自天，九五有中正聖德，含章而不自用，用杞包瓜則瓜必有，降自天包於杞中而遇之矣。蓋有不遇之命，志不居處，終能奇遇，命豈一定而不遇耶？故賢者聽命於天，聖君則以德造命。

上九，姤其角，吝无咎。

陽剛過亢失巽，與之道又去初遠甚。所應在三而无三所牽，謂四得初而四包无魚，其所姤者何哉？唯姤其角焉，交相抵觸已矣。姤非其姤，足可羞也，已則自取耳。誰其咎之哉？

象曰：姤其角，上窮吝也。

「姤角」，何也？陽亢而過高，姤窮而无姤，吝之道也。

萃卦 ䷬

萃，亨，王假有廟。利見大人，亨利貞。用大牲吉，利有攸往。

萃，聚也。澤上於地，振收而不泄，滙聚而不流，乃人歸衆聚，无所離散之義，故謂之萃。萃有亨，道其本在於自萃而已。蓋自萃者，誠一不貳之謂。誠一不貳，惟承大祭則然。「王假有廟」，承大祭也，自聚如是，斯人歸而聚矣。所聚之中必有大人焉，蓋出類拔萃，爲天下之父師者也，宜以爲大賓也。尊禮而見之，所聚斯亨，斯利貞矣。所聚如是，故人心之所歸，實上天休命之所臻也。然順天休命，用大武之牲，以祭告之則吉。由是用所聚一心一德之人，有所向往則无弗利也。

彖曰：萃，聚也。順以說，剛中而應，故聚也。王假有廟，致孝享也。利見大人亨，聚以正也。用大牲吉，利有攸往，順天命也。觀其所聚，而天地萬物之情可見矣。

萃，聚也。人心歸而衆聚也，順民之欲以說之。又剛中以立本，泛應而曲當，夫人孰不歸附之哉？是故衆所會聚也，卦之所由名也。「王假有廟」，精誠會聚致孝享也，聚莫大於此矣。「利見大人亨」，詢道輔德，聚以正也。用大牲者利有攸往，天有休命，宜順而承之，弗可違也。夫聚之爲道，豈惟人哉？天地萬物莫不有相聚之情焉，觀其所聚必相順相說，剛柔相應而然，否則散矣。此其情有不可見者哉？故欲聚者，宜觀省焉。

象曰：澤上於地，萃。君子以除戎器，戒不虞。

澤上于地，滙聚而停涵，民聚之象也。民聚則宜有胥，匡以生之道。故君子以除治戎器，戒備不虞，若防澤決于地而流散之也。

初六，有孚不終，乃亂乃萃。若號，一握爲笑。勿恤，往无咎。

萃，利見大人，初六居萃初而應四。四，大人也；六居初而仰之，其意誠矣。爲二三所隔，不能遽萃，是乃亂其志而妄萃焉。所仰未易合也，若嗚號于上，一握而率之，則爲二三所笑。然笑非所笑，勿以爲患，往應以爲師則道明，以爲長則生遂，何咎之有？又曰：萃道，利見大人，親賢獲上之謂也。親賢獲上，必誠一不貳，乃其本也。初六居下非正應，四有隔，是有孚而无終，再三而瀆，以求萃者，其能萃之哉？號，呼也。握，持也，以手持人牽之謂也。萃既无本，若徒號呼而萃之以聲，持人而牽之以手，則不獲其萃而獲其笑。然勿爲憂，惟誠一而往，斯賢可親上，可獲乎有。終而不亂，何咎之有？

象曰：乃亂乃萃，其志亂也。

亂者，再三而瀆，亂其群也；萃者，一而聚也。初六再三而瀆，而萃者行之亂也，非行之亂，志之亂也。志能不亂，則行斯一也。

六二，引吉无咎，孚乃利用禴。

引猶牽引。六二柔順，中正不連，初陰上應九五，是上引其君以萃乎下民，引其民以萃乎君也，所引吉矣。然德在是，萃自隨之，亦何咎之有？蓋握者牽以手，引者牽以道，故獲笑與吉不同，本異而末亦殊也。然引道在於有孚，苟以至誠爲道，則利用薄祭可格神明，何況於人，其萃必矣。不然雖大牲以祭亦文耳，其能萃之哉？

象曰：引吉无咎，中未變也。

萃以中德爲主，初六亂萃不及乎中也，六三嗟萃過乎中矣。六二引吉而无咎者，以固有中德堅持而未嘗變耳，故引君當道，唯此中正有孚者爲吉。他不然者，則有咎而无吉也。

六三，萃如嗟如，无攸利。往无咎，小吝。

不中不正之萃，則其所萃可嘆不足喜也，故其上下之萃，皆无所利焉。苟舍其貴，近不正之交，往就正應，孤立之友，去利就義，亦足補其過矣。但以陰從陰，亦小吝而无光也。

象曰：往无咎，上巽也。

萃之互體，其外爲巽，三往萃，上而无咎。此上窮而无萃，見其類而悅巽，以相與之也。

九四，大吉，无咎。

九四當萃之時，下應初六，得其民也；上親九五，得其君也。得民得君所萃大矣，然人臣一身之微而萃乎一世之大，其何以堪之哉？必盡乎萃道，極乎至善，然後无咎焉耳。蓋九四以陽居陰，未當其位，故萃道所宜如此。

象曰：大吉无咎，位不當也。

九四之萃必大吉，然後得无咎者。此以陽居陰，不當其位故也。

九五，萃有位，无咎。匪孚，元永貞，悔亡。

九五剛中居尊，君臨天下，親四以得初之民，應二以連乎陰之類，以君而萃乎臣，以臣而萃乎民，是萃不于他，萃于太寶之位耳。當位中正，何咎之有？然萃人以位，民鮮知德，當萃之初，面萃而已。心未信也，未信而剛克，萃者將渙，必有悔也，宜仁以育之，而厚其生。不自足也，又恒久其道以化之；不自足也，又正德綏猷以安之，斯億兆格心乎於上而不渙矣。悔其不亡也耶？元者，仁也；永者，恒也；貞者，正也。故仁育恒化正德云。

象曰：萃有位，志未光也。

九五陽剛中正，當位居尊。蓋有德化天下之志焉，然民鮮知德，萃於有位，故其德化天下之志，未光大耳。光大有期，在於三德。三德者，元、永、貞之謂也。

上六，齎咨涕洟，无咎。

上六陰柔，不中不正，乘剛而不揆其宜，應柔而非其所比，是以失位失民，衆畔親離，求萃莫與，則口嗟嘆之，目涕之，鼻洟之而已。蓋小人萃窮而否，悅極悲生，其隕獲无聊之狀，如此是自取之也。誰其咎之哉？

象曰：齎咨涕洟，未安上也。

剛而撫柔，富而以鄰；實而若虛，中正而不驕；滿而不溢，處上之道也。上六反之，是以至於孤窮愁嘆而悲泣焉。小人失志情狀如此，何哉？以未安於上之道耳。將誰咎之哉？

升卦 ䷭

升，元亨。用見大人，（勿）[一]恤。南征吉。

地中生木，自下而上，升之象也，故其卦爲升。升則卑可高，邇可遠，不亦大亨矣乎？以己之升而見乎大人，則援引以升可无憂矣。升至於是，宜益前進而无晝吉之道也。南爲前，北爲後，故前進曰「南征」云。

彖曰：柔以時升，巽而順，剛中而應，是以大亨。用見大人勿恤，有慶也。南征吉，志行也。

巽木之柔，生于地中，以時上升，故卦名升也。觀升之象則知順，德斯升，升以時。有德而有時，故舜禹皆陟大位；有德而无時，故孔子方升而輒沮也。巽升以卦言，則內巽而外順；以爻言，則二剛中而五應。蓋凡學以進德，仕以進階皆然，斯其所以大亨而无阻也。用見大人而勿恤者，學則引之，獲日進之道；仕則引之，獲行道之權。故勿用憂恤，有升之處也。前進而吉者，欲升之志行也。

[一]「勿」字原脫，據周易補。

象曰：地中生木，升。君子以顺德，積小以高大。

坤爲地，巽爲木，上坤下巽爲地中生木，自下而上，升之象也。君子以巽順之德，積其微小以成乎高大。蓋由好善之資而造乎聖神，造端夫婦而察乎天地，斯君子之升亦猶木之在地，根芽始生，積而至于參天之高大也。坤，順也；巽，亦順也，故曰順德。

初六，允升，大吉。

初六巽主，居升之下，猶木之根也。木升自根，上應六四，得地之氣以滋之，其升信矣，故曰「允升」。升則于世，有大用焉，故曰「大吉」。言升之吉，莫大于此也。在人則君子務本，德行修于家、著于鄉者，上合志而引之，如伊尹出於耕莘，傅說舉于版築，皆有本而允升者，吉孰大焉？否則无本而升，如馮道之徒，升則升矣，黨篡輔逆，豈能有吉乎哉？

象曰：允升大吉，上合志也。

初六允升而大吉者，未委質以事人，木之始根，女之處于室也，故允升而大吉，上合志而不疑貳也。蓋初爲長女，四有母道，女貞而母慈，非私愛也，志之合也。

九二，孚乃利用禴，无咎。

九二當升之時，具剛中之德，應中順之主，不患不升，患不誠耳，不誠則不可以獲上。苟積誠而孚則德馨于物，利用薄祭而神享矣，何患于升？然孚而用禴，道之中也，何咎之有？

象曰：九[一]二之孚，有喜也。

〔一〕「九」，原作「六」，據周易改。

事上之道二，貴貴、尊賢而已，其宜誠以動之則一。九二中實，誠也。以尊賢則大人與之，以貴貴則大人與之。故道可明而可行，故薄祭而神格，不亦有喜也耶？

九三，升虚邑。

九三剛正而處乎巽極，際柔而遇乎順德，邇有合，遠有應。其升也，有如升乎空虚之邑，不亦易乎哉？又曰：升虚邑者，非真虚也。虚以受之，无所違距，若无人之邑也。誰其禦之哉？

象曰：升虚邑，无所疑也。

邑方空虚，待人而實，升而實之，何疑阻也？九二剛正而際柔，巽極而應順，故易升如此。

六四，王用亨于岐山，吉无咎。

六四居坤之初，位巽之上。當升之時，事上而升君以道，臨下而升民以賢，邑則无所升焉，亦惟達其诚意於上，享乎境内山神而已。如是則神介之福，使事君保民，終吉而无咎也。當是爻者，其文王之至德矣乎？三分有二以服事殷，正享于岐山之事，自當時言之謂之吉而无咎，自後世視之則至德而无以加矣。

象曰：王用亨于岐山，順事也。

「王用亨于岐山」者，亦无所升，順以事乎上也。所謂率商之叛，以服事殷者也，非文王其孰能如此？六四之德，至矣哉！

六五，貞吉，升階。

六五以中順之德，臨至尊之位，是中以爲德，順天命人心以有爲者也，斯得正而吉，足以正天下矣。其升何如？升于階而踐乎阼也。

象曰：貞吉升階，大得志也。

「升階」者，踐阼之謂。踐阼則卽大寶之位而道大行矣。君子之升非以位爲樂，志于行道而已。道乃大行，非大得其志也耶？

上六，冥升，利于不息之貞。

升極而猶升，是昏冥无知而求進不已，貪利而无饜者也，其能升之哉？然移此心以進德修業而无息于其貞焉，則德日崇而業日廣，所升不可量矣。其孰能禦之？

象曰：冥升在上，消不富也。

升已極矣，猶欲上升，昏冥如此，其能升之哉？有隕而已矣。蓋升極必隕，長極必消。其消也，豈能陰變而陽，虚而富貴哉？不壞而爲蠱，則爲齋咨涕洟而萃而已矣。非自強而不息，奚足貴哉？

困卦 ䷮

困，亨。貞大人吉，无咎。有言不信。

兌上坎下則揜于柔，澤泄而水竭，困窮而无聊，阨窮而无伸之象，故卦名爲困。然困有亨道，以卦德言也，處險而能說，剛揜于柔而不失其所，是其亨也。然困以貞大人斯吉，以爻之德言也，二五皆剛中，剛中斯正兌，口以所說而言諸人，人誰信之哉？蓋君子不幸而困其亨者，心之說也，乃以言說人則言失矣，困其能濟哉？君子戒之，君子戒之。

象曰：困，剛揜也。險以說，困而不失其亨，其唯君子乎？貞大人吉，以剛中也。有言不信，尚口乃窮也。

困，剛揜也。卦名困者，兌之柔而加于坎之上，二陷于幽谷蒺藜之間，五處于葛藟之下，皆剛揜于柔而阨窮也，故曰困焉。險以說困而亨者，何也？内險而外說，身雖困矣，心則安于所遇而不失其所也，是之謂亨也，非有道君子惡足以語此。「貞大人吉」者，剛中而不陷也。蓋有剛中之德，履正而篤實，光輝著焉，是爲大人斯其所以吉也。「有言不信」者何？身既困矣，乃尚其口以說人，誰信之哉？益困窮而已矣。

象曰：澤无水，困。君子以致命遂志。

澤者，瀦水之所坎者，水流而有源，常若不盈者也。水者，天一所生之氣所以滋生萬物者也。澤在水上，則下漏上涸，而滋物之氣竭矣，是之謂困。斯氣數之窮，天之命也。命有窮通，性則至善。命係乎天而人不可違，性藴于心而志則可遂。君子遭天澤无水，困之時則曰天之命也，不可違也。以委致其命于天，其所性之善則寧死而不失，以遂所志焉。然稽之于古，遇困而致命者，多褒榮喪志者，率被戮且遺臭焉，孰謂君子處困之道，爲大過也耶？

初六，臀困于株木，入于幽谷，三歲不覿。

臀，人身尻下股上之處，人所居以安也。又曰物底，物以底居。人以臀居，猶物底也。陰居坤初，處困之下，是柔暗之極、困蒙之甚者也。株者，獨木无枝，猶夫橛也。自困之人，近有二而不知親，遠有四而不知應。是以曠安宅而弗居，居于株木之上；舍正路而不由，入于幽谷之中。是靜亦困，動亦困，至于三歲之久，莫之見焉。此自暴自棄、下愚不移之徒，自困之也，將誰尤哉？

象曰：入于幽谷，幽不明也。

困知而學，雖愚必明；困而不學，雖賢而弗親。是自入于幽谷之中，終于幽暗不明已矣，此下愚所以不可移也。

九二，困于酒食，朱紱方來。利用亨祀，征凶无咎。

九二才德剛中，足以有爲。當夫困時，欲道行于上，而上則不聞不行，如劓如刖；欲道行于下，乃前有三而不祥，後有初而不明，是厭飫于酒食而无所施爲，富而困矣。又朱紱命服方來，而加于其身，无所施爲，貴而困矣。君子於此豈宜素餐尸位，自困已耶？利用於此享獻而祀，祭於神則酒食朱紱，皆足以舒其誠敬，暢其心志，自无困矣。然坎窞在前，進則有凶，以義揆之，極上之困，正臣子遂志之事，何咎之有？

象曰：困于酒食，中有慶也。

「困于酒食」，言醉飽乎德之甚也。夫其醉飽之甚者，豈徒然哉？中德在己。故中正在上者與之過、不及，在下者依之有福慶也。其諸異乎？人之困也歟？

六三，困于石，據于蒺藜，入于其宮，不見其妻，凶。

以柔暗之質，才非中正，位于二陽之間。上剛如石不可負也，必欲負之，力不能勝則柔焉耳矣；下剛蒺藜不可據也，必欲據之，身不能堪則危焉耳矣。「妻」者，所以治棲安身所也。名辱身危之人，入于其宮，无以安身，能无凶耶？

象曰：據于蒺藜，乘剛也。入于其宮，不見其妻，不祥也。

「據於蒺藜」，何也？以柔乘剛，不能害人而反受其害也。「入于其宮，不見其妻」，何也？名辱身危入于棲所，不見治棲之人，其兆凶而非祥也。六三困于二陽之間，又上无應援，故其象如此。

九四，來徐徐，困于金車，吝有終。

四居近君之位而有富鄰之才，以兑金而臨坎，是爲金車之載。爲來之徐徐而遲焉，是何也？蓋載乎金，臨水不可以濟渡，猶檀車置于河干，不亦困乎？既富且貴，而志不易行，亦足羞矣。然至誠相與，物莫能間，雖云无初，必有終也。

象曰：來徐徐，志在下也；雖不當位，有與也。

當困之時，五爲赤紱所困，宜急拯之矣。乃來之徐徐何也？四近上而不獲，應初而有合，故視其株木幽谷之困，而志所援也。雖非純陽之才，下皆與之，必有終也。

九五，劓刖，困于赤紱。乃徐有説，利用祭祀。

劓，无所聞也；刖，莫之能行也。居尊而不聞不行，徒赤紱在身，反爲紱所困。然以此困于心、衡於慮，則本心之明發見，无聞而有聞，无行而有行，不復劓且刖，不亦徐有説乎？如是則體全而心齊，利用祭祀以交於神明可也，何困之有？然能堅其中正之德，乃可以上免其蔽，下免陷隔，而有合焉。斯身无赤紱之困，徐有説矣。然當困時，未能遽有所爲。利用上祭天神，下祀地祇，則精誠所至，上下自通而赤紱輝矣。又何困耶？

象曰：劓刖，志未得也。乃徐有説，以中直也。利用祭祀，受福也。

上下掩蔽，且復陷隔，志乃困屈，未有得也。乃徐有説，中且正直，紱則自有得也。利用祭祀，中直之德交于神祇，並獲福也，困其免矣夫。

上六，困于葛藟，于臲卼，曰動悔有悔，征吉。

重陰柔暗，處困之終，凡事之來不能果決，纏繞而已，乃復。貴而无位，高而无民，險危而已，故有「困于葛藟，于臲卼」之象。凡此皆自困，匪由人也。曰、粵通。語辭由是動有自困之悔，誠有所悔則不爲葛藟臲卼所困。征斯説，不亦吉乎？

象曰：困于葛藟，未當也。動悔有悔，吉行也。

困極不困，柔而剛，暗而明也。上六雖不明不剛，所處未當，自取纏繞而已。悔暗而明，悔柔而剛，困斯免矣，是吉之行也。

井卦 ䷯

井，改邑不改井，无喪无得，往來井井。汔至，亦未繘井，羸其瓶，凶。

井，宿象也。上古聖人取象井宿，闕地及泉，下甃以木，上出其水，用生活萬民，是謂之井，設卦象之泉所出也。故井野之地，諸水所出，江河之源在焉。井道既成，邑雖有改，井不可改，既无所失，亦无所得，而往者、來者皆資養焉。其德不易而有常，其施普也，蓋掘井及泉者如是。然泉以成功爲吉，苟汲者幾得水至，乃繘未出井而羸其瓶焉，則飢渴者弗濟，以爲凶矣。

彖曰：巽乎水而上水，井。井，養而不窮也。改邑不改井，乃以剛中也。汔至，亦未繘井，未有功也。羸其瓶，是以凶也。

井之爲象，何也？爲卦下巽而上坎，蓋入乎水而上水，有闕地及泉而上出之象，故謂之井也。人物皆資水以生，井養而无窮，言有本也。「邑」者，國都采地，井邑之通稱。王者之都邑爲大，曰井之邑爲小。小大雖不同，其有時而改則一，而井則不改，一定而不易也。其不易者以二五，乃以剛中而爲德也。蓋剛中之德，君子所以立命，世有變遷而此德无所易也。「汔至」者，幾乎水之出也。「未繘井」者，綆未出而有功也。羸其瓶而覆水，怠勝乎敬，是以凶也。蓋井以汲泉爲體，則有不易之養；以出養爲用，弗出則有敗績之凶。修德濟物之君子，其慎之哉？

象曰：木上有水，井。君子以勞民勸相。

掘井及泉，以木爲器，上出其水，井之象也。君子體此卦象，以勞民而勸相其功焉。夫水者，人物賴以生活者也。所以生者，天也，地也。其掘地以爲井，出水以利用而輔相天地之宜者，人也。豈惟水哉？凡六府、三事之類，皆須人力以輔相天地而後成焉。故君子觀井之象，以勞其民而盡勸相之道焉，此君子所以贊化育、參天地也。

初六，井泥不食，舊井无禽。

井以及泉爲體，上水爲用。坎中之陽，泉也。初陰在下，上无應援，是井泥无泉不食者也。蓋舊井不渫，禽鳥亦不之嚮矣。人誰不棄之哉？

象曰：井泥不食，下也。舊井无禽，時舍也。

「井泥不食」，无中德而下也。「舊井无禽」，時舍也。

九二，井谷射鮒，甕敝漏。

二陽在中，有泉矣。上无所應則泉不上出，停污而生鮒焉。乃復下比，初陰則其臨于谷，停污下注，射鮒而已。又猶水之甕，敝壞而下漏，何足用也？

象曰：井谷射鮒，无與也。

陽在井下而居中，井有泉可用汲矣。然上有隔而不應，乃下比初六，是上无汲引之綆，下有漏泄之穴，上莫之與下，終漏泄之矣。其與不食，奚擇焉？

九三，井渫不食，爲我心惻。可用汲王明，並受其福。

重陽居井下體之上，則井汲其泉，又渫治其污而可食也。乃有所蔽隔，人不得食，是下有濟時之賢，上无汲引之人，賢者遺佚而已，如蒼生社稷何？作易君子所以愴惻于心而不寧也。夫井上之人可用汲焉，然賢人遺佚，非可汲引者之咎哉？顧王之明否何如耳。王德誠明則孰不汲引？孰敢蔽隔？將往來井。井，人物並受其福矣。王之明，其大矣哉？

象曰：井渫不食，行惻也。求王明，受福也。

「井渫不食」，行道之人渴无所濟，皆心惻〔二〕也。他不足望，惟求王明，並受福也。

六四，井甃，无咎。

以陰居陰，井德之正，雖非井泉所在，然井賴以正，蓋井之修治加以甃焉者也。井有其甃，則掘泥及泉，无射鮒之患，渫可不知食，可望而大成，亦可期矣。斯有甃也，宜也，何過之有哉？六四上近九五，正身以正君者也，故象占如此。

象曰：井甃无咎，修井也。

井道成矣，无事于甃，必甃焉者，所以修井俾永利而无患也。夫如是則其甃也，何咎之有？蓋王明則世受其福，所以正君而輔其明者，甃也。甃之功，大矣哉！

九五，井洌寒泉食。

具中正之德，有博濟之用，其爲井則清洌，寒泉在下而上出以食者也。其純乎天德而行王政者乎？爲井如此，則井之泥所必掘也，谷之鮒所必无也。其有渫焉，渫乎此也；其有甃焉，甃乎此也；其有大成，成此功也。不惟人民賴以生活，而草木鳥獸亦均有賴矣。井之利，大矣哉！

象曰：寒泉之食，中正也。

井泥不食，无泉而下也，井谷射鮒，下比而上不與也。井渫而人未受福，上未際乎明也。九五在上之中，以陽當陽，是中正以居尊，錫福于時，所謂王明者此也。其爲井，豈非泉而不泥，甃而不谷，渫而寒洌，上出而食人物者耶？故曰「寒泉之食」，以中正也。夫「中正」者，天下之極也。大君中正于上，所謂天下化中者，此也；萬邦以貞者，此

〔二〕「惻」，原作「測」，據周易改。

也。斯天下有紀有綱，井然不紊，民有粟而上得而食之矣。寒泉之食，豈小補耶？

上六，井收勿幕，有孚元吉。

上六居井之極下，泉上出是井之治，于此收成功也。「幕」者，物之蓋也。井幕所以蓋井，勿幕則井口不掩，汲取无時，人物被其澤者廣矣。豈不有信而吉矣乎？

象曰：元吉在上，大成也。

井之元吉，不于他爻而著于上六者何？掘井雖深而不及泉者，畫也；谷而射鮒者，壞也。渫而棄者，在下而不時也；甃而修者，相之道也；洌寒而食者，井道之成也。向乎收矣，收而勿幕，則井之澤于時博施而濟衆焉。故元吉不在于他而在于上，此誠收功大成之所在也。豈可以易乎哉？

革卦 ䷰

革，巳日乃孚，元亨利貞，悔亡。

革，變更也。凡四時之變易，王者之改命，草木鳥獸之變化，皆謂之革。然革有時焉，以大數言之，巳者，革之期也。蓋子爲陽生至巳，則陽極而生陰，於卦爲姤，天地之道，皆于是而變革，故龍蛇蜕變之物皆于此而變焉。故以一日言之，變革之時必于此也。一歲言之亦然，以天地一元之數言之亦然，以王者純熙之時言之亦然。故革以巳日爲期，人始信乎之也。巳日，即乾之成、坤之始也。故元亨利貞同乾道焉，至是而革則善其道，而悔亦亡矣。蓋巳日而革，天之道也。人能違之哉？

彖曰：革，水火相息。二女同居，其志不相得曰革。巳日乃孚，革而信之。文明以說，大亨以正，革而當，其悔乃亡。天地革而四時成，湯武革命，順乎天而應乎人。革之時，大矣哉！

革之爲卦，上澤下火，以物性言之，水火相息則變寒爲熱，變生爲熟，俾堅者、脆者各變其質，或銷或凝，皆革之義也。又澤爲少女，離爲中女，以人情言之，二女同居，其志不相得，不可以恒，亦革之義也。故卦曰「革」焉。巳者，老陽變陰之期。「巳日乃孚」者，屆于變革之期，天地所不能違，況于人乎？故革而信，言无所疑也。革則內文明而外說也，大亨而利于貞也。內文明者，深明乎革之之理及其時也；外說者，拯人於水火之中而得其心也。革如是，斯其道大亨而又利以正焉。革盡其理，又適其時，革而當矣。革而當，雖有悔，寧不消亡也耶？蓋當革不革，過也；過而改，斯无過矣。何悔之有？夫天地及人皆有革之道焉。天地惟有革也，則夏革乎春，冬革乎秋，而四時成；人惟有所革也，則湯革夏命，武革殷命，順乎天心而應乎人心焉。夫革之時則造化同其流矣，不亦大耶？

象曰：澤中有火，革。君子以治曆明時。

「澤中有火」，則變寒而熱，革之象也。君子體此革象，測景以治曆，明春夏秋冬之時以授人，以盡裁成之道焉。

初九，鞏用黃牛之革。

革以巳日爲期，初陽之日，革人者非其時，未可以革所從，亦未可以從所革也。其道惟在固執以中順之德而已。鞏，固也，固執之義。黃，中色；牛，順物。「鞏用黃牛之革」，即固執中順之德之謂也。

象曰：鞏用黃牛，不可以有爲也。

因者常道，革者有爲，非常之事也。初陽在下，惟當因其所因，安守常道而已。「鞏用黃牛」，擇善固執，因之謂也。豈可有非常之爲，妄革所因也耶？

六二，巳日乃革之，征吉无咎。

六二黃離，革之中正者也。故當巳日，乃革之期，蓋巳位在于干支，歲月日時爲中，於卦爲乾，變而姤者，天地變革時也。故于是日乃革之，蓋得乎中正之道，應乎革信之期而天故不能違也。于是征進而有所變，革於外則吉，而内省之，亦无咎矣。

象曰：巳日革之，行有嘉也。

六二文明中正之臣，上應剛明中正之君，天下之事至于剛虐之極，宜以寬仁。「革之」者，則君臣一德一心而革之，則所革應天順人，乃巳日之革也。夫二五乃革之，則天與之、人與之，其行无不加之矣。蓋巳日乃甲己丁壬之會，天地交節，土木變化之時，於斯時而革，故有吉无咎如此。

九三，征凶，貞厲。革言三就，有孚。

重剛過中，當革之時，不安于革而有攸往者，往征則凶，正亦危矣。言，語辭；就，從也。革之不革，至于三從，于是始而信焉，蓋革之不易如此。又曰「征凶貞厲」，管、蔡、武庚是也。

象曰：革言三就，又何之矣。

九三重剛過中，革而至于三革而三從焉，則巳日已屆。天人所共順應者，弗克違之矣。獨夫之革，其又將何之也？故周革殷命，撫之三世而後定者，此之謂也。

九四，悔亡，有孚改命，吉。

澤水下與火接，剛而能柔，寒而必熱，當革斯革，故自无怨恨而悔亡焉。然豈革面而已哉？與五同體，實有信在心，表裏而合一也。由是改其舊命，有新命焉。則天與而人弗違，吉可知矣。

象曰：改命之吉，信志也。

改命，大事也，未易輕舉，乃吉而无凶者，何也？九四上輔九五，下臨初九，蓋上致其君必悅乎下而无違，下澤乎民必麗乎上而无二。蓋一德信于上下之志而无疑也，改命如此，其能不吉乎？昔伊尹不患乎暴世之難治，而自信其有堯舜君民之心；周召不信乎天命之稽若，而自信者唯在勉於夾輔之治，皆悔亡有孚者也。

九五，大人虎變，未占有孚。

九五陽剛中正，以居尊位，爲革之主，蓋建極于上以變革天下者也。蓋其革夫因也，非徒責效於外而已。大而能化，有篤恭不顯之德焉。大人自變如此，則其革夫人也，將百辟刑之於上天之載，同其妙非但不怒民畏而已，故曰「大人虎變」，言大而化也。「未占有孚」，言不筮而人自信也。故舜未受終而天下咸服，禹自避位而歌訟咸歸，未占有孚者之謂也。

象曰：大人虎變，其文炳也。

九五虎變，何也？中正之實，積于中而文見乎外，炳然而動乎人也。非大而化之，明于人文以化成天下，其能與於斯哉？孔子語堯之德曰：「蕩蕩乎民，无能名焕乎，其有文章。」其此之謂耶？

上六，君子豹變，小人革面，征凶，居貞吉。

上六之時，革道已成。爲君子者，皆不潛而見，赫喧斐然，如豹斯變而有文也；爲小人者，皆下天上施，童觀凜然，无面不革而鼎新也。夫如是則革道終矣。又復前征，厚望深求而不已焉，茲凶之革也，苟靜居而安于正焉。斯吉而无凶，革道得矣。

象曰：君子豹變，其文蔚也；小人革面，順以從君也。

上六「君子豹變」，何也？言德成于內，文見乎外，蔚然而理密也。「小人革面」，何也？革故鼎新，左右惟命，順以從君而莫之違也。又曰大人虎變，經綸大經，變一世之文也；君子豹變，動容中禮，變一身之文也。位有不同，故所革亦異如此。

鼎卦 ䷱

鼎，元吉亨。

鼎之象也，内巽外離，鼎體鉉耳，腹足之象備焉。以木巽火，鼎用烹飪之象備焉，故卦名爲鼎。鼎，天下之大器也。木上有火，君子正位，凝命象也。木火烹飪，亨格上帝，養聖賢以及萬民之具也。鼎象如此，是故有元吉，亨之占焉。元吉者，大善之謂也。蓋必巽而聰明，體具大善而後烹飪遷移之用行，是故以凝命則昭格而凝，以養聖賢而育民物，則无往而不通也。鼎之體用，大矣哉！

彖曰：鼎，象也。以木巽火，烹飪也。聖人亨以享上帝，而大亨以養聖賢。巽而耳目聰明，柔進而上行，得中而應乎剛，是以元亨。

陰爲足二，三四陽爲鼎，實膏餗四，上爲耳爲鉉，五陰爲腹，鼎之象也，其體也；下巽爲木，上離爲火，以木巽火，是烹飪之象也，其用也。此卦之所由名也。「元吉」者，何也？鼎有大烹之道也。蓋鼎者，革故實新之大器也。人能革其舊惡，易其善心，雖惡人可祀上帝，可親聖賢，况于聖人乎哉？聖人自新，一德以事天。特牲，大羹之薦也，時謂之烹，以享上帝，執醬執爵，以饋以酳，總干而舞，以尊師問道，受學之禮也，時謂大烹，以養聖賢。以卦言之，鼎内巽而外離，是巽乎下而耳目聰明，壅蔽革而明達也；以爻言之，六五進而上行得中而下應乎剛，其上可以格天而感乎聖賢，下可以養民及物洽百禮焉，豈不大亨也耶？

象曰：木上有火，鼎。君子以正位凝命。

木上有火，巽以然之，火在木上，麗而不去，凝以烹飪，鼎之象也。夫木德仁也，火德明也，天之所以立君者，欲其仁明而已矣。君出于震，自巽而居離，其位則仁明之位矣。乃以仁明之心，行仁明之政，而正其位焉，則天命凝聚於此，不他適矣。否則天眷不專，又擇仁明而與之，命不凝矣。可不畏哉？

初六，鼎顛趾。利出否，得妾以其子，无咎。

鼎，重器也。初陰爲趾，四陽下與，則柔不勝支而顛其趾矣。顛趾，雖非所宜，然鼎初將烹則利，出否惡而潔清之，未爲失也。又四陽應初，匹非其配，以貴下賤，得妾象也。得妾非妻，若非所宜，然枯楊生稊，則因得嗣子當大事也，若然則顛趾亦宜，夫何過耶？蓋鼎者，宗社法度之器；鼎初，則法度更新象也。顛趾者，鉉耳居下，趾反居上，載民象也。人君鼎新天下之初，他務未遑，急于養民，去其所害，則民被其仁，而天下之大聖大賢，將不期而至焉。斯得妾以子之謂，爲治之本也，何咎之有？又曰：以家人之道言之，出否者出去之謂无子，其一也。易否卦之辭，否之匪人，蓋否非人道，无子之象也。先王制禮，婦人无子并犯七去者去之，乃更有所娶，則家道正而胤嗣昌，此亦去否之義也。後世以姑息爲道，致終乏嗣焉，皆不明于鼎初義也。齊家治國，其理同也，觀爻之義，蓋无不備焉。

象曰：鼎顛趾，未悖也。利出否，以從貴也。

鼎趾居上，鉉耳居下，若悖逆矣，實未悖也。蓋否惡在中，利顛趾以出之，出其舊惡，納夫新實，所以從夫貴也。此顛趾在于未烹之初，若有實而烹，則非時矣。

九二，鼎有實，我仇有疾，不我能即，吉。

陽實陰虛，九乃居中，鼎有實也，有實則其仁明之德足以輔世而長民矣。是不可以輕舉妄動，如初之顛趾，如三之行有塞也。仇者，匹也。謂初之陰也，初不當位而顛趾覆餗，是有病在身，自治不暇，不我能親而之交害矣。如此則鼎實不覆，所以輔世長民者固在，不亦吉耶？

象曰：鼎有實，慎所之也。我仇有疾，終无尤也。

「鼎有實」，慎所往，如以前却有害，不宜輕舉之也。「我仇有疾」，終不我能，即无交害也。

九三，鼎耳革，其行塞，雉膏不食。方雨虧悔，終吉。

鼎以有實爲體，能行爲用，九三以陽居陽，有美實矣。然過剛斯折，又上无應與，是其耳變革而不可舉移，其行有阻塞也。蓋有體而无用，雖雉膏美實而人不得食之矣。然以變言之，三則鼎之未濟，有坎水在焉，是方雨而陰陽將和，不至太剛，庶幾可行爾也，故可以虧悔而終獲吉焉。蓋體具而知損益，用其自行矣夫。

象曰：鼎耳革，失其義也。

九三「鼎耳革」者何？過剛而行塞，可與立矣，未可與權，失其行之義也。

九四，鼎折足，覆公餗，其形渥凶。

以陽居陰，剛不當位，上凌柔尊而失惠迪之道，下應新民而多屯膏之情，是以下失其民而國本傾，「鼎折足」也。上負其君而天將喪，「覆公餗」也。既覆公餗則其形淋灕，渥如而凶也。夫居于一人之下，處乎庶民之上，乃橫虐如此。形渥之凶，其能免之哉？

象曰：覆公餗，信如何也。

九四居一人之下，萬姓之上，爲上下所與，謂面稽天，若信貴矣。然天命難諶，惟上忠其君，下仁其民，與否何如耳，故君子不信天命而惟求諸己焉。不正之人自信貴顯，若將終身上凌下虐，遂致鼎折餗覆，形渥如此，信何如也？蓋爵禄外物可以得之，亦可奪之。豈惟奪之，自古及今，凡君側專橫之人，不戮不族而橫虐不息，此理勢之必然也，天乎！人也，其能逃之哉？

六五，鼎，黃耳金鉉，利貞。

以中順之德應剛中之賢，是體具而用行，故曰「鼎，黃耳金鉉」。黃，中色，喻中順之德。鉉，貫耳以舉鼎，鼎之所以行也。金，剛而從革之物，喻九二剛中之德也。以黄耳而納金鉉，則君德至尊而又任賢以圖治，治道實无以加矣。然所利何如？在於中德不遷，任賢勿貳，正固焉已矣。昔堯舜執中允塞，又舉賢任職，以成无爲之治，此之謂也。

象曰：鼎黄耳，中以爲實也。

中以實者，執中而實，虚中而受，若舜之執中、用中是也。鼎如是，其无間然矣夫。

上九，鼎玉鉉，大吉，无不利。

上九，鉉象也。乃以剛居柔，是非他鉉也，玉之鉉也。鼎金得玉而剛柔有節，則堅弗折足，勝舉措之任，餗實不覆而行不塞矣，是爲大吉。以享上帝養聖賢，又何所不利也耶？

象曰：玉鉉在上，剛柔節也。

鼎道大吉无不利者，何也？玉鉉在上，剛柔得中而有節，故不折不撓，鼎之所以行也。

震卦 ䷲

震，亨。震來虩虩，笑言啞啞。震驚百里，不喪匕鬯。

一陽生于重陰之下，荐動于中而聲聞于外，是之謂震。震則雲雨施行于上，品物流行于下，有亨道焉。凡人心爲一身之主而動于至静之中者，亦如之。「虩虩」者，恐懼不寧，周旋顧慮之貌；「啞啞」者，言笑自樂之容也。震之來也，虩虩然，恐懼不寧，周旋而顧慮焉，則慮而能得，斯笑言啞啞而安樂之矣。故憂患者，安樂之所生也。然震者長子，帝所出也，雷霆之威震驚百里，遠驚邇懼，當之者宜有喪矣，而主祀之人一于誠敬，若无聞知，執匕執鬯，以獻以灌，无所失焉。此帝之所以出乎震而他子非所與也。故春秋明與子之法，禮著立子立孫之義，必以嫡長者，此也。

象曰：震，亨。震來虩虩，恐致福也。笑言啞啞，後有則也。震驚百里，驚[二]遠而懼邇也。出可以守宗廟社稷，以爲祭主也。

陽生于陰，天心見而元氣復也；天心見而元氣復，則生生不息，陽德亨矣，故震有亨之道焉。震之來，陽之動也，陽動則威聲大作，聞者虩虩而恐懼焉，恐懼則内省其惡而遷善焉，斯恐懼本以畏禍而實以致乎福也。故安樂者，死之地；憂患者，生之門也。「笑言啞啞」者，喜樂而自慶也。其喜樂者，動循乎理有其則焉，獲所致之福也。蓋恐懼修省于先，後乃循乎理也，震之益于人大矣哉！雷霆之震，天威也。其曰「震驚百里」云者，雷霆震驚及於百里，所驚者遠而懼者邇也。驚者，懼之端；懼者，驚之甚也。天威如此，凡當之者宜有喪矣。執匕鬯者，乃能不動其心，无所喪焉。其居如此，故出可以左守宗廟，右守社稷，執匕執鬯，以爲祭之主矣。蓋修己以敬，无所變動于外，若舜之納于大麓，烈風雷雨弗迷是也。故可以出震繼離，安百姓矣。

象曰：洊雷，震。君子以恐懼修省。

陽出乎重陰之内，有聲爲雷，有聲不已爲洊，洊雷爲震。洊雷震驚，物與无妄，此天與萬物以理，萬物得以各正性命，保合太和以生者也。故人物于洊雷之震，蟄斯動，潛斯見，夢斯覺，聾斯聰，瞑斯明，僵斯蘇，踣斯興，枯斯榮，蓋皆由震驚恐懼，反其生理，乃如是也。故凡人有震驚恐懼者必内省，修治以反其善，省察以去其惡，此天與无妄者也。然常人恐懼修省于洊雷之時，往則怠矣。君子體此洊雷之象，則恐懼之餘，復加恐懼；修省之餘，復加修省。雖須臾不覩不聞之地亦不敢忽，此所以大過乎人，而非衆人之所及也。

初九，震來虩虩，後笑言啞啞，吉。

[二]「驚」，原作「震」，據周易改。

初九一陽動于重陰之下，爲震之主，故于震之卦象相似，其占亦不異焉。

象曰：震來虩虩，恐致福也。笑言啞啞，後有則也。

釋意見前。

六二，震來厲，億喪貝，躋于九陵，勿逐七日得。

一陽初震于内遇二陰，自外閉之則其震也，益奮迅猛厲而不可當矣，則陰不能以執持，恍惚自失其守，喪其所寶，升于九陵之上，以從乎陽也。然陽極則陰復，弗可逐也，必由歸妹而大壯、而泰、而需、而小畜、而巽，歷乎七日之久，則震反而巽，陰在内矣。二近于初，是震不于鄰于其躬也，故厲使陽剛，長子當之則不喪匕鬯，宜主祀矣。二遇之而變則爲兑，爲少女歸妹象也，故喪其所寶，躋于九陵之上，不易返也。蓋人心之靈能照物應事，爲一身之主，是人之寶也，失守則喪其寶矣。又女子從人，必有資裝賄貝。詩曰「以爾車來，以我賄還」是也。貝曰寶者，兼身之主而言也。曰大喪者，以六五爻義釋之，億无喪曰大无喪也，其義自見。十萬曰億，諺曰萬无一失，言全无失也。全猶大也，可見億喪即大喪，億无喪即大无喪矣。九，陽數；七，歷六爻而復其位之數也，凡易言七日者皆然。躋九陵者，喪陰之靜而逐乎陽也，猶曰飛于九霄云耳。七日得者，陰靜而正，復其初也。

象曰：震來厲，乘剛也。

柔不可以乘剛，而二乃乘初，是以震不于其鄰于其躬，來之厲也。

六三，震蘇蘇，震行无眚。

蘇，更生也，息也，醒也。記曰「蟄蟲照蘇」，蓋皆謂人物于性迷魂遊，若醉若夢之際，忽焉而醒，而知而覺，是爲蘇也。二臨震主爲震躬，故震來猛厲，三則震于鄰矣，故因震驚，而蘇而醒，无知无覺而有知有覺也。六三以陰居陽，處震下之上，是動不中正有眚者也。然過是震驚恐懼而有行焉，則能自省其不中而歸于中，自省其不正而歸于正，无過眚矣。蓋震驚之際，遊魂附鬼放心頓復而爲身之主矣，行何過眚之有？孟子所謂「動心忍性，增益其所不能」者，此之類也。震之益于人，大矣哉！

象曰：震蘇蘇，位不當也。

震无知而有知，无覺而有覺者，何也？不中不正，位不當也。中正則内省而无咎矣，不中不正是于中正之道无知觉也。偶值震鄰斯内省，知咎知中知正而反之矣。故蘇蘇者，由其位不當而然也。

九四，震遂泥。

震，天威也。泥，滯也，廢也。一陽動于重陰之下，發于驚蟄之時，斯震來虩虩，物與无妄，震道光矣。若夫收聲之後，勿震可也，仍震震不已則天威褻，泥滯而不能矣。故古之震震不已者，必有泥之災焉。況四臨五位，非可震之所，又互體爲坎于此，而震則非時非地，陷于坎中，一動而廢必矣。故朝廷之刑罰不中者不威，臣有震主之威者不終。君子當九四之震者，戒之哉？

象曰：震遂泥，未光也。

九四之震，變則爲復，復宜安靜，故震則陷于坎中，遂滯而止焉，亦可耻也。何光之有？

六五，震往來厲，億无喪有事。

五居尊臨下驕肆，夫履之地也。六乃以柔中處之，進則震極，退則震躬，是或往或來，皆危厲之所，雷霆之在耳也。此戒慎恐懼于須臾之頃，顧諟明命者也。如是則政事无失，人民土地爵禄皆可長保而无失矣。不惟如是，且有執中之事焉。蓋静則不偏不倚，動則无過不及，天下皆以爲極而歸之矣。

象曰：震往來厲，危行也。其事在中，大无喪也。

震往來厲者，无非震驚之所，自危其行也。億无喪有事者，其事在中，因震而允執之，天下之極自此而立焉，大无失也。

上六，震索索，視矍矍，征凶。震不于其躬于其鄰，无咎。婚媾有言。

上六當震噬嗑之位，是洊雷及電交作時也。以過中之柔聞而見之則恐懼之甚，神氣消散，索索然矣；眸子驚顧，莫知所加，矍矍然矣，其不能自持如此。苟不戒以征，則身无主而妄動，能无凶乎？然洊雷在四，去六有間，其震不在于躬在于鄰也。若能畏鄰之震，知省而戒焉，庶无過咎。然婚媾之人則曰震行无眚可也，乃至于自失而身无主焉，家室其能宜乎，其能保乎？此有言也。蓋上六變則爲離。「婚媾有言」，謂其不足偶儷云耳。

象曰：震索索，中未得也。雖凶无咎，畏鄰戒也。

震索索而自失者何？陰柔不中，中心未有得也，使有得則身自有主，大无喪矣。雖凶而无咎者何？戒不于躬于其鄰也，于躬則已曉于鄰則不至喪失，庶免咎矣。此君子之戒懼，所以貴在隱微之時，動之先也。

艮卦 ䷳

艮其背，不獲其身；行其庭，不見其人，无咎。

艮之爲卦，一陽升于二陰之上，无所升矣，是之謂艮，止之義也。止有其時，時止而止，非有意于止也，則內不有己，大公而已矣，故「不獲其身」焉；時行而行，非有意于行也，則外不有人，大公而已矣，故「行其庭不見其人」焉。若然，則動靜各止其所，咸不違于理矣。何過之有？

象曰：艮，止也。時止則止，時行則行。動靜不失其時，其道光明。艮其止，止其所也。上下敵應，不相與也。是以不獲其身，行其庭，不見其人，无咎也。

少男之卦名曰艮者，一陽來復，至上而止，艮極矣。故不可以處，亦不復能進，故名之曰艮，靜止之義也。夫艮非一于靜也，時乎靜則靜而止；亦非倚于動也，時乎動則動而行。一動一靜皆无倚著，惟不失時焉而已。動靜不失其時則大本立而達道行，位育之功用于是乎在，其道不亦輝光而昭明也耶？夫艮以靜止爲義，疑若專以靜爲言矣，而聖人猶以時動時靜，發明艮義，則逝者不息與？聖人純亦不已之道，于斯可見。彼老氏、佛氏以靜篤定止而爲道者，其于吾道真妄邪正，豈不曉然也耶？由是觀之，則聖人于天地定位觀象畫卦以來，發明斯道，以杜異端邪說之害，意已至矣。豈待邪說横行之時而後然耶？艮，止也；背，止之所也。艮其背，止其所也。止其所者，時靜而靜，止于至善之地而不遷也。其「不獲其身」「不見其人」，何也？蓋艮之爲卦，上下六爻皆陽與陽遇，陰與陰遇，不得其偶，不相與也。是以靜則无我，无思无慮而本立；動則无物，時萬時億而道行，夫何咎之有耶？

象曰：兼山，艮。君子以思不出其位。

山上有山，是謂兼山，止于所止，象也。君子體此艮象，心思雖曰无限，然位有内外大小，職分以之，故其出謀發慮，唯在于職分所當爲而已。職分之外无容心焉，蓋思不出位，則位定而天下治；思出其位，則侵官曠職，上陵下替，内與外政无所不至，天下紛紛然矣。故君子之率天下，在于止所止焉。

初六，艮其趾，无咎，利永貞。

陰居艮初，趾之象也。趾者，動之端，人之所以行也。艮其趾則動无端，无攸行矣。趾居艮初，无應而靜，故有弗行之象如此，蓋知其不仁而不爲也。知其不義而不爲也，斯止惡于初靜，不失其時矣，何咎之有？然趾初之道，以艮爲正，宜長守其正，勿失可也。

象曰：艮其趾，未失正也。

趾者，人之所以動也。動以能靜不妄爲正，艮其趾則體无妄動而得其正矣。故曰「未失正」云。

六二，艮其腓，不拯其隨，我心不快。

六二中正而无應，與居止之時，疑若止于至善而得所止矣。然陰柔不能率人而爲三所率，是所止在于趾，上限下腓之地矣。腓動趾隨，股不自由，是有服在列，有佩印之長在上，其動止唯上之隨而不能拯焉。蓋内有中正之心而外无中正之止，其心豈能自慊也耶？

象曰：不拯其隨，未退聽也。

六二不拯其隨，心不快者，何也？君子進必以道，不可則止，可止而不能，退聽以止。是以心爲形役，故中弗快也。

九三，艮其限，列其夤，厲薰心。

九三以過剛之才爲艮之主，處上下内外分限之際，是艮不于他，于其分限者也。蓋明于分辨之禮，而不復知有合同之化；嚴于限隔之守，不復知有聯屬之道。可與經矣，而不可與綸；可與立矣，而不可與權。其執一不通之害，必至于君臣父子隔絕而不義不親，夫婦兄弟隔絕而不和不友，其害如此。譬如判其脊膂一體而兩分之矣，其危厲不安之甚，豈不薰灼焦心也耶？

象曰：艮其限，危薰心也。

艮限而列夤者，非真裂其夤也，其偏執之危至于焦心，有如是也。

六四，艮其身，无咎。

六四上近六五，下北九三，所應在初，是上下之艮，皆一身之所關也。比諸趾不及腓，腓不及限，限列其夤，輔居上體者異矣。故所艮在乎一身，非他艮比也。艮其身則輔從，況于限腓足趾有不從焉者乎？蓋以陰居陰，正也。君子止所當止，正其身焉，則以之事上則上可以格，以之令下則下必從矣。艮道如此，何咎之有？

象曰：艮其身，止諸躬也。

艮其身无咎者，何也？君子止所當止于諸躬也，止諸躬則本治，末可得而理矣。又何咎之云耶？又曰「艮其身」，凡非禮之動，違理之欲，皆止諸其身。其身正矣，如是上以正君，下以正民，无所不可，何咎之有？

六五，艮其輔，言有序，悔亡。

六五居尊臨下，擇中而止，止于至善者也。君子止于至善則不言而信，爲天下之極矣，故爲艮其口輔，篤恭之象。然不言則已，言斯有序爲天下法矣。何悔之有？

象曰：艮其輔，以中正也。

中正之道，天下之至善也。言易而有餘，行難而不足，非中也。六五履至尊之位，恭默而艮其輔焉。夫何修而然哉？以其由乎中正之道，止于至善而爲天下之極云耳。蓋六五所止在中，中斯正，故能艮輔如此。

上九，敦艮，吉。

敦者，篤厚之謂。上九以陽剛之才能艮者也，又居一卦之上，爲一卦之終，是止所止矣。于其終也，復止其所止而不苟焉，是篤厚于艮者也。蓋上居一身之首，爲艮之主，凡身之所有口輔限腓足趾，皆首所統也。自限以下腓趾，身所行；以上口輔，身所言也。艮則言行各安于止矣。于此復敦篤其所已然，不亦吉耶？

象曰：敦艮之吉，以厚終也。

「敦艮之吉」，何也？君子言行止于至善，躬自厚矣。至是艮道已終，復不自薄，仍敦篤于所止焉。此君子自厚有終者也，能无吉耶？

漸卦 ䷴

漸，女歸吉，利貞。

漸，次也，進也，稍也。謂以次而進，稍稍而前，非遽進也。漸，繼乎艮爲卦，上巽下艮。艮，止也；巽，入也。既止而復入，是進而不遽，稍稍而前，以次而進，徐徐然也。凡進以漸者，唯女子之歸爲然。六禮備而後歸者，斯合乎漸義，否則爲遽進淫奔之流，仕而不由其道者也。故漸之道，女子之歸者爲吉，仕進之吉者，亦如是也。然女歸仕進，皆利于正身。苟正其身則漸吉，不正其身則邪妄進耳，焉攸吉耶？

彖曰：漸之進也，女歸吉也。進得位，往有功也。進以正，可以正邦也。其位，剛得中也。止而巽，動不窮也。

漸之爲義，何也？止而後入，進而不遽，以次而進也。「女歸吉」者，何也？以次而進，求而後應，禮備而後歸，婚姻斯正，女歸之吉也。女道然也，臣道亦如是耳，皆占之吉也。位者，寶也，道之所由行也。漸進而得位，則進有功而道行也。正者，身无失而修也，進而不失其身，斯可以正人而正國矣。君子求志而達道者也，苟不正其身，徒欲以法術而正人，其能行之哉？故君子行道濟時，必端本爲進得其位。何也？九五陽剛得中，中天下而立也，此爻之漸也；止而巽，斯省括之釋，動而不泥，不困窮也，此卦之漸也。凡位之進、德之居、俗之染移，莫不然也。

象曰：山上有木，漸。君子以居賢德善俗。

山靜而止矣，其上有木則靜而復作。止而復進，漸之象也。君子觀象而體之，則以居賢德焉如之，善風俗焉如之，蓋皆循序漸進，无欲速見小之意，所謂无所不用其極者也。詩曰：「无田甫田，維莠驕驕。无思遠人，勞心忉忉。婉兮變兮，總角丱兮。未幾見兮，突而弁兮。」此之謂也。

初六，鴻漸于干，小子厲，有言无咎。

初六柔順不剛，于進又上无應援，當漸之時，先進之士，既安居飲食，衎衎爾矣。己乃獨居彙征之後，徐徐以進，進不于水而于干焉。鴻，水鳥。漸不于水于干，是无飲无食而有驚恐之地，非宜棲之所矣。故童觀小子以爲危厲，訾而有言，然漸初之道，不援乎上，不競于人，固其所也。何咎之有？蓋漸之互體，下卦爲坎。坎，水也，干水涯也。初六近坎，故曰「漸于干」耳。

象曰：小子之厲，義无咎也。

于干之漸，小子厲而有言乃无咎者，何也？小子无丈人之見，不知漸道，故過爲危厲，然揆之于義，實无咎也。

六二，鴻漸于磐，飲食衎衎，吉。

六二中正得位，五復以中正應之，是其漸也。明良相逢，忠信以安其位，重禄以厚其養，得志而道行，内省无疚而樂也，不亦吉乎？「磐」謂磐石，居之安也；「飲食」者，禄所養也；「衎衎」者，位不尸而樂也。人臣之漸如此則民社受福，斯其所以吉也。

象曰：飲食衎衎，不素飽也。

六二之漸，飲食而樂者，何也？中正之道蘊于其身，將有行也，乃上逢中正之君，信任而用之，則中正之道行于上而澤被于下者廣矣。斯一飲一食无愧乎心，寧不衎衎而樂乎？蓋有功而食，非素湌者，故其樂如是。詩曰：「彼君子兮，不素湌兮。」此之謂也。

九三，鴻漸于陸，夫征不復，婦孕不育，凶。利禦寇。

九三過剛无與，上比四陰，進失所止，妄有所交，故爲鴻漸于陸，夫征婦孕之象。鴻，水鳥。剛進而過涉，舍水而陸，失安養之所矣。夫无與而妄交，則夫非夫、婦非婦，有往而无復，懷姙而不育矣，蓋皆有死如棄如之道，是爲凶焉。然重剛之才，有進无退，用以禦寇，斯攸利焉。

象曰：夫征不復，離群醜也。婦孕不育，失其道也。利用禦寇，順相保也。

彙征以序，征必相需，止必相援，鴻之漸也。九三重剛，過涉前无應援，進不顧後，離絕群類，服闇苟合，蓋亦漸進不驟，猶夫鴻也。然奸盜之行，衆所共棄，能不自喪乎哉？故曰「夫征不復」，以離其群、失其類也。蓋六四比五，得君權貴嬖倖之儔，亦姬、姜之貴也。乃下比九三，離群失類而妄交也。故一朝之患不得而免焉，蓋棄衆之人，衆亦棄之矣。其「婦孕不育」，何也？失婦之道，姙子而不可鞠也，凶可知矣。顧利禦寇，何也？苟合而妄交者，逆理亂常之行，身之寇亦所與之寇也，能禦而止之則不徒身安，所與亦由之而安矣。此行无違逆順以相保之道。詩曰：「其何能淑，載胥及溺。」此妄交親仇者之謂。故復仇之義，春秋重焉。

六四，鴻漸于木，或得其桷，无咎。

六四柔順，爲五三所與，而初則不應，乃居巽之體，是位高而危，有鴻漸于木之象。然當位而正，爲下不倍，上則挽之；居上不驕，下則推之，此安平之道也。故雖有集木之危，亦或得其平柯焉，何咎之有？蓋巽體，木也。四居巽體乃人臣極高之位，是集木而危也。詩曰：「温温恭人，如集于木。」此之謂也。桷，平柯也，正則不危。蓋正以事君則君與之，非嬖也；正以薦賢則賢與之，非阿也。大臣能正身，爲上下所與，如此則民雖未歸，澤亦被之矣，故得其平柯焉。

象曰：或得其桷，順以巽也。

六四漸木而危矣，乃或得其桷，何也？正以事上，順也，巽也，斯上以正而援之矣；正以與下，順也，巽也，斯下以正而推之矣。雖位高任重而危，寧不安平矣乎？

九五，鴻漸于陵，婦三歲不孕，終莫之勝，吉。

九五居上臨下，中正當位，德爲天下之極者也，其象則爲鴻漸于陵而已。蓋漸逵則太過而遠于人，漸于漸陸、漸木則不及而伍于衆，唯擇善固執以中正之德而日新焉。斯漸陵之象，斯大有爲之君也。有君如此，則其下亦必有中正之德，不召之臣焉，若六二漸磐之賢是已。夫賢不可召而三四又蔽隔其間，是故得賢以漸。譬之納婦，婚媾之禮不可以遽成，至于三歲之久，猶不孕焉。然過此以往則中正合德，蔽隔者遠，終豈能勝之哉？蓋明良相逢，協魚水之歡以共成高大廣遠之業，有其漸矣。不亦吉乎？

象曰：終莫之勝吉，得所願也。

六五「終莫之勝吉」，何也？六五有中正之德，居大寶之位，富貴及他邪媚之樂，非所願也。所願欲者，得夫賢臣而已。夫賢臣抱道自樂，不願乎外，上无中正之德，不出也；求之不誠，不應也；中有蔽隔之人，弗自鳴也。若是則聖主之得賢臣，亦不易矣。今乃遲以三年之久，蔽隔者去，誠感者通，天下將從欲以治，吉可知矣。蓋聖主之得賢臣，若龍興而雲從，若濟川而舟楫至，若大旱而霖雨降，非得其所願也耶？

上九，鴻漸于陸，其羽可用爲儀，吉。

先儒皆以陸作逵，今從之逵。雲路鴻漸于茲，則其飛冥冥，人不得而籠之矣。蓋上九以重剛之才，能進進不已，然居漸之極，前无所漸，唯翔于雲路而已，此逸民之流。當天下有君有臣，漸極之時，不屑爵禄，高尚其事，然豈无關世教者邪？其清風高節，足爲百世之師，使貪夫廉、懦夫立，實大有功于名教也。猶鴻羽之飛于雲路之上，覩者爲快，弋人无得而慕焉。不亦吉耶？

象曰：其羽可用爲儀吉，不可亂也。

漸逵之吉，何也？其羽之高飛遠舉，有信有序，一定而不可亂也。君子之儀刑也，不亦吉耶？故四皓、嚴陵有伯夷之風，足爲百世之儀，吉矣。种放乃寵錫于朝而驕矜焉，能終吉耶？

歸妹卦 ䷵

歸妹，征凶，无攸利。

長男動乎外，少女說而從之，故爲歸妹。歸妹非婚姻之正也，二少相與，婚姻以時，男下于女而求之專，九十其儀而其禮備，此納婦之吉，婚姻之正也。乃或以長男而感動乎外，少女即說而從之，此非禮聘，乃奔而歸者，故不曰歸妻，曰歸妹焉。斯正與咸恒之道相反，故一歸之後，征則有凶，于室于家，皆无所利焉，可不戒哉？故妻道、臣道皆利于正，不可有所說而動焉。

彖曰：歸妹，天地之大義也，天地不交而萬物不興。歸妹，人之終始也。說以動，所歸妹也。征凶，位不當也。无攸利，柔乘剛也。

卦言歸妹征凶而无攸利，則歸妹者不吉之卦，不可用也。此文王之易也。夫子贊易則復以歸妹之吉而利者，言之曰歸妹，豈特雷澤相與而已哉？天地亦如之。天地必交而後泰者，天地之歸妹也，豈唯小善而已，乃天地之大義也。天地不交則不泰，不泰則萬物不興而化育之功息矣。豈唯天地爲然，人道亦如之。人道而有歸妹者，男女之有終，生育之始也，夫无終則无始，而人類絶矣。故歸妹而善，斯大吉而无不利矣。是故易之道，善惡吉凶无所不備，君子修之善則吉而利，小人肆諸惡則凶而无攸利也。是故吉凶在人，无一定之理，決于所修爲如何耳？詩曰：「天作孽，猶可違；自作孽，不可活。」此之謂也。是故吉凶在天，而召吉與凶在人，此人之所以回造化、配天地也，非聖人贊易，其孰能知之？嗚呼，贊易之功大矣哉！

雷風爲恒，風雷爲益，以長女而配長男，或動而以巽從，則爲道之常；或巽而後動，則爲道之益也。歸妹不然，以少女而從長男，乃「說以動」者，若曰姊猶在室而妹乃適人，故曰歸妹，此卦之所由名也。其「征凶」者，何也？陰陽皆失其位，男无以正乎外，女无以正乎内也。「无攸利」者，何也？陽唱而陰隨，造化之利也；夫唱而婦隨，人道之利也。歸妹以柔而乘剛，女壯而驕陰加陽也，何利之有？是故妲己亡殷，褒姒滅周，武曌幾于絕唐，皆柔之乘乎剛也，可不戒哉？

象曰：澤上有雷，歸妹。君子以永終知敝。

雷動而震迅于上，澤盪而盈溢于下，是女子歸不以禮，說以動者，歸妹之象也。君子體此象也，以歸妹之事非常久終身之道，知有敝壞之害，故慮其所終而謹其始焉。是故君子无妄交，无苟合，无征凶，无柔乘剛之害。故虞舜刑于二女，而后有風動之治；文王刑于寡妻，而后受維新之命。君子歸妹，可不慎哉？

初九，歸妹以娣，跛能履，征吉。

初九當歸妹之時而所處最下，上无正應是所歸者非嫡，乃嫡之娣也。閫内之政，非娣所得主，是足不能以有行，跛之流也。然所負陽剛有爲之才，足以左右内政，則跛之能行者也。由是不征則已，征則輔嫡而有爲，内治修焉，能无吉乎？

象曰：歸妹以娣，以恒也。跛能履，吉相承也。

歸妹非伉儷之道，妾媵從歸之象也。乃歸不以妹而以娣，此少從長、賤從貴，正歸妹之常道，无足怪也。其征而吉者，何也？危而持、顛而扶，有相之道焉，此娣之賢以吉道而相承也。故叔姬之賢，春秋筆之；戴嬀任只，詩人賦焉。亦終古不朽之善，非爻之征吉者耶？

九二，眇能視，利幽人之貞。

九二剛中居內，无與外事，猶面墻而立，一物无見也。然上應六五，明暗相資，中正相應，則其明不止于內蘊，足以發見而濟夫用矣。是眇者能視，非一物无見也。然臣妾之位利在幽靜以居，正固以守而已，苟當陽而不幽，邪僻而不正，則呂雉、武曌之爲禍不可言，何利之有？

象曰：利幽人之貞，未變常也。

九二之于六五，明暗相資，中正相應，既眇能視矣，而復利幽人之貞，何也？臣妻之道靜而正者，其常也；苟躁動而失正，則變其常道焉，攸利耶？

六三，歸妹以須，反歸以娣。

「須」，侍婢之屬，女之賤者也。六三不中不正，居說之極，女之不靜，專事說人，自處下賤者也。以是女而歸人，則是以婢而克內子矣。必不能自安其室，豈能容之哉？則必至於爲人所去，反歸母家，爲人娣媵而已。古禮婦人爲夫家所去者，人不復娶，但爲他女之姆，他日從嫁而已，此反歸之娣也。詩曰：「窈窕淑女，君子好逑。」又曰：「琴瑟在御，莫不靜好。」此內子之賢，風教之本也。須豈知之哉？

象曰：歸妹以須，未當也。

歸妹而反歸者，何也？以陰居陽，不靜而躁，自卑而賤，不當其位之正也。或曰歸妹而飾須，使須過于妹，則是所歸者須，非歸妹矣。如是則須行妹事，妹反歸之矣。此歸妹者之未當，失其常也，亦通。

九四，歸妹愆期，遲歸有時。

禮女子十五而笄，二十而嫁，則二十者，歸之期也。九四近至尊之位，以陽居陰而下无正應，此貴室之女，具剛明之才，有幽閑之德，未得良配，則求我庶士，不苟適人者，故歸妹而過其時焉。蓋二十而未嫁，踰其宜歸之時而不歸也，然非終不歸也，有待而歸，歸有時耳。古之擇配而嫁，擇君而仕，若孟光之于梁鴻，孔明之于昭烈，是是也。或曰「歸妹愆期」而遲歸者，嫡行而媵留，待年而歸，若魯之叔姬後于伯姬而歸，召南江有汜之類是也。蓋指六五居尊爲嫡，四其媵耳，此待年而歸，非擇配也。象皆有之，宜觀玩以體之，不可執一言也。

象曰：愆期之志，有待而行也。

歸，猶出也。出宜有時，過時而不出者，非不出也，其志蓋欲善價而沽耳。故伊尹耕莘，待成湯之聘；太公釣渭，待文王之迎。非有待而行耶？

六五，帝乙歸妹，其君之袂，不如其娣之袂良。月幾望，吉。

六五居尊應二，是天子之妹，釐降于侯氏，以成肅雍之禮，爲歸妹之隨。蓋帝乙嘗行是禮，故其象爲然耳。然五爲帝妹君也，四則五妹娣也。五以陰居陽，中順而有尚絅之德；四以陽居陰，則衣錦而外飾矣。女子以袂爲飾，故曰「君之袂不如娣之袂良」也。其中順而不外飾，如此則與剛中至尊之德相配，則月之乾體已就其盈，將與日對幾于望矣。夫然後足以理內治、相君子，不亦吉耶？

象曰：帝乙歸妹，不如其娣之袂良也；其位在中，以貴行也。

帝乙歸妹，其娣外飾，君不外飾，故君之袂不如其娣之袂良也。德以美在其中爲貴，所貴在此則所賤在彼矣，此其所以貴行而賤從也。

上六，女承筐无實，士刲羊无血，无攸利。

□□□既嫁厥明，則母家饋食，女承筐以見于舅姑，以□□□□道也。上六以陰居陰，不中不正，又下无正應，□□□□見歸者。或有所適，則淫奔之流耳。如是則母□□□□不可以見于舅姑，故曰承筐无實，无以成婦。□□婦不婦則夫不夫矣，故有士刲羊无血之象，蓋不□□□□□廟，故曰「士刲羊无血」。夫則不夫，婦則不婦，□□□□者之家皆无以立于世矣，何所利哉？

象曰：上六无實，承虛筐也。

「上六无實」者何？淫奔之人，父母惡而絕之，必无饋焉。无饋則何以見于舅姑？蓋内則絕于父母，外則不事舅姑，歸妹而如是者，其能有終也耶？

周易贊義卷六

豐卦 ䷶

豐，亨。王假之，勿憂，宜日中。

上震下離之卦爲豐。豐，大也。離明，下施天威，上震則照臨而鼓動者衆矣，是之謂大。此卦之所由以豐名也。豐則非他人所能致，唯天子以純王之心，行純王之道，爲能致茲豐也。夫以一人而照臨鼓動乎天下，道大行而亨矣。然盛極必衰，能无動心而憂患矣乎？然憂患无益，有損勿憂可也。宜如大明中天，普照四方，斯建極于上，天下咸拱向之矣。豐何足患耶？

彖曰：豐，大也。明以動，故豐。王假之，尚大也。勿憂宜日中，宜照天下也。日中則昃，月盈則食，天地盈虚，與時消息，而況於人乎，況于鬼神乎？

卦名豐者，何也？豐，大也。豐繼歸妹，言所歸者大也。天下皆歸于照臨之下而動作焉，此所以謂之豐也。王者能致豐者，何也？豐，大也，王所尚也。天无二日，民无二王。王者之道，上下與天地同流，故所尚者大也。「勿憂宜日中」者，何也？王者爲天下之主，宜普照天下，使无一夫之不獲斯可也。豐之「宜日中」者，何也？盛則有衰，日中而明，極則必昃；月盈而明，極則必食。凡天地之道，虚則盈，盈則虚，與時消息而盛衰相尋之理，天地且然，而況于人乎，況于鬼神乎？此豐之所以勿憂宜日中也。昧者乃于是冥豫而荒樂焉，能不消亡也耶？

象曰：雷電皆至，豐。君子以折獄致刑。

雷聲電光皆至，則明動之威，充塞于天地之間，豐之象也。君子體是豐象，則以離照之明而折獄，使天下之情无所掩；以雷震之威而致刑，使天下之惡无所容。如是則雷電不在于天，在于王者矣。天下孰能外之也耶？

初九，遇其配主，雖旬无咎，往有尚。

遇，合也，正應之謂配。旬，均也。尚即尚大之尚。初之配主謂四，以九應九若不相合，然明動相資，是與配主相合而不相戾矣。蓋明非動則虛，動非明則妄，故明動相須，以陽應陽，不害其爲，遇而合也。然竭乎初之明，以相乎四之動，凡致豐之道知无不爲，爲无所妄，明動之用，雖至於體敵勢均，亦无咎焉。由是而前進則豐大之道，王假之業，自我致之而爲王所尚矣。所謂尚大者不在此耶？

象曰：雖旬无咎，過旬災也。

明動相資之謂均，豐之道也。若初加于主是謂過均，則下凌上替，致災已矣。何尚之有？

六二，豐其蔀，日中見斗，往得疑疾。有孚發若，吉。

六二上應六五，以陰遇陰，乖戾不交。當豐之時，上下不交，則君驕于上，妄動而不求乎明；臣順于下，徒明而无以資乎動。當此之時，世之所豐者何耶？蔀焉而已。「蔀」者何？掩蔽光明之物也。蓋豐大之時，求得欲遂，言莫予違，讒佞進而明哲遠，則光明掩蔽无所見識，是非豐其開明有益之物，豐其蔀焉已矣。既豐其蔀，則日中之時昏黑如夜，見星斗焉。蓋陽既无光，則陰代用事，晝乃作夜，夜反作晝，靜者動，潛者見，災異甚矣。然二以明往而啟之，則如龍逢于桀，比干于紂，反得見疑之患，无益于彼而損在此焉。苟唯積至誠之心以感之，則蔀或可開，疑或可釋，斗不見而日中之明可復，王假之大庶可致焉。不亦吉耶？嗚呼，至誠之道，足感天地、動鬼神，有孚之吉，信矣哉？

象曰：有孚發若，信以發志也。

豐蔀之暗甚矣，乃獲發若之吉，何也？不言而信，至誠以感發其志焉。斯塞者通，所以獲夫吉也。

九三，豐其沛，日中見沫。折其右肱，无咎。

韻書曰「草生水中曰沛」，公羊傳「草棘曰沛」，孟子「沛澤」注曰「草木所生」，崔駰達旨曰「大沛，蝱蚋所趨」。蓋皆謂沮洳之地，草木繁多之所也。又豐下爲蒼筤竹，爲萑葦，上爲木科，上槁又三變而陰互卦爲坎，爲叢棘，是九三爲物，正草棘之沛也，以本文什掩蔽意自足。漢、宋諸儒不察以旛旆爲沛，誤矣。蓋九三居豐大之時，處明之極則不明所應。上六動極則不動，不明則豐，其沛日中而見沫矣。夫日中至明時也，沫小星尚能見之，則昏黑之甚，不但如見斗時也。蓋過于明則妄作，方昏黑而迷甚矣。昏黑既甚，是以遠于周行，唯動于草棘之中，至折其右肱焉耳，其能動乎哉？豐上互卦爲兑，爲右方，爲毁折；震變爲艮，爲手，故其象如此。此不善處豐，故昏迷而折傷如此，是自取之也。誰其咎之哉？

象曰：豐其沛，不可大事也。折其右肱，終不可用也。

「豐其沛」，昏黑之甚，蓋縱欲妄爲之儔，王假之事不可以有所與矣。夫人之用在於右肱，既已折傷，斯爲篤廢人矣。終豈可用之哉？

九四，豐其蔀，日中見斗，遇其夷主，吉。

九四豐已過中，又身爲震主，切近五位，又陰陽相合，是位極人臣，動則上下隨之者也。能无障蔽乎哉？是以豐其障蔽之物，昏暗之甚，至於日中，見星斗焉。然下遇初九，夷主以明資動庶乎？處豐有道，佐理有功而獲吉焉。不然凶咎不可免也。

象曰：豐其蔀，位不當也。日中見斗，幽不明也。遇其夷主，吉行也。

九四動主而豐蔀者何？位不中正，來障蔽也。其「日中見斗」者何？蝕日之光，幽不明也。遇夷主而吉者何？

資初之明，動循乎理，迪夫吉之行也。

六五，來章，有慶譽，吉。

六五當豐大之時，爲豐大之主，居剛而能柔，虛中而好善，故能來夫文明之賢，以自輔焉。章謂文明，下卦之離是也。人君虛中而好善，是以天下文明之賢來輔，故不唯有豐大之慶，且聲名洋溢，施及蠻貊，莫不尊親，不亦吉耶？

象曰：六五之吉，有慶也。

「六五之吉」者何？以其來章而有慶，譽也。蓋虛中好善，得賢以致豐，能不以天下豐一身，實以一身豐天下，此一人之有慶，兆民賴之者也。非吉而何？

上六，豐其屋，蔀其家。闚其戶，闃其无人，三歲不覿，凶。

上六柔暗之質，處豐之極，知驕侈而已。故高大其居，障蔽其家，不復好善，而下人以自明而有爲焉。是以失人而无誰與居。蓋暗昏而爲獨夫，迄于亡焉已矣。故有闚其戶，闃其无人，三歲不覿之象。驕侈而亡也，不亦凶耶？

象曰：豐其屋，天際翔也；闚其戶，闃其无人，自藏也。

豐屋者何？高大其居，猶天際而飛翔也。蓋極高自大，以自蓋自覆爲事而惡聞過也，如是則人望而遠之，无與親矣。是以闚其出入之戶，闃然无人，蓋喪師而迄于自喪，非天喪，人喪之也，自蓋覆而藏也。

旅卦 ䷷

旅，小亨。旅貞吉。

上火下山爲旅，山止于下而不遷，火燃于上而必熄，猶客寓于逆旅之舍，往者過則來者續，暫處而非恒居也。故山上有火之卦爲旅，旅則无元亨之理，唯于旅寓之所，小有亨道而已。然小亨者，旅之正道。旅能守此正道，无邪僻之爲，則旅斯吉。不然則患害立至，其能拯耶？

彖曰：旅小亨，柔得中乎外而順乎剛。止而麗乎明，是以小亨旅貞吉也。

旅小亨而貞吉者何？旅道尚柔，過柔則辱，柔中義矣。以六五一爻言之，五爲旅主，能以柔道得中乎？外順麗二陽之間，不剛以取禍，柔以取辱，是麗者之亨道，亦其貞也，非邪僻也。旅道貴于依賢明，以二體言之，艮止于內而外麗乎明，得所主矣。是止者之亨道，亦其貞也，非邪僻也。止而麗明，若孔子於衛主蘧伯玉之類是也。旅之爲義如此，是以小有亨通于居旅之時，亦得乎旅道之正而獲吉也。

旅之時義，大矣哉！

旅无元亨大吉之道，得其時義，則道大行，而被格者廣。小亨不足言矣，不亦大耶？

象曰：山上有火，旅。君子以明慎用刑而不留獄。

山上有火，山不可移，火非可久，旅之象也。君子體旅之象，以弼治教，必致明致慎，以用五刑而不留滯其獄，如山上之火一燃而遂止焉。蓋刑必明慎，則好生之德常著于決獄之間；獄不留滯，則欽恤之情尚存于決斷之後。可見教爲彝典，以用刑而爲旅矣，王政以措刑爲期，亦旅之義耶？

初六，旅瑣瑣，斯其所取災。

「瑣瑣」，煩碎之貌。初六以陰柔不中之才，居旅之下，旅之卑賤者也。上應九四近貴之人，蓋童僕之儔耳，乃恃有貴援，瑣瑣然爲煩碎之舉。或忘旅而淩恒，或入舍而求固，或違禮而尾遯，或慢藏而誨戎，或定舍而擇館，或挾勢以凌人，皆自取災害之道。凡旅于下，當此象者，必深以爲戒可也。晏嬰之僕其妻，竊覷而醜之，其亦瑣瑣者與？

象曰：旅瑣瑣，志窮災也。

初六取災，何也？小人而得貴援，志已滿極，不勝欣豫，胡能定居？則惟瑣瑣然，以宣其窮滿之志已矣。能不取災乎哉？

六二，旅即次，懷其資，得童僕貞。

六二當旅之時，以柔順而依乎三之剛，止而麗乎五之明，是旅得其所，即于次舍之中，不野以處、露以宿矣。即次則外患可避，內養可獲。外患謂風雨霜雪，虎狼盜賊之類；內養謂寢處飲食之類，避且獲亦云安矣。然又有中正之德，足以取不竭而用不窮，是又懷其旅中之資，不匱乏也。夫柔順而不虐，則下懷而得其心；中正而不回，則下服而致其化。故又得童僕依隨以使之，貞固而不邪僻焉。夫一旅而三善備，則雖旅于外，猶夫家矣。何災之患邪？

象曰：得童僕貞，終无尤也。

六二之旅，即次則安其身，懷資則養有賴，旅如是若无缺矣。又「得童僕貞」者何？蓋謂旅次于外，童僕是親，苟不得童僕則孤且勞苦，固非所宜。若得夫不貞之徒，尤甚于无者。故旅必得夫童僕之貞，則入必善守其資，有捍衛之勤；出必善用其資，无耗竊之患。身恒安而養不匱，終旅之事迄无尤矣。得童僕之貞，所關不亦大耶？齊桓違管仲言用豎刀，穆叔任奔者子豎牛，皆死于其手，非童僕之貞也。故求桑土爲藥者，假明道之僕，斯其爲童僕之貞者矣。

九三，旅焚其次，喪其童僕，貞厲。

旅以柔順乎剛，止而麗乎明爲道。九三重剛不中，止極遇火，與旅道正相反焉。是故重忤乎剛，自絕乎明而无所麗焉。故所次非次，火也。次焚而火矣，所使童僕非眞所虐之仇也，已喪失而逃匿之矣。爲旅如此，雖正亦危，矧或不正，其能安之哉？

象曰：旅焚其次，亦以傷矣。以旅與下，其義喪也。

以剛犯剛，麗于火所，是焚其次，亦以傷害之矣。乃復以旅道，與下剛而虐焉，則喪其童僕義也。又誰咎之哉？

九四，旅于處，得其資斧，我心不快。

處者，處所。在旅言處者非次舍，猶衛人失國而野處曹邑然也。資者，財用；斧者，決斷剖析之器。旅言資斧，言藏乎身者之才，足以決斷剖析，宜有臨也。是爻當旅之時，乃以九居四，不得其位。又麗五之柔，下應有隔，是旅不即次，野處而已。雖藏身有才，足以決斷剖析，將焉用之？以是處於羈旅之中，猶子家羈從于魯昭之旅，雖有明見忠言，无所施則周旋太息而已。其心豈能快耶？

象曰：旅于處，未得位也。得其資斧，心未快也。

旅于野處之地，未即次舍，言乎當旅之時，以陽居陰，未得位以有臨也。資斧者，旅人資材利器，謂懷才抱德足以幹旅之蠱者也。旅未得位，徒有幹蠱才德，焉能用之？是以資斧在身，徒以益其憤悶之心，未快焉耳。

六五，射雉，一矢亡。終以譽命。

六五得中乎外而順乎剛，旅于至尊之處，麗于文明而止也，故有射雉一發而中之象。其旅于觀光，一舉選于鄉里，輒爲王所賓用者乎？抑旅于行師，一修文告，輒致敵人來格者乎？是皆終有聲譽，无所辱命者也。「射雉一矢亡」者，發而獲雉之謂。春秋鄢陵之戰，楚子召養由基與之兩矢，使射呂錡中項伏弢，以一矢復命，是即「一矢亡，終以譽命」事也，但非射雉云耳。如禹修文德而有苗格，此正射雉象也。其次如齊桓召陵之師，修文告而屈完來，其亦庶幾矣乎？

象曰：終以譽命，上逮也。

「譽命」，猶云无所辱命，言能致其聲譽于所命也。「逮」，猶逮賤之逮。射雉一矢亡矣，「終以譽命」者何？亡非真亡，矢中乎雉，并以雉而獻之，見射者之巧也；非射者之巧，命者之明也。蓋不特射者有聲，命者之明，不可得而掩矣。此旅獲文明之譽，寧不上逮矣乎？

上九，鳥焚其巢，旅人先笑後號咷，喪牛于易，凶。

上九陽剛過中，處明之極，是以高明自驕而絕物者也。旅人如此，是猶禽鳥高飛于山火之上，自謂適矣。然火炎而巢焚，棲止无所，其能安耶？故旅人如是，始雖以上人自悦，終必至失所自悲矣。蓋其難其慎，乃于驕易之間而喪其順德焉耳。能无凶耶？

象曰：以旅在上，其義焚也。喪牛于易，終莫之聞也。

旅以下人爲義，乃處最高之地，山火之上，焚其巢而无所容，其義然也。順德无所不寓，乃以驕易而喪之者，其不好善之心，距人于遠，終莫之聞其善也。

巽卦 ䷸

巽，小亨。利有攸往，利見大人。

貞悔皆一索，得陰之卦爲巽。蓋一陰伏于二陽之下，其義爲卑伏，爲恭順，爲退遜，爲柔，故說卦云爲進退，爲不果也。然爲卦二五，皆以陽剛中正，恭遜以行其志，而内外二陰皆卑伏而順從之，是以小者亨而小有亨也。蓋恭遜之世大人不夬，履以臨下，審乎中正之道，以申命行事，斯君子勞而小人逸，君子多兢惕而小人无屯蹇也。故曰：小者亨而小有亨焉。夫以中正之道恭遜而行焉，往不利故又利有攸往。然巽乎中正者，大人之道也；卑伏而順從者，小人之事也。故又利見大人，斯上下皆順，无或齟齬耳矣。凡一陰之卦，以陰爲主，巽以一陰生于二陽之下，是陽尚乎陰之卦而先之，陰卑伏于下，退巽以上從，故其卦爲巽。由是陰日長而進，陽日消而退矣。陽大陰小，故巽之時非元亨，爲小者亨，小有亨也。陰方在下而上進，故利有攸往。初進則向乎二，四進則向乎五，二五皆巽乎中正，大人之謂也。故初及四陰皆利見之焉，此天下自然之理，非位育君子不能逮也。夫子以位育之道歸君子，故以陽主巽而不曰陰用事焉，輔相之教大矣哉！

彖曰：重巽以申命，剛巽乎中正而志行。柔皆順乎剛，是以小亨，利有攸往，利見大人。

詩曰：「保佑命之，自天申之。」申，命之謂也。易重巽之卦有焉，故君子體之以行事，此卦上下重巽，以巽名者，以申命而言也。其曰「小亨利有攸往，利見大人」，何也？君子具中正之道，以申命于下而志得行焉，由是中養不中，正養不正。凡在下之人柔皆見化，而順乎剛焉。卦之二五，二爻及上下二體有其象焉。夫小者豈不亨乎？夫在下者，豈不利有所往矣乎？豈不利見中正大人矣乎？是以巽之辭云然也。

象曰：隨風，巽。君子以申命行事。

風相繼而噓物爲巽。君子體巽之象以行事也，必先有禁令以命之矣。不但已也，又必重復而申命之，使聽夫命者，審之又審，然後行所事焉。則中正之志行，柔皆順乎剛，上不煩刑而下寡過矣。不然，寧不暴虐也耶？

初六，進退，利武人之貞。

說卦巽爲進退，爲不果。巽之初六居巽之下，爲巽之主，則一卦之義初實當之。故凡事過于卑遜，方進而復退，不果于進，巽之甚也。夫當君子重巽申命之時，宜其果于順乎剛也，乃若此寧不災及之哉？故利于武勇之人，果敢之貞，敢于順而无敢于違焉，斯可也。

象曰：進退，志疑也。利武人之貞，志治也。

初六「進退」，何也？當巽之時二五陽剛，君子在上，方巽乎中正而行事矣。初六小人將以不中而順乎中，將以不正而順乎正，進矣而復退焉。蓋以陰柔處巽之下，過巽之甚向乎順，而復惑其心，志尚于斯未信而有疑也。「利武人之貞」者何？見義而勇爲則治，疑則亂。初六卑巽不及之甚，則宜見義勇，爲志于治而不志于亂也。語曰「求也退，故進之」，正此義也。

九二，巽在牀下，用史巫紛若，吉无咎。

九二居人臣之位，當巽之時，上不應五而下親初六，是所順不在于上而在于下，巽于牀下者也，巽下宜若戾于上矣。然下者國本，君子培乎國本，正所以愛乎君也。所巽如此未爲失道，但用史以納其所巽之事，巫以通其所巽之言，紛然上達則明良之心，允合相與，共成乎中正之道，吉可知也。蓋以中而應上，又何咎耶？

象曰：紛若之吉，得中也。

九二巽牀下矣，復有「紛若之吉」者何？牀下之巽，爲國親民，非過與不及，得中道焉。故用史、巫紛若以通之，即上下志合，非得中而然耶？九二在下卦之中，故其辭意如此。

九三，頻巽，吝。

九三重剛過中，既不甘于應上之凶，又不能以比二之吉，非能巽者也。然當夫巽時，處于上下俱巽之間，仰四之悔亡，有獲而有合焉，是以頻失而頻巽焉。失則不吉，巽則不至于凶，徒取羞吝而已。又曰「頻」者，顰蹙不安之貌。勢不獲已，顰蹙以巽，斯足羞也。凡顰復之類皆如是，亦通。

象曰：頻巽之吝，志窮也。

頻巽，何以吝也？才過剛而不中，當巽之時，處于上下俱巽之間，其志獨欲不巽而弗克逞焉，則亦頻巽而已。蓋其志已窮極，无能爲也，不亦可吝也耶？

六四，悔亡，田獲三品。

六四居上之下，重柔而順乎剛，宜若有悔。然以陰居陰，巽得其正，非枉道也，悔斯亡之矣。然巽得其正，不但悔亡而已，又有「田獲三品」之象焉。蓋田有上殺之品以充乾豆，有中殺之品以供賓客充庖，有下殺之品以頒徒御。六四巽以上從中正之道，中以正道自巽，下以巽宣上德而澤及于初，此田獲三品之象，巽道之大行也。奚啻悔亡已耶？

象曰：田獲三品，有功也。

六四之巽，有田獲三品之象者何？以上言則巽有輔，以中言則巽得正，以下言則巽有澤，皆有功也。故田獲三品，象之一巽而三善備焉。不亦美耶？

九五，貞吉悔亡，无不利。无初有終，先庚三日，後庚三日，吉。

剛巽乎中正而志行，正九五之道也。九五以中正恭遜而爲治，其元良而貞可知。蓋不徒吉慶獲之于外，省之于心則亦亡所悔矣，此恭己而治者之道，施之上下，何所不利？然巽以取善于人，擇乎中正之道，而用之于己，是始雖无初，後有終也。然申命行事，通變之道也。必更變之先，丁寧焉而致其詳；更變之後，又揆度焉而致其審，蓋建極敷訓有如此。夫然後天下化成，咸歸于正而无或倍矣。不亦吉耶？

象曰：九五之吉，位中正也。

九五之巽而獲吉者，何也？厥位正中，正以養天下之不正，中以養天下之不中，而待其化也。志其有不行者哉？此其所以吉也。

上九，巽在牀下，喪其資斧，貞凶。

恭遜之世，在上者則剛巽乎中正而志行，二五是也；在下者則巽于下而順乎剛，初六是也；在中者則三巽而三品之善備焉，巽道盡矣。上九乃以剛處巽之極，既无中正之道，又无三品之善，又非以柔順剛之人，乃居巽之時，舍高尚之事，以禄仕爲謀，豈能牀居以安巽于其下而已。九二之巽，牀下巽乎順也，若非巽道而義存焉。斯上九之巽，牀下違中正也。其于巽道實相違戾，故不能安平以居，巽在牀下而已，猶居上而不明者入于地也。夫居于恭遜之世，巽道已窮，可以斷矣。乃喪其資斧，當斷而不斷，寧能安耶？其凶禍必巨，雖貞亦不免矣。九居六位，何貞之有？

象曰：巽在牀下，上窮也。喪其資斧，正乎凶也。

上九亢矣，巽在牀下者何？物極必反，處巽之上，窮而反乎下也。貞凶者何？當斷不斷，得爲正乎？其義凶也。

兑卦 ䷹

兑，亨利貞。

兑之爲卦，一陰位于二陽之外，於象爲澤，坎塞其下流，則停涵而爲澤，在人則貌之潤澤，口之出言可說皆澤也。於義爲說，卦體剛中而柔外，有說以接物，物亦相說之象，故于義爲說，說以接物，物亦相說，此兑之所以亨也。然說有巧言令色以臨人者，諂佞之徒也，則君子惡之，亦非說人者之利，故兑之道惟利于正己以接物，无所苟焉而已。蓋卦中二五，皆以中正麗柔正所撰也，故辭發其撰焉。

彖曰：兑，說也。剛中而柔外，說以利貞，是以順乎天而應乎人。說以先民，民亡其勞。說以犯難，民忘其死。說之大，民勸矣哉！

兑，正秋之卦，天以太和之氣而說乎萬物，萬物亦保合太和而說矣。於物爲澤，二澤相麗則交相滋益，不瀾而狂濤而怒也。亦有浹洽相說之義，在人則貌澤而妍，爲說求諸卦體，剛中而柔外，正說以交物之義，故曰兑者，說之謂也。爲卦二五皆陽剛居內，陰皆居外，是剛中而柔外，說以接物，物亦相說之象，亨之道也。五中且正，二中亦正，此說之所以利于正也。說利于正則枉己狥人，違道干譽者非兑之說，亦非說之利矣。天有太和之氣，人有太和之心，說以利貞，則順乎天而无所逆，應乎人而滿所望，故凡順天應人之舉皆說之道也。以是說道而先民，民必說于赴功而志勞矣；

以是說道而犯難，民必說于赴難而忘死矣。勞與死且說而爲之，況有不勞不死之事，民有不勸者哉？夫說之勸民如此。此說道之所以至大，上下與天地同流，非小補爾也。故曰：「說之大，民勸矣哉！」蓋言勸民之道，唯說爲大而不可以加也。

象曰：麗澤，兌。君子以朋友講習。

坎水不流爲澤，二澤相麗爲兌，蓋交相滋益而不相損者也。君子體此兌象，則以文會乎朋友，相講習焉。講習乎修己治人之道，繼往開來之學，人之善有以取于己，己之善有以及于人。夫然後有規過輔仁之益，无孤陋寡聞之弊，而人己皆有以明其道，成其學焉。蓋自天子至于庶人未有不須友以成者，故麗澤之說于天下爲大，其益爲不細焉。

初九，和兌，吉。

初九當說之時，居說之初，陽剛得正，與所親所應，同德相說，不私黨焉，是外和而內說者也。夫外和則无射于人，內說則无惡于志，以此處世，能无吉耶？

象曰：和兌之吉，行未疑也。

初九和兌獲吉者何？剛正之志，處而在下，外和內說，无所係累，循理而行，自信人孚未有疑也，是自求多福者。不亦吉耶？

九二，孚兌吉，悔亡。

九二執中而不偏，履信而自慊。蓋不特自兌而已，人皆信其兌焉。其下者則信其中，欲企而及；其上者則信其誠，欲俯而就。蓋不俟夫來兌而服之者，誠亦不啻乎？未疑而信之者，至斯不但吉慶外至，而悔亦內亡矣。

象曰：孚兌之吉，信志也。

「孚兌之吉」者何？剛中君子，德誠于中而效見乎外，以所說而格上則上合而信，以所說而澤下則下和而信，皆信不于面而于其心也，志也，不亦吉耶？詩曰：「嘉樂君子，憲憲令德，宜民宜人，受禄于天。」此之謂也。

六三，來兌，凶。

六三當兌之時爲兌之主，不中不正而近于大君大臣之位，以陰媚陽而招來其說焉，是逢迎爲說之徒也。夫逢迎爲說，何所不至，能无凶乎哉？

象曰：來兌之凶，位不當也。

六三之凶者何？陰邪不中之小人，居于四五之下，以上比二陽，位非所宜，是以凶也。

九四，商兌未寧，介疾有喜。

商，商度。介，大。疾，病患也。九四居大臣之位，以致君爲說者也。然六間之引兌于上，五孚于剝下，以澤民爲說者也。然三間之而來兌于下，初爲二三所隔，上下所說，舉未能遂，如此是以商度所說于心，未能寧也。夫商兌未寧則擇善固執，上以安社稷爲悅，非逢迎以媚君；下以安天下爲悅，非違道以干譽，以此爲己之大病而深患焉。誠如是則君子于此，可但已耶？克己之盡，所不正者无弗正矣。由是剝之，孚不必非也，而君可致兌之來；不足間也，而民可澤，不亦有喜也耶？以九居四，故「未寧介疾」如是。

象曰：九四之喜，有慶也。

九四介疾之喜，伊何喜也？大人正己，一正君而國定，是有慶也。詩曰「一人有慶，兆民賴之」是也。

九五，孚于剝，有厲。

九五陽剛中正，以居尊位，德位冠于一世，易于驕盈，知悅而不知艱也。近于其前者，又有陰邪之人，以悅道而引之，其二之孚，四之商兌未寧者，又爲來兌者間焉。是以二四所應，所親之臣，皆无由納忠而獻其所悅之道，五唯以引兌者是昵，是孚于剝陽之陰，不易拯也。如此則亢斯有悔，滿斯招損，樂斯生哀矣。能不危乎哉？

象曰：孚于剥，位正當也。

九五具中正之德，居崇高之位，宜道之大行，悦天下矣。乃顧孚于剥者，何也？五以中正之德尚于天下，正當其位，自以天下爲莫己若也。故凡有嘉謀、嘉猷之陳于前者，皆以爲聰明出己之下，不足聽聞，訑訑然以距絶之矣，故所孚者唯在于剥耳。蓋陰邪小人引君之悦，无所不至，時察所好于隱微之中，徯志以待，故人君心有所向，將有謀焉。輒又誘而踐之，凡其所引，正所以剥君中正之德，使喪失之耳。夫德者，君之所以立乎其位者也，既喪失之位，斯及之矣。人君不悟，方深信而劇悦之，能不危乎哉？自古天下危亂之時，皆由小人引兑在側，人君不察而誅之，以謝天下，方信而任之，依其用人，依其行政，依其播遷，至于滅亡而後已。豈其德不當位也哉？正以其自恃當位，孚剥故耳，可不危而戒之哉？是爻之辭，患乎明君不聞善言，世之司講讀者日陳于前可也。

上六，引兑。

上六陰柔不中，居五之前，是陰柔小人在人君之側，无自得之悦，專以邪佞之道引君之悦者也。前引曰引。蓋人君本无此情，乃乘間伺隙以所説而導引之，甚于逢迎者也。上六，兑之極説之主。兑爲口，以口悦人，故曰邪佞之徒也。自古斯人之徒亡人國家者多矣，爲治者可不遠之哉？爻不言其凶者，吉凶在五，五孚于剥則危，引君于危者，豈能苟免？不孚于剥則不危，小人尚可免也。

象曰：上六引兑，未光也。

上六之兑以引君言則凶，害及于國家，爲惡甚矣。若但以自悦，引人之説而言，亦豈未光者耶？曰自悦而和于人，人未疑焉，道之光也；自悦而孚于人，人信志焉，道之光也。苟非和非孚，但引乎人以悦焉，縱无孚，剥之矣。失口失色于人，亦可羞矣。兑豈光耶？

渙卦 ䷺

渙，亨。王假有廟，利涉大川，利貞。

說而散爲渙。渙者，散也，凝結者解而散也。天地閉塞則凝結，和則散；人有疾則凝結，愈則散。散，固有亨通之道焉。然散之大者，「王假有廟」而已。蓋王者有大賚大福於天下，必至于廟中頒而散之，此大渙之道也。渙則得天下之心而人聚，聚則爲舟爲楫者，衆利涉大川而无不濟矣。然所渙利于得正，至公无私，善人是富，子惠困窮可也。

彖曰：渙亨，剛來而不窮，柔得位乎外而上同。王假有廟，王乃在中也。利涉大川，乘木有功也。

渙之得亨者何？蓋渙者，否之變也。當否之時，天地閉塞，凝結而不通矣。變而爲渙，則乾之剛自外而來于內，施其實而不窮；坤之柔自內而正位乎外，合于正而上同。所親之臣則輔德于上，所應之臣則施惠于下。渙道如此，則是凝結者散，閉塞者通，非復否之時矣。有不亨耶？「王假有廟」者何？渙之大者不于他所，必于廟中。蓋將以爵賞而大賚焉，將以禧福而大頒焉，非他人所能與，王乃在于廟中而大渙之也。五居尊而得中，是在中之象也。「利涉大川」者何？乘木而有功也，渙之效也。五行之木，于器物爲舟楫，于時爲春，于德爲仁。涉川者必假舟楫以濟坎水之上，加以巽木，是舟楫横川象也。王者發政施仁，得人心焉，何患不濟？夫渙之利涉大川者，非乘木有功也耶？

象曰：風行水上，渙。先王以享于帝立廟。

風行水上則凍者釋，止者活，而動自東、自西、自南、自北，水唯風是從，渙之象也。先王觀此渙象，則以享祀上帝、建立太廟，則天下風動，亦猶渙之象焉。蓋尊尊親親，人心所同，亦其固結于中而不可解者。先王尊爲天子，則以尊尊親親之心而尊帝立廟，率天下以有事焉，則天下之人同有是心而固結者，孰不因風釋然而感動之哉？是風行水上之渙，不獨在天爲然，而先王亦有之矣。

初六，用拯馬壯，吉。

初六陰柔，細民當渙之初不能自集，相將流散而已，賴上之渙以拯之。然渙之緩則民之渙者不及拯而集也，必也用馬之壯散上之實，急施其仁以拯焉。斯上渙而下集，國本安矣，不亦吉耶？

象曰：初六之吉，順也。

渙散之初，急盡渙道以拯之，所以吉者以其順而易也。若視其渙，姑徐徐以拯焉，則上有聚而不散矣。是逆理之行也，何吉之有？

九二，渙奔其机，悔亡。

下民者國本，上賴以安，猶夫燕机所憑以安者也。當渙之初，上實而下虚，則上之所憑以安者自不能安，將流而渙矣。九二陽剛中實，與五同德。夫中實則足以濟虚，陽剛則決其施而不吝，與五同德則能體君之心，仁民而不疑也。故其渙夫上之實也，急奔其所安以拯之，唯恐拯之不速。俾所憑以安者，或動摇焉，如是則上渙而下聚，不唯國安而上之渙，亦无後時之悔矣。不亦悔亡也耶？初六之用拯者，拯夫初也。九二之奔机，奔夫初也，奔即馬壯之謂。

象曰：渙奔其机，得願也。

「渙奔其机」而悔亡者何？上渙則下聚而國本安，國本摇而能速安之，則上之安富尊榮所願而不可必得者，不外于渙而得之矣。

六三，渙其躬，无悔。

當渙之時上下各有所渙，上渙則拯乎下，下渙則輔其上，以免咎悔而趨乎吉也。六三陰柔不富，又失其中正，宜有悔矣。然能渙其躬以應上，渙其耳目手足以爲上之耳目手足，渙其心志以爲上之心志，則渙得其宜而心志慊矣。何不中不正之悔之有？

象曰：渙其躬，志在外也。

「渙其躬」无悔者何？有應于上則身非己有，故志在于天下國家而忘其私焉。公而忘私，人臣之義也。由于義則羞惡之心盡，自慊而无悔，不然則内省有疚，所惡有甚于死者，能无悔耶？

六四，渙其群，元吉。渙有丘，匪夷所思。

六四當位近五，乃正人而爲親臣者也。當渙之時陰虚无渙而合德于上，則渙其群黨，孤忠以輔上而已。渙群以輔上，則大汗之渙，已贊之也；王居之渙，已贊之也。其在外奔机之渙，馬壯之拯，亦皆由其所贊而成，不亦大吉也耶？夫丘者，聚也。上渙斯下聚，下聚斯上尊，一渙而聚天下之心以奉一人，豈徒一人之慶，兆民亦賴之以咸寧矣。夫是渙也，非渙也，實大有聚也。是豈凡民夷人所思能及之哉？真出類拔萃大人之事，不亦大吉也耶？「渙有丘」，孟子所謂「得乎丘民，爲天子者」，此也。夷者，平也，平民之謂。書曰「紂有億兆夷人」，即此夷之謂也。

象曰：渙其群元吉，光大也。

六四「渙其群元吉」者何？當渙之時，大臣能一心一德以事君，俾渙其大號，渙其所居以澤天下。又俾凡爲臣者，各渙其才德以盡其職焉，則渙之聚，焕然而光明，巍然而廣大矣。不亦大吉也耶？

九五，渙汗其大號，渙王居，无咎。

九五陽剛中正，大有爲之君也。然當人心離散之時，以巽體而居坎，上豈无道以治之哉？亦唯體渙之象，以渙洽渙而已。夫人心之渙非天降災害，則政刑苛虐，民不聊生之所致耳。五之巽有大號焉，則焕然、汗然以布之于天下，有居積之實焉，則焕然以散之。俾災害拯而苛虐除，是故人心之散者聚，真人君父母，天下之政也。何咎之有？

象曰：王居无咎，正位也。

「王居无咎」者何？大君之拯渙，不徒有號令以悅人之心，而又有實惠以拯人之渙，真以聖人之德而居元后之位者也，是謂正位。何咎之有？書曰：「亶聰明，作元后，元后作民父母。」其正位之謂與？

上九，渙其血去逖出，无咎。

血者，殺傷之地也。逖者，遠也。渙者，人心離散之時，處于渙中，居上而能治渙于早者則安。否則危處于下，而爲夷人者危，是渙者殺傷之地也。上九以剛明有爲之才，居巽之極，在渙之外，治渙无所與焉，則不惟于殺傷之地去之而已，必邈焉而遠出。凡渙之事一无與焉，斯无咎矣。蓋當渙時，在內者則宜于渙之初而奔拯，在外者則宜于渙之前而遠去，皆時義之道也。苟在內者當渙之初而不知拯，在外者當渙之前而不知遠去，居于血而欲免其患，難矣哉？

象曰：渙其血，遠害也。

渙者，殺傷有血之所也。居渙之前者知其將然，又无主治輔治之責也，則宜全身遠害而已，故去其血而遠出焉。此渙血无咎，所以爲遠其害也，非明哲君子其能之哉？

節卦 ䷻

節，亨。苦節不可貞。

澤上有水，深非不測，溢非无涯，水有節度，故謂之節。節則可常，有亨道焉。蓋水下有澤則水不竭，澤上有水則水不減，凡天下之事處之有節度可常。繼者如之，則所蓄不匱而其用无窮，有亨道焉。然事貴于節，不貴于苦，且以禮言之，禮體主于嚴也。如用之以和則嚴而有節，則禮无不行，足嘉天下之會，此節之亨也。假使全去其和，獨以嚴而用之，則節過于苦而不得其中矣。不中則不庸，故不可以爲達道，貞固而守之也。

彖曰：節亨，剛柔分而剛得中。苦節不可貞，其道窮也。説以行險，當位以節，中正以通。天地節而四時成，節以制度，不傷財，不害民。

節之所以亨者，何也？以卦言之，外坎陽也，而二陰内兑陰也，而二陽剛柔分矣；以爻言之，則九五陽也而居坎中，九二陽也而居兑中，剛得中矣。君子之于天下也，剛柔有度而適均不相過焉，固有節矣。然主之内者，如節之二而不偏不倚；行之外者，如節之五而无過不及。斯道之達也，誰其禦之哉？此節之所以亨也。蓋過剛則折，過柔則廢，剛失中而无位，柔得位而失中，皆非節道，其能亨之哉？「苦節不可貞」者，何也？太剛則折，太柔則廢，太嚴則離，于是有不當儉而儉，不當死而死者矣。蓋不中則不庸，其道窮竭，不可繼而常也。又以卦爻之德言之，内澤説而外坎止，卦之節也。然説以行險則險必如夷，九五德當尊位以節天下之度，中正不偏以通天下之志，此又象寓節亨之道。若夫苦節則反乎是矣，其道豈不窮乎哉？又以節道之大者言之，天地之大也，以二十四氣爲月節，此天地之節也，則爲春、爲夏、爲秋、爲冬而四時成；天子之大也，以歲之所入除四分之一以制度，此人君之節也，則用有式而不傷乎財賦，有貞而不害乎民矣。節之道大矣哉！

象曰：澤上有水，節。君子以制數度，議德行。

「澤上有水」，有限量而不窮，節之象也。君子觀此節象則以制數度焉，曆象制則昊天日月星辰之數度明，律吕制則音聲權度量衡之數度明。禮制而有數度則不紊，用制而有數度則不窮，取諸節也。又以議行德焉，往古之德行未易議也。見于樂者有聲容之節焉，則以議之其善美之盡否，皆可知天下之德行未易議也。颺于工者有聲容之節焉，則以議之其九德六行之全缺，皆可知亦取諸節也。又曰直而无節則不温，寬而无節則不栗，非德行也。凡德行之宣者觀其節不節，善否舉知之矣。不然，焉所憑而議耶？

初九，不出户庭，无咎。

室東南小門謂之戶，堂下二門之內之地謂之庭。「不出戶庭」，謂不出室之戶及門內之庭也。九居節初，應四有隔，去五甚遠，而剛正自悅，故安于幽奧之居，不出戶庭，有所附也。此隱居尚志之士，何咎之有？

象曰：不出戶庭，知通塞也。

初九之節不出戶庭，非苦節也。明于通塞之義，不壯趾而有交害焉，故无咎也。

九二，不出門庭，凶。

當節之時，明君在上，當位以節，中正以通，此制禮作樂，天下文明之時也。九二爲其正應，乃不能順以應之，而近比三陰，是知塞而不知通，知節而不知義，有出其戶而不出門庭之象。此婦人之道，非夫子之義也，能无凶耶？

象曰：不出門庭凶，失時極也。

君子出而行道有時，極之會焉，遇其時宜，不先不後，及時以出，上不負于君親，下不負其所學可也。九二遇中正節通之君，亦千載之一時也，乃門庭之不出則失其時，極不明良以相慶，乃爲下而倍所負多矣。能无凶耶？

六三，不節若，則嗟若，无咎。

六三陰虛不富，苟謹身而知節，亦自康而自足矣。乃不中不正，蕩侈而失節，是故養不節則疾病生，用不節則凍餒至，其能无嗟若乎哉？然出于自取，无可歸咎之也？

象曰：不節之嗟，又誰咎也？

知節以養生則常安，知節以用財則常足，否則危矣窮矣，是自取之也。又誰咎之哉？

六四，安節，亨。

六四柔順居貞，與五合德，居節之時，五居尊而制節，己則承其道而安焉。是以中正之道，承順乎中正之主，則以制數度以議德行，皆通乎天下之志而无所苦焉，不亦亨耶？

象曰：安節之亨，承上道也。

六四「安節之亨」者，何也？上有中正之道，能順承之耳。承順乎中正，則天下皆由乎節而无所違矣。能不亨乎哉？

九五，甘節吉，往有尚。

九五當節之時，當位以節，中正以通。凡天下之大，臣民之衆皆節于其身者也，故以節道爲甘而嗜好之深焉。嗜好之深則天地之大、天下之衆，皆自我節之而无外矣，不亦吉耶？苟自是節之以往，則裁成輔相之功成，移風易俗之效著，寧不足有嘉尚也耶？

象曰：甘節之吉，居位中也。

居位猶言當位，謂聖人尊居五位，正其位也。中者，至極之道，天下以爲極焉者也。甘節之所以吉者，以中正之道，建極于上而又敷極于下，以節天地、天下者也。節出于其身而天地萬物從之，不亦吉耶？

上六，苦節，貞凶，悔亡。

上六重陰不中，居節之極，重陰則守節而固執不中，而居節之極則大過而苦節，故上六之節爲苦節，非他節也。節以得中爲吉，大過而苦節，至于不言不笑，不取不食而昧于義焉，則所執雖正亦凶而无吉矣。然苦節之士從于中心所願，非有強也，抑何悔之有？

象曰：苦節貞凶，其道窮也。

節道之可貴者，以其節得中正焉耳，如言笑之當節也。遂至于時可言而不言，時可笑而不笑，時可取而不取，則道窮竭而不可繼矣，寧不貞凶乎哉？是故什一而貢，助取之節也，中正之取也，過則桀，不及則貊；四分之三以爲式，用之節也，中正之用也，過則奢，不及則儉。

中孚卦 ䷼

中孚，豚魚吉，利涉大川，利貞。

中孚爲卦，二五陽剛得中，是誠于中也。三四皆在卦中，居人之位，上下以虚而比，實是中心悦而信乎誠也。爻五上爲天，二下爲地，皆陽實而非虚。蓋天地爲物，不二象也，故曰中孚。蓋至誠之道，實于中不宣諸外，不言而信者也。是信也，雖豚魚有所感召亦應之，斯至誠動物之道，獲吉必矣。夫豚魚至愚之物也，猶感而信之，況于人乎？故中孚所感，億兆一心，設有患難在前，如大川之深險，身爲億兆所戴，亦利涉之而罔不濟矣。然中孚之事亦有非其正者，如尾生之信，巫蠱感召鬼神之類，中亦孚矣。其孚匪正，終亦何吉？故中孚之道，又在利于正焉。

彖曰：中孚，柔在内而剛得中。説而巽，孚乃化邦也。豚魚吉，信及豚魚也。利涉大川，乘木舟虚也。中孚以利貞，乃應乎天也。

卦名中孚，何也？三四柔在内而比乎剛，二五剛得中而主乎外，是自信乎誠，足乎己而无待于外矣，是謂中孚。又内説而外巽，以中實相感應焉，是中孚之所被，乃化乎邦也，斯皆中孚之義與？「豚魚吉」者，以信而喂養豚魚，凡喂養必至，乃信及豚魚，感而應也。夫信及豚魚則至誠而无所不孚，不亦吉耶？「利涉大川」者，澤上而有巽，木澤川也，木虚舟也，涉大川而乘木舟虚，故无弗利也。内以至誠之道而説乎衆則衆濟，以至誠之道而戴乎上矣，斯中孚所以利涉大川，非徒涉也。「中孚以利貞」者，乃應乎天也。天者，理也。中孚有不順于理，匪正者也，雖孚必凶，故正斯利焉，以其順乎理也。

象曰：澤上有風，中孚。君子以議獄緩死。

澤者止水，非流動活水比矣。乃上有風焉，則止者動，死者活。然澤有求于風，風非施恩于澤，皆无所望而然，故爲中孚之象。君子觀象則以中孚之心議獄而緩死焉。夫獄者、死者，猶止水不能自動而活也。君子議獄則宥其過、輕其疑，俾囹圄以拘繫者釋焉，于死者求其生而不得春夏有犯，而應死者則令于秋後冬至以前而戮之刑，復令三奏而三宥之。蓋猶草木之枯也，嘘之使生；火之滅也，吹之使然。皆出于至誠，非有爲而然。此澤上有風之意，无所望而中孚者也。

初九，虞吉，有他不燕。

虞者，安神主之祭名。喪禮葬畢，始安神主。三虞中孚，初九陽剛得正，居筮之初，純一之心未散，知親所親，知敬所敬，不知有他者也。故其孚由中非外來也，中孚无他。如此斯可交于神明，故安神而神安，綏我思成，吉可知矣。夫神且能安而况于人乎哉？苟所虞在此，復有他焉，則中心不孚，无以自慊，隱微獨知之地，自不安矣。可以他求乎哉？若以虞度爲義，恐二心三思非中孚至誠之道。

象曰：初九虞吉，志未變也。

初九安神而吉者，何也？中孚之初，物未交引，純一之志尚未變也，以此志而安神，神豈有不安而錫福乎哉？

九二，鳴鶴在陰，其子和之。我有好爵，吾與爾靡之。

九二説體中實，是中孚自慊，不求人知而人自知之，不求人應而人自應之。蓋至誠感召，无所不動，有鶴鳴子和之象。夫鳴鶴在于幽隱之處，其形不可見也。然一有聲焉，誠不可掩其子，即自遠而和之，一唱一酬，如鼓之應乎枹矣。夫中孚者，吾之好爵同然之理，所謂懿德者也。故吾有懿德，人亦好之，相與縻係而不能舍焉。蓋九二剛中之臣，遇九五中正之君，誠意交孚，同德相應，其象有如此者。

象曰：其子和之，中心願也。

九二之孚鳴鶴子和，何也？此以誠感彼，以誠應以中，應中以孚，應孚出于中心所願，非勉強也。

六三，得敵，或鼓或罷，或泣或歌。

六三陰柔，不中不正，居說之極則无中孚自得之説。所應上九，亦非中正自信之人，將往應之而中有間隔。又將下比二剛，度非正應，是以二三其心，不能以誠感其對焉，猶得敵者，怒其不相孚也，或鼓而攻之。又以爲无罪可聲，則或罷兵以講好焉。或以爲相遠泣涕而道之，又以爲可親則歡欣而詠歌焉。其性情无常如此，由不中孚。故爾中孚，豈至是耶？

象曰：或鼓或罷，位不當也。

陰不居二，是謂不中，位不當也；陰乃居陽，是謂不正，位不當也。是故惡人之不信則攻，反己之不信則罷。詩曰：「士也罔極，二三其德。」其斯之謂與？

六四，月幾望，馬匹亡，无咎。

六四陰柔得正，爲巽之主，上合而孚，下應而說，其誠而形著孚于上下，而明光之盛者乎？蓋取物稽類而言之，則爲「月幾望」之象焉。夫月之幾望則光未滿而弗虧，向進而未止，繼日代明之至盛者也。近至尊而明盛，如此患乎有黨。六四有應在初，剛柔合德，是爲馬匹正相與之黨也。然初爲二三所隔，四乃親切于上，又德合无間，是謂絕其黨類，猶馬匹之亡也。夫人臣如是，是孤忠交孚于上，雖明盛亦无咎矣。又曰六四以陰居四近五，合德中孚，至此明盛，幾敵陽矣。以陰敵陽，宜乎有咎，然下无黨類，所孚在上，何咎之有？

象曰：馬匹亡，絕類上也。

六四陰爻，下應初九，以陽爲匹，是謂馬匹，言有黨類之在下也。然順德不回，視下有隔，切近于上而交孚焉。是絕其所合之類，一心以事乎上矣。夫人臣事君不當爾也，後世不明此義，君子同宗則累起黨錮之禍，小人有黨則遂遺社稷之憂，可不戒哉？

九五，有孚攣如，无咎。

九五積實而宅中，是全乎至誠之德而君天下者也。夫上以至誠之德而无息于上則天下化之，親疏、大小之臣以及億兆之民，皆以誠而應之，交孚于上，有如拘攣而不可解矣。斯中孚之信及臣民化乎邦者，亦君道之當然也。何咎之有？九五德合于上下，同德于二，比于四而得初，故有攣如之象如此。

象曰：有孚攣如，位正當也。

九五「有孚攣如」，何也？陽實德也，以陽居陽而位乎其中，則實而又實，誠之至正且中矣。斯聖人中孚之盛德也，以是德而居于大寶之位，則臣民有不化之而交孚攣如者哉？蓋非是德不可以居是位，非是位不足以稱是德。中孚九五，其位正當如此，故攣如之化所必至云。

上九，翰音登于天，貞凶。

禮，祭物。雞曰翰音，于八卦屬巽。上九巽體，居中孚之極，則篤信以爲事，適莫信果而不復裁度者也，擬諸形容其翰音登天者乎？夫翰音，人家塒畜之物，司晨而有信者也。人家放而必求，今或信其御風高舉，飛鳴于層霄之上焉。是知信而不知義者也，終于自害而已。故所信雖正，亦必凶焉。

象曰：翰音登于天，何可長也。

信之可常蹈者，義也。苟知信而不知義則自害其身而已，猶翰音之登天。主人不求而烹之，人亦弗釋之矣。何可長久也哉？

小過卦 ䷽

小過，亨利貞。可小事，不可大事。飛鳥遺之音，不宜上宜下，大吉。

雷在山上，卦爲小過。蓋雷動而山止，非鳴于其陽，則鳴于其陰，不正相值，是小過之象。以卦爻言之，陰過于陽，陰得中而陽失中，是皆小過于大者也。故卦爲小過，小過則有亨通之道而利于正焉。小過之道，小人之事，非大人之道也。故以處小事則可，大事則非所宜矣。小過者，有飛鳥遺音之象焉。過而不留者也，不宜在上，宜于在下，居下而能盡斯道，斯大吉爾矣。

彖曰：小過，小者過而亨也。過以利貞，與時行也。柔得中，是以小事吉也。剛失位而不中，是以不可大事也。有飛鳥之象焉，飛鳥遺之音。不宜上宜下大吉，上逆而下順也。

小過亨者，小者過于大而亨也。大人恭矣，小人恭而過之；大人儉矣，小人儉而過之，斯通達而不塞也。「利貞」者，時可過而過之，所過即正道，故過以利之，與時行也。二五俱以柔而得中，是以小事獲吉，可小事也。三四俱剛，失位而不中，是以不可大事，非吉道也。卦象横而觀之，有飛鳥之象焉。飛鳥遺之音，暫過而不留，如山上之雷，小過之象也。小人之事，故不宜于上，宜下則盡乎小人之道，斯大吉矣。何也？以小過之道，施于上則逆，施于下則順乎理也。

象曰：山上有雷，小過。君子以行過乎恭，喪過乎哀，用過乎儉。

山上有雷，下止上動，是爲小過。蓋小過有時不容不然者也。君子觀此卦象，則以身體之道有三焉。行非恭而已也，必過恭以爲行；喪非哀而已也，必過哀以執喪；用非儉而已也，必過儉以爲用。夫然後行爲君子之行，喪爲君子之喪，用爲君子之用矣。又曰孔子之事君盡禮，行過乎恭也；哭顔子而不自知，喪過哀也；堯茅茨土階，禹惡衣服而卑宫室，用過儉也。蓋過而宜過，皆當然之道也。夫豈過失也哉？

初六，飛鳥以凶。

初六陰柔，居小過之初，上應貴近，小人援上，挾勢飛揚而過于大人者也。蓋有飛鳥之象焉，能不以凶矣乎？

象曰：飛鳥以凶，不可如何也。

居下而援上，以小而過大，狀如飛鳥，有刺天之勢焉。其以凶也，自作之孽，不可如何之也。如何者，審度而求乎安也。

六二，過其祖，遇其妣。不及其君，遇其臣，无咎。

六二柔順中正，踰三四而上應五陰，是過其九四之祖，遇六五之先妣也。又五爲君位，應五而非合德，是不及其君，柔順而止，是遇其臣也。夫過祖者光先，遇妣者不過。不及君者，不過君也；遇其臣者，合臣道也，皆似過非過，中正之道也。何咎之有？

象曰：不及其君，臣不可過也。

「不及其君」者，不過其君也。臣不可過君，故不過爲中正之道，非有咎也。

九三，弗過防之，從或戕之，凶。

此爻程朱傳義詳矣。今以上下爻象推之，亦有未盡之義。蓋小過之時，小者過常分而過于大焉者。九三位于二陰之上則小者在下，未之或過也，是謂弗過。然患其過也，設隄防之悦其柔也。又下比而從之，如是則反覆在大小者，終過必罹或戕之矣，能无凶乎？九三重剛不中，止極弗止，當小過之時而欲大過，故獲凶如此，不以過防。訓者以弗過，遇義推之可見。

象曰：從或戕之，凶如何也。

九三以大居小之上，小未過也，防之宜矣。乃復悦其柔而從之，于是小者始過而大剥焉。其得或戕之，凶自取之也，可奈之何哉？

九四，无咎，弗過遇之。往厲必戒，勿用永貞。

九四當小過之時，以陽居陰，合王應初，義无咎矣。「无咎」者何？以上六五言，五君四臣，五大四小，四居五下，而陰陽合德，是小弗過大而適相合也。以下初二言，初二俱六而四爲九，九大六小，二居四下，初爲正應而陰陽合德，亦小弗過大而適相合也。是小无過差，率履不越，義之與比者也。何咎之有？然四往則危，以小過大，上僭君而下失民也，必以爲戒，勿往可也。然勿往則永守其四之正矣。君子上輔君而下長民者，宜審時義之道，勿用固執而永貞焉。時乎遇其上也，則勿往而僭，宣上之仁以遇下；時乎遇其下也，則戒往以遠民，達下之義以遇君。庶輔世長民之道不背，无少過差爾矣。

象曰：弗過遇之，位不當也。往厲必戒，終不可長也。

九四「弗過遇之」者何？以九居四，陽乃居陰，位不當也，當位則小者而弗之遇矣。他卦以不當位爲咎，小過之不當位則弗過而遇，斯无咎也。「往厲必戒」者何？小不可以過，大過則長，終不可以長也。故君子細行必矜，戒慎恐懼，不敢小有過焉。

六五，密雲不雨，自我西郊。公弋取彼在穴。

小過而至于六五，下應六二，則陰過三四，内外皆陰，陰過于陽，眞小者過大之時，復以小爲主矣。爲人臣之小事可也，大君之事則不可焉。故徒陰盛密雲而已，不能陰陽相和而雨也。蓋小過逆而不順，雲氣不能自東而西，但自我西郊而東，何能雨也？然下有六二正應，同德有隔，是賢才隱于巖穴之内，未我即也。公宜弋射而取諸巖穴之中，置之左右，庶幾明良相逢，共成霖雨之業矣。西郊曰我者，與小畜意同，周公自謂之辭也。曰公者，其周未純熙而王，當先公時耶？弋取在穴，則二老歸後車，載望之事矣。然終文王之世，安于不及，其君遇臣而已。此文王之德，所以爲至孔子所以贊之也歟？

象曰：密雲不雨，已上也。

已上者，太上之謂。陰已過乎陽也，陰過乎陽則不能和而散矣。此小過所以不可大事而雨天下也。

上六，弗遇過之，飛鳥離之，凶。是謂災眚。

上六居動之極，小過之終所應之大在三，是小者不遇乎大而遠過之也。小過乎大則高飈遠舉有如飛鳥，不離乎吉而離乎凶矣。所謂凶者則或天禍之，或人害之，是謂非災異眚而莫知其致之由矣。蓋背理反常，凶之招也，豈果莫之致耶？

象曰：弗遇過之，已亢也。

大加乎小，理之常也，而陽亢有悔，況小加于大，過極而太亢者乎？此災眚所以必至也。

既濟卦 ䷾

既濟，亨，小利貞。初吉，終亂。

水，潤下之物，本在下者也，今乃居上；火，炎上之物，本在上者也，今乃居下，則交相濟而爲用。凡人事在下者，其道上行而宣其力，在上者其道下行而施其澤，皆既濟之象也。既濟則大人道已交濟，所亨不在大而在小矣。蓋君臣交泰，則凡所以裁成輔相以左右民者，皆小人之亨也，然上下交濟之道，不利于邪，利于正焉。蓋六位在二，以陰居陰，臣以中正之道，上濟象也；九位在五，以陽居陽，君以中正之道，下濟象也，故其道利正如此。然既濟之初，未濟而向乎濟，及其濟也，則道已窮而向未濟矣。故其初則吉，其終則亂，難乎終久保其濟矣。此陰陽升降消息自然之運，君子所以方濟而知憂，訏有謀也。

象曰：既濟亨，小者亨也。利貞，剛柔正而位當也。初吉，柔得中也。終止則亂，其道窮也。

「既濟亨，小者」何？既濟之時，大人交際其道，則凡民小人通，无阨難焉。「利貞」者，三剛三柔，各得其正而位皆當也。云「初吉」者，二居卦初，道方上濟而柔得中也。云終亂者，道已下濟，濟道終則止而亂矣。其道已窮，不可引而長也。

象曰：水在火上，既濟。君子以思患而豫防之。

坎水，潤下而居上；離火，炎上而居下，上下之道交相濟焉，是謂既濟。君子觀此卦象，謂未濟則道長，既濟則道窮，道窮則患所從生。夫火熾則水涸，水傾則火熄，餗覆則亡功，火及于突薪則禍延。凡泰之時，正否之基也，乃以思其患而豫加防備之道焉。蓋造化之道，陰陽消息而已。暑方極而庚已伏，寒方甚而陽已臨，故唐虞三代聖帝明王于天下既治之時，而憂惕之心不少替焉。後世不明此義，自謂无虞，往往亂世之禍，不俟子孫而身親見之，可不戒之哉？

初九，曳其輪，濡其尾，无咎。

既濟之初，時屬未濟，急濟而不需，則迄不濟矣。初九應于貴近招以相濟，然二來比而三往間，濟猶非其時也。故初以剛正自守，不舟楫以濟方，置車于水干，曳輪以却，反窮遠害，避濡首之患而濡其尾焉。濡尾者，回首而尾在後也，時雖未濟，身免陷溺，夫何咎耶？

象曰：曳其輪，義无咎也。

既濟之初時未可濟，曳其輪以俟時，弗遽進以失己。揆於義正，可止而止者也。何咎之有？伊尹懷濟世之道而隱于耕莘，傅説負舟楫之具而居于版築，豈懷寶迷邦者耶？

六二，婦喪其茀，勿逐，七日得。

六二具文明中正之德，應有孚中正之主，宜君臣交泰，成既濟之治矣。然三在其上，小未可以加大；四鄰五位，疏未可以間親，其中正之道未能以達于上而濟夫時也。蓋猶婦人賴車茀以行，乃喪其茀焉，其何以行之哉？夫用舍由人，茀可喪也，而中正之德在己，誰能喪之？君子知通塞有時，不必逐茀求行，唯俟夫火數之盡，逮于七日，則坎主自親，茀自得而行无礙矣。故君子不以道之不行，時之未至爲患，患无具焉耳。火之數七，故云「得」也。

象曰：七日得，以中道也。

六二濟時之道未得行者，火數盡而後坎，主遇斯茀得而道行也。其茀之得者，豈專以時之故哉？良以濟世之中道在身，思濟世者自不能不歸之茀焉耳。其不言正者，中兼之也。

九三，高宗伐鬼方，三年克之，小人勿用。

九三當既濟之時，時過半矣。及坎離相接之際，剛柔相交之時，九三復以剛正之才，應敵于外，是中興之君道行中國，唯夷服鬼方之人，不庭有伐之之象。殷高宗者，中興之君也，其伐鬼方，三年而後克之，斯九三之象也。伐而克之則上以道而遣將，將以道而奉命，皆上下交濟之道也。克則既濟，論功行賞時也，則小人勿用，防其害于治焉。克以三年爲期者，鬼方在萬里之外，以師行日數計之，必期年而後至，再期而後還。曰三年者，其以喪服之月數計之與？年以三言者，亦以離三而言之也。

象曰：三年克之，憊也。

師行糧食，日費千金，士離鄉土，疾病必多，三年而凱還，傷財而害民多矣。寧不疲極而困甚矣乎？然在高宗中興，賢王復先王之業則可，非賢如高宗復先業者，則憊中國以事外夷，好虛譽而得實禍，未之可也。

六四，繻有衣袽，終日戒。

繻爲傳符。古者裂帛爲符，半藏于關，度關者執其半而合之得越，使載終生棄之者，即此物也。袽謂著袍之絮，今之綿絮是也。子夏謂衣袽爲重衣，蓋謂衣之有著者袍之類也，諸儒皆謂衣袽爲塞漏之物。今以諸儒之意推之，凡濟渡者以舟，六四居既濟之中，有舟之象焉，舟或漏洩則无以濟矣。必以裂帛塞之恐其不足，又用衣絮續之則孔隙合而不漏，以達下情而往，以宣上德而來，无弗利也。然朝戒而夕替，未可也；夕戒而朝替，未可也。必終日戒備使其无少漏洩，斯濟渡之功成矣。四居君側，臣民之上，于交濟之事爲要，故其象如此。以傳符推宣達之義亦通，但先儒所傳皆以塞漏爲說，未詳孰是，姑從衆論可也。

象曰：終日戒，有所疑也。

「終日戒」者，何也？濟及半矣。中流而所塞不密，則進退舉无所利，故宜有所疑而懼其漏洩，終日戒備之也。

九五，東鄰殺牛，不如西鄰之禴祭，實受其福。

卦縱而觀之爲上下，横而觀之爲東西，以既濟而横觀，則坎東而離西矣，故九五于六二爲東西，鄰之象也。六二在濟初，涉難時也，其憂患之心劇矣，猶祭祀者物薄而意誠，神享之也；九五在濟後，无虞時也，其敬戒之意衰矣，猶祭祀者用大武以享，物厚而意不誠，神不享也。神享者受福，不享者招禍。故曰「東鄰殺牛，不如西鄰之禴祭」，實受福也。

象曰：東鄰殺牛，不如西鄰之時也，實受其福，吉大來也。

東鄰大祭不如西鄰之禴祭者，不如西鄰求濟而及其時也。「實受其福」者，吉大來而難必濟也。

上六，濡其首，厲。

既濟之極，幾出坎陷而尚在水涯者也。然上六重柔過中，昏弱自肆而不知慎終者也。是以汔濟忽溺而濡首焉，寧不危耶？

象曰：濡其首厲，何可久也。

上六濡首厲者，何也？身濡而首免，望濟可也。上六重陰過中，小人小得而輒自滿，猶在坎而遂怠荒者也，則汔濟不濟，陷溺而濡其首矣。此不弔之凶也，何可以久存也耶？

未濟卦 ䷿

未濟，亨。小狐汔濟，濡其尾，无攸利。

火上而上炎，水下而下潤，其道不交，故爲未濟。以未濟外卦言之，未濟之終也，向乎濟矣，故有亨道于外卦之才見焉；以內卦言之，未濟之始也，濟非其時，故有小狐汔濟濡尾之象。蓋老狐多疑懼而善涉，小狐則不知疑懼而冒進，斯未出險中而濡其尾矣。坎爲狐，故內卦取象如此。然水火不相接續，則皆有始无終，无所利焉。

象曰：未濟亨，柔得中也。小狐汔濟，未出中也。濡其尾无攸利，不續終也。雖不當位，剛柔應也。

「未濟亨」者，何也？以外象言也。外象者未濟之終，向乎濟矣。六五以柔中之道爲未濟之主，善其道以處之，能无亨乎哉？「小狐汔濟」者，何也？以內象言也。內象者未濟之始，濟非時也。九二乃未出險中，是小狐汔濟象也。「濡其尾无攸利」者，何也？有其始矣。不續其終，此所以陷溺而未能濟也。夫未濟之卦。陰陽雖皆失位，然剛柔六位皆相應合德，所以交濟之道，實未嘗不與焉。在君子善體之耳，未濟亦何患焉？

象曰：火在水上，未濟。君子以慎辨物居方。

火性炎上而居于水上，水性潤下而居于火下，是爲未濟。實物各得所之象，君子爲治使物各得所，蓋取諸未濟焉。

是故致謹于男女之辨，使各居其方而夫婦別；致謹于族類之辨，使各天一方而華夷別；致謹于君子小人之辨，使居位、居職、居學、居廛而貴賤別。推而至于庶物，亦皆有以慎辨而方居之，則民物无不得其所矣，是之謂取諸未濟云。

初六，濡其尾，吝。

初六居未濟之初，險難方深，非可濟之時。陰柔不中，无濟險之才，徒以應援在四，冒險而進。故始涉輒陷，回首而濡其尾焉。己不知審，恃援而進，已有濡溺，援能及之哉？亦徒取乎羞吝已矣。

象曰：濡其尾，亦不知極也。

極當作拯，拯與濡濟，近于損事，又與九二象言爲諧聲。初六水涯未及深險，濟渡不必俟人之援，審其可否以爲進退，自拯可也。乃冒險而進，方涉遽溺乃回首而已，濡其尾焉。蓋進之早、退之遲，是以有濡尾之吝也。己不知拯，人能拯之哉？故君子知進知退，見幾而作，不俟乎人之援也。

九二，曳其輪，貞吉。

九二居未濟之世，上焚下溺，君子出而拯焚援溺可也。然當上下不交之時，雖有霖雨舟楫之具，不可自衒，所應九五之君，未見下求而三四復間隔其間。故曳輪而不進，不能康濟天下，固守其正，康濟其身而已。其伊尹樂堯舜之道于畎畝之中，千駟萬鍾弗顧，一芥之微不以取，與諸人之時乎？夫君子之介如此，雖大行不加，窮居无損。濟世之道，端在是矣，不亦吉耶？坎爲輪、爲輿，故有曳輪之象。

象曰：九二貞吉，中以行正也。

九二剛且中矣，乃曰「貞吉」，何也？貞或不中，中則必貞。九二當未濟之時，一於爲人則枉道而不智，一於爲己則忘世而不仁，乃執中以行則內无枉道之失，外无忘世之咎，斯君子之正道也。能无吉乎哉？

六三，未濟征凶，利涉大川。

六三陰柔過中，非濟世之才也。所應在上，遠而有隔，近即九四，合而匪正。苟征而近即乎四，則比之匪正而有凶，遠而應乎上，則剛柔交而難濟矣，故利涉大川而无患焉。蓋未濟互體，二及四爲離，三及五爲坎，大川象也。二互[一]爲既濟之象，故六三爲利涉大川云。

象曰：未濟征凶，位不當也。

六三「征凶」者，何也？陰柔小人，不中不正，无濟世之才者也。當未濟之時，未離險地，不自揣度，輒視險如陸，急于前進，茲其所以凶也。

九四，貞吉悔亡，震用伐鬼方，三年有賞于大國。

濟險而過剛則陷，過柔則晝，九四當出坎之時，以陽居陰則不剛不柔。得濟險之正道，濟險必矣，故爲得正而吉。然内省于心，似有不正之悔，乃得其時義而悔亦亡矣。蓋内既濟矣，外有未濟則宜以正道濟之。斯吉而悔亡，得乎濟之時義者然也。古中興之君有行之者用此道也，其内治修而中國安矣。鬼方之夷有不服者，則震其威以伐之，不過剛以多殺，不過柔以玩寇，討其罪而威以力，布其德而服其心，至于三年之久而有賞于大國焉。蓋盡離之數而後遠方之人附麗之也。

象曰：貞吉悔亡，志行也。

九四處明之體，以剛居柔，上親文明中順之主，下應坎陷望拯之民。其得「貞吉悔亡」，何也？濟時之志行也。蓋以道濟君而君致焉，以道濟民而民澤焉，其濟時之志，不亦既行也耶？

六五，貞吉，无悔。君子之光，有孚吉。

[一] 「互」，當作「五」。

六五當未濟之時，爲博濟之主，文明而執中，虚己以受善。上有高尚之賢則下之，邇有親輔之賢則信之，有合德之賢則任之，下有望濟之民則慰之。如是以内言之，則得乎濟時之正道而吉，反諸其心，亦无悔矣；以外言之，則君子中順之德明光于天下，而天下皆誠信于上，不離散矣。不亦吉而獲濟也耶？

象曰：君子之光，其暉吉也。

六五光吉者何？君子之於天下也，有所以處之者其力也；有所以化之者非力也，德之暉也。力則所及有限，暉則所被无窮。六五君子以中順文明濟世之德，得上下遠邇濟世之才，其所以處之者固无不當，而其德暉之所及，則天下之衆罔攸不孚，罔有不濟，无復險在前矣。不亦吉耶？

上九，有孚于飲酒，无咎。濡其首，有孚失是。

未濟之互體六三及九四，六五爲坎，上九居未濟之極，坎險之外則无險可濟，時已向乎平矣。身无濟時之責，其有剛明實德，積中而外見者，唯高尚其志，飲酒以自樂而已。蓋君子不及康濟其時，則康濟其身。所謂醉酒飽德，不願人之膏粱者是已。此素位而行，不願乎外，得乎時義之道，何咎之有？然樂宜有節，苟徒知以燕樂爲事，遂肆爲荒樂，至於縱飲昏冥而濡其首焉，則身不能濟，節亦无存，雖有飲酒之孚，亦失是无足取矣。如四皓茹芝以自適，嚴陵釣澤以自樂，此「飲酒无咎」者也。如醉鄉之徒，至于燕喪威儀而不顧焉，失是甚矣，焉足取耶？

象曰：飲酒濡首，亦不知節也。

君子居坎陷之外，未濟之終，身无濟世之責，飲酒以燕樂其宜也。然至於燕喪威儀而濡其首焉，則知樂而樂，亦不知夫節矣。既无與于濟世之事，又不能以自濟其身，焉足取哉？

周易贊義繫辭卷上

天尊地卑，乾坤定矣；　卑高以陳，貴賤位矣；　動靜有常，剛柔斷矣；　方以類聚，物以群分，吉凶生矣；　在天成象，在地成形，變化見矣。

聖人作易亦有所本耶？　蓋仰觀俯察，見夫天行之健而尊于上，地勢之順而卑于下，則卦之乾坤于是乎定矣。見夫天地之間，卑者高者，萬物以陳，則爻之貴賤于是乎位矣。　貴賤者，凡爻之爲君臣、父子、夫婦之類是也。　觀夫陽動陰靜而有常，則卦爻之剛柔決矣。　觀夫爲方術者，各以類而聚，如矢人、函人、巫人、匠人之類是已；　爲庶物者，各以群而分，如龍、馬、虎、羊之類是已，則卦爻之吉凶生矣。　觀夫麗于天者則成七政之象，麗于地者則成五行之形，則卦爻陰陽之變化見焉者。　畫前之易，易未作而道則具於天地者也。　畫前之易蓋如此。

是故剛柔相摩，八卦相盪。

夫造化具乎易理如此。　是故以造化見於易者言之，則易之初始於動靜之常，分剛柔奇偶兩畫而已。　兩相摩而爲四，四相摩而八卦成，八相盪而爲六十四，而諸卦之六爻成，則乾坤設而六子從，貴賤位而卑高陳，剛柔分而動靜著，方物聚分而吉凶生，成象形而變化見，是造化之道畫於易而發之矣。　畫後之易蓋如此。

鼓之以雷霆，潤之以風雨。　日月運行，一寒一暑。

以易見於造化者言之，則天地設位而易行焉。　鼓之以雷霆，於物始之先；　潤之以風雨，於物生之際。　離日坎月，運行於晝夜之間而寒暑分，運行於南北之陸而寒暑極，一寒一暑而歲功成矣。　是易之道盡于造化而見之矣，觀易者觀于造化可也。

乾道成男，坤道成女。

夫易即造化，造化即易。如此由是乾交於坤之道也，則一索而得長男而爲震，再索而得中男而爲坎，三索而得少男而爲艮；坤交於乾之道也，則一索而得長女而爲巽，再索而得中女而爲離，三索而得少女而爲兌。此天地生物之初，人物皆然，所謂以天地爲父母而生化者也。男女成形則以男女爲父母，人物皆然，所謂形生者也。夫乾道成男而男體則坤，坤道成女而女體則乾。此陰生于陽，陽生于陰，陰陽變化而生生无窮者也。

乾知大始，坤作成物；乾以易知，坤以簡能。

夫乾坤成物之形雖異，而成物之道則同。蓋凡物之理氣稟於天，故乾知大始以先於地；凡物之形質生於地，故坤作成物而承乎天。然乾之道可一言而盡，健而已，德行確然而恒易也，一健之中物皆資始而无難，蓋以易爲主而已矣；坤之道可一言而盡，順而已，德行隤然而恒簡也，一順之中物皆資生而不煩，蓋以簡爲能而已矣。

易則易知，簡則易從；易知則有親，易從則有功；有親則可久，有功則可大；可久則賢人之德，可大則賢人之業。易簡而天下之理得矣，天下之理得而成位乎其中矣。

天之道易而已，人能法之，即其所居之位，行其平易之事，不行險以徼倖也，則其心人皆見之而易知矣；地之道簡而已，人能法之，循乎理而安貞，不二三其行焉，則人皆便之而易從矣。易知則猜忌不生而有親，易從則子來趨事而有功。有親則德不孤而可久，有功則勞日積而可大。可久則爲過于人之德也，可大則爲過于人之業也。易簡而德業之盛如此，則天下事物之理皆得之矣。天下之理得，則盡人物之性，成位乎天地之中矣。非天下至誠之聖，其孰能與於斯？

右第一章。

聖人設卦觀象，繫辭焉而明吉凶。

設者，陳也；觀猶大觀，在上之觀示也。昔者聖人之作易也，盡觀察旁取之道而陳卦于爻，因以天地萬物之象，寓夫吉凶之道而示人矣，此伏羲之易。有圖而无言，聖人與知，衆人未之或知也。於是文王則繫以卦辭，周公則繫以爻辭，而明夫天道人事之吉凶焉，語吉凶則凡悔吝之類，亦在其中。夫道未易明也，列聖既圖以示之，又言以宣之。於是聖人合乎吉凶之道，君子迪吉之方，庶民卜筮以趨吉避凶之用，皆具于是矣。或曰：「注疏云『聖人觀物象而畫卦』，本義云『聖人觀卦爻之象而繫辭』，皆不取何也？」曰：「注疏偏明夫設卦，本義偏明夫繫辭，觀是章上下，辭意當自見矣。」

剛柔相推而生變化。

夫卦爻而繫之辭，吉凶明矣。然卦爻有剛柔焉，純剛純柔而交相推盪，則剛復爲柔，柔復爲剛。乾或爲姤、爲遯、爲否、爲坤，坤或爲復、爲臨、爲泰、爲乾，陰陽變化而无窮，而吉凶之變化亦无定矣。

是以吉凶者，失得之象也；悔吝者，憂虞之象也；變化者，進退之象也；剛柔者，晝夜之象也；六爻之動，三極之道也。

設卦觀象而繫辭，吉凶明矣。是故吉凶有象，在於事之得失；悔吝有象，在於事之憂虞。辭因繫之以明象意，然象之吉凶悔吝，亦豈有定哉？唯在于人事之修爲何如耳。然卦爻之變化者，陰陽進退之象也；剛柔者，晝夜晦明之象也。其在于人事，知進知退而不亢，知剛知柔而不固，則象辭之所示，亦无恒矣。夫剛柔相推而六爻動者，豈无謂哉？乃天地人三極之道也。蓋立天之道曰陰陽，陽老則動而陰，陰老則動而陽，此天道之有動也；立地之道曰柔剛，高岸爲谷，深谷爲陵，此地道之有動也；立人之道曰仁義，仁極必裁之以義，義極必居之以仁，此人道之有動也。三極之動而有象辭，固以吉凶悔吝而示人，然吉凶悔吝豈有定哉？亦唯係于人事之修爲何如耳。

是故君子所居而安者，易之序也；所樂而玩者，爻之辭也。是故君子居則觀其象而玩其辭，動則

觀其變而玩其占，是以自天祐之，吉无不利。

是故君子有所居而安者匪他，唯六十四卦，易之序耳；有所樂而玩者匪他，唯三百六十四爻之辭耳。是故君子无所感而靜也，則以其時位觀其卦之象而玩其辭；有所感而動也，則觀其爻之變而玩其占。凡一動一靜皆循乎理而无違，是以「自天祐之，吉无不利」，所謂君子修之吉也。

右第二章。

此章言聖人作易以明吉凶，君子學易，所以吉也。

彖者，言乎象者也；爻者，言乎變者也。

卦之有彖者，如「乾坤」則言乎天地之象者也，如「咸恒」則言乎男女之象者也；卦之有爻者，如「潛龍勿用」則言乎乾變而姤者也，「履霜堅冰」則言乎坤變而復者也，爲揲蓍而求卦，遇乎三少而老陽三多而老陰者也。凡辭之吉凶，皆於象變而明之矣。

吉凶者，言乎其失得也；悔吝者，言乎其小疵也；无咎者，善補過也。

聖人設卦觀象繫辭焉，明吉凶矣。然辭有「吉凶」云者，非天所降也，言乎人事之失與得也。有「悔吝」云者，言乎人事小有疵失未純乎得也。有「无咎」云者，言乎人事已有缺失能自反而補之，俾无所失也，是吉凶悔吝无咎。雖原于天而趨避，實在於人，學易者所宜省也。

是故列貴賤者存乎位，齊小大者存乎卦，辯吉凶者存乎辭，憂悔吝者存乎介，震无咎者存乎悔。

是故爻言乎變者也，列爻之貴賤者則存乎位。彖言乎象者也，齊小大之分者則存乎卦爻，有變則卦隨而變，貴賤、小大亦隨而易矣。吉凶者言乎其失得也，其失得之辯則在于所繫之辭。悔吝者言乎其小疵也，其悔其吝則在于隱微之際，能憂之而有分，辨之介則小疵免矣。无咎者善補過也，補過之要則在于震以戒懼之悔，其失以反乎得焉而已矣。

是故卦有小大，辭有險易。辭也者，各指其所之。

是故易之示人，因陰陽之小大而設卦，因陰陽之險易而繫辭。辭也者，則各因其動靜之殊，指其所向而已，其吉凶悔吝補過之道，皆在乎其中矣。

右第三章。

此申言前章之義。

易與天地準，故能彌綸天地之道。

準，均也，平也。彌，終也，滿也。綸，合絲而爲繩也。言易與天地均平无殊，故能於天地之道終窮之而盡其理，綸合之而同其妙也。

仰以觀於天文，俯以察於地理，是故知幽明之故；原始反終，故知生死之説；精氣爲物，遊魂爲變，是故知鬼神之情狀。

以知言之，休咎未徵而難測者謂之幽，休咎已徵而易知者謂之明。幽明有故，不易知也。聖人以易而究之，仰以觀于天文，俯以察於地理，知中和致而皇極建，則天文地理皆如其常而休徵見，否則變怪見而咎徵著。是幽明之故，聖人知之矣。人物有生有死，未易知也。聖人以易而究之，則原其理氣之合而知其所以生，反其理氣之合而知其所以死。凡乾坤之成男女，男女之成萬物，其始其終，莫不皆然。是生死之説，聖人亦知之矣。至於鬼神之情狀，又難明也。聖人以易而究之，知精氣聚則爲物爲神，魂離魄而遊散則爲變而爲鬼。是鬼神之情狀，聖人亦知之矣。此聖人以易窮天地之理而彌綸之也，知之盡也。

與天地相似故不違，知周乎萬物而道濟天下故不過，旁行而不流，樂天知命故不憂，安土敦乎仁故能愛。

以行言之，天地之體高明博厚而聖人似之，天地之用健順而聖人似之，故上下同流而不違。知周乎萬物之理，此知之崇而效乎天也；道濟乎天下而不遠于人，此禮之卑而法乎地也。故其道得中而不過，旁行而萬億其途也。然主於極而不流，天命有窮通之不一也。然樂且知之，私欲盡而不憂，人情懷土，有苦樂之不同也。然隨寓而安，居仁而極其厚，故天理純而能愛。此聖人以易體天地之理而彌綸之也，仁之至也。

範圍天地之化而不過，曲成萬物而不遺，通乎晝夜之道而知，故神无方而易无體。

「天地之化」，逝而不息者也。聖人則裁成之，使入于範圍之內，有其節而不過。品物之類，散而萬殊者也，聖人則曲成之，使在于洪鈞之內，无一物之或遺。「晝夜之道」，分陰分陽者也，聖人則通乎其道而知，故聖而神也。陰陽无方而叵測，易之妙也，變化无體之可據，此聖人以易贊天地之道而彌綸之也。故曰易能彌綸天地之道云。

右第四章。

此章言易道之大。聖人用之，所以知之；盡仁之至，聖而不可知也。

一陰一陽之謂道，繼之者善也，成之者性也。

陰陽者，氣也，形而下者也，一陰一陽寓於氣之中；非氣而爲氣之主者，理也，形而上者也，即太極之謂也。不曰理曰極者，以其爲造化之樞紐，品彙之根柢，千變萬化皆從此出，猶道路然。爲天下古今所共由者也，是謂之道也。繼者，陽之發也。在天則謂之元，於時則謂之春，在人則謂之仁，乃不擇而施，无所爲而然，可欲而不可惡，純粹至善者也，故謂之善。成之者，陰之斂也，則各正其所受之理，保合其所稟之氣。成乎陰陽，則陰陽各具一太極；成乎五行，則五行各具一太極；成乎萬物，則萬物各具一太極，是性之謂也。善者性之發，性者善之斂。道之大用全體，于是乎在也。

仁者見之謂之仁，知者見之謂之知，百姓日用而不知，故君子之道鮮矣。

夫道未易見之真而全之也。世之仁者非无見也，乃見之而謂之仁，不自知爲陽之發也，偏也；知者非无見也，乃見之而謂之知，不自知其爲陰之斂也，偏也。至于百姓則生於善而成于性，其日用雖不能離道，乃終身由之而不知，故君子有見斯道之真而全之者少矣。

顯諸仁，藏諸用，鼓萬物而不與聖人同憂，盛德大業至矣哉！

夫道寓於陰陽而非陰陽也。故陽之發也，則顯諸仁而稟賦之惟均；陰之斂也，則藏諸用而機缄之不露。一陰一陽，鼓萬物而生成之，不與聖人扶陽抑陰而同其憂者，斯道然也。故其德言盛，業言大，不可以有加也哉？

富有之謂大業，日新之謂盛德，生生之謂易，成象之謂乾，效法之謂坤，極數知來之謂占，通變之謂事，陰陽不測之謂神。

夫道一也，自其陽而陰者言，則所成者无所不有，故謂之大業；自其陰而陽者言，則所發者日新又新，故謂之盛德。又自其生生不息而言則謂之易；又自其成象於上，以示陰陽而言則謂之乾；又自其效法于下，以示柔剛而言則謂之坤。又自其揲蓍求卦而言則極其大衍之數，得卦而知來物者謂之占；又因其陰陽之老，通其變靜而有動者言謂之事；以其在陰在陽，非有定向，不可測度而言則謂之神，然一言以蔽之則道而已矣。

右第五章。

夫易廣矣，大矣。以言乎遠則不禦，以言乎邇則靜而正，以言乎天地之間則備矣。

夫陰陽變易之道，至廣而至大也。以言乎遠，則至遠而无止極；以言乎近，則不動而理存；以言乎天地之間，則无不備焉。其廣大如此，蓋爲道爲書莫不然也。

夫乾，其靜也專，其動也直，是以大生焉；夫坤，其靜也翕，其動也闢，是以廣生也。

此言乾坤之動靜生乎廣大，見易道廣大之徵也。夫乾坤也，易也，其道一而已矣。

廣大配天地，變通配四時，陰陽之義配日月，易簡之善配至德。

夫易道，誠廣矣大矣。然以流行言之則變通而不窮，以對待言之則陰陽有定分，又以其要道言之則爲物不貳，唯易知簡能而已。是故廣大則配乎天地，變通則配乎四時，陰陽之義則配乎日月，易簡之善則配乎太極之德焉。道在聖人，此其所以與天地合德，四時合序，日月合明，易簡而盡天下之理，成位乎其中也歟？

右第六章。

子曰：易其至已乎！夫易，聖人所以崇德而廣業也。知崇禮卑，崇效天，卑法地。

聖人既言易道廣大變通，易簡之善，如彼於是。又贊之曰：「夫易道其至極而无以復加者乎？」夫易道惟至極而无以加，故聖人以其道崇德而廣業焉。夫德何以崇？知之高明而周萬物也。業何以廣？禮之卑順而道中庸也。夫天健於上，覆乎萬物，極其崇也，聖人知崇如之，蓋取乎易之天而效之然也；地順於下，載乎萬物，極其卑也，聖人禮卑如之，蓋取乎易之地而法之然也。此聖人所以知之盡、行之至，而德業同乎天地也歟？

天地設位，而易行乎其中矣。成性存存，道義之門。

天地設位而變化行乎其中，此天地之德業，所以崇廣而爲道之至也。知禮成性而存存，則千變萬化，而道義出乎其中。此聖人之德業，所以崇廣而與天地同也。

右第七章。

聖人有以見天下之賾，而擬諸其形容，象其物宜，是故謂之象。

易之有象，何也？象者，像也，形容之也，事物之宜也。賾，韻書云幽深難見也；朱子本義云雜亂也。擬，揣度也。象者，摹倣之也。聖人作易有以見天下幽深難見之理，非言之所能盡也，則以卦畫而發之。揣度其物理之形狀容貌，摹倣其宜，著於卦畫之間，然後幽深之理昭著易見，是故謂之象也。所謂書不盡言，圖以盡之者是已。

聖人有以見天下之動，而觀其會通，以行其典禮，繫辭焉以斷其吉凶，是故謂之爻。

易之有爻，何也？爻者，效也，呈見也。聖人有以見天下之動作也，觀其感應交會之際，非終於靜而滯也，必通達焉以行其常禮，於是繫辭焉以斷其吉凶而呈見之焉，是故謂之爻。蓋天下之吉凶，生乎動爻，主之爻也者，陰陽之老而變動，所謂用九、用六者也。

言天下之至賾而不可惡也，言天下之至動不可亂也。

語理之幽深者若可惡也，聖人以象而形容摹倣之，則幽深者昭然易見，雖極其幽深而不可惡矣。語事之動者若易亂也，聖人於其卦爻之變，悉以常禮而效之，則雖至動秩然而不可亂矣。

擬之而後言，議之而後動，擬議以成其變化。

聖人作易設象繫辭如此，君子學易將有言也。不苟言也，必議諸所值之卦觀象玩辭而後言，將有動也；不苟動也，必擬諸所值之爻觀變玩占而後動，則千變萬化之道皆于擬議之間而畢之矣。成，就也，畢也。

鳴鶴在陰，其子和之，我有好爵，吾與爾靡之。子曰：君子居其室，出其言善，則千里之外應之，況其邇者乎？居其室，出其言不善，則千里之外違之，況其邇者乎？言出乎身，加乎民；行發乎邇，見乎遠。言行，君子之樞機。樞機之發，榮辱之主也。言行，君子之所以動天地也，可不慎乎？

此釋中孚九二爻義。子夏傳曰：「鳴鶴在陰，其子和之，同聲而相應也。」韓康伯注曰：「鶴鳴則子和，修誠則物應，我有好爵，與物散之，物亦以善應也。」明擬議之道，繼以斯義者，誠以吉凶失得存乎所動。同乎道者，道亦得之；同乎失者，失亦違之。莫不以類相應，出言猶然，況其大者乎？千里或應，況其邇者乎？故夫憂悔吝者存乎介，定得失者於樞機而慎焉。是以君子擬議以動，慎其微也。

同人先號咷而後笑。子曰：君子之道，或出或處，或默或語。二人同心，其利斷金。同心之言，其臭如蘭。

此釋同人九五爻義，同人之道，非同而同，乃異而同也。蓋陽則同陰，陰則同乎陽也。同人爲卦以五陽而求同，一陰雖有異同，其同者實皆異而同也。九五以陽而居尊，六二以陰而居卑，氣質異而分殊矣。然中正之道同，故物莫能間，是以始異而終同，有先號咷而後笑之象焉。故君子同人之道，出處不必同也，語默不必同也，但二人同心則金可斷，而其心堅於金，聞同心之言則其香過於蘭矣。

初六，藉用白茅，无咎。子曰：苟錯諸地而可矣。藉之用茅，何咎之有，慎之至也。夫茅之爲物薄，而用可重也。慎斯術也以往，其无所失矣。

此釋大過初六爻義。苟錯諸地而可矣，不苟錯而藉之，用茅大過而慎矣。然此大過之道，非高遠而難行也，患不爲耳。苟凡有攸往，以此過慎而行，何咎之有？

勞謙，君子有終，吉。子曰：勞而不伐，有功而不德，厚之至也。語以其功，下人者也。德言盛，禮言恭。謙也者，致恭以存其位者也。

有功勞於世而能謙，此非小人薄德者所能及，君子而德至厚者之攸爲，德則盛、禮則恭矣。位其不存矣乎？此所以長保其富貴而有終吉也。

亢龍有悔。子曰：貴而无位，高而无民，賢人在下位而无輔，是以動而有悔也。

正義曰：「上言謙德保位。」此明无謙則有悔也，文言釋詳矣。

不出戶庭，无咎。子曰：亂之所生也，則言語以爲階。君不密則失臣，臣不密則失身。幾事不密則害成，是以君子慎密而不出也。

正義曰：「此明擬議之道。」非但謙而不驕，又當慎密，故引節初九爻辭以明之。若曰「不出戶庭无咎」，何也？

謂君子在室言室，在寢言寢，慎密其言而不出乎戶庭之外也，則禍亂无從而生矣。凡禍亂之生，皆言語以爲階，臣有密謀於其君，君漏言則喪其臣矣；君有密謀於其臣，臣漏言則喪其身矣。人有幾密之事，謀行而未之行也，自不密而語人，則事敗而无所成矣。是以君子凡事慎密，而不輕出其言也，何咎之有？

子曰：作易者，其知盜乎？易曰：負且乘，致寇至。負也者，小人之事也；乘也者，君子之器也。小人而乘君子之器，盜思奪之矣。上慢下暴，盜思伐之矣。慢藏誨盜，冶容誨淫。易曰：負且乘，致寇至，盜之招也。

正義曰：「此結上不密失身之事。」夫慎密者，豈特慎密其言而已哉？在慎密其行也。夫盜伺人之隙而動者也，故負且乘者致寇至焉。負擔者，賤者之役；乘者，君子受車馬之命，而代徒行之器物也。以應執役之人而受車馬之命焉，是猶倥倥小人負物在背而復乘輿以行，不徒步也。則爲盜者窺，其爲衆所醜也，思乘隙而奪之矣。夫有負者斯上慢而不忠，有乘者斯下暴而不仁，不忠不仁之人盜窺其隙，思聲罪而伐之矣，斯皆不密而自取奪伐之也。故不自慎密而慢藏者，所以教夫盜也；不自慎密而妖冶者，所以教夫淫也。解之六三，以陰柔不中不正之人，上比九四，近君之臣得其援拔，乘時之解而背之，是上負其德矣；下比九二，任事之賢得其推薦，乘時之解而遺之，是下肆其虐矣。斯其所以寇至，非其招而然耶？

右第八章。

天一地二，天三地四，天五地六，天七地八，天九地十。[一]

易舊本學子夏者取諸「知變化之道者」章之末，王弼、韓康伯諸儒取諸「夫易何爲者也」章之首。程子取之於此，

[一] 本段據周易在繫辭上第十一章之首，今從底本。

於上下文義貫通，朱子從之，今不可易此，即河圖之數也。朱子本義詳矣。

天數五，地數五，五位相得而各有合。天數二十有五，地數三十，凡天地之數五十有五，此所以成變化而行鬼神也。

河圖陽數一居北，三居東，五居中，七居南，九居西，此天數之五也；陰數二居南，四居西，六居北，八居東，十居中，此地數之五也。一與五相得合而爲六，又一與四相得合而爲五，一與九相得合而爲十，二與五相得合而爲七，二與三相得合而爲五，二與八相得合而爲十，三與五相得合而爲八，三與二相得合而爲五，三與七相得合而爲十，四與五相得合而爲九，四與六相得合而爲十。又一與二相得合而爲三，一與三相得合而爲四，一與四相得合而爲五，一與七相得合而爲八，一與八相得合而爲九，一與九相得合而爲十，其二、三、四、五相得相合皆然，所謂五位相得而各有合也。天數積一、三、五、七、九爲二十有五，地數積二、四、六、八、十爲三十，總天地之數五十有五，此所以自一而兩儀、而三才、而四象、而五行，而爲朞、爲閏、爲萬物，所以成變化之道而行鬼神之靈也。

大衍之数五十，其用四十有九，分而为二以象两；掛一以象三；揲之以四以象四时；歸奇於扐以象閏，五歲再閏，故再扐而後掛。[二]

天地之數五十有五，聖人衍其數曰五十者，五爲天地之中數，在天地爲五行，在人爲皇極，不可以數言也。其用四十有九者去一而不用也，一者即中五之中數，理之極不可以閑言也。故揲蓍之法以五十之策去一以象太極，以四十九策信手分而爲二象兩儀也。先取天數之一策，懸掛左手小指之間者象三才也。以天數四，四揲之者，象四時也。歸其餘策，或四或三，或二或一，與名中二指之間者，象三歲而一閏也。五歲復取地數，揲之如前，歸餘策如前者，象五歲再

[二] 本段據周易在繫辭上第九章之首，今從底本。

置閏也。既再扐矣，夫然後別揲分二象三而一掛也。

乾之策二百一十有六，坤之策百四十有四，凡三百有六十，當期之日。

此據老陽老陰之數而言，以乾之策算之四，營之餘得老陽之策，九三變而成太陽之爻則得策名九，爲得策三九二十七矣。其掛一之策亦九，并算之則爲四九三十六策矣。以六爻之策而總計之，則得二百一十有六策也。老陰之策亦以坤六爻之策而總計之，則得百四十有四也。總乾坤之策而計之，凡三百有六十當一期之數。此四時之行，所以在于蓍策之間也。

二篇之策，萬有一千五百二十，當萬物之數也。

易上下二篇之卦六十有四爻，凡三百八十有四，陽爻百九十有二，以每爻三十六策計之，凡六千九百一十二策。陰爻亦百九十二，以每爻二十四策計之，凡四千六百八策。合陰陽之策，總計之爲萬有一千五百二十策，當萬物之數。此萬物之生，所以在蓍策之間也。

是故四營而成易，十有八變而成卦。八卦而小成，引而伸之，觸類而長之，天下之能事畢矣。

以此之故，揲蓍而求卦也。去一以象極，无所營也；分而二爲一營，掛一爲二營；揲之以四爲三營，歸奇爲四營。凡四營而成一變，凡三變而成爻，凡十有八變而成卦，八卦而得天地雷風水火山澤之象，是易道之小成也。其遇老陰老陽或二老之純也，則引而伸舒之觸類而增長之，則一卦之伸長各成六十四卦。凡四千九十六卦，凡天下之能事皆盡于此而无能外矣。

顯道神德行，是故可與酬酢，可與祐神矣。

易盡天下之能事如此，是故陰陽變化之道，幽深不可測也，於此蓍卦之間而著焉。是彰顯其道也，觀會通而見夫德行，亦典禮之常也。因此蓍卦之變而有爲焉，是神靈之德行也。顯道而神德行如此，是故可與酬酢，可與祐神。主答客曰酬，客報主曰酬[一]。祐，助也，謂開物成務，足以報答天下之求及祐助大人，神化之功用也。

子曰：知變化之道者，其知神之所爲乎？

子夏易及王弼、韓康伯易皆以此節屬下章，程朱乃屬之於此。愚按屬上屬下皆通。蓋易有陰陽變化之道，而寓夫不可測度之神，君子而知變化之道，則神之所爲亦不能外之矣。

右第九章。

易有聖人之道四焉：以言者尚其辭，以動者尚其變，以制器者尚其象，以卜筮者尚其占。

本義云四者皆變化之道，神之所爲者也。觀此則舊本讀屬此章，未失勿易可也，今既屬之上章當別解。易有聖人之道四焉，辭、變、象、占是也，皆天下之法則，形像吉凶先見之兆，天下後世所不能違者，故皆爲聖人之道也。

是以君子將有爲也，將有行也，問焉而以言。其受命也如嚮，无有遠近幽深，遂知來物。非天下之至精，其孰能與於此。

易有聖人之道如此，是以君子將有作爲及攸往也。或以龜卜，或以蓍筮，于廟門之外，宰以言而問之，其龜筮之受命也，應答如響，无分遠地遠日、近地近日，極其幽暗深邃而難測者，悉以告之，使問者遂知未來吉凶之事是何也。以易道之精，爲天下之至精也。苟非窮神之聖，極天下之至精者，其孰能與於此哉？

參伍以變，錯綜其數。通其變，遂成天地之文；極其數，遂定天下之象。非天下之至變，其孰能與於此？

按古今注俱未合經旨，今以管見釋之。「參伍以變」者謂三以變、五以變也，四營而成變，三變而成爻，是參以變

[一]「酬」，據文意，當作「酢」。

也；三變之外又伍以變而成卦，是五以變也。方揲之時，或參以變、伍以變也，必交錯其策，復總之而有營焉。錯綜而參伍之，通其三五之變，遂成陰陽老少之文。究其三少三多及二少一多、二多一少之數，遂定六十四卦及四千九十六卦之象是何也？易道之變，爲天下之至變也，苟非知化時萬時億之聖，其孰能與于此哉？

易无思也，无爲也，寂然不動，感而遂通天下之故。非天下之至神，其孰能與於此？

易之爲道，非有所思，惟求睿以精其理也。非有所作爲，有意以應乎變也，寂然至靜而已。一有感焉，萬億其億，遂通天下吉凶之故，是何其至神也？苟非天下至神不可度測之聖，其孰能與于此哉？

夫易，聖人之所以極深而研幾也。唯深也，故能通天下之志；唯幾也，故能成天下之務；唯神也，故不疾而速，不行而至。

夫易道者，聖人所以究夫至精之理而極其深焉者也，所以研□□□□□極其幾焉者也。唯深也故能以虚應物，通天下之志而无遺；唯幾也故能自微而顯，成天下之務而不蠱。然皆莫有思爲而然，唯其神而已矣。唯神也故能於天下之志之通，天下之務之成，皆不疾而自速，不行而自至，有莫知其所以然而然也。是道蓋在易在於聖，皆如是耳。欲知聖人之道，察之于易可也。

子曰：易有聖人之道四焉者，此之謂也。

夫辭、變、象、占之在易，皆天下至精之理，至變之象，至神之道。此所謂「聖人之道四」也。

右第十章。

子曰：夫易何爲者也？夫易開物成務，冒天下之道，如斯而已者也。是故聖人以通天下之志，以定天下之業，以斷天下之疑。

易何爲哉？所以開通萬物，成就萬事，覆冒天下之道者也。是故天下之心之志有昏塞而不能通者，聖人以易而通之；天下之事業有欲措而不能定者，聖人以易而定之；天下之疑惑有不能決者，聖人以易而決之，无弗遂矣。

是故蓍之德圓而神，卦之德方以知，六爻之義易以貢。聖人以此洗心，退藏於密，吉凶與民同患。神以知來，知以藏往，其孰能與於此哉？古之聰明睿知，神武而不殺者夫。

蓍之德圓以動而神靈莫測，卦之德方以靜而知周物理。六爻之義則變易以獻於人，隨夫蓍之神、卦之知而有遷也。聖人以此洗滌其心而極其潔清之至，退藏於密而若无神知之德、變化之義，表其吉凶之象，以同民所憂患之事。具夫蓍卦之德，以蘊來往神知之用，若是者其孰能與于此哉？其唯尚古聰明睿智神武之聖，不假殺戮而天下威服者，夫言聖人作易設蓍筮卦爻以示人吉凶。然聖人之神知變化則非假蓍筮卦爻而後然也。

是以明於天之道，而察於民之故，是興神物，以前民用。聖人以此齋戒，以神明其德夫。

陰陽往來而吉凶生焉者，天之道知往而不知來，而吉凶是患者，民之故也。聖人明於天之道而知吉凶之所由生，察於民之故而知吉凶之所同患，是與蓍龜之神之物以前開斯民之用。聖人則以此易道齋於其心，而无思戒於其事而无爲，以知來藏往而神明其德矣夫。

是故闔戶謂之坤，闢戶謂之乾。一闔一闢謂之變，往來不窮謂之通。見乃謂之象，形乃謂之器。制而用之謂之法，利用出入，民咸用之謂之神。

是故以易道之利于民用者言之，閉易之戶而爲姤、爲遯、爲否、爲觀、爲剥、爲六陰，十月之卦以成乾始之物者謂之坤；開易之戶而爲復、爲臨、爲泰、爲大壯、爲夬、爲六陽，四月之卦以肇坤生之物者謂之乾。六陽老而闢者闔，六陰老而闔者闢。陽復爲陰、陰復爲陽謂之變，往過來續、逝而无滯謂之通，見而垂示于乾者謂之象，形而成質于坤者謂之器，尚象制器而用之以垂範于世謂之法，利用出入百姓日用而不知謂之神。

右第十一章。

此章明蓍卦有神明之用，聖人則而象之成神化也。

是故易有太極，是生兩儀，兩儀生四象，四象生八卦，八卦定吉凶，吉凶生大業。

易之初，无極太極而已。有是極則分陰分陽而兩儀生，有兩儀則各生一陰一陽而四象著，有四象則復各生一陰一陽而八卦成，八卦成則隨所變化而吉凶定，吉凶定則人知趨避以有爲而大業生矣。

是故法象莫大乎天地，變通莫大乎四時，縣象著明莫大乎日月。崇高莫大乎富貴，備物致用，立成器以爲天下利，莫大乎聖人。探賾索隱，鈎深致遠，以定天下之吉凶，成天下之亹亹者，莫大乎蓍龜。

是故垂法示象者，莫大乎天地；循環而變通者，莫大乎四時；縣震兑離乾巽艮坎坤之象著且明者，莫大乎日月。正義曰：「崇高莫大乎富貴者，以王者居九五富貴之位，力能齊一天下之動而道濟萬物，是崇高之極，故云莫大乎富貴。備物致用聖人云者，謂備天下之物，致天下所用，建立成就天下之器，以爲天下之利者，唯聖人能然也。莫大乎蓍龜云者，謂闚探幽昧之理，求索隱藏之處，鈎取深潛，招致遠方事物，以決天下之吉凶。使天下之人勉勉以趨避而不懈者，唯蓍龜爲能然也。」

是故天生神物，聖人則之；天地變化，聖人效之；天垂象，見吉凶，聖人象之；河出圖，洛出書，聖人則之。

天生蓍龜，聖人法則之，此大衍之數，九疇之範所以著也。天地變化而四時成，聖人倣取之，此易之老陽老陰，所以變通一卦爲六十四卦，无固滯也。天垂日月星辰之象見福極之吉凶，聖人圖寫而形像之，此易之所以有卦象爻象，見吉凶也。河中龍馬負圖而出而有大衍之數，洛中大蔡負書而出而有九疇之文，聖人法則之，此大易之所以作，洪範之所以著也。

易有四象，所以示也；繫辭焉，所以告也；定之以吉凶，所以斷也。

易有四象。莊氏以實假義用爲言，後儒破之；何氏以上文則效象則四事爲言，後儒亦破之。孔氏取諸儒七、八、九、六爲四象，木〔一〕義以陰陽老少爲言即孔氏說也，今依而明之。蓋易有卦象、有爻象，此得七八少陽少陰不變之數是二象也，或得九六老陽老陰變通之數，則卦爻二象俱變是又二象也。如得乾卦，其象爲天；得坤卦，其象爲地。若乾之六爻皆九，則變而爲坤，復爲地象；坤之六爻皆六，則變而爲乾，復爲天象，是卦有二象也。以爻言之，如乾之初九，潛龍象也，遇九則變而爲姤、爲羸豕矣。他爻皆然，是爻有二象，共四象也。前聖畫卦而作易有四象焉，如天之垂象見吉凶然所以示也；後聖因其象而繫之辭，所以發所示之義而詔告之也，定之以吉凶，所以因其得失而以斷之也。

右第十二章。

易曰：自天祐之，吉无不利。子曰：祐者，助也。天之所助者順也，人之所助者信也。履信思乎順，又以尚賢也。是以自天祐之，吉无不利也。

先儒皆以此節合上章爲一章，其義悠長，今依而解之。夫易以象而示人，又告之以辭，又以吉凶而斷之矣。然吉凶實人之所召，非天所降，唯祐助之耳，觀履卦上九爻辭可知之矣。其曰「自天祐之，吉无不利」者，何也？子言之矣，謂祐者助之之謂也。天之所助者爲循乎天理，順從而不違也；人之所助者爲由乎人道，踐言而信實也。履之上九始于素履之往，加以如履虎尾之敬畏，至是履道有終。視厥所踐履，既敬恕而无違；考厥休祥，又邦家之无怨。是其踐履既極其信實，心思又極其循順，不敢以周旋无虧自是。又謙虚尚賢而讓德焉，是以不惟人弗厭射，天亦監而助之，使其凡有攸爲，皆相以元吉而无弗利矣。此可見易雖斷以吉凶，而吉凶之降于天者，實由于人而未定也。此君子修之吉，小人背之所以凶與？

〔一〕「木」，疑當作「本」。

子曰：書不盡言，言不盡意。然則聖人之意，其不可見乎？子曰：聖人立象以盡意，設卦以盡情僞，繫辭焉以盡其言，變而通之以盡利，鼓之舞之以盡神。

書者所以記夫言者也，然言有非書所能記者；書能盡夫言乎言者，所以宣夫意者也。然意有非言所能宣者，言能盡夫意乎？若是則聖人之意，其終于晦而不可見耶？聖人則有道焉，蓋立爲陰陽老少之象，則意非言之所能宣者，於是發之含之而盡之矣。然百姓有情僞焉，未易盡也。聖人設爲八卦，又相盪而爲六十四卦。又引而伸之，觸類而長之，以廣其卦則百姓之情僞，萬億其殊者率于是盡之矣。言雖不易盡也，聖人于卦爻而各繫之辭焉，則書所不能記者，咸于是而盡之矣。天下之事凡有攸利者，利極則害生，聖人示以老陰老陽則變而通之，則无往不利而弗蹈乎害矣。若是者伊何爲哉？蓋聖人之道如造化之雷風焉，所以鼓動抃舞，斯民日由于道而莫知其所以然而然，斯所以盡乎神也。

乾坤，其易之緼邪？乾坤成列，而易立乎其中矣。乾坤毁，則无以見易。易不可見，則乾坤或幾乎息矣。

正義曰：「上明盡言盡意，皆由於易道，此明易之所立本乎乾坤焉。」故云乾坤者，其易之藴積而爲根源者耶？以變化之見于易者言之，乾以六陽而成位于右，坤以六陰而成位于左，由是三男繼乎母體爲震、爲坎、爲艮，陽變乎陰而趨于乾；三女繼乎父體爲巽、爲離、爲兑，陰變乎陽而趨于坤矣，其變化之道自立乎乾坤之中矣。苟乾坤毁而不成則无以見六子之變易，六子之變易不見則乾知大始，坤作成物之道，或幾乎止息而不續矣。然乾坤之道實闔闢无窮，豈有毁及息時也耶？

是故形而上者謂之道，形而下者謂之器，化而裁之謂之變，推而行之謂之通，舉而措之民謂之事業。

形而上體物不遺者謂之道，形而下爲物有用者謂之器。器必有道，道斯成器。於其器之化而裁制之謂之變，推其變而行之不窮謂之通。舉此變通之道而置之天下之民，以有爲而有成謂之事業。易之在于聖人者如此，此聖人所以配乎乾坤也與？

是故夫象，聖人有以見天下之賾，而擬諸其形容，象其物宜，是故謂之象。聖人有以見天下之動，而觀其會通，以行其典禮，繫辭焉以斷其吉凶，是故謂之爻。

此重出正義本，云起下文也。

極天下之賾者存乎卦，鼓天下之動者存乎辭。化而裁之存乎變，推而行之存乎通。神而明之，存乎其人；默而成之，不言而信，存乎德行。

谿田文集

谿田先生文集序

正、嘉間，涇野呂先生、谿田馬先生相與講明正學。涇野嘉懿，多就正谿田；而谿田雯華，涇野未嘗不推轂焉。副墨不云乎：「馬理文章景明詩，當代斯文可讓之。」谿田先生文名赫著，厥惟舊哉！顧草牘散帙，久未鋟梓，景行者多遐思焉。惟時原令張君文溪政成人和，暇綜文獻，彙稿成集。直指安節吴先生督鹺三省，博諏先明，雅意谿田先生，得是集也，喜命受梓，徵言于余，用序簡首，顧下里鄙陋，烏能贊一辭哉？初余諸生讀書室衡，先生便過，側侍論文。先生曰：「君子之脩穆行也，非以爲躁也。爲之於此，成文於彼，近取潤身，遠取華國。又遠取化成天下，斡乾轉坤，不觀陶唐氏之風乎？萬國協和，百蠻服從。」余問：「何以謂之文也？」先生曰：「紕類除而經緯精，是以謂之文也。三代盛時，率由帝道；漢文蔚然可觀，辟疆何以開其臾；唐文三變，良議不能矢其章；宋文奎聚，道學明昌，然幅幀隘擘，航舫不掉，尚可語條理乎？」或謂：「抑氣數之故與？」先生曰：「氣運可諉，聖賢何爲？往觀豐鎬，郁郁文盛。近如我師端毅王公，非柄銓之成章乎？給諫張玉坡原，侍御楊斛山爵，非口籥之成章乎？故辯議不可不爲，辯議而苟可爲，則士心正，吏習端，其與世道未必無小補。云若琱鏤藻繢，炫奇競巧，君子奚取焉？孔子曰：『所信者目也，所恃者心也。』」先生之文，閱目契心，大雅君子，諒自有達觀焉。

賜進士中大夫，提督軍務巡撫，四川都察院右僉都御史，前吏科都給事中，兩朝侍經筵，後學雒遵撰

萬曆十七年六月吉旦刊

谿田文集卷一

關中谿田馬理著
後學涇波雒遵選
宜興安節吴達可閲
三原知縣張泮校

疏

上彌天變疏

文選司主事臣馬理謹奏：爲自劾久病不職，乞加罷黜，以彌天變事。

臣由正德九年進士，十年四月由本部稽勳司主事調今職，至十二月初患病在家。及二十日夜，本司被火，燒毁房屋。蒙聖恩，察臣彼時門籍開注患病，曲加寬宥。臣竊惟天人一理，交相感通，善惡之積在人，災祥之降在天，變不虚生，惟人所召。今臣本部本司被火，求諸感應之理，昭然可見。實臣不職，積惡之所召耳。蓋吏部者百官之首，而文選司者又一部之首也。臣乃何人，濫居是司，故上天降災于臣，以示端于陛下。若曰是不能爲有無，直可去之云耳。

竊念臣職雖主事，然推擇大臣于朝，則保傅以上，與聞其謀；銓選多官于部，則科道而下，與司其事，其任亦不可謂不重矣。使臣等果能日夕孜孜殫心竭力，相與輔相，尚書有爲，俾朝廷進必君子，退必小人，賢者能者，布滿中外，而野無遺佚，則百工效績，四海底平，而唐、虞、三代之治可期也。今海内官無善政，邑無善俗，人無善心，民窮而盜起，兵耗而備弛，譬若巖墻而無基，是之謂危。而執事者不自爲，政柄斯下移，是非不明，賞罰失當，使人善惡莫知所從，譬若理絲而無緒，是之謂亂。夫使天下之危且亂者，官之不得人也。官不得人，罪將焉歸？實臣等不職之咎耳。

今臣等所進未必賢，而賢者未必進。朝有倖位之人，野多考槃之士。如王雲鳳、吴廷舉、胡世寧、吕柟、李夢陽者，皆天下之賢也，臣等不能進；如陳天祥者，天下之奸也，臣等不能退。則臣等之莫爲，有無不可掩矣。語曰：「危而不持，顛而不扶，焉用彼相？」此天之所以降災臣等，使其起處之所煨燼一空，而示以必可去之之意也。

況臣自去冬以來，感受寒邪，始猶皮膚之疾，終成心腹之病，即今醫藥日久而屢犯禁忌，延致表裏俱虛，患生多端，雖勉强支持，實轉加沉痼。夫以百官首領之司，以臣匪才，無病處之尚萬萬弗堪。矧今百病叢軀，日加沉痼，豈應叨享天禄，妨賢而病國哉？兹者雖蒙聖恩浩蕩，憐臣抱疾，曲加寬宥，然臣自内省，實爲不安。念臣自調任竊禄以來，弗能盡職，九月于兹，中心愧怍，日帶厚顔，累欲陳乞，懼非時宜，作而復止。

今天咎臣等，用啟陛下之心，是臣言之時也。故兹鳴訴自首厥辜，伏望陛下覽納臣言，開日月之明，廣用人之路，放臣歸田爲民養疾，或别加黜責，以彰其咎。爲人臣不職之戒，咨詢於衆而進天下之賢，退天下之奸，更選賢能以充臣職，而益責其輔相。尚書有爲則枉錯直舉，人心愜服而天變可彌，四海之内將去危就安，去亂就治，庶幾太平之可望矣。不然，臣知太平之無日也。臣愚昧，冒干天威，不勝戰慄之至，謹具奏以聞。

清理貼黄疏

吏部稽勳清吏司署員外郎事臣馬理謹奏：爲清理貼黄事。

臣素多病，兹蒙聖恩欽陞，前職除，扶病謝恩，到任接管清理貼黄。外臣在任，查得内外大小各官，有除授者，該司付臣，臣爲製黄貼之；有陞用者，該司付臣，臣爲續黄貼之；有考滿稱職與不稱職者，該司付臣，臣爲續黄貼之；有黜罪降調致事爲民者，該司付臣，臣爲續黄貼之，或不續而拔之。蓋所以明賞罰，昭勸懲焉。

近日以來，若汪俊、若馬明衡、若朱淛、若李本、若林應璁、若呂柟、若鄒守益諸臣者，臣聞之朝野皆以爲忠於陛下者也，然皆以拂旨，或黜之，或降之，或囚之，而得罪各異。若桂萼、若張璁[一]、若席書諸臣者，臣聞之朝野皆以爲不忠於陛下者也，然以順旨，或陞之，或起之，或内之，而承寵略同。是皆有關於臣而爲續黄、拔黄者也，其是非若難辨矣。

然臣考之孔子語「事君之道，勿欺也而犯之」，則汪俊諸臣者有焉，若萼等則有欺而無犯矣。易曰：「王臣蹇蹇，匪躬之故。」則汪俊諸臣者有焉，若萼等則唯唯而異於是矣。記曰：「事君有犯而無隱。」則汪俊諸臣者有焉，若萼等則有隱而無犯矣。孟子曰：「責難於君謂之恭，陳善閉邪謂之敬。」則汪俊諸臣者有焉，若萼等則不恭而不敬矣。昔者齊景公視梁丘據而歸，晏子曰：「君所謂可，臣獻其否，以成其可；君所謂否，臣獻其可，以成其否。譬之五味相濟，是之謂和。若據譬之，以水濟水亦同耳，安得爲和？拂則爲忠，同則爲佞。」由是言之，則俊等諸臣與萼等諸臣忠邪較然明矣。

況俊等之見非一人之見，舉朝之見也；非特舉朝之見，天下之見也。萼等之見不過爲干禄希寵之媒，一人二人之邪説耳。今臣承乏前職，坐視萼等一言之入，使宗廟幾于變遷，内閣元老宗伯大臣皆相繼罷言，官又相繼貶竄，侍臣又相繼下獄，在内在外，百司執事，人人自危而咸懷去志，而彼三人者，方且揚眉攘臂，將以入朝就列。

嗚呼！雖范雎之離間秦王母子甥舅以取相位，與夫蔡澤奪范雎之位之巧何以異哉？所謂邪説横流，壞人心術，充塞仁義，甚於洪水夷狄猛獸之災，慘於亂臣賊子之禍，所當辭而闢之者也。使臣隱而不言，但因該司付至，而於諸臣貼黄，從而續之拔之，其爲不職不忠亦甚矣。爲臣如此，將焉用之？又臣近於一二日間，見有差往南京守備太監王鎧者，奏討長陵

[一]「璁」，原作「驄」，據明史改。

守衛軍士云云。

乞廣仁恩疏 代作

吏部尚書廖某等謹奏：爲議處久監囚犯以廣仁政事。

臣伏見陛下御極以來，省刑薄罰，開釋無辜，非因孝心所發，未嘗輕罪言者，囹圄罪囚，如師夔、季敩，皆正德末年議擬極刑之人，迄今五年，未忍遽決，邇者冬月臨刑，又蒙特赦暫免，其好生之德，真與堯舜不殊，覆載同其大矣。臣待罪吏部尚書，蓋嘗叨與會審，請得以所見，推廣德意，爲陛下言之。

臣謹案刑部揭帖，節略有云：「師夔，陜西人，原任江西僉事；季敩，浙江人，原任廣西參政。正德十四年六月間，宸濠謀反，十四日師夔并經過季敩及各官進府謝酒，被宸濠將孫都御史、許副使殺害，將三司等官及季敩綁縛監禁。本月二十一日，撰僞檄並安民僞榜，差校尉押脅季敩，質其妻子，使齎檄廣東等處，至吉安地方，被官軍拿獲。本月二十六日，又差官校周成等，管押師夔，安撫九江。至七月十五日，師夔脱走，訖二十日，官軍俘獲宸濠，師夔等亦各投到續疏紀功。孫御史開查季敩，下家人李慶獲逆賊丁鎮仔等，謝御史開查師夔，擒賊徒周成等各是實，後法司擬罪，比依謀反，知情故縱，律斬決，不待時。」緣所犯律無正條法司比依，深於惡惡之意，此其情有可矜，此陛下所以每歲宥之而未忍加刑者也。

夫見知故縱，臣謹案漢志有曰：「孝武時使張湯之屬修定法令，作見知故縱之法，當時已爲深矣。」然知情故縱云者，謂素與同居親狎，法當首而不首，力能捕而不捕，釀成其惡者也。竊照師夔之於宸濠，素非親狎；季敩之在江西，本屬過客。俱因謝酒之行，偶值不軌之變，是禍機藏於笑談，干戈興於揖讓。若鳥在羅則不首之罪可原，如魚觸網則能捕之勢焉在？

但師夔爲之撫人，乏奮笏擊賊之勇；季敩爲之齎檄，缺仗節死義之忠，是謂從賊有乖貞節。然考諸漢之關羽，忠莫忠焉者也，亦嘗降賊於失利之日；唐之杲卿，烈莫烈焉者也，亦嘗迎賊於無備之時。涅而不緇，雖難可與；倫汙而後雪，則均于不幸。蓋奮翼多出於垂翅，圭璧或隨於泥塗，要在徐觀，未應概棄。故漢高不究沙中之語，光武悉焚王郎之書，莫兹小蠢以成大業，良有由也。再照夔受僞榜，教〔一〕賫賊檄，一則管押而往，桎梏不離其身；一則押脅而行，兵刃恒隨其後，跡同陷阱，諒非甘心，勢若行尸，豈云得已？

况師夔之往九江，管押者周成也，既而夔復伺便擒成而奔於官軍；季斅之赴廣東，押脅者賊徒也，既而斅復使人捕賊而白其心事，則報國之意終顯，脅從之跡益明。昔李白陷於賊中，由水軍之逼而釋；王維降於禄山，以朝天之詩而免。今夔、斅陷賊，雖與白無異，而擒賊則視維有功，况同犯之人多從寬宥，若獨處極刑，亦已過矣。書曰：「殲厥渠魁，脅從罔治。」以夔、斅之事揆之，豈真爲渠魁者哉？豈真知情故縱者哉？正亦脅從之流耳。

伏望陛下念死者無再生之因，斷者無復續之理，擴好生之德，特敕法司，將師夔、季斅原其脅從之情，寬比依之律，坐以減死之罪，放而流之，不復齒焉。則聖德真與堯舜比，而仁恩既至，義亦盡矣。且臣又聞之，昔元主太宗疾篤脈絶，藥不能療，其臣有耶律楚材者勸以放赦，已而脈生疾愈。近聖體違和，臣日夜不寧，展轉憂慮，忽記楚材之事，輒思芹曝之獻。今聖體雖就平復，而臣區區效忠之心未已，故敢昧死以前項事情爲陛下言之，伏惟垂日月之明，察管窺之見，留神采納，幸甚幸甚。

謝恩疏

南京光禄寺卿臣馬理謹奏：爲謝恩事。

〔一〕「教」，疑當作「斅」。

臣先蒙聖恩，授臣光禄寺卿。于嘉靖十二年十月間，臣偶患痰疾，具本奏乞致仕。蒙聖恩，準臣回籍調理，候疾痊之日起用，欽此欽遵，外續于今年十二月十一日。復蒙聖恩，授臣今職，臣三月初十日聞命，即望闕叩頭謝恩外，於本月二十二日起程赴任，至四月二十二日渡江謁陵，二十四日早赴本寺衙門，望闕叩頭到任。

外臣竊惟南陵視膳，重霑覆載之恩；北極瞻天，益遂割烹之願。尹志猶篤，顔學未忘，誠親見放勳重華之風，敢自負陋巷簞瓢之節。臣又惟，臣生於成化十年，甲午迄今，正年七十，禮大夫七十致仕，今例京官七十致仕，與禮實同。

臣自揣，臣應事精詳，廉正公平，不如浙江周文興；明敏有爲，文武俱優，不如朝邑韓邦奇；静正無私，屹若砥柱，不如懷慶何瑭；遇事安和，中行無咎，不如榆次周鈇。外此濟時之才，足以却胡安夏者，尚濟濟在野，未易悉數。

伏望皇上，察臣衰老，放歸田野，取臣所言及未言之才，令該部斟酌，任而用之，則不出三年之間，虜患可消，内亦無虞，天下幸甚。臣隨於二十六日具本，二十八日差家人某齎赴通政司投進謝恩，兼引例自陳，乞賜致仕，臣稽首頓首，不勝戰慄之至，謹具奏聞。

谿田文集卷二

序

陝西通志序

雍人曰：往歲帝命司馬獻臣撫我西土。司馬姓趙氏，名廷瑞，直隸開州人，詳名宦志中。於内靖外安之暇，念及斯文，乃會諸臺獻。臺獻謂巡按御史張氏名光祖；浦氏名鋐，周氏名南，詳名宦。及三司諸明。諸明謂布政使喻氏名茂堅，鄭氏名氣，王氏名庚。按察使陳氏名儒，張氏名問行。參政管氏〔一〕名懷理，謝氏名蘭。副使楊氏名仲瓊，僉事張氏名文藻，徐氏名萬璧。都指揮僉事蔣氏名孝禮。其餘諸君子俱詳見名宦。諏曰：「昔在成化，端肅先明。端肅姓馬氏名文升，河南鈞州人。保釐茲土，肇修前志。惟時臨川伍氏，名福，時爲提學副使。實執筆焉，逮今七十載矣。其後信陽何氏，名景明，正德間爲提學副使。雖嘗撰述，識其大者而已。先今文獻，苟無所紀，後將何徵？」諸獻明曰：「然。」爰用幣及書，託涇野宗伯姓呂氏名柟。逮余衰朽，續前二志。維時二人出所藏籍，萃諸時彥，就館竹林，寇萊公祠名，在高陵、三原二縣境上。議纂述焉。未幾，宗伯乃歸侍慈闈，尋罹内艱，繼應星殞，溘焉長逝，遺〔二〕予如鵜喪厥翼焉。

〔一〕「管」，疑當作「菅」。按：菅懷理，字一初，號復齋，山東臨邑人，嘉靖八年進士。

〔二〕「遺」字原脱，據明嘉靖陝西通志補。

嗣是乃咨諸時彥，展才助余。彥乃觀象考籍，得茲土星文，當列宿之半，五行之二，雲漢之全。復屢得秦星所在。詳見星野。又察理考籍，得天下山川脈之所起，源之所發，爲紀爲絡，爲條爲列，分江分河，要會之處。河源舊稱出於崑崙，今併江、漢、涇、渭，皆詳其發源之所。又考天下山川有二紀，有四列，皆以終南、秦嶺、太華爲中界。在其北者爲地絡陰山、陰川，其川爲河，爲北紀、北條、北列；在其南者爲地絡陽山、陽川，其川爲江，爲南紀、南條、南列。脈之所發，皆在西北。其會皆在華山之陰、之陽。詳見山川。又參互考訂，得名山大川所在。昔所迷者，辨而著之。如甘泉舊誤在涇陽境中，荆山舊誤在富平境中，秦嶺舊誤稱在于商州，終南舊止稱在長安城南，龍首、少陵、杜陵、鳳原、黄山、畢原、石安、畢陌舊皆析爲數處，鎬水、潏水、交河舊不詳所在，今皆注之，詳山川。又稽諸古今茅土之頒在茲土者載之。詳見封建。復見諸郡邑之設昉於茲土，有因有革，有割有合。志者或顧其一指，失其肩臂；或地在他方，冒名在此。史既舛謬，志益踵訛，悉加正焉。如富平舊爲頻陽、懷德、美原，舊史誤以北地富平爲西安之富平。宋志因之，故以後諸志皆訛。涇陽、萬年皆然。今皆正之，詳建置沿革。尋考河套、西域，吾故疆也。具有城郭、物產，在其土地；建置沿革，見諸圖籍，爰收而載焉。詳見河套、西域。仍稽諸聖蹟、古蹟，布我疆域，輝耀山川，苾芳簡册。爰別而紀焉。詳見土地十一、十二、十三卷中。續議茲土之獻，聖神爲大。肇造彝倫，傳道開來，制厥服食、宫室、器用、書籍、禮樂。詳見文獻聖神卷中。舊或略之，而詳諸異端辭客之事。特表而著之，綴以蕪辭，繪高厚焉。續議茲土之文，經籍爲大。舊或略之，而詳諸詖淫浮誕之文，乃載其要略，繫以管見。詳見經籍。續議茲土之獻，聖神之下，帝王爲大；茲土之文，經籍之下，諸史子集可及。爰第而載之。繼索茲土名世之宦，鄉國之賢，雖人有崇卑、顯晦、剛柔之異，行有偏全之殊，爲獻則一。舊所遺者，悉登載之。西安古賢遺者增入八百餘人，他府類是。但儲書未廣，昔賢之行，未能博聞。又見任名宦不書，尚疏略耳。嗣以茲土藝文孔殷，非大車可載。乃擇其關治教者録之。嗣以茲土人民，自古及今，屢有消長。詳著於編，見戶口蕃息在仁惠焉。至於物產，則黄壤之區，黍稷之美，甲於天下。乃本草訓注，諸家農書，不別二物。夫性既不同，用各有宜。儻事君事親，誤羞湯藥，豈細故哉？故明以辨之。若夫釋、老二氏，實繁有徒。其棲止出處，不可勝算。考厥先師，具有妻子。故詳其源委，繫以鄙言。蓋厚吾彝倫，厚其徒焉。其徒聞之，靡不忻悅。可以見其情與治之機矣。乃若政事，在茲土者，各詳本篇，稍見義例。他不載者，不勝載也，乃以鑑戒終焉。夫諸彥之意，其深矣哉！

諸彥就館於嘉靖辛丑三月六日，散館於壬寅十一月望日。先授之政要者爲笑齋龔子，名輝，見名宦。後校正者爲鳳泉王子，名邦瑞，見名宦。督鋟梓者爲吾守六泉吳子，名孟祺，見名宦。諸彥者，謂朝邑教諭華陽雙應麟，富平訓導崇寧周文翰，三原訓導解州呂鳴韶，三原舉人賈守正、選貢張治國，高陵選貢劉守德云。

賜進士出身中大夫光祿寺卿三原馬理序〔一〕

長安志序　代作

長安古帝王賢聖之域，謂之神皋，其有圖志舊矣。愚承乏來守是郡，謂宜知先務也。詢諸名公，乃得長安圖說并其志焉覽之，吾取其風俗之策焉，曰其民好嫁〔二〕穡、務本業，有先王遺風。

嗚呼！非周之世德，何以及此？其有得於思文、豳風之詩矣乎？無逸之書矣乎？於美哉！其開國，其延祚，盡在是矣。

或曰：「秦、漢而下，有遷人焉，駁矣奈何？」曰：「不。」曰：「世家好禮矣乎？觀夫宋、元之儒，所服行信矣。今其居鄉之禮存，奚駁之患哉？駁而去之，存乎懲淳而還之，存乎勸是在吾有司焉耳，有都邑之策焉。吾取諸隋，以言乎坊巷則畦分爾矣，以言乎公私則區別爾矣，以言乎防革之法則備矣。於美哉！其得周禮之遺制矣乎？是故足以禁奸，足以

〔一〕本句原脫，據明嘉靖陝西通志補。
〔二〕「嫁」，疑當作「稼」。

保民。夫坊區不易別也，吾用其墉門之制焉，亦幾矣。有水利之策焉，吾代取之涇渠其大者也。圖說悉矣。於美哉！其誠所謂舉鍤爲雲，決渠爲雨者乎？其得盡力溝洫之意矣乎？」

或曰：「是秦用富強者也，今沃壤無幾而旱乾告災，奈何？」曰：「譬諸雨暘極備，凶極無凶。志有之時而引之，均而用之，小人盡力，君子盡心焉爾矣。今曲防者多，是謂極備，能無極無者乎？況引之或苟焉，安望其用之均也。所謂盡心者是在吾有司耳。夫志也，往跡庶乎昭矣，以徵諸載籍，賢於注疏，於人心寧無佼乎哉？然或疏於古而密於今，使經制不著而詳夫不貞之度焉，僭也；志怪有餘而陳常不足，誕也；離者合之，奇者偶之，舛也；訓釋以爲目而莫知綱焉，散也；總持莊嚴隋有寺焉，金仙玉真唐有觀焉，而莫知其非，亂也。其諸子真之泉，崔、郭之宅，老子之墓，尚有關於風教矣乎？」

志凡二十卷，宋龍圖學士宋氏敏求所著，并首圖說三卷，元行臺御史李氏好文所編傳，自藍田呂氏、月山張氏嘗校焉者也，要矣。然視張華所識，已十亡七八，適今不傳，後又何賴焉。孔子曰：「吾猶及史之闕文也。」謂疑、信皆傳古之道也。是故刊諸郡齋以有俟云。

壽樂園序

嘉靖庚寅春，臨潼主人營東園成，有渭川居士來謁，主人時方繹於先王，未之暇見也。明日始延客于園。客自西南隅入巽維門，再入重巽門，循女牆而東，有亭構柳陰對重巽者，劇舞亭也。亭畔有渠，自東南龍首而來，入宮牆而出，柳下者觀瀾渠也。沿渠而北而西，當兩垣之中，闕地而池，以魚鱉、菱芡、蓮藕者，讓川池也。有亭當中環以池，通以橋者，歌薰亭也。入池，登亭南望，女牆外有奇峰重巒，崚嶒嵯峨，狀如太華、終南、太乙、紫閣者，覆蕢山也。越池而北，有亭四楹，翼然于萬花之叢者，太樸亭也。自太樸而北，有堂六楹，巍然于松檜之林者，集雲堂也。自集雲而北，有亭在竹所，兩楹而前，一楹而後，狀如鼎足而宜獨居者，保極亭也。

觀已，主人曰：「吾園何如？」客曰：「吾既管窺之矣。夫巽遜而入也，德之門也。重巽深矣，德可量乎？夫入德莫先於知止，知止者莫如山，故爲山於南而曰覆蕢焉；夫知止斯可期於得，得斯樂，將不自知其手之舞之足之蹈之矣，故託亭於柳而曰劇舞焉；夫得止未易言也，在不息其功焉，物之不息者莫如瀾，故渠曰觀瀾，寓自強之意也；夫自強然後能下人，下人者善之海也，故池曰讓川，夫下下者必有所戴，戴上者必歌其德，薰風君德也而著於水心，故亭曰薰風；夫歌德者，和順之所發也，和順積中，英華見矣，然君子衣錦尚絅，匪英華之貴也，故亭於華叢而曰太樸焉。夫反華歸樸者，爲己之至也。夫然後日章而朋來，雲斯集矣，故廣堂於松檜之間曰集雲，見同人之樂焉；夫同人者，非私交也，所以保皇之極也，故亭於竹所曰保極，見尊君之至焉。」

主人曰：「詩云：『他人有心，予忖度之。』吾子之謂也，是則然矣。然疇昔吾園之成也，有君子過我，取其大而略其細，命曰『壽樂』得乎？」客曰：「美哉取也，吾遺論矣。其深有取於覆蕢、讓川矣乎？孔子曰：『知者樂水，仁者樂山；知者動，仁者靜；知者樂，仁者壽。』夫仁者靜而似山，故樂山，其效也壽；知者動而似水，故樂水，其效也樂，此不易之言也。然其所以動、所以靜、所以樂、所以壽者，得無有本矣乎？夫山者，覆蕢之積也，積而不可以有加焉。斯已矣，故善動者，莫得而移之也，不亦至靜矣乎？故不騫不崩，悠久而無疆焉，不亦至壽矣乎？君子積善而仁，其效亦猶是矣。天下之水，源於川而委於海，夫海讓百川，而天下之水皆歸焉，惟其不自滿也。夫自滿無時，則其歸亦無時，故源泉混混，不舍晝夜，善禦者莫得而遏焉，不亦至動矣乎？故周流無滯，有至樂之象焉。君子讓善而智，其效亦猶是矣。」

主人曰：「仁且智矣，又何加焉？」客倚琴而歌楚茨之四章。主人謝曰：「是示我以保極之道，在於祀也。」歌初筵之二章。主人謝曰：「是示我以知者之樂，在於祀也。」歌信南山之亂。主人謝曰：「是示我以仁者之壽，在於祀也。敬聞命矣，敬聞命矣。」客於是壽主人，主人酬之。

於時客後入者，衆咸底於保極之下，返而燕于集云，覽太樸之華，即觀瀾而流觴，詣水心而歌薰，俯讓川，眺覆蕢，婆娑于興舞，然後由重巽而歸也。

全唐律詩序

壺關張侯來自翰林吉士，宰吾三原，明年政暇，志於詩樂。乃閲唐人律詩，手自選取，多寡弗倫。若杜子美詩則全取之矣，其孟浩然、王摩詰、李太白、韋應物詩則訪於理而多取之。

既成編矣，或人疑之，問於理曰：「夫侯有大人之事，乃耽詩也邪？」曰：「昔者堯舜之治天下也，詩用言志，工用時颺，典用后夔，總用神禹，以教胄子，以格頑讒，以和神人，以在治忽，而又省方，觀民敷言，采詩三代，盛時亦莫不然。何爲大人而不耽詩乎哉？侯是舉也，匪徒自耽，將與吾民耽矣，惡乎不可？」

曰：「吾民有小人之事焉，乃耽詩也邪？」曰：「堯舜之時，工人鳴球以詠，童者干羽以舞，君臣賡歌於朝，金木水火土穀，正德利用厚生之人，咸歌其事，鼓腹之兒，擊壤之老，亦皆有謠有歌，故當時九功勸，百神享，群后讓，鳳凰儀，鳥獸舞，堯舜之德於是爲盛，蔑以加矣。何爲小人而不耽詩乎哉？」

曰：「吾聞大儒蓋有薄詩而不爲者，得無謂邪？」曰：「儒莫大於孔子，孔子雅言庭訓，不離于詩。曰詩可以興，可以觀，可以群怨，可以事父事君，可以言，可以授之政而達。以不學面牆而警伯魚；以可與言詩而許商、賜。問曾皙詠歌之志，則喟然稱嘆；聽子遊弦歌之音，則莞爾而笑。豈徒然哉？蓋欲協和斯世，如堯舜時爾。故周流四方，擊磬有心，絕糧七日而樂音不絕，及夫老而不遇，則删詩正樂，以垂後世。然居嘗無故，即琴瑟在御，與人和歌，蓋山木之音至於夢奠之辰，猶徹外塾，何爲大儒而不爲詩乎哉？」

曰：「吾聞儒者所取唯古詩耳。唐人律詩亦足取耶？」曰：「唐人尚音，其文詩；宋人尚議，其詩文。故唐詩爲有音也，其比興具，其聲律諧，當時被之管弦，後人取以詠歌，故律體工焉。雖有散篇，去古頗遠，亦律之屬耳。若夫忠君愛國，辭本至情，弔古懷賢，言垂確論，有補史編，亦關風教，此其上也。其或意趣沖素，襟懷散逸，音節春容，氣象閑雅，乃其配焉。至於詠物寫懷，渾成雄偉，蘭翠弗飾，海鯨是掣，斯其次也。外是則綺麗穠纖，奇巧險怪，斯爲下矣。但當其時，上無觀風時颺之政，下鮮和順道德之人，故外重內輕，物交斯引，言不本德，樂難道古，斯其疵耳。間有高才之士，乃復老釋是依，喪予懷珍，朵頤丐夫，又焉用之？此知道之士，所以不滿夫人之所爲也。」曰：「進此其何如？」曰：「若宋儒之蘊發以唐人之辭，其庶幾爾矣。」

曰：「儒者蘊美在中，顧不長於辭也耶？」曰：「聖人之德極其全，賢人之學識其大。孔子之聖，一事一官必問於人，一禮一樂亦皆有師。俎豆之事，萍鳥之謠，無不識焉。故其爲德之盛如天地之所以爲大，莫可測也。若夫賢人之學，何必然哉？知所當行，執而守之，之死不渝，亦成人矣。故顏子博學於文，曾子用心於內，則夫儒有不爲詩者，非惡於詩而然也。用心於內而識其大焉，其道固如是耳。」

曰：「子言之天下之治，匪詩不興，匪樂不成，已則不能而欲人爲之，有是理邪？」曰：「公輸子之爲藝也，得之於心，應之於手，故使之爲梓人，則指麾群工而奔走焉，爲良梓人矣；使爲工人，則循其繩墨而毫髮不爽，爲良工人矣，餘則不然。群工之斧斤，待梓人而後施；梓人之器用，待群工而後備。故孔子之聖，委吏可也，乘田可也，攝行相事亦可也，從周之文可也。行夏時，乘殷輅，服周冕，舞韶樂，亦可也。賢者則不然。今使存乎我者，有公輸子之藝，則梓人可也，群工亦可也。否則吾爲梓人而指麾群工焉，亦足矣，又何不能之患之有？」

曰：「是則然矣。予獨患夫唐律終非漢、魏古詩之比，好古之士，恐不足以通之奈何？」曰：「所通殆有甚焉。」曰：「何如？」曰：「自其異者而言之。異方、異言、異時、異音，楚之語不通諸齊，越之音不通諸秦，都俞之文，非特湯、武不得而因之也。楚之騷，漢之賦，宋之詞，元之曲，后夔得而知之哉？蓋古今器物不同，事跡亦異，各據其情而文之，良不同矣。然本其大同者而言之，奚啻漢、魏？今夫里巷有歌，其比鄰之人，胥集而聽，或和焉。取薰風之歌，清廟之頌，援琴而鼓之，則學士經生，聽者稀，和者寡，欠伸而思臥矣。豈夫人之情皆好不善而惡至善也哉？知與不知故耳。夫鼓樂于此，將以移風而易俗也，乃使聽者稀，和者寡，欠伸而思臥焉。吾孰與移易之哉？故農父獵夫薅苗弋梟之言，先王采之；蘋女蘩妾拾翠條桑之辭，周公存焉。爲是故耳，夫先王、先公豈不知？夫聖智之人之言之爲美哉！蓋白賁弗賁，斯爲賁之本耳。故繪事後素，大羹不和，大音希聲，大禮無文，是皆先質後文而重乎本也。由是言之，則夫詩者又何不古之患哉？夫先哲導民，方其治功之未成也，必取夫前代禮樂用之，及治成則已。故諺有之曰：『得魚忘筌，得兔忘蹄。』此之謂也。」

今吾侯〔二〕誠以是爲筌、蹄而導吾民焉，使士興于學，農興于野，工商興于市肆，由是以言其志，以成其德，以樂其事，以勸其功，周乎四境，弦歌之聲洋洋乎而盈耳焉。則夫武城之治將不是過，他日觀風者以聞于上，入鈞天之樂而奏之。而又使夫四方則之，則功敘之歌與韶同情，又何漢、魏之足云哉？」

他日，或人見侯，道侯眈詩之美。侯曰：「吾慚所眈非古詩也。」或人以君子之言語之。侯曰：「有是哉？今而後吾不慚所眈矣。」

聖訓演序

「聖訓」者何？我聖祖高皇帝之訓，所謂教民義者是也。今曰「訓」者，臣子辭也。蓋皇極之敷言，簡而盡，近而遠，易而難，萬世太平之要典也。昔天厭胡元，穢茲中夏，乃誕我皇祖，一洗而清之。肆華夷，復別彝倫，再敘其大經大法，所以佑啟天下後世者，詳矣、盡矣。然茲聖訓，實其要焉。

臣嘗莊誦茲訓，曰「孝順父母」，曰「尊敬長上」，曰「和睦鄉里」，曰「教訓子孫」，曰「各安生理」，曰「毋作非爲」，纔六言而已耳。夫六言以鼓舞一世，若甚簡也，然易之理，書之政，詩之情，禮之體，樂之用，春秋之法，無弗備焉。誠無攸不該，包

〔二〕「侯」，原作「候」，據文意改。

乎天下，無遺道矣。不亦簡而盡乎？夫戶庭鄉里之行，非遠也，然身必由是以修，家國天下必由是以齊、以治、以平，民以遠罪，士以希賢，賢以希聖，舉足而道存，放乎四海優優乎而有裕焉，不亦近而遠乎？愚夫愚婦所易知也，所能行也，然與民由之，欲博以濟聖神，病焉。有能一日用其力于斯矣乎？未見力不足者，然至止實難。譬諸山海，登而彌高，望而彌遠，雖終身踐之，有弗能盡者，不亦易而難乎？是故自古迄今，天下國家，循之斯治，違之斯亂，而城郭兵食不與焉。夫非萬世太平要典也耶？

曰「演」者何？蓋自夫聖訓之垂世也，世皆欽遵之而獻臣爲甚。有注而行于巡撫時者，三原王端毅公臣恕是也；有贊而行于司寇時者，靈寶許太宰公臣瓚是也；有録注及贊而又附以古今嘉言善行行于巡按時者，淳安御史唐子臣錡是也，故以「演」名書，凡三卷，計九十葉有奇，西安郡齋嘗刊行矣。於是涇陽李令東鹿臣引之重刊行者，志便民也。諸臣序之詳矣，臣理復贅言者爲重刊發也。

保安州保極書院序

保安城之西隅故有尼寺，嘉靖間毀之爲書院，學者集焉。蓋學宮所不能容，舉業所不能拘者，咸在是矣。然不扁曰「保安」，而曰「保極」者，志放勳也。或曰：「放勳，皇上之功也。茲建學有司之事耳，恐皇上未聞，亦歸功耶？」曰：「典有之，子未之察耳，何如？」曰：「先是，天下多尼寺，所在婦女蕩者萃焉，故男女無別，敗倫傷化，害不可喻。皇上在位九年，知斯害之大，敕令天下諸尼，少壯者嫁人，老幼不堪嫁者，所親收養。寺毀改之爲學舍，或廛或廨。巽命一下，維時寺咸毀改，污俗新焉，夫然後天下之男女別矣。茲書院者，毀改之一也。有司之事耶？夫夫婦者，人倫之本也。男女別而後有夫婦，有夫婦而後有父子，有父子而後有君臣、長幼、朋友，胥此焉出，彝倫敘矣。於戲！男女別而彝倫敘，洪水抑而天下平，其功一也。有司之事耶？」

或曰：「茲大同亂兵再戕，其將正邊陲守臣治戎討逆之秋，乃學校之教是申，不亦迂乎？」曰：「夫亂，正教之無素，人倫之不明耳。使教行而倫明，奚至是哉？昔孔子論政，謂不得已，寧去食以死，而信不可去，是言教化之急甚於飲食，不可一日無也。可因亂而廢之哉？」

「教將何如？」君子曰：「道不遠人，惟茲彝倫；君子明之，皇極是遵。庸言惟信，庸行惟謹；時善斆學，皇極是準。除尼興學，造端之義；皇極是則，察乎天地。毋談空玄而行不然，時謂僧尼倫其斁旃。」於戲！戒之哉，戒之哉！

書院南北縱四十步，東西前廣十有五步，後廣十有七步，內前後堂各三間，堂前東西學舍各三間，未爲直方大也，在後之君子拓之耳。時布上德意，而總制于斯者爲兵部侍郎、副都御史劉公源清，巡撫于斯者爲右僉都御史韓公邦奇，嘗提督學校於斯者爲御史胡子效才，巡按于斯者爲御史李子朝綱，分巡于斯者爲劉子某，先後效力於斯者爲知州張雲及董希曾云。

孟姜女集序

秦始皇時有孟姜女者，楚地澧人，范郎妻也，姓姜氏，行一，故曰孟姜女云。歸三日，范郎赴長城之役，姜女恒登臺望歸。今澧州有望夫臺，其遺跡也。望久不歸，則製爲寒衣，躬往送之。方望時，臺傍有竹，以針刺葉，碎細如線，今其地竹葉猶宛如線然。其地又有石如鏡，州人名曰「烈女遺鏡」。豈其望夫不歸，遂棄擲妝具而不復用耶？詩曰：「自伯之東，首如飛蓬；豈無膏沐，誰適爲容。」此之謂也。今二物並存，豈天留烈女遺跡以陰騭彝倫也邪？

其送寒衣，自楚而北，經堯都，澮水漲而巨濟，則手拍南崖而哭，澮爲之淺而可涉。今平陽侯馬驛南澮河南滸沙岸有手跡數十，自古及今，岸崩難以數計而其跡不滅，亦天與留遺跡也。自是賫衣至城所，尋問范郎不見。人曰：「此人從事，力綿而功寡，吾大人執而埋之版築中矣。」烈女乃望城而哭，哭聲震地，城一隅爲之隳焉。隳所雲霧之中，范郎見其像焉，烈女即其處而求，骸多不可辨識。乃齧指出血滴骸，見指血滲入其骨，不可拭者，知其爲夫骸，遂負之以歸。蓋由君子濟渡經離陰而南奔也。

時夫長白其事於主將，主將命騎追之，烈女至宜君山同官界所，登山，渴甚痛哭，地涌甘泉，濟其渴焉，今其地名曰「哭泉」。有鋪焉，亦以「哭泉」名其遺跡也。時烈女倦甚，不能奔趨，而追騎將及，忽山峰轉移遮路，若前無逕然，追者乃撥馬而反，於是烈女之難始脱。烈女由是南至同官水灣之所，筋力竭矣，知不能返澧，乃負骸置之西巖石龕之下，坐於其傍，遂瞑目而逝。

逝後，同官人重其節義，乃即其遺骸，塑雙像而祠之。其龕中石隙，祠人致誠，以燭燎之，則有金釵出見，示神異焉。古今詩人過其祠者，罔不題詩祠壁贊美，然不著其爲何許人。或曰：「即左傳、孟子所載杞梁之妻。」後人辨其非，是是矣，然終莫詳所出。

皇明嘉靖丙申有澧人副都御史先嘗巡撫延綏李公如圭者，移文同官縣學，令豎碑修祠，致祭以裨名教，而後烈女顛末始明。然祀事未有簿正，不可常也。至嘉靖丁未仲冬，知同官縣事亢令慶鴻思勵風化，葺修其祠，自備牲醴，祀已仍擬於均徭差内，擬僉廟夫一名，仍擬於徭内，歲支銀三兩二錢置辦。清明及十月一日，祀品乃申呈當道處分。時巡撫副都御史謝公蘭、巡按御史徐公祚、知西安府事胡公汝輔，俱移文依擬施行，夫然後烈女之祀典，庶幾悠久爾矣。

或曰：「烈女之行，誠不可泯。然竹葉爲之成綫，山石爲之成鏡，澮崖著其手跡，長城爲之崩摧，山峰爲之轉移，遮路石嶺爲之湧泉，無乃好事者附會之與？」曰：「史載石言于晉，舞于曲阿，飛于曲陽；山出于新豊，飛去于巫峽，飛來于杭，如斯變異不可勝數。今見于方輿，豈皆附會之與？」

由是言之，烈女之貞心，感天地，動鬼神，變異山川竹木，信非誕妄，明矣。太史遷著史記，志秦、漢事，荆軻以刺客得書，鄧通、韓嫣以佞倖得書，卓氏以貨殖得書，烈女乃遺而不録，致後人惑疑，此史遷之失也。則夫古今詩人詠嘆其事，均有關於風化，胡可泯耶？今録其存者，刊而布之，四方命曰姜女集云。

送方伯訥齋胡公節鎮榆林軍序

粵若嘉靖庚寅春，我北鄙榆林軍闕御史大夫冢宰，乃疏二臣于上，其一爲訥齋胡公。

疏略曰：「臣伏見陝西左布政使忠，宜興人，由戊辰進士授戶部主事，歷員外郎郎中，佐司徒制國用，度支有功，陞廣西參政。貳方伯撫除猺獞，妥疆域，維裕調湖廣，救荒活民，陞陝西右布政使至今。官內綏八郡士民，外歷三邊，餉軍有功，諸御史大夫薦二御史、薦八肆，臣某舉才賢，惟帝時遴時使。」

帝曰：「俞忠往欽哉？」於是錫命使至曰：「惟茲榆林，我軍東連朔、代，西接環慶，南衛關輔，北當匈奴。惟茲匈奴數弗靖于我鄙，震驚我師，擾我耕桑，廢我樵牧，我民用咨，帝用是簡。爾爲御史大夫，往鎮茲土。倚爾惟長城，茲往其善視我師，奠我邊鄙，毋俾叔虎專美，有周往欽哉！」公稽首拜命，翼日乃就道。

於是藩城諸君子咸餞之渭上，野人則從而留之，曰：「公宅心亶厚亶穀，敷政亶平，宜我士民。我士民祈淹茲數年，衆心實若結罔釋，寧無慰哉？」君子曰：「毋然，比我關中歲凶，北鄙滋甚，民流移，將士枕藉以殍。匪惟內憂，實外虞。皇上特側席任公，公宜遄往，其毋淹哉！」

公曰：「加之師旅，因之饑饉，今時則然矣。往將焉攸爲耶？」君子曰：「吾聞昔哲人之撫士也，使寒者如燠，餒者如飫，張空拳者莫知白刃之當乎前也。夫豈犒賞激之哉？在誠以感之云耳。夫民愚而神也，當爲而不爲，而有所託焉，不可罔也，所不當爲而已焉，人孰尤之哉？能爲而不爲，與爲之而無其實，不可罔也，所不能爲而已焉，人孰尤之哉？夫然後膏之而勿屯焉。昔人剥削之事無弗革焉可也，餱糧之不足也。吾處之急於饔飱焉，不得已而授之，值昔人減值之事，勿復蹈焉可也，人孰尤之哉？若是則饑饉吾無患矣，然後謹其烽燧焉。夫烽燧而臺，昔人非不討謀而營也，有改作者乃空其中以招寇，使得熏煨焉，我罹其毒者衆矣。假使司烽燧者十人，二人自上而窺，敵八人自下取土而實之。日以尺計，則經月而畢，使減其人之半，則經時而畢，而毒可遠矣。夫然後豫以教之，有難焉使，說以犯之，又律以出之，丈人以率之，弟子遠之，左次以備之，時田禽而執之，則外攘内安，師中之吉可獲，將晝接蕃錫而赫有輝矣。夫師旅又焉足患耶？故曰：『誠者，政之本也。』」公之僚友曰：「公誠以待物，是故反覆及之。」公于是謝諸野人而別君子，曰：「美哉！誠也。道其行矣，夫吾茲試矣。」

送方伯秋浦汪公陞湖廣巡撫贊理軍務序

嘉靖壬辰春季，上擢我左方伯貴池汪公爲都察院右副都御史，巡撫湖廣，贊理軍務，蓋簡任之也。於是吏部咨西内降符驗，東内降敕，俾端往行事焉。

夏四月既望，公發西安，僚友及西安人士送者如蟻，大司徒劉近山氏，少司寇韓野田氏，憲長謝龍渠氏，少司馬蘇太乙氏咸在，步灞水。公不能止，曰：「珊無德於藩，勞先達公老如是，是芒刺我矣。」劉近山氏曰：「公居上，敬而恕，臨事辨而不私，民依而安，吏依而靜，吾藩若無事焉。如甚德！如甚德！」

公曰：「諺云：『無陟高，視斯顯矣；無遷喬，聽斯遠矣。』湖廣之任，吾懼夫視聽之攸歸也。」曰：「其歸維何？」曰：「所臨有君子焉，有庶民焉，有三軍焉。力小而任重，懼弗勝矣。」曰：「君子亦不易臨矣乎？」曰：「昔黄公躓于斯，頃諸公尼于豫于時，良不易也。」

曰：「公之道用其半，斯足已矣。」曰：「其半何如？」曰：「恕矣哉！公昔由南臺而北，乃攬轡而入關，於中丞嘗有合也，茲所如遇外臺，推吾心而施之，猶加乎其身也，孰其睽之哉？昔又憲副河南，復分守于茲憲，長于浙，將右轄于廣東，遂左轄茲于中丞，屢有合也。茲所如遇藩臬，推吾心而施之，猶加乎其身也，孰其睽之哉？」

曰：「施於庶民何如？」曰：「吾赤子飢而啼，吾高粱弗能飽也；寒而號，吾狐貉弗能温也；放逸而邪僻，吾恬養弗能安也。今民十室而九匱，啼而放逸者亦多矣，乃或令繁而徵急，視之如秦、越焉，其能定之哉？盍自吾愛子之心而推之，罷諸不急之令，無名之徵，深文生事之例，一切擯之懷之而爲其慈母焉，臨之而爲其嚴君焉。夫放逸之不戢，吾弗信矣，於撫民何有？」

曰：「施於軍務何如？」曰：「子弟弗恤，使蕩析糊口焉；手足失養，使風濕不仁焉，乃倉卒有患，求捍而衛之，必不獲矣。此祈父之詩所以序於白駒、黄鳥之上，君子是以知威之風不可復也，何不戒乎？故君子愛人，自吾家而推之，皆子弟也；自吾身而推之，皆手足也，能無恤乎哉？是故讐可友之，逸可勞之，柔可強之，生可死之，靡不忘乎其初矣，於軍務何有？行見勞師之樂作，公子且彈冠有矣，故曰茲往。公之道用其半，斯足已矣，又何懼焉？」

公曰：「斯一貫之道，君子終身行之，有弗能盡者，予敢當之哉？思日孜孜而已。」於是爵行至而別。

送鮑公轉撫雲貴督師平蠻序

嘉靖己酉、庚戌間，蠻侵擾郡邑，雲貴撫臣屢綏之討之，未之怙也。辛亥益熾，傷長吏。上震怒，咎撫臣以綏我西土，副都御史鮑公往代之。

時公如朔方防胡，偶簡命下，即旋旆南邁，於是西人咸垂涕送公。三原人曰：「公昔贊憲我土，嘗以公得民，以明得民。茲保釐又以寬得民，以簡得民，以惠得民，今棄我而督師于南，蠻知平矣，如吾民何？」或曰：「伊蠻，槃瓠種也。其帥曰精夫，昔唐、虞盛時，弗克遵化，要質之而已。命曰要服，夏、商中葉，漸爲邊患，周宣中興，命方叔南伐來威，平王東遷即侵暴，自是叛服無常，今公往平，不亦艱耶？」原人曰：「公以明公之心，施諸寬簡之政，惠斯溥而華夷服矣，於平是也何有？」曰：「蠻有種心，非其主則吠之，雖聖人不知尊也，服之不亦艱耶？」曰：「昔秦置黔中之郡，郡此蠻也；漢改郡爲武陵，收賨賦焉，賦此蠻也。威力亦足以制之，況於德耶？公宣雷霆之威以臨之，彼雖頑如犬豕，將蘇蘇而入于牢笠，不遑寧矣。何艱之有？」曰：「蠻有溪洞如蛟虎淵穴，攻則没而深匿，捨即出而噬人，驟討之，恐師老而未易襄也。」曰：「神守設而龍制，由鹿媒而群獲，故漢時武陵諸蠻之叛，用零陽五里精夫破降之；漊中諸蠻之叛，募充中精夫破降之；澧中諸蠻之叛，募五里六亭之蠻破散之。吾以蠻攻蠻，得其淵與穴矣。何師老之有？」曰：「蠻亦可用耶？」曰：「板楯之蠻，武王嘗用以伐紂，漢高亦以爲先鋒而定秦，故伐紂之歌，巴、渝之舞，其人習焉。故東漢郡守恒率以征伐，馮緄、李顒諸人皆倚以立功，吾用之正神守鹿，由之類耳。」曰：「靖之何如？」曰：「撫我則后，虐我則讐。雖吾民亦然，而況於蠻乎？亦在撫之而已。昔程包平蠻方略有曰：『長吏鄉亭，賦斂繁重，莫可告訴，以致叛戾，彼非有僭逆不軌之心也，但選明能牧守，自然安集之矣。』時用太守曹謙宣詔，即皆降伏，公茲往，盍自反曰：『吾郡守錢徭重與？政刑失與？武備闕與？不然蠻何以至此。』乃文告以威之，運籌陳師以降之，服則用郡守布德政以安之，此靖之方也。」

公記室聞之白公，公笑曰：「此正予之心也，原人其善揆予哉！詩曰：『他人有心，予忖度之。』原人之謂也，予請試之。」遂行。

送王南皋榮轉留都操江之任序

中丞南皋王公來撫我西土三年，於是江洋有戎，上曰：「匪卿堯封其誰何？」乃敕公往操江而靖焉。是日公伯氏書至，曰「吾定興父老」云。

伯圻舉乙丑進士，歷官二十年，至副都御史，讓而弗居，乃遲十年而得故物也耶？又曰：「吾弟信學而執善道焉，然剛方言無隱伏，與人瓦合而設機，則非所長。」公得書，笑曰：「吾兄辭憾焉，實懋予將使敦厚靡迂耳。」

時甲午秋敕下，公拜而行。關中人士咸走至灞上，有攀輿而泣者，曰：「昔驛站法弊，諸馬牛頭夫實予疲，農無告而供役，鬻產及廬，繼以子女，不支多逃亡，轉徙以死。公來乃均稅，募民以役，罷諸徵，由是我農人始甦，今公輒棄而去之，殆矣哉！願少淹我農人將有請也。」

語未竟，復有攀者曰：「昔潼關有禁，羅紵不通，我商人寇如鼠，如包苴而進，或午夜以泗，避諸患也。猶不免焉暴于關，嚇取于市，私稅于局，或盡其貨而没之，無聊多丐食，流落以死。公來乃撤禁通貨，革兵將之暴而稅於有司，由是我商人始甦。今公輒棄而去之，殆矣哉！願少淹我商人將有請也。」

語未竟，復有攀者曰：「昔巀嶭之盜穴山而居，出没叵測，恒戕人磔人，毒我三輔，我三輔人無貴賤，咸俾夜作晝，乘屋惕號，無敢寧者。公來令縣官率其鄰里屬戚，自內而攻之，巀嶭遂空有逋者，由是吾三輔人民始安。今公輒棄而去之，殆矣哉！願少淹我人民將咸有請也。」

語未竟，復有攀者未語而泣，公悽然淚下。大夫杖者前曰：「止。若無困公！公義張而仁弛，恩威並行而弗背也，豈唯若屬而然哉？凡厥群工多士，庶史庶胥，有激有揚，有勸有懲，咸被厥澤，思并力攀，公顧上命，義不可宿，唯若屬而然哉！茲往江洋盜平，爵言三錫，我西北長城遄宜借公，公尚書而來殿我中夏，若屬其望塵，自東仰以迎可也。」

公改容，哂而謂曰：「諸公欲總制我耶？吾見諸公及諸士民，良不厭予，吾會且來矣。今茲江洋之政，未之信也，其何以啟我？」大夫曰：「離婁臨衢而問瞽耶？雖然，嘗有聞矣。夫兵有正奇，存乎號令；令有申覆，存乎練習。夫令必有陽，亦必有陰；陽虛而明，陰實而慘。夫訓陣訓戰，有期有時，有鼓有譟，有旗有幟，有砲有鏑，有鐃有鉦，士各有方，方各辨色，戎裝爛然，此陽而明也，正也；夫洪濤漫波，盜賊攸叢，渠嘗樸而誤人，我亦樸而誤渠，或下上而商，或往來而漁，局度不失而應援實多，或阱而發機，或餌而舉鉤，此陰而實也，奇也。無奇非正，無正非奇，奇正交作，陰陽叵測。夫然後戎醜靖而戈可止矣。」或曰：「吾鎖江而關，使驗引而放舟，亦一策也。」大夫曰：「彼越人而獲，引奚別焉？吾截江有鎖，足以殿邦，亦存乎仁義而已矣。」公曰：「善。」

於是，攀者釋輿，杖人盥，獻樂及陽關之亂而別。

送寅長蘇門高先生擢山西少方伯之任序

嘉靖癸巳四月，吏部司勳大夫祥符高公蘇門先生子業，有山西藩司大參之擢焉。五月上旬，乃啟行，及郊多餞者，有太常氏、光禄氏、司務氏、選部氏、司封氏、司勳氏、考功氏，都人士咸在。考功氏以上皆天官之屬，昔今之寅恭友也。

都人士曰：「夫子天官大夫也，乃外擢無慍色，器難量矣。」又曰：「夫子吾得其文學焉，博而雅麗而則吾求其匹於前，聞人不多得也，茲往登高而賦於三晉，其有輝矣。」選部氏曰：「夫賦詠吾不知，吾知陞授之事焉。夫賢者在官，猶喬松之於蒿也；能者在職，猶利錐之處囊也。無弗見者，見則吾有司行事焉，夫子勉諸吾事，其及之也。」司勳氏曰：「虎豹之文所以别犬羊也，鳳鳥之彩所以别鳶鴟也，故君子有散銜之加焉，所以别小人也。其等級燦然，文彩昭矣，勸道備矣。茲攸司也，以吾屬之陋而步其塵，其能忘文彩矣乎？然有非所可幾者，是在吾子。」司封氏曰：「夫孝者，忠之所由生也；忠者，孝之所由全也。故大孝必忠于其君，大忠必榮及其親。故封與贈與，有榮及二代者焉，有榮及三代者焉，文彩而已耶。孝子之心於是殫矣。夫是典也，吾屬與有司焉，夫子勉諸典其及之矣。」考功氏曰：「是豈徒哉？在立功焉耳！功成而考而最焉，語陞授可弗求而得也，語散銜可弗求而得也，語榮親以及其三代焉可弗求而得也。茲吾儕之攸司，亦昔夫子之事也，可忘所事耶？」司務氏曰：「若是則夫子于冢宰相爲儀，愚其擯之矣，後堂其所也。」光禄氏曰：「若是則闕左有白器之設，有祇待之燕，天子其將命我，我其語諸大官之屬而供事矣。」太常氏曰：「若是則譽望隆焉，東夷其知之也，西戎其知之也，南蠻北狄其知之也。其有話言，吾館人能譯之；吾將使譯，以語夫人矣。」

高子拜曰：「諸君子望我厚矣，叔嗣雖不敏，敢不自強，以副所望哉！」於是太常氏而下，咸酌膳獻賓，賓亦酬主人，至都人士而别。

送上川洪先生致政還歙序

癸巳之夏五月，大夫上川洪先生致政于宗伯，買舟而還歙，維時都下親舊咸郊送之。

有司寇氏曰：「於承志言歸于徽，無案牘之勞，朝參之儆，中其寬矣，得無山水之樂矣乎？」上川子曰：「伊無似守，有先人之遺廬在焉，以言其廬，則北有七峰，南有月山，碧岑左盤，蒼巖右繞，或當窗疊翠，或排闥送青，或黛色臨軒，或嵐光入室，或銜日吐月，或棲霞臥雲，呈奇獻秀，狀難具述。西巖之下，乃多青冥石室，前人謂之『仙府洞天』。東岑之麓乃有緑波環繞，昔賢名爲『金山蓬島』。其中則有洪源之水，自巖而來，東過月山，又東抱岑而逝水，北峰前村居之隅則有修竹萬竿，其間嘗編草爲亭，名曰『君子』。復有喬松千株，其下嘗葺茅爲庵，扁曰『大夫』。伊斯歸也，蓋將鈎於斯、樵於斯、浴於斯、風於斯、詠歌於斯，以終此生矣。」司寇氏曰：「吾子荒樂有五，加以三孝，良無愧矣。倘以切磋之詩日三復焉，則山川之美豈特是耶？」他餞者曰：「三孝何如？」曰：「夫子恭靖，公之嗣也。夫公之學，人所知也。夫子述之乃維肖，故較藝於鄉銓，試于部，賓興弗能釋焉，選首弗能釋焉。學不辱先，非孝而何？夫公之政，人所知也。夫子述之乃維肖，故授以宗伯司務，晉輔冢宰，又晉爲宗伯副郎當事祠祭，又晉爲大夫，佩印精膳，罔不攸宜。維時郊廟多祀，陵寢有告，四夷使臣有勞，有燕有賞，夫子董之悉當上心。政不辱先，非孝而何？夫公之行，人所知也。夫子述之乃維肖，故夙夜在公，知有公事不知有他，故日與文選、考功氏處，人無議焉；日與驗封、稽勳氏處，人無議焉；日贊冢宰、少宰、宗伯行事，人無議焉。行不辱先，非孝而何？」曰：「三孝備矣，又何加焉？」曰：「夫孝道之本也，德之至也，豈易言耶？故申生恭也，非孝也；曾子可也，非至也；大舜爲法於天下，可傳於後世，斯人子之道爲無憾焉耳。夫三不辱先，夫子之孝也。由是蹶蹶不畫而日勉焉，則德崇道大而不自知矣。其去夫無憾之道，寧不庶幾矣乎？夫然後寫情于山水之間，斯所如而獲令名，天下後世將有思其人而不見，繪之而爲圖者矣。夫莘野、傅巖尚矣，其次若巖灘、商山民，至于今丹青之麒麟、凌煙，未必若是其顯也，可不懋耶？」曰：「夫去位之人，亦可以政言耶？」曰：「孔子非去位者耶？曰：『施於有政，是亦爲政。』蓋在朝在野，地雖不同，政則一耳。故鄭範垂於浦江，呂約行於關中，其至也，則孔子之政於禮而知之，百王不得而班焉，非去位者耶？」

於是太常氏而下皆曰：「然。」上川子曰：「唯唯。」乃受諸餞，爵而飲，醉而別。

奉壽周府左長史加授三品服色槐庭王翁及誥封郭宜人七袠偕壽序

癸巳秋，鴻臚序班耀州瑣生復于愚曰：「京師有完人焉，子聞之乎？」愚曰：「夫鄉野之人，其樸未散也，完嘗聞之矣，他則未聞。誰與完者？」曰：「子不見守貴之堂尊之翁之爲德矣乎？」愚曰：「是余同年鴻臚太卿王君汝立之翁也。愚嘗登堂而拜之矣，何如？」曰：「翁少孤，依于母氏食，貧而學，集蓼茹荼，屢困而踣也，乃卒黽勉而立業焉。卒登己酉鄉舉，丙辰進士，以成功名，非完而何？」曰：「夫科弟則完矣，願聞其他。」曰：「翁初相壽王長史，繼事周王，先後在公三十餘年，撫按未之或劾也，吏部未之或黜也。釋褐而出，乃晝錦而歸，猶白璧之無瑕也，非完而何？」曰：「夫官則完矣，願聞其他。」曰：「翁事壽王，朝夕懇諫，王深嘉納，乃好賢樂善，有西京獻王之風。及事周王，王方幼沖，翁輔以講讀，王乃懋學，令德夙成，人稱忠焉；壽府私人或以賄敗事聞於朝，究詰其辜，翁獨無坐，人稱周之；甫田侵損於民，事聞於朝，命釐疆界，翁涖其事，無陂不平，人稱公焉。比于解組，鮮或玷缺，非完而何？」曰：「是謂行完，行者人之實也，實乃完矣，夫又何求？」曰：「翁事壽王，王甚宜之，去而之周，王心未寧，問遺不絕；逮事周王，王又宜之，翁而之田，王心未寧，問遺有加。君臣相與，有始有卒，無或間也，非完而何？」曰：「忠貞在臣，合否在君，君臣相遇，庶合無間，是完福也。」曰：「翁之仕也，三命受服，及于三品，善養有祿，褒榮有典，有贈有封，先則光矣；訓子若孫，或爲國卿，或爲邦彥，俊秀滿前，後則裕矣。是殆亦完福也與？」曰：「福止是耶？」曰：「翁之少也。鄉黨親相交相與焉。今謝政而歸，親則猶夫初也，相亦猶夫初也。翁日與之弈棋、飲酒、遨遊、詠歌，益加密焉。況翁及夫人並年踰七袠，偕老如願，童顏鶴髮，胥宇高堂，斑斕滿目，其樂無疆，是殆亦完福也與？」曰：「完德在人，完福在天。人苟完矣，而天或不應。是故顏貧而夭，曾老而鰥；希文孤而禄，君實獨而殁，福皆未之完也。翁獨修乎人而應乎天，若種而收，若呼而應，無或失焉，信完矣夫。然以予揆之，翁之心猶未然也。」曰：「何如？」曰：「夫翁膝下之彥不見在朝者乎？在庠者乎？夫朝有職焉，庠有業焉，職修斯慰苟替焉，不甚則悔，甚則尤，翁之心從而缺也；業修斯慰苟替焉，不甚則恥，甚則辱，翁之心從而缺也。夫是之謂未然。」

生明日升堂以告太卿。太卿曰：「是道中之責也。」生識之。及冬十二月當翁誕辰，太卿率諸弟子偕親賓稱壽，遂使生揚觶翁廬，胡而呼曰：「道中今而後，其毋廢斯觶矣夫！」

送平陽推守劉西塘考績序

平陽西塘劉先生者，洛陽人也，嘉靖庚戌臚傳進士，已拜平陽府推官，歲乙卯修職，殫厥心三載餘矣。當北征考績，裝以行，太守肯堂王公率僚屬及在官士庶人薦之，賦九罭之首章及三章。先生曰：「公以繡服厚望，贄期弗歸也，贄志不及，是惟冀復歸就，德輝發矇聵耳。」太守曰：「予見察院考君上上語矣。」曰：「天下國家之事，無不經理焉，是語所學也。」曰：「立身行己之道，無所愧怍焉，是語厥行也，是政之本也。」又曰：「推讞則冤滯雪焉，稽查則積弊清焉。」又曰：「攝政則民安而士悅焉，佐政則上嘉而下從焉，是語政之善也。是皆載于公牘，達于部矣、院矣。」

又聞喜沈令維藩，安邑李令瑜曰：「君平巨盜而諸邑安，又立法互察而莠民絕，民將肖像構祠以報德焉，茲路有口碑，亦將傳於京矣。今朝需風憲甚急，彼當路以人事上，乃不君之推而誰推哉？」先生曰：「贄志不及，是唯歸復，是望茲遠違，未知德行，其以教我。」

太守曰：「吾見君驄在御矣，裝帶霜矣，茲往入烏臺，其益殫乃心。衮衣有闕，盍思補之；當佇咨謨，盍啟沃之。棟隆無他，盍贊任之；或撓不支，盍贊易之。舟楫岸艤，盍急帆之；璧玉青〔一〕蠅，盍即滌之。野有遺賢，盍思進之；朝有倖位，盍思退之。田有良苗，盍培溉之；田中有莠，盍耨薅之。夷狄肆患，進將平之；楊墨塞途，公言距之。道行明光，盍晦處之；位陟崇高，盍謙下之。此寅恭之情，拳石于喬岳之巔也，君其懋之哉？」先生曰：「此君子之用也，贄也。體之則無如之何？」乃賦杕杜。太守曰：「察院不云乎？君體具而用周矣。臨事其毋讓，乃賦裳裳者華之卒章。」

遂洗爵三獻之比酬也，諸寅嗣獻之旅，酬既乃別。

興平北塢劉侯如京考績序

嘉靖庚戌秋，曹人北塢劉侯尹興平三年矣。於是取公牘，辭神及人，將赴考功部焉，興平人士咸餞之。

侯曰：「賢竊禄於斯久矣，乃無功考焉，恥也。」父老曰：「吾邑有徭役不易均，有里甲歛如箕，有主文弄法于官，有在官庶人積年而噬人，諸弊作，民日削而亡矣。侯至而陳於長，得因革焉，於是而大均我徭，揣厚薄，察煩簡。參伍以斟以酌，務挈矩焉，究諸冗費而裁，蓋歲省千金以上。往年里甲日支之外，又有總支四人，名曰鄉頭，半月一易，蓋歲費四百餘金，外是又有祠祭飲燕之額，凡費一百七十餘金，侯皆革之，而有穀處焉。由是吾民之亡者集矣，是非功耶？至如民有爭訟，以中正判之。失孝友者，刑使孝友而止；失親睦者，刑使親睦而止；有不刑而發蒙者，民遵教焉。是非功耶？其有贖刑之金，即登簿附卷，上下秋毫無得而私，以是節財。是非功耶？」

諸生之師曰：「侯下車興學造士，取氣節，重德行，不屑屑於文藝，其有辭氣畔于道者，必法言以諭之，修正之士則遇

〔一〕「青」，乾隆本与道光本皆作「清」，疑誤，據文意改。

以殊禮，重休牽之復焉。有婚喪不能舉者，必爲之助給，行者必贐，有歸而不能至者，聞即使人迎歸之，士由是勸懲者衆。是非功耶？」御史吉氏曰：「來獻聞吾侯門絕苞苴，諸刑之贖，雖片紙斗粟不私，常禄之外，食邑之水而已，此其廉也；民有過失而麗于刑者，恒誨而宥之，若赤子匍匐入井而怵惕以拯焉，其故者則否，築城鑿池，高險堅深，如吾藩城然。使民必以農隙，復節愛其力，三役而三休焉。其租庸及犯刑人唯揭名于門令自至，四境之内無一叫囂而隳突者，此其仁也；侯邇不私親，遠不遺賢，心如鑑衡，物來順應，有所聽理，訖富訖威，此其公也；凡民之事以身勞之，暑不張蓋，夜嘗繼日，此其勤也。是非功耶？」司訓姜氏曰：「昔西山真氏以廉仁公勤爲官箴，其先得侯之心與？」侯笑曰：「有是哉？諸君譽之過也。」

從吾遊者李生、張生以其事白予。予曰：「侯行如考功，考最必矣。然考功予昔承乏而視篆焉，見夫述職而至者，較其績而品之，其等三，其目九，黜陟於是奠焉。其有趾弗壯而履無錯者，則以大行而期之。」蓋曰：「向道之心篤，干禄之念泯也，非任重而道遠者不及此。故於所奠之外，尤加重焉。是故奠而有行，一行諸選部而晉以右職，一行諸封部而封厥父母，有上封三代而下蔭子若孫者，此考最者然也。否則茲二典弗與。」二生歸以白侯。侯曰：「先生命我矣，此亦賢之志也。」遂別衆以行。

涼泉詩卷序

史習子問守令之道。曰：「嚴以集事道與？」君子曰：「赤子匍匐而入於井，出從而撻之，嚴父不爲也。」曰：「弛刑以得民道與？」曰：「赤子以刃而加諸人，恬然而視之，慈母不爲也。故嚴刑斯事集，事集斯民散，是揠苗而求獲也；弛刑斯民玩，民玩斯事廢，是操刀而自割也。是以君子弗屑焉。」市翳子曰：「小不事乎大，不智而不可行也；大不事乎小，不仁而不可行也。夫難保而易失者，位也。致惠則存，致恭則固，可不務乎？」君子曰：「恭，德之聚也；惠，德之施也。恭惠幾矣，務則不可。故務惠則私，務恭則諂；諂則徇欲，私則背理。背理徇欲夫奚不至焉，是弋心之所生也。是故太甚弋財，其次弋用，其次弋位，其次弋名，其次弋功，功亦幾矣，然非道德者所屑爲也。夫弋不自勝，必繁有媒，媒各有弋，是故弋上則奪，弋下則殘，前覆後軌，敗弗饜矣。」華林逸人曰：「自吾之有聞，知閲人也，今老矣，吾得吾趙守焉。自吾守之來吾郡也，吾見其事上以恭而有禮焉，臨下以惠而不私焉，嚴而不迫，寬而以制，其庶幾道德之士乎？於吾民有父之尊焉，有母之親焉。詩曰：『愷悌君子，民之父母。』其吾守之謂乎？」涼泉陳人曰：「始吾守之至也。吾見其以智數則不能以深文苛法，則不能以弋財弋用，則不能以毀淫祠，而興夫校也。攻乎異端者且病焉，吾懼其績之弗易立也。今六事之舉則然矣。故期歲而瑞麥生焉，再期而嘉禾生焉，其循理而行，不求人知而天且知之者，與向夕之夜，有芻蕘而過我者，歌君事焉，予援瑟而寫之，中律呂也。明日有和之者，予次而存之，爲若干什云。」

送司訓趙先生歸新都序

嘉靖乙卯新都趙先生以經學訓我三原者二年矣，其監司則宜于上，其同寅則宜于中，其諸生則宜于下。詩曰「無惡」、「無射」，時則然矣。春三月，忽浩然有歸志。古語曰「解組誰逼」，先生有焉。于時諸生固留之不可，僚友固留之不可，吾原卿大夫固留之亦不可。於是僉尊俎于南郊，餞之曰：「先生茲歸，無乃以居蠱之外，理亂不聞，寵辱不加也耶？」曰：「然。」餞者曰：「春深霜雪，冬深震電，天道則有變異，人情則多翻覆。毋曰『吾以老歸，人所老也，然遇不爾，老者則道窮』；毋曰『吾以賢歸，人所賢也，然遇不爾，賢者則道窮』；毋曰『吾居林之下，內省不咎，邦之大夫不非，可以遠恥辱也』。然頑讒興焉，孔子有武叔之毀，孟子有臧倉之譏，曾子誣以殺人，申生信以毒父，是故夜光之璧可棄于蒼蠅，喬木之室可視爲土芥，有當世不明，終古不明者，誰其白之哉？巫山原不奔于襄王，太華原不私于陳生，織女原不嫁于牽牛，誰其白之哉？是故孔子不安于魯，乃之齊、之衛、之匡、之宋、之陳蔡，爲東西南北之人焉，然沮於晏嬰，畏于匡，桓魋欲殺于宋，絕糧于陳蔡者，七日幾不能生，所合志者惟一蘧伯玉耳。夫孔子非可惡射之人，然尚多无妄之辱，如此况夫晚學，後人欲安居而免辱其然哉？先生斯歸，盍慎之慎之。」先生曰：「慎則既聞命矣，某敢請益。」於是杖人賦燕之首章。先生淒然曰：「予戀杖屨，實亦不忍釋也。」乃賦雄雉之三章及亂。先生曰：「蜀雖遠，予將有魚雁之音焉，若夫德行則不敢不勉。」乃賦考槃之首章。先生曰：「澗則槃矣，愧無藴不自寬耳。」乃賦十畝。先生曰：「閑泄我所欲也，恐履弗逮將日懋焉。」乃賦鳲鳩之亂。先生曰：「表正國人，誠夙志焉，患力不足耳。」於是餞者以序壽賓，至胥醉而別。

平野遺思卷序

予少時與玉坡張子遊平川先生之門，見平野君，問謁乃翁憲長公。於靖庵見平野君，問侍先師王端毅公。于石渠見平野君，蓋平野君於端毅公爲内侄，於靖庵公爲從弟，於吾師平川先生爲内兄，於吾友玉坡子爲再從父也。友予，予益狎見平野君而致敬焉，平野君亦以師友故，誤知予而禮貌之也。當時平野君每春秋佳時與客遨遊，或舉白于紅芳之間，或手談於緑蔭之下，此外恬然若無所營也。心竊慕之，然方致力于所業，未之能及也。余東鄰王氏，七十而力穡，早作而夜輟；南鄰馬氏，八十而爲圃，冬糞而夏汲。予憫焉，曰：「胡不平野君？」皆曰：「予不暇。」予亦不知所謂。後平野君殁，取其志而讀之，見吾師語其居家之理之善，予於是始知平野君之自適非偶然也。後數年吾鄉有萬金之子二人焉，其策肥而衣輕，僕御而遊，吾所見也。然三年而亡其所御，五年而亡其所策，七年而忘[一]其所衣，十年而幾乎丐也。問之，則皆荒於遊而無所營焉，予於是始知平野君之自適非偶然也。彼二老者所爲莫之代焉，信不暇矣。方平野君在時，其所事，若不知而裕焉；其所育，若不知而裕焉；其所任，若不知而裕焉。夫豈誠無所用心者哉？夫既然矣，由是而紅芳緑蔭焉，夫奚不

〔一〕「忘」，據文意，疑當作「亡」。

可？浴沂之志，孔子取之，予於是益知平野君之賢而善自適也。今吾鄉之芳蔭具存，惜平野君邈矣。百爾君子有善自適者，不亦善乎？不亦善乎？

送武子歸鄉序

歲舍辛酉日，在昴武子將歸自。金陵多士愛，弗忍擯越，厚集于江之濆，仳用酒爵行。客賦蒹葭，武子逡巡拜曰：「威無以堪此。」賦陟岵。武子拜曰：「茲威之所以不遑處也，吾子重有貺，敢不拜貺。」賦十畝。武子曰：「威之願也，敢不祗需。」遂賦鹿鳴。杖者曰：「美矣志哉，敢不敬答。」遂再賦小宛之亂。武子曰：「威有逸癖，曩在邊陲，與戎狄龐處時微藉，用慧加毅懼沉越罔克，服誨于今。誨曰：『尚惟栗栗小心，維時罔喻，其爲周行。』古之人有言曰：『爲高因丘陵，茲慮微威之丘陵，恐無庸發，厥萌肆覆剪。』」杖者曰：「咈哉！昔堯舜暨厥，臣皋、夔、稷、契、伊、傅、周、召，罔不原小心克對上帝，原小心作元祀，故不敢侮于鰥寡，失于臣妾，暨厥後王，逸罔克小心時庸，墜無疆之丕緒，自時後人滋逸，罔克小心，祗自速辜，亦罔或攸逸。於戲！爾毋庸易，厥臧獲時自速辜。爾毋庸易，厥子姓時自速辜。惟弗用謂辜，斯允罹辜。罔逸又焉往，非木暨谷且冰哉？」武子謝不敏。杖者曰：「毋懋哉！」

壽誥封許恭人七旬序

曲沃許恭人者，應天府丞沸泉先生配，少泉柱史母也。少泉子伻謂理曰：「承華母恭人今年七十禩矣，茲四月十有四日屬母誕辰，敢求壽之道焉。」又曰：「母恭人，事王父王母，善傒志以養，相家君學及仕，入孝出忠，訓承華兄弟子孫以祖父之道，華未之能由也。母劬勞甚矣，敢求壽之道焉。」愚曰：「理耄矣，其何知？無已其遵母訓，率莊簡公之忠矣乎？」

伻曰：「忠矣，又何加焉？」曰：「無已其遵母訓，率由沸泉公之孝乎？」曰：「忠孝何如？」曰：「莊簡之事君也，隨寓陳力，思不出位，見幾而作，好爵辭弗靡。」夫子曰：「大臣以道事君，不可則止，公實有焉。彼武安、淮陰雖功蓋一世，止道不知，弗若公之完也，夫恭人之望不在是耶？沸泉之事親也，體心以盡其忠，步武以顯于世，刑于妻子，至于兄弟。」夫子曰：「立身行道，揚名顯親，沸泉有焉。彼吴起、温嶠，雖功成名遂而作非其道，未若公之完也。夫恭人所望不在是耶？柱史誠由是繩厥祖武，其受命而出與，則率由莊簡公之忠，如夫子之訓，無外慕焉；誠由是踐厥先猷，其將謚而歸與，則率由沸泉公之孝，如夫子之訓，毋自晝焉。斯忠爲精忠，孝爲大孝，顯揚有終，旋吉必矣。誠如是，恭人斯心慰而色康，福壽其可量耶？是在柱史，四月幾望，壽筵斯張。是日也，恭人視諸柱史，兄弟及孫、曾五十餘人，縉紳生員禄養者半，皆緋袍藍衣，分行成列，獻爵捧羞膝下，笑而撫之。嗟，皆考妣暨兩人積善所獲，不亦樂耶？不亦樂耶？諸賢恭人耽樂如是，盍亦修諸完道，以慰其心哉？」伻聞請筆之牘，愚于是乎書。

送立齋張子擢留都戶曹正郎之任序

立齋張子之之留都也。吏部司務氏陳子、王子問曰：「夫張子不寶金玉而寶善言，乃深有望於子之言也，盍語諸？」理曰：「其孝乎？」曰：「張子定遠之彦也，其王父舉進士，無禄，封君大人舉進士，無禄，而有俟于後之人，弗瞑目焉。張子乃嗣服，故選舉于鄉而先志慰焉，厥後迎母氏于宦所，承顔而養之，鄉黨有稱。」夫子曰：「孝是則張子爾矣，敢問孝矣，又何加焉？」曰：「其友乎？」曰：「皓亘聞諸張子曰：『國紀國維，兄弟之孤也，思庭訓在耳，麗澤而學，故幸而均成名焉。乃翕和而養其政，若事亦講而行之，猶夫學也。茲皆鴻漸而南將，雁行而承顔，仕學而麗澤其樂。』孺又何可言？」夫子曰：「友是則張子爾矣。敢問友矣，又何加焉？」曰：「忠矣哉？」曰：「夫張子筮仕兵部爲司務，夙夜在公；乃後調吏部，夙夜在公；乃擢武選員外大夫，夙夜在公；乃今擢南都戶曹大夫，乃又將罔不在公。」夫子曰：「忠是則張子爾矣。敢問忠矣，又何加焉？」曰：「一以貫之耳。」曰：「一貫，聖人之道；聖人之道，天也。張子幾與曰『天人之殊在安勉焉耳』。夫孝道之原也，故兄弟弗友，友而弗至，非孝也；事君弗忠，忠而弗至，非孝也，孝斯至矣。」乃遂賦小宛之四章。曰：「何如？」曰：「焉有兄弟不友而不恭於父母者乎？信哉友也，其孝矣夫！」乃賦常棣。曰：「何如？」曰：「孔子讀是詩矣。」曰：「父母其順矣乎？夫父母不徒順也。信哉友也，其孝矣夫！」乃遂賦采菽之四章。曰：「何如？」曰：「左右率從其道之行與？蓋其忠有以先之也。夫事君而殿邦，忠孰加焉？親其有不順者乎？孝矣哉！」乃賦采菽之亂。曰：「何如？」曰：「采菽，君子志矣，宜福禄之膍之也，其即所謂優遊者乎？夫然後不遑之患免焉，親其有不順者乎？孝矣哉！」

明日二子語張子。張子曰：「夫谿田子之言非無稽也，望我厚矣。國紀雖不敏，敢孤所望哉！敢孤所望哉！」

送大司馬梧山李公馳驛榮歸序

嘉靖初，梧山李公受知於上，由少司徒而陟大司空、大司馬者七年矣。乃上疏乞骸骨焉，不報。三疏乞之，亦不報。乃引疾堅臥，四疏乞之，上重違公意，特賜允焉。翼日，公望闕謝恩已遂，辭諸僚友，馳驛以歸，遵恩詔也。

於是中府魏公、南和伯及諸縉紳咸餞諸江滸。有縉紳曰：「聞公在昔逆瑾用事日，免官於家，嘗僦屋而居，稱貸而食，及起而爲憲副，猶寒素也。今解組而歸，爲子孫計，得無不足矣乎？」公曰：「吾不爲子孫計也。」南和伯曰：「予聞公昔在刑曹，直道而行也，權貴內仇而謫判湖岳，夷酋外仇而潛伺火攻，非絳袍神，見公灰燼矣。粤若綰章于隨而南寇盪平，贊憲于秦而西戎攸伏。肆備兵山東，鼠盜屏跡，提憲滇南，洞蠻授首，都臺所至，饑饉生全。及晉陟司空則溝洫盡力，簡授司馬則留務殫心，凡厥樹動之秋皆其兢惕之地也。今乃釋重負矣，徜徉於山水之限，放情於詩酒之間，黜陟不加，理亂不關，知公樂也。」公曰：「雖然，予請益焉。」魏公曰：「予聞古之大臣，居朝廷則心在于閭閻，處畎畝則心在于廟堂。故卿大夫致仕爲國老，爲鄉老，天子于朝有存問祝養之典，大夫于鄉有就謀僎燕之禮，而大臣者雖退居草野，乃心罔不在王室也。故朝衣朝冠，吉月而朝，猶夫立朝時也；立訓立範，垂示後裔，猶夫輔政時也；表正鄉閭，補裨風教，猶夫在公時也。信若是也，公豈須臾而忘朝廷哉？」公曰：「魏公望我厚矣，教我至矣，予服膺而西也。」

於是拜受魏公觶飲，又歷受諸僚友觶飲，遂受几坐，盡歡而別。

贈李寵發解陝西序

涇陽李寵因兄寀而侍予。予授以從兄之道焉，久之駸駸乎，猶夫兄也；予復授以親友之道焉，久之駸駸乎，猶夫友也；予復授以尚賢之道焉，久之駸駸乎，猶夫賢也。予曰：「寵其不畔矣夫。」他日，提學大夫見之曰：「美哉！兹其賓興矣乎，吾不復課爾矣。」既而寵三往而三弗遇焉。蓋歷十年而後録于有司，冠多士焉，於是諸宗咸喜。其諸父詎曰：「吾宗商有之，賈有之，農圃有之，掾而達者有之，乃學而有成者自寵始，吾宗光矣；吾邑自趙公、翟公後，經元有之，進士有之，舉者多矣，未有發解，繼二公者今亦自寵始，吾邑光矣。寵於夫子之道不辱，夫子寧不喜耶？其何以教寵？」予曰：「予一喜而一懼焉。」曰：「夫子所謂懼者，何也？」曰：「盛名之下，衆目所歸。夫衆目所歸，豈易處耶？今而後以寵之才，使加勉焉，日有所進，進諸宗伯冠多士焉，進諸大庭冠多士焉。吾知難處益甚是，皆在我而不在人，衆目所歸而已哉。故自高者危，自滿者虧，自是者非，自明者夷，皆名之招也，不期而來也。可不懼哉？故陳人居此狼狽而失常者斯多矣。於戲！天下後世之事，繫吾身者，科名而已哉。故高才高科，君子得之爲不幸焉，可不懼耶？故君子不以外而動其中，不以震而喪其真。夫名者，實之賓也，猶夫皮之毛也。名由實而得，實緣名而喪，旃將焉用之哉？傳曰：『皮之不存，毛將焉附？』此之謂也。孔子曰：『以約失之者，鮮矣。』又曰：『謙，德之柄也。』易曰：『素履往，无咎。』寵其三復斯言可也，三復斯言可也。」

贈侍御宋子考績獲敕命序

歲己卯西巖宋子還自浙，授簡于冢宰。冢宰乃復于帝曰：「御史臣廷佐昔將簡命，敷天之威，于晉于越，罔不祇若，越茲三載，肆臣庸列，乃祇敷用，聞厥黜陟，惟明明后。」帝曰：「御史，朕嘉爾庸，錫命攸宜，嗟爾濟美，無庸顯親，惟爾躬逮，爾逑其偕命哉！」御史謝受命。翼日僚集，御史賀羹薦華州東子進曰：「郊聞人曰『世嚴惟御史』，余惟御史上下是正，匪端本其行哉！惟公敏哲，肅乂邁越，有衆昔在井疆，相厥細民，惡衣惡言，若蒙不潔爾。躬弗滌民，用攸威晦，若茲矧厥明哉！諺曰：『奠爾基，毋虞爾墉；豐爾本，毋恤爾末。』公忱若茲，敢登茲康，爵用懋享。」宋子受爵曰：「佐敢當是哉？」已，鄠杜王子進曰：「峰聞諸人曰『世達惟御史』，厥有猷爲中外罔尼。」予惟曰：「有資否，其行哉！惟公敏而嗜學如食用，博識多聞，積中資深，爲疏若檄，若決沛川，若津而梁，若耕而耜，茲公攸達用休，敢登茲康，爵用懋享。」宋子受爵曰：「佐敢當是哉？」已，武功楊子進曰：「中聞諸政在知務，得用奏功，失用罔功，故萬務畢陳，君子時擇焉，是故君子不重以屑輕，不小以害大，故內以正君，外以正官，殫乃心力，視厥攸居，茲御史已惟公自外而內。」冢宰曰：「得體實誘我衷，遺我典則，匪知務若時哉？敢登茲康爵用懋享。」宋子受爵曰：「佐敢當是哉？」於是理亦降洗升酌，祝曰：「惟昔公大，理考公暨公端毅，舅公弼我列聖，咸丕有令績令聞，其在關中，曰：『二老其在四方，曰惟帝獻臣，念惟我明後人，念昔獻臣有攸頌，實莫敢後我二公，公其勗哉！』理敢敬用茲康爵，乞休享俾天下。曰：『有父有子，有舅有甥，由茲爵。』」於是宋子受爵，進筵端，酬乃考公、舅公，退筵末飲。

送東塢子序

河以北稱任丘邊氏，邊氏之仕者數十人，其顯于時者五世矣。郡大夫曰：「予入其里，過其門而不識，信哉？」其足稱也。邊氏之良，稱季子焉。季子政事視司徒孟氏兄弟也，文學視太史仲氏兄弟也，故邊氏之良稱季子焉。季子爲東塢子，東塢子初爲司務氏贊冢宰，冢宰之門，四海之內，百官之衆，咸受事述事焉。東塢子爲正其儀、達其政焉，翕受于上，敷施于下，無弗辨焉。已爲主客氏贊宗伯，宗伯有寺人之聯事，有諸夷之馭事，時黠夷入侍，寺人傳憲召對，不時宗伯病焉。東塢子爲治之，爲便便於朝，明明於公，於是宗伯仗焉而日用休矣。東塢子乃爲山東憲僉氏，蓋冢宰之門之友以諫，病未之能贈也。病閑，司務氏乃徵贈焉。考功氏曰：「夫憲僉氏者，分巡之官也，分守之監也，天下之要官也。」曰：「何如？」曰：「國之本在民，民之安危在守令，守令之賢否在守監，故守監賢則所取如其人，其不賢則所取如其人。語其上有憲大夫焉，有藩伯大夫焉，二大夫之車不出境，有都御史焉，有御史焉，二史之去取資守監，有冢宰焉，冢宰之去取資二史，故曰守監，天下之要官也。」曰：「其道何如？」曰：「於守令之賢者任之，尤者予之舉之，有誣焉衛之，其未然者教之，甚則讓之去之，有遺焉索之，我毋與其政焉可也。」曰：「賢否焉，攸定邪？」曰：「維天生民，降若形性，育之教之，命曰相天，是謂政本不可緩也。吾履其地而察之，周于民而詢之，其所居在是，所行在是，所日孜孜在是，績又明明在是，他未善取之可也；若所居非是，所行非是，所日孜孜非是，績又賁賁非是，他有善勿取可也，夫是之謂『良守監』，否則亦具監焉已矣。東塢子出於儉素，人不易識之門，蓋不徒於伯氏爲有觀也。故語諸政事則良，語諸文學則良，語諸爲司務氏則良，語諸爲主客氏則良。於戲！非有本能如是乎？今去我而東矣。由是而占之，則其爲良守監也。信矣，信矣！」

谿田文集卷三

記

六泉書院記

出鞏昌城東之南，面坎而臨流，有書院焉，曰「六泉」者，以地之名泉名也。谿田馬氏見其圖而嘆曰：「美哉，規也。作者之意，其深矣哉！」

按圖，書院前有二門以表焉。左以表街曰振民，右以表坊曰賦物。蓋謂風化蠹矣，治之不可以他求也，必振民焉。蓋振民則體山風之象，建學立師，鼓舞吹嘘而斂藏枯槁者，無弗敷榮之矣。振民又不可以狹小爲也，必賦物焉。蓋賦物則體洪鈞之德，乾道變化，各正性命而含生稟氣者，無弗曲成之矣，此教學之大端也。

由二表之間，涉橋踰流而南，是爲書院外門，一曰涵育，蓋謂君子之設科也，如海斯涵，如春斯育，無清濁，無小大，無高下。苟自進而至者，無弗容焉，示教不擇人而施，有如是耳。

由涵育而入，二門三，中大門一曰養正，師所由也。養正者，作聖之功也。夫天地之道，貞觀者也。君子施教，體是道焉，則被其化者，如木從繩，如金在範，方圓平直，無弗如意。狂可作聖，變且化焉，氣稟之拘，不足論矣，此師之所以教也。

傍小門二，左曰忠信，右曰篤敬，弟子之所由也。夫忠信，誠也；篤敬，敬也。謂再三而瀆，怠肆而惰，皆自絕之流，不足與進，是故以誠敬爲入門。蓋篤信好學，尊道敬業，夫然後造詣莫量，此弟子之所以學也。

由養正而升爲堂一，爲間五，曰精義者，蓋示學者以明道而爲先也，明道不外于格致，精義而入神，則格致之功至，無遺憾矣，此師之所以教也。然格致之功有二：曰物理，曰人倫是也。于物而觀之，于人倫而明之，以極于明察焉，則大舜之知，于我無間，義其不精矣乎？故左齋曰觀物，右齋曰明倫，是之謂耳。此弟子之所以學也。

由精義而入，爲堂一，爲間五，曰安仁者，蓋示以明乎道者，不可以知者之見而自畫也，必仁以體之，閑其邪而存乎誠。由勉而利，至無欲而好，無惡而畏，中心而安，則從心所欲，無適非仁，動靜之間，皆堯舜之道矣。此師之所以教也。然入仁之途甚衆，其大者有二：曰乾道、坤道是也。其上者克己而復禮，乾道也，九二之德，顔子之事也；其次者主敬而行恕，坤道也，六二之德，仲弓之事也。誠能從事於斯，則天下歸仁，邦家無怨，仁其違之哉！故左齋曰克復，右齋曰敬恕，是之謂耳。此弟子之所以學也。

由安仁而入，有池焉，蓋有活水自左、右亭而來，入垣而謙益于斯者也。池上有橋，踰橋有樓，重檐而臨池，曰靜觀。蓋詩于此，書于此，弦誦于此，鳶于此，魚于此，仰觀俯察于此，觀民觀生于此，是謂大觀。然非靜則中有所蔽，近且小也，故曰靜觀云耳。常以是觀，則物皆自得，我亦自得，上下同流而無間矣。夫義精仁安，道亦至矣，猶靜觀者何？易終未濟之意，惟日不足之心也。若曰望道，猶未之見耳。道已至矣，望之而猶若未見，夫君子其有休息之時哉？蓋仁以自任，斃而後已，此至誠無息，純亦不已之學，師之所以教也。

由忠信而入，歷觀物而上，至精義左棨而入敦德之門，有巷焉，列三館，以六德名曰知仁，曰聖義，曰中和，皆坎向如堂，爲間，爲戶各八，爲門垣各一，區以別也。由篤敬而入篤行之門，巷館亦如之。以六行名曰孝友，曰睦婣，曰任恤，其所向、其間、其戶、其門垣，區別亦如之。夫六德，體也，明道之所藴也；六行，用也，體道之所發也。藴而發焉，内外合而體用備矣，此弟子之所以學也。

六德之後，臨流而有亭，曰日新，所謂左亭者是也。爲間三，爲戶一，爲門垣，如館曰日新者，蓋六德既備，而猶日日新焉，期大畜也。六行之後，臨流而亭，亦如之曰時省，所謂右亭者是也。爲間、爲戶、爲門垣亦如之。曰時省者，蓋六行既備，而猶時時省焉，期旋吉也，此弟子之所以學也。師誠如是以教弟子，誠如是以學，則真儒其不濟濟以出，天下其不皡皡以治者，吾弗信矣。故曰：「是書院之建，其規美，其作者之意，深如是矣。」

始于嘉靖乙未三月，是年秋八月乃落成云。

聖天子設險除器以靖中夏記

聖天子在位，乃武乃文，恒留心聖學，亦無忘邊備。嘗顧我西土，奄有三邊。乃屢命大臣，開府固原，總制邊事，纘舊服也。

嘉靖十五年，乃簡命右司空臣劉天和爲左司馬，兼都察院右副都御史，總制邊事。三月天和至，上封事，有請上命，設重險以衛內，除戎器以備外。天和于是有乾溝、乾澗諸女墻、壕堤之設。

蓋延、寧間原有二邊城，東枕河西過套地東古城諸城，又西過東勝州、紅鹽諸池、蓮花諸城、駱駝山、卯孩水，至定邊墩止，凡衺千二百餘里，成化間延綏撫臣余子俊所修；定邊墩又西過花馬池舊城，又西至横城堡，幾三百里，成化間寧夏撫臣徐廷章所修，是爲大邊。東枕河起焦家坪，西過神木諸堡，又西過榆林城，又西過乾溝、乾澗，至三山、饒陽、水堡，衺視大邊，亦撫臣子俊所修；饒陽起暗門，西過甜水堡，過響石溝，過徐斌水、青沙峴，至靖虜、花兒岔，西至河止，凡千三十里，弘治間總制臣秦紘所修，是爲二邊。乃後大邊城西，横城堡側，虜數入。時聖上在位，乃命先總制臣楊一清，西趾河東，接大邊築新城，凡四十餘里。後大邊内清水至定邊營一帶，虜復數入，聖上又命總制臣王瓊南枕乾溝，北過定邊，又西過花馬池北，又西過清水營，北接新邊城，築二百三十餘里。後花馬、定邊營所地鹻城惡，虜復數入，聖上又命總制臣唐龍中改築城四十餘里。後乾澗、乾溝虜復數入，聖上又命臣天和北起乾溝，南過乾澗，接二邊築六十餘里，總三百里許，號新大邊城。

復于橫城至乾溝，增葺內、外女墻，墻復挑築大壕、堤各一，堤內地給將士樹藝果蔬圃之爲險，復挑築小壕堤各一，定邊一帶復增敵臺及守兵，乾溝、澗增勞池、水窖，其山增營盤，復修徐斌水、新邊爲堡，據鐵柱、梁家諸泉水，是謂重險，蓋取諸豫也。

聖天子命之下也，天和于是得有輕車、強弩、諸火器、短兵用器之制。強弩準周禮，夾庾唐大弩法，及唐、宋強弩、神臂，及先朝弩制，擇弓人爲弩，凡三等。凡射及三百步殺禽者，爲上弩；及二百四十步殺禽者，次之；及一百八十步殺禽者，又次之。一百八十步殺禽者，虜射百步以上，弓廢；二百四十步殺禽者，虜無弓可支。火器曰佛朗機，曰七眼槍，曰三眼槍，曰旋風砲，曰神機箭，凡五種。凡槍、箭皆易以鉛子，利便故也。佛朗機者，近年聖上得之南海蠻夷者也。外有鷙嗉、項箭，內有提砲盛鐵心，鉛子數多，一發輒貫人馬數重，可屢發，最爲利便。又審的省度，巧中如射，其迅烈神妙，難以具述。然造法邊工未諳，上嘗命工部造之以畀諸鎮，此中國長技，古所未有。

凡火器之法，當者如迅雷震躬，諸兵盡廢。短兵則斧、槍、刀、鈎，凡四種。用器則杴钁、鹿牌、面覆、車帳，凡數種。輕車之爲制也，其輪隻，其足四。其前二足，行懸而住立，前獸面牌一，爲孔四，以安諸火器。其傍，挨牌左右各一，着裙有樞，戰則轉前以蔽矢。夾輪箱二，輪後箱一，載戰具、用具，三牌間建斧、槍、刀、鈎諸兵六。轅二，後向，一人推之，前設橫木，二人翼之，前挽者一人。一車輪推挽者共十人，皆戰士。遇敵，則四人自內以發火器、強弩，短兵接則六人舉斧、槍、刀、鈎突出破敵，遇泥淖險阻，則四人舉以越，雨露則帳以覆之，凡此皆中國長技，虜之所短。

古雙輪大車，服驂用馬，一車非百金不行，茲輕車一乘，約費二金餘。凡大車有死地十，故善御者困且矢及無蔽，故敵人善射者獲。茲輕車通重一百五十斤，唯四人推挽兼舉，無險不越，凡途通騎者，可進無死地。且戰于三牌之內，患不及焉，故利用優乎大車。凡大車載御士、持弓矛戰士二，敵亦如之。唯勇巧者勝，勝負決于倉卒，未可億而中也。茲輕車戰，用佛朗機一，用七眼、三眼槍各一，用旋風砲一，用神機箭三十弩二。虜勇巧俱廢，無兵可支，勝負可預決。其視一弓、一矛戰者，利害相遠甚，是謂戎器，蓋取諸萃也。凡師出，百車爲營，用步兵千，騎兵二千，車用火器凡五百，強弩二百，騎每隊用佛朗機五，三、七眼槍五，強弩十餘，弓矢翼之。計騎用火器凡四百，車騎火器凡九百，強弩凡六百，餘弓矢凡一千五百。車騎火器、弓弩交發，如霆如雷，無衆不克，無勍之不摧矣。是謂之陣，蓋取諸師之臨也。戎器成，發諸三邊，將徐教以陣法。然倉卒遇敵，已可施用前。

丙申歲冬，寧夏將臣巡邊，虜萬騎倅爨薄我，危急用車據山口，獲免。時甘州有虜數萬，轉掠山丹、永昌，將臣姜奭逐之，虜忽大集圍擊。用百車爲陣，火器、強弩四發，虜傷無算，遂疾驅出境。丁酉春正月，虜數萬，夜至寧夏城外，昧爽將臣王効偶出被圍，車進輒解。是月，定邊有警，將臣任傑往禦，延綏餉軍僉事臣須瀾單騎常服，驅百車從。偶遇虜，以車禦之，我衆無損，獲首級四十還。秋八月，寧塞兵五百，遇虜八千圍之，騎衝我者五十，步衝者四，每衝用火器、強弩禦之，虜死傷無算。卒，紅甲虜酋率衆來衝，我用機器斃之，又斃他馬，遂皆痛哭而遁，我兵保全以歸。是月，虜四萬至乾溝邊，臣帥兵三千，用車架女墻，發火器、強弩擊之，虜人、馬斃者無算，即遁去。其戎器隨用隨效如此，使由是教演陣法精熟，據所設重險而用，夫何三邊不清，胡虜不攘，我華夏不奠之足患哉！

今戊戌春，聖天子在位一十有七載矣。固原兵備副使臣王邦瑞親見我師以全取勝，乃喟然嘆曰：「聖天子制作中國長技，前古未有。其神功天威，臣邦瑞習聞之，然不可泯也。宜告諸邊臣，俾世世嗣服不忘。」乃祇託光禄卿臣理記。理是故不辭，謹齋沐記之，其所造器有可圖說者，附之于下方云。

嵯峨山田廬歌記

清、冶二水之交有山焉，曰嵯峨，其上有唐陵及佛寺在焉，其下延袤數十里，則民廬及田也，其山去秦藩百里而遥。正德間有詭於王者，曰渭水之陰、涇水之陽，有草萊之墟焉，辟之而入於王甫田也；又曰金粟之西，九嵕之東，有草萊之墟焉，辟之而入於王甫田也。蓋左右聽之，王不知也。然涇、渭之濆，漢之諸陵實在焉，舍是蔑有弗田者矣；金粟、九嵕之間，唐之諸陵實在焉，舍是蔑有弗田者矣。

時瑾、彬諸逆交訌於內，比黨作慝於外，咸指正爲邪，指非爲是，天下莫能與爭也。于時峨山之僧有罹重法者，冀其免也，詭以山而獻王，蓋左右聽之，王不知也。是故指山陵以爲田，而人莫敢矯其非，則度人度之前，封人封之于後矣；指民廬以爲田，而人莫敢矯其非，則度人度之前，封人封之于後矣；指民田以爲苑，而人莫敢矯其非，則度人度之前，封人封之于後矣。民爲是懼而賂之，乃賂諸度人封人，而弗得免焉；乃賂諸左右，而弗得免焉；乃訴諸當路者，亦弗得免焉。雖諸民，亦自謂弗得免焉已矣。

他日參政畢公至，民劉瑞、蔣綸率諸田廬人訴之，生員張燿、曹尚志率諸田廬士訴之。畢公稽諸圖籍，曰：「信如士民言也。」遂以復於王，王曰：「參政言是。」左右曰：「不然。山寺石記有之，寺爲吾藩佛堂，此左證也。」參政曰：「不然。記在是，云金大定九年建寺，稽諸石記，誣可徵矣。」左右曰：「不然。昔吾王建國，我聖祖皇帝賜以苑囿，固此山也。」參政曰：「聖祖制律有曰，凡帝王陵寢，毋樵毋耕，犯者有常刑。山有唐陵，何可苑也？稽諸律，誣可徵矣。」左右曰：「昔吾王建國，聖祖皇帝賜以牧地，固此山下田也。」參政曰：「凡牧地不稅，稅地不牧，具載圖籍。今山下之田，無弗稅焉，又何牧也？稽諸圖籍，誣可徵矣。」王曰：「罷，參政言是。」

由是山下之民聞之，咸祝王曰「千歲」，繼而歌曰：「我民無田，維公賜之；我民無廬，維公畀之；父母生我，公則食之。」蓋又以頌參政云。參政名昭，字應章，山東新城人也，後歷官布政使，陞山西都御史。

新修四皓先生廟記

漢逸民四皓先生曰東園公、夏黃公、綺里季、角里先生者，故秦博士，列國人也。秦在列國時，獨務農講武，有先王遺風在。治忽者審其樂聲，知將繼周，先生彈冠。其國典守經籍，得非所學，在是將以經綸也耶？及秦用鞅、斯之徒，遂相將隱去，商洛山中鴻冥鳳棲，採芝考槃已矣。得非陰長陽消，天地閉塞不可以有爲也耶？先生既去秦，于是廢井田，毀學校，坑殺儒士，焚燒經籍，天下遂大亂。於戲！先生一去而世變乃如此，夫朝廷一日可無斯人也耶？

逮漢高龍飛，網羅人傑，鷹犬虎士，以滅秦蹙項，加威海內。海內英雄雖仇依島處，隨所招麾，咸不寧而來，無敢後者。然卒有不可屈者，天下唯四先生而已。蓋先生有師，傳帝王之道，而高帝無先學後臣之心，故王佐之，賢不可致耳。比帝晚年溺愛戚姬，欲立所出趙王如意而廢易太子，群臣諍莫能得，呂后用留侯畫計，禮聘先生。比至遭黥布之變，帝使太子將兵，此又一危也，賴先生謨猷獲免。帝破布歸，疾甚，欲必易太子。太子乃燕帝，四人者從，帝異而詢其姓名，大警。謂戚姬曰：「太子羽翼既成，矰繳焉施？呂氏真而主矣。」遂作鴻鵠之歌爲楚聲，使姬楚舞數闋，涕泣而罷。由是君心以格，彝倫以明，私愛以割，國本以定。嗚呼！少海涸而益之盈，蒼天缺而補之完。先生一出，豈小補也耶？厥後帝没，太子即位，是爲惠帝。惠帝報先生德，以三公，皆不受而去。先生既去，呂后肆虐，卒鴆殺趙王，人彘戚姬，遂致惠帝震駭喪志而没。由是呂氏益横，以陰當陽，俾夜作晝，螟蛉國儲，朵頤漢鼎，天下又大亂。嗚呼！先生一去世變又如此，夫朝廷一日可無斯人也耶？

於戲！先生遯非忘世，頤弗舍龜，屯而建侯，蠱而尚志，豫而介石，艮匪列夤，言足濟時，誠能動物，未可以一德名也。厥後君平、子真、嚴光，得先生之艮而射隼之解無徵；穆生雨疏，合先生之介而康侯之晉未著。求其一出一處合聖人之道，而能濟時以保身者，先生之外不多見焉。

於戲！先生其猶龍乎？時潛而潛，時見而見，躍而不亢，游而不淵，非龍而何？世謂高帝溺冠，嫚罵輕侮儒生，蓋非先生之流耳。使果先生者流見且弗得，得而輕侮之耶？于此見當時儒者皆游說之徒，帝之明不可欺。先生之爲儒，信非體用弗備，外賁而內蒙者矣。然先生不可得致，則漢之所以不三代者，寧不在是也耶？

先生事跡，人有疑者，愚辨之碑陰。先生舊有廟在商州城西，歲久頹廢。嘉靖間撫治商洛少參平定郗公，來謁先生，病之。爰改築大垣爲磚門，葺舊堂而新之，又增建新堂一所，復得瞑田若干，以供祀事。夫然後商人及往來時獻，咸知尊禮，先生益仰止焉。工始於丙申冬月，迄丁酉仲春落成，時贊之者，商州守岢嵐任繼芳也。

增修河東察院記

河東舊有察院，創於成化壬辰，葺於嘉靖乙酉。增修之者，則今侍御李臺山公也。公嘉靖甲寅秋至河東視察，院大門棖短檐低，不堪揭扁，病焉。視檐外即面墻障蔽，僅可旋馬，三藩人以事至者，無容足地，病焉。欲有爲，然未之暇也，乃以鹽務爲急，而日從政焉。察鹽法或疏則廣詢博諏，備舉之鹽官，或勤惰、賢否、不齊，則獎勞之、懲戒之、去之，鹽商不集則多方招徠之。鹽城有穿窬醜，則增城高四尺，重棘以衛之，復設保甲，晝夜巡邏。南城傍山，盜多，則尤嚴防之。鹽丁不均有加差，多逃亡，則按籍別等則派之，其買馬、貼軍諸加差，俱免之。鹽城外有卓刀、姚暹諸渠，潦水泛溢，衝城大爲鹽害，則疏鑿深廣之，於是逃亡歸，鹽丁集。正丁之外有餘丁，以待用矣。商賈集池鹽，流通與淮、浙等矣，於是增料至二百餘座，歲增課銀至七萬餘兩，其鹽供陝西、河南、山西三藩，官民不勝食矣。其外抵補山西民糧，增解十數萬矣，其功效加此。公復儲贖刑之粟若干，偶值歲歉即發倉賑，不足則五六發倉賑恤，民生全者甚衆。

河東書院舊以六德、六行名號，凡十二號，公增以詩、書、禮、樂四號。舊生徒凡四十人，公閱拔二州十縣髦士，共九十四人教之。五日爲一講說，一月一試，每初四、十四、二十四則課三場，文如鄉試。然雖大風、大雨、大雪不輟，於是諸生競辰勉學，所造不可量矣。諸生乘暇進曰：「公前所病者，今可有爲矣夫。」公曰：「諾。」乃令有司呼當門居民，審之曰：「居遷孰安？」僉曰：「冰霜臺隅，吾儕小民跼蹐頻蹙于斯久矣，儻官府有大作，俾就安宅則非徒斯今安，子孫世世利也。」有司以白公，乃於城中隙地界之，更以所費補之。復以官田予爲世業，民欣然從已，撤墻以去障蔽，除道以通往來。大門易其材，增高四尺，扁曰察院門。南五丈許，移植楔欅門一，扁曰御史行臺。又南二十丈許，植大楔欅門一，高四丈一尺，闊四丈六尺，扁曰三藩風紀。又南七丈許，樹門屏一，高三丈，闊七丈，東西墻建榜房各一十三間，房後地東西各四十丈。左院一，所房三進各三間，扁門曰東茶房。右院一，所房如左，扁門曰西茶房。以待有事於臺者，且止所也。察院門東如前門一，扁曰激揚；西門一，扁曰貞肅。次激揚右門一，扁曰問世鳳麟，以表書院前所造就科甲之士；次貞肅左門一，扁曰一時桃李，以表書院公所造就新科士也。察院門内舊有冰檗堂一，退思堂一，存竹、憶梅軒各一，見闕樓一，觀德圃一，皆葺而新之，煥如也。夫然後出入是門，登其堂者，肅然而敬心生焉。

於是運使王子三接爲狀，以致仕延川令予友王子世相爲價，問記於予。予曰：「臺山公前令沛有善政，贖刑以穀，年饑而蒸民足食，掘地得金，學修而諸廢亦興。司馬默庵吴公會撫按疏聞于上，上令通行天下，永爲令式，其民則建立生祠，歲報祀焉。矧茲鹽政阜財，足國代税，蘇民又賑饑育才，悉法所當書，可湮没之哉？」爰筆其大略以告後明云。臺山公，名禎字某，别號臺山，江西新昌人也。

河東察院辦公所民居及增廣學舍記

解州之東、安邑西、鹽運司城君子有攸芋焉，河東巡鹽柱史察院所也。其南爲條山，爲鹽池。池東西廣袤百二十里遥。自條山下瞰，如湖，如海，如堆瓊積雪，即此池也。伏羲制字時謂之鹽，帝舜歌薰時謂阜民財者，即此池也。

故今鹽生必待夫熏風至焉，天下産鹽所博矣，神農以爲藥物，療民疾者取此，他不與焉。此天地風日所生，非勞人力煎煮，生生無窮，取用不竭，以故陝西、河南、山西三省君子小人皆給食焉，是故天下鹺政有司凡六柱史監臨者四，然皆居會城，或往來巡察，其專厥攸居而所莅廣遠者，唯河東爲然。凡及瓜入覲則三省佩印大夫及郎官教職，皆得而賢否之。

於戲！兹任不亦重耶？察院舊在市廛，民居中凡聽政，則市民喧囂，或家人婦子嗃嗃嘻嘻，於外甚非肅政之所，民亦沮如惕如，不坦夷也。柱史臺山李公下車聽政，病官混淆，令有司咨詢民情便否。僉曰：「衆不安於此久矣，但大作乃上益下事耳。小民其何能爲？」乃審咨之，其情同，於是令各給隙地，資其用而遷之，如隋城辦官府民居之制，於是政肅民便，上下各得所矣。

察院舊有書院，前柱史理窗友西渠張公之所營也。河東郡邑發科及第之士，多此出焉，至是公又博選諸庠髦士，卒業於中，士視昔三倍焉。民歲饑即發倉賑濟，境無流殍，遇旱即齋沐，積誠禱雨，檄有司行事如其情，斯禱無不應。田禾池鹽俱生，民歌頌焉。舊察院門外僅容旋馬，乃廓東西二十五丈，南北三十丈餘，始東西爲榜居各一十三間，南設屏高三丈，長八丈許。次建綽楔門一，扁曰三藩風紀。又次門一，仍舊貫而南移之也。東西如門各一，曰貞肅，曰激揚。又門二以榜書院科第士姓名，亦激勸之方也。門樓卑而高之，左右碑亭二，亭後茶房各一，以爲諸參者、見者具止所也。書院增廣齋舍，倍前用，皆資諸贖金，民無取焉。

工始於四月二十一日，七月終落成。於時河東運使王君三接問記申之，以致仕延川令王子季鄰簡書。理亦食鹽人也，故耄以言柱史，名某字某，新昌人，號曰臺山云。

陝西河東運司監察鹽政仰山尚公去思記

嘉靖辛亥仰山尚公蒞條山，監察河南、陝西、山西鹽政。明年壬子害除利興，廢舉吏戢，民安士彙，征公于時，攬轡還臺。

明年癸丑冬，安邑人參議胡諧、延川尹王世相書謂理曰：「仰山公去吾河東久矣，人思之弗忘，敢託吾子記之。」理曰：「思狀如何?」曰：「公清介安節，身昭儉德，故裁省供應而民從之，禁止諸服飾奢僭而民從之，故民不至于饑寒，思公儉德。官吏貪酷，頑譏誣罔，強梁橫逆，皆爲民害，公乘時考察而黜之，受辭訊鞫而戍之，遷放之而良民安，故思公除害之德。其監乎鹽政也，鹽生之日，則躬詣池所，辰入酉出，總理微密，防範周至，布以恩威，故鹽丁子來，竭力從事。又招傭饑民效勞，受犒于役，使之中寓賑養之意，以故萬億垂死之人活于饑饉之時。以至在官牙行店戶秤斗人役，御之有道，莫不輸誠效力，好義終事。以故徵十年之逋課，數月而完；補億萬之邊餉，期年而足。又疏通鹽法，商人報買隨令掣支，凡驗放濡滯，那移需索，作奸犯科必刑，又斷絶私鹽，以除公害商害，以故商人思公，諸在官庶人思公，諸足餉之人思公。粵若薰風應候，斯中池阜財，此不先不後時也。公來之次年仲春之時，池偶呈祥，鹽花射日，堆瓊積玉，萬頃爛然，於是取之不窮，用之不盡，苟非和德昭格，何以臻此？此池人、商人所以異而思公；壬子秋月不雨，禾苗槁矣，公反躬自訟，積誠籲天，三日而澍雨滂沛，四野霑足，禾乃大熟，此農夫、農婦所以感而思公；禁諸少年交遊非類，賭博群飲，諭以生理，導之孝弟，而犯上作亂之事不爲，德教如是，此父老所以思公；修葺書院，遴諸郡邑髦士，朋簪講習，復延師儒誨之，給以筆札，豐其館穀，又躬臨課試，以勸以懲，以故壬子鄉試舉者一十五人，解元及詩禮經元皆出其門，癸丑會試，門下又連進五人，教有明效如是，此諸生所以思公；縉紳之家，修其坊門，周其匱乏，或米肉薪炭以給寒士，有不能衣履者則衣履之，有不能婚葬者則助以舉之，此縉紳士人所以思公；鰥、寡、孤、獨之人則廣蓄之，衣食之必備必時，病患之民則儲藥任醫療之，囹圄罪人則釋諸無辜而恤諸繫刑，此窮民、病民、諸麗刑之民所以思公。」

理閲書已，嘆曰：「微公德澤不洽于人，人其能如此哉？詩曰：『心乎愛矣，遐不謂矣；中心藏之，何日忘之。』其斯之謂與？是不可泯已。」遂援筆記之，尚公名維持，字國相，號仰山，汝寧羅山人，嘉靖庚子中河南解元，辛丑連登進士。高祖仲賢，元末進士，值政亂隱居不仕。曾祖褫，正統己未進士，授南臺御史。公則繩厥芳武，云持書而徵記者則衣巾生王世相、侄鶴松也。

河東鹽池重建忠勇武安王神廟記

河東池神廟東古有關王神廟，關王舊號義勇武安王。我皇明正德間，武宗皇帝更爲忠勇武安王矣。河東古老相傳，地志亦載之，謂昔宋時蚩尤作祟，變池鹽爲洪濤，經歷八載，課鹽不成。當時朝廷禱籲於王，王用神兵除祟，池鹽復故，民到於今利之。以故此地有廟，所以報祀王也。

嘉靖甲寅秋，敕命巡鹽御史臺山李公至謁王，見其廟貌陋甚，嘆曰：「王，天地之浩氣也。昔漢室垂亡之日，非世無撥亂才也，然荀彧之儔則佐操簒弒，周瑜諸人則輔吴僭竊。其能明綱常大義，擇善固執者，唯王及孔明一二人而已。王知昭烈帝胄可續漢統，委身於樓桑布衣之時，以持危扶顛爲心，衛主于造次顛沛之際，雖萬死一生不恤。至曹操義王，以恩結之而弗能留；孫權畏王，以婚結之而絕之甚。卒致心如天日，威鎮華夏，闗輔人民往往遥應。曹操遂欲遷都避難，此漢賊可平，王業幾復時也，不幸陰爲孫賊所圖，王身歿而神存。王既云歿，曹丕稱帝，權亦僭竊。使王無恙，二賊敢遽如是哉？故君子謂王身存漢存，身亡漢亡，非虚語也。厥後孔明先後出師，爲漢討賊，雖大義昭彰，然賊已深根固蒂，牢不可拔，非若賊勢顛危，王之時矣。孟子曰：『浩然之氣，難言也。其爲氣也，至大至剛，以直養而無害，則塞于天地之間。』王實有焉。蓋天地正氣本自浩然，在人則集義所生，苟行一不義，内省有咎，氣斯餒乏。王好學慎獨，守死善道，行無不義，俯仰無愧，故其氣充塞天地，莫可屈撓而限量之也。先明嘗謂是氣在於天地，則爲星辰、爲雷霆、爲河岳，在人則爲聖賢，故申侯〔二〕本于岳降，傅説歿爲列星。今道書所載，有圖有説，亦云王爲雷神，孔明爲雷師，凡鬼魅妖邪爲人祟者，巫人禱請則雷霆震擊，王實在焉，此亦理之所有，非誕妄也。今胡虜犯塞，吾將士禦之，雖衆寡不敵，王嘗見像陣前，虜即敗衄遁去。此王神常在宇宙，衛我綱常，驅除逆醜邪祟，一如在漢日也。池所報祀宜矣，況王家池南常村，固鄉賢也。河東鄉賢其好學慎獨，集義善道，養成充塞天地之氣，未有如王者，後學宗師而祀之，可因陋就簡乎哉？」嘆已，乃曰：「此禎之責也。」

乃卜諸附廟隙地，廣袤數畝，繚以周垣，垣用瓦甓蜈蚣之前，構大門三間，南向懸扁。其上次爲儀門三間，北築臺崇，構殿堂三間，接以夏屋。殿下東西各爲廡三間，肖像殿内飭以金碧儼然，如生人瞻仰之，肅然凜然而敬心興也。廟門有古柏二株，蔽芾凌雲，不知植于何時。臺山公相地建廟，偶門於此，若新植然，亦樹有所待而神啟其衷與？廟建於某月某日，落成于月日。

〔二〕「侯」，原作「候」，據文意改。

臺山公姓名見前，字某，號曰臺山，江西新昌人，效力者爲運使王三接，安邑令李瑜，狀其事者，爲致仕延川令王世相云。

淳化縣新遷廟學記

粵昔淳化在洪武盛時建學，縣治之右門臨通衢，當時士樂於學，多顯者焉。厥後令有李仲賢者，以學爲神祠而遷於南城之下，後又壞而不加葺也，是士蕩析廢學而鮮成名矣。故淳化之人，小大咸怨。小人曰：「昔吾學美矣。由李令遷之，使吾士居面墻之下，遷喬而入幽，抱陰而負陽，惡乎不蕩析也？此風水之咎也。」君子曰：「昔吾學美矣。由宋令遷之，使吾士居面墻之下，藏修焉而非其宜，遊息焉而無所適，惡乎不蕩析也？此有司之咎也」。故君子小人異言而同情焉。

正德甲戌，臬司大夫何公至淳化謁廟視學而病焉，淳化師生以衆情告之。公曰：「吾意也，乃爲身相地焉。」乃得縣北廢倉及城隍廟地。曰：「於此建學，如是如是善矣。」時令未之能行也。

歲庚辰令缺，丞畢氏至謁廟視學，病焉，學諭王氏以往事告之。丞曰：「令在，吾不可事，今誠吾責矣。」于是學諭贊之，丞任之，乃白於當路，咨於有衆，乃取薪於山，以甄以然；取材於巔，以棟以枅；取石於川，爲礎孔堅；作廟淵淵，爲堂爲廨，爲舍聯聯；如翬斯妍，如鳥斯騫，凡數月而訖工矣。丞又曰：「廟學之前無通衢焉，未善也。」乃悉召諸居民，謂曰：「若屬後園壖地，若通以爲衢，則士利於行而爾輩亦利於廛矣，如何？」皆唯唯。於是悉取其壖，爲衢爲廛，如矢如弦，往來翩翩，士民攸便，凡數日而訖工矣。

於是小人觀之樂焉，曰：「美哉！陰陽順矣，風水萃矣，士於此不成，吾不信也。」君子觀之樂焉，曰：「美哉！藏修宜矣，遊息適矣，士于此不學，吾不信也。」丞乃落成而進諸士曰：「夫廟學非地而不遷，有司之過也，遷矣而不善，有司之過也。士集而不教，師長之過也，教矣而不善，師長之過也。今王先生善教而丞亦苟焉以塞責矣，乃或于此不學，學而不成，將誰責乎？」諸士咸曰：「此諸生之責也。」峨山逸人曰：「夫遷學、遷居，一也。吾聞昔有築室而遷者，遷貨而忘其妻；又有病慾而遷者，遷居而忘其心，其亦不善遷矣。故遷心爲上，遷身次之，遷居爲下，是故君子擇所遷而遷也。故遷善於鄉，弗自足也，而進之于國；遷善於國，弗自足也，而進之天下；遷善天下，弗自足也，而進之古人，斯善遷矣。」學諭王氏聞之曰：「小子聽之，夫命爾矣。」

何公者，名天衢，家道州人，昔相地時爲關内道副使，今河南都御史矣。丞名經，井陘人。學諭名繼，某人也。

寧晉儒學及汶濱書院贍田記

愚聞君子用財以義，如其義，雖千駟萬鍾不以爲泰；苟非其義，則一介不以與人。昔范文正公以義田贍鄉黨，以所居爲學舍，義矣；寇萊公以所居爲僧寺，崇異端，不亦失義也耶？愚見今汶濱蔡子用財，有范之義，無寇之失焉。

蔡子名靉，字天章，號汶濱。初學于恒山張子，凡十有八年，登乙丑〔二〕進士，授行人，擢監察御史，復學于甘泉湛子，後巡按河南，行所學激揚有聲。及退居林下，幾二十年，日用服食悉從儉約，積有贏餘，徐徐置田，因鄉里田賤，遂置義田十有九頃。

先嘗構汶濱書院，受徒講學。是則割田七頃二十畝爲儒學贍田，復割田一十九頃爲書院贍田。蔡子曰：「儒學贍田以給生員婚喪，以資寒儒問學，託以公處之矣；書院贍田則一以祀先合族，一以周給親故，一以教誨後學。凡祀先有祠堂之祀，有墳墓之祀，俾宗子主之學者，相之司計者，出所貯供用籍之。祀畢則享胙，頒胙有常儀，凡周給親故，婚喪助給，親疏有差。其貧乏不能自養者，月給糧有差。凡教誨後人，本族子弟俱在書院進修，其延師之禮，飲食之類，悉給之務足用。

〔二〕「乙丑」，據蔡靉中進士時間爲嘉靖八年，疑當作「己丑」。

其外族學者如之，故舊子弟有家貧來學者，給亦如之。」

嗚呼！賢者富而好禮，積而能散，蔡子爲贍田如此，非好禮能散者耶？愚見他鄉有富者，積粟幾萬石，賓至，有餽則飯之，否則雖往返百里不飯。後貸粟於人，遇凶歲無償遂餓死。又有貴者嘗多取以歸，居不安則一飯萬僧乞延生，未幾見怪死。

嗚呼！鄧通、梁武咸餓死，非極富極貴者耶？蓋富貴而不知義，徒遺天下萬世嗤耳。故君子於蔡子深有取焉。或曰：「蔡子惟不試，故能行其義如此，使鴻漸而大授，將霖雨天下，奚啻是耶？惜哉！晉而摧也。」丈人曰：「不然。君子聞道，大行則澤乎四海，開來則澤乎萬世。推蔡子開來之心，蓋不但志於澤夫四海已也。奚惜哉，奚惜哉！」

平陽府新建教場記

國家郡邑皆設立學校以明彝倫，教場以修武備。平陽之有教場舊矣，新建云者，監司僉憲大夫乾谷辛君之所營也，實有取焉。蓋前次丙申逆賊張世朝之變，幾失平陽，幸而奠。

明年乾谷至，視學曰：「邦有人焉。」乃觀民曰：「唐風未衰，未可移也。」乃閱武備曰：「弛矣！弗亟張，民焉綏耶？」乃相教場于舊所曰：「兵，陰事也，乃練諸南薰之城，違天道矣；又阻而隘，隘不足以合衆，阻則莫之能益也，失地利矣；又地遠往返，勞拂厥士心，失人和矣。」乃姑教之，乃相卜城西汾東地食。

又明年，乃改作，乃奠其地而垣之，乃門乃中爲將臺，乃八表其外爲陣地，表外北隅仍門垣之，爲監司堂及後堂各一，爲左右廊各二，爲府衛縣學廳各一，各若干楹；外爲懸扁大門一，四楹。是故于天道順，于地利得，于人心協，一舉而獲三善，是謂有取，蓋取諸革也。於是而製旗鼓，備器械，退老弱，選精鋭，成師旅焉。於是而三令五申，教之陣法，將居中堅，招搖在上，鉦鼓居下，左右前後，各司其局。聽鼓而進，望旗而趨，聞金而止。伐次有數，進退以制，不失尺寸，此正法也。正法既閑，三令五申，教以變法，聽鼓而進，望旗而趨。或合或離，或聚或散；或方或圓，或翼而張；或首尾而應，分番出沒。更互戰守，俾勇者搴旗，壯夫守之，凡三搴三守，聞金而止。各復厥初，毋失尺寸，此變法也。夫然後賞罰加焉，務期精熟，使威動如雷，靜安如地，是謂有取，蓋取諸豫也。方改作而訓練，不廢經營，于戊戌春初至冬訖工，而訓練亦熟，足禦侮，足消患矣，是故不可無記。

故臨汾趙尹託予記之。乾谷關中耀州人，名珍，字國聘。相是役者爲知府鄔紳，同知劉崇雅，推官焦璉，平陽衛都指揮李忠，指揮崔憲、崔崇、錢鍾及趙尹統也。

明三原縣創修清河新城及重隍記

三原今縣治有城在清河南。元至元時自東原下，舊縣徙此，其城蓋徙時築也。清水出耀州石門山，其陰爲三水，其陽東泉爲清水源，其西泉爲淳化冶水源。清水東南流數十里，濁水自東出爲清水，又東南流百里，至中原村，其西望冶水爲西原；其東抵濁水，爲中原濁水，東抵趙氏河，又抵唐獻陵，東斷原所爲東原，蓋三原所由名也。清水又南流，至三原護軍城東，又南爲耀州巳杜，爲吾原義河毛坊，毛坊里杜寨，杜寨三面皆巨豁，義河南爲鬼谷，北爲石堡。巳杜有懸崖石洞數十可居，蓋毛氏兄弟建忠時居，人避兵所也，杜寨前其立柵處云。清水又東南流至湯杜，蓋湯孫亳王所居，今訛爲楊杜里矣。有峨山竇氏裔居此，又南至第五村，漢第五倫裔所居，又南爲閆村，三原社倉所也，又南爲谷口，元義士李子敬裔居此。子敬創立學古書院，延師教士，以忠信招，商三原之人材與商旅集，由斯人也。東爲濁水谷口，唐長孫文德后家在此，元冀國公郝天挺塋祠俱在此。又東則舊縣遺址在焉，西爲堯門山、荆山，荆山今爲嵯峨山矣。又西爲冶水谷口，冶谷南爲鼎州，昔黄帝鑄鼎所也。清、濁二谷，南爲焦穫。詩曰「整居焦穫」即此，今訛爲焦吴里、焦吴村。理聞諸王端毅公云，清水自谷口南流，至豆村折而西，經涇陽孟店鎮，西爲靖川，唐李衛公莊在此。清水又折而南，至吾原留芳里。冶水自鼎州來，至荆山巽隅入焉，清水又東南，過張御史塋，東又過張孝莊塋、王端毅公、康僖公塋。東至龍橋，其南爲今縣治城，即前云元時所徙築城也。城肖鐘形，北阻河，河深十丈餘，巖險可據守。其北居民與南等自國初迄今，多縉紳髦士家，然無城，民自昔至今患焉。

弘治末，河套虜蠢，王端毅公謀於當路築此城，未果。正德間，關東、蜀、川盜起，套虜復蠢，王康僖公復謀築于當路，移有檄矣。時榆次王令任事，爲庶民所沮，弗果城。後虜入山西平陽，窺關中，關中守巡率兵東禦于河，三原士夫胥約理，復謀築于當路，亦移有檄矣。時寧陽閻令任事，爲涇陽田盧茲土人所沮，又弗果城。

嘉靖丙午，虜奸細人入境，窺我會城及三原，官絡繹獲之。知侵盜有期，三原人士謀築益劇，然未敢白也。時晼溪謝公保釐我土，急移檄督築此城，乃先主之以府官申之，以守巡有沮者輒令刑以徇。時王令任事，遂令處夫役度基趾，分工舉事，同日並作，蓋閱月而城畢。又二十餘日，而城上女墻樓堞外，重隍舉畢，城周三千步許，崇二丈五尺，下闊三丈許，女墻崇七尺，上有垛口，南北東西共設四門，門各有樓。東門樓爲壯，麗設敵臺，凡二十七所重隍，各闊二丈五尺，深如之。女墻垛口，凡一千五百餘口，設神機火器，數如之。南城今增葺，高厚如新城，外浚重隍，深廣如之南。西關外復令築城，西環民居，東樓城外重隍深廣如前。諸垛口各設神機火器，如前兩城設。於是虜聞之驚愕，昔南侵謀遂索索然寢矣。

蓋三原天下商旅所集，凡四方及諸邊服用率取給於此，故三原顯名於天下，雖狄虜亦窺伺焉，三原固則虜南向志灰。夫關中之城亦多矣，君子謂三原斯城所保爲大，不其然耶？城成，民悅而歌曰：「嗟雙城兮重隍，巖巖兮湯湯；交相翼輔兮宛鴛與鳶，神機設兮雷電斯莊；一夫發兮萬夫莫當，胡虜聞兮魂驚膽喪，吾民眠兮永無夜尨。」歌已。商人亦悅而歌曰：「原昔有人兮可因可宗，謀忠交信兮心與面同，貨泉可託兮有始有終，集吾遠人兮給如蟻蜂，忽聞虜患兮懼失所憑，今環金湯兮憂慮頓空，誰實爲之兮念唯謝公。」歌已。士夫咸悅而有歌，其略曰：「嗟吾原兮商旅雲依，百貨叢兮四方攸歸，世資服用兮虜亦睥睨，肆我先明兮謨謀孔諧，保障時營兮屢作屢尼，天啟溪公兮言恤我哀，金湯時環兮永脫我危，吾原既固兮胡將焉窺，陸海天府兮爰斯免災，嘆茲謝功兮吾民永懷。」

于是原民既礱石以紀事，又建祠以報公功云。公名蘭，字與德，號畹溪，嘉靖丙戌進士，由監察御史歷副都御史，山西代郡人也。王令名鳴鳳，保定宛縣人，王令去，進士富順甘令茹繼之，爰徵記竪碑以順輿情云。

蒲城縣新修城隍廟記

蒲城舊有城隍神廟，嘉靖丁未竇坻邳侯來宰邑，始謁神。視廟陋且敝矣，乃圖增葺之，閱三年底績。蓋于廟門建坊牌一座，榜曰福善禍淫。二門内建侑享樓一座，榜曰衎神正殿。舊五間葺新之，前建獻殿五間，内增金碧暖閣一所，外葺東西廡各三間，廟貌於是巍然煥然，入者不戒而肅矣。廟成乞理記，理按城隍於易泰之大畜有之，蓋自肇建城隍以來，宜有其祀乃無文，逮我皇祖祀典始著。

嗚呼！門戶井竈中霤皆載祀典，而城隍所保爲大，可獨無祀耶？宜我皇祖制禮，於神祀爲獨詳也。稽諸唐縉雲遷神廟記曰：「城隍神，祀典無之，吳越有之，風俗水旱疾疫必禱。乾元二年，縉雲秋七月不雨，令李陽冰與神約，五日不雨，焚其廟，及期大雨，四境告足，陽冰率吏民自西谷遷廟于山巔，以答神。休夫城隍神廟在于幽谷，復遷諸山巔，俱無謂與？」後唐清泰元年，詔杭州、湖州、越州城隍各加王號，然號曰保寧，曰安城，則因兵亂境安，報謝神佑而然。其神廟亦因其俗有之，嘗禱祀如陽冰所記，非神居其所，而天下通祀之也。我皇祖戊申洪武元年掃除胡元，潔清中夏，詔封天下城隍之神，在應天者稱帝，在開封、臨濠和滁者稱王，在各府州縣者稱公，稱侯，稱伯，然改革之初尚有因也。三年庚戌詔定岳鎮海瀆，俱依山水，本稱城隍神號，一體改正，在縣者皆曰某縣城隍之神。四年辛亥特敕郡邑里社，各設無祀鬼神厲壇，每清明及立冬朔日致祭，以城隍神主祭，鑑察官吏人民善惡，以貽福禍，復降儀注。凡新官赴任，必先謁神，與立誓約，期在陰陽表裏，以安下民。

嗚呼！聖制如是，則城隍之神，名號既正，祀復得所，非千古曠典，至是始正而無闕與？官到任而與神約，則作善作惡之民，官有刑賞不及者，神必禍福之，弗得而漏也，豈惟民哉？使官省有咎，以致惡射於人，則神必厭之。神或失職以致復隍之禍，則官於神，亦豈得而禋祀之哉？邳侯治蒲，李生應芳曰：「侯清正無取，其不違神約可知，是故能敬神廟云。夫官賞善罰惡，陽之政官之職也；福善禍惡，陰之政神之職也。官之明不及神之察，故賞罰或有遺者，而禍福不爽，是之謂陰陽表裏以安民也。夫民安則境安，境安則神之祀可常享，官之禄可常保矣。」

景行書屋記

景行書屋者何？休寧太學生胡孺道所營，奉祀其師祠也。其師爲誰，高陵涇野子呂仲木也。涇野自遊太學，日聞道，卓立不惑，惟以闢邪踐跡爲事。其及第後，官修撰時侍經筵，輒追諫于上，上爲動色，後以直諫謫解州判官，以斯文自〔一〕任，學比雲集，子每授以所學。後歷擢南京吏部考功司郎中，尚寶司卿，北雍祭酒，南禮部侍郎。海内英才大集，有科道部屬之俊在焉，子悉授以所學。時有儒鳴達磨學者，子力闢之以明道。南京時授徒鷲峰寺中，蓋孺道在焉。其侍郎時，夏公謹在内閣，霍渭先爲南宗伯，二人交相傾也。霍嘗詢夏過惡，子弗答而語以所長；他日夏詢霍過惡，子弗答而語以所長。故霍以子爲黨夏，夏以子爲黨霍，交惡子也。閣臣任丘李歿，渭先託祭文，子辭曰：「枏未知其人。」繼永嘉張歿，渭先復□□□□辭語如前。渭先乃疏張行跡授曰：「此三代而下，絶倫相也，子弗知耶？」子答書曰：「以子之才，使明邪正，一變而爲正人，有何不可？乃不然，惜也。」子後爲渭先所深嫉，乃居之燕然，此皆孺道及諸賢所見聞，故咸中心悦服。嘉靖甲寅七月朔日日食，是夕大星隕，高陵涇野卒。孺道蓋先至高陵侍疾，遂視殮殯而執喪焉。他日歸營，茲祠屋以祀，名曰「景行」，蓋取詩人仰止景行之意，欲尊所聞，行所知也。

〔一〕「自」字原脱，據文意補。

嗚呼！非師淑人以身，弟子篤信好學，能至是耶？嗚呼！涇野，予輔仁友也。其卒也，孺道事予如其師，故以祠記託予。祠營于歲嘉靖己酉九月九日，落成于庚戌七月七日，其間所建堂齋亭軒池樓，規制美善，詳他賢記中，茲不著云。

谿田文集卷四

書

與松石劉督府書

頃楊環回聞盛德納福之詳，無任欣慰。恭審席未及暖，遽獲戎捷，茲乎胡殿邦之明徵也。續聞麾下又造戰車、戎器諸物，是又非常之舉。匈奴聞之，想遠遁北漠，無敢南向爾矣。某竊聞之友人施彥方云：「孔明陣法用車及步騎，三合爲一，一衍爲八，車嘗外衛以防挫衄，步騎在中出奇制勝，分番進退，以休以食，以攻以戰，循環無端。若多設服色，更易以出，則敵兵神之，莫我測矣。此可以少勝多，多多益善，少亦無敗。」平居教演，分則習技盡吾所長，合則習陣乘彼之短，今執事大猷殆將出是矣乎？然謂吾所長者，中國長技是也。民間閑民與夫山僧實多習而能之，將士則鮮有知者。若廣招此輩，擇其尤者教習，將士不時閱試，技期熟嫻，夫然後兼軍中火器、神弩，參而用之，演成陣法，徐以節制之法，行吾仁義之師，則匈奴不足平也。今戎器幾備，所宜講者教演而已。涇渠水利執事昔嘗治之，某忝紀載其事，惜元功未續，忽經大水，遂致壅塞墮績。昔項公巡撫關中經營此事，穿鑿大龍石山，爲渠廣惠，以引涇水，鄭、白之下，莫與比倫，厥功偉矣。惜公還京師，厥功中輟，深以爲恨。其後滿四作亂，公再入關，復營此事，擇人督工則楊方伯者其人也，惜功垂成，公又還，楊亦陞去。楊嘗嘆曰：「龍山洞中有門限隔石及臥牛賊石未去，使斯功不永世者，余之恨也。」今涇水入渠，吞而復出，又泉水大半自渠入河，如楊之根。後正德間宋豐利渠壞，巡撫蕭公鑿山爲渠，名曰通濟。以上接元渠以及廣惠，下達白、鄭以代豐利，功亦多矣。惜董工之吏被工欺罔，渠視上下石底，猶高四尺而止。自岸上視之，殊不辨識，故所通泉水不多，爲利薄也。今諸縣受委相視此渠，將復施工，某念執事之意殆有甚于項公者，可忘白耶？倘移檄該道，如項公故事，使鑿龍山洞石及通濟石底，又修砌諸渠石岸，并防潦水，石橋仍該立，淘決淤淺，閑民以爲經久。又取元人擬均三限水法，俾管水同知守而行之，則功肩鄭、白，血食萬世，項且讓公，他賢不足言矣。夫如是，某當與二三鄉耆伐仲山之石，以大紀元功，以告後世，不但如前所云也。設失時不圖，懼前功盡墮，今相視者，恐終草草，訖于泯泯爾矣。如何外此，更聞留意析津漕事，此亦不世之功也。伏惟次第營爲，幸甚幸甚。

寄河南巡撫古川葛中丞書

伏見執事膺保釐中州，新命我西人，未暇私恤，深爲朝廷得人，爲中州得人慶矣。然愛莫助焉，敢有管見爲門下陳之。頃北虜侵我畿甸，滿其鼠狗之欲，而去度其事，勢後必復來，盍疏聞於上。外守隘口，使無路以入，內獲通州儲粟及山西煤道，則畿甸之民庶可安枕。不然使虜得竊入，據我二境，不出月餘則京師必拆屋而爨。儻又少淹，則雖有深計之士，其奈誰何？京師有慮及此者則已，否則須及時言之。且今中州大患在於河北，執事盍於彰德、磁州率二三智勇之賢，造諸戰車、火器，選深曉武藝之士，教習短兵，練成陣法以防之。如畿內有警，結陣而進，以掃滌首醜可也。竊嘗玩潛需卦六四一爻，頗得先儒未發之意。蓋需已及坎，切近於五，是當時任事之臣，非需郊需沙、避世避地者論也，故宜無所退避，直需殺傷之地，此忘身徇國、見危授命之時，亦其當然之理也。此誠如是，則上可濟君，下足保身，此坎穴可出，九五之酒食之樂，不期而享之矣。不然臨難而苟免則爲五之罪人，血不在外而在于內矣。昔滄源與理同官，朝夕講易及需此爻，理語此義，滄源固守程、朱柔退之說，未之信也。是以禍及伏，希即事体察，需血象義，幸甚幸甚。

與總制劉公書

頃大同軍士肆逆主上，特命吾兄出師討之。又以閫外專制之事寄之，他無掣肘，此固吾兄忠勇著於朝野之驗，亦廟堂之善任使也。成功必矣，成功必矣。但逆醜飽煥養鋭於内，我師露宿眠霜臥雪於外，儻彼乘隙而來，侵犯我師，或肆蜂蠆之毒，此一可防也；若夫城破之日，天吏逸德，如火斯烈，使玉石俱焚，空此邊城，難以控虜，此二可防也；萬一此醜冒圍而出，如前流賊刼掠地方，毒痡海内，此三可防也；或北走沙漠，勾引胡虜，聲東擊西，犯我邊塞，使我師疲於奔命，此肆可防也；若又不然，梟鳴東向，犯我六師，則我師手足之疾不暇顧，惟腹心是護，此又患之大者，五可防也。凡此須求萬全之策，使逆醜短長之命，制之在我而不在彼，始可以言師矣。如何？理又聞出師之義，貴剛中而應，戒弟子輿尸。今既合所貴而免所戒矣，但吾兄不患不剛，惟患剛或過乎中耳。理林野病夫，行且入關，藥物是須而已，身不知恤，乃謀及國事，祇見其不知量也。然有一得之愚，未敢妄陳，略述多端，防患之事，萬全之策，覬吾兄熟思而自得之耳。舊詩一章，非關今日之事，值李生斷事，謁便奉上，亦取以張吾軍也。不盡不盡，理再拜。

與吕涇野書

昨得教，開示矇聵多矣。然有鄙意未盡布者，欲輒復之，似號咷多而笑少，類於朱、陸之辨，故不復請益，兹再得教。云禮以喪而廢祭，不以祭而廢喪，發輝鄙意殆盡。見執事玩經之深，體驗之密，真有道君子可就正者，敬服敬服。然謂大祭在北而不在南，又云今兩京禮部遵行定式，先期告示，皆云喪不與祭，尤宜據守，未爲失也。據此，所謂喪者，乃諸侯以下喪耳。較此，大忌將無同與？夫是忌也，普天率土，罔不攸同，無上下之分，亦無南北之間。若爲有喪之人據而守之未失，則恐天下之人何域何人，非宜據守之者。由是言之，則所謂並行不背之教，似明而未融，如何如何。理昨有觀其會通，以行典禮之說教云，引證未當。理按易繫辭解云，「會」謂理之所聚不可遺處，「通」謂理之可行無所礙處，如庖丁解牛，會其族而通其虛也。蓋謂朝覲禮也，如偶遇日食，則朝禮遇會而有礙，而所通在于救護；婚姻禮也，男女在途，而男女之父母歿，則婚禮遇會有礙，而所通在于喪禮；如衰絰而執喪，禮也，偶敵兵在境，則衰服執喪有礙，墨衰而即戎可也。如此之類，皆禮之變，經而權，皆所謂觀其會通，以行其典禮者也。而執事謂引證未當，豈理未諳經旨而經乃別有說耶？理遇執事，可半言而相解者乃勞累牘，豈義理所在不容毫釐含糊，必欲直窮到底也耶？執事在此，理今夏尚未渡江，經籍可謫論者尚多，此姑置之如何？惟推誠教愛，故敢妄言，罪罪過過。

與同年某書

久不得書，未審起居，何似理積惡，俾天降割于母氏，不少延恨，不即從於地下，餘何足道也。同年党斯馨者，其爲人，吾子之所知也。去歲，詣理弔且別曰：「吾兄在嶺表，吾父老且病，思吾兄遠莫致。今茲我將致之而一與子訣。」已而至維揚，柬理曰：「汝蘭出門所至，率不值一丈。夫今將買舟過浙云。」理覺其言之謬也。懼篋而藏之，不敢以告人。未幾，聞有口禍。今年春乃翁誠庵君歿，不克葬，鄉人客閩浙維扬者交以訃至，云去歲斯馨至閩三水口死，其兄繼死，其僕二人亦死。一人病且死逆旅，主人已聞諸官，相其屍寄諸南臺，其遺貲無誰典收，頗有不逞之徒窺覦而欲竊取之者。俾家人速以來。初疑其訛言，已而信矣。於戲！斯馨言猶在耳，而至是耶？理猶重惜其死無後，其兄亦無後，其家惟餘一母一妻一嫂一弟，在貧無聊，而徵債之家日呼其門，外有不歸之骨，內有不舉之喪，遠財不可致而近饑無以療，其逋負於人者，姑置而勿言可也。追憶往昔爲之泫然，又自惜其德薄力綿，徒切詠嘆而卒莫之助也。詩曰：「每有良朋，烝也無戎。」理之謂矣，奈何奈何。念惟吾子居有力之地，其慷慨大節，聞義勇爲定於久要，而見於今日者，尤出於常情萬萬。今聞平日燕遊之人，有禍如是之烈，能不一動其心哉？其弟之在者，名汝薰，少不更事，自春首謀歸兄骨，自惟單弱，兼畏浮議，不敢獨往，逗遛抵今，而欲攀緣親舊以行。皇皇四顧，左號右呼，而莫誰應援，亦可憐已。卒以妻族李氏子僅私許之挾以北，爲商於都下，始轉而之南，然亦未可保也。行將過，吾子而欲引首一哀鳴焉。不識吾子，其亦憐之否也。如或軫念爲之，少加憐恤，使渠外歸不歸之骨，內舉不舉之喪，遠獲已棄之財，近蘇無告之人，則吾子之德德于人也，夫豈特党氏，亦豈特被及党氏。死者不可作已，無可責而特可哀焉。理是以當齊衰之中，未遑他恤，竊比諸曾子弔子張之義，而有是言也，惟吾子圖之。

與呂仲木書

呂楩之没，理緣多病，東行弔之，有其意而無其辭，然終當有其辭也，不知吾子亦嘗有辭乎否？高廷璽輩來承教，與之處，然講論但有其端而已，未能諄悉，亦緣多病故也。再玩前書，足見應酬之際，寬裕不迫，無任欣慰。但所謂是非云者，則未免有載鬼見豕之疑意者，出於矜持太過，而失之忿厲然耳。若是則似非君子之所可忽也。理竊以爲，是非之來未必皆實，而吾之親且舊者不可改，苟以爲實，則不期其改而漸改之矣。實不實不足論，改不改則吾德之升降繫焉。況保乎國家天下之大，亦未必不由于此者，誠非君子之所可忽也，如何如何。理年來寡陋荒廢無進，倒塌殊甚，亦惟不時教藥是望。

答崔子鍾書

白天澤來辱書，且承念及老親，惠以暑來，仰事之具爲愛深矣。索居來殊無進益，多思易怒之箴，誠中理病，即爲吾子改之，尚敢諱疾而忌醫也。然吾子自謂有所不立，豈真亦有不立者耶？抑臨事之際，或見之未真，故執之弗固，始而疑，既而悔，茲有似于弗立耶？若是亦未爲大害，所可患者，第恐心知其有可立者，而自不肯立耳。若夫謂事變之來，有難處者，似又不然，大易之道莫亨于屯坎之時，莫不亨於豐豫之日，故君子隨其所遇，無問富貴貧賤，福澤憂戚，到手都成佳境，蓋爲此也。要之不越于心，亨有孚而已。鄙見如此，如何？尊叔處草次不敢奉書，無任瞻戀，儻定省之暇，叱名一致問安之意，榮幸多矣。仲修、敬臣諸友聞各居一方，希乘便一通問也，餘惟不時諄誨是望。

答潞州義門仇時淳書

向南都時承不鄙，使時閑來問書院從祀先賢事。時柏齋、涇野及理各據所見答之，理乃即所問答而爲記焉。及北歸以來，乃再辱問行事儀節，理爰稽諸典章而筆之，其諸典章所不載者，則采諸經史，曲禮合之而著節焉。竊又徐思向所答問，殊未詳也，蓋謂時賢既祀，則漢初諸儒，乃先儒所謂釋奠，可爲先師者，可不祀乎？於是擬祀伏公、高堂公、毛公、孔公、鄭公諸賢，諸賢既祀，又思漢儒醇莫醇於董子。當秦火之後，漢帝能表章六經、罷黜百家者，實自董子發之。其言朱子取爲白鹿洞教規，乃漢之儒宗，固不可不祀也。夫漢儒既祀，若子夏、丘明皆親炙先聖，始爲傳注，以開後學者，況子夏居魏西河，又鄉先賢也，可不祀乎？夫傳經先儒既已祀矣，若胡氏春秋、蔡氏書傳，見列學官，可不祀乎？沖素之祀，師其範也；宣義之祀，遵約儀也；虎谷之祀，爲修範也。若端毅之注聖教，見今率由，可不祀乎？故僭擬從祀諸賢於儀節之中，而又歷敘其傳經釋經，并有裨於雄山風化之功，而又列其行實，及他賢評議，別爲附録，以附其後，以見僭擬之意，俟采擇焉。噫！從祀大事也，皆所以崇德而報功也。儀節者儀也，非禮也，斟酌損益，不失乎先王之舊，而宜于人情，合於土俗，斯可矣。承三問下及，厚意不敢虚辱，然管中之見，未敢以爲是也。更冀昆玉，斟酌損益，與君子定而行之，幸甚幸甚。

上羅整庵先生書

六月十一日得去歲十月二十七日手教，并賜至先塋碑文，理不勝感慰。念昔致書門下，謂達尊執事，踰從心之年，當此邪說橫流之日，身任斯道之重，寒門微事恐未易勞也。今乃以載道之文惠然遠錫。於戲！非道充諸身，不自知耄，又憐念句學之士，肯至是耶？今而後知先人幽潛之跡可以傳世，與斯文同不朽矣，何幸何幸。續得答人語、良知書二篇，先貴鄉學者，傳其師說如此，理嘗詩以闢之，不意尊意正如是也。夫良知者，即孩提之童良心所發，不慮而知者也，與夫隱微之獨知異矣。與夫格致之後至知，則又異矣。其師曰：「此知即彼知也。」又以中途有悟，如夢斯覺爲言，此真曹溪餘裔，其師如此，徒可知矣。乃又以其所見非程朱之學。夫程朱釋經之言，自今觀之，千百言中似亦有一二誤處，然語其體認宗旨之真，持守斯道之正，續孔孟既墜之緒，闢佛老似是之非，則千古不可泯滅，可遽輕議之哉？今乃往往是陸非朱，又復陰主僧說，排吾儒焉。於戲！此亦欺人自欺已矣。昔唐虞之時，深疾讒說，恐驚我師，故侯明撻記，書識工颺，若驅洪水猛獸，不敢緩也。及周末老、莊氏出，讒慝又作，賴孔孟相繼明道，彼如螢火在晝，無能輝焉。自漢以來，又增佛教，孔孟不作，二氏遂熾。由是迄於宋世，唯讒慝是崇，雖人主、宰相，鮮有不宗師焉者，天下之災，視諸洪水猛獸，害人尤甚。幸而茂叔輩二三君子迭作，極力闢闢，然後吾道復明，至今三尺童子通句讀者，無不排斥二氏，知趨向焉。非斯人之功而誰功？於戲！辨苗莠而鋤之，以粒食後人，良亦勞矣。今乃復拾鋤去之，莠播而種之，以亂我苗，其亦不知唐虞之政，孔孟之教，斯人之功矣，夫其亦不知斯害之大矣。夫我夫子辭而闢之，良是良是，使微夫子言，愚聞之亦潛有說也，不盡不盡。

與林志道年兄書

伏聞達尊素翁夫子薨逝，不獨吾兄人子悲痛，天下道義之士，一聞訃音，咸傷感嗟悼，往往有潸焉而出涕者。豈我達尊夫子大有惠澤被斯人哉？亦惟清風高節，師表一世，故人皆仰之如太山北斗耳。不然，彼崇高爵位加于一世，及功名之顯盛者亦多矣，胡天下之心不歸于彼而歸此耶？理嘗經故晉之墟，見晉君俱無祠，雖伯者之盛如文、悼亦無祠，獨恭世子之廟在焉，而晉民至今歲時祭之不衰，以此見功利在人之淺，德之入人深也。今有我素翁夫子之風節，則夫天下道義之士雖欲忘之，亦安能忘之哉？天下且然，況于通家者哉？此理聞訃以來，所以此心一日而未嘗不在痛也。茲值黄後峰先生弟叔開便，謹具帛一端，祭文一通，敢託吾子使者焚帛、讀文于我夫子神靈妥右之所，俾此微忱，得以上通，以從諸天下之士之後，幸甚。

答薛孝夫書

年中風再得書，再聞興起之詳，爲慰不淺，然有倦仕之說，則非所欲聞也。何者？君子利不加勸，鈍不加沮。今吾子一有不利，輒思歸田，平生所期，似不如此。況先訓明明在籍，二親侍養在堂，師友箴言在耳，而所學在心，何可負也？逆順異境，吾道一也。願吾子安之如何？安之而道行，謗明而恥雪，或仕或止，唯所之焉可也。他有不合者，願唯以誠動之，負塗説弧之説，吾子體之熟矣。望益勤而玩焉，不盡不盡。

谿田文集卷五

行實　誌銘　墓表　祭文

南京户部尚書平川先生王公行實

先生姓王氏，諱承裕，字天宇，號平川山人，晚年號樂休道人，學者獨稱爲平川先生云。故櫟陽司馬村人，其遷於三原者，自夫高祖始也。高祖諱彦成，號安止，曾祖諱惟真，號恒齋，祖諱仲智，號西園翁，皆以父太師端毅公貴，累贈光禄大夫，柱國太子太保，吏部尚書。高祖母張氏、侯氏，曾祖母張氏，祖母周氏，皆累贈一品夫人。父諱恕，字宗貫，號介庵，晚號石渠，又號一齒道人，正統戊辰進士，由翰林院庶吉士，江西提督學校，布政司右布政使，歷官光禄大夫，柱國太子太保，吏部尚書，卒贈特進光禄大夫，左柱國太師，謚端毅。其學行政節謨猷具載國史列傳及家乘。母盖氏、張氏，皆累贈一品夫人，文氏封一品夫人，張氏累贈太淑人，先生太淑人出也。

先生由成化丙午鄉舉，弘治癸丑進士，歷任兵科給事中，吏科右給事中，刑科左給事中，吏科都給事中，太僕寺少卿，本寺卿，南京太常寺卿，户部右侍郎，總督倉場，本部左侍郎，南京户部尚書，嘉靖己丑致仕。

成化元年乙酉三月初五日寅時，先生生於河南宦邸，蓋端毅公巡撫日也。方兒時即重厚如老儒，恒端坐，不妄言笑。年七歲，作屋隙詩，略曰：「風來梁上響，月到枕邊明。」又作先師孔子木主，朝夕拜之，春秋則於太淑人所取錢十數文，具香果，齋而祭之，其齋之銘曰：「齊不齊，謹當謹，萬物安，百神統，聖賢我古來吻，齊不齊，謹當謹。」太淑人廉知之以白端毅公。公喜曰：「此兒足繼志矣。」十三有危疾，自謂不起，乃出所作童子吟稿，以永訣父母。蓋端毅公始見所詠，不勝悲喜，疾乃尋愈。十五時在南京，從莆田蕭生學，蕭令侍立三日，一無所授，先生歸告端毅公曰：「先生待兒如此，謂不足教耶？」公曰：「善哉教也，真汝師矣。」先生由是益尊師樂學，遂深造焉。十七遇端毅公誕辰，著古賦以壽之。十八端毅公巡撫南畿，爲廳事於會同館，闕地得古銅器，公考古以鼎硯名，命先生著記，記成，吏部尚書王公㒜，刑部尚書張公瑄，禮部尚書耿公裕見而皆題跋，以卿相與之。時所著有進修筆録，崇仁吴正郎宣偶見而題之序焉。癸卯年十九，應鄉舉，提學副使戴恭簡公珊試其文，即以發解許之，既而不果，戴公惜焉。甲辰年二十，作太極肇判，乾坤攸位，迺旋迺轉，陰陽行焉。由是生生化化，萬物咸備，而人生於中，得元亨利貞之理，爲仁義禮智之性。理也者，默默然無形可見，無聲可聞，然賦之於人，非動乎其未賦之先，蓋靜之謂也。人之有性，猶天地之有理，未感而見之於外，徒深以存之於內，則失其變化之機矣。是故象勞兼樂，所謂法天而不載者也；象安兼壽，所謂法地而不覆者也。斯皆常人之爲，若夫動靜以時，無所逆焉，則與天地爲一矣。嗚呼，其聖人哉！說出，一時名公咸傳覽焉。

丙午年二十二，鄉試中式。是年端毅公命完婚，乃著婚禮用中一書，呈覽與可，乃執而行之。丁未孝宗登極，召起端毅公爲冢宰，先生侍行，端毅公察其無私，令終日開門延賢，與一時縉紳交接，比退食叩其所聞，則一時人才文藝武略悉得其概。乃識而用之，多稱厥職，故銓衡之政，號明而不私，蓋先生實有力焉。然苞苴不通，亦海內所共知也。

癸丑，登毛澄榜進士，觀政禮部。五月，端毅公致仕，先生請從。歸養有暇，温故於學道書堂，士多就之，堂至不能容，遂設科於弘道書院，四方從遊者益衆。先生教以宗程朱以爲階梯，祖孔顔以爲標準，其詳見於都御史和順王公雲鳳之記。時先生以師道自居甚嚴，弟子咸知敬學，故自樹而成名者，若秦參政偉，李副使伸，張給事中原，李同知德明，劉推官德學，張治中秉正，雒參議昂，張僉事彦杲，郝副使世家，秦知府鎬，趙主事瀛，來御史聘，張知州時芳，潘知縣汝壽，秦知縣寧，張知縣元相，李知縣良心，李知縣應霈，趙知縣儒，賈知縣朝，王知縣朗，張進士文卿，舉人党汝蘭、張時雍、王明、王朝、王佩、來賀，楊廷亨、李結，選貢楊子美、張龍、李邦傑及理，屬頗衆，自是三原爲西安右邑，稱多士矣。

乙卯四月，授兵科給事中，有時政先務等疏，言皆切中時弊。己未，給誥命移封繼母文氏爲一品夫人，冬周府册封先生充副使。庚申冬，肅府册封再充副使，凡册封，王有常贐，先生皆不受。周府乃以美石餽之，亦不受。辛酉冬奉敕清理山東、河南屯田，釐正甚多，軍民咸稱快焉。甲子七月，陞吏科右給事中。乙丑三月，陞刑科左給事中，有延訪圖治等疏。武宗登極，欽賞紵絲一表裏，花銀六兩，是歲端毅公年躋九十，朝廷遣使存問。先生亦奉敕給賞陝西諸邊將士，過家壽親拜特恩焉。先是給賞者率委官行事，多被侵欺，先生乃親歷諸邊，一一唱名散給，士沾實惠，皆歸德朝廷。丙寅改元，事竣還朝。丁卯三月陞吏科都給事中，時逆瑾專横，群工多出其門，先生遠之，又上疏乞進用君子，退黜小人及諸不法事。瑾怒，罰粟三百石，輸邊。戊辰充會試，同考試官取進士三十五人，皆名士後，咸膴仕，有爲太冢宰者。初先生自兵科給事中，至都給事中，立朝正直忠厚，著名一時。然清慎，日用不足，端毅公知之，歲以數十金資焉。

是年四月二十一日，端毅公卒。時先生在官，端毅公有遺教焉，令孫輅籍以畀之。五月，先生奔歸，痛甚。已視籍教，彌痛，自是佩教終身焉。喪葬依文公家禮，及高氏厚終禮行之。己巳六月，繼母文夫人卒，壬申服闋，十二月復除吏科都給事中。有勤政視朝及論任將等疏，皆爲治之要，軍國之急務。上嘉納之，邊將有進退焉。

癸酉正月，陞太僕寺少卿，三月給吏科都給事中，敕命封母張氏爲太孺人，配張氏爲孺人。六月奉敕勾當延綏諸邊公事，事畢奉母如京就養。十月奉命點視京營馬匹，視所損耗肥瘠，罰各當罪，人稱明焉。丙子正月，給太僕少卿誥命進階中憲大夫，張太孺人加封太恭人，張孺人加贈恭人，繼焦氏封恭人。八月陞本寺卿，時上於内苑教習武事，先生乃潛有所備。一日，上將大閲，偶降旨用戰馬二萬，先生即以應命。大臣驚曰：「方旨下時，吾儕失色，懼倉卒無備，見公委蛇，疑之。今事乃稱旨，豈公有先見而備之耶？抑此外尚有餘馬否耶？」先生徐曰：「止餘四萬匹耳。」諸公咸嘆服。

丁丑十二月，陞南京太常寺卿。戊寅正月，上疏乞恩祭掃，奉旨馳驛以歸。祭掃畢，十月赴任。時上南巡，先生即祗具牲帛祭品，儲以待祀。或曰：「上方用武，無暇於祀，何以備爲？」弗聽。及上至奏，祀皆行之，言者愧服。當祭之，先期演樂，先生自旁觀之，於三百人内呼聲容失節者數人罰之，衆稱明焉。己卯宸濠作亂，欲趨南都，大臣分城以守。先生分守通濟門，乃與家人訣别，登城誓死守之。會有逆黨造成甲兵，藏諸櫛内，以應賊者。先生覺而發之，處以極刑，都城肅然。十二月，張太恭人卒，先生守制西歸。壬午，今上即位，改元嘉靖，論禦賊功，賞銀三十兩，紵絲三表裏。七月復除南京太常寺卿。癸未四月，陞户部右侍郎，奉敕提督，倉場舊有公堂，歲用銀千兩。該司白先生命貯庫無取，十一月繳敕還部，十二月奉旨視大祀犧牲。甲申正月大祀，分獻西嶽華山之神。八月奉迎睿宗獻皇帝神主到京，欽賜紵絲二表裏，銀十兩，册上兩宫徽號，欽賜紵絲二表裏，銀十兩。九月言官論禮部尚書席公書先賑濟事不明，命先生勘之，乃勘得應處雜犯死罪者五十人，應徒者二十二人，應杖者二百二人，應笞者知府以上官二員，應參者十二員，應紀録者六員。内究問畢，知府以下等官共七十二員。乙酉正月事竣〔二〕至京，蒙欽賞新鈔一千貫，羊一隻，酒十瓶。及朝見復命，又蒙賜酒饌。初先生行，言者謂事宜深究。或曰：「事干親臣，爲先生謀，宜姑息之而已。」或曰：「姑息失職，秉公失利，宜兩無所傷可也。」先生舉弗聽，一以直道處之，故功罪昭然，卒當上意，士論歸焉。

十月，先生歷俸三年考績給誥命，進階通議大夫，加贈母及二配皆淑人，廕男輶爲國子生。丙戌四月，欽賜睿宗獻皇帝睿筆，大書「清平正直」四字，五月欽賜文獻通考一部百册，六月欽賜敬一箴一軸，七月欽賜御製洪範篇一帙，是年冬充正使持節韓府，册封爵釐如前。丁亥四月，陞南京户部尚書，及赴任，該司送命下皁隸俸銀若干兩，先生不受，令備諸修理公用。南京故事，食時入衙，視事未午輒散去。先生乃平旦入衙，午後方散，一時南京諸卿佐皆早衙而晚散焉。在部二年，所積羨銀，至四萬八千餘兩，奏准天下罪犯贖金，俱納粟穀，以備賑濟。又各處鈔關商税羨銀，舊聽所在公用，故多侵剋，先生奏同，正銀解送，國用以饒。又查革私充官機匠四百餘人，歲省糧四千八百餘石。又查南京諸倉，應祀神祇未祀，奏准於烏龍潭倉，建立祠宇歲時舉祭。又查南京自正德辛巳至嘉靖戊子，各處稅糧多逋，乃移文督之。甫半載，糧絡繹至盈一百七

〔二〕「竣」，原作「峻」，據文意改。

十萬石，乃作竹囤貯之，倉廒充焉。五月，上賜聖製燕弁冠服、忠靜冠服圖說二冊。

己丑八月，致仕。先生自始仕至致仕，恒勤於公事，所在得體，清正無愆，當時稱其濟美，有范忠宣公繼文正公之風。謝致家居，惟以讀書教人爲事。優遊十年，論薦者衆。御史唐錡疏曰：「古心直道偉然，有其父端毅之風，居家教人允矣，爲是邦名德之望。」御史馬敭疏曰：「言動有古人之風，操持無一節可議。」巡撫都御史寇公天敘會同御史王儀疏曰：「學識博雅，器宇弘深。官居八座，不改韋布之舊；行年六十，尚存赤子之心。喜怒不形，寵辱不動，久負公輔之望，實爲廊廟之才。」總制三邊尚書劉公天和疏曰：「純正之學術得自家傳，端謹之操履成於涵養，德器簡重而喜怒不形於辭色，學問弘邃而見聞博洽乎古今。當官則以正直忠厚爲本，居家惟以讀書講學爲事，且明習累朝典故，真有大臣之度者也。豈惟全陝之人望，實乃當代之名流。」時稱爲名言。

今年五月十六日感疾，至二十一日午時卒。時偶有烈風雷雨之變，瞑頃晴霽，遠近赴弔者絡繹不絕，弟子諸大夫庶士哭奠如私親。

先生廣額豐頤，鼻如截筩，耳垂有珠，重頷美髯，貌丰而澤，體厚而胖，居嘗威重，端嚴若神，然溫乎可親，又栗然而不可狎也。性篤孝，能悅親養志，故端毅公愛之特甚。又善事諸兄，諸兄皆殊常友之，或有弗念鞠子哀者，亦承以恭遜而已。時序祀先，唯謹。女兄適仇氏，行年八十，孀貧，先生率子侄不時餽遺養之。誨諸子侄以道，有不率教者，則反躬自責，令其愧恥。雖僕御有過至內竊而敗，亦薄示懲戒，許其自新，務以德化，不深咎焉。與人交，即之弗親，遠亦弗疏，淡淡若水，然心平氣和，周而不比，恭而有禮，忠信無僞，寬柔有容。故與之交者，無弗敬愛。自少喜慍不形，諸老嫂嘗試之。暑月，先生如廁，必置扇外舍牖間，使婢藏之，出視無扇，輒往，及三置三藏之，則不復置扇，而終無慍色。諸老嫂相與笑曰：「七叔量大如海，探之不見其底，其將鼻吸三斗醋耶？」蓋自其少時即有相臣之量如此。平生足不由徑，口無莠言，量衡之器不持，宮體之辭弗嗜，然矜而不爭，嚴而能泰。長安高御史胤先與遊，久之贈詩，以堯夫、正叔與之，蓋服其和粹嚴正不易及也。自少樂多賢友，端毅公尤夙以尚友之道誨之，故一時海內名賢無弗接者，以故聞見甚廣，尤多識先朝舊典逸事，待叩而應，否則深藏若虚，一時博洽，如王文莊公之屬，猶敬畏焉。陽明王氏考功日嘗就問大學之要，語之，明日謝焉；又問中庸之要，語之，明日謝焉。今王氏書不著而有他説，豈記者偶有誤耶？善接引後學，因材以篤，又廣擇髦士，俾各敎學以訓蒙，士俟厥有獲則授所未聞，故師逸功倍，學而成立者衆。先生自始學好禮，終身由之，故教人以禮爲先。凡弟子家有冠婚喪祭之事，必令率禮而行。又刊布藍田呂氏鄉約、鄉儀諸書，俾鄉人由之。又表章先哲，如毛氏建忠、李衛公靖以文武濟時。楊元帥子江樹勳於國，邑令朱春夫婦死節，或立祠致祭，或撰記署扁建碑，皆顯其忠義，激勸後學。故三原人士多所勸法，動皆由禮，凡酒壚茶肆足不屑履，雖官府公所亦稀至焉。鄉亦鮮作佛事，士風民俗爲之貞美，多先生之力也。

先生爲文，未嘗構思，每攬筆爲之，比成亦不復雕琢。弟子侍數十年，未嘗見其苦思而撰述焉，其于詩賦亦然。蓋不以辭章自居，而所重有在故耳。書小楷入妙，善用懸腕直鋒，書多變化，在歐、顔間；大書結構如端毅公，而精神氣象稍異；行法鍾、王入；能篆，宗玉箸、八分，所至在唐韓、蔡間；唯不喜草書，謂去六書遠甚，不可傳耳。善琴，暇必操縵適情。喜潔，所在有弗灑掃，焚香盛服以居，不自安也。好古，凡服食器用茶湯之品皆倣古爲之，喜與容共，不自私焉。所著有論語近説、論語蒙讀、談録漫語、星軺集、辛巳集、考經堂集、庚寅集、諫垣奏草、草堂語録、三泉堂漫録、李衛公通纂、厚鄉録、横渠遺書、太師端毅公遺事及前童子吟稿、婚禮用中、進修筆録、動靜圖説，共若干卷。

先生初配張淑人，乃孝誠處士女廉憲，静庵先生從妹，張給事中原再從姑，封贈見前。慈惠静敏，有幹理材，先生自仕學之外，一切家事悉淑人治之，無關心焉，蓋不但内助而已。繼配焦氏，秦府儀賓焦淇配南安郡主第四女，善尸饔，封贈亦見前。再繼林氏，總兵林盛孫女，通琴書經義，聰慧容德過人甚宜，先生多講談焉。其卒也，先生思其善，痛甚，見林壙志，先生所自著也。三繼尤氏，西安後衛指揮尤鋭女，閑内範。子男四，輅舉人娶李氏，皆先卒；轜恩生先卒，娶郝氏；輦恩生娶秦氏；輿儒士娶張氏，繼翟氏。女一，適國子生秦淵。皆張淑人出。孫男二，逢陽邑庠生聘秦知府鎬女殤，繼聘理男希古女逢夏，幼皆輦出。孫女四，一適國子生秦從師，一適布政司知印李繼，一許適張僉事彦杲子鈿，皆輅出，一尚幼，輦出。

先生生卒歲月日時見前，享年七十有四。茲輦、輿將圖葬于西園祖塋東林，震位之兆，蓋三淑人先葬所也。葬既有期，盍爲永圖，是以區區後學小子，摭所聞見，著爲行實。惜寡陋不敏，得其粗跡而已，其于先生精義妙道實概乎未有聞也。然于先生立朝，正直忠厚之風，嚴正和粹之氣，殆亦庶乎未之掩焉。伏惟立言不朽，君子命諸侍史，采而筆之。

南京禮部右侍郎涇野呂先生墓誌銘

呂涇野先生者，諱柟，字仲木，高陵人也。學行爲世儒所宗，稱爲涇野先生云。弘治辛酉，登鄉舉第十。正德戊辰，宗伯舉第六，廷試賜狀元及第。歷官翰林院修撰，解州判官，南京吏部考功司郎中、尚寶司卿，太常寺少卿，國子監祭酒，禮部右侍郎致仕。由考功至侍郎，率官於南。其在於朝者，惟修撰及祭酒而已。

按呂氏本太公望後，宋時有諱世昌者居高陵，其後幾世生彬卿，彬卿生八，八生興，興生貴，貴生鑑，鑑生溥，號渭陽。渭陽公配宋氏，寔生公。初，彬卿祖葬時，壙有聲如雷，卜云兆顯六世。至是公生，竟以道鳴世，符卜兆云。公之貴也，祖考、考俱贈如己官，祖妣、妣俱贈淑人。繼母以其存，封之異其妻，爲太淑人。妻李氏，封淑人。

公垂髫入學，輒有志於聖賢之道。夙夜居一矮屋，危坐莊誦，祁寒盛暑，不越户限。足寒，則藉以麥草而已。年十四，應試臨潼，貧不能僦館，宿新豐空舍。夜夢老人自驪山下，謂曰：「爾勉學，後當魁天下。」明日試，獲超補廩膳生。母宋卒，哀毁骨立。既祥，受尚書于高教諭儔、邑人孫行人昂。又請益於渭南薛氏。又屢爲督學邃庵楊公、虎谷王公所拔，入正學書院，授以所學。復友諸髦士，由是見聞益博。嘗夢見明道程子、東萊呂氏，就正所學，益大進。

鄉舉後，入太學，擇諸嚴憚執友僦館同居，始輟舉業，日以進修爲事。時衆以爲迂，譁而弗恤。更歷五祀，踐履篤實，光輝外著，而譁者益親。雖自謂立且不惑，其可庶幾已矣。會孝廟賓天，與執友哭臨，聲出淚下，通國異而譁之，弗變。孫行人歿，衰絰，哭拜弔者。

武宗正德三年戊辰，廷策以仁孝對，稱旨。前期賜冠服帶履。至服習容觀，若固有然。明日，有竊政中官來賀，却之。禄入，祀先祝稱某之子某，何太史粹夫稱禮韙之。凡父母書至，拜使者而受之，退而跪讀。餘親友書，受讀有儀。期功緦親訃聞，必爲位而哭。凡饋遺，非禮不受。

在官二年，竊政人横甚。西夏亂，公疏請上入宫御經筵、親政事，則禍亂潛消，内外臣富貴可常保。竊政人惡其直，因嘗却賀禮，又不往見，欲殺之，乃乞養病，歸。其人使校尉尾之至真定，不得其過而返。抵家數月，其人淩遲死。公家居，侍渭陽公。渭陽公間怒，責次子梓，逃。公跪受朴，怒輒解。

臺諫累交薦，起用。入朝，上勸學疏。略曰：「昔周文王緝熙敬止，咸和萬民，斯享靈臺之樂；元順帝廢學縱欲，我太祖皇帝一舉而取之。」蒙嘉納。遇乾清宫災，應詔陳言：一曰逐日臨朝聽政；二曰還處宫寢，預圖儲貳；三曰郊社禘嘗，祇肅欽承；四曰日朝兩宫，承顔順志；五曰遣去義子、番僧、邊軍，令各寧業；六曰各處鎮守中官貪婪，取回别用。又累疏勸上舉直錯枉，不報。復引疾歸。

西安秋旱，禾槁。公白當路，獲薄征。友人張御史仲修巡鹽，建河東書院，請定三晉應祀名賢。公論孔顔之學，指漢宋貴言賤行之失，定之。渭陽公病，公侍湯藥，夜不解帶，履恒無聲。歷一年，鬚髮盡白。丙子五月，渭陽公卒，公哀毁嘔血。妣宋先殯城東隅，至是啓柩，失其一指，公籲天慟哭，復得，遂合葬。時大雨，公徒跣擗踊泥淖中，觀者感泣稱孝。既葬，居廬，哭無時。陝西鎮守太監廖氏賻以金幣，却之。有客託交遊遺三百金求書，公曰：「人心如青天白日，乃視如鳥獸耶！」交遊慚而退。

今上登極，起用。明年，改元嘉靖，復館職，纂修武廟實録。經筵進講，值仁祖淳皇后忌辰，公口奏：宜襂淡服，易緋，罷酒飯。癸未會試，充書經試官，得名士二十餘人。嘗上疏勸學。略曰：「學貴知要而力行，故慎獨克己，上對天心；親賢遠讒，下通民志。伏望皇上尋温體驗。」

甲申四月，奉旨修省，以十有三事自劾。疏上，謫山西解州判官。至解，值解守殁。公視篆，爲理後事甚悉。乃首省窮民，以贖刑帛絮及米肉給之，又審丁繇重於他邑，力白當路均之。

于時，解及四方髦士從遊者衆，乃即廢寺建解梁書院，祀往開來於中。又令諸父老講行太祖皇帝教文及藍田呂氏鄉約、文公家禮。又以小學之道養蒙於中。有孝子、義士、節婦，咸遵奉詔旨，題表其門。復求子夏之後，訓諸學宫。建温公之祠而校序其集。築隄以護鹽池，疏渠以興水利，桑麻以導蠶績。於是士民各安其業，有古新民之遺風焉。御史累薦，陞南京吏部考功司郎中。州人士民感泣而送之河干。既去，則豎碑於州，識遺愛焉。

至留都，日親吏事不厭，陞尚寶司卿。南士從遊者益衆，乃講授于鷲峰寺中。壬辰，陞南京太常寺少卿，朔望命道士演樂，禁俗裝。時閣臣張再起，留都大臣多遣人迎候，有約公者，以他辭辭。時閣臣甥亦仕留都，衆與結好，公禮接之外，無交言。閣臣累欲退公，未果，會復以病歸。

乙未，陞祭酒。首發明監規，上疏申明五事，上皆允行。公教人以正心修身爲本，忠孝爲先。日以所嘗體驗經學授之，又禮以立之，樂以和之。監中諸生雖衆，公弔喪視疾，哭死勸善，恩義無所不至。於是六堂師生皆心悦矜式，諸公侯子弟亦樂于聽講，以至監外進士、舉人，中官沈東之流亦胥來問學。

尋陞南京禮部右侍郎。百官謁孝陵着襂服。寅長霍曰：「盍着緋？」公曰：「望墓生哀，服襂爲是。」衆從。寅長爲蔡生請鹽商墓誌，拒之。前閣臣病歸者死，寅長約同祭，從；徵祭文，不可。寅長乃疏閣臣十善于公，公答以書，曰：「公才如此，儻不阿私黨奸，則一變而爲正人，有何不可？」寅長銜之。己亥春，聖駕將躬視承天山陵，公累疏留之。署南京吏部事，乃疏薦文武數人。公連年入覲，表賀聖節，再過河南，見餓殍盈塗，語所在瘞之。後值奉先殿災，自陳，乃獲致仕云。

公初入禮部，見寅長霍懸榜都市，曝閣臣夏愆。公諷，收其榜已，詰榜外事，弗答。以善語之，至是屢語不合。又所浼不從，復有一變爲正人之語。公之兩入覲也，夏累詢霍愆，公弗應，以大臣當容才答之。故霍疑公黨夏，夏亦疑公黨霍。霍陰爲揭帖短公于朝，夏亦陰外公。故霍死夏去，公之心卒莫之明也，故仕止此。

公事繼母侯，孝養備至，侯畏風寒，公爲艾褥進，乃安。辛丑秋後卒，公哀毁，殯斂盡禮。

壬寅六月，公左臂患癰，至七月一日亥时卒。公生于成化己亥四月二十一日午時，至是享年六十有四。是日日食，至亥分有大星殞華陰，遂卒。高陵人哭，爲罷市三日。遠近弔者以千計。解梁及四方弟子聞訃，皆爲位哭。

公體貌豐厚，方面微髭，輪耳海口，目光有神。平居端嚴凝重，及接人則和易可親。性至孝友儉樸，室無婢媵，事叔博如父。姊劉貧，嘗分財濟之。歲饑，宗族有饑者，則分禄贍之。痛外祖乏嗣，每展墓流涕。從舅宋瑾流同州，特尋訪迎還。平生未嘗干人，亦不受人干謁。不置生産，既歿，家無長物。嘗以誠敬自持，言必由衷，行必由道。門人侍數十年，未嘗聞見倫語惰容。與執友處，唯以規過輔仁爲事，自少至老，相嚴憚如大賓，未嘗有一語相狎，一事私相囑也。

所著有四書因問、周易說翼、尚書說要、毛詩說序、春秋說志、禮問、內篇、外篇、涇野文集、詩集、宋四子抄釋、小學釋、史館獻納、南省奏稿、上陵詩賦曲頌、寒暑經圖解、渭陽公集、史約、監規發明、署解文移、高陵縣志、解州志、漢壽亭侯集、魏氏宋氏族譜、詩樂圖譜，共若干卷。

公配李氏，封見前，南京國子監典籍崇光女，有淑行，內助居多，存。生男子二，即田，乙酉科舉人；昀，蒙廕爲國子生。田娶桑氏，繼劉氏、張氏。昀娶張氏，繼王氏。孫男二：師皋，田出；師韓，孫女二，俱昀出。

田、昀以甲辰七月二十四日葬公於邑城艮隅，渭陽公墳之左。公之卒也，理率諸門人哭而殯之。已，乃使田如京師託求名世君子言，刻諸壙中及墓隅，不圖末之獲也。時理在南都，田乃不遠萬里之理所，以嘗使求諸人者還相託焉。是故誌而銘。銘曰：

愚考先明，自孟子歿，漢有經史辭賦之學，晉唐人攻書及詩，宋多文士，然據其言行，考所見聞，見道者鮮。唯董仲舒爲西京醇儒，然災異之說，駁雜亦甚。東漢之末，唯孔明卓然特立，可以與權；管寧以潛龍爲德，確不可拔。兩晉人材有不爲流俗所染，異端所惑，安貧近道者，唯陶潛一人而已。李唐杜甫之詩、韓愈之文爲不背道。然甫有啜人殘杯冷炙之悲，愈有相門上書之恥，況愈闢佛老而復友其徒，任道而牽情妓妾，杜、韓如此，自餘可知。趙宋文士蘇、黄諸人皆宗尚佛教，呂、文諸賢率事僧參禪，唯濂溪周子學得其精，康節邵子學爲甚大，二程兄弟、横渠張子學爲至正，晦庵朱子能繼諸賢之緒。自元以來及今，見道而能守者，唯魯齋許氏及我明薛文清公數人而已。公則爲漢之辭賦，懷其史材，傳其經學而無駁雜之失；工晉人之書，唐人之詩，宋人以上之文，而多明道之辭。醇如魯齋，而傳舊之功則多；貞如文清，而知新之業則廣。蓋其學詣周之精，幾邵之大，得程張之正，與晦庵朱子而媲美者也。

於戲！涇渭之汭，神皋之墟，邑城艮隅，葬我鉅儒。於戲，其無虞哉！

明封山東道監察御史北原李先生墓誌銘

北原先生者，諱明，字德彰。先平涼人，洪武初戍西安，後衛屯田三原，故今爲三原豆堡里人也。曾王父諱三，配柳生忠，忠配王生英，英早樹邊功，中年爲義官，配鄭是生先生。體貌秀偉，鬚髯美多，由咸寧廩膳生輸粟，遊太學，登選集，後以孟子仲貴，封山東道監察御史，晚號北原居士，學者固稱爲北原先生云。

先生之少也，食於母而求固焉，母鄭道古而責之，曰：「汝爲口腹人邪？」先生恥而輒改之。比長乃居，豐而約，飲食衣服，不厭菲惡，若性然矣。初出就傅學，慎而不群。既爲咸寧諸生，益切問近思，求斯之知而行焉。每于小學玩而體之，及御史侍學，亟以授之，曰：「是書雖小子之學，而大人之事備焉。聖學階梯莫切於此，可不務邪？」他舍生或迂而笑之，先生益篤志不變，其後望益著，於是亡不敬畏之矣。

先生學既崇本務實，故其爲辭，或不當有司意，故累試不第。會輸粟例下親且老，先生曰：「是與科第出身異然，由是禄仕以報君親則同。」乃就例罷科舉，學後選未及而親終及矣。而當封曰：「吾志在行道，中乃爲親求禄養，今復不逮養，與吾身自禄養，孰若教子使行吾志邪？」乃棄選就封而誨仲，故仲官所在有聲，而先生之道爲光也。

先生檢身以約，非禮之地，終其身弗誤而入焉。嘗躬耕以養，自太學歸，益力田以養，比內外艱，喪祭以禮，弗事佛飯僧。宗人以爲有愛也，久而乃是之胥效焉。事二兄璽、聰，敬而讓，擇人而與之，謙而恭，大門之內無雜賓焉。交際寧過辭，無過受也。御史之巡關也，先生自京師歸諸抱關，太監、將軍交讌之，諸郡邑長吏交讌之。先生曰：「是爲吾兒，非道禮之交也。」舉弗受。君常莊而不肆，其疾也，賓至必修容而見之，終日言而弗畔也。其治家也，儉而敏，嚴而則。入其門，闃若無人；環其閭，歲時之戲具莫設焉。御史之舉進士也，於是而免夏楚矣。御史曰：「先子之學，德行以爲本，才知之便求行之，而於記誦文辭弗尚也。雖未得志於世，而恒自足焉。」理友御史數侍杖履，信不誣矣。

先生初配薛，生男女七，男伸、价、侃、儋。伸娶張氏，由弘治壬戌進士，歷官臨汾知縣，山東道御史，今知嘉興府事；价娶張氏，餘殤女孟李適張元忠，仲李適焦得中殤，季李適楊璉嫠矣。孫男女十四，伸出者十。男七：五存曰亹、庇、廕、育、立，二殤曰嘉會、嘉禎。亹生員娶賈氏。女三，孟適潘輪，仲許嫁楊萃，季殤。价出者四，男二曰褒、亶，女二殤。薛端一誠莊，温良慈惠，精諸女紅而加勤焉。先生學，諸閫内事薛治焉，事舅姑悦，故先生獲肆力學也，先卒贈孺人，繼配雒存。

先生生景泰四年三月四日亥時，卒正德十一年十二月十日子时，壽六十有五年。孺人生景泰二年正月四日子時，卒正德二年十月四日未時，壽五十有八年。越正德十三年二月二十七日，合葬越北原里，居之西田，從義官，公遷葬營之次也。理實銘，銘曰：「浮山之北，濁水東，趙水西，茲維北原先生之幽室，於後之人居於斯、經於斯，其毋樵毋蘇，毋亡所式云。」

明封監察御史拙齋韓先生墓誌銘

韓拙齋先生者，自謂不知何許人，亦無名，稱平生無他能，唯一拙而已，故自號曰拙齋，晚年更號曰拙翁云。少尋師問學，事繼母氏，欲其輟業以耕，遂終身畎畝云。

嘗曰：「耕有道焉，先時而爲之，則先天而不可爲也；後時而爲之，則後天而不可爲也。吾先天則不能，後天則不敢，有弗動，動惟天而已矣。」故嘗耕於北山，其田有雲低照有月時者，皆良田也。其穡異於他穡，蓋得相焉。田父悅其田，往往問耕，輒以方授之。或問市廛及官府事，則笑而不答。農暇展書誦習，或獨樹下自唱自和，欣然自得，若不知人世之有憂也。一夕，月下獨酌，吟曰：「片月在隴頭，一犁老此身。」有書生聞之曰：「此隱者也。」就而問之，則諱所吟矣。有田父就之，即開尊與飲，或招之飲，亦就而不辭。然居如泥塑人，不苟言笑，可敬而不可狎，人亦不易親也。與人交，雖三尺之童亦不忍欺，故鄉人咸孚其信義云。

正德間，有司強之爲忠義官。嘉靖初，以子貴封監察御史，然居嘗着巾野服而已。子御史問以御史之道，特舉程子封神子之言以告之，問以他御史事，不答。嘗誨御史曰：「汝寧無名，不願無誠。」御史蓋謹識之而不忘云。

生于某年月日，嘉靖十一年二月十六日，壽八十三歲，無疾而卒之，頃啟其手足，示子孫焉。既卒，顏如生。御史謂人曰：「吾父山林不能使之野，城市不能使之浮，屈不知辱，伸不知榮，蓋有不易之操焉。」谿田生曰：「昔君平、子真棲遲衡門，農卜以隱，而名震京師。公孫、安石皆官至丞相，布被垢衣，人至于今病之，故曰：『求名而名不可得，逃名而莫之能避焉。』嗚呼！拙翁先生躬耕慶陽而聲聞朝野，吾不知其爲何如人，其殆君平、子真之徒與？」

愚考翁家乘，蓋諱偉，字宗威，先蘇州吴縣人，後遷陝西長安，今戎籍屬慶陽衛者五世矣。曾祖諱敬，生義，義生英。英生五子，一曰俊，二曰傑，三即翁，四曰柰，五曰演。翁配張氏，封孺人，生三子，孟曰茂，娶李氏；仲曰奕，即御史，先中弘治辛酉鄉舉，正德甲戌進士，後以四川僉事侍養，不復仕云。娶劉氏，封孺人。季曰勉，忠義官，娶周氏。孫男五人，曰遇春生員，曰向春生員，曰孟春，曰長兒，曰季冬。翁卒之年八月九日，茂及御史葬於慶陽西原安家嶺之廟腰云。

理，御史同年進士友也。御史雅，不喜泛觀書，自謂獨抱周易一卷而已，蓋自四聖之文外，先儒之言不復視也。好靜居，與人有不合，無後言。理以是重之，蓋有翁風云。其葬翁也，託以銘壙，故弗辭。銘曰：「慶陽之墟奄有拙翁先生，使士皆如斯，塵絕風清，天下焉不平哉？」

明褚孝子墓誌銘

褚孝子者，諱鏞，字宣玉，涇陽河下里人也。祖孟昇，配李氏，生珪。珪嘗爲鄉貢士，遊太學，有孝行。父歿，廬墓三年。配潘氏，生宣玉。宣玉三歲時隨人至邑，遇宋宰于途，罄折而立。宋宰見而異之，曰：「誰氏子也？」孝子對曰：「褚秀才子。」宋宰益奇之，遺以紙筆，曰：「孺子可學矣。」稍長入學，性仁孝，于蟲豸有不得所者必加憫焉。嘗歸自學宫，見族中少年有縶一鵲者，曰：「此雖微物，其好生猶吾心也。」即贖而放之。他日母疾，宣玉求諸名醫診瘳之，弗愈，乃手取其糞而嘗之，即語諸内曰：「吾聞昔人云：『凡人糞，味苦則生，甘則死。』今吾母糞苦，其得生矣。」後果愈。比其歿也，哀毁愈禮，既葬，廬墓如貢士。君除服日，有群鶴飛集屋上，久之乃去，説者謂爲孝所感致，由是遠邇稱爲褚孝子矣。

孝子美容修髯，齒如瓠實，加以問學，近裏知要，有所撰次，恒以理爲主。爲辭不蕪不蔓，秩秩有章。予嘗得所著，每愛而畏之。又聞有行如彼，謂青紫直可俛而拾矣。乃久而未著，雖諸同遊士亦多不相知者，惟孝子嘗毅然以文章爲己任，弗自貶焉。正德庚午，孝子年三十七矣，試于憲學大夫，大夫一讀其文，即驚曰：「是何如人？」乃諸群聚中諦視之，遂以冠多士焉。明日延塾齋賓之，臬司諸大夫子弟多從之遊者。由是三輔之士皆知有褚宣玉矣。宣玉中年號文川居士。是年秋，登鄉舉。明年，禮闈試不第。遊太學，諸新知者僉謂文川當大魁，多士行其所學，不泯泯已也。既而歷一紀不第，年四十九歲而卒。嗚呼！豈非命哉？

方文川初舉日常至村居，投贄于予，予亦就所居拜焉。文川之遊太學也，族子有以進士爲畿内令者入覲，謁文川，文川每莊以涖之，與諸從子無異。同遊者曰：「君少加和氣，則太學之資可不勞而足焉，用莊如是？」文川曰：「夫人不患無資而患無禮焉，禮儀不修，倫理有失，則夷虜而已，焉用資爲？」予聞而益重文川，文川甲戌不第而歸也。予詩以送之，期于峨山之下，共講學焉，乃不意四十九而卒也。嗚呼！豈非命哉？

文川生于甲午成化十八年八月十三日戌時，卒于壬午嘉靖元年九月二十八日戌時。配張氏，生一子伯淵，入學世其業矣。貳室白氏，生三子，伯浩、伯沾、伯淪。淵娶趙氏，生二子，獲麟、應麟。文川所著文，涇陽士人多傳誦之者，其卒之明年十一月初六日，伯淵乃葬于仲山之東。先塋銘曰：「艱乎爾舊，悠悠爾功，乃爾以終，天胡夢？豈將明于爾躬，爾嗣乃融也邪？」

明誥封淑人呂母李氏祔中大夫墓誌銘

嘉靖庚寅秋七月既望，慶陽太守真定呂仲立斬衰絰過我，稽顙而拜泣，而曰：「阼積惡，乃於茲四月二十有三日，禍延先淑人，痛何可言？先淑人生於天順丁丑，少先考二歲，至是纔七十有四年耳，生不肖兄弟男四女四，孫男一，孫女二〔一〕，曾孫女二。不肖兄弟卜以今年九月四日啟城南滹沱河陰先中大夫參政府君壙而祔焉。先君葬日，熊峰石翁銘，茲敢以先淑人銘累吾子。」語已，復泣述淑人事詳。理惟太守暨叔鈞參議，俱理甲戌同年進士友也，有兄弟之義焉，爰不辭而銘。

銘曰：「欒城迤北滹沱陽，言言真定城臨隍。衛人李氏戒庵父，昔年懋學鳴邑庠。邑中時有呂贈君，志同道合才相當。父生淑人君生哲，天作之合文成祥。李父諱鑑，號戒庵，真定衛人，早遊真定縣學，有才名，配史氏，生淑人。呂君諱諒，真定縣人，少與戒庵同遊縣學，又同志也，配張氏，生參政。公諱賢，敏而勤學，戒庵每器重之，遂以淑人妻焉。君後以參政公貴，贈兵部郎中，張封太宜人。淑人歸相良人學，月霄時認朝陽光。夜分女紅伴書燭，餘力百具供文房。六載良人遂鄉舉，十三年醉瓊林觴。淑人之歸也。時參政公方爲諸生力學，淑人常雞鳴先興，然燈以需，深夜則執詣女紅，以待百爾供具，咸不戒而備，參政公由是學六年。當成化癸卯中順天府鄉舉，又七年當弘治庚戌中錢福榜進士。地官服勤直踰紀，參政三晉人稱良。論功內助實居半，封章三錫勞亦償。參政公由

〔一〕「二」，道光本作「三」。

戶部主事歷陞員外郎郎中，在戶部凡十有三年，陞山西布政司右參政，所在有賢聲，蓋淑人內助之功居其半焉。公主事考績日，淑人封安人，郎中日加封宜人，子知府阼評事日，推恩加封淑人，中大夫云者，參政公散官也。舅姑平生事以質，時將過舉敷肝腸。姑嚴諸婦動獲咎，獨緣不欺反優容。淑人平生事舅姑以實而不忍欺，或有過差，必實告於姑。姑張太宜人治家嚴甚，諸婦動遭嗔責，惟憐淑人曰：「是誠事我，故所爲雖不當意，亦優容弗厚望也。」見豕負塗娣姒睽，無何遇雨于包荒。淑人處妯娌，讓而不爭，兩娣或鉏鋙失和，必相爭于淑人前，淑人各舉其善而揚之，其所否者，則引咎於己，謂所致而然。故兩娣往往釋號咷而笑焉。山木樛屈任葛藟，他雛弄瓦勤渠將。曲用繩直從即休，言或合義聽如簧。妾許氏有過失即時正之，改過斯已。至議處家政，如其言之義也，輒欣然納之，否則雖知府參議言弗聽。許生女，甚鍾愛，及嫁裝送之，不異所生，甚或過焉。兒女鍾情慈莫比，違即春日零嚴霜。早晚供給從師學，入官猶懼職業荒。夙訓諄諄令自立，青蚨不爲潛私房。淑人甚愛諸子，然稍違教範，輒笞責之不惜，各及時遣就傅受學，給其日用，課其所業，故阼、陶皆進士出身，官至慶陽知府，陶至山西布政司參議，福禄方未艾也。嘗有疾，阼、陶侍湯藥，每不自安，曰：「爾輩食禄于公，乃侍疾私家，職業不亦荒乎爾母然，夙夜在公可也。」雖阼、陶以言慰，終不宴然。妯娌同居，日嘗戒諸子曰：「業在自立，毋仰老身有財，惟公用斷不私積爲爾輩計，諸子方少時亦未知淑人所處之爲公也。」及長且貴，乃知之而稱嘆云。樂矣服食仍如約，周親却管衣及粻。淑人自奉儉素，既貴，公服之外，服飾亦如常時，然於內外親黨窮乏者，則白諸參政，公時周濟之，母史氏歿，事繼母張氏，庶母吴氏，猶夫母焉。秉性寬柔犯不校，當筵里嫗從凌襄。淑人性寬厚柔順，雖有犯者不校，嘗與里嫗會席，被其詆侮，直受之不報，退亦忘之，不復記焉。水陰茲同君子宇，厚土難埋淑德芳。」男子四，長陽爲七品散官，先卒；次即阼，正德九年唐皋榜進士，今以慶陽府知府丁憂；陶〔二〕亦正德九年進士，今以山西布政司參議丁憂；次際縣學生。

〔二〕「陶」字原脫，據道光本補。

明承務郎臨清州同知約齋張公墓表

約齋張公者，故三原龍橋鎮人也，諱尚文，字宗翰，別號約齋。甫七歲，父散官君鳳將遣就傅，攜之先世影堂，指而謂曰：「此爾八世祖，諱貴者，當今承安之末，能以誠孝感賊，免親於難，所謂孝義府君者也。」又指其次曰：「此封涇陽縣子府君，配李贈涇陽縣君，爾七世祖也。」又指其次曰：「此清河府君，諱世昌，起家敦武校尉，脫思麻路新附君上千戶，佩金符，贈涇陽縣子，加贈至兵部侍郎，騎都尉，清河郡伯，配楊贈宜人，加贈至清河郡君，爾六世祖也。」又指其次曰：「此廉訪府君，諱儆，初授江南諸道行御史臺監察御史，歷陞雲南道肅政廉訪司僉事，奉政大夫，嶺北、湖南廉訪司副使，浙江行中書省左右司郎中，爾五世祖也。」又指其次曰：「此少參府君，諱恒，我皇明初授國子典簿，至廣東參議，爾四世祖也。」又指其次曰：「此吾父處士府君，諱銘，雖隱德弗耀，然夙嘗問學，有先人之遺風焉。」公曰：「阿爺服不異於先人，官豈封耶，贈耶？」曰：「生以子而顯者謂之封，死而顯者謂之贈，故六世叔祖世榮之貴也，而涇陽府君封焉；廉訪府君之貴也，而清河府君贈焉。吾失學入粟公家，獲七品散官耳，欲生而封，惟汝學則得之，汝能勉乎？」公曰：「唯唯。」蓋自是授書于傅，日誦習不怠，出遇群兒嬉，不復與伍矣。

正統庚辰，年十三，入縣學，其後散官君竟以公貴獲敕封徵仕郎左軍都督府驍騎，右衛經歷司經歷。君配李贈孺人，公生母常亦封孺人，如所期望云。公入學越三年，壬午遇例入太學，在太學凡十一年，乃登名選籍。癸卯選左軍，壬子陞山東武定州同知，中丁外艱。戊午起，復補臨清，壬戌以母老乃[一]謝事歸。公在官，有暇即取律條疏議而莊誦之。家人曰：「誦是何爲？」曰：「正己、正人皆在是耳。」居武定無何，長山令缺，上官使公攝之，一年吏豶牙而民稱惠焉。歸囊無長

[一] 「乃」字原脫，據道光本補。

物，圖書而已。時都御史熊公鮮其介而獎之，未幾以喪歸，熊公使人賻焉。臨清日當路以邊塞方禦虜，擇可總餉者而屢使公，公往事輒治而獲勞焉。州有屠將屠牛，牛聞公辟人而過，即犇逸跪道中，公詰知其狀，遂罪屠而飯牛于官，人咸異之曰：「非公公正，能致是耶？」公事親孝，初至武定即遣人迎封君，不就則分俸以養。封君乃答書而戒之曰：「汝何以分俸爲哉？吾聞親民之官爲民父母，當愛民如子；又云愛人一文，不值一文，汝能體吾之心，古訓是式。清以立身，惠以愛民，是謂忠君，孝在是矣。不然，雖日羞牲鼎於吾，吾不悦也。」公得書，遂書諸屏而顧諟焉，由是職益修而日有聲矣。然封君自是獲禄養數年。其卒也，公時以事寓留都，聞三日不食，哭北奔歸，在途苫塊，猶夫館也。他日事常孺人飲食，必躬親羞之比。補任即遣子元輔迎之臨清，時孺人已年躋八袠，公朝夕承顏，遇誕日則拜，舞於膝下，諸寮友咸感動，加敬重焉。歸田，以家事傳元輔，嘗出入乘小車，與親朋遊樂，或數爲禮會，以適志焉。然居常雖無事，必昧爽而興，衣冠而坐，飲食非因賓祭弗腆。衣敝垢不棄，澣補之而已。澗里先塋，先朝古木豐碑在焉。時其門垣壞則葺之，古木或椔，則以遠山松楸以易之，碑有經兵燹失者，則求名公言以補之。孫女許吴孟，貧不能娶，則語諸媒氏，使謂孟曰：「夫貧者不以貨財爲禮，盍擇日吾裝而歸。」孫有祝副使者聞，特賢而獎之，使有司紀其善焉。

配董氏，封孺人，温厚閑靜，充相内事，側室郭氏、陳氏。育子一曰元興，所立嗣子一，即元輔，爲秦府典膳侄也。女四，一適劉鉞，一適仇廷朝，董出；一適馮臣忠，郭出；一適李時陽，陳出。孫男二，從虎，元興出；從耀，元輔出。孫女二，一郭世強，一即吴孟婿也。

公生于正統戊辰八月晦日，終于嘉靖己丑二月五日，壽年八十有四。谿田馬氏曰：「公昔於先塋之前道南東偏，後枕白渠，前面先塋，自爲玄室，即躬託斯文，欲親見工人勒石封所，從弟宗學處士，從子元相縣尹，及從甥郝僉事，世家屢爲介焉。理讓而諾之，殆二紀矣。公頻年徵索，今奄謝世而諾言斯踐。於戲！而今而後，其事定矣，夫予亦不敢負所託矣，公其瞑目也耶！」

弔平山王先生文

於戲！　自夫學之不講而斯道之不明也，世之人莫不以窮爲辱、達爲榮也。乃若君子則不然，退有考槃弗諼之樂，進有摧如羸角之懼，故嘗需沙以寬，見險而止，坎窞不入而欲其離之黄也。故遇則汲汲皇皇，思兼善乎一世，否則容容與與，思不出位，以自藏也。

於戲！　學不講而道不明也，世豈多斯人哉？　乃若郟之君子則有之。方其幼而學也，乃求夫攻易之師而往從焉，乃求夫攻書之師而往從焉，乃求夫攻詩之師而往從焉，乃求夫南山之深、北山之幽而往肄焉，學思問辨唯恐不加詳也。及夫道之成，壯而可行也，則入朝而陳其善，就養以淑夫人，使夫僻陋廢學之區知夫學焉，矇瞶昏冥之人聞夫道焉。兆可行矣，乃賫志而弗得償也，則道爲重、穀爲輕。吾知奉親以歸，承顔膝下之爲樂，雉鼎雖美不朵頤以思嘗也，至若退而老於鄉也。反之吾身，於爲臣之道而無愧焉，於爲子之道而無愧焉，於進退之道而無愧焉，則登山臨水以暢其懷，呼朋逐友以宣其情。蓋浴沂詠歌之懷，與物同春，充周上下，無少欠缺，自不知夫年歲之短與長也，乃刑于婦子。婦子同一心焉，將有攸爲於碩，夫人實與之唱以和、頡以頏也。逮夫蓋棺之後而夫人者猶能視死若生，視亡若存，不以子之顯爲樂而樂其清、樂其忠且良焉，蓋遵夫君子之道，歿世而不忘也。

於戲！　世豈多斯人哉？　非其講學之有素，道之明能如是乎芳哉？　今則已矣，墓草芊芊長矣，嗟嗟君子愚弗得近而即、遠而望矣。戊子之夏言歸，自南經葉及汝，過問津之墟，感夫子之在世，若鳳鳥之欲舉而未翔也。悵然興懷，爰爲辭以弔之，蓋有志於君子之道而不自量也。

祭劉大參文

昔歲星之在戌，聿卜鄰于京師。爰過壁而覯止，乃締交而相宜。忽超擢而行邁，動別緒之如絲。幸棠陰之不遠，聊入關以駐麾。荷當事而明決，仰臨民而仁慈。予丙子而南還，欣會晤而矢詩。曾度座而夜講，實同聲而吐辭。諒所存之大中，肆祈義之不陂。彼曲說而辭費，終暗昧而支離。逮戊寅而北上，言在耳而日惟。比庚辰之再返，遭內艱而漣洏。嗟訃音之未達，倏弔奠之多儀。胡相違之未幾，輒來信之可疑。紛走伻而問訊，果蓋棺而騎箕。正沉疴之方劇，驚覆藥而涕洟。痛哲人之德崇，恨孤幼而位卑。敬陳辭而致奠，尚昭格而來茲。

祭張母任太宜人文

維靈稟賦純懿，玉如臧兮歸于。哲人維德行兮相厥，仕學警有常兮金吾，禁嚴治郡良兮載穀。爾嗣益顯揚兮歇歷，中外教弗忘兮位晉。方伯愛遺棠兮政敷，勳立養輝煌兮云胡。遘疾竟弗康兮令月，吉辰歛冠裳兮朝野。聞訃奠紛龐兮理友，爾嗣銘幽堂兮遙致。牲醴列芬芳兮冀靈，來格神洋洋兮尚享。

谿田文集卷六

傳賦銘吟箴辭曲說呈

薛孝子傳

薛孝子章，字上達，河南閿鄉㐌原里人。父立，母栗氏，正統十年春二月甲子生。越天順八年，年二十，入于學。成化三年烝增廣生，六年烝廩膳生。十年冬薛栗卒，廬于墓。十一年秋，鄉大熟。十二年春三月，廬楹木生，有黍生于廬前，一本六莖，穎六十有四，有禾雙穎，叢生黍傍。夏四月有兔來宿于廬，翼日去，秋大熟。十三年春，鄉父老悉勞孝子于廬，曰：「孝子之在此也，不特草木鳥獸見瑞于斯廬而已，而吾鄉數十里雨暘時田，禾豐家，遂有年之樂者三年矣。」遂白狀于有司，有司疏奏于朝，下其事宗伯，宗伯受而藏之。弘治七年有司復疏孝子于朝，疏下，宗伯復藏之。十二年春，有司以孝子應歲貢士，夏五月入太學。十三年春二月禮部災，凡部之蓄悉殲焉，獨孝子暨節婦一、烈婦一疏匿頹壁下存，於是宗伯驚。秋八月始請于帝，獲表其閭曰「生員薛章孝行之門」。

孝子弱而淳樸，長弗渝，事親以質，不以文。嘗攜其子守性客京師，見其字畫有巧習，輒戒曰：「是固不可誠實而爲之耶？」亦足以見其爲人矣。

贊曰：「茫茫斯道，其大如天。雖則渺瀰，實維一源。一源者何，爲子克孝。孔授于曾，聖學之要。或彼多修，越茲小忒，善蓋斯世。」亦曰：「民賊悲哉！叔世而重文辭，志蠱心馳，知茲鮮而嗟乎？薛君匪文伊樸道之真源，獨能有覺，一誠格天暨厥草木被于鳥獸，重錫爾族乃若賓興而敦斯科，孰謂斯世有不太和也哉？」

榮壽堂賦

維斗枋扱于孟陬兮維坂有梅，維北風搖落黃華兮雨雪其來。燁于旄星言其揭兮在河之隈，儼宿戒之維耆碩兮豈伊異儕。荷皇仁之均覆載兮實繁異數，日正位之崇兩宮兮載施雨露。闐閶闔之騰彩鳳兮橫翮四海，溘懽抃溢于黎氓兮澤洽眉壽。有馨在庭兮有酒盈甒，有腊及魚兮有牲在俎。鼓鐘考鼓兮於樂泮水，侯誰在矣兮楊仲孝友。維茲楊仲兮實多受祉，重沾覃恩兮黃髮兒齒。豈期桑榆兮自天有殞，彈冠綃綬兮環列孫子。慨王道之易行兮釋觀鄉其靡由，顧下土之宏博兮胡皇澤之易周。耿丹青之不磨兮垂聖謨於不朽，想當時之經綸兮竭心思其繹紬。既禮儀之蔑不備兮固先生之令教，又所推之燦有章兮斯中庸之達孝。茲姬公之相王兮時有來於鳴鳥，感孔子之興嘆兮想形容於夢覺。粤于茲其互舉兮豈一時之令，典稽簡册於往昔兮蓋千載而僅見。何吾皇之獨盛德兮寫淵衷於一旦，諒大河之泛濁流兮欻澄清而如鑑。伊此典之獲一遘兮誠亦榮也，矧閭閻而昭重光兮又何馨也。

嗟夫！人之臥泉石兮歷七星也，使東作之罔勤勞兮胡西成也。讀無逸之知聖王兮聿多壽考，率徐徐以驅四牡兮從容周道。羌後人之紛夭札兮鮮或耄老，策逸足之惟橫騖兮迅於飛鳥。是在人之淑慎厥德兮壽斯攸歸，吾嘗以是而求諸古今兮誠越百世而無違。彼瑟然之玉瓚兮信黃流之攸注，抑顏、跖之反常兮殆千林之一枝。若家君之老壯一節兮詩書是研，時無逸有合於古兮肆康強其有年。越推德既于鄉邦兮襲燕衣而弁冕，用是而揆之斯翁兮殆隱德之必然。歲辛酉而予遊辟雍兮賴良朋之挾輔，菀蒲坂之殷松柏兮慊蔦蘿之攀附。窺舜跡而探禹穴兮挹首陽之清飇，攬餘芳之周四郊兮得薛氏之新圃。時予諳蒲俗之淳庬兮厥有自來，聞斯翁之耆德兮亦復奚猜。越千載之遼邈兮遺澤宛在，況親炙於薰風兮宜如何。

其亂曰：「原有桃兮隰有莎，渚芙蓉兮陽鳥攸過。有美一人兮山阿，紐蘭衣兮佩芳芷，人不知兮容與。門依依兮榆桑，璀燦燦兮夕陽。積翠凝煙兮山色蒼蒼，望浮雲兮飛揚。」

雙壽堂賦

沿大江而東下，泳碧波而滉漾。鑑輪奐於清瑩，仰高堂之宏壯。艤予舟而借問，云君子之攸創。造宮墻而流目，駭庭陛之供帳。儼容與以當奥，宛狐南之謫降。藐仿佛以同牢，睹上元之雲氅。紛堂下之褊褼，麾舞袂而飄蕩。邛心乎其愛矣，慨形容之莫狀。感漁人之告予，指庭槐之鬱茂。曰斯公之強矯，偭曲逕而遵路。洎斯姥之窈窕，矧話言而諧文。羌駢車以前邁，餘蘭茝之襲後。肆膝下之育賢，奪山川之靈秀。蚤矢力于經帷，羅百氏而痛究。誕蘊積其如廛，隨有索而即售。發英華於簡編，燦霄漢之列宿。匪伊人之辟易，伻鬼哭而神妒。動清問於海隅，聞半齋而虛右。際雲衢之小亭，挹芳桂於歸袖。慰青襟之雅懷，屬綱常以國胄。逮晝錦之輝煌，適遲日之方富。捧綸綍以言還，躬甘旨而稱壽。汲清江以洗觥，舞明月而載侑。信人間之荒樂，實吾生之稀遘。

予曰：「斯堂之樂，固如是乎哉？」漁人曰：「未也。若夫薄冰泮條風鳴，門垂柳而依依，鳥出谷而嚶嚶。闌煙橫而暝，渚山雨過而滌屏。籬有舟兮堪繫，鳥眠沙兮不驚。竹侵階兮房櫳，碧花樸筵兮尊酒紅。上高堂兮問所欲，進一觴兮祝千齡。此斯堂之所以樂其壽考者，一也。至若鰣來上流，梅熟前浦。畫舫棹兮人競龍，碧篙吸兮門懸虎。荷遞香而遶軒，雲列峰而當戶。紈素張兮頓驚秋，薤簟□兮溘忘午。此斯堂之所以樂其壽考者，二也。若乃橘柚垂金香，稻炊雪水偃。蹇以青葱華，泠豔而孤潔。鱸魚肥兮絳縷瞟，羊羔嫩兮玉肪截。蛬未吟兮灰已和，衾初展兮煖生鐵。此堂之所以樂其壽考者，又多方也。爾乃佳節令辰，天清日朗。開新宴，羅繁響。攜婉孌之諸幼，侍矍鑠之幾杖。或崇阿而命駕，或遠溪而盪槳。信遊倦而甫還，託餘興而猶賞。此斯堂之所以樂其壽考者，又非予之所能悉也。」予曰：「嗚呼！異哉？自古人之不可作兮予嘗眺九原而悲傷，覩時俗之澆薄兮益墮淚而淋浪。謂遊者之既邈兮而來者其云亡，幸今辰其何辰兮竊有慰於斯堂。」漁人聞而俯首曰唉者三，乃叩舷而爲三噫之歌。歌曰：「噫！孰虞兮孰唐，孰軒、羲兮孰黄？噫！迪惟茲兮秉彝之良，實維兮周行。噫！嗟夫人兮，胡爲乎挾策亡羊。」客有和之者，歌曰：「矗矗兮高堂，渺渺兮澄江。信夫人兮允無悔于厥行諒，所存兮固將借江水而流長。」歌闋，漁人鼓枻而去。客亦招予登舟放棹而歸，奄歲月之迴隔，而斯堂至今猶宛然在目。

酷暑賦　喻中貴

時維陸月兮序屬暮夏，爰茲祀〔一〕融兮而惟彼炎方之是駕。鞭彼火龍兮而息休無處無假，其肆彼熾兮何忠良而如嫁。其爍此下土兮而罹威者則于誰而不御於乎，斯世斯人兮何無辜而冒其痡。以之在位元卿兮敢不懼其烈而垂顱，其餘百爾執事兮惟甘心于其荼。士于焉而倦學兮農無意于耘耡，工于焉而亡器兮商以之而廢其塗。噫嘻其孔虐兮非彼蒼莫之爾逋，吁哉彼蒼日兮奚知爾如是其屠。慨彼宇中之彥兮疇能揮而能毋，將隱之林泉兮恐烈焰之亦徂，既升之高閣兮亦未見其

〔一〕「祀」，道光本作「祝」。

果以爲蘇。禽弗翔兮獸匐匍，草其萎兮木其枯。雖儀秦兮與爾失，其謀而良平兮則於爾其智疏。莊周兮莫能於蝴蝶而依稀，宣父兮豈能會周公于模糊。世雖有酷吏兮非爾而能儔，如彼妒婦兮則亦莫之爲徒。奈何其竟長而未消兮，使吾徒喪氣而悲夫。嗟彼蒼兮盍哀我人，盍驅金風兮而播之九垠。其殄彼大威兮而悉蕩彼根，俾我四方兮而再樂天恩。

鄖陽巡撫察院去思堂銘　有序

寅翁葉公之還慈谿也，將發。南有歌者辭曰：「江之水兮洋洋，混七澤兮三湘。鯨鯢兮縱橫，朱衣來兮斯藏。忽言還兮誰詒我慶。」其亂也復，北有歌者辭曰：「嵩高兮盧岑，連伊汝兮寧閿。獍時嗥兮梟吟，豸之來兮乃瘖。忽言還兮誰恤我喑。」其亂也復，西北有歌者辭曰：「南山兮有飆，北山兮有埃。絳騶來兮兩諧，境肅清兮春回。忽言還兮誰知我瘣。」聞者知公嘗南奠湖湘，北奠中州、商洛，西被嘉江、漢川，故其人皆有感而歌焉，思挽公也。於是鄖陽都司有王元禄者知公，疏請得旨不可留也。乃託諸田人，使銘公堂，寄民思焉。銘曰：「鄖有穹堂，侯度侯修。風雨其庇，三楚二周。誰則攸芋，嘉興寅翁。丙午鶴來，丁未乃癹。於芋寅翁，肇尹石埭。再令新建，天恩寵賚。召入中臺，志殷沃啟。懇悃納忠，務存大體。出按方岳，克振紀綱。褎然範世，節氣文章。爰擢憲副，晉長臬藩。身能軌物，道益赫喧。乃陟中丞，來茲鄖陽。朝夕斯躋，綏我三邦。三邦在昔，川惡山巖。蓮社米賊，殲復用錟。我翁至止，先正厥經。俊民不回，群黎有型。干旌所指，先厥城隍。弗告自邑，險設金湯。征車所如，于庠于軍。政教孔明，乃武乃文。載驅載馳，咨詢元元。勞一勸百，刑一戒千。孰敢不戢？敢或作忒。毋偏毋陂，皇極是則。庶官攸臨，有激有揚。孰敢不欽？以清我疆。我疆清只，公乃言還。田老銘堂，以告後賢。」

榆林巡撫察院堂銘

嘉靖乙巳，我中丞張公晉南司徒，于時鎮我榆林幾三載矣。穹堂在鎮，遺愛攸存，谿田鄙人，爰筆銘言，雕陰郡北，皇甫川潯，古連城南，號曰榆林，玆爲大鎮。爰設中丞察院，攸芋中外，是憑維玆鎮人，忠勇無敵，先賢所培，四方爲的。

昔成化間，長殘政舛。衆噪而前，遯逃以免。邇有少年，上慢下瘠。自入幽谷，偷生猶昔。嗟嗟赤子，化爲豺狼。如波斯隤，湍不易防。幸我中丞，南溪張子。時由中州，旬宣至止。仁聲所及，如夜斯旦。彼醜而蟻，風行水渙。相彼逆鳥，春矢好音。彼夕而仇，朝生友心。霜霰時集，震雷時轟。物各反初，禁戢令行。一矢不遺，一刃不赤。坐使我境，安如磐石。我境既安，我衆戴德。君子盡心，小人盡力。彼虜匪茹，鼠竊是紐。薄言禦之，執訊獲醜。餘醜喙息，我師凱還。露布獻俘，喜動帝顔。帝曰爾聽，内安外襄。嘉乃丕績，内陟爾康。維南地曹，國用攸營。晉爾司徒，率屬佐卿。公卜南轅，干旄載舉。泣我將卒，罹我士女。遼有梟鳴，一豕可息。輪視虱蟣，幾迷我域。大同之蠢，或昧知臨。喪師損威，費我億金。逋逃入胡，至今爲癰。誰其靖之，釋宵旰憂。爰知我公，厥績靡京。公去堂存，我是用銘。

菊溪亭銘

九天潢派，第一藩封。種菊臨溪，號以表衷。號意何居，百華春妍。早發先萎，飢不可餐。蟋蟀在牀，白露爲霜。百卉俱腓，菊乃輝煌。燦燦五色，鮮鮮如拭。豈唯可觀，亦可以食。柳絮隨風，桃花逐波。唯此佳色，卒老在柯。觀以尚德，食以永年。年求德崇，希聖匹賢。嗟嗟溪哲，樂善靡京。構亭環菊，周思陶情。丁未冬日，溪亭告完。白諸田人，銘以俚言。

瓶山銘　爲項襄毅公忠孫鴻臚寺卿錫作

粵若檇李，項氏稱賢。有斐鴻臚，號曰瓶山。瓶山伊何，古酒務坊。務隳瓶隨，積爲山岡。爲山奕奕，有峰有麓。項氏焉依，實繁有族。瓶亦微只，積乃崢嶸。爰識喬嶽，拳石所成。嗟嗟鴻臚，號有深意。學優入官，念祖襄毅。巖巖襄毅，世所同欽。勳著華夷，根于寸心。仕留訓辭，歿垂遺言。望諸雲來，約以寡衍。嗟嗟鴻臚，實繩厥武。齋顔瓶山，羹墻在睹。嗟爾後人，慎毋汰旃。動稱海岳，及聖與天。尚毋緣瓶，思游醉鄉。時謂不肖，背厥義方。德欲日積，思山與京。言則訒如，守口視瓶。我銘瓶山，諷其與茲。諷將何爲，襄毅是師。

與槐堂吟　爲涇陽四春元作

鍾山之陽，王謝有堂。謝堂累仁，樹槐鬱蒼。嗟此鬱蒼，虚星之精。君子樹旃，與槐是名。維此槐堂，積書汗牛。君子于斯，夙夜講求。講求何需，洙泗虞唐。日切月磨，道精且詳。程尋顔樂，開斯能信。或躍在淵，審焉斯進。槐堂花發，君子道神。連級以上，步月拱辰。乃履柏臺，乘驄畿甸。爰掌斯文，士丕於變。爰入玉堂，世傑其伍。懷玉生神，翰鶩風雨。復典斯文，百越道輝。士乃歌吟，魚躍鳶飛。三典斯文，于我周京。士咸瞻依，化雨春風。壬子之秋，我涇小縣。八翼齊翔，況諸他彦。小明未融，浴新尚垢。君子有作，如鸐失母。君子焉作，干彼浙疆。欽此範模，芟彼甘棠。中行泰階，知將允升。樹槐之祥，斯其可徵。嗟嗟小子，有槐在心。何日何夕，依槐憩陰。

遊燕子磯吟　與奉常牛西塘太卿黄毅齋少卿同遊

吴兒談靈谷，客子獨憐松。徑緑江南語牛首，遊人還把木末酒。暇日逍遥燕子磯，山川始覺眼中稀。星言夙踏牛弘路，路上仍逢黄叔度。初登大觀亭，睥睨觀音閣。隔江見浦口，已覺襟懷豁。雲表人樵江心松，浪裏罾漁黿內託。海客樓船轉山腳，石崖屈曲牽鐵索。巖花江寫光灼灼，文鱗時上花枝躍。虎狀鹿形諸物錯，團團海月出堪模。此時牛公逸興發，便攜黄子緣萃屼。我有謝公屐，不畏蒼苔滑。躡磴攀藤倦，暫就石坪歇。山花向客笑，風送香馞馞。左轉青松徑，右盤黄茅岡。臨深履危須自力，度險著夷方扶將。行行始及顛，坐石恆瞻顧。正爾長江淨如練，何物寶鑑生霾霧。黯黯不分萬里流，忽忽失却千尋樹。足底雲稠龍時吟，尊畔風鳴虎可懼。洪濤撞撼山疑動，大塊烏黑兩愁汪。覽勝猜將海若驚，探幽恐犯馮夷怒。不爾當緣二子豪，詩令鬼哭神嫉妒。欲下即防足墜空，兀坐不甘形比塑。移時混沌開，蒸液忽若掃。俯視谾豁清，仰可摘參昂。依稀下見江妃宮，分明遠察秋毫杪。逝者西來還滀滀，中央幾點髻山小。帆檣來往輕於鳥，流目瞥見木葉藐。灣舟帶煙宛村坊，牧犢依岸真蠕蚤。群峰離舞復合翔，一派弓曲仍環抱。西望包含盡衆流，東看神委裹三島。虎踞龍蟠信此雄，鳥飛難踰金湯寶。水色嵐光染不成，一幅畫絕王維好。願求吉士實石城，坐鎮江山同天老。

東園吟

西瞻大功坊，東涉秦淮水。彬彬大功孫，倚嵯築園美。門當舊朱雀，修竹宛如闖。迤北檜繚垣，曲徑西通巵。山陰起穹堂，堂背池游鮪。池陽峰連雲，花卉紛宓傀。峰東敞水閣，隄柳濃蔽晷。園無東山姬，輝輝粲星軌。主人有高情，客至輒陳簋。石城有此翁，江山增妍媺。別來六易星，夢入茲園累。頃得隔年書，拜讀如諾唯。爰寄樵漁辭，彌月期通匭。

鳳凰臺吟酬徐東園

石城鳳凰臺，今屬東園翁。園翁愛種竹，更植朝陽桐。時引來儀侶，亦招翔集雄。或偕稷與契，或群皓及松。予昔陟其樹，叨棲彩翮叢。西看三峽近，東睨二潰通。歸憶竹梧所，相將幾噰噰。

僉事箴　送喬三石之四川

三原之北，兩峪之間。乃出三石，耀我山川。厥耀維何，既博且雅。放厥文辭，追逐班馬。年二十餘，鄉闈一鳴。三秦豪傑，莫之與京。戊戌之春，殿庭奏言。匪賁其辭，幾獲兩元。乃官于南，乃佐司徒。由是聲名，動于兩都。言考厥績，最公最廉。爰晉西蜀，命列憲僉。厥職維何，明法守律。五教自天，身其輔弼。弼教維何，虛心用情。若鑑斯空，若衡斯平。衡鑑之下，輕重妍媸。雖曰區別，人無怨咨。弼又維何，恕以求仁。凡有攸刑，如加乃身。虛平而恕，公是公非。訖富訖威，仁亦庶幾。弼又維何，父子或臻。動以孝慈，使彼有親。上猜而虐，下乖以貳。宜動彼天，歸之于義。閨宜肅雍，不肅斯凶。弼期有別，罪厥所從。凡厥彝倫，敘明斁蒙。皋陶善弼，四方動風。時有古今，性無彼此。皋何人哉？希之則是。吾道可盡，上慢斯摧。翼翼文王，小心若隤。所以君子，敬崇其長。有謨有猷，推讓于上。皓八之亂，穆令攸格。宸濠之敗，王冕實獲。唯不知讓，賞反不與。豈伊人愆，德柄弗御。君子于河，恭遜是懋。凡有攸行，遜諸憲副。矧伊司尊，矧伊撫按。罔不遜恭，道其炳煥。恭遜之行，至近而邈。古孰行之，唐虞先覺。

淺齋箴　御史大夫餘姚魏君早名有本冠字伯深扁厥攸居命曰淺齋谿田陳人繫以箴言

越有君子，古人與儕。字云伯深，號曰淺齋。厥淺云那？學有本根。極深研幾，道義是門。淺又云那？由明而誠。無事安排，泛應利行。淺又云那？言行平常。龍德正中，厥施可疆。淺又云那？平易近民。時謂乾道，人皆可親。淺又云那？簡而易從。時謂坤道，動即有功。淺又云那？心無隱伏。坎窞時遠，自求多福。國有大謀，社稷攸關。遯非庸違，時義乃安。振振君子，顏齋意邈。我益忠告，告以聖學。

涵齋箴　爲太常卿蔡子舉作

温温太常，賦才罕儕。志在濟時，以涵扁齋。厥涵維何？博學無方。經史子集，大畜以藏。涵又維何？畜德于身。一至九德，聿修咸新。涵又維何？厚德以載。包荒不遺，納汙如海。涵又維何？相君造命。達伊才賢，崇我彥聖。涵又維何？積德累仁。保我國家，子孫黎民。涵又維何？虚中涵極。靜陰動陽，時萬時億。

敬惰箴

夫學之得失，敬與怠之間而已矣。其敬維何？歛衽以居。敬之敬之，不物以移。彼不爾者，中心外馳。敬又維何？收其放心。敬之敬之，道不遠人。彼不爾者，何以修身。敬又維何？内外交養。敬之敬之，賢人以上。彼又失者，人而草莽。敬又維何？終日乾乾。敬之敬之，是謂大賢。彼又失者，匪犬伊豜。敬又維何？安厥所止。云誰與儔，堯舜孔子。

彼又失者，胡不遄死。嗚呼敬哉，可作聖哉？嗚呼怠哉，誡足戒哉？

玉坡奏議題辭

玉坡張子，諱原字元。公字士元，世家龍橋，忠孝之門。王父純孝，公祖諱昶，字世宏，謚孝莊，如詩如祥。百里夜漁，朝進鯉羹。靜翁宰邑，乘驄總憲。公考諱曉，字光曙，號靜庵，官至憲長，猛虎伏辜，莠民胥遠。玉坡嶽降，玉潤冰瑩。十歲摛文，二十冠英。總角能賦，書工銀鐵。達官宿儒，環稱二絕。即席矢詩，揮翰如飛。千家屏障，鸞翔鳳輝。四十造朝，對策丹墀。賜列上第，天子所揆。乃授黄扉，吏科司諫。居席未温，責難陳善。欲屏嬖倖，進諸忠良。補天幾完，竄謫鬼方。厥謫伊何，新添駟丞。職如抱關，責輕易勝。立朝三月，佩玦八春。髦士雲集，豹變蠖伸。聖皇御極，大明中天。乃懷忠貞，賜環以旋。命直兵闈，轉戶禁扃。大烹以養，甫及二齡。前後所上，四十封章。葵藿之心，傾日未央。唯邦有道，子危行言。成仁以終，不負所天。嗟嗟仁成，封章在兹。太宰著序，憲副梓之。念昔玉坡，同甲同窗。又同釋褐，知子頗詳。言覽遺書，淚殞如泉。爰題蕪辭，畀爾後賢。

醉太平曲四首　壽渼陂先生

和風颺柳煙，慶九九壽年。王平張果效時鮮，老先生笑頷。揮毫曾壓玉堂彥，和璧翻受青蠅點。桃花隨水罷春妍，看南山霧捲。

薰風送午涼，進九九壽觴。蟠桃紅映嶽蓮香，老先生燕享。玉樓修出翬飛狀，一般傾陷却偷樣。漫天柳絮亂飄揚，充南山蓋壤。

金風清爽人，喜九九誕臨。金盤露釀菊華新，老先生燕飲。玉堂金馬延英俊，鴻儒彥士交接引。一時昌曲導環辰，著南山睡穩。

朔風動北陬，薦九九壽羞。梅花香撲酎滑柔，老先生旨否。鼎餗味識調和透，銓曹熟試平均手。讒人難掩濟時猷，共南山耐久。

書半齋說

理少不達於學而聞世有全人，心慕之而問於鄉大夫。大夫曰：「學焉耳矣。學之綱有二：一曰通，以會之于心；二曰能，以措之于行。行其目有九：一曰儒，二曰吏，三曰佛，四曰老，五曰言，六曰貌，七曰技，八曰藝，九曰文。君子修此九者，故全也。」理以爲至言也。

他日直於先生，先生曰：「夫誰以語子也？謬矣謬矣。夫所謂儒者何也？」曰：「彼謂著述訓詁以淑人者也。」「吏者何？」「治人者也，彼謂精於法律者也。」「佛老者何？」「所謂異端者也，彼謂不雜則不兼，不兼則不備也。」「言者何？」「身之章也，修其辭之謂也。」「貌者何？」「威儀之謂也，欲其文之不可選也。」「技者何？」「能也，百工之事也，不雜不備之謂也。」「藝者何？」「禮、樂、射、御、書、數之謂也。」「文者何？」「凡言之工者也，華之於書者也。」先生曰：「謬矣謬矣，盍自反而自索乎哉？」

久之，先生召而問焉。對曰：「佛老之學非吾學也，百工固不得而學且爲也，外此則儒者足以兼之矣，向之所聞，誠未得其要焉耳。」先生曰：「謬矣謬矣，其猶賊事也夫？夫所貴於儒者，固爲其能全也。然所謂全者，予嘗夷考之矣，見他人之有長也，則曰彼人也爲多才之人，而我乃不得爲多才之人；彼人也爲多藝之人，而我乃不得爲多藝之人；彼人也乃博洽之人，而我乃不得爲博洽之人；彼人也乃得爲聞人，而我乃不得爲聞人。蓋孜孜焉圖以兼乎衆長而以成乎名也，又不知聖賢之所以爲聖賢也。又必曰昔人所謂聖賢者，往往以述作而爲不朽，予亦將以著述訓詁而圖不朽。夫其用心如此，其好名如此，則其名亦足稱也，亦且爲不朽人也。然其心則既斲，喪而無餘矣。今夫屈其一指者謂之僂，蹶其一足者謂之跛，僂與跛皆謂之殘形之人，不得謂之全也。心者，身之主也。喪心之人可得而謂之全乎？夫殘形之人不得謂之全，且獲生而以盡年，殘賊其心之人可得而生之乎？學之名實於斯辨矣。然而跛者，人見之孰不以爲跛；僂者，人見之孰不以爲僂。有人焉心病而幾死，則皆環視莫知所爲，良醫至然後能因其外而知其內以砭劑之，良醫不至則終莫知其病之在也。非惟衆人，其人亦自惑矣。夫自惑原於自蔽，自蔽原於自役，自役終於自喪。嗚呼！志乎全而卒至乎喪，悲夫。」

曰：「所謂全人者，何如？」先生曰：「不自役而已矣。他人乃多才多藝而我乃無之，不慕也；他人乃博洽有文章而我乃無之，不慕也；他人乃離貧賤於富貴而我乃不免焉，不慕也；他人乃離患難於逸樂而我乃不免焉，不慕也；他人乃有聲聞顯且光而我乃不免於闇昧而弗章，不慕也。夫然則耳目之欲不足以役乎其心，口鼻之欲不足以役乎其心，四肢之欲不足以役乎其心，而吾之學不廢而心德全矣。全乎其心德者仁也，仁則無所蔽而明也，明則無不通也，無不通者聖也，仁且聖，天下之道得矣。君子有真樂而王天下，不與存焉此也，全乎人者其惟在于兹乎？否則，全乎內而遺乎其外可也，然全乎內而遺乎其外者，未之有也。苟徒欲全乎其外則喪乎其內矣，僂與跛者之不若矣，病乎內者必瘁乎其外，不瘁乎其外者必浮沉伸縮乎其脉，未有見其能全者也，但衆人之不察耳，夫豈能逃乎良醫哉？然而未劇者猶可爲也，劇者不可爲矣。劇者猶可爲也，九原之冢纍纍矣，此君子之所以嘆也。古之善學者莫如顔子，故夫子獨稱顔子爲好學。顔子之學也，非禮勿視聽言動，慮其役乎外也。有若無，實若虛，不自知其有於內也，此顔子之所以爲仁而幾於聖也，後之爲學者，舍顔子其何以哉？」

理蓋自是不敢慕乎外、矜乎內，以爲學也。今以夫子之賢而不與於甲科，乃能不以甲科爲意；授之以小官，乃能不以小官爲羞，其所養可知矣。加之以多才多藝，在他人必自以爲全矣，方且謙以半齋，顧其所以居，其尚絅之心又可見矣。然則夫子其將終全矣乎？

仙釋說

世所謂仙釋者何所始乎？始于老聃氏、釋迦佛氏也。老聃氏者仙之祖，佛氏者釋之祖也。其教行于中國則自關中始爾。

周末老聃氏入函谷關，尹喜迎之盩厔終南山而說經，由是中國四民之外有一民焉，其教至今盛行而不絕，其徒曰真人，曰神仙，曰天師，曰道士，曰道姑，曰煉師，名號孔多，無弗宗老氏者。漢武帝時霍去病征西域，得休屠王祭天金人，武帝致于甘泉山而祭之。至明帝時，有金人之夢，乃遣使天竺，圖其形像而摩騰入漢，由是中國五民之外又有一民焉，其教至今盛行而不絕。其徒曰羅漢，曰沙門，曰比丘，曰比丘尼，名號孔多，無弗宗釋氏者，故曰「二氏之教，行于中國，自關中始爾」。

按老子之子名宗，爲魏將，宗子注，注子宮，宮玄孫假仕漢文帝，假子解爲膠西王太傅，子孫顯達于世。今其徒皆鰥居而無妻，豈老氏之教哉？按佛經，佛氏未出家時娶妻曰耶輸陀，生子曰摩侯羅，出家十二年歸，與妻子復完聚，今其徒皆鰥居而無妻，豈佛氏之教哉？

夫天地之道，一陰一陽而已。陰陽和而後雨澤降，雨澤降而後民物育，今或孤陽而無陰，孤陰而無陽，或陰合而陽離，敗俗而亂常，皆非和之道也。雨暘不時而饑饉薦臻焉，此之故爾。古者公卿大夫及上士皆有采地以食，故耕者之家一，而食者之家三，農之外士工商而已爾。今上自王公，下及大夫、士，皆待耕而食，今庶人在官者視上古益繁，及中外將士、宗室、官屬、姻戚百千萬人，及陰陽醫卜巫覡，加以二氏，皆食于耕者，是耕者一而食之者百，食不足而盜生，又何怪也？

夫在官之人耕固不暇，爲老氏者誠率其老子之道，即其居而娶妻生子，鹼而耕。爲佛氏者誠率其佛氏之道，即其居而娶妻生子，鹼而耕。陰陽將由是而和，戶口將由是而增，庶幾食足而奸盜息，亦王政之急務也。

跋文姬歸漢圖說

右蔡琰歸漢圖乃光禄毅齋劉公家藏者也。有執節而導者，執旗而從者，其所謂「漢使迎我四牡騑騑」者耶？中有女子抱兒馬上，復顧一兒泣，徘徊不進，此蓋琰也，其所謂「泣抱胡兒淚下沾衣」者耶？「一步一遠而足難移」者耶？傍有胡婦抱兒馬上，兒跳擲欲墮，有不能離母叫號之狀，其所謂「頓而復起追持」者耶？前有乘馬女子三人，一顧琰母子，停馬而待，一遲遲行，一畏寒以兩袖籠耳，豈操遣女使迎琰因伴以起處者耶？畫有意態，與尋常出畫工手者不同，其果元人趙仲穆者所爲，非贋本耶？夫畫之工，琰之事，無足言矣。

毅齋者，君子也，乃收而藏之，又索言於予，豈無謂哉？蓋將以著其才之美而致惜也，節之失而昭鑑也，史之誤而宜正也，操之厚施得衆而極其強也，漢之昏弱而趨於亡也。何也？琰聽琴而知斷弦之音，受札而書胸中之籍，其悲憤胡笳之作，不求工而工出。昔文士之右信美才矣，然其見知於人也，以是而其遺臭也又以是焉，將焉用之？觀琰他日蓬首垢面泣救夫祀，情辭懇至，致座客驚嘆，操爲憫惻，祀得不死。及辭吏侍書之事，其於倫理可謂篤厚，男女之別可謂嚴矣。然昧於一醮之義，至有三夫之歸，彼共姜柏舟之詩，共姬待姆之傳，豈其誦習而未熟耶？琰也如是修漢史者，欲明其事，當并采其辭而載之，或附於邕傳之後，或別立閨秀一門，或紀於匈奴傳中，以見漢室之亂，雖縉紳之家不能相保。亦詩存中谷有蓷之義，奚爲不可，乃不其然，爲立列女一傳，而附於取義成仁諸女士之後，使後之觀者靡所勸戒，得無誤耶？操之爲人，人知惡之，然一念朋友之情至於千金，不惜贖一女子，其所以固結人心，得其死力者良有在矣。當時使爲漢主者稍明大義，又得人以輔之仁以發政，禮以馭臣以漸覽政柄，操雖奸雄，當知戢矣，乃不其然。使琰没於胡，彼得歸之；祀犯極刑，彼得生之。曰威曰福，皆自彼作而略無與焉。剥廬之凶，能無及乎？

愚故曰：「君子於是將以著琰才之美而致惜也，節之失而昭鑑也，史之誤而宜正也，操之厚施得衆而強也，漢之昏弱而趨於亡也。故君子之道，輕才而重節，先經而後史，抑強臣而示之良，扶弱主而示之明。主明於上，臣良於下，而上下交焉，則室家相慶，芣苢之詩作矣。若琰當斯時，必采蘋采藻，以有事且自賦矣，其有不幸者哉，其有不幸者哉？」

乞建石渠先生祠呈

呈爲崇德報功以補助風化事。

竊見前太子太保吏部尚書贈太師謚端毅王公，某以忠信剛毅之資而充之以沉潛縝密之學，默識力行，罔事表暴，以多問寡，能問不能，不由隱怪，直趨平易，渾然之中，脈絡燦然，居若無爲，動期莫禦。嘗謂學者讀書所以明夫道，而聖賢之道不過在于日用行事之間而已，初非遠于人也。若其所誦説者，如彼而所行却只在此，所言非所行，所行非所言，則不惟所行有不合於聖賢之道，而聖賢之道亦恐非其所言。某也則不然，必以所讀之書而施諸所履之行，即以所履之行而驗諸所讀之書，不必求道於聖賢而惟求之於吾心，如求之吾心而愜驗之。吾行而安，則以爲聖賢之道即此而在，否則未敢以爲是也。公之爲學也蓋如此。

及夫出而佐理，其道彌光。起家理寺獄，推平反。出爲郡守，撫字稱能。晉長名藩，旬宣著績。逮持臺憲，朝野聞名。比歷部曹，宗社倚重。或總理漕河，或倅司邦賦，或内撫流民，或外安遠人，或出領戎機，或入參留務，或上兼宮保之任，或下行端揆之職，敭歷中外五十餘年。或賑饑而救荒，或平亂而弭盜，或舉直而措枉，奇勳異政，未易殫述。至如佐我列聖，補闕拾遺，闢邪翼正，禁奸保民，正色危言，罔避鈇鉞，奏草具存，至今讀之，令人毛寒。非徒批鱗逆耳，敢言當世所不敢言，而就事論事，的當剴切，憂國愛君之誠溢於言表。君臣道合，諫行言聽，每收回天之功，有由然哉！

逮夫歸田以來，不問生産，閉户讀書，學益上達，易簀之夕猶不釋卷，望道之心死而後已。所著遺編動盈篋笥，有石渠意見四卷、拾遺二卷、玩易意見一卷、詩文十卷、歷代諫議録一百二十卷、漕河通志二十卷、奏議二十卷。居鄉恂恂，立朝蹇蹇，矜而不廉，簡而不傲，剛而不虐，和而不同，孤忠大節，當代罕儔，盛德高名，華夷均仰，誠昭代之大賢而有光史編者也。故一時公卿大臣舉加崇讓，有或稱爲皇明之正人者；有或贊爲中流之砥柱者；有或目爲社稷臣者；有或以爲勇於聞善如子路，好學不倦如衛武公者；有或以爲重厚若周勃，清儉若楊綰，峭直若韓休，剛果若寇準者；有或以爲憂天下之志如范希文，濟天下之才如司馬君實，直諫如汲長孺，惠愛如鄭子產者，則公之爲人蓋可知已。

乃於去歲五月，一夕寢疾，星月交輝，忽焉晦冥，雷風大作，飛石折木，已而公逝，旋復開霽，則公之考終。氣還造化，所關非細，視前世大聖大賢之歿之異，若合符節。于時訃聞于朝，聖天子念惟累朝耆舊，德望素隆，不勝感悼，爲之輟朝，特加增謚如左遣官，營葬致祭，恤典有加，於公之功、之德良不負矣。

生等竊惟古者鄉先生歿則祀于社，又嘗讀祭法有云聖王之制祭祀也，法施於民則祀之，以死勤事則祀之，以勞定國則祀之，能禦大災則祀之，能捍大患則祀之。乃若公者，其爲鄉之先生無容議矣；而其學行之純、之德、之懿，海內人士爭相矜式，斯可謂法施於民；其自入官以來，所在著績，斯可謂以勞定國；其賑饑救荒平亂除盜，與夫禁奸保民等勳，不可不謂之禦災捍患。況在國典，凡名宦鄉賢所在，并許立祠，奉祀若誠意劉公，潛溪宋公，忠宣黄公，文清薛公，莫不有祠。近若公所推轂者，莆陽惠安彭公，所銓注者，我關西在中李公輩，亦皆有祠。稽之古訓既如彼，考之聖典又如此，參之時賢之得祀者又如此，今以我公之功、之德，歿已踰年，祠猶未立於我鄉人，後學之意誠所未慰。矧昔公之在荆、襄也，而荆人繪像以祀；在滇南也，而滇人立祠以祀。夫其生也，猶得以祀之於四方，而其歿也，顧不得祀之鄉祠，殆無是理。誠惟我後學小子之責，無容諉者，緣係補助風化事，理未敢擅，便今來具呈。如蒙準呈，乞賜明文示下，本縣聽令，鄉人建造祠宇，每歲春秋得以祀公，以伸崇報之意。庶使後學君子有所瞻仰，興起其於國家，激厲士風，化民成俗之助，不亦多哉！理合具呈須至呈者。

谿田文集卷七

五言長篇

送李梧山[一]

梧老綏南甸，楓宸解百憂。履祥元自吉，勳烈幾人儔。翰院文如白，刑曹獄折由。人嫌矢直讁，神護火驚酋。南寇平隨政，西戎敘憲猷。喪遭逆瑾杖，官免僦居浮。原憲貧非病，顔回道不憂。燕齊塵倚靜，滇海浪憑收。車去河南雨，節來江表秋。□鋒發屏翰，擐甲視蜉蝣。諜繫轅門縛，賊摧幄幕籌。武皇乘駿逸，戎事比毛稠。謝傅棋聲靜，萊公博興幽。渠開白鄭利，澤遺楚吴周。司馬恩方渥，還山駛莫留。潛尋黄菊賞，良逐赤松遊。廊廟白頭去，閭閻翠黛愁。江頭無限意，花外望仙舟。

送兵郎吴雲卿自滇郡徙處州太守

西方有吉士，敬業夙無愆。賓興初備服，已冠三秦賢。釋褐燕宗伯，僉擬玉堂仙。分符佐司馬，猶望持衡銓。入帷贊

[一] 道光本增補「排律誤入古體」六字。

戎政，坐覺邊塵湔。逖擢群情拂，内徙倏夷然。如浙覃仁澤，知自窮民先。遲君萬里道，行行勿紆延。

送選部王副郎歸長洲慈闈奉侍

南陔久不作，髦士彀心長。北來見之子，所撰殊尋常。銓曹豈不要，陟屺心皇皇。將諗疏夕入，朝許還高堂。裝出潞河道，薦伸羅成行。茲歸介眉壽，朝野稱王祥。願言以此懷，化作忠肝腸。

送張黄門擢平陽太守

張子同年友，中剛外則温。昔居青瑣闥，所白多至言。時令窺伺徒，知有君子存。今守平陽域，立政非無根。况值陶唐氏，遺民風俗敦。會從客讀書，獲聞令不煩。

送少方伯章調廣西

昨日泥滑滑，今辰雨不止。看君在□□，如隔幾千里。知君如良玉，外璞中含美。鑑者或不識，翻用朱奪紫。檀車寘有時，鼎膏豈常否。人情多怨尤，吾道原弗爾。詰朝别城隅，相期在敬履。遙遙遵長途，時寄平安紙。

送縣尉程公

虎豹源巖居，山隈藜藿昌。蛟龍潛重淵，遠水魚洋洋。時屬三輔窮，黔首巾偏黄。桓桓浮山傑，來我華池疆。受檄剪荆棘，當道驅豺狼。提戈方在郛，四境武已揚。月黑戶忘閉，犬睡花陰香。江漢湍宗海，鳬翼天門翔。攀留恨無力，引領心徒長。願言慎所之，僕御焉不藏。下土人調飢，早發白榆鄉。

題山陰府秋溪卷

露下天潢澄，鑑開人寰沐。潦盡灘石出，氣歛蛟龍伏。望望渺無際，汪汪渤澥渌。主人戒遊艇，臨深閉巖屋。停橈愛徐進，帆風重幾莪。崖菊耀金枝，嶼竹森蒼玉。風生虎嘯林，月出鳥鳴谷。洪纖時物錯，保和各自足。金飈動木末，筋骸頓清淑。往返了無事，琴餘展書讀。却看塵中人，競利真蠻觸。

寄送戴中丞梁岡年丈還閩中

具員銓曹日，寅恭集同年。中有梁岡子，敏出閩哲先。簿書日多暇，文會邀時賢。左笑弈局捷，右贊雙陸嗎。俊逸才何似，絶壁石難緣。别來奄七載，晉如月弦圓。胡爲賦歸與，蠅壁令人憐。去國知安烏，會向雲衢旋。

步韻酬子業再去都下別親知

昔在甲申歲，涉川誕即康。嗟茲弁鷽質，幸逐群鸞翔。親賢自逸豫，惜此良辰長。聯牀就三益，登樓忘其鄉。天胡不德予，聚散令無常。重來席未温，忽別各天方。送君晉陽道，三酹祝茲行。盍思群居日，彼此休猜防。公餘即有爲，胥懋期無疆。夜分或匪懈，榮名非所望。事變信叵測，安處良何傷。久要固如此，千秋願勿忘。

送黄太泉北還玉堂

憶昔龍飛初，識君白玉除。持莛扣霜鏞，響答曾無虚。未測襟懷内，深藏幾車書。大畜既如此，況復心如蘧。正宜應昌曲，誰遣離騷居。從君下閶闔，我亦明農漁。奄忽二十載，重逢荷益余。君今勞夢卜，賜環承明廬。離間人長逝，清燕洵不疏。文德茲誕敷，武備當何如。送君龍江曲，意與東流俱。

南山一章壽保釐西士傅公

節彼南山高，連天蟠宇宙。爲霖良苗滋，飛霜稂莠耨。桑園鴞變音，麟域鳳將彀。邇值正陽辰，節屆降申侯〔一〕。藹藹周原人，踖踖疾奔走。爰陳不騫詩，清卬井輿宿。

〔一〕「侯」，原作「候」，據文意改。

擬古

曉發衡茅下，矢言待遠遊。驅馬周行去，寧從曲逕由。風露祇自知，村店少淹留。空山怪鳥啼，踽踽行且謀。珍重匣中劍，拂拭泉欲流。心急道愈遠，志健亦難休。諒彼南征人，薄暮相與儔。

感長別言贈洪府尹西淙還關中

山居飫芳聲，涉淮見墨跡。幸親覿古人，論交期莫逆。誰憶入石城，君乃卧牀席。琴軒時一就，霹靂空懸壁。君今賦歸來，感予益自惜。平生鍾期心，而今邈難宅。更聞長別言，令人戀益劇。飛鴻漸雲衢，前途諒非窄。鷓鳳自有食，鴟鼠焉足嚇。望君如鴻鳳，所向足夷懌。

江東遇青門張子送還維揚

青門有良士，實我三川英。行年甫弱冠，鄉傳孝子名。時賢多新贈，詩計萬章盈。出門晚鴻漸，謂愜雲衢征。誰揆舉輒集，來盡圖南程。維揚郡非惡，幕賓擇亦精。況復守及佐，一時皆賢明。亨塞非所患，貴在心相傾。不聞虞書言，鬼神感至誠。觀玩同人昜，笑取號咷生。

題松下杖竹滄桃二翁圖壽衛輝張封君

相彼蓬萊松，遙隔東溟流。斧斤不可嚮，擬議誰能求。蒼蒼傲霜雪，千載爲春秋。朝槿及夕菌，彭殤難同謀。嶽神獲其實，降種通津丘。冉冉歲月駛，丸丸雲表修。金闕望梁棟，玉堂資楹桴。信哉廊廟績，付諸兒孫收。寥空寡徒侶，時接鵾鵬遊。尺天饒雨露，風晴多吟謳。唯伊杖龍客，超海滄桃儔。乘雲就遊衍，早晚作朋鳩。

寄贈宜君縣幕謫仙方伯芹山陳公

江東枇杷榮，得君旬宣書。華陽櫻桃熟，聞君縣幕居。湯谷生寒冰，申申容貌舒。嗟嗟戎葵花，赤心老傾如。堯天晴景懸，容光照無餘。賜環在旦暮，促裝勿徐徐。

春日感懷自解寄崔後渠

晨興經上林，有鳥悅春陽。和風送好音，交交互酬倡。感之思麗澤，振屣追前芳。前芳不可見，念我昔同堂。同堂復遠而，有曲誰爲央。焚香理陳瑟，一調反再囊。逝者嗟莫彌，征邁期蘭香。蘭香諒無閑，仳離亦何傷？

秋日村中書事

萬里明如洗，千林暝色空。野外稀人跡，城中小逕通。鳥時入屋裏，菊自放籬東。過嶺隨樵子，臨灘遇釣翁。寒衣擣秋月，牧笛弄晚風。王室幸無事，閑居數過鴻。

題扇

結茆青崖隈，地僻人跡罕。獨坐掩岑寂，主人芰荷短。遠山列畫屏，顏色分深淺。可愛緑映紅，花木眼前滿。更喜芭蕉葉，顛倒抽書卷。蒼苔亦自家，休教蒲輪碾。

題雪齋

北風合同雲，雨雪鳴屋瓦。富兒戀重裘，當爐仍尊斝。嗟彼杜門客，盡日白屋下。尋師朝典謨，尚友夕風雅。深造多自得，操觚閑揮灑。撰成陽春曲，高歌和彌寡。羅胸煥星斗，冰徑稀車馬。心跡謂天知，丹青已圖寫。

足秋雨轉成霖選體爲樊生口占

秋雨轉成霖，陰陰晝常晦。四野多嘉穀，浸淫就蕪穢。始知非爲虐，今疑不是惠。茅檐達夜鳴，似滴農夫淚。吾亦爲國憂，中宵不能寐。願言祈彼蒼，護我公家稅。

足中秋徹夜雨爲李生口占

中秋徹夜雨，一雨旬日許。門外泛野群，庭畔喧蛙鼓。泥塗不可行，桂玉愁羈旅。田禾薦遭傷，國用將安取。丈夫爲世憂，瑤琴塵不理。朱樓何處兒，羔酒酣歌舞。

寄明府初亭程先生

昔當正德初，公來宰我疆。十旌下寒素，德禮消豪強。鞭人三五蒲，禁令無或妨。公庭綠草蕪，開閤飄蘭香。家君時向耄，教學雲巖藏。無何遽長逝，風木孤徒傷。勞公生賓燕，歿乃哭聲長。臨祖仍牢奠，步送色淒涼。紼路不知遠，增我丘園光。公陟內臺肅，所在飛嚴霜。服驄有逸步，儕輩悉奔忙。予時實承乏，薄書冢宰傍。公適贊臺長，協宰毆豺狼。豺狼生羽翼，搏噬窮善良。愚遠便潛匿，公邇難隄防。當臺裂繡服，遣戍鐵嶺場。遲遲十五載，方得還榆桑。戍中多著述，遼海俱輝煌[一]。同謫諸英傑，十存一九亡。亡者不可作，存者裂肝腸。虜醜近南入，似蹈無人鄉。聖明恒仄席，推薦積封章。愚頃共廟薦，遲公登朝堂。衰老知止息，高明其奮揚。謨猷試捫省，具在猶未戕。方叔茲徵用，蠻狄看威襄。

[一]「煌」原作「惶」，據文意改。

送巡撫應臺傅公應詔入朝

庚戌仲秋辰，朔風來甸服。笳鳴羽林軍，馬食天廄菽。帝念傅巖賢，堪雪千古辱。爰自保釐疆，授以司馬禄。十月霜雪途，君征不待僕。行將視六師，鷹揚應武曲。將擇藥師才，車理偏箱轂。更求子江流，能飛火器屬。次延藝精師，教習短兵熟。技成演律師，縱横如所欲。敵遠火器攻，鋒交短兵促。神機自遠發，炎噓那敢觸。飛槍偶爾出，胡焉措手足。敵圍從中擊，所向卵逢碌。虎賁萬夫齊，足夷玁狁族。凱還廟策勳，畫可麒麟續。應有鴻帛來，從天降草屋。

送友人之任

朝遊歷山陰，暮遊歷山陰。豈無他人者，之子知我心。曠野參寥廓，涓滴滁海深。發跡向平田，何必躋遠岑。遠岑有時躋，而惟在酌斟。薰風泠然來，無忘太古音。愛彼山上雲，卷舒別晴陰。亦有巖間石，特立粹愈金。稅駕長松下，相看幾兩屐。君今新拜命，棄我在故林。昔爲檜與筠，今作商與參。離合諒不常，其能恝懷襟。問君何所適，駕言浙江潯。一官復何爲，簿書諧且欽。在彼眉或顰，之子意不今。曰位豈爲卑，而我或莫任。曉出辭丹陛，夕歸弗突黔。愧我乏旨蓄，獨贈故山琴。願子時一弄，佳趣想盍簪。還遺一心靜，從教庶事侵。此外那復知，飢食倦則衾。明朝憐我孤，莎雞鳴寒砧。

古風

秋風操送周白川調留都少司寇〔一〕

秋風兮薄林，雁南征兮蛩吟。有美碩人兮囊琴，望金陵兮駸駸。捲掄材兮春心，海襟將淑問兮欽欽。弼彝教兮其諶其壬，還九霄兮爲霖。惜奄睽兮嶇嶔，紛其來兮士林。載金莖兮頻斟，望清流兮遠岑。孔懷兮好音，亂別緒兮靡禁。

將進酒〔二〕

將進酒，酒如澠。花香撲撲流鶯囀，芳草茸茸侵座軟，諸父良朋俱不遠。君不見，薤露朝易晞，蜉蝣不待晚。人生有酒不爲樂，光陰不爲閑人緩。又不見，醉鄉徒樂忘返。嵇康母死猶一斗，劉伶妻惡還一石。吏部何以振朝綱，艾子何以作師範。酒池牛飲竟何如，陷人德慚未盡善。豈如吉甫匡王國，有酒高堂孝友滿。大禹所以疏儀狄，周公有誥垂青簡。將進酒，酒可已，莫待東方明月起。

〔一〕道光本增補「騷體」二字。

〔二〕道光本增補「十三首七古」五字。

折楊柳　贈金可卿

折楊柳，折楊柳，銀船滿泛梨花酒。栗留紅樹不堪聽，美人馬上俄分首。十二樓中三千人，回頭滿眼空老醜。折楊柳，得對美人能幾久。天涯一字抵千金，何如亭上揮愁帚。折楊柳，美人顔色嬌且懰。我愛美人自古多，親曾記得誰與某。厥初美人陶姚家，似子二家復不偶。西方美人琢玉章，膝下嬋媛雙瓊玖。泣麟美人益殊絶，混沌鑿來都未有。七雄以後美人稀，珠簾高掛空嫫母，濂洛關閩有傾城，趙家閨閫增山斗。罕山美人晚膏沐，三晉娉婷實巨擘。愧我曾無好容顔，香奩幸託相親友。美人一朝棄我歸，麋鹿何處紛驚走。折楊柳，欲别不别重握手，幽懷難瀉懸河口。白衣翕欻成蒼狗，異日相逢何處所。

陌上桑

烈女不再醮，良馬無重鞍。妾家雖貧賤，貧賤妾所安。妾身雖勤苦，勤苦妾所甘。君家氣勢自莫攀，君家黄金自丘山。妾心比鐵鐵不如，妾心比冰冰不寒，妾頭不如妾心堅。

關山月

征人離家十年久，阿母來時已白首。戰士朝出暮不歸，老人暮死朝還走。塞上狼煙信音稀，兩地相猜有不有。交河秋高寒冰結，陰山六月恒積雪。擒賊豈怕皮肉皴，報國馬鞍常帶血。歸期未有心腸熱，明朝又是清明節。一聲胡笳何處發，黄昏愁見關山月。

送别

南山青，北山赤，與君相交非一日。憐君才華人莫比，筆鋒倒瀉三峽水。别君來，春復秋，憶君摳衣鳳凰樓。英雄反被功名誤，誰料纔作鬫陽簿。似君才華且如此，丈夫那可論平素。伯淳所以不辭渼陂行，晦庵所以躍馬同安路。别君去，不須悲，爲君先脱紫綺裘，爲君次解黄金龜。金臺剩沽秋露醅，瑶琴寳瑟錦屏開。與君爛醉西風裏，富貴功名聽自來。

陽關引送别

溪上垂楊垂着岸，紫騮馬嘶垂楊畔。金盤玉箸不能食，蜀琴趙瑟空長嘆。空長嘆，歌聲咽，坐上有客人中傑，腰間寳劍吐虹霓。懷裏明珠墮秋月，一朝攜取遊帝闕。會看帝用照千里，會看帝用除妖孽。此珠此劍天下絶，明朝里閈嗟空虚，眼底誰能輕訣别。葡萄酒，蓮華甌，幾番欲舉仍淹留。未破心中悶，只添眉上愁。夜合花逐芙蓉開，先生今去幾時來。鳳城諒多皇華使，好帶平安音信回。八月秋高涼風起，階前黄葉落屋裏。悵望何須澧水蘭，隔窗先聽芭蕉雨。

别靳宗周

清谷堂前君别我，我親漬米君炊火。清谷河邊我送君，君執薄酒我執葷。把酒情偏怯，把手與君説。此時與君别，相逢何時節。龍橋洲畔日卓午，楊花滚滚如雪舞。征鞍西去九嵕青，黄鸝枝上聲聲苦。

長別離　爲耀州李學正作

長別離，別離苦已矣，吾父不復睹，鞠育恩深那可數。滄海非闊天非普，恨我讀書如畫虎。僅戴儒冠薄繫組，峨眉遥望東西溥。馬上迎來斑衣舞，土門深處山如堵。松濤滿澗花香塢，薦紳往返日三五。葡萄滿甕傾鸚鵡，才擲黄金得幾縷。患在膏肓藥無補，淹淹忍見歸黄土。有子有子泣呼祖，有妻有妻爲翁瘉。悽惶慟我將何怙，嬰兒聲裏涕如雨。書到家鄉人應瞖，斷腸腸斷今作古。丹旐明朝西入岵，雞頭關外烏江浦。野猿隔岸啼成仵，劍閣一行胸一拊。長別離，別離難已矣。吾父不復看，令人聞之摧心肝。天長地久有時闌，眼中之淚不可乾。

奉壽菊莊温封君

君不見菊莊翁，成都有莊託菊叢。秋來華放種已別，杯酒時行雲錦中。酒酣却憶邊郎年，寸心比石石可遷。馬飽嘶風士飽嬉，彼飢碩鼠徒紛然。異日參藩歷溱洧，回頭二紀如流水。行露不沾早夜衣，人家半住棠陰裏。一朝即戎戎成擒，審釋却收良民瘠。道之不行官何爲，仰天笑賦歸來吟。歸來種槐還種菊，鍾英愷悌原干禄。推封已涉少冢宰，故舊益親燕集熟。供具日炊菊水香，登臨慣試筋力強。杜甫溪頭林塘幽，君平簾内光陰長。重陽纔過二伏時，計是菊翁初度期。此時菊莊菊正放，曦暉剛照天若私。橙子垂金楓林赬，西風蓴美宜鱸羹。鶯花盡處幽芳發，松露零時山月明。憶昔姜公逢文王，翁今封拜年相當。星象忽驚太史奏，南極乙夜朝虚皇。烏帽鶴髮新，有時野服還綸巾。恬養直教容色潤，行處山輝水亦春。俸金年年充酒資，漢之雨疏真吾師。子雲投閣玄安在，李斯憶犬悲亦遲。笑矣乎，悲亦遲，將奚追荒原，高冢空纍纍。狄公亦向周室老，古今幾許豁雙眉。吁嗟乎，豁雙眉，英雄出世其然否，懷抱恬時應自知。

七桂謡　鈞州李逸庵配得周媪誕子七人半爲縉紳薦獲贈封徵言有作

君不見，潁川荀氏生八龍，燕山五桂髣髴同。前史書之光簡册，至今山水增深崇。又不見，鈞陽李老龍門裔，絳侯之孫擇作配。祚胤如荀少一龍，鍾英似竇多雙桂。一桂擎天天知尊，霜飛海岱肅乾坤。帝遣河汾訪堯舜，黄堂鼓舞平章民。二桂微垣化司中，秋官御史憑折衷。一朝參掌銀臺印，皇天耳目屬聰明。三桂入雲亦羽化，玉霄鴻漸官分夏。職方曾籌四裔師，宫車仍管六龍駕。自餘諸桂枝條嫩，勢欲凌雲爭尺寸。大者翼藩賓所依，小者出林香遠噴。七桂一叢四海稀，二人相視目生輝。闈裏珠冠射霞珮，堂上荷衣换繡衣。清廟新成鴻恩溥，春光正照銀臺午。丹鳳銜書五雲來，滿堂燕喜還悲苦。孺人忽作太宜人，誰億封君是贈君。斑衣膝下成佾舞，龍誥松前和淚焚。七孝從今兢顯揚，歲看鳳鳥銜麻黄。雲鶴晝下集衣裳，扶掖聖主儕虞唐。元愷明明同其方，桂龍洵美焉足臧。

蒲阪歌

君不見，昔虞舜，居蒲阪，至今遺澤薰風遠。老媪將孫掩面行，商人罷市出書卷。又不見，峨山居士樂唐虞，有時擊壤聊自娱。春風吹入蒲人耳，其人不愛玉與珠。客子良臣李虞卿，十年爲客峨山中。峨山一朝動行色，山人戀戀如弟兄。弟兄往往索我語，我欲不語難硜硜。條山之下湖水饒，湖中可漁山可樵。他日湖山容我住，之子期來舞簡韶。

送高陵石學諭致仕還四川

君不見，銅山弄臣富莫比，行雪先生屨無底。又不見，秦相生殺隨其手，堯夫調燮憑杯酒。眼前富貴幾能康，賢人宇宙獨輝光。所以英雄別有撰，簞瓢陋巷樂無妨。錦川美人石子畫，六籍早向雞窗究。博物勤從漢注求，約言志出闕閩右。展惠入官卑不羞，唐虞道在時歌謳。隴右東風送時雨，川分桃李爭妍稠。玉樓人去陽陵虛，之子西來皐比居。驅策群才未容倦，指室期底涇賢廬。分禄曾周貧儒葬，兼聯士女資其養。秋風偶動蓴羹思，歸來辭賦舟輕颺。我昔初官天曹裏，腐迂未識簪紱美。志違拂衣便啟行，徵時五仕還五已。看君行藏與我同，林泉此去知從容。漢宋迄今儒有述，相與折正休辭慵。棧閣西征牛女上，雲中袖拂星辰爽。鴻雁來時好寄書，平安早慰人懸想。

金露篇　奉壽錢母王太孺人

金莖露，何瀼瀼。大官採釀成瓊漿，人間酒醴失芬芳。錢君若水瀛洲仙，文華侍書承恩偏。尋常篆分斯邕出，上尊敕賜鴻臚宣。衆謂此尊介眉壽，天階拜舞歸遺母。母在高堂甫七旬，熊丸罷理宜滑瀡。尊到明禋邀鄰嫗，香生閭里宣宮羽。繞膝孫曾舞袖翩，史家占說德星聚。嫗言姥是文中胄，內則服習元從幼。吾儕曾嗤學何爲，豈知種範因兒收。玉斝飛兮金瓶空，霞裳輝映春顏紅，世間萬事隨和風。即今敷言綸綍同，代書知録仙郎功。金莖應有千尊賜，謝壽慈闈歲呼嵩。

送友人之任

蒲有河，鄭有華，吾朝而出遊兮幸而與子同車。山有榛，隰有菽，吾暮而出遊兮幸而與子同舟。子繽紛兮佩芳芷，遺予蘼兮江渚。江之渚兮杳煙霧，悵前途兮滋修阻。黯窅窅兮愁人，羌班班兮馳騖。冀春花兮秋實，懼落英兮委露。予需子兮椒丘，子遲予兮蘭洲。或偭約兮不至，空相睇兮悠悠。月出兮皎潔，顧滄溟兮光瑩徹。放桂棹兮鼓蘭枻，望美人兮薄冰雪。葺霞室兮雲宇，樹玉芝兮瑤草。期與子兮長年，與美人兮偕老。余既與子兮成說，子胡爲兮輕別。朝而足兮暮而羽，舉而諧兮鈞天帝所遺。余獨猶隔兮美人，歲忽冉冉兮壽考。彩鳳兮翩翩，虬車兮螭驂。仰視子兮莫及，濕予襟兮涕漣。

谿田文集卷八

七言長篇

南山謡　送東谷王子入覲

南山冥冥入顥穹，下窺河伯湘娥宮。東風吹動千巖卉，早晚香撲三峨中。主人王喬我所羡，往來幾時弦歌遍。呂巖王平隻鶴集，郎吟往往驚雷電。嘆我無緣空有情，夢魂時赴行廚宴。清渭滔滔日東流，南山依舊白人頭。青冥望望鳬飛去，他日看山誰我留。

春日喜雪

二月春深雪皚皚，洞裏桃花開不開。呼童幾度階前掃，旋復没我當窗草。黄鸝枝頭更不語，減我春色三分好。農父傳說麥抽節，此時亢陽子不結。掀髯笑詠把酒盞，任渠春色十分減。

春思

東風二月深著力，桃李一夜皆春色。黄鸝隔窗啼一聲，令人屋裏坐不得。杏花村裏紫騮嘶，酒旗高掛緑楊枝。遊人半醉半醒時，緩轡垂鞭任所之。春郊何處不相宜，明朝亦欲出門去，愧我猶慚少杜詩。

春日對花獨坐

春雪霏霏著地消，洞中妝出桃花嬌。東風楊柳擺折腰，黄鸝全不惜羽毛。我亦憑几洞門坐，山高下見遊人過。去年此時客帝京，今年此時住巖扃。明年此時知何處，嘆息人生等浮萍。此時有酒莫辭酌，明朝門外看花落。

賀石渠先生天恩存問詩

石渠翁初年號介庵，晚臥東軒時玩易。俯仰天人兩無慚，憶昔曳履上紫宸。滿朝指稱社稷臣，壽光劉公素不阿。特説國家百年餘，要知正人公一人。姓名豈獨聞童兒，九夷八蠻誰不知。歸田我曾侍几杖，却疑汪汪之陂人莫窺。二十年來瞻望頻，一團和氣只如春。漢朝祇憚汲長孺，伊洛誰識程伯淳。砥柱峰頭秋月明，爲舟爲霖都不驚。却向雞窗攻課業，時將邇言問書生。等閑聖學口不齒，口雖不言行則是。安成若匪邵堯夫，焉得如此無查滯。初春天氣早晨時，梅花半吐北窗枝。東風吹山入平地，誰遣遞鍾弦朱絲。正好調燮況眉壽，早歸爭奈饞人妒。饞人昔妒今安在，看公福履還如舊。去年九旬仍有奇，安否直教聖主思。遣使宣敕特存問，謂公合有謨猷裨。治公不辭方今官家富春秋，近要平章遠要柔。知公拜賜心懷憂，聖德直與堯舜侔。公當再壽一百週，重霑恩典睡齁齁。

雨餘春望

東風嫋嫋雨初晴，啼鳥不住喚人行。洞門試出雙眸瞏，東君幾時來駐旌。洞裏貪書殊失迎，川原秀麗怪未經。人家都住蓬與瀛，若個丹青畫不成。仿佛却猜夢裏瞠，直下誰家紫翠層。疑有碧桃與紫荊，緑墻櫐木薜荔藤。雞犬不見但聞聲，門前著地楊柳冥，楊柳梢頭有啼鶯。向隅一村清更清，松檜千章遮戶聽。一株不栽欅與檉，嚴整如別甲乙丁。又如蕭何較法精，曹參代之不敢更。又如亞夫細柳營，貔貅百萬肅簪纓。向隅一村實可憎，村前村後緑水縈。水中漠漠鋪蒲菱，枕溪幾個小茅亭。亭畔幽花敷茲榮，赤者如血素如瓊。團樹花邊長亭亭，池塘聞說魚鱉腥，壁間想掛打魚罾。向隅一村更可憎，鑿巖爲室柴爲扃。院裏茅屋蓋幾楹，茅屋上頭山崢嶸。山頭文雉飛且鳴，狐兔相逐蹤復橫。桃花無數護門庭，人家恍在赤霞城。門前有水白如綾，水中流出落花英。人間誰謂非武陵，向遠諸村視不精。但見黑樹煙霧騰，描繪亦堪死丹青。平郊緑者秾蕣興，赤地相間綺縠生。誰家嬰兒脫彩綳，棄却袈裟何處僧。千官早朝錦繡明，東澗水從洞口經。水面飛浮有鵁鶄，沙上鳧鷗睡不驚。醒者刷羽或梳翎，鷺鶿不飛亦不鳴，窺魚有如守田丁。西澗水向東南傾，是名濁谷仍復清。白鳥紛紛布沙汀，岸限漁郎欸乃聲。蓑衣短短不掩形，頭戴笠子大如棚。其釣維何若有爭，料應得魚釣不平。北山凸凹牧兒登，山頭相喚山底嚶。不逐羊群鬪草蓬，羊群入田喫蕪菁。主者築墻聲陾陾，遙指怒詈氣甚獰。樵者誰子下崚嶒，肩頭柴擔弛還勝。後來二子柴擔輕，驅驢相和歌黃鶯。前者却行傾耳聽，田中人叱黃犢耕。誰家貧女拾菜莖，衣裳藍縷手託嬰。彼何人斯醉不醒，行來西歌仍東傾。道上罵人口不扃，忽然倒臥頭鬅鬙，扶者不勝休其肱。南望群山列翠屏，近者色重遠者輕。南原堆者漢皇陵，昔日何如今榛荆。陵前涓涓渭與涇，誰謂其廣不容繩。乾坤浩浩天宇清，王道蕩蕩天下平。萬彙熙熙足飽瞠，極目傷神聊閉睛。洞門抬頭忽我驚，見一老父聵又盲。菜色爲面身鵠形，鶉衣千結絲相縈。云說我即是處氓，疇昔策肥更著輕。縱酒耽花非所營，五七年來家業傾。我身雖在等浮萍，身常如雪腹雷鳴。我聞此言雙涕零，邀來與共簞瓢甕，戚然登眺無復情。

題管平田太常所藏九老圖

老夫朝訪平田翁，堂上隔簾見諸老。就中朱衣伸卷書，筆勢翩翩似行草。瞪目凝神用意深，意在筆前期大好。世間萬事那復知，得趣忘言覺自寶。左右三翁是誰某，或坐或立齊俯首。啜茗先生睨若癡，毫端共詫蛟龍走。回首何人笑欲顛，角巾幾墮扶兩手。攜卷鬛翁對盧胡，提筆罷書自嫌醜。長眉老子來何遲，離席髯迎揖讓久。七個盧兒環左右，操杖磨墨事咸妥。一個擎盤一捧壺，一持箭跪吹爐火。兩兒却立待主呼，無事有言戒倚跛。細看諸兒見主翁，氣象分明非瑣瑣。觀書情高舜與徒，善在取人何必我。方羨諸翁道相尚，忽驚松樹生堂上。兩株合鋪數畝陰，一幹孤撐幾十丈。曉霧不收龍倒垂，漫空疑落濤聲壯。天際雲頭見碧山，巖邊花外列青嶂。西看鷲嶺東蓬浪，萬里一程歸柱杖。到此良工信苦心，殆將造物爲情況。吁嗟乎！耆英諸人世有無，有之吾與同疏放。

題金太常少卿春齋所藏張少卿允薦金筆所畫蘭桂帶枳圖

步虛昨入南天門，微垣笑與金仙言。金仙坐我鬱儀下，几畔生生珍卉繁。廣寒桂樹香撲撲，就視驚疑非草木。銑幹鏐枝世所無，騰輝迸彩奪人目。崇蘭秀髮長庚側，叢叢盡是沉銀色。紫磨入眼光閃爍，花旋神悸看不得。金仙之友張子房，赤松相伴時尋芳。神筆妙奪天工巧，仙物却在仙人莊。仙物仙圖兩相向，乍見誰識物圖樣。我亦呆看杳難分，但覺身在諸仙行。看圖學種法仙授，九畹千株期爭茂。青山誓對黃離光，紅塵無夢僕僕驟。君不見，月桂庚蘭不易植，傍看却茁黃金棘。造物含宏良莫測，裁成君子盍庸力。

寄康德涵

架上荼蘼堆白雪，門前緋桃潑紅血。楊柳搖金鶯亂啼，海棠風吹黎花月。美人一别音容杳，春光滿眼空懊惱。良夜迢迢蝶夢醒，子規啼殺天難曉。忽憶去年八月裏，經塔寺前祠堂底。約我當秋攀桂回，明時共作蒼生雨。誰料凡鳥翥先傷，芙蓉亦羞桃李場。遂令天荒盟亦寒，抵今參商空斷腸。曲水流觴蘭亭樂，常記子正荇兄約。子正、尚玉曾有此約。塵鞅倥偬難擺脱，翻嫌天地寧馨闊。近聞歲寒諸君子，文辭倒謝三峽水。案上風雲日益積，愧余寡陋奚足齒。天地無窮日月長，回看來歲又槐黄。大鵬已老搏風翮，羊角九萬準翺翔。但慚斥鷃非匹儔，東隅既逝猶可羞。惟有此心堅似鐵，還期泰嶽與同遊。

贈熊必説自陜如楚

曾聞贈行率以柳，弱柳青青胡能久。曾聞贈行率以金，黄金難將貧者心。曾聞贈行率以詩，辭詩巧弄風雲姿。曾聞贈行率以淚，淚灑陽關兒女態。君今荆襄去，我向長安送。不可不贈無可贈，家有鐵面尚書公。更有宣城毛刺史，玄香太守松滋侯，褚國剡州知白子。願言把以贈君行，蟾蜍錯刀何足齒。堪比登雲梯，致身霄漢如登蹊。堪比五色線，補衮強於錦繡段。堪比從龍黔，有時能沛蒼生霖。堪以參寥廓，用之可述亦可作。君不見，春秋闕里泣麟翁，用著六經垂無窮。又不見，濂洛關閩數姝子，繼往開來多以此。别後切毋泛交人，定須四子長相親。别後交朋擇可否，還須四子爲執友。衣絲食芻稍閑暇，惜金秉燭同居守。休將勢利間交情，勿以聲色成掣肘。明窗時擬結金蘭，静室詎宜輕分手。直到秋水真不足望洋，太山端底成培塿。我用表深情，君用圖不朽。

贈慶陽太守　代王年兄作

霜林醉瘦秦川晚，籬菊弄色搖金盞。慶陽使君思蓴羹，轍下紛紛黃白滿。我爲使君歌犬睡，花陰民袴多秀句。時聞松下哦，我爲使君悲。懷抱忍將赤子違，他日飢寒當告誰。有琴爲君攜，有鶴爲君籠。琴鶴一别何由逢，行藏長在吾目中。請君再盡陽關酒，攀留無耐脱人手。準擬歸息棠樹陰，不須浪贈長亭柳。紅塵駐看小車行，爲牧羊腸第一程。征鞍回首載愁去，一路寒蛩空泣聲。

汾水辭　代人壽絳州薛蔓德延

汾水北來西入河，其曲其訥山嵯峨。咸陽有州古名絳，鍾生賢俊從來多。昔年汾滸賡歌起，人家先在平章裏。五伯興時唐風微，老人猶動麟經紀。吾師恭介陶公厚，皇明一代推山斗。印友汾亭肖若翁，忠貞報國亦不朽。薛卿德延奚仲裔，陶門韓宅結兄弟。四海一生足跡周，三原住久如別第。早從恭介學稽古，暇偕印友臨石鼓。韓守不耽蟲鳥文，書窗共取絲桐撫。四繡巖龕水雲深，雲中鳥道難捫尋。德延覓送陶韓書，飛緣絶壁來攜琴。攜琴巖泉手自澣，足臨隴斷却羞懶。流水高山貪暢懷，年光忽屈六旬滿。陶韓諸君數伻鴻，徵詩要壽攜琴翁。我識斯翁頃亦熟，不辭賦詠嫌非工。君不見，相門如沸賓客多，一朝時去堪張羅。此翁布衣勢如杕，君胡終始相寅和。汾曲山前山卉芳，襄陵酒賽金華香。幅巾野服散仙集，吠嗚肯比權門觴。

臺山高 送侍御李公自河東還内臺

臺山高兮仰彌高，上接翼軫薄青霄。下臨湖海三峽濤，地靈昭代鍾人豪。長途任重輕如毛，割雞沛縣操牛刀。幾年寒日無啼嗷，至今時宰啜其糟。乘驄衣豸臨中條，霍山嵩華齊驚搖。薰風吹海茁瓊瑤，晉秦豫士拽車艘。惟膏藜藿均和調，行驅旱魃雨隨軺。歲無凍餒興歌謡，民鄰公所心如焦。别厥攸居各安巢，行臺冰静絶紛囂。門堂室序堪圖描，别亭離館安群僚。後明相繼思勳勞，先賢扶漢忠烈昭。正氣充塞乾坤饒，神爲霆震除山魈。護儂中夏貊蠻撓，鼎新廟貌翬棘喬。民安神妥儲無耗，境有遺賢飛干旄。講學論政忘昏朝，學舍增葺育時髦。吉人藹藹扶神堯，瓜時旋駕聽簫韶。攀轅遮道人泣號，願公自玉憫吾曹，驄來還憩甘棠郊。

送張士元赴會試 因致問平川先生

北風漸漸吹栗冽，園林疏疏木脱葉。赤亭道口客嘆息，昇仙橋邊人去捷。紫騮暫繫垂楊下，郵亭祖餞紛車駕。羨君蚤斫秋桂枝，寶劍腰間光照夜。平川先生别來久，因君爲問平安否。彌縫事業復何如，若訊匪才云腐朽。方今四海混書車，英髦都收帝王家。況君席珍尤無瑕，青雲得路信不賒。此别風月誰共賞，江湖夜雨應思想。明年知君是大吴，林泉佇聽春雷響。

送趙宗魯生子

吾邑何在清溪谷，緬想先賢多香躅。滔滔今見士習别，執袂披肩時胥穀。幼而不學有餘師，豈伊自戕且人讟。登天之基付燎毛，多少華屋更破屋。卓哉吾友我獨知，金吾之孫隱君鞠。從來力學元自好，況復天資本質木。莊雅不徒鄉黨愛，忠告時聞我實服。此後此學諒無倦，乃翁乃父尚奚欿。年垂三九未有出，世寡兄弟正愁卜。正德二載孟春月，深閨忽產荆山玉。提保豈徒君家喜，頌禱偏教親舊覿。婉孌眼看誦書史，鵠雛不類梟鶩翛。好修還遵先烈矩，繼述不作前人恧。此日與君應未老，一尊時對峨山麓。

慈烏吟

有烏有烏名慈烏，夜夜啼我屋南陬，靜聽似是失母雛。一更啼上山月孤，二更人靜悲轉紆。三更四更尚云可，五更那忍聲嗚嗚。黄昏孤兒聞一聲，破曉血淚及百壺。嗟哉爲物尚如此，況是人兮天壤徒。河陽潘公性純孝，蚤年行與黄香符。霜風一夜靈椿摧，慈竹堂前相繼枯。天荒地老恨無極，二十五月隙中駒。千回百轉愁腸結，泣盡繼以時賢咮。發自金陵來蒲坂，蒲坂主人我田蘇。託我續貂意勤懇，嗟我亦嘗内艱荼。九泉恨不侍親側，聞君此意倍增痡。人生不幸有如此，飲泣爲作慈烏辭。

來雁行題顧中書亨卷

今代何人善楷書，都下新稱顧來雁。爲問茲名何所因，答云事紀甘泉卷。維時吾皇正右文，天葩時敷南薰殿。侍書儒臣集若林，臣亨揮灑獨稱善。穹碑鼉成載典謨，真卿雄秀公權健。鐵畫銀鈎睿藻輝，龍翔鳳翥天言羡。是日肅肅陽烏來，層霄直下君庭院。馴狎不殊棲杙雞，依人還似巢梁燕。占者曾云吉有祥，倏看之子膺天眷。明日書銜御筆題，中官捧出交邦彦。邦彦爲龍喜欲狂，講臣學士色驚變。君不見，陵川郝氏如梁汴，蹼足書收忠節傳。又不見，風山卦象卑高辨，仕路升沉列貴賤。咄爾忠勤主已知，從容鴻漸勞誰薦。又不見，候雁不來來早宴，遠人向背明如電。適子承恩此投棲，萬方來賀徵邦奠。願君葵心傾無轉，執業臨池那有倦。元宋焉酬尚友情，東京直與中郎面。西苑南城宸翰多，商彝周鼎憑渠遍。

別高一主簿

易別北行風颸颸，玉泉山陽路縈迴。我向幽州訪古跡，牧兒爲指黄金臺。金臺蕪没半崩壞，嘆息古人今不在。昭王當日重郭隗，門外明朝樂毅來。夜來臺上拜賢佐，明朝袖手敵國破。臺上芃芃青草多，國中忽聞擊筑歌。人悲昭王不可作，我道金臺宜蕪没。不禮真儒禮武夫，無乃方寸未開廓。所以事業不足驚，兩世之後社稷傾。我向臺邊送客行，回飆吹雨狐狸鳴。臺上弗留孟軻跡，登臨何以慰我情。方今聖主卿真儒，似君豪俊盡羅漁。笑我未是知務徒，碌碌空讀萬卷書。征雁嗷嗷依遠沙，撩人情緒亂如麻。送君遠去作循吏，煙雨金臺聽暮鴉。

巀嶭山行

清谷之西冶谷東，有山曰巀嶭，冥冥上與青天通。大山之腹小山起，爭高不及亦摩空。重山之間有石穴，縈巒絡麓蜂房同。萬轉千盤磴緣壁，十陟九返罔入衖。稚子峰頭聊投石，千夫喪氣凋顏紅。此山此穴盜曾據，如虎憑隅鯨得潨。東搜韓魏車，西索巴蜀艑，殺人如刈原隰蓬。猛將提兵幾深入，捫奎歷璧羞無功。寅卯之年玆醜横，白晝通都飲椎橦。關輔十年希蓋藏，公私遭此益貧窮。有客當官朝陳辭，日中元喪啼兒翁。鄉鄰守望或宣力，呼名嚇走完其躬。無論同堂從翁父，仇即肢節投諸衕。里黨翻令轉親密，經過釃酒張筵銅。稍遠人家夜無寐，屋爲牀榻腰刀弓。壬辰節鎮王公至，安民有道先除戎。提兵陰授錢宰策，揮戈仍託程尉忠。犄角勢成師出律，上兵未戰先謀攻。初昏銜枚四山入，雞鳴分布貔貅終。我山我谿非彼有，畢羅密布翼難翀。豈無屬戚與鄰里，悉予牙爪及睛瞳。此賊昔嘗僞樵牧，負乘充商妝僕僮。或伏絕壁猿猱窟，日斜餉婦潛捫葼。我目四明疇能蔽，遭予爪士如拾茙。三日獵山淨豺虎，一朝俘獻悅宸衷。屋屋無人歸枕莫，村村有犬眠如獞。壯士爭釋佩犢貴，佳人笑采芣苢芃。田家酒熟鼓逢逢，凶年相慶渾如豐。一方用士且如此，況復廊廟驅羆熊。即今聖主羅群雄，任賢重見勳華風。四海行看戶不閉，樂奏騶虞歌五豵。

條山行

條山東入蒼溟裏，尾歸無極是頭起。頭起摩空黃河湄，根連太華伏濁水。太行峰接日月宮，王屋洞與蓬萊通。萬里巉巖狀難寫，或言天地脊梁同。雲岑似鳥飛還住，羽客如麻時相遇。中有髯翁號聃翁，群仙行坐獨尊異。聃翁昔入紫微垣，玉皇許暫充納言。列宿非翁那敢見，幽谷却借天日暄。茲翁變化良非假，朝尹神州夕司馬。春官爲龍返銀臺，萬神日領隨嗚啞。天狼忽傍天樞明，張弧欲射愁天驚。日轂時看扶魑魅，葵心傾阻千鍾輕。青牛駕出勾陳傍，祥呈紫氣霄增光。關尹遙迎駐飈馭，翠微聽語玄言長。玄言時將道德播，忽數流光八旬過。人間萬事付兒孫，山中別有乾坤大。初度筵隨元日開，仙郎紛自玉宸來。舞筵休問春深淺，千度蟠桃著花纔。

鴻山行　寅友伍君鎧號鴻山

鴻山翠出南斗傍，秀壓三閩磨穹蒼。雷雨時興妖魅絕，唯有威鳳和雲翔。鳳翔愛與麒麟伍，曾上虞廷應韶舞。帝憐潮陽民阻艱，特遣銜書拯其苦。潮陽纔集蒼生歡，赤兒依母忘飢寒。何物青蠅點白璧，生教母子拆離難。浮雲尋散天日揭，弧矢却射狼星滅。韶簫還召鴻山鳳，鬼蜮潛蹤海宇潔。

婺源行　贈張淶水全秋古德卿

婺源自古出賢良，立德立言垂休芳。皇明有人號秋古，一片心如江水長。負笈曾遊吾友門，立雪踏冰覺春温。賓興南宫稍蹭蹬，開來却坐皋比尊。奎光遙應昌曲明，文場迭聘專權衡。所經題品人生翼，聯翩飛上朝岡鳴。弟子昇騰師從政，帝遣淶邑司民命。琴罷桑田問所瘼，弦歌境起風塵靜。陽陵趙生頻予訴，涇川學士昔雲霧。身後陳徒半許行，唯有秋賢心似故。君不見，江河之流雲漢長，蹄涔水激尋尺央。婺源時賢有秋古，後蕘誰謂不前蕘。

燕歌行

秋風淒淒木葉黄，秋月瑩瑩滿地霜。蟋蟀叫我砧杵傍，丈夫爲國戍朔方。人生不如鴛與鴦，塞上秋來南雁翔。征人仰看懷故鄉，故鄉父母誰與將。念我從軍在與亡，胡騎奈何擅我疆。吾君寤寐憂不忘，君憂能爲君分恙，和淚與君縫衣裳。

谿田文集卷九

五言絶句

雪屏十五首爲考功寅友趙子題

其一

大理郡城中，西看山峻起。城市人家幽，青來窗戶裏。

其二

西山望不極，景色異昏曉。行客展丹青，十程猶未了。

其三

大理西山秀，厥名號點蒼。中峰出異石，白質黑文章。

其四

點蒼十九峰，獨有中峰尊。左右諸峰列，伏如兒與孫。

其五

中峰不可上，夏雪仍熒熒。下有玉人居，顔齋號雪屏。

其六

雪屏左右峰，齋瀉銀河低。落地成流川，名爲十八溪。

其七

溪合自龍首，出從龍尾艱。重關暴客絕，人始樂溪山。

其八

溪匯點蒼下，中涵島嶼多。浩浩如滄海，是名爲洱河。

其九

河曲多村落，村村異卉繁。遊人行且問，是否桃花源。

其十

溪上春峰淡，良工畫不如。屏雪驚人眼，瞻依競卜居。

其十一

溪蓮映日紅，峰頭鳥下浴。但見中峰人，閑傍蓮濯足。

其十二

炎日爍金流，納涼人擇渚。唯有屏間雪，耐寒復耐暑。

其十三

中峰顯造化，霖雨蘇多方。秋風期皓首，扇播黃花香。

其十四

雪屏不可階，白賁誰能測。唯有歲寒時，真純出本色。

其十五

仁人樂在山，知樂川潺湲。君子諒聞道，寄情於兩間。

送大理兩曲王子擢河南僉憲四首

吳地愁將母，秦雲望斷腸。遷官鄰雍土，迎養慰王祥。
檄典中州憲，客來南國傳。竊窺君茹菜，日費二文錢。
御史明如鑑，秋官湛若池。獄歸君子折，輕重始無私。
純孝關西客，公廉世所知。今持中土憲，焉往不攸宜。

府尊胡公陞臬司憲副提刑握兵甘肅奉送一首

孔蓋臨京兆，夙彈豸角冠。鳩隨淑氣化，猶畏霜風寒。

捲簾

隔簾山色好，捲簾山色真。忽愛簾初捲，山色雨後新。

月下獨行

手倦書齋鎖，夜長人盡臥。空庭得伴稀，天地月明我。

五言律詩

和霍宰中秋對月十首

入宵看碧落，滿目吐銀蟾。雁字邈猶識，烏啼久不眠。代明誰見聖，坦道我登仙。爲愛鳴琴宰，柏焚子夜煙。

把酒邀明月，揚輝正仲秋。遙臨臺沼上，徐與冠童遊。俯仰得新樂，行藏憶舊羞。放言令是未，聊和浴沂謳。

雨後中秋月，天清真倍明。賓朋皆自樂，魚鳥亦人情。星沼潛難定，風林睡自輕。却思同志客，千里久寒盟。

今夜家家月，清光滿碧霄。昔人曾燕集，我輩亦賓僚。流景傷難駐，良朋恨獨遙。相逢莫憚醉，風色漸蕭條。

望夜月偏白，中秋人廢眠。池星疏點漢，花露密侵筵。垢盡真通道，川同豈是禪。誰觀盈滿象，時玩地山篇。

不識金雞曉，仍看玉兔新。詩成君劇樂，賞逼我驚神。吾道今誰寄，斯文代有人。良時宜遣興，流景未須頻。

愛月同諸子，開尊及仲秋。嗤予觀物拙，念爾聚星稠。鳴鶴巡筵舞，吟蛩與客謳。登臨各自適，不比仲宣樓。

天上月無憾，人間酒合歡。琴來聽友弄，詩就倚樓看。池鳥踏星宿，荷珠簇露盤。茲遊良有得，竟夕少爭端。

今夕宵中月，晴天分外明。能通賢哲志，亦暢古今情。梁上無人在，城頭空柝鳴。因思君子惠，尊酒欲持傾。

南漢列虛宿，東林滿月華。空庭見落葉，疏樹起鳴鴉。露竹光堪摘，風花影易斜。龍泉何處在，埋沒氣如霞。

惠濟寺與九川參政涇野太史會宿後對山太史尋訪宿處有作奉和

野寺曾遊地，高軒此日過。山僧迎逕竹，砌鳥上煙蘿。境靜諸塵息，心清萬事挪。經行聯榻處，應問客如何。

步韻奉酬對山

訪舊秋將老，盍簪興自長。星乎相會聚，月乃假輝光。吟撼三川動，情如點浴狂。看君真有道，不比漢京房。

中秋日滸西訪對山

爲念平生友，西來一見之。論文及六籍，取善更多師。翻舞清秋節，尊傾白雪辭。相親貪受益，忘却鬢蓬絲。

秋日訪楊南里年丈

不見楊夫子，涉涇至渭將。迎賓輿出郭，設燕士刲羊。正值中秋月，連傾子夜觴。知君元好道，垂白語蘭香。

同涇野讀白沙詩次韻

有客同良夜，青燈檢白沙。删後新成調，筆端細著花。芬香羮氣味，汩没野人家。爛醉高歌裏，非關泛盞霞。

邊報

昨夜聞邊報，憂除喜欲狂。將軍一出塞，醜類走群羊。禹貢煙塵息，堯天日月長。書生無與力，俛首拜旻蒼。

秋雨

秋雨墜銀絲，檐前滴復傾。山峰看不見，渚陂坐來平。鄰舍乞薪米，行人阻去程。師在太行路，關山無限情。

秋感

王事今何如，久無信息通。飄風摘敗葉，細雨響疏桐。衰老連天草，悲泣遶砌蛩。夜睡恰纔着，哀鴻聒耳聾。

涉渭

清秋涉渭涯，清渭正漣漪。水底覺天動，舟中見地移。向空排雁字，當鏡躍魚兒。不敢言涇濁，防人説是非。

曲沃道中

五夜衾如鐵，征夫又早催。霜凝鬢作雪，風過耳成雷。道路人難合，塵沙眼可開。別家六百里，憶殺得書來。

憶劉子修

柳條一度折，蓂葉幾回新。詩句錯知我，文章不讓人。鶯囀峨山頂，花香清谷瀕。應有好懷在，歸來許共論。

弔大司成王順崖居憂二首

夫子瀛洲傑，平生滿腹憂。牛弘心友弼，李密色承劉。銓部昔乘暇，遺經共講求。別來蘭臭在，相憶夢偏稠。

蘭室容儂坐，雪舟入夢頻。聽琴如昨日，麗澤更何辰。祥孝艱多歷，密情表未陳。虛舟橫野渡，甚日濟斯人。

送高蘇門擢山西大參之任

高子中州傑，文章擅大家。鯨魚今掣海，鸞鳳舊群鴉。征邁心猶壯，盤紆路不嗟。干旌忽趙魏，方俗定勳華。

邊處士幽居

曉度清河曲，春臨居士家。庭軒皆竹木，城市亦煙霞。琴斷鸞還續，荆萎雨復花。功名慵似我，欣就話桑麻。

送孟僉憲還湖南

天上拾遺客，僉憲先爲兵科給事中。湖南衣豸行。手曾扶造化，身正繫綱常。華屋容人住，僉憲京師有房嘗借居。荒村憶節光。出使關中日嘗造村居。乾坤浮水國，民物看舟航。

送張侯三載考績

玉堂天上客，白雪郢中吟。將鶴來三谷，停驂弄一琴。村厖入夜静，庭草信春深。奏績人多恤，離筵酒細斟。

送上川洪子承致政還歙

何處旁行得，津頭路不平。青山回首望，素日少人爭。俯仰愜吾意，登臨盡物情。醉和峰月臥，誰復聽雞鳴。

送雒司諫拜四川僉憲

六月炎熇毒，連雲蜀道難。聽琴之子去，有曲向誰彈。榻畔戎方蠢，懷中兒未安。平生經濟志，今日爲君殫。

送順天尹王玉泉謫福建大參

河邊宵待漏，門下日聯班。習倚葭邊玉，深知地下山。孫膚今日事，猗較舊時顔。韶樂懸宫合，來儀看鳳還。

送郭二簿半山以行還安陽

郭簿汾陽裔，田廬尚華州。雁行曾麗澤，星聚幾同遊。枳畔棲鸞穩，客邊笑燕稠。看君非管器，繩武志應酬。

送任繼周之裕州幕賓

念子已髫髦，謁予總角纔。明經奪父志，折桂負兄才。入幕安增重，爲賓嘉莫猜。參謀登眺處，應不愧銜杯。

挽八十四丈胡封君

耋壽三陽老，仍將六籍尋。開來曾有績，造物本無心。膝下棠難剪，階前雪易禁。山頹歌亂日，地動起哀吟。

壽對山姊張母

車門何處是，翚棘滸西城。堂上一萱茂，階前五桂榮。舞侑金莖露，歌添烏髮羹。曹家兄弟在，不說謝王庭。

九月四日壽苟學諭

佳節重陽近，新秋上壽端。尊開菊放日，春借杏花壇。多士心先醉，六經道未闌。看君饒富貴，誰謂座氈寒。

賀修武龐義士耋壽

覃懷龐處士，種德久埋名。子肖施舟麥，妻從解佩珩。八旬鳩在杖，偕老爵同擎。膝下看麟鳳，層層舞隊明。

送鄖陽驛孫宰之任

三路設關域，朋尊送客行。星馳龍臥處，馬繫鹿門莊。蒞事無多囑，宅心在一臧。雲衢舒老眼，爲看邁言長。

都下送徐判簿行還羅山

彼沃羅山邑，申邦美莫京。士勤業總易，女靜葛偏精。橙樹村村黑，池塘處處明。君歸聊案牘，應和宓琴清。

題惠果寺僧方丈

涇陽惠果寺，傳是符堅宮。世代幾多易，人情有所崇。樹接蓮峰雪，花滋鄭國洪。幽齋無事客，焚柏弄焦桐。

題觀音寺八衮老僧方丈

曾借禪房住，知君無是非。參時同上殿，齋罷獨關扉。開卷輒三藏，栽松已十圍。相看雖異術，機事却同違。

谿田文集卷十

七言絕句

平川書院十詠

考經堂

考經堂上惜分陰，費却絕編一片心。屈指良朋三五輩，杏花紅後到於今。

弘道堂

道兼費隱大無垠，列聖能弘迥出群。竊恐此身弘不得，還將張主付天君。

清風軒

軒外清風掠地來，綻紅舒綠拂塵埃。年年落葉堆門合，賴有竹梢掃得開。

明月庵

一庵小構在煙霞，入夜月明趣倍加。弦誦聲高宿鳥定，一池水浸四時花。

清谷草堂

蕭然茅屋枕清流，道眼時看一帶秋。坐穩緑陰閑裏趣，雙雙飛過鏡中鷗。

嵯峨山房

結廬山下倚嵯峨，雨後晨初看碧螺。峰帶殘陽村落晚，弦歌歇處聽樵歌。

凝墨池

池邊龍尾洗松煙，池面墨雲覆碧天。竊擬一朝雷雨作，沛然沾溉足千川。

詩亭春光

亭前手種四時花，春事無端詩思奢。秋去冬來疑冷落，春光又早在梅華。

檜林夜誦

種檜成林作怒濤，風停夜靜書聲高。青藜然火夾林起，疑是星河落九霄。

楸巷夏弦

滿巷楸陰罷講餘，聞蟬三弄足歡娱。南風一陣精神爽，不必乘涼向舞雩。

送平川先生入朝十離詩

雲離山

濯然素練掛巖巃，時解從龍飛上空。眼底升天留不住，會看雷雨遍寰中。

水離泉

一派活波滚滚傾，滿潭竹葉照人清。沿流處處沾膏澤，到海鹽仍和鼎羹。

鳳離梧

五彩文身衆眼明，九苞德備舊馳聲。丹山飛到虞廷上，頓覺人間是太平。

鶚離籠

拳老瞳明力更加，百禽曾不共生涯。雲霄此去應難肯，些小功勞報主家。

鳥離巢

慈禽何事出雲林？想是潛懷反哺心。臨舉啞啞飛不去，鳥中誠矣有曾參。

田離主

看看嘉穀長來高，指日明堂伴太牢。何事主人拋棄得，滿田從此茂蓬蒿。

瞽離相

有杖無眸未解扶，多虧巖電引前途。于今跬步皆坑陷，何日摩掩到大都。

兒離母

膝前提抱盡朝歡，乳裏離懷半步難。鄰嫗縱然相照顧，萱堂寂寞淚闌干。

女離姆

女紅指教荷多方，昨日猶傳婦道詳。窈窕行藏何處也，燕飛時節斷人腸。

僧離師

門掩落花春色深，別師出寺悶難任。傳來衣鉢誰收拾，肩上一條擔子沉。

夾江覽勝圖二十首

其一 二友就次

山館松林鳥徑通，千巖萬豁入雙瞳。却看宣聖師常在，不出同行兩伴中。

其二 崇山觀樵

萬仞山頭斧得薪，穿雲入霧濕衣巾。他山君子遙相識，不是塵中壟斷人。

其三 登山尋訪

登登鳥道緣雲上，色色花香隔岫噴。中有幽人知客意，特教童子候開門。

其四 隔澗眺望

碧岑登罷出雲庵，閑立芝坪望別龕。無限新詩圖畫裏，煙霞踏遍未爲貪。

其五 巖頭觀瀾

孔子登山小四夷，觀瀾仍嘆逝如斯。道人不識公侯貴，但坐峰頭效仲尼。

其六　空山寺觀

山頂飛樓樓下山，山根如海碧濤環。道人不在山虛寂，風月一時閑復閑。

其七　江舟就岸望巖見寺

他山樓閣插雲岑，曾在其間幾弄吟。淑氣催人逸興發，輕舟飛過海濤深。

其八　江頭寺外憑欄觀魚

江畔扁舟繫柳灣，蓮池魚躍鳥綿蠻。乾坤春滿人誰會，道在憑欄指顧間。

其九　山寺逢僧

身入巖雲第幾層，山門迎客遇雙僧。雙僧爲說六塵語，不識儂心是玉冰。

其十　登山觀口指示人世

鳥道穿雲歷翠微，星躔接處有柴扉。市頭將相乾坤窄，始覺芝巖邇客肥。

其十一　觀鵝

折屐先生喜樹動，鵝池閑殺右將軍。却攻一藝鳴千古，肇出龍跳虎臥文。

其十二　釣舟

孤舸晴江風浪平，朝衣不著覺身輕。縱然詔賜黄金印，解綬還歸釣月明。

其十三　春田課耕

夢見勳華道在身，心無外慕但耕莘。時人不識爲霖客，認作樊遲稼圃人。

其十四　松臺唤鶴

鮮組歸來採蕨薇，煙霞還著舊荷衣。五侯七貴不知友，隔澗撥雲唤令威。

其十五　拜送飛仙圖

画圖人世有飛仙，此事非真休浪傳。吾道真聞非億料，許君白日解翀天。

其十六　松下問童子圖

芝巖訪友洞雲寵，松下莎間問睡童。童子應門無遠見，不知琴客是仙翁。

其十七　雪江獨釣

千山無鳥九衢迷，獨釣寒江簑笠低。却有非熊偏入夢，画圖留與傅巖齊。

其十八　童子抱琴雙鶴來翔圖

囊中欲出七弦猱，雲裏忽來二雪毫。二雪七弦知我意，時將顏樂共陶陶。

其十九　題山亭獨坐有人前跪圖

水際山亭耳目清，世間榮辱久無驚。鄉人不識身解組，得失時來就決平。

其二十　題喚渡圖

步到江頭舟艤津，鷓鴣啼歇四山春。風停浪靜徐徐濟，不是需泥致寇人。

奉和息園雜興十有二首

桃李園中爛雪霞，芙蓉門口錦屏遮。只將獨樂題園榜，却有閑人來看花。

提甕澆園不記春，飯蔬緣學仲尼貧。飯餘還許鄉鄰拾，恐有亦甘草茹人。

納涼著屐踏平蕪，十畝陰濃亦自娛。散步却思折齒客，孫膚詩在誦來無。

水面花開舟楫通，綸巾羽扇歌薰風。清吟盡日不知暑，諒是溪頭無極翁。

燕語鶯歌麗日遲，單衣童冠試相宜。曾翁春興良非淺，杜曲遊人恐未知。

鳳凰臺北駟門輩，春在君家棣蕚肥。正喜槐陰足遠庇，那愁無地着潛飛。

松林濤應中丞衙，菊經輝迷司寇麻。縱使門前植五柳，不妨原是種槐家。

木奴晚見黄金色，菉竹時依碧玉叢。却笑主人真大受，洞庭淇澳在胸中。
翠禽飛處臭蘭茗，黄鳥歌時媚藥苗。珍品却憐香色正，尋常不變艾和蕭。
池臨園卉卉臨池，水陸花繁貫四時。客到神怡多所詠，陽春獨惜主人辭。
鳳翥朝陽早作賓，龍蟠却傍茹芝人。賡歌正屬蒼顔老，曲調時聞白雪新。
北阜玄湖淑問歸，東橋晝錦有容輝。江天霖雨隨車落，來往紅塵不著衣。

題梅和平川先生韻

北帝行威萬木摧，窮郊獨首百花開。銀葩鐵幹一枝子，露出乾坤造化來。

秋日書事

樓邊征雁耀霜翎，軒對黄花户不扃。吟到黄昏還獨坐，又隨明月向前庭。

讀史有感

林間人似〔二〕一輕鷗，閑立蒼茫古渡頭。遥見拍天雪浪裏，沉來幾葉是虚舟。

〔二〕「似」，現藏西安博物院馬理手書行草七絶詩讀史有感作「事」。

睡起月下獨步

燭炧香消戶已扃，夜深人靜睡初醒。獨憐一樣中天月，簾裏不如簾外明。

春日獨坐

疏疏微雨浥香埃，小院庭深花半開。草色一簾春晝永，黄鸝啼過短牆來。

洞門讀易偶見杏花

東風門外幾時來，紛紛蜂蝶短牆隈。洞門閑出持周易，紅杏和鶯滿樹開。

葵花吟寄許少華中丞

六月葵花向日遲，東君相背幾多時。涼飈信報三庚伏，猶自傾心了不知。

秋夜獨行

鳥棲落木響空階，獨自開門步翠苔。貪看一天星斗爛，隔牆滾過月明來。

清平調二首

天上日光午不斜，仙人分住玉皇家。從來典籍勤收拾，閑種蟠桃看著花。

閶闔熏風下界春，蒼生魚鳥是閑身。靈臺早晚無多事，笑指遊麟問舊人。

移竹二首

浮山居士愛林泉，謝却紅塵住洞天。近喜此君相伴得，醉和煙雨到窗前。農書云竹有醉日。

此君此夜到窗前，天有清風地有煙。身恰齊腰年所小，帶來仍喜子孫賢。

遊迎祥觀觀梅

匹馬長安第幾回，客中忽憶舊時梅。芳心欲探春消息，特地迎祥觀裏來。

東康德涵代從人借書

不把牙籤負擔頭，客中零落舊交遊。雞窗擬欲重相訪，爲我殷勤問鄴侯。

謝王仲機邀飲

龍首渠邊樹影斜，步隨流水到君家。腐迂多謝偏知我，衹共葡萄不共花。

登覽翠樓思親

應舉離親不自由，看看客邸住經秋。嵯峨山頂疊雲葉，極目傷神覽翠樓。

陝西東司鹿鳴燕罷

碌庸凡事且隨人，小就功名底爲親。畢竟這些身外物，何緣能動道人心。

雪花

冷風吹綻蕊繽紛，飛放漫天世不群。佇看芳殘結子事，熟梅時節隴頭雲。

嘆杏

兩株紅杏傍檐牙，占斷春光居士家。何事幽禽欺負得，夜來啄却數枝花。

過劉子明精舍賦得寒字

我既赤窮君復寒，相逢蔬水即成歡。對牀夜話攢眉事，直是明誠兩字難。

聞驢鳴偶成

結廬迴野近青山，門掩落花盡日閑。昂首數聲庭草緑，自家意思一般般。

觀雁

霜天不擇放黄花，雁過樓前字字斜。塞上狼煙今息否？好傳帛書到官家。

九日薄暮獨酌寄符尚玉

緑醑盈缸對影傾，黄花滿徑自吟賡。飛將幾點籬鴉晚，照遍千山夜月明。

巀嶭

巀嶭吾家舊畫屏，直從阿祖到書生。大父靖川先生呼巀嶭爲畫屏山。尚書白占作筆架，惜愛心中似不平。介庵先生呼巀嶭爲筆架山。

題峻山遠水漁舟並泊漁父共酌觀雁圖

山容壁立水容寬，釣得魚兒足共歡。罷棹菰蒲深處泊，一聲寒雁鏡中看。

題畫

雲山疊翠雨痕新，樓閣參差不見人。獨共漁郎撐小艇，松陰一醉甕頭春。

題雪梅圖

衝寒冒雪放瓊英，全不趨炎類世情。受盡風霜多少苦，到頭有用在調羹。

獨坐對葵

書齋兀坐寂無譁，飢自尋飡渴自茶。竟日幽階誰是伴，赤心人對赤心花。

遣興六首

當窗疏竹搖新緑，遶砌閑花舒小紅。獨坐南風深院靜，蕙蘭香散玉丁東。

緑蔭一徧手卷餘，花香草軟步仍舒。回頭遙見清風到，楊柳溪邊翻我書。

幾朶好花開砌畔，一雙幽鳥語林端。蓽蘿半啟柴門小，突入終南萬仞山。

盤裏青黄杏子酸，兒童笑把酒瓶般。石榴未老牆頭色，又得戎葵幾朶看。

清谷河邊弄碧波，清谷河底見嵯峨。偶將山色和天色，就地掬來一掬多。
緑樹陰中看碧瀾，濤聲汩汩半空寒。誰言人世愁攢火，身在龍門砥柱間。

題劉氏村居五首

巖辟山隈清谷邊，花開如錦柳如煙。劉家别墅新遷處，誰識人間另有天。
羡君家住白雲團，屋上濤聲入耳寒。花徑開尊客座合，青山把作畫屏看。
君家住處號留坊，去去苔侵曲徑荒。滿院緑陰籠坐合，數聲啼鳥帶花香。
一村幽僻凝煙霞，臨水登山路不賒。客到儘看看儘許，祇防傳與畫工家。
村環小裹渠中水，人種清河鄉外田。若個妝成圖畫裹，只堪延佇不堪前。

山丹曉露

早起花枝宿露饒，妝添春色幾分嬌。誰家兒女悲殘月，和淚遺來金步搖。

朝飡

東廊日影閣檐端，案上殘書倦復看。學子不來雞唱午，青藜自採辦朝飡。

和平川先生郊行

巀嶭山頭日欲斜，清河灣口有人家。一聲牧笛前村黑，匹馬香風處處花。

學道

學道常慚見未真，書窗弱質打精神。曉來俄把菱花照，端得緣渠瘦了人。

獨坐

新篁搖緑映書龕，嫩草爭抽碧玉簪。兀坐不知春去久，山丹開罷又宜男。

雨中二首

山莊細雨掩柴門，病上身來易斷魂。花發滿庭空自好，杜鵑聲裏過黄昏。
窗間細雨飛輕塵，獨坐吟哦似病身。泥落屋梁來燕子，烏衣濕却語頻頻。

箴學子

力學撐舟上水如，中間些子不容徐。蹉跎莫遣沿流去，四月于今不讀書。

座中驚蝶

半醒半睡眼慵開，蛺蝶飄然撲面來。翅粉和香塗我面，應知新向花間回。

和東郭涇野觀梅

座上雪花撲酒杯，庭前爆竹喚春回。天公知我求三益，竹畔松前故放梅。

長安弔古

不到長安幾十春，舊家梁燕入新鄰。黄金塢在花狼籍，時有揮鋤種菜人。

咸陽懷古

咸陽原上望秦中，渭水依然帶故宫。指鹿臂鷹人惡説，青山惟愛茹芝翁。

又長安懷古

銅山錢客殍辭君，金塢遊人隕令聞。何似春巖聽鳥客，不關人事但耕雲。

清川送客北征

清川花底好聽鶯，何事南來又北征。歸遇故人如問訊，爲言挾册尚書生。

寄榆林邊備僉憲蔣公二首

鴛鴦湖畔犬羊眠，穢我堯封禹貢天。文命看敷元愷在，敘歌應入鳳儀弦。

卯孩誰遣旄頭搖，向日時聽犬吠堯。一曲簫韶蠻狄服，只將淑問付臯陶。

送少方伯崔公之山東二首

二月春寒陰復晴，綠楊花外囀流鶯。渭城誰唱陽關曲，一枕棠陰夢不成。

冰玉金臺照客清，重逢何處渭南城。年來怕聽陽關曲，腸斷秦人是此聲。

寄贈李伯雨宰新城二首

世路年來陷阱生，論心吾黨見君平。朝天會報新城政，臥轍應牽慈母情。

年光滚滚逝如車，香逕初遊見落霞。寄語龍門握柄客，長春應護一欄花。

寄贈胡都憲世甫二首

可泉居士玉堂仙，政事文章世所傳。近報休休綏海嶽，却無他技任才賢。

胡子文章世所都，黄河華嶽是規模。都臺却斂峰濤氣，化作甘霖萬物蘇。

送高蘇門擢大參之任二首

三年語笑甫蘭香，一别忽驚七載强。病老能禁幾七載，如何人事又參商。

文星昨夜入汾陽，曉日都門泛別觴。同是一般三晉域，知經軒過有輝光。

送商洛黄公擢憲副分巡西寧二首

黄鳥嚶嚶楊柳垂，棠陰濃覆李桃枝。陽關一曲桑園暮，萬壑千巖總寄思。

桑園麻澗指前旌，遥望湟中算去程。到處桑麻應似此，棠陰來雁好傳聲。

贈姜大參

夫君醇德似淵深，秦越難逢幸盍簪。今日玉霄看返轡，東南隨處是甘霖。

贈陸大參

聞道君家棣萼香，三株齊發向春陽。一株帝種峨嵋麓，化作棠陰滿蜀涼。

贈張子魚憲副

東曹詩聽杜陵吟，西蜀文看史漢深。何事襄琴來又去，不留一曲向知音。

贈暢子實憲僉

知君懷抱貯陽春，到處將春散及民。寄語齊民還訝否，三春豪傑是斯人。

贈韓廷延大參

輶軒南騖路迢遥，德政如春雪著消。聞道蠻方非向日，棠陰不見賣爺苗。

贈陳伯行僉憲

同藩同郡復同鳴，識得雄才衆莫京。晉接還看湘漢去，一天霖雨慰蒼生。

贈秦少參

曾乘驄馬下層霄，踏遍西江山嶽搖。今日旬宣及海岱，一天霜氣却春朝。

贈少司空張伯祥二首

昔君辛酉上天衢，多少英才共步趨。三十年來人不見，康侯元只是醇儒。
先生辛酉步雲衢，豪士談鋒刺客迂。今日鋒隨人折盡，光前蔭後是醇儒。

寄贈嶺南仇總戎

將軍開府令嚴明，不似由基恃藝精。文學時將修武備，嶺南今日亦長城。

寄贈留都致政楊總戎

將軍投老棄孫吴，舊學温尋道不孤。況説常收山每稔，清時寧作種瓜夫。

贈黄允吉憲副

先生寡過文師蘧，醇德無瑕玉不如。閶闔分符霖雨布，蒼生隨處是華胥。

贈夏都閫揮使

將軍殿國用訏謨，常笑由基是一夫。燕喜侯同張仲飲，不妨顔孟却孫吴。

寄賀劉憲副平秦蜀鉅盜二首

秦蜀山長斷客行，將軍提劍喪元輕。先是都指揮王深入征剿敗歿。赤眉何似風燈息，爲觸希文腹内兵。

豺虎依山勢莫嬰，元戎探穴殞身輕。先生袖有如椽筆，一掃秦蜀千里清。

寄賀漢中通府朱彦常平盜二首

豺狼當路斷人行，閫將身殲動玉京。誰掃蜀秦千里淨，晦庵元不是書生。

狼星春首犯天弧，將死戎張士益孤。向晚却虧元晦在，筆鋒一掃赤眉無。

李通府鈇陞漢中二守

川原落木望中癯，遥指前山是客途。四境民蘇室似磬，行旌何處引醇儒。

涇川話舊幾燈殘，掣肘論愁億萬端。堂上今聞陳寔在，出門應忘路行難。

酬漢中陳太守二首

蝶夢月窗遠集嵩，開門霜逕有來鴻。南邦太守遥通刺，不是陳蕃是仲弓。

峨山涇水有樵漁，跡似遊巖意却疏。聞雁仲弓應念説，懷人不見見詩書。

代贈耀州唐判

玉磬山輝接晚霞，千村厖静但鳴鴉。客來把酒長松下，笑指東巖玩月華。

寄耀州楊守

伯起淹淹守渭陽，移官立馬患空囊。同寅賴有筆鋒在，爲説休愁歸路長。

贈江陵陳公分巡漢中

朱雀橋邊蓋屢傾，紫芝巖畔密班荆。德星只在銀河側，下榻無因空寄聲。

寄漢中朱太守

元晦別來幾易星，精金良玉想儀刑。紛紛蘭蕙皆蕭艾，唯有南山似舊青。

酬漢中蔣通府二首

漢中別駕筆鋒銛，原是明時蔣孝廉。雲棧解憑千里雁，菊花時節問陶潛。

陶潛本是山中客，纔入紅塵便憶歸。玉笋班人遙問訊，秋空千里一鴻飛。

代贈漢中王貳守

鳳凰鳴處淨豺狼，桃李風吹滿郡香。賑活殍民難記數，都懸容像祝焚香。

寄榆林邊備僉憲范公二首

往歲蕭牆種禍殃，陳摶眠榻漏聲長。籌邊今有希文在，人睡蓮峰頂上香。

榆林甲士號精兵，忠勇防胡世莫京。子厚在邊新靖難，希文來佐更長城。

寄漢中董太守三首

江左歸來半載餘，漢南懷客未通書。菊窗繁露忽開卷，孔思顔情見仲舒。
鳴鶴庭中鼓一琴，弦歌聲起漢江潯。美人只在南山外，鴻雁不來雲樹深。
天廚紫笋出閩中，品入關南味亦同。近怪衰翁差有睡，誤將木葉試松風。

送新授涉縣司訓張子允升

學易伊誰道在身，知君温故久知新。涉城此去聽消息，無限春風座上人。

送袁司訓擢善化教諭三首

雪裏梅香酒杯寬，高歌無耐渭城殘。龍橋别去應思士，野草閑花夢不看。
三原髦士如珪璧，多少工夫琢得成。琢得成時人又去，清河東逝是離情。
亭前形色感驪駒，尊外僕夫總若癯。君到長沙應憶我，十年相見輒唐虞。

寄贈蒲州何學正鄉丈

君子身貧道不貧，爰將微禄慰慈親。傳經正及傳心日，立愛先收善養人。

代寄鳳縣司訓

鳳城司訓心如石，善教仍周磬室生。座上行看風雨過，光天耀日李桃榮。

贈王鳳泉重典西土學政二首

夫子絕編在洛陽，入關曾種李桃香。而今重引横渠派，應得流如洙泗長。

河汾之域有名儒，俯仰常將道自娱。重入關中何所事，欲教洙泗接唐虞。

贈郭中翰諶

八分遺法世誰攻，下筆看君近蔡邕。我向上林舒眼望，百花園裏見青松。

代贈郿縣學諭

太白山陰舊所遊，于今不到五春秋。橫渠聞有臯比客，桃李花香院落稠。

代張生悌賀陝州徐司訓蒙臺 檄獎勞狷介

河浪滔天瀉莫支，一泉脈脈自漣漪。清溪莫道無人識，已有觀風使者知。

望道贈別涇野門人王季鄰六首

河東王子玉如溫，雪裏曾遊涇野門。秋日曉臺同望道，秦川看徹自山村。

王子東來蒲阪津，爲言涇野舊尋春。明朝策馬始平去，又逐橫涇綠野人。時季鄰自三原訪武功對山康子。

聞說河東有利津，紅塵十丈解迷人。誰知嶽瀆英靈在，放出蓮花水上新。

涇川呂子南征客，追者誰與是季鄰。雪後春深遥問路，涇川還覓共遊人。

黄菊開時客在門，烹雞炊黍共山根。美人曲罷攜琴去，何日茅齋更拆尊。

谿翁性僻懶開門，終日眠雲綠樹根。有客攜琴來奏曲，雞窗不覺是黄昏。

題杭州湖山圖　代賀高陵劉秀才古四首

峰來鷲嶺虎巖高，潮入錢塘海立號。誰寫此圖遺彦士，要令筆出鉅峰濤。

西湖暈棘精忠廟，門有奸邪許客批。寫贈詩髦何所爲，獨知期爾辨毫釐。

花底山光翠欲流，峰頭歌吹待星收。遲君動靜相涵日，誰道湖山是勝遊。

登壇戒士機心重，弄艇潮人巧欲呈。唯有湖山遊息客，不關營利不關名。

謝涇陽霍宰惠紙二首

一色雲箋玉不如，朝隨風雅到茅廬。山中知我無多事，欲著人間覆瓿書。

玉版鏗鏘二百餘，飛隨白雪到蝸居。君應猜我眠雲暇，幕瓿無巾要著書。

奉謝霍宰惠白麵新米二首

瓠口誰將玉作塵，霜秔初熟未嘗新。詩仙得此笑無用，併與煙村火食人。

雲表金盆碾玉塵，香杭出碓賽霜新。真仙蓄此良無用，笑寄觀需酒食人。

奉寄雙溪杭翁二首

不見雙溪釣月君，筆端何處起風雲。斯冰嗚後六書絕，誰識先倉鳥跡文。
松雪今人號右軍，俗書姿媚轉紛紜。江南誰識雙溪老，筆是商周鼎彝文。

託寶雞令寄白德潤 德潤好仙故戲之

不見陳倉白玉仙，雲衢西望有鳧翮。緘書爲問還丹熟，一日看花幾洞天。

題薛孝夫舞鶴軒

行過千山與萬陂，匵中良玉未曾遺。江皋不作離騷怨，惟有軒前舞鶴知。

寄題張親家幽居二首

山圍水繞雜煙霞，古木森森公藝家。丹鳳不來紅日近，一庭春色紫荆花。
閉戶頻抄金穀方，驂鸞直欲謁天皇。化身還作化家計，蘭桂滿庭春自長。

蒲城訪趙文學公遺事有感

主聖臣賢擬見招，蒲輪碾下九重遥。高宗傅説難專美，大筆還當紀聖朝。

次蒲城

離家信宿次蒲城，明日從師破站行。馬壯路平人更穩，老親誰爲寄歡聲。

蒲州道中

野次山行幾日強，慣于馬上見荒涼。泫然淚落蒲關道，風景依稀似故鄉。

題虞帝廟廣孝泉亭

趣裝西過首陽路，繫馬東看廣孝泉。虞帝廟西有一巷，表曰「首陽正路」，蓋即詣首陽山夷齊祠之路也。廣孝泉在虞帝廟中，泉上有亭，人傳即舜所浚井也。身是離親赴闕客，一心雙感淚潸然。

鐵牛渡二首

當日明皇纜錦舟，錦舟爛盡鐵牛留。人生莫作千年計，百歲相看水上漚。

黄河兩岸鑄鐵牛，唐家天子繫龍舟。錦帆蘭棹今何處，蘆荻洲邊空自漚。不拘聲律。

薰風巷

蒲州城裏薰風巷，過客須經莫嘆嗟。一曲南風人盡樂，當今天子即重華。

中條山

蒲阪西收華嶽青，插空蟠地見孤撐。世人莫訝無頭尾，不盡鍾蕃到處名。

涑水河

涑水河邊驛路通，路傍馬上問兒童。兒童往往遥相指，南岸人家司馬公。

聞喜別平川先生

離親千里共師來，中道明師棄匪才。西望長安五百里，涑川北去獨徘徊。

烈女橋痕二首

寒衣泣把送良人，塞外風霜孰爾親。澮水東流和淚下，橋邊千載腕痕新。

烈女哭夫過澮河，南巖留得掌痕多。人傳天外垂遺跡，任是巖崩竟不磨。

次侯馬驛觀屏風題姜女橋痕因詢虞人得土俗復作一首

鄩壁分明表孟姜，虞人爲我說遺芳。至今澮水河邊女，悲至啼時面麗牆。

侯馬驛聞書聲

日暮宿投侯馬驛，鄰家時聽讀書聲。華池遙想門牆士，夜永如年趲課程。

思兄

常思綺野家居日，離合無常未切情。一上路來不覺得，客中徒謂他人兄。

憶四弟

忽憶家中小弱弟，別時送我出村來。八齡未解囑言語，手託兄行淚闇腮。

晉文公廟

小白云亡諸姬傾，諸侯束手盡歸荆。當時天下無人在，王室誰存祭與名？

過豫橋

客伴先驅不可招，北風凜凜路迢迢。衰楊枯木離人淚，匹馬登登過豫橋。

憶劉子明

出門煢孑倚交遊，手把木桃誰可投？憶殺谿田村處士，子明眉宇見無由。

憶王以仁

草有芝蘭木有松，碌庸長得仰休風。瀕陽別後音書杳，崇德崇來幾許崇。

憶竇伯孝

高縣河邊淚滿巾，蒙城路上憶交親。眼前東西南北客，誰解慈仁更愛人？

憶永寧

松澗賢人路永寧，金蘭與我結平生。而今阻隔關山遠，旅次聞砧敲月明。

憶王孟章

忽憶渭溪王處士，平生雅趣在琴詩。頻年如水月明夜，清谷堂前訪我時。

過太平縣有感

嘗思前代兵爭日，野逕荒城白骨匀。路入太平躍馬過，忽驚身是太平民。

憶王儲秀

與君相友更相親，相别相思易斷魂。歇馬郵亭獨自坐，疏星淡月幾黄昏。

憶汝堅

柱國賢孫王汝堅，禪房餞我泛銀船。相思未有相逢日，到得相逢定隔年。

汾河鳥

滿頭白髮親何在？兩腳紅塵日未休。征鞍羡彼汾河鳥，水面飛浮得自由。

過汾水訪文中子

汾陽山路亂重重，榆柳如麻夾路濃。偶憶當年文中子，河邊無處覓遺蹤。

訪薛文清公

先生汾水河邊住，我訪先生過水涯。北抵平陽八十里，幾回立馬問人家。

題淮陰廟

五載握兵四海同，回頭頸血濺袍紅。長陵月夜渾蕭索，自是人人說沛公。

太原爲史先生題畫

松陰著棋

澗外松風瀉午濤，相逢舉子並時髦。誰云當局渾迷睫，隔是行來著著高。

秋江漁舟

紅葉江頭報早秋，琉璃皺上弄漁舟。孤蓬棹入菰蒲裏，只載新詩不載愁。

瀑布圖

鳥寂山空花自芳，雨餘溪豁帶新涼。行人頭上分明見，界破芙蓉白練長。

尋幽圖

閑裏尋幽出洞天，長松修竹鎖柴關。杖藜剛步溪橋外，回首白雲占却山。

梅福隱居

潛入吴門變姓名，執鞭人裏寄餘生。妻孥袍笏非難棄，難在謳歌漢宰衡。

揚雄

揚子擒文頌莽時，著書猶欲比宣尼。憑誰爲問田恒事，沐浴曾朝知未知。

題孔明抱膝吟圖

銅雀〔一〕臺飛障日塵，烏江擢髮亦迷津。英雄誰獨識權字，松下長吟抱膝人。

題子陵垂釣圖

矢射高墉隼已空，雲臺壯士總論功。鴛行鵠立非吾事，合著羊裘釣澤中。

蘇武牧羝圖

北海牧羝羝未羔，飢飡氈雪望神皋。律陵說得黑頭白，臥起常持漢節牢。

題太公釣渭圖

八十漁翁住渭川，可曾終日得鱗鮮？只因一夕非熊夢，釣得周家八百年。

〔一〕「雀」，原作「爵」，據道光本改。

南溪十挽詩 蒲阪僉憲謝公號南溪居士

嗚謙邂逅

王屋山摧風力勍，馬頭雪擁澗溝平。嗚謙夕遇南溪客，詩酒曾教五夜明。

金臺談經

休將注腳論遺經，憶在金臺倒玉瓶。四十年前人醉處，有無名氏與君醒。

姑蘇惜玉

辭君初判姑蘇郡，哭母輒奔廣孝泉。夾岸吴兒隨舸説，惜兹懷玉又空還。

保寧平賊

錦水巴山遍赤眉，生民無計避艱危。保寧通府河中客，解戳鯨鯢似折枝。

寧羌去思

寧羌守葬首陽雲，在日牧民有令聞。墓木近傳堪作柱，郡碑猶打去思文。

南曹陳情

南曹初折單辭獄，北關輒陳外補情。敕下改官人盡説，仁親報國兩成名。

東兗治河

分堂治兗雖稱佐，受命塞河却自殫。瓠子歌成禋祀日，天顔遥喜兆民安。

江西幹蠱

南昌變後事難平，當路無人罟擭盈。謝子獨來民恨晚，亂邦猶得政刑明。

學徒傳經

南溪山屋入煙霞，語笑生香日日斜。聞道至今春未老，李桃花下又生花。

女郎應辰

賢哲無人繼後塵，古今幾許福齊臻。女郎誰似南溪富，從子名來到亥辰。

挽陳生政安

山下梧桐傍竹高，庭前雛鳳幾驚猱。而今往事渾成夢，猶憶輝輝五色毛。

爲雒生代壽應臺傅公二首

帝弼南來江漢陰，御風北過玉山岑。即看蓮嶽舒仙掌，解布金天際物霖。
說老南來惇物陰，雨餘霜逼細蟲吟。嶽神河伯齊稱壽，共喜于時惠澤深。

寄崔都閫二首

筆底龍蛇帶霧旋，胸中雲鳥俟時翩。將軍不出營邊柳，清得麟遊鳳翥天。
元凱學文久著名，藥師韜略遠傳聲。涇原何事無塵到，北斗旗懸細柳營。

寄申都閫二首

細柳將軍駐渭城，河陰胡騎妄縱横。華池若遣司旗鼓，囊笞諸酋次第平。
細柳將軍算入神，師方山嶽更嶙峋。若教出塞麾雲鳥，畫入凌煙貌逼真。

寄許五工部二首

馬首崤函鳥道長，山花開處遇旌陽。而今又是花時節，夢繞碧桃千樹翔。

南野真仙丹在身，緱山相遇便相親。翀霄傾與圖南説，我亦蓮華峰睡人。

贈祝參政

甘泉風火徹雲林，天府人家半不禁。我欲移居尋處所，山陽欝欝有棠陰。

寄金州張太守

横渠何在在金川，人住澄江杲日邊。我避胡塵欲卜築，弦歌聲裏望分塵。

喜任進士舜臣中春榜

從容人物帝家臣，筆下生花信有神。昨日丹庭獨對罷，醉歸占盡杏園春。

題冷泉逸人卷二首

丞相街頭憶犬韉，將軍身隕眷隨塵。誰知五色瓜田畔，尚有石泉嘯詠人。

街頭將相魄魂分，泉上人眠鷗鷺群。識得吾師先有覺，常將富貴視浮雲。

題平野卷二首

理亂無禪空有聞，不應身傍九重雲。而今始識青山骨，却憶當年平野君。
楊柳溪頭罷問津，桑麻影裏籬全頻。青山借問老還未，誰是紅芳緑蔭人？

春日過春山書屋

停車偶入春山屋，門外桃花水正香。室內主人邀客坐，曉談周易至斜陽。

春日過東郊書屋

東郊暇日往尋春，策杖疑看畫裏身。行到煙霞難畫處，扣門忽遇釣鰲人。

龐德公〔一〕隱耕圖

一犁春雨鹿門東，看破浮生總若空。先生不知田舍意，幾回勒馬促朝中。

〔一〕「庞德公」，原作「庞公德」，據道光本改。

悼亡妻

一榻移來又向東，孟光何事棄梁鴻。而今獨對孤燈夜，誰信愁腸似轉蓬？

代南村郝氏寄贈西河老人八旬壽詩二首

隴上耕田伴月孤，何曾廊廟夢之乎？之乎君子愁無奈，問識山翁此趣無。

塵世紛紛事多端，蓮峰酣睡老陳摶。八旬不識事朝禮，閑拾雲中紫芝飡。

送李秀才培還商州

不見謫仙十載強，羅江人說在琴堂。一朝茅屋班荊話，却是同胞到雁鄉。

送王秀才還商州

丹涯髦士入煙蘿，遠就寒門氣色和。子濯偶逢曷劇愛，穿楊師是尹公沱。

贈趙子覲秀才

王父修辭曾待詔，若翁染翰侍文淵。玄穹世作玉樓記，髦士休辭鐵硯穿。

酬賀商南白尹

梟令西飛甪里疆，鄉關巡視半逃亡。春風忽送千巖雨，接淅人征返故鄉。

谿田文集卷十一

七言律詩

登太華夜宿峰頂

華嶽金天俯西周，暮年遊歷夙心酬。丹梯緣壁三千仞，石磴盤雲几百週。紅日崖根雷電合，蒼龍巖上鳥猿愁。夜來沐浴峰頂臥，玉女盆漿濺斗牛。

黄河

雷霆轟烈瀉龍門，曲曲還如禮數敦。須向源頭看滚滚，休于波面訝昏昏。涵流端不擇群小，赴海獨能急至尊。猶有功勞堪紀處，華夷別白在乾坤。

過裴晉公家訪遺事

聞喜北征五十里，山腰籬落晉公家。祠堂趨謁莓苔合，譜牒索看魚魯差。人悍言多不解事，族貧坐久可能茶。惟有縉紳來往過，鳳凰原下幾迴車。

曲沃道中

客伴先驅逝莫追，揚鞭問路獨行遲。夢驚暗想膝前樂，愁劇忽成馬上詩。郵亭斜月穿窗處，官道北風披面時。心憶老親應憶我，我懷那可遺親知。

重陽道中

一上長安歸計賒，偶逢時物嘆年華。龍橋南去初耘豆，雁塔北來已刈麻。客底經秋欲白首，籬邊九日負黄花。思親忍憶黄昏句，糊眼魂歸綺野家。

秋日

池塘皺緑弄秋波，老得蘋洲鬢似皤。病葉無風還自墜，寒蛩得露更聲多。賓鴻將子投前浦，野菊緣崖長上坡。共喜西疇農事遂，村中時唱太平歌。

野望

太華西北巀嶭東，無端風景四時同。山畔隴蜀天剛近，水下越吴海共通。花發犬眠紅影裏，鳥鳴人度翠微中。眼前物物供吾樂，尊酒何勞判射洪。

奉賡家父韻四首

嵯峨山下愛騎驢，朝釋長鑱暮荷鋤。臥穩黄虀一箸後，詩成緑醑兩杯餘。醉嗔野鶴頻來往，閑看巖雲自卷舒。却笑許公窮不慣，朱門終日曳長裾。

吾愛吾廬傍翠巒，蒼松澗下好盤桓。門牆桃李妍三世，庭砌斑斕說二難。債負兩般詩共酒，貧挑一擔餓和寒。荷蓑蚤晚碧波上，閑與白雲爭釣灘。

分襟橋畔樹森森，水繞龍華燕尾分。星夜釣殘潭底月，梅天割盡隴邊雲。擔頭薪稛越巖砍，牛背笛羌隔岸聞。詩債償來無個事，長隨酒伴過花村。

紅塵曾不會奔波，物理窺開受用多。未恁地前思恁地，既如何後待如何？薜籬門外溪聲碎，花柳村圍山勢峩。半碗黄虀居士飽，等閑遐必更多羅。

賡張蘭軒次韓魏公弔淮陰詩韻

一噓炎燼五年成，回首將軍就鼎烹。辭蒯把來爲證左，黨陳非實便分明。未央羨中雌鳴計，隆准難逃烏喙名。秀句夜來翻不厭，燈前清淚落吟聲。

揚鞭指顧漢基成，逸鹿沐猴次第烹。渠受功勞忘大德，史無分曉冒污名。千年魏國是知己，再得蘭軒爲辨明。地下英魂如有覺，寃聲應換作歡聲。

題蘇武牧羝圖

中郎天漢使氈羯，十九年餘仗漢節。征雁未傳上林書，牧羝嚙盡北漠雪。玉山蓋已輕如毛，丹府殊能堅似鐵。誰道雙鳧分首處，南翔惆悵淚成血。

喜晴

仲春一雨連三日，忽放陽和宇宙開。洞口風花迎我笑，枝頭乾鵲報人來。學簧半就鶯聲澀，曬粉全乾蝶翅回。聞道不消寒食下，秾粹鴉入已難猜。

㨽晴二首

二月蟬連雨雪殷，俄瞻紅日未堪忻。蒸將地下渾成氣，飛向天邊又作雲。青顆只愁遭水浸，黄鶯爭惜傍花聞。伊誰能掃頑陰退，爲御螭車上帝閽。

一陽初動盼春來，春到誰知心事灰。惡雨陣打嬌鳥去，狂風狼藉好花開。門前楊柳乏詩興，窗外芭蕉是恨媒。他日晴光依舊好，池蛙鳴殺耳慵回。

重入浮山

纔是出山又入山，山中習靜少人煙。豈能學問高天下，但用功夫在這邊。風過池塘波未定，雲收河漢月初圓。幾回却自閑評騭，大隱無成已半年。

夢金可卿

花外黄鸝有好音，東風吹動故人心。一載别君影不見，三春勞我夢相尋。形容祇向逢時瘦，義理益從畏處深。覺後攬衣中夜坐，隔窗月色爛如琳。

戒人逞忿

眼前興廢轉如輪，秋葉春花莫認真。一炬慢然心裏焰，二毛爭惜鬢邊銀。皇王帝伯今安在？社稷山河古換頻。不信咸陽原上看，龍爭虎鬥盡埃塵。

柬康德涵

纔送春歸夏又過，黄金寸寸暗消磨。彈殘翠帶垂楊柳，剝盡紅衣老芰荷。秋到梧桐山館寂，夢回蝴蝶月窗多。終然眉宇無由見，雁去魚來奈子何？

聞金州盜

羽書一夕報長安，臣子心中自不寬。螢案忙投定遠筆，龍媒欲據伏波鞍。鷹揚未去掘巢穴，鼠類何時裂腦肝？苜蓿盤中舊喫飲，夜來不似昔時湌。

送受業師

乾坤大道浩無涯，不有淵源總是差。遊酢一朝門外雪，馬融幾載帳垂紗。文章始信屬枝葉，富貴還知視葦葭。今日吾師別我去，龍門深處想英華。

三愛圃並蒂牡丹奉介庵先生命作

舊說楊家百寶欄，迄今三愛千來年。呈祥合比雙歧麥，論色還強並蒂蓮。盡日迎風爭富貴，有時和月幾嬋娟。恁般後樂亭前趣，愧有蘭苕翡翠篇。介庵先生西園有三愛圃、後樂亭。

東金可卿

日月中天大道明，多虧列聖啟群蒙。泗波流處一源碧，壇杏開來千載紅。岱嶽峰高人共仰，孔牆宮廣路終通。這條擔子休輕棄，硬著脊梁荷上躬。

端陽

山頭悵望水雲鄉，家在雲間節令忙。門外應時幾股艾，堂前侵曉一爐香。人斟蒲酒春難老，日射榴花景漸長。嘆我遠遊緣志學，不知今日是端陽。

長春花

桃李著花亦著花，芙蓉華謝枝還華。秋籬菊放金兼錦，臘月梅開雪落霞。豔色永宜當户牖，香風長擬到鄰家。黄鸝自是薄緣者，錯語春光竟有涯。

中秋偶成對月

一年一度望嬋娟，恒雨恒風正黯然。剛到良霄如我意，忽升晴魄向人圓。纖塵天宇潔如拭，孤羽林梢見亦全。坐午桐陰成獨嘯，幾人相對幾人眠。

春夜病中同涇野對酌讀白沙詩二首

病眼模糊認暮鴉，同心人語隔年華。弄丸時出成風手，極目春生造物家。元氣世間難盡泄，韶光門外正無涯。去來好趁身猶健，對臥蓮峰品月花。

有約有約筆塗鴉，曰歸曰歸鬢著華。既然掘井同嘗水，可似行僧不到家。沂上飛仙先我舞，天邊野馬即誰涯。旋轅吾黨只遵路，肯説還丹及雨花。

題問川圖卷

漁浦春芳點緑蘋，江村晨蜀喚征輪。臨流不見操舟者，望道還思登岸人。風定遠山呈近渚，煙開翔翼下游鱗。需沙鷗鷺律知我，聽賦伐檀鎮自馴。

龍門洞和韻作

浮生半覺黄粱夢，幾度龍門欲作仙。風靜一輪丹井月，霜寒萬里醮忙天。鶴猿有意供役使，麋鹿無心任往還。地古不留俗客駕，泉聲相送到山前。

玄溪孝隱

悠悠舍影漾溪流，短短斑衣老一丘。供饌自來冰下鯉，忘飢却有水中鷗。靜觀碧落心俱空，久撥丹爐志欲酬。聖世聿無廉孝辟，任君甘旨盡春秋。

洛陽懷古

馳來車馬洛城外，荒冢連雲滿北邙。黨錮能教漢業墜，清談解使晉朝亡。山川形勝還依舊，煙火人家幾變常。遙指兒童牧馬地，逢人說是舊宮牆。

送角山詹公撫我甘肅

三山日曉送飛旌，萬里陽關指去程。天府行經牛女宿，神臯路繞鳳麟城。琴書解處天應近，尊俎陳時境自清。方叔歸來重奏雅，凌煙不說畫圖榮。

賀沱濱賈公綏我西土

經年河岳擾燕民，今日華夷付一身。麟鳳域中分雨露，鴛鴦湖上靜風塵。雀旗指處胡笳息，豸繡行時漢吏循。却恐憲邦承簡命，渭城人泣送征輪。

寄奉甘州巡撫棠谿王公

金城星使玉關還，爲說翺翔路八千。北聽笳空閑鳥陣，西通琛貢罷狼煙。士騰彩筆簇開鼓，人歛黄雲水護田。學校本緣明道義，安攘誰識自歌弦。

寄奉中丞祿軒劉公

不見鞭蒲計數秋，祁連西望暮雲悠。學興黌堡弦歌發，塵靜郊坰稼穡稠。木出酒漿筵易肆，水盈田隴盜難謀。虞廷指日徵賢佐，淑問遺人涕泗流。

賀憲長少巖傅公

敕監文武簡名臣，爰得當朝考績人。曾向百官別殿最，亦于四海佐平均。甘棠陰裏刑期措，細柳營中道得伸。佇聽井天陸海域，還歌豳頌二南新。

送寇涂水由御史大夫轉亞卿

橋門風雨歲聯牀，有語如蘭夢亦香。學自索居慚我退，道從歔歷見君光。即看帝闕和韶樂，好向昌期引鳳凰。若到泰時尋舊約，遮休跬步失周行。

寄華野洪司徒朔方餉邊

狼煙連歲起華池，帝遣司徒餉六師。士飽穿楊思電激，馬肥騰櫪愛風嘶。犒從重後天威遠，信在言前犬類知。他日渠搜復禹敘，受降城外諭胡兒。

寄贈光禄寅友山東巡撫彭公

楚國商賢負大猷，龍樓宵共奉珍羞。鼎羹暫輟調和手，海岱却分愛育憂。齊魯定隨尼父變，弦歌應播武城謳。惠來梧子今喬木，睹物懷人春復秋。

酬鄖陽巡撫龍岡張公

正蒙君子壽斯文，駕稅鄖陽四國欣。豸過霜清三楚澤，車行霖滅二周氛。漢南水廣人休泳，洛汭山深犬息狺。沙漠海隅多鼠竊，聞風應似晝庭蚊。

寄劉西巖浙江督學憲使

劉向爲儒道不群，明時居業應星文。禁中書讀歷朝秘，筆下風生五色雲。時雨降汾魚鳥樂，春輝入越李桃芬。朔方近日頻烽火，好舉銛毫掃狄氛。

上閤繡衣

白簡當年侍早朝，金門纔入衆魂消。一封常遣天威霽，六月俄教木葉凋。攬轡昨聞節駐渭，貪官今見鼠逢貓。秦地會看驄馬過，一池清水不波濤。

寄四川憲副雲崖陳子

龍飛五載杏花天，金榜初題抱玉仙。總爲道超國士外，直推身到聖人前。幾年汲黯嗤薪積，一昔王褒應頌還。聞道觀風澄錦水，聽歌喬木入薰弦。

贈嚴太守陞浙江大參

幾載屈公住小邦，黄堂無事富文章。政將漢吏爭高下，詩與唐人較短長。此日藩垣車駕晚，他年咀嚼齒牙香。不消行李頻收拾，琴鶴明朝出渭陽。

賀殷憲副遷擢方伯

梅稍著雪柳條黄，律轉風和景物光。分陜地厖迎邵伯，周原民滿護甘棠。豸衣帝賜鶴更服，蝶夢人驚驄帶霜。八郡甸宣方雨露，九重早晚怕翱翔。

寄寧備邊憲使西坡許君

西坡憲使耀蘭陽，北闕承恩靖朔方。斥堠密窮犬鼠穴，招搖閑卷鳥雲翔。只將折獄服遐邇，不把穿楊較短長。夏境得君天設險，敵來看比草經霜。

寄楚國寶中丞

西州豪傑仲淹行，百萬甲兵一腹藏。曾駕單車平反側，不勞一矢奏安攘。將軍敗絕麒麟夢，虜騎歸完錦繡疆。簡命隕天雖暫止，平胡卜將定催裝。

寄鄜延兵備憲副方公

十載西臺繡服緋，霜旌東過葦門輝。偶逢曲木增繩直，即有高梧待鳳翬。愛日懸時山谷燠，長城設處犬羊威。重迎征蓋挑燈語，更短心長嗟願違。

酬西寧孟東崖憲副惠詩

中土何人句律精，東崖夔在玉鏘鳴。詩從删後還南雅，賦自騷餘出誼卿。寄去蒼葭獲玉佩，飛來白雪駐雲行。旬宣翼日棠陰憩，仰聽清風吉甫聲。

奉送侍御劉公還新野

安世西來衣繡明，三秦河嶽識元城。珍收神駿盈天廄，學育英才聚國楨。所至山搖連地動，言歸人集語冰清。花驄此別知何處，應在嵩高頂上行。

送聞石塘擢南都司寇之任

誰稱夫子問宣昭，司寇儀刑靜壓恌。炯炯霜錋隨向利，巖巖砥柱任波搖。平生如玉絕蠅點，在處爲春著雪消。淑問此行弼教遠，留都應説見皋陶。

王老先生存問

柱國歸來不晝眠，酡顔鶴髮似神仙。簡翻緑野諸生愧，功紀青編百世傳。冰檗有聲堅晚節，芝蘭無數慰高年。兹承存問非常典，萬丈霞光靄壽筵。

送馬長公還廣德

扶風苗裔何方盛，上郡傳揚有二難。弟贊中和扶帝座，兄分茅土守江干。九成樂召鳳麟集，五袴歌消士女寒。白下逢君忽折柳，天涯思季每憑闌。

送許少宰北上進表

萬壽節臨萬國欣，萬方齊獻野人芹。舊都合奏千官表，少宰能乘五色雲。蓂莢階前山祝歲，韶簫聲裏鳳儀薰。清朝知共推公範，黄閣看留典秘文。

寄方山韓稽勳

茫茫陸海見方山，下壓群流涇渭環。華嶽天低聯峻絕，龍門雷迅聽潺湲。鳳凰集地祥麟出，牛女星河彩鷁還。早晚雲端施雨澤，乾坤塵洗淨貊蠻。

酬徐宗伯養齋

宗伯身懷玉不貧，光生宦轍與泉濱。峴山羊去遺穹石，洛水郭來愛角巾。動處詩書足印證，閑時風月是親賓。行藏若問人何似，松柏蒼蒼終歲春。

送寅齋葉公還慈谿

車雨塵消四國寧，將諗情切九天聽。龍章汗涣黄金闕，鴻翼恹飛碧漢冥。君實定從國相起，休徵先兆史編馨。獨憐江漢河淮客，極目隨時望列星。

寄贈甘肅佩印王將軍

忠嗣胸中富甲兵，羌胡域外舊懸名。雪山自到營旗建，青海即看佩犢耕。番馬西關頻入貢，胡笳北漠希聞聲。屯田成日匣龍劍，定遠封時覲玉京。

寄敘州周太守

丹鳳山中懷玉仙，紫宸殿上聽臚傳。下帷賢聖經年夢，守郡華戎兩地眠。教出遠聞六詔格，風移閑賦二南篇。寅恭榻許寬隅坐，早晚鴻來政在田。

賀羅進士戶部

君家兄弟破天荒，從此雲霄引鳳翔。兄秉鑑衡均四海，弟司圖籍惠多方。泉山滚滚人文盛，車谷輝輝草木光。却愛尹他能尚友，庾斯原識是賢良。

寄贈成都太守午谿李君

萊竹陰中萬卷央，海棠花裏一琴張。攜將菊岸潭溪水，化作雪山雨露瀼。諫院入川行李簡，乖崖在郡暴失良。龍橋近聽蜀人說，要傍文祠更築堂。

寄贈漢中通守朱彦常

彦常甘節節誰如，三卜食貧始讀書。陸海民迎通守日，黄堂人似布衣初。羔羊風遠傳回雁，雀鼠音稀静茹蔬。聞道長官多舊德，周行隨意步知舒。

送順德太守滄溟李先生

太白雄才號謫仙，龜陰長句少陵傳。退朝蒲折單辭獄，到郡花明萬竈煙。趙守香焚琴鶴夜，王維詩出畫圖妍。柴門有客曾荆識，瓦缶無慚寄玉田。

酬河東運同吴子

嘉祐文成幸昔收，廬陵人覺是吾流。正期鳳翥臨千仞，豈料棘棲涉五秋。道有行藏元不晦，時殊用舍未宜羞。孔壇深處須君到，春滿乾坤得自由。

代贈渭南宰鍾山甄侯

黄金臺畔硯磨穿，丹鳳城頭鳧戢翩。却把一琴臨渭水，仍將三事對旻天。澤中造士期星聚，懷裏蒼生似月圓。楓陛會徵録異政，槐衙應説遇多賢。

賀耀州守李石屏采涼泉民言

涼泉漁父過樵門，共説吾州近得君。菜色但逢雙淚下，鼠牙纔接片言分。我綸穩釣溪心月，爾擔渾挑嶺上雲。黔首聽看天有二，緇衣欣賦鹿爲群。

送耀州趙太守三載入覲

石川漁父度煙蘿，聽得雲間幾棹歌。漆水潤田呈瑞麥，鑑山燭野秀嘉禾。黄金地闃書聲迴，黑髮人歸襁負多。明日渭陽看柳色，愁顔强酒不成酡。

送涇陽吴令尹連前任淳化通三載入覲戲用北地張繡衣見訪語贈之

還山御史過茅荆，笑説池陽問俗行。千吏在公無案下，一程出界有驢迎。梨園琴處著花合，涇水車來佩犢耕。雪裏看梟留不得，白蓮峰色亦離情。

送淳化畢二尹三載入覲

東齋初税西來車，門對燕城見集鴉。陋室懸星曾菜味，深山陶穴漸人家。百年序設青襟舞，三輔田成烏帽花。閭閻此行應印綬，陽春何處更桑麻。

寄鎮安弋令

商於深處萃奇峰，萬疊千尋紫翠重。蜀有臥龍新視篆，村無黠犬夜逾墉。山中皓悅園𢹂綺，境外民來士及農。寄語主人爲世計，休教時傑伴巖松。

代賀咸陽王尹生第三郎君

門牛城畔一喬仙，領袖江南有歲年。天闕梟來臨渭滸，星琴堂肅見蒲懸。匵中良玉纖瑕絕，掌上明珠三度圓。有客聽啼識秀異，撰君俸作買書錢。

送謝大尹考績

江漢朝宗一片心，攀留不住意難禁。柳邊且盡葡萄酒，松下應疏翡翠吟。著袴村中無犬吠，鳴琴庭下有棠陰。雁鄉送別惟惆悵，敢餽王生暮夜金。

賀盧湖滕老壽躋七衮

西塞南淮艇逐梟，栽花種竹枕盧湖。傳家已飯書中粟，生計還看江上蘆。七衮筵開顏似渥，一門萊舞繪成圖。玄庵爲賦椽如筆，秦客亦傾缶內乎。

爲江浦滕生贈袁生父西墅老人七袠壽

重陽節隔兩烏飛，七袠筵開對菊輝。門外有賓來鳳闕，膝前無燕歇萊衣。槐庭往日書程逼，雲路于今旨養緋。江浦總緣滕氏舊，豳音爰出渭川扉。

賀處士藤翁壽躋八旬

白鷺洲邊李白觴，金陵藤氏卜新莊。買書日費黃金侈，好禮天加烏帽香。蟾窟笑看一桂馥，萊筵忘記八旬長。初秋壁滿公卿詠，我亦蛩吟珠玉傍。

壽浮巖徐逸翁

浮巖老子逸民流，一臥巖雲八十秋。公館頻年無是跡，書齋入夜有燈篝。趨庭武在風堪紹，聽鼓篋多雪未收。鄉飲近聞慵與席，蒲輪若迓恐驚鷗。

賀寧州劉敬之壽躋七旬

龍川居士號恭庵，算及從心章自含。門下有英文未喪，履邊無隙道堪談。緣知學至明誠一，識得人同覆載三。黄閣具瞻臨市怖，青山高枕臥雲酣。

壽東郭張翁八旬有五

南薰聲裏有遺民，唐棣花間哺鳳麟。孤作挾霜風紀使，稚爲藏匵廟廊珍。沙頭鷗集容依釣，河上翁來許卜鄰。眉壽定同山壽永，八旬纔值五鞭春。

賀張内相壽躋七袠

三十年餘老輔臣，歷朝典訓記偏真。祝釐但願錫多胤，報國曾歆愛一顰。好學往時託子姓，崇儒經歲費心神。七旬會酌期頤酒，笑傍鳩車看鳳麟。

賀許母壽躋六旬

行年耳順太安人，征賦堯天惠牧民。戶部恩榮寵敕舊，憲司色養錢秔新。雲霞袍慰尸饔志，孔鳳冠酬斷織辛。復顧晉催登戩穀，期頤封拜算絲綸。

賀時母八旬

河中時母嫗中英，八十年過抱一貞。身際治平歷四世，眼看卿相是諸生。薰風巷裏萊筵厚，廣孝泉邊舞爵清。膝下有兒能負米，龍橋蒲阪往來輕。

壽韋太淑人

金臺豸服太夫人，逐子中丞西入秦。八郡懷中教撫育，三邊膝下淨風塵。萊筵曉膳樊川稻，祥室夕羞丙穴麟。初度瑶池元劇樂，蟠桃花底舞麒麟。

壽張母康太孺人七旬九齡

孺人卬友文星姊，我亦平生謂女兄。已見相夫爲國輔，更看穀嗣冠時英。補天季進黄扉饌，步月兒翔白雪聲。今歲暫哦川至賦，八旬親擬露盤傾。

奉壽劉母太夫人

天涯親望正含悰，壽域尊開見婉容。膝下豸歸新撼嶽，機邊雲起舊從龍。光生丹水乾坤白，春在崖山草木穠。聞道蟠桃殷燕樂，蓬萊人舞應歌鐘。

次呂涇野齋居漫興韻十首

早歲春宵敢浪攀，心頭齊坐點齋官。宦遊所學慚多負，老去尋盟惜未寒。萬乘思成來內殿，百神受職赴郊壇。遥知此夕璇璣畔，孚滿璜琮蒼玉盤。

仙人住傍虛皇家，白玉堂西第一衙。地掃池亭開竹戶，香焚雪牖對梅花。身經陪祀壇臨斗，燕憶承恩酒泛霞。錫極曾知能萬億，何妨白事吏如鴉。

東風連日報鳴條，江水春生漲雪濤。聯榻忽驚三紀過，齋居寧謂九重遥。馨香定在粢盛外，對越極知聖體勞。石室史臣如有述，應將欽若紀神堯。

龍車復道聽轟雷，却憶郎時送駕回。大禮告成占上瑞，多方無事燕傳杯。聞韶欲逐苞禽舞，對鏡俄驚鬢雪催。已許鷗盟爲野伴，還將羹事付窗梅。

皇極敷言敷冐腸，曾于日月看容光。敬謨妙絶同堯典，一德馨香匪稷芳。草木風中春有腳，江山雪後玉無妝。乾元穆穆臣難畫，老矣惟知效直方。

齋居上帝時臨我，受誓南邦夜夢君。虎變曾窺斑有炳，樂成那說曲無聞。黄河清報千年水，彩鳳鳴團五色雲。大祀既成福可量，九天應與萬方分。

四朝宦學承恩舊，七載昊天聖澤新。食坐見堯元有舜，齋心學孔彼何人。看衡水雪梅花發，會滿乾坤草樹春。擊壤從今真我事，鹿車行傍渭川巾。

狼星如沫塞烽寒，策士何勞效治安。方物正謀殷薦侑，天明還向遠臣看。圜鐘奏徹神應降，繭栗焚餘漏未殘。料得人心齊似結，協和昭格諒無難。

窗外松間落月低，良宵閑坐書忘攜。思成盥薦泉爲酒，樂奏來儀鳳踰雞。千里天顔同咫尺，平生心事只鹽虀。祈年禮就民多祉，穀滿田疇稻滿畦。

松庭人靜鳥聲幽，俯仰何曾固必求。不向飄風愁草舍，却于積雪念瓊樓。燔柴歲歲神祇格，受祉年年稼穡秋。似此微臣祝願遂，春江無夢睡群鷗。

答吕仲木

雞鳴有約來連榻，月上無眠喚睡童。嗟我雖嘗中道廢，與君不是出門同。三年夢繞白雲舍，一夜涼生玉陛楓。莫悔功名渾是錯，功名中自有豪雄。

答沈文瀾

多君詩就剛三步，笑我年過只一童。撫景偶偕曾點樂，閉門敢比履常同。笑談浪説源頭水，歲月驚看江上楓。真勇在人撓不得，何言春到氣方雄。文瀾有「春到氣方雄」之句。

酬張水南學士城南道院別後見贈方憶宿愛忽辱新什奉和

都下知君學似海，江東憐我鬢成絲。赫蠻未解樓迎白，草聖爰教世有芝。霖雨一時將入手，雲龍千載正逢期。行看慰足人寰望，閑遂赤松遊未遲。

送張守貞赴會試

雲斂終南雪乍晴，龍橋送客赴蓬瀛。衰楊裊裊牽愁思，逝水濺濺動別情。清谷河邊人上馬，嵯峨山下我歸耕。來歲瓊林開宴罷，蹇驢破帽笑相迎。

平川學道昔同盟，此日著鞭上玉京。虎榜久登賢舉子，守真應會試兩度矣。雞窗還坐腐儒生。鳳凰池上君今到，鹿豕林間我自耕。青瑣吾師如問訊，爲言吳下舊阿蒙。

挽李東溪天祿

劍氣虹光射斗牛，早年文繡耀西周。經綸未盡人間事，辟穀輒從地下遊。貞潔金相紛爵躍，才良銀海迸泉流。東溪女名貞潔，男名效才、效良。伊吾無地酬知己，東溪與居士結忘年友。乾死書螢泣楚囚。

送賀先生考績

鐸聲九載振秦關，文物一時盡豹斑。虎座進魚今日別，龍墀遷爵幾時還。清谷飽聽蕉葉雨，漆河愁度蓼花灣。東齋明日塵生幾，淚濕青衫看訂頑。

紫陽人去鎖煙霞，更問誰何泳聖涯。每愛高明希紹派，常羞愚懦但鳴蛙。幾年馬帳隨高弟，獨抱麟經委亂麻。傳道未傳師又去，西風腸斷嶺頭花。

賀李秀才秋闈中式

夫翁積善福攸基，之子學成衆未知。雪案三冬翻卷熟，蟾宫一步折枝奇。經邦有路須懷寶，即鹿逢林莫問龜。執友懿親咸爾玉，希顔志尹在人爲。

再賀李寵發解秋闈

柴門舊篋鼓垂髫，月桂新枝笑折標。書報家山輝草木，燕回螢雪嘆漁樵。花王爭說香兼色，粒實曾看秀及苗。太史會呈雲瑞罷，春官應奏鳳儀韶。

雲路群趨共不斜，蟾宫獨折最高花。聲騰學語黄童口，香壓開筵金谷家。國士才猷元莫敵，鄉評名第果無差。龍蟠飽茹十年檗，鴻漸行輝五色麻。

送張伯趙進士還武功　進士友人張待聘子康對山甥

若翁卬友幾何期，文定康門奠雁時。三紀夢中親幾席，一朝都下見男兒。觀光謁帝酬翁志，落筆驚人宛舅姿。鳳翮依予還起去，渭陽椿樹益興思。

賀錢某行取辭風憲授南曹秋官

名屬浙東第一人，飛鳬曾布晉江春。還朝行李琴隨鶴，滿路去思碑是民。豸服慵從愁體著，書燈貪向暇時親。金陵別去知征邁，肯使乾坤愧此身。

賀李甥本綱恩榮冠帶

綱也忘機宛父風，散財扶國恤人窮。九天忽下彈冠詔，一壑仍收釣月功。開甕日嘗賢聖酒，看花春遠是非叢。賢哉免矣當斯世，有子無愁羨若翁。

寄贈趙子婿陵外舅張掖楊將軍

蓬門東坦是公甥，念母心于舅氏傾。中歲將過知嗣服，外家不到夢含情。幾年東望雙眸裂，今日西飛兩翼輕。我亦別君二十載，新詩看處是班荆。

贈迎暉賓松處士爲鄉賓

山中調鶴友巖松，泮水登筵羡鷺容。早誦詩書習孔業，晚明方脈步岐蹤。浙江往得遏雲賦，嘉峪歸裝切玉鋒。誰道鄧攸天不識，荆花繁處鳳雝雝。

題東園先生東園

海亭岑閣鷲峰前，朱草瑤華滿洞天。官府一生無個事，蓬瀛終日聚群仙。金莖露在唯論酌，狐白裘沽那記錢。却笑東山遊樂客，知親風月未親賢。

雨花臺奉和大司徒約庵周公常字韻

風雅遏雲調異常，天花穠處會行觴。青雲仙集江山重，白鷺客逢語笑香。往事指隨空鳥没，皇圖看與海天長。登臨何地聊相似，紫閣峰陰渭水陽。

送母舅歸家

送送長亭思欲迷，不堪回首判東西。風將雪意侵衣薄，愁壓雲陰傍馬低。紫陌好斟别日酒，前村已唱午時雞。匆匆未盡河陽贈，尚待秋空姓字題。

謝人送石碑代道士作

劈得終南第幾峰，貯雲和月到琳宫。周王鼓碎難收拾，唐室崖高費琢礱。龜背映摇窗外竹，螭頭昂出檻前松。蓬萊未許相邀事，先爲人間播姓名。

挽涇野

明夷之日大星流，君别神臯記玉樓。共學當年曾稷契，蓋棺今日是程周。六經注出疏堪列，千卷書垂志亦酬。惟有群言朱紫亂，相期删定恨靡留。

挽楊南里繡衣年丈

鄉闈薦日冠時英，烏府率僚道獨鳴。闕下霜飛百辟肅，滇南驄到八蠻驚。生前祠宇蒸民祀，没後心田永世耕。清白誰言遺物薄，一雙和璧照人明。

賀蒲州梁南渠生子

東蒲舶客字天長，西認龍橋是故鄉。擊壤叟尋荆麓約，登雲仙共露盤漿。一朝室驗金星夢，三谷人哦白雪章。靈鳥翼日彩羽就，儀韶應自雁陂翔。

哭武功張緯秀才

北臺竹所尚新書，東序松陰宛舊居。月上忍看執業處，雪中忽憶立門初。當時準擬而聞道，今日誰知天喪余。回首春山雙淚墮，滿園桃李若爲虛。

谿田文集補遺

馬錫朋 增補

送康太史奉母還關中序[一]

粤若弘治十有六載，臣太史海復於帝曰：「惟帝克弘我先王之丕孝亂四方，維時四方匹夫匹婦，殫厥衷，咸庸休於帝德，兹臣海罔敢逸辟，庸布厥衷於帝。臣少孤，鞠於母氏康張。兹弗敢以母氏之勞瘁，譁越天聽。昔在十有三載，臣母氏攜臣海來，自繫學於辟雍。棄厥先祠，宇塋域，暨厥毛裏之屬，迄今奄四載矣，實未嘗置厥心罔念。逮臣尸史館，益用興恤越豫。惟時先祠宇若屬，率灼見於夢寐，寢庸成疢罔療。臣累羞以良劑，麾曰：『毋。我疢在心，爾尚克，俾爾寡老母獲一還先廬否，兹足以瘳爾寡老母之疢，否則有歸骨耳。』臣聞丕恤厎茫，不知攸措，念惟帝之大孝，覆冒下土，克既諸匹夫匹婦之隱忱，亦尚有監於兹。兹用敢復於帝，罔敢逸辟。」帝曰：「朕聞臣而克臣，維克子爾。克子時維良耳目，在朕躬。」帝曰：「嗚呼，海來，其善慰爾母氏。徂爾鄉，比瘳以來，弼朕不逮。」太史頓首稽首，曰：「臣不敏，曷以勝對天之光命。」時九月望後二日也。

[一] 馬錫朋在文前題曰：「昝龍渚公云：『我谿田夫子名播外夷者，此文是也。』集中未載，今增補之。」

翌日，祖宣武門奉母以行。于是太史之友生、昔同舉於鄉者畢來，自太學餞太史。爵行，謂太史曰：「維我雍梁之墟，在昔賓興賢能，時維賢聖淵藪，暨我大明。」士敦于行，亦曰：「秦猶有人，維時進士之科名，鮮有冠于多士，用大越太史。於戲！太史亦尚識否？昔與予在童子，志以文名世。僉曰：『咈哉！』維太史克自信，予亦諒太史展有今日，謂太史曰：『時微艱，維克修厥德，冀無忝厥鄉先正。時維艱哉？』」太史曰：「唯。今果若厥志矣。古之人曰：『學先於立志。』監兹尤信。於戲，太史嗣今以往，其舍厥文辭，懋厥德，求匹美越前人，尚有弗獲若志。」

匪予攸聞，今官得行道者維太史。太史之任一曰師天子；二曰傅天子；三曰保天子；四曰侍講讀，以帝王之學詔天子；五曰撰編國史，以大懲大勸警天子，厥惟重哉！今太史志越〔一〕以文名世則獲志，越禄養則獲志，越掃謁先祠宇塋域以慰母氏，則獲其志，越竭力在王室，則尚褎如未有攸聞，太史可不重用懋哉？

予聞李唐以來重進士，號曰得人，則有若韓愈榜，則有若張詠榜，而王佐乃由我朱子用終譽。吾儕昔與太史同舉，得無厚厥望哉？今兹與太史別，敢用兹爵爲太史祝。太史其念哉念哉！

先忠憲學接横渠，功著六經，其於聲律對偶之技率不經意，然傳誦爲式者，已遍於中外矣。聞生平闡道之作，晚年手訂一十二册，剞劂力艱，後悉散亡。萬曆中文溪張公宰治吾原，雅慕情切，旁搜遺文，刊爲是集，迄今百七十二年。棗栗之存，僅有其半，觀覽者每以鈔補爲苦。今歲邑紳士先生相聚而言，曰谿田馬先生者，後學之津梁也，惜全書不概見而斯集又破殘若是，我輩之責也。遂各輸金照舊拓原本，補刻其缺，不逾月而復成完璧矣。昌黎云：「莫爲之前，雖美不彰；莫爲之後，雖盛不傳。」諒哉！朋等愧感交深，書此簡末以志不朽云。

九世孫邑庠生錫朋謹識

〔一〕「越」，關中兩朝文鈔和原獻文録作「曰」，下同。

捐資補刻姓氏

張懿字秉初，覃恩進士，候銓知縣
胡瑛字玉彩，繕城議敘州同知
温禄綬字鵬南，邑庠生，闔邑公，舉孝廉方正
王檀字健庵，候銓州同知
張世勳字偉烈，歲進士，候銓學博
王露字育萬，候銓州同知
崔楫字秀瞻，歲進士，候銓學博
崔鳳威字苞九，選拔進士，候銓知縣
趙登瀛字漢仙
李成桂字芳粤，壬戌進士，四川東鄉縣知縣
李登字步瀛，邑庠生
党成字應福，候銓州同知
雒鼎字雲逵，邑庠生
張植字樹崑，太學生
王琠字奇珍，太學生
崔世祥字東來，太學生

王濟字士寧，太學生

張世濟字永和，文童

范梓字友琴，文童

張施字虞九，邑廪膳生

録梓

張堯甸字禹功，邑廪膳生

九世孫郡庠生輝甲、十世孫文童立夔較字

時

乾隆十七年歲次壬申八月中秋日

谿田文集續補遺

馬錫朋 增補

遊終南山序

終南，故周都之山也，其美冠天下，今在盩厔。予居此山之陰，相距甫百里，乃不得一至焉。往歲渼陂王子、滸西康子約予同遊，予時病臥，復不獲如約。徒翹首南望，詠殷雷之章，歌斯干之篇而已。邇者信陽何子試士過盩厔，適我關中，二三君子尋盟終南，乃不期而集，於是相與陟崇覽勝，暢情于杯酌之間，興感于俯仰之際，於是一唱一和，得詩凡若干篇，亦嘉會也。予時在都下，又不及與。

他日歸，年友王子叔明寄詩於予，且謂當有言其上。予展卷而讀之，恍若履高峰之顛，南眺漢川，北瞰秦隴，左峨嵋，右大行，隨目之所如而呈奇獻秀，錯乎其前，亦一快矣。然予不能無感焉。竊惟西周盛時，終南之靈能使夫周吕奏績，鳳麟在野，故詩人極詠之，故二南二雅之樂，不遺終南。若樛木喬木，著王化之美；嘉魚有臺，致得賢之樂；騶虞靈臺，辟雍極位，育太平之盛是也。故斯樂也，薦諸宗廟朝廷之上，以養性情，育人材，感天地，格鬼神，無弗通焉，此終南之遇也。及周之衰，天方薦瘥，而終南失靈，詩人家父之徒咸怨焉，於是正道廢，邪説興，而靈臺辟雍之墟化而爲老氏授受之所，此終南之不遇也。自是以來，佛氏者又往往據之，斯又不遇也。間有賢人君子遊歌其間，而采葛之情，考槃之興居多，要非雅南之盛，則斯山遇之，猶不遇也。嗚呼，終南其衰矣夫！

兹登臨諸君爲人具瞻，有終南之德，適當我國家風化之美，君臣交泰之際，而有嘉魚有臺之奏，斯其時也，則夫唱和之詩，特其兆耳。他日經正民興，邪說不作，雅南復殷薦之盛，而終南自有遇也。誰謂其終衰矣夫，誰謂其終衰矣夫？

周易贊義序

太極而兩儀，兩儀而四象，四象而八卦，八八而六十四卦者，此伏羲所畫之卦，先天之易也。乾坤設而易行乎其中，至未濟而終焉者，此文王所敘之卦、所繫之辭，後天之易也。周公又繫之爻辭，遂成一代之書，名曰周易者，以別連山、歸藏，夏、商之易也。孔子贊易於周，不於他者，以是易變通無方而不離於正，雖至凶之時之位有吉道寓焉。潔靜精微而不失之賊也，易窮則變，變則通，通則不窮，以是道而行於上，則垂裳而治，堯舜之君也；以是道而行於下，則昭明協極，堯舜之民也。是故聖人明之則希乎天，君子明之則齊乎聖，小人明之則吉無不利而天佑之矣。是故易之爲書，有轉禍爲福之理，有以人勝天之道，非龜卜之書，所可班也，故孔子贊之。自孔子贊易而龜卜書廢，蓋卜之吉凶定於天，而易之吉凶係乎人。夫天作孽，猶可違；自作孽，不可活。吉凶誠係乎人而非定於天也。是故孔子獨於周易贊之，以示夫堯舜君民之治，聖人君子之道，吉凶消息之理，在此而不在彼也。嗚呼，易誠萬世不刊之典也歟。

高陵縣志序

高陵，古雍、豫、兖州之地也，爲都尉治所，爲馮翊首邑，爲神皋，涇、渭所經，霸、冶、清、濁、趙氏、漆、沮七水之所會也。舊有志十餘葉，弗傳，未成書也。弘治庚戌，邑人太守劉公嘗修之，又弗傳，亦未成書也。卒至吾友涇野呂子賓興於鄉，始更創志。草後及第，爲太史氏。志成，又歷三十年，而始書時則由大司成爲少宗伯矣。其志帙二，爲卷七，爲目一十有二。首地理者，志封域也。及渠堰者，盡力乎溝洫之意也。昔雍田爲上上，稱陸海者，此也。今誠舉鍤而雲，決渠而雨，則澤民富國不在天而在人，不在古而在今矣。次建置及舊置者，志裁革而賦如故也。蓋嘗有丞簿矣，今裁之；有驛遞矣，今裁之；有他鄉里矣，今裁之。然力小而任日重者不可減，站存而濟他邑者不可復，志之憫人窮也，蓋有拯援之心焉。次祠廟、寺觀而別先後者，辨邪正也，亦不得已之意也。蓋謂經正民興，則邪慝自無，今奈之何哉？次戶租物產者，著小人所養君子也。歷數述者，百工庶績之所關也。蓋元有授時曆者，高陵之賢實修之，故不得而略也。次禮俗抄略者，著典禮也。典禮行，則俗斯美矣。次職官者，著政典在焉。孔子之所學，弗可忘也。官師而傳及君侯者詳也。及馮翊之守者，以德化在是，幾于道焉耳。志人物而及節婦、科貢、恩蔭者，涇野子言之詳矣。志邸宅陵墓者，昭往以示諸來也。彼五陵豪傑之第，邙巖王侯之墓，行不修而名不稱者，皆草木同腐爾矣，孰得而志之，故昭往以示來也。志陵墓而及羌氏者，春秋謹微之義也，是皆善政之意而寓乎醇儒之道焉。非涇野子，其孰能辨之？

千金方序

輝州古華原地昔有孫子思邈者，古逸民之儔也。乃避亂於周，徵詔於隋唐，皆不仕。但以方藥濟人，其所謂不爲良相則爲良醫者與？乃後道流目之爲真人，醫家宗之爲明醫，史家列於唐書方技傳中。嗚呼，豈真知孫子者哉！

觀孫子言天必質之於人，言人必本之於天，及以臨深履薄爲小心，以不爲利回義疚爲行方，以見幾而作爲知圓，方技之學諒不及此。至論聖人，和以至德，輔以人事，則天地之災可消。學者取之以注於虞書水火金木土穀，惟修中庸天地位育之文之下，斯精粹不易之言。考之漢宋諸儒，釋經率未及是，是可以方技言耶？惜當時無中和之主，使位育之效不著，固孫子之不遇，亦世道之不幸也。

孫子所著有千金方一部三十餘卷，其方首療婦人無子，次妊娠，次轉女爲男，次生産，次活幼，次男子老人諸方。凡針灸、導引、養性、攝生之方，無不備焉。予見古今醫方有序者，率不逮是，其間每卷有救急單方，窮鄉下邑藥物鮮有之，所倉卒用之尤便。其以「千金」名方，蓋謂一方之價抵千金焉耳。或謂未然，殊不知崇高之人偶得危疾，得是方以全之，則中流一壺豈足喻邪？

孫子之徒常刊是方於華表石上，豎之鑑山之下，漆、沮合流路隅，便人覽且抄也。今石存而方失，州人傳説爲某醫家所毁，後其家遭雷禍，方亦不存。夫孫子著方，志在濟世，仁人之心亦天地好生之心也。彼專利之徒乃毁之，其不仁甚矣，天譴而雷震之，豈非理邪？

自夫斯方之毁也，世醫所傳用者惟袖珍方，及東垣李氏、丹溪朱氏方耳。孫方之流傳者惟汗吐下三方及救急單方，命曰「海上仙方」，存於他山之石，餘方湮晦。所幸道家者流乃録於道藏書中，尚無恙焉。予承乏吏部日，常抄是方，傳之二三友朋。一日先妻張氏得咳嗽吐血疾，求醫療之無效，乃手檢斯方用之，服所合四分之一，頓愈。他日至京師，遇王生者，故貧士也，忽衣輕策肥，訝而詢之。曰：「久科不第，得千金方而易業濟人，有奇效，故日用稍裕，異疇昔耳。」乃心寶是方，欲廣傳之，未能也。

今萬石喬氏乃梓而傳之，非孫子勒方華表意耶？今而後，斯方之傳其廣矣。夫喬氏常積粟數萬石，歲薄取其息以賑饑，人故遠爾歸德，以萬石君稱。萬石君長子世甯中嘉靖戊戌進士，由南京户部郎中陞四川按察司僉事；次子世定，明農相萬石君。世定嘗患傷寒疾，醫診療之，六脈已結而絕，將屬纊以待斂失，萬石君暨僉事暨闔家之人祈祐於孫子之神，矢以疾愈即梓，傳神方於世。祈已，胗之六脈俱應手，至數日愈。

孫子有故居在鑑山畔，有洞在麓，今皆爲奉祀所矣，俱道士主之。先是有痿痺人，或杖扶而來，或人負而至，祈祐于神，眠於洞中，輒夢神詔療，醒即舍杖，及負者步而歸。有他疾者，禱而有感，悉如是，蓋不徒世定然也。是故鑑山香火於關中爲盛，雖華嶽、吴鎮弗逮焉。萬石君因僉事在地官日抄獲是方，至是捐金三百，刊之而送於神所，俾道士以方藥施人。

嗟乎，萬石君父子用心誠神之心哉！受是刻者，誠體厥心，懼神之監監雷震者之禍用。每歲神所祈者報之財，分作四分，一分易紙印方施人，一分依方合藥療病，一分濟諸鰥寡孤獨人，餘以奉神自給。斯神惠廣布，神人胥悅，其感應又可勝言也耶？

愚又聞諸前禱疾而愈者悉善人，有過而能改者，神亦祐之。夫抱疾而禱者，其戒之哉，其戒之哉！

嘉靖二十三年甲辰秋八月望日

新立社學社倉社約記

嘉靖丁酉秋九月，有周侯者宰白水縣。越六月，政舉乃集諸父老，諭曰：「邑有預備倉以備贖刑粟實之患，濟民之未周也。吾欲此外竊取文公朱子〔一〕社倉遺法，以周困窮，何如？」衆唯唯。侯遂出麥十石，白於城隍神而貯之廡中，於是富民爭尚義輸麥，踰月而積七百有奇。己亥二月，乃以法散給窮民，約以春補不足，秋助不給，夏斂以麥，秋斂以米。歲熟加粟二分，中熟一分，下熟免息。凡戶十年免息，追入耗麥若米三升，息有餘，遇荒散窮民大口二斗，小口一斗，凡十日。凡社衆於規約有犯不給，歲再犯削籍。凡社倉粟出入，社首掌管，縣長貳不與，但斂散時省焉，一勸懲之而已。是歲麥熟，六月中，社首宣約斂之，衆如約以償，得本息麥八百四十有奇。侯又入他義粟八百有奇，廡不能容，乃謀立社倉並學。乃得城隍廟西北偏，在官隙地南，地袤十丈六尺，東西廣六丈一尺，乃爲正廳三間。左右翼房各二間，爲社學。東廊七間，西廊七間爲倉，以所斂貯之。外門樓一，凡諸材取諸淫祠，力取諸在官庶人，官給之食，事舉而民不病焉。至八月種時，復散助以爲常。凡補以米，助以麥，皆倉所有，民所缺也。倉既立，侯又集諸父老于庭，諭曰：「上失其道，民散久矣。苟無禮教，雖養之，

〔一〕「朱子」二字原脱，據乾隆白水縣志補。

能不陷于罪邪？吾欲倣呂氏鄉約，以禮淑民，何如？」衆唯唯，於是以約法示衆，其略曰：「邑既爲社學倉如前，凡社推約正一人，副二人，每十家爲甲牌，書其口數及所業，甲及癸輪牌而直日甲内人乙若丙，有不善則直日人率同甲往諭之，不從則偕諸約副再諭之，不從則月朔白約正，皆衆責之，必其改。縣歲以旌善記過二簿，付諸約正，率衆赴社學，設聖諭牌，行五拜三頓首禮，興宣諭。衆跪聽畢頓首，興分班東西，序立本學生，歌孝弟詩畢，坐而茶畢。直日人宣同甲人善惡，輒簿記之，惡諭而改，亦善簿記之，三諭而不改，斯惡簿記之。每月二十五日約副二人輪送二簿於〔一〕，縣廳勸諭，凡三諭而不改者，則縣削其籍，於甲加之，刑始終善者則戒。宿爲鄉賓，仍置牌匾，大書『善人』二字，鼓樂送及門而懸之。凡赴約茶輪辦之，凡社人敦孝弟，周貧乏，伸誣枉，助婚喪，濟孤寡，援水火，弭盜賊，教子弟，勤〔二〕生事，尚儉素，尊禮賢士，於人無侵損能讓。時婚嫁，完賦役，婦人不貿易，夜汲者爲善，反此爲惡。」衆聞約，徯志以待。侯乃即前社倉學立約正副牌甲、木鐸，人及司禮生頒規約而俾民行焉。

白水有舉人廉清夫者，剛直而好義人也，善侯之政，走三原而告之理。理曰：「昔雲南梅首月嘗語令信古而尚德，予未之及識也，今信矣夫。」清夫曰：「侯始懼古道，猝未之能行也，聊爲之兆，兆足以行矣，乃使介就正于先王。先王其損益之，俾侯固守焉，何如？」理曰：「政尚稽古，利在宜民，民既攸宜，損益何爲，無倦已矣。但斯舉也，自邑而推之，鄉里各有社，社各有學有倉，養于斯，教于斯，以約民于生厚俗、美刑措之域可也。」清夫曰：「先生在官，亦習〔三〕見斯舉矣乎？」曰：「昔予居吏部，日有令于江左者，倣古而爲政，其郡守惡而摧沮之。予聞而白諸宰，冀有處焉。宰笑曰：『迂哉，令也！其道學之徒歟，將焉用之？』未幾宰黨逆死，守亦敗，令屢爲人沮，渝其官以他途進致富貴。予不惜二人者，不

〔一〕「於」，原作「子」，據乾隆白水縣志改。
〔二〕「勤」，原作「勸」，據白水縣志改。
〔三〕「習」，原作「悉」，據白水縣志改。

足以知令。深惜令之學知及之，仁不足以守之，乃朵頤於人而喪厥寶也。令信尚如此，當路而居，上者復賢明，令其無沮矣乎？縱沮其知，其必守之以仁而無所喪也。令其勉乎哉！予雖老，其納民于刑措之域，必可坐而見矣。」令所定規約二，茲不具載于碑陰，俾民誦習而由焉。

令名賢字士希，號復齋，湖廣湘鄉人，柳州其先人戍所，亦令鄉舉所也。

肇修東北二郭記

白水邑城，厥方四里。肇於洪武，癸丑六祀。肇城者誰，張侯三同。自是歷年，百八十終。中城廬稀，北關民稠。東關亦然，蜂房以鳩。關有井甘，繘瓶雲集。中城則亡，咸於此汲。有慮閉城，內外俱凶。外無郛郭，內靡飧饔。幸值清時，四海晏然。內外蒼生，安居有年。嘉靖癸丑，虜蠢朔方。侵及延鄜，宜君有戕。於時胡纛，南指蓮岳。偶值御史，提兵犄角。以此朔塵，未及彭衙。郊民逃匿，喪室與家。於時邑宰，儀封溫侯。登城禦寇，被甲執矛。覽民襁負，就城弗容。虜未遠遁，民咨困窮。侯用焦勞，思城外郭。曰是不城，民何倚著？

謀及師生，如身厲疹〔二〕。白諸憲司，撫按俱允。乃興版築，乃濬池隍。自彼北城，亥隅雉翔。翔爲方郭，東亦如之。二郭言言，五里其基。自是中城，出汲〔三〕弗怖。二關有郭，敵來守固。城郭無患，民社永吉。賢哉温侯，厥績可述。侯在斯邑，勸農興學。訟平盗息，無告澤渥。侯號石臺，名曰伯仁。民之戴之，若彼二親。侯昔受學，王公浚川。出斯有爲，無忝所傳。

寧州復修郭城記

寧州南臨九龍，西北臨寧江，馬蓮、三河舊有南關城，後梁時牧守司空牛知業所築，後無考。成化初參政朱公英葺之，歲久就頽。嘉靖甲午夜，大雨非常，百川驟溢。三山河水懷山襄陵而下，遂頽城，入捲關厢，人家幾盡。間有漂至臨潼、渭南而出者，有駕出三門砥柱山顛，至汴而出者，亦有居傍大城阜地波淺得避而生者，然十有二三。

維時九川吕中丞謂巡撫南皋王中丞當以修城爲急，於是坐委滇南瀘濱李公文中以左轄少參分守此地，弔民至斯，不勝悲嘆。召集撫綂之餘，受議築鑿之舉，乃白于上官，詢謀僉同，乃詢于下，民徯志丕應。遂鳩工集財，十日行事，令州守趙侯

〔二〕「疹」，原作「軫」，據白水縣志改。

〔三〕「汲」，原作「没」，據白水縣志改。

秉祝董之，同知陳潾副之，指揮唐侯江參焉。

下地築高二丈，闊一丈五尺，女牆高三尺，長二百七十丈有奇。高城築一丈五尺，下闊五尺，長一百八十四丈有奇。女牆如前。東西南各門，門各有樓三間，下闊四丈，高各三丈，下包鉅石，上疊精磚，膠用石泥和，用糯稽經如，于七月十有五日，落成于十月廿有九日。

固矣美矣，災患免矣，寇盜遠矣。於是州人致仕二守楊子純具狀，舉人呂生□寓書僉曰：「是役也，少參公援我于溺，又從而衛之，費在官而下無斂，役非久而民不勞。詩曰：『愷悌君子，民之父母。』公其有焉，願吾子記之。」

某聞而嘆曰：「少參公明而執，廣而貞，廉而不隅，易而儉，有弗爲，爲斯底績。」愚承乏于同寅日，知公非徒今也，蓋一十有四年矣。是故斯役而爲之書云。

宸翰碑樓記

雙溪馬侯宰淳化三年，承皇上德意，刊宸翰諸碑于學宮，仍繕樓以護之，圖不朽也。於時[二]流亡集矣，賦税完矣，訟繁而簡矣，俗奢而儉矣，遂營諸公工城[三]。城郛作學宮，坊門于外，匾曰「桂林」；倉于其內，匾曰「育才」。遂新譙樓、縣堂、吏舍及他廨宇，役亦繁矣。今獨曰「宸翰碑樓」者，尊宸翰也。

蓋是時，皇上立本建極，君師天下，嘗於萬機之暇，親灑宸翰，著敬一箴一篇，又注程子視聽言動箴四篇，又注范氏心箴一篇，皆頒諸天下學宮。碑勒石傳遠，示天下後世，咸知皇極敷言，皆帝王心學所寓，於以世訓世行而近天子之光焉。其啟

[二]「時」，原作「是」，據乾隆淳化縣志改。

[三]「城」字原脱，據淳化縣志補。

迪斯世之意周矣、至矣。是故侯殫心而圖之，惟恐弗稱上意，非知所重者耶？淳化丞均士夫曰：「凡人之行，私精而公觕，率假義而取利焉。侯之興是役也，視宸翰之所在，如天顔之所在，擇石蠲工，視琢及礱、及書、及勒，以自盡焉，至於諸役，一以家事視之，用資于刑徒贖金，官民無取焉。其視諸細斂以集事，頓取以自利者，大有間矣。」君子曰：「侯得君子之道三焉：其事上也忠，其使下也惠，其處己也廉。宜夫人之與矣夫。」或曰：「『桂林』雅乎？」君子曰：「宵雅肄三，官其始也。大學之教，固如是耳。」

侯名崇，字德夫，四川雙流人，由麻城學諭來宰于茲，淳化丞者，四川南川蘇伯珠，字文光也。

鄭公祠碑記

正德十六年四月，盩厔人大夫范澤、耆老彭桂率諸人士言於令王子曰：「在昔我令鄭君子惠我民，我民宜報祀，乞祀之。」王子曰：「嘻！予前在崑山，惟君作先明；今來茲邑，亦惟君作先明。君規予隨，予知君。」于是以聞之御史。御史曰：「夫鄭令爲誰，子民云何？」僉曰：「我故令爲達，字爲叔通，爲湖廣廣濟人，爲襄陽府學生，爲宣德乙卯鄉舉士。粤自正統癸亥來令我邑，乃詢我瘼，貧者屋之，死者活之，禦我災患，沃我田壤，我民至今受賜，乞祠之。」御史曰：「夫采允何如？」僉曰：

「昔我令未來，胥人佃田，通陌通阡，哀人顛顛，僦屋僦廛；亦既來止，續短刊長，授我以廛，百室用張。

我令未來，無辜在獄，服厥大辟，九載罔贖；亦既來止，研〔一〕得其情，力白當途，死者以生。

我令未來，城幾復隍，隍夷而畈，寇戎跳踉；亦既來止，邊烽煌煌，我城我池，抵金抵湯。

〔一〕「研」，原作「硏」，據乾隆盩厔縣志改。

我令未來，天雨弗雨，我田則赤，我泉則涸；　亦既來止，出舍自責，雨乃知〔二〕時，歲則大獲〔三〕。
我令未來，我無溝洫，小旱我流，大則我踣；　亦既來止，爲我遠圖，陟降終南，僕痡馬瘏。
乃及駱谷，乃得流泉，乃疏乃渠，及我城壖；　舉鍤以雲，決堤以雨，以周我隍，以沃我土。
我土既沃，豐年穰穰，令則云遠，遺我甘棠，嗟我蒸民，允宜祀享。」

御史謂令王子曰：「民情如此，違之不祥，順有勸矣，盍圖諸。」于是令王子歸，周爰咨謀乃得東郭淫祠，毁之，得地五分；不足，又買之民田，統一畝九分。爰建令祀，爲門堂、爲寢、爲廡，備焉。以縣東在官地五十畝爲祀田，擇道士馬宗林者治之，歲辦祠內民地秋糧一斗四升爲折色，春秋辦二祀，豬一羊一束帛一。是年九月日令王子報御史曰：「善俾令行事。」曰：「予將以聞乎上也。」於是盩厔人士諧所願大悅。

昭慧院記

院在邑南東偏，鄉人所謂三陽寺者是也。唐大中間創置，然有塔則非近代物矣。嘉靖間塔基壞就傾，邑人銀孟嘗等修之，于是塔固而殿宇亦咸新焉。

夫塔者何表？藏舍利之所，即韓退之所謂佛骨者也。佛經所載涅槃之後，大焚之餘，以其舍利分作九瓶，布諸各國，以建九塔，然皆外國爾。其後浮屠金人得於去病，祭於甘泉，則入中國之始。及夫摩騰入漢，羅什譯經，誌公在梁，圖澄依石，達摩渡江，元奘取經，于是佛教盛行。雖天子宰相無不宗師，故晉帝聽其不朝，梁皇屢爲捨身，唐之公卿甘爲弟子，聽其

〔二〕「知」，原作「無」，據盩厔縣志改。
〔三〕「獲」，原作「護」，據盩厔縣志改。

說法矣。惟韓子闢爲異端，其後不應，與顛僧深友，遂令釋氏之徒立其書券。宋興，公卿學士多參謁傳流，所不附者惟周、程、張、朱數子，故其言至今賴焉。

夫佛氏諸經亦嘗翻閱，其每卷之首有所謂邪輸陀者，其妻也；摩侯羅者，其子也，是佛固有妻子矣。其語送終父母際，亦甚悲痛。及語射千教諸天之說，亦多孝弟忠信等語，是亦未嘗外吾彝倫之道也。後世君相不識此義，遂令父母拜子，君后拜臣，綱淪法斁，天下昏惑久矣。天厭斯害，篤生聖祖，創制垂法，以立民極。于是始令僧道拜其父母，此亂極之治，其佛氏之道至於良心真切之地，亦固合焉者也。

今其徒知崇其教，知修葺其所而不知真切之地，以修葺其心而不知依其師說、遵我祖訓，其亦出不由戶已矣。是必即其地而君之鰥者，妻之孤者，父母之獨者，子之修吾孝弟之道，以忠信之心，雖今此之民，即堯舜之民矣。昭慧之僧，其思之哉？

明太史對山康公墓誌銘

對山康公諱海，字德涵，故固始人，其居武功則自七世祖政始也。上世多聞人，詳公考長公世行編。公弘治十五年狀元及第，授翰林院修撰。後長公獲贈官如公官。母張氏封太安人，妻尚氏封安人。以公爲太史氏也，世稱太史公云。公七八歲時授毛詩，無何通大義，既而讀陳止齋文，倣而論事雜陳文中，人無辨焉。讀三蘇文，曰：「老泉集吾取二三策焉，其簡書之謂也。」讀韓、柳文，曰：「退之吾取其議論焉，子厚吾取其敘事焉已矣。」讀史記、漢書，曰：「固書所載漢文獻耳，遷史則春秋、戰國前文獻在焉，吾與固寧遷也。」續讀程朱集，曰：「旨哉其味道也，文之則六籍可企，遷不足論矣。」

二十一歲，與予講學於長安邸舍，凡兩月而別。明年會於三原，凡[一]十日而別。又明年會於涇陽，數日而別。又明年弘治戊午會於長安邸舍，時公年二十四歲矣。

是秋，同舉於鄉。明年同試於宗伯，不第。辛酉，公先如京師，以書招予。是秋同遊太學，王端毅公一見而以國士禮之。楊邃庵公試而以及第許之，劉文靖公閲而奏之，遂名冠多士。

先是弘治間行袁弼氏之文，蓋自督學馬公中錫出焉，爲我西人式也。有藁城氏者美之，以嘗予曰：「美諸？」予曰：「未也。」曰：「何知？」曰：「以吾友對山氏知焉。」他日美三蘇氏之品，以嘗予曰：「美諸？」予曰：「美矣。然嘗吾友之雉膏爲稍珍爾。」藁城氏曰：「今而後知子不可與言。」遂不悦而退。及公名世，然後就予問所珍，予出所著張氏族譜授之，乃始嘆曰：「信非蘇譜所及，向以予言爲謬，今乃知之，晚矣晚矣。」

公壬戌對策殿廷，大臣得公卷奏之，問關中名士，應者語數人，非所問也。時史氏[二]渼陂王子在他所，進曰：「關中有康海者，天下士也。」大臣曰：「信如公言。」遂奏卷。時孝宗皇帝親覽，獲稱旨焉，公遂登進士第一人。

是冬，公送母張太安人還武功。予贈公以言，略曰：「昔太史及予學，志以文匹休古人，名世嗤於時。惟太史克自信。予曰：『名若時匪難，惟曰是弼，厥后爲堯舜，以澤厥兆民，無愧我先明，時惟艱哉？』太史曰：『然夫既約矣。』茲太史志以文匹休於古則獲，志名世則獲，志禄養厥親則獲，志以衷曲籲帝慰母氏則獲。然修厥德俾明光於上下，布堯舜之澤於厥兆民，如先明則尚褒，如未有攸聞於太史行矣。勉哉，勉哉！」公受之行。

乙丑冬，公還史館，凡三年。凡論著必宗經，而子史以宋人言爲俚，以唐爲新巧，以秦漢爲伯仲而有所駁也，故同志[三]

[一]「凡」，原作「九」，據康對山先生文集乾隆二十六年刻本改。
[二]「時史氏」三字原脱，據康對山先生文集補。
[三]「志」字原脱，據康對山先生文集補。

進者畏服而忌焉，多就而正所業者。忌者遂以國老文就正於公，公即革其質，易其文，而授之所存者，十不一二。忌者乃又以呈國老，故諸國老咸病公。

公在館日，慶陽〔一〕有李戶部夢陽者，因論諫下詔獄，罪擬死矣，乃鳴號於公。時宦瑾用事，能生殺人，惟欲見公，弗得。明日，公謀諸柏齋何子欲見瑾而援李。何子曰：「瑾好名負乘之人也，可詭言說之。」公曰：「然。」遂往。瑾聞公至，即倒履迎客，延上座。復肆筵飲公，公笑談良久，皆格言典訓。時瑾所無〔二〕抗禮語者，見公申如愉如，言復懸河有章，益敬重。左右侍瑾者立如堵牆，咸貴人，咸俯首諦聽，稱夫子焉。瑾曰：「人謂自來狀元舉不如公，恨不獲一見，今幸見之。又過於所聞，誠增光關中多矣。」公紿曰：「海何足言，今關中有才子，乃海之所不及也，第豪傑不相容耳。」曰：「爲誰？」曰：「李夢陽其人也。」瑾曰：「斯人麗死刑，朝夕戮矣，先生乃謂之才耶？」公曰：「海不言正爲是耳。」他日，夢陽遂獲〔三〕宥而出，公之力也。

公遭內艱而歸也，及順德遇盜，而失財焉。捕盜者欲追其財以還公，猶覆水而不可收也。後瑾敗，忌者謂公交瑾，故失財而復獲，遂罷其官。

公之錮也，以文爲身累，遂倦於修辭，曰：「辭章小技耳，壯夫不爲。吾詠歌舞蹈泉石間已矣，何以小技爲哉？」乃屢爲樂章，求律於太常氏。又自定黃鐘而用之，然後宣以五音，舞以六羽，使聲容並作，以祀先樂〔四〕。賓觀者無弗嘆賞，知古樂可未盡亡矣。然自是有安石東山之興，其聲容亦稍用妓焉。然恐朋友規〔五〕之，則道有卷舒，其名教之樂，固未嘗虧也。

〔一〕「慶陽」二字原脫，據康對山先生文集補。
〔二〕「所無」二字原誤倒，據康對山先生文集改。
〔三〕「獲」字原脫，據康對山先生文集補。
〔四〕「以祀先樂」，原作「以祀先業樂」，「業」字衍，據康對山先生文集改。
〔五〕「規」，原作「親」，據康對山先生文集改。

公事親自少以承顔爲事。諸生時，衣食或不充而親極滋味，比顯一喜一怒，咸無違焉。長公有二、三、四、五弟，公皆事之如長公。公有二、三、四從兄，六、七、八、九、十、十一、十二從弟，公視之皆如同母兄弟焉。從弟七浩、十一河，皆舉進士，歷官至太守，九淳以選貢，十二濂亦以選貢爲教官。甥生員習方、從甥張鏄、張鍊，昆弟聯，舉於鄉，悉公教育所成。凡九族待公而舉火者數十餘家，凡交遊婚喪有不能舉者，公即助而舉之。長安張太微氏有父喪，力不能舉，公以百金助之，他不能〔一〕勝紀。凡四方醫卜技藝，人多依公而食。

公初配尚安人，順天府推官公女，善勤儉持家，閨門以肅。尚歿，繼以興平張氏；張歿，以李氏〔二〕繼室。子男四，長生員栗，尚出，甫冠，歿，有子寬集傳。子寬，栗字也。栗初娶渼陂王子女，繼娶靈寶楊方伯女。栗之歿也，楊服砒霜以殉。有司嘗奏其貞烈，請旌表，自有傳。次梤，側室韓氏出。餘傷女三，俱尚出。長適岷州張司徒公孫，今居華州參政用昭子舉人之桀，之桀早卒。子光孝甫冠，爲名士，有外祖風。次適岐山生員李世貞。次適監生馬襲吉。

公生於成化乙未六月二十日午時，卒於嘉靖庚子〔三〕十二月十四日寅時，壽六十有六年矣。公審於律呂如周、阮，尤精於曆數，隔年求日月交食，分秒〔四〕不爽，用掌鈐天時，決病人死生。又明脈絡孔穴，以處鍼熨藥餌，悉不謬。爲親友喪家相葬地點穴，陰陽家弗能駁也。用六壬太乙占事，知來輒驗。惟博奕薄而不爲公汎〔五〕愛。

於人無所不交，然於莊謹〔六〕士則篤敬而親之，終身不衰。呂涇野氏曰：「予究諸先明之道，有研慮數年而後得者，詢

〔一〕「能」字原脱，據康對山先生文集補。
〔二〕「李氏」，原作「季氏」，據康對山先生文集改。
〔三〕「庚子」，原作「庚午」，據康對山先生文集改。
〔四〕「秒」，原作「抄」，據康對山先生文集改。
〔五〕「汎」，原作「汛」，據康對山先生文集改。
〔六〕「謹」，原作「嚴」，據康對山先生文集改。

諸公，一言而合，若前定然，凡論政與事皆如是。公間氣所鍾，亞於生知，故其敏如此。」又曰：「八大節，人不可及。」又曰：「公嘗與後學論事，曰吾鄉稷、契、皋、伊，大士也。自餘訓詁儒，特書生爾。」觀此可以知公所負矣。

張太微氏曰：「公直道而行。人有善，雖鄉里細人，必稱；有不善，雖公卿，亦面嗤而詆之。此上世所不容而欲大行於今，難矣哉？公對孝宗皇帝制策有曰：『使古豪傑之士而不遇，雖子思、孟軻則亦徒爾。』人觀公才德而竟不得志，如此則所謂子思、孟軻云者，其亦自許也耶？」可謂知公者矣。

公所著有武功志、張氏族譜、詩文集、曆法諸書。

銘曰：「吁嗟，對山敏而善學，故多能多知。聊出緒論〔二〕，名冠一時。使授之政，左之右之，焉攸不宜。乃拔〔三〕人於死，人乃立身擯而永遺。人皆不堪其悲，公乃樂天知命以自怡。吁嗟乎，對山以先明而自期，吾奚疑？」

李石疊墓誌銘

粵若皇明富平邑鍾三賢：有太宰鶡庵張公焉，文質彬彬，求仁得仁人也；有御史斛山楊子焉，匪躬蹇蹇，忠誠感神，節不可奪人也；有僉都御史石疊李君焉，識達時務，隨遇攸宜，才兼文武人也。嗚呼，亦光矣哉！

君諱宗枢，字子立，號石疊。其先遼烏古論人，金末有諱速可者，爲將軍，鎮耀州。元初棄爵徙富平，今居流曲里焉。速可後有惟忠，惟忠生讓，讓生文政，贈奉政大夫，成都府同知。生恕，字道夫，號松軒，登弘治丙辰進士。歷官德平尹，至貴州布政司左參議，配宋氏，封太宜人。生三子，孟宗橋，仲宗桂，季君。太宜人先寓德平，時夢紅日如輪墮懷中，警覺有娠

〔二〕「論」，原作「餘」，據康對山先生文集改。

〔三〕「拔」，原作「授」，據康對山先生文集改。

生君。

十六補縣學生，受學於渭南瑞泉南子與令弟姜泉麗澤，久之辭腴而暢，登正德丙子鄉舉不第。瑞泉授以遷史文，久之駸駸乎史矣！間令執業就予，予語以洙泗及濂洛之純，久之駸駸乎純矣！由是登嘉靖癸未進士，觀政兵部，授諸城令。諸城多將官巨室，率侵奪民田，民失業靡控訴，多流亡。君至懲奪田尤者一人，諸巨室悉歸田，民咸復業。邑濱海盜繁，歲熟輒強斂，巢穴於海，官未之能禁也。君蒞政三年，盜屏跡。戊子，撫按交薦徵，授監察御史之任。監修悼靈后陵完，會虜犯，宣大赦。巡邊至，陳急務十策，司馬覆奏上依擬。是歲虜知備，弗蠢。

時都御史鋐不法，數其罪而劾之，京師傳其疏而稱快焉，鋐危懼而銜君。又論兵部侍郎副都御史，皆罷去。明年鋐陟冢宰，出君爲潁州兵備僉事。潁當南北衝，訟繁多盜，蓋欲中傷之也。君往期年，訟簡而盜息。先後薦者十有二疏，鋐竟無能害焉。

乙未，冢宰代遷河南左參議，值賊寵據鄢，帥師乎之獲金幣賫焉。戊戌，陞副使。己亥，上詣承天陵二月。丁卯，駐蹕衛輝，夜行宮災，上驚。明日，罪扈從諸臣，特陞君左參政，尋陞按察使。令扈從，三陞皆河南御。先是中官數千人，所至鞭撻有司，奪衣馬。故撫臣以下，每朝畢即避匿，以故夜火莫能遽集。至是君同撫按奏聞，獲厲禁而諸臣始展布云。君往返扈從，上安。

是歲七月朔，太宜人卒，訃聞奔歸。是後虜數犯塞，深入太原、潞安諸城，邊鎮文武臣多罷，詔舉才堪禦虜重臣。于是冢宰及科道交以君應詔，疏入，適服闋，補先職。時邊烽未熄，遂擢右僉都御史，保釐中土，被命察民，猶愬愬震驚焉。

大梁習俗故奢，復有譎詐奸盜，大爲民害。前撫按屢禁之，弗能革也。君察知捕諸首惡，棰而殺之，其類悉逃去，境清。復罪諸服用踰常分者，俗以變焉。又察會城居民多加差，終歲勤苦，悉釐革之，仍救災恤患，薄斂省刑，於是民始息肩，樂生而歌詠興矣。又嘗檄諸郡邑，俾條具民間利害，將一切興革，比至將裁行間，乃疾。革不可爲矣，惜也。

以故卒之日，梁人聞者咸流涕焉。君子曰：「異哉，子立之學與仕也！始七歲而知詩，十歲而日誦古文數千言，乃二十而舉。然樸實訥吃，未幾益征邁深造，思齊時賢，尚友古人。淵乎邃，便便乎辨矣！始亦固執，未幾涖事接物，左右攸宜，世之吉人彥士樂與朋簪而在位難事之，上亦予其賢能，不妬忌焉。嗚呼，君善學而才美，過人異如是耶？」

富平温泉楊生曰：「石疊憲副時迎養太宜人，太宜人每飯必令其内子躬操井臼，手炊始食，或偶有微過，輒怒臥弗食。石疊聞，必走跪膝下，負荆請罪。悅且食，命之興，然後敢興。至爲憲長時亦然。」太宜人嚴訓，君承顔類如此。

君臨上克恭，臨下克簡。予嘗與會葬瑞泉，在途經二日，行必推先。每却顧，未之行也，比至次，必先在僕馬，終弗見，其妙應如此。與論政論文，則與予晚年所見實合，予嘆服焉。

君配王氏，封恭人。生男四，長然生員，娶三原穆御史伯寅女；次羔舉人，娶耀州戶部張員外子開女；次鼇生員，娶南氏即姜泉副憲元貞女；次燾生員，娶劉典膳乙卿女。女二，長適耀州進士左熙，次適熙叔通判少臣男生員煦。孫男六，延齡、夢齡、松齡、柏齡、坤齡、培齡。孫女六，俱尚幼。

君生於弘治丁巳十二月二十四日，卒於嘉靖甲辰六月三日，享年僅四十有八。然等卜葬，嘉靖壬戌九月九日，厝於所居艮隅，明月山陽，祖塋之次。

君爲詩，取初唐所賦如之，文宗秦漢，書法章章入能品。其卒也，周鎮國中尉西亭先生素以斯文友君，收其遺稿，得諫草詩文，凡四卷，敘而刊之傳世。又狀其行，理述而誌銘。

銘曰：「我皇明弘、嘉間有賢誕於富平，而學能變化氣質，乃純清乎而業能懋修，底於粹精乎而仕于中外。人無不宜，道無不伸乎而？嗚呼！世謂天下有難處之事，有難接之人，自賢視之，其無難處之事，亦無難接之人乎而？身後有文，君子敘以傳世，其終古不泯乎而？」

明山東參政趙大夫及配杜碩人合葬墓誌銘

大夫姓趙氏，諱瀛，字文海，號左山，元工部尚書。前三原尹雪坡先生公諒裔，世居櫟陽，後有徙涇陽者，再徙三原。大夫高祖諱思忠，思忠生軻，軻生讓，讓生閏，閏配王氏。生五子，淇、灛、沂、漸。大夫行五，生而面方體胖，厚重寡言不嬉。七歲就傳，誦無時，父母止誦輒泣，垂髫日誦千言。十五充邑學生員，明年進增廣列。嘉靖戊子年三十九鄉舉。己丑，登羅洪先榜進士，都察院觀政兵部，借差餉邊，事竣餘百金，絲毫無取。

選授章邱知縣，章邱先糧差不均，民逃者凡十里，里甲亡而糧存。初之任，即廣詢得民隱，遂補完里甲，他里獲無累，咸愛戴。山東派糧吏書爲奸不均，訟者蜂起，巡撫持委均派訟息。時有于姓強盜一門數人，常劫庫越人，官司納賄，無能捕者，時其犯捕而除之，遠邇咸稱快。

文廟儒學壞，不煩里甲，率富民好禮者修葺，數月落成。朔望雖風雨必謁廟視學，令諸生執經講說，有悱者發之，惑者解之。每月三旬，三六九日，令諸生作文送閱，童生敏者亦與，閱畢賞罰。久之，賢能爲御史所知，每出巡必資以行事。

民間有妖狐爲祟，與人言而隱形。聞乃齋戒，告城隍神，乞縛。狐明言趙縣主捉我，我去。即哭，向城西南隅往，祟息。事載章邱志中。

任三年，介奇撫按薦舉者七，乃陞刑部主事。既去任，民立祠奉祀，豎碑志愛，仍狀其善政，爲十圖以傳。又合貲買馬壹匹，銀貳十兩送至京邸，不受，乃含淚而去。

在部理刑，淑問得情服人。偶因貴戚事詿誤，謫蒲州添注同知。在蒲州撫按，有重大政務必委以議處。署印有逋稅滯囚釋之，約期不刑而完。在任二年，撫按薦舉者三，陞濟南府同知，去任。都御史南澗楊公著善政傳，以傳四鄉，民有謠。

之濟南，有儀賓積惡害人，人狀告，莫受理者。下車即受狀，鞫問抵罪，上下悅服。居七月，御史薦舉，陞岢嵐石隰兵備僉事之任，訓練將士。未幾，擒獲奸細三十六人，又獲大酋首吉囊男吉德明一人。蒙欽賞表裏一對，銀二十兩。

所轄地方與他道隔越，諸公事不便奏，改易報可。岢嵐地沙水深，城中無井，今法諸井象甃，以木穿且甃，遂成二井，官民井井不匱。民大悅，以趙公名井。有總制大臣冒奏功次，覆勘以實報，總制委曲託改報，不從。後總制竟謫戍，得無累。

在任一年，巡撫科道薦舉者五。以□虜入境，謫鄜陽通判，巡撫歐陽公令教授闔府七邑生員，設科訓迪，人才聿興，間有重大政務，即委以議處。

在任一年，撫按保舉者三，陞真定府同知。未任，陞工部郎中。章湫駐扎，總理河道之任。三日陞嘉興知府。下車，里設約正約副，遵制化民。郡有七邑，里各設塾以訓士。郡學之外有西河書院，拔諸俊英，使文會其間。朔望鼓篋講授，月有試。仍令鄰里呈報節孝男女，以憑獎勸。奏表修營煙雨湖樓，復古勝蹟。纂成郡志，以足文獻。又刊小學史斷、緝珠文則，以開後學。又禁諸巫覡，以正民心。審派火甲，俾孤貧免役。役者歲支一月，餘月休息。凡公館郵舍，察其少損，即估計補葺，使不至大壞，傷財病民。郡邑有積年痛民之徒，曰「雲蹤」，曰「水鴉」，一切革絕。濬帶河、心湖、韭溪、爽溪，以興水利，築諸堤防，以防漲溢。又設武備，以防不虞。他興除孔多有。勢家惡生竊通朋友之妻，因納爲妾媵，其夫屢訟無受者。乃受辭，問理如律，勢家怨恨，郡人頌德。

在任三年，撫按保舉者四，陞山西兵備副使，專任直隸易州駐扎防虜。既去任，嘉興民立祠奉祀如章邱。士夫著德政、宜民二録三字頌文。他日虜臨境，巡撫楊公盡發將士入衛，乃別徵壯士伏險守隘，虜知有備不至。

在任一年，撫按保舉者四，吏部推陞巡撫者再，乃陞山東參政。正月離任，二月直隸地方草場火，乃詿誤回籍，朝野惜焉。

初爲諸生日，養親有隱無犯，厠牒恒手滌。疾則嘗糞甘苦，執喪水漿不入口。三日跣履霜地者，七日除喪，有酒食弗薦弗食。其學久而不第也，諸兄減其日用，至鬻釵璫自給。及鴻漸祿入，與諸兄朝夕怡怡，無不同。其處友相勉以學不狎，弟子問學則莊以涖之，切切偲偲如也。

夫朋友切切偲偲，兄弟怡怡，可謂得士之道矣；事親養生，送死以禮，可謂得子之道矣；入官敭歷中外，所在職修有譽無憾，可謂得爲臣之道矣。嗚呼，予見童子時作止語默不苟，今所樹如此，夫豈偶然者耶？今年壬子元日，與大夫拜舞于龍亭之下，退而聽其言論侃侃，以道遠期待。不意別十有二日遽没，惜也。

大夫生於弘治戊申，至是六十有五年矣。配杜氏，繼劉氏。杜男三，長三益，取李氏；次三賜，取秦氏，俱生員；次三接，聘醴泉進士張濟女，殤。劉男一，名三錫，遺腹子也。杜女二，一適李櫝，一適生員郭朝度。孫男二，日立聘戶部都諫張汝楝女，益出；日懋先殤，葬鄖陽，豎石識墳，賜出。

益等卜以大夫卒之年十一月十八日，及杜合葬於丁村艮隅，其先塋東，新塋之祖位。予知大夫深，爰誌而銘之。銘曰：「參政之先，雪坡名賢，逮參政乃啟後光前，肇元宇於斯其燕然。」

來槐亭封君墓誌銘

吾邑儒家稱永清里來氏焉。來氏世有莊人，雖童子出必修容，謹節堂堂然。洪武初有都憲公恭鯁直立朝，百僚畏如殿虎，有讒者。皇帝私幸其第，見夫人紡綿，公鋤菜，遂讒而益任公。其後有處士子春爲鄉黨儀表，余童子時，此老墓木拱矣。見父老病，少年失言，必曰：「來子春請爾語耶？」其見重于鄉如此。

子春者，都憲孫，景賢子也。子春生肅，肅生鏜，號誠齋，配王氏，生封君御史焉。封君諱時廉，字庭清，號槐亭，生而莊重如前人。

年十二時，涉清見雜佩直數金，詢其主而歸之。比長處兄弟，一錢不私。推之朋友，通財如兄弟也。嘗服賈甘肅維楊、蜀川荆襄間，用孝養父母。父患痿四稔，能致動履，飲食如意。父歿，事母遇服食，時鮮物必急致養。

伯氏時良乏嗣，欲君季子賀爲後，輒從。或曰：「賀良士，會當顯揚，乃畀兄耶？」曰：「正欲顯揚兄耳。」三弟時政死，育選。凡養，必先選而後子遺。選、迎君稍長，授之貲，使治生。蕩訖，復授。蕩如初，雖屢蕩而教之不衰。迎先在兄所，兄没，收育之如選，爲擇娶郝氏。資四弟時熙學，自幼學至爲廩膳生不替。五弟時隆遠遊不返，欲身返之，會病作而止。從兄雍冬寒，解衣衣之，死無斂具。及葬所，君斂棺而葬之，育其子。表弟王威孤，衣食之如弟，長，擇劉妻之。内弟廷相貧，資之。學問典衣自給，輒贖而畀之。多識古訓以誘誨子弟，好敬長尊賢，然遇有持勢强横人，則弗以正目視之。里有李衛公祠，孫思邈祠，君葺之，鄉人輒多助，尋成。

聘、賀舉日，君遇湖會飲，或問二子試事。君言夢吉，似同舉，但學未至耳。其人笑曰：「一舉難必，望兩得之耶？」君無愠色。頃在官人持録報二子舉，衆舉觥罰笑者，亦無喜色，人服其量。嘗曰「財不貴積，貴散而成德」語。御史曰：「夫長人之道在體仁以恤民耳。余過硤石見推挽車者甚勞，官至避不及，則覆車而箠之，豈仁者所爲？汝曹入官，甚毋效此，願體仁可也。」嘉靖辛卯，二子既舉，君倦遊歸。

歸三年。乙未，聘舉進士，君獲察院劄爲壽官，值鄉飲爲賓。戊戌受封御史，如聘官。是秋病，冬十二月晦日御史寄命服，至夕問來日，家人以己亥元日對。昧爽，遂沐浴服命服，謝恩于庭，升堂受賀禮客如平日。後二十五日甲午卯時，乃卒。越二日丙申，御史奔歸，乃不及見，惜也。

配馮先卒，贈孺人。馮氏邑官族，孺人貞淑，精諸女紅，内而善事舅姑。姑王老有痰火，擇食，食非孺人手出，不美。孺人有故，出必養而後行，行則疾歸，恐誤養。及卧病，恒手滌厠牏，日嘗藥。比減食，即潸然泣曰：「姑乃以婦食爲不美耶？」故鄉里咸稱孝婦云。方約時，再從姑鄭寡無依日，常分所服食養之。睦諸妯娌，以聯兄弟。比卒失聯，衆念德焉。諸從子女孤，撫之如己出。加慈諸婦有過，但色非之而威於撻辱，育婢僕以恩。凡封君猷爲，實多相成，君封日獲贈孺人。君繼配焦氏，焦懿德宛如孺人。娶子婦並侄婦四，嫁二女，撫諸子凡十有六年，察其異欲而調使，弗違。

君生于成化丙申八月十二日子時，卒見前，享年六十有四。孺人生于成化己亥二月十八日寅時，卒于正德辛巳三月十六日申時，享年四十有二。焦生於成化甲午十月二十八日，卒於嘉靖戊戌十月初九日，享年六十有五。子男三，長朝娶王氏，繼張氏、師氏；　次即御史聘，娶王氏；　次即舉人後伯氏賀，娶張氏。女二，長適張琛，卒；　次適王經邦，皆孺人出。孫男一，賁然，聘出。孫女二，豆豆，朝出；　京京，聘出。

茲卜君卒之年十一月三日，葬君及孺人及焦于新塋之祖位。邑進士張文卿狀其事，理志而銘。

銘曰：「三原來氏，世出令人。動有威儀，儼如縉紳。

都憲立朝，人誰敢侮？讒乃益親，人畏如虎。

春翁温良，于先有光。鄉有令譽，蘭芳蕙香。

封君繩武，天合碩人。肆穀爾嗣，爲邦憲臣。

顯揚維此，胡均不禄。堂封于斯，日其戩穀。」

明修荆山靈雲峰殿宇銘

巖嶭之峰，是爲荆山。帝茲鑄鼎，□導自岍。

冶谷鼎湖，與是在焉。前爲涇陽，後左三原。

乾隅淳化，三邑具瞻。形如筆閣，向巽背乾。

雄秀獨出，四望豁然。天府千里，舉在目前。

東峰出雲，頃雨滿川。否諸山雲，雨不可占。

維茲東峰，靈雲名顔。舊有神堂，一間在巔。

三原王氏，子英施錢。涇陽呂氏，廷璧助旃。

疊石巔西，構殿三間。鐵鑄瓦脊，風雨莫騫。

鎔銅爲像，奉用龍涎。左右有廡，石壁連連。
君子來斯，以燕以閑。細民來斯，以翼以虔。
喟彼太和，岱宗巖巖。皇祖創修，列聖引延。
至今宫室，九重與肩。是謂神道，教諸冥頑。
嗟嗟小民，諳乎未諳。咸衣及食，禮神事仙。
修此靈峰，余何讓愆？荆山東峰，號曰靈雲。
膚寸雲合，千里霑霖。兹山著名，禹貢攸陳。
史志經傳，指名川陰。余屢考證，參伍見聞。
爰於通志，辨厥僞真。東峰之巔，舊奉金神。
有堂丈餘，臨壁千尋。涇陽吕氏，廷璧弟昆。
協同王氏，子英原人。於堂西營，構基捐金。
險者使夷，薄者使敦。構堂三間，爲廡暨門。
覆屋以鐵，疊牆以珉。銅爲神像，減衣及飡。
厥功告成，乞余銘箴。余聖先師，登山以臨。
嘗小魯國，更窄乾坤。余從結髮，三次洗心。
爰著蕪辭，遺此璘珣。

嘉靖二十九年庚戌夏四月望日

玉坡詩夢引

子年臘月雪晴初，窗曉雙鵲傳遠書。開門童子持函至，久別故人忽對予。
爲說相思更陳夢，病夫那禁淚盈袪。故人逐客張子原，往年司諫居黄門。
補袞欲肩山甫立，致君恥讓堯舜昆。一封朝悉社稷計，萬里夕博炎荒奔。
奔爲小吏貴州驛，貴州地瘴能毒客。十旬九旬常逢雨，青天夜屋還淋漓。
豬矢蠻甘羊犬食，賣爺苗蠻戈兵席。早晚於閑誰親故，日下燈前影相惜。
生還我代張子愁，張子却視生如浮。蠻飯飽喫酒仍醉，醉和陶詩忘冬秋。
諸夷聞名學徒至，春風層擁日弦謳。君子素位良自得，是處即安何怨尤。
人顧弗堪爲爾恫，神亦時唁沖漠中。玉坡仙詩豈魔語，我思古人原爾同。
君不見，吾邑自古多豪雄，先朝挺出石渠翁。石渠翁没青史在，君將先後垂鴻聲。
又不見，爾祖純孝鄉閭羡，共說王祥今再見。爾爺繼述濟時出，異政合同劉昆傳。
忠臣古求孝子門，況復詩禮朝夕鍊。憶昔庚同同投師，竊看君狀獨英姿。
君才十五詩賦邃，草書已逼張旭奇。君時睨世眼孔闊，狂迂浪許中訝疵。
謂君即當文名世，乃又忠節膴如斯。半載食禄三載謫，寸心愧否神應知。
吾皇展矣大成德，十年不侵百官職。初時政權逆瑾弄，諫臣言出禍叵測。
望之因隙主那料，王章緣劾上豈億。負而且乘彼弗戒，庚午之歲罪人得。
從此天日浮雲捲，言官往往獲經選。選者却令冢宰進，時清緝熙高皇典。

勸君急好囊琴書，赴名還隨龍鳳輦。

履謙堂箴

履象何居，下澤上天。謙又何居，地中有山。
履焉宅心，躡虎之尾。虎乃己私，克以復禮。
目有虎存，咥人于眥。己克于斯，非禮勿視。
耳亦有虎，咥匪其正。己克于斯，非禮勿聽。
口亦有虎，病根禍源。己克于斯，非禮勿言。
足亦有虎，咥于恣縱。己克于斯，非禮勿動。
毋曰煢獨，可虐無傷。畏如高明，履道斯臧。
毋曰賤微，可忽無害。畏如大人，履道斯泰。
履恒有虎，履道斯畢。天其佑諸，其旋元吉。
地中有山，是謂謙德。地苟無山，色取斯賊。
有矣若無，實矣若空。是謂謙德，君子有終。
功冠於時，罔知矜暴。是謂謙德，萬民攸服。
此方溝豁，彼極飛騰。利用裒益，以均以平。
履矣而謙，行斯不跛。德有柄焉，誰知在我。
嘉靖辛亥十一月廿有八日

贈眢子繡衣箴

維天生民，維帝其理。爰建庶官，亦設御史。

厥職維何，豸服豸冠。外觸百邪，内除大奸。

厥奸維何，言僻行醜。似儒非儒，時謂亂首。

奸又維何，竊威竊福。時謂履霜，堅冰可卜。

奸又維何，好黠惡言。妨賢病國，時謂亂源。

正直不回，忠厚宜加。白璧國珍，勿索微瑕。

厥邪維何，民害宜殄。剛惡貪酷，柔惡罷軟。

邪又維何，設械設機。居貨鬻官，倒是顛非。

邪又維何，頑讒民莠。桎吏梏官，束足束手。

外有設施，宜加審詳。勿遺霜威，加於令芳。

過言斯瞽，過默斯隱。時鳴弗鳴，貽悔貽哂。

小隱猶可，大隱喪予。君子於斯，有卷有舒。

嘉靖壬寅孟冬日

祭楊斛山文

光禄寺卿友生馬理謹以清酌庶羞，致祭奠於明御史斛山楊先生之靈。曰：

「嗚呼！惟靈質兮如繩，又童蒙兮養貞。緣貧寠兮傳遠，羌挾册兮薅耕。值縣令兮求胥，爰辭役兮入黌。繼齎糧兮從師，遂時就兮雪螢。乃邁征兮大畜，斂彙進兮顯名。載彈冠兮豸角，却甘節兮檗冰。思尊主兮堯舜，犯天顔兮用情。忽雷霆兮震怒，分損身兮捨生。鐵獄成兮孔嚴，夕桎梏兮朝荆。刑援戕兮孔多，子慟傷兮屢傾。仍學思有常，忘春秋數更。在縲絏兮八載，荷天明兮爾瞠。帝浩蕩兮施仁，赦出雞兮未鳴。子感恩兮圖報，約麗澤兮心勍。胡彼蒼兮弗弔，殞吾良兮葉輕。眺涇川兮疇語，向部言兮誰聆。瞻斛山兮無人，遺予獨兮焉盟。歲既宴兮臨除，送靈即兮佳城。酬一觴兮祖筵，淚隨墮兮雨零。尚饗！」

易經解十段[一]

六二，婦喪其茀，勿逐，七日得。

六二具文明中正之德，應有孚中正之主，宜君臣交泰，成既濟之治矣。然三在其上，小未可以加大，四鄰五位，疏未可以間親，其中正之道未能以達于上而濟夫時也，蓋猶婦人賴車茀以行，乃喪其茀焉，其何以行之哉？夫茀可喪也，而中正之德在己，誰能喪之？君子知通塞有時，不必逐茀求行，唯俟夫火數之盡，逮于七日則坎主自親，茀自得而行无礙矣。故君子不以道之不行、時之未至而患，患无具焉耳，火之數七，故云「七日得」也。

象曰：七日得，以中道也。

六二濟時之道未得行者，火數盡而後坎，主遇斯茀，得而道行也，其茀之得者，豈專以時之故哉？良以濟世之中道在身，思濟世者自不能不歸之茀焉耳，其不言正者，中兼之也。

九三，高宗伐鬼方，三年克之，小人勿用。

九三當既濟之時，時過半矣，及坎離相接之際，剛柔相交之時，九三復以剛正之才應敵於外，是中興之君，道行中國，唯夷服鬼方之人，不庭伐之之象。殷高宗者，中興之君也，其伐鬼方三年而後克之，斯九三之象也。伐而克之，則上以道而遣將，將以道而奉命，皆上下交濟之道也。克則既濟，論功行賞時也，則小人勿用，防其害于治也。克以三年爲期者，鬼方在萬里之外，以師行日數計之，必期年而後至，再期而後還。（曰三年者，其）[二]以喪服之月數計之，與年

[一] 周易贊義「既濟」卦。

[二] 「曰三年者，其」五字原脫，據周易贊義補。

以三言者，亦以離三而言之也。

象曰：三年克之，憊也。

師行，糧食日費千金，士離鄉土，疾病必多，三年而凱還，傷財而害民多矣，寧不疲極而困甚矣乎。然在高宗中興，賢王復先王之業，則可，非賢如高宗，復先業者，則憊中國以事外夷，好虚譽而得實禍，未之可也。

六四，繻有衣袽，終日戒。

繻爲傳符，古者裂帛爲符，半藏于關。度關者執其半而合之得越，史載終生棄之者即此物也。袽爲著袍之絮，今之棉絮是也。子夏謂衣袽爲重衣，蓋謂衣之有著者袍之類也。先儒所傳皆以塞漏爲説，今以諸儒之意推之，凡濟渡者以舟，六四居既濟之中，有舟之象焉。舟或漏洩則无以濟矣，必以裂帛塞之，恐其不足，又用衣絮續之，則孔隙合而不漏。以達下情而往，以宣上德而來，无弗利也。然朝戒而夕替，夕戒而朝替，未可也，必終日戒備，使其无少漏洩，斯濟渡之功成矣。四居君側，臣民之上，于交濟之事爲要，故其象如此。

象曰：終日戒，有所疑也。

「終日戒」者何也？濟及半矣，中流而所塞不密，則進退舉无所利，故宜有所疑而懼其漏洩，終日戒備之也。

九五，東鄰殺牛不如西鄰之禴祭，實受其福。

卦縱而觀之爲上下，横而觀之爲東西，以既濟而横觀，則坎東而離西矣。故九五於六二爲東西，鄰之象也。六二在濟，初涉難時也。其憂患之心劇矣。猶祭祀者，物薄而意誠，神享之也。九五在濟，後无虞時也，其儆戒之意衰矣，猶祭祀者用大武以享，物厚而意不誠，神不享也。神享者受福，不享者招禍。故曰：東鄰殺牛不如西鄰之禴祭，實受福也。

象曰：東鄰殺牛不如西鄰之時也，實受其福，吉大來也。

東鄰大祭不如西鄰之禴祭者，不如西鄰求濟而及其時也。實受其福者，吉大來而難必濟也。

上六，濡其首厲。

既濟子極幾出，坎险而尚在水涯者也。然上六重柔過中，昏弱自肆而不知慎終者也，是以汔濟忽沉溺而濡首焉，寧不危耶？

象曰：濡其首厲，何可久也。

上六重陰過中，小得而遂怠荒，則汔濟不濟，陷溺而濡其首矣。此不弔之凶也，何可以久存也耶？

九世孫錫朋識

忠憲祖五經皆有講義，欿劂力艱，失落殆盡，此特易之既濟數爻，爲當年手稿，朋得之丁村王氏亮之家，詢其所自，則又出之本村馬氏。細閲其疏解，理明辭易，真得程、張薪傳，可爲後學津梁，乃求什一于千百尚不可得，惜哉！

捐資補刻

劉永宦字錫爵，太學生

劉鈞字秉中，歲進士，候銓儒學

十世孫書香生京、廩優生章校字

嘉慶八年歲次癸亥三月上浣日

谿田文集搜遺

五言古風

有感

癯骨宛如鶴，病顏真似叟。浮生過白駒，世態變蒼狗。磊落非我能，�依誰咎。矧時尚嫵媚，嗟已拙矯揉。更慚遲鈍質，無賴雌黄口。忙忙名利場，不如學五柳。

秋日與管大夫鳳儀遊城南名醫廟有作

曉出城南門，迤西瞻神廟。神廟號名醫，繪塑容儀肖。上有嘗草圖，下有雷針爝。風生虎守林，雲擁龍即剽。庭深古木陰，根出蟲蟻竅。病夫紛往來，灌奠祈神療。祠多鳥易馴，踵接曾難紹。或夕夢湯藥，朝起忽輕僄。西郭管鳳儀，爲我述其要。嗟今黎庶尩，所在足恤弔。深懷聖主憂，未獲十全料。愚亦沉疴人，環視空長嘯。安得諸名醫，夜示神方妙。奄收嘗草功，坐見哄堂笑。李容齋瀛三原縣志

五言絶句

題扇面景

白雲擁翠岱，青松罩碧天。不是瀛洲地，如何有二仙。

五言律詩

送令歸蜀

行行出城阿，繫馬石皋邊。翁歸自玉闕，將泛錦江船。犬睡花前月，人耕埧裏田。行修新政美，記取是壬年。

喜雪

看雪發清興，巡檐喜獨吟。飄花拂面濕，妒舞落階深。歲暮初呈瑞，郊坰勝雨金。開樽聊一快，爲爾惜分陰。

送許少參之任湖廣

方岳于今重，薰風及此行。鳳池餘翰墨，秋署寄廉平。風偃湘西草，雨催湖外耕。名藩聊借力，回首即彤庭。

峽石晚行

羸馬怯修程，逗遛值夜生。鳥從花外囀，蛙向池間鳴。雲暗星含彩，石多水弄聲。煙村才近眼，杳杳一燈明。

張弟

入得張弟界，乾坤洞裏看。猿聲哀破谷，鳥道沮征鞍。日鎖愁雲下，風悲古木端。出山三十里，眼界漸教寬。

新豐四首

雨後中秋月，天清真倍明。賓朋皆我樂，魚鳥亦人情。星沼潛難定，風林睡自輕。故人當此際，千里憶寒盟。

良夜月偏白，高人詠未眠。池星疏點漢，花露密侵筵。垢盡真通道，川同豈問禪。持盈觀易象，時玩地山謙。

天上月無憾，人間酒合勸。琴來聽友弄，詩就倚樓看。池鳥踏星宿，荷珠點露盤。花遊無限好，人竟少爭端。

南漢列虛宿，東林滿月華。空庭下落葉，疏樹亂鳴鴉。露竹光堪摘，風花影易斜。故人思不見，惆悵飲流霞。

七言絶句

分襟橋二首　父馬靖巖公與友人别橋上

頭上金絲換玉絲，膝前兒女又生兒。出門早晚經師墓，猶把行藏跪致辭。

橋上分襟悵别時〔一〕，風吹蘭臭牧兒知。幾回貪對黄昏月，不覺雞鳴是曙時。

與良温羅署丞

今年監酒使時英，梅味全除竹葉清。桑落釀成曾獻否，君王應説賽金莖。

題武處士二首

雲巘含流面面同，林梢泉落路難通。洞天屬我誰書券，南社山人武四翁。

谷口閑人號逸仙，白雲深處買山眠。瀛洲居士來騎鶴，爲步煙霞星宿邊。

〔一〕賀瑞麟三原縣新志卷一「分襟橋」條目下亦載此詩，「時」又作「離」。

夏聞布穀

四月麥秋布穀啼，村東語罷又村西。農家播種休看曆，趁此深耕雨一犁。

寄韓小山伯梁

豸繡歸來黑髮時，小山深處日遲遲。一函周易焚香坐，門外浮雲總不知。

山居即事

鑿來營窟傍青山，蔓草平鋪四面閑。無限個中寂寞事，雞棲豚柵伴柴關。

四皓

一味煙霞是痼疾，到頭肯輕謁王侯。不知羽翼非真皓，枉被唐人笑滅劉。

子陵

故舊當年總拜官，羊裘何事戀漁竿。漢家節義高千古，只在桐江一釣灘。

穆生

記得當年見我時，聽來談吐已奇之。而今又得相遊久，筆落風雲妙絕辭。

題扇面景

數株煙柳橫清流，萬疊雲山面面投。個裏何人拋世故，扁舟鎮日任遨遊。

高村早行

雞聲茅屋月初殘，正是征人復去鞍。天遺西風撲面惡，豈知鶴骨不禁寒。

寄商南州劉守

紫芝巖畔綺黄鄉，桃李曾栽樹幾行。近日劉寛牧此域，東風看拂萬花香。

鄭泉二首

谷口耕雲遠市廛，無才不作劇秦篇。江山老去多新主，今古人間自鄭泉。

谷口先生種石田，莽家興日抱雲眠。漢朝陵墓知多少，惟見行人識鄭泉。〔二〕

題潼關

虎踞龍蟠此要津，迢遙懸處不生塵。行人若問金湯固，半屬山河半屬人。潼關廳志

題斛山

明月山前水帶圍，菜花開盡柳花飛。山川誰爲爭光采，太宰莊東有繡衣。富平縣志

〔二〕 據李慧咸陽碑刻載，第二首又作：「谷口先生種石田，椒房炎日觀雲眠。漢朝陵墓傷樵牧，唯見行人指鄭泉。」

七言律詩

望山

清溪南望太微山，拔地凌霄星宿間。萬豁籟鳴唐李杜，層岑壁立漢遷班。吴峰危蹙樵漁額，仙掌輕怡綺角〔一〕顔。願得嵐輝長似舊，採芝人臥碧人閑。

送范憲副之任廣瓊兵備

憲臺難措歷年久，鳳敕丁寧豈憚勞。征馬衝寒嘶去路，家山停旆醉香醪。珠崖深谷奔豺虎，海上狂風息浪濤。更擬王喬著雙履，朝來飛下五雲高。

和張副郎維約留別韻

賀表宣完出禁城，驪駒朝罷頌昇平。篆煙一炷行林晚，沙雁群飛冀野晴。豚犬遠攜傷客淚，涇流不盡此鄉情。秦山若

〔一〕「綺」指綺里季；「角」指角里先生，原作「角」，據改。

問家中事，但見霜毛一半生。

閏臘月十五夜雪霽

雪滿山川月滿輪，雙輝豈獨爽吾神。桂花搖影千江曉，梅蕊飄香萬戶春。頓覺乾坤清世界，應知海內淨風塵。悠悠此際巖前客，笑指彈冠白髮人。

早朝　乙酉歲十二月七日也

內傳今日聖躬安，不聞鳴雞趨百官。紫陌分明星似晝，丹楓吹動曙猶寒。龍顏如醉從天降，戎服難禁仰面看。師保從家致辭寵，何當馳報萬邦歡。

送范憲副赴任廣東兵備便道省墓

十年汴水仰清芬，此日逢君却送君。悵望瓊山天漠漠，蒼茫歲暮雪紛紛。冰壺不注貪泉水，玉節先瞻隴樹雲。百粵古來難化地，范滂今去淨妖氛。

風木餘思手卷爲用載題

喬木森森百尺危，冬殘苦恨大風吹。月陰無影留中夜，烏鵲失巢啼暮時。一夢驚回衾枕濕，百年追慕此心衰。強題兩淚因君墮，渭水風號隴上枝。

戲答雒太博相招

即欲倒裳趨綺席，忽然往事激心胸。君侯門下歌長鋏，枯木堂前聽梵鐘。凜冽霜風侵骨冷，慇懃斗酒感懷濃。豈無清興對君使，數數銜杯底□容。

寄王大

曾折都門柳一枝，送君西去不勝悲。夢回清夜千般語，書付賓鴻萬種思。錦里館中延後學，浣花溪上和新詩。功名久近知誰是，珍重殊方慰我私。

集張用載宅時葉内翰至

諸客車馬集門外，太史攜壺亦過庭。席上清淡消鄙吝，壁間古字想儀刑。菜傳鰕首嘗初次，酒出金盤瀉未停。人世相逢能有幾，何妨今夜坐天明。

送耀州趙太守三載入覲

石川漁父宿煙蘿，聽得雲間幾棹歌。漆水潤寛生瑞麥，鑑山光遠秀嘉禾。黄金地閴書聲迴，黑髮人歸襁負多。明日渭陽看柳色，愁顔強酒不成酡。

壽浮巖晳處士八旬

玉液擕來巀嶭東，蓮華峰上壽仙翁。雲團雖袖擎天手，桂影却栽畹露叢。豸繡舞清河水碧，藍袍歌曉玉山融。從今三紀成頤算，鄭谷商顔主月風。

别費先生

圖書滿載出芹泮，惆悵諸生賦北梁。化久漸成桃李實，心懸寧厭斗山望。紅雲天上勞夢想，明月江頭照别航。榱桷正慚偃蹇在，先生又去□明堂。

送喬景叔僉憲入蜀

金陵蘭酒艤船傾，井宿文星向蜀明。豸舞筵生蓮嶽影，霜飛鴻遣錦江清。琴沾紫閣花間露，珮拂青天路上鶯。弼吾閑一仰杜甫，升階不必問君平。

送劉時勤通府北官平定

堯封胡集聽簫韶，王屋笳鳴境寂寥。禦寇連年空鼓角，用言今日到芻蕘。域中已遣牧爲守，閫外休愁犬吠堯。容貌過江宜自惜，丹青入閣任人描。以上二首從墨跡録出。

散句

北堂萱草花將老，愛日頻來笑眼看。

小窗莫聽黄鸝語，踏落荆花滿地飄。

夢中春草方吟句，釜裏然萁莫浪炊。

漫聽黄臺瓜蔓賦，令人却憶北山歌。

嚶嚶鳥喚枝頭上，休使鴟來亂好音。三原縣志引韋弦自佩録

曲

喜遷鶯　送程某行取帳辭

英明神授，占黄榜高標，暫佩墨綬。鐸振春風，琴鳴時雨，揮試經綸大手。暖日光生寒谷，秋霜滌盡稂莠。眼見華池民物，齊登康阜，杜母恰道是，下荒城太暮。鳳詔却來陡祖帳，頓開攜鶴仍共棠。樹緑陰何厚，祇教那以轍急留，不住臨淮叟。回首看，簪華玉階，納約自牖。

和皆御史清江引四首

緑楊枝上鶯啼曉，煙糅連天草。層霄梟翼飛，萬石琴聲遶。煩惱殺，赤兒離懷早。

春雨無聲滋物小，妝點出三川好。人纔入錦時，誰奪天工巧。望斷雲中，飛烏〔一〕藐。

亭遙遙見旌旗繚，人臥征車道。空揮盤露杯，益惹折楊惱。淚河傾，九曲黄流小。

笛裏陽關聽未了，逝水縈懷抱。空遺琴操聲悶殺，知音老。春去也，花落知多少。

〔一〕「烏」，疑當作「鳥」。

贊

題孫處士像贊

伯父叔季，敬讓允修。維君刑之，秦越與儔。掌克有珠，巢亦有梟。撤我桑土，誰呼誰號。有婦在室，有雀在門。我送贊言，維鄉之惇。

魯倡外父贊

傾然其躬，温然其容。雖爲江湖販子，而一腔心事濟人急、成人美。猶蹈賢達之高蹤，與物以德寬而弗刻。暢懷心樂，酡而弗忒，其視瑣瑣，不知足而戴盆乎人世者，其真不赧色也邪。

張介贊

古爾肖而且弗華靡，慎爾止而且弗佔亘，勤爾生而且弗德色，翼爾家而且弗舛謬。噫已矣，雖弗永爾壽而亦且衍爾胄乎。

介婦贊

笄而乃柔，婦而乃則。相而夫子，能以道而靡忒。

李處士贊

魁度外懿，威志中含。早客江湖，晚跡煙嵐。襲善士之高風，入鄉評之美談。噫公已矣，其風韻尚亦有人焉。以之也則，於公乎何慚？

界方贊

矗爾形，介爾中。斂之則咫尺不嫌其小，放之則宇宙不見其洪。錯綜萬用，衡平鑑空。

馬班贊

貌若照兮而辭厲于金，行若峻兮而情温于春，勤儉殖財兮而甫田拓于百畛，公平宰事兮而美譽馳于一。窘介爾眉，壽享爾景，福相羊乎林間而亦不大，悳于乾坤也耶。

班妻贊

筓而洪支，孔秀厥色。逑而君子，孔愿厥則。於乎跡爾風範，孔賢厥德。

李曾母贊

筓也而頤之以淑貞，字也而蹈之以敬慎。上也而羡之以温恭，下也而承之以風訓。賢哉斯母，獨惜其天稟優而天年吝邪？

寇大備像贊

山居而岑，水居而濱。乃有遠識，可愛可欽。郡邑爾諶，託腹託心。縉紳爾任，用晦用沉。予昔有琴，君乃識音。相與燕胥，山陽水陰。山猶嶇嶔，水亦未滲。君歸不復，淚濕我襟。

玉坡張公像贊

莊祖純孝，静翁忠賢。夫子承之，忠孝兩全。春陽易即，風霆曷續。涌泉有文，精金美玉。玉坡奏議

題辭

澄城縣志題辭

世孰爲大，文獻居先。文獻弗足，聖明焉傳。郡邑有志，是謂之文。山川聖明，賴以著存。嗟伊澄城，西安巨邑。迺無志文，君子所急。嘉靖己酉，徐令效賢。有志斯文，採獻纂編。明季庚戌，敖宰佐營。踵徐芳躅，斯文迺成。石子道立，文發於質。聚書考索，仍恭秉筆。教諭魏孚，司訓二王。爰加較正，偕敷膂膓。谿田馬氏，覽知攸珍。是用題辭，歸諸梓人。

澄城縣志

銘

界方銘

眇矣其形，萬方以正。自小徂大，由短尋倭。錯之綜之，誰非爾聽。爾身克正，敢不類應。少或歌之，自喪御柄。無曰害細，厥害何勝。介正之術，惟人是定。依焉正人，載儆載令。墮邪之手，駸邪靡竟。告爾正則，乃終有慶。

高夫人墓誌銘

高夫人者，雲南左布政使寧州呂九川先生道甫配也。夫人先世本州政平鎮人，父爵任山西高平訓導，初與九川父禮科給事中贈君同遊學，高平翁配馮氏生。夫人重厚不妄言笑，翁誨以女誡、孝經，通大義，馮教以內則。諸女紅精善，交愛之時，贈君歿，王太淑人寡居，撫九川及次子，封人□□貧，間媒氏求字夫人於九川，夫人祖母趙欲許商家，高平翁曰：「女貴擇婿，呂氏世業儒，是子器宇不凡，可妻。」遂許婚。

及歸，翁如高平，姑嚴而屢空，親黨以爲難。夫人退，雖懷思二親，進而事姑則和愉。蓋太淑人所執田桑，薪汲紡績，諸內外事，無弗安而代之。用稍裕，姑念賓祭及先業爲伯氏先者，復念伯氏貧，欲時饋之，夫人皆徯志以應。太淑人大悅，於是九川獲肆力於學，嘗閉戶讀書，無他矣。

時太淑人既嚴訓於上，夫人又贊於下，故九川登弘治辛酉鄉舉，正德戊辰進士，歷戶科右給事中，禮科左給事中，吏科都給事中，蒲州同知，山東布政司參政，四川按察司廉使，雲南布政司右布政使，左布政使。夫人亦封孺人，進今階焉。九川在科日，每欲上封事，夫人必贊之，太淑人或憂虞，輒託所聞慰之。正德末，九川在蒲州沮中官黃玉橫歛，得罪下詔獄。每使還，恐驚太淑人，必使善白之。又進而問且慰焉，退則深戚，故太淑人稍無恐。時少子阿瓜思父，日呱呱而哭，太淑人聞亦哭。每嘗哭時，嘗誘之遠太淑人，後年餘亡，懼九川憂，不以聞。嘉靖初，九川獲出獄，擢參政，則稱賀太淑人置酒而壽焉。

封人子顓十歲而失母，時子顒五歲，偕撫于宦所而督之學，其愛顓也而甚於顒。九川以母家失先業，取外弟王評與諸子學，夫人視之，一如顒。後顒登己卯鄉舉第一，癸未進士，授户部主事。顒登壬午鄉舉第七，顒弟頎及評入學，頎弟碩生于肖氏，室皆大喜，稱賀太淑人。封人之歿也，太淑人哭，夫人亦哭，過慟則抱顒子，思抱至膝下以慰之。凡之任必扶侍太淑人以行，諸内事雖至細，亦禀命，無敢專者，故太淑人順於上。九川在公，所在盡職。子姓學有成，諸來順之，交無或失也。九川之四川，太淑人畏棧路險，弗往。夫人亦弗往，侍甘旨焉。擢雲南日，九川歸省，欲終養太淑人，不可。夫人曰：「茲擢君，命也。母又命之，義不可違，請妾留侍養如前，君往則忠孝兩不失矣。」九川乃行。明年太淑人感疾，夫人籲天，乞以身代。及卒，日夕慟哭。是秋，九川奔歸，以遺言告之，又慟哭。比葬，又日夕哭。

至庚寅春，顒陞刑部四川司員外郎。夏初，頎生子，兼廩倉學宫，喜憶太淑人，又慟哭，乃積成内傷。既而遇外感，遂六日不汗而卒。其卒也，九川哭之，曰：「君純孝親，又勤儉慈義，助予不及，今乃不起。前日見吾招客，農圃積書，課兒孫誦習，諄諄勸曰：『君剛方忤時，慎勿復出，以此終身，以不盡之福，留兒孫足矣。』慎經深然之。於戲！君，吾之益友，其言猶在耳，乃不起也耶？」

姚安人墓誌銘

姚安人者，蒲州永豐廂人，奉議大夫、衢州府同知、敬菴居士之長女，宣化坊嘉議大夫、陝西按察使南澗子之配也。年十七歸南澗公，時翁封君匏公爲鞏昌府通判，姑李太安人從南澗侍膝下，學安人相焉。南澗公後中正德庚午鄉舉，辛未進士。授户部主事，陞員外郎，轉河南按察司僉事，兵備大名。等遭外艱，補湖廣僉事，陞副使，撫治荆、岳等府。忤于時，謫四川敘州府通判，陞知成都府，轉副使，兵備建昌等處。及今官，得安人内助力居多。

安人莊嚴有容，不妄言笑，聰慧巧思，凡爲衣履飲食女紅諸内事，種種有度，且稍通典籍聲律，學工楷書，多識古中孝貞烈士女行實。閑居時南澗公講談，或令子尹挾册，道古事必究其顛末乃已，尤工畫與弈方。南澗公值逆境日，每炰鼈膾鯉，宜鳧與雁共酌對弈，或講説古今吟詠酬和，如南澗公所録除日聯句云：「千鍾君共妾，百歲妾同君。」即其一也。故南澗公相與好合，如鼓瑟琴，日怡怡焉，申申焉，不復知有逆境之可戚也。

南澗公自筮仕，一切閫政不與。安人恒自治之，百爾用物，纖芥出入，必經其手。每儉而有制，豐而得宜，無弗當公意者。然隨事進規，公嘗病酒，安人不堪其憂，輒勸以節飲，至流涕而道之。迄公從他日，謂人曰：「予性嗜飲，今節，安人力也。」南澗公之所新命也，堅欲還蒲而後之任，安人緩頰諫曰：「還蒲誠所願，但蒲人與秦人夾河而居，素相親狎人事，須兩月可畢，恐奸人要囚乘隙生事，若由此徑抵任所，則事端可息，他日無遺憾焉，若何？」公以白太安人，亦深以爲然，故不復之蒲而之任。事太安人一茶一蔬，必嘗而躬羞之，寒暑無間。凡問對，恒柔聲下色，若有所喜，然故恒得其懽心。其事南澗公亦猶太安人。嘗謂公曰：「仕至中流宜早退，以同樂山水，終其天年。」公深然之。平生不取世俗，婦女再醮，以程子之言爲正，凡所好惡，雖事細，無弗與南澗公合者。故南澗公與相得殊常，其御婢妾，愛若己出，有過必懲而曲直攸分，有與必均而老少有度。處南澗公兄弟子姓宗親，無弗宜也。

故其卒也，太安人朝夕呼，孝婦哭，婢妾行坐哭欲殉，子婦憑棺孺子哭，各不欲生。南澗公尤痛劇，哭曰：「予心安人知之，親者知之，疏者亦知之，予必不背忘安人百年開壙重事，予終與安人共焉已矣。」匪賢能如是哉？

安人生於成化二十二年二月初八日亥時，卒於嘉靖九年八月二十二日戌時，享年四十有五，其諫南澗公而抵任也，爲八月七日，后閲八日感疾，又七日乃不起。嗚呼惜哉，是宜南澗公劇痛在心，音容在於耳目，不暫忘也。安人生子一，即尹習舉子，業婦解氏。南澗公將以安人卒之明年某月日，葬于河東城南大澗里之新塋，書來問銘而語其痛焉。予亦談虎而被傷者，南澗公之心誠知之矣，是宜銘銘曰。銘辭闕。

明敕封李淑人墓誌銘

李淑人者，吏部左宰遲齋翁配高平處士璨女也。幼凝重不妄言笑，處士愛之，爲擇配，久之乃曰：「吾於澤川得士焉，孟子敏而諒，直而好義，可妻也。」遂以歸之。

時淑人年方及笄，事姑王淑人及從姑成氏、牛氏，咸稱孝焉。與娣段氏居，段興讓而不與睽也。相遲翁學，恒雞鳴而興，夜分而寢，或作輟，即婉以諷之。是後遲翁乃登弘治乙卯鄉舉，丙辰進士，授官南刑部主事。歷員外郎郎中，守嚴州。正德間課治行第一。擢太僕少卿，再擢宣府僉都御史，謫甘涼參議。今上御極起尹應天，晉右副都御史，撫順天，再陞戶部侍郎，改吏部侍郎，再轉左少宰。云刑部績日考，獲贈承德郎，刑部四川司主事。如其官，母王氏封太安人，太僕日考加贈中憲大夫，如其官，王進封太恭人，撫順天日恩封通議大夫，贈二代祖考如其官，祖妣及王太恭人俱贈淑人。淑人亦由安人歷恭人，進今封焉。

子階則亦由太宰廕，入太學矣。初南寓刑曹日，淑人曰：「夫刑戮加人，重者死，輕者辱，夫小人惡死，爲其不可生也，君子惡辱，爲其不可雪也，故先王慎焉。與其誤死，寧誤生；與其誤辱，寧誤容。誤生誤容猶可悔也，死且辱無及矣。君其慎之哉？」遲公曰：「然。」寓嚴州日，曰：「守令所以保民，妾聞賢者保之如其赤子焉。夫赤子無知，寒知號而不知衣也，飢知啼而不知食也，臨深履危知往而不知避也。慈母未寒而衣，未飢而食，未及乎深且危也而趨，爲求避焉，夫然後安。期君子保民如是焉，何如？」遲翁曰：「然。」其他儆戒類如此。

初長子陽從宦遊，淑人誨之學曰：「昔爾父篤學，夜以繼日，故邁跡至是，爾勉而肖焉，可也，否則辱矣。」陽由是奮發，中丁卯鄉舉第三，甲戌進士，明年授行人。時遲翁在宣府，陽置酒壽淑人，淑人曰：「爾名則成矣，志將何如？」陽愁然曰：「陽食禄於朝，身屬公家，非復阿母有矣。儻公家有事關社稷，兒不忍自保，必死諫之於母，若何？」淑人笑曰：

「爲臣死忠，是亦孝也。爾能爲滂，吾獨不能爲孟博母耶？」

是後宸濠不軌，謀天子幸其國，因乘隙肆逆。時武廟左右爲所誘南狩有日矣，言官懼而諫之，弗聽。於是百官亟諫之，又弗聽，則縲絏之將梃而殺之。陽曰：「君危如此，豈予自保時耶？予嘗言之矣。」遂不復白母，與其僚連疏以諫，疏入乃縲絏而死于梃下。淑人哭曰：「兒果不負國矣。然許爾死忠，是吾殺兒也，吾殺兒也。」時死者多哭，聲徹内庭，武廟亦感動，鬱鬱弗啟行。宸濠知謀沮，遂稱亂，守臣乃得而平之也。及嘉靖改元，上録死諫者功，諭祭陽，贈監察御史，仍封其妻顔氏爲孺人，廕其子。顔入太學，淑人又哭之，曰：「兒不死矣，使兒當諫，時不從諸死者死，俾宸濠謀行驚乘輿，吾輩死且無所，吾兒亦焉能生哉？今兒乃不死矣。」

遲翁之如甘凉也，陽奉命使關中。淑人因陽奉姑王淑人歸，及途而殂，淑人日從靈輀泣焉。既抵家，毁甚。昕夕哀奠，以待遲翁，凡弔而來者，無弗賓也。比遲翁至，相諸大事，自始奠及襄事，無憾焉。先後事王淑人四十年，色養而弗離左右，寒燠癢弗問而知，事從姑皆如姑，故咸稱其孝也。與堂娣姒婦五世同居，始終無閑言。

子男五人，長即御史，陽娶顔孺人，即録功日封者生員温女也。次隆殤，次即恩生階，娶陳氏指揮謨女。次防聘顔氏處士時中女。次補五幼女三人，伯孟歸趙儒士寵；叔孟歸劉宗伯辭，子承爵；太學生李九德者，聘季孟矣。孫男三，長即恩生顔，聘龐少參師孟女，次順聘援指揮李逢陽女，次頎俱階出。孫女一，曰金菊，儒士王納諫婿也。

淑人生成化乙酉正月十四日，至嘉靖戊子七月二十九日，壽六十有四，卒。是年十二月十八日，卜宅於澤城坤隅楊家凹之陽葬焉。明年六月既望，階手爲狀，使來問志銘，理嘗事遲翁于吏部，又御史同年進士，及死事時友也。淑人之賢亦嘗聞之矣，爰次其事而銘之。

銘曰：「於懿淑人，沉沉靖恭。擇斯歸斯，肅肅雍雍。肅雍伊何，恩義是敦。五世同居，迄無閑言。乃孝其姑，痛癢與通。乃穀爾嗣，失死守忠。乃相少宰，名位駢躋。瘞玉兹丘，太行與齊。」

趙孺人墓誌銘

趙孺人者，吾邑玉坡張子配，東花園趙氏女也。玉坡諱原，字仕元，登弘治乙卯鄉舉，正德甲戌進士。初授吏科給事中，以直諫謫貴州新添驛驛丞。嘉靖初復其官，補兵科，陞戶科右給事中，竟以諫死。孺人前此獲今封云，玉坡事詳本志。

孺人祖昂，永樂初鄉舉選授上林苑銀杏署署正，父愷授主簿，歷清豐、和順、肥鄉三縣，一官十八年不遷。云初與洛陽晦庵劉公爲友，公和順日以公事至京，時劉已入閣，造其宅，直坐堂上，僕怪而問之，曰：「謂汝相公，呼某來吾與言。」僕不知爲主人小字，走以白，主人笑曰：「此必吾友趙彦康也。」趨出而見之，因令陳內饌食公，公徐呼從者出土宜，候吏環視之，乃織毛袋耳。皆掩口，主人亦大笑。公殊不動色云。配林村李氏，玉坡稱其持家勝丈夫也。是生孺人，年十八歸玉坡。

事翁憲長靜庵先生、姑程淑人孝，逮事祖姑孝莊翁，配竹氏，竹頻歿，執其手，託靜庵先生、程淑人，曰：「是婦孝敬，宜我盍善視之。」後程淑人痿痺，凡臥起盥櫛飲食，皆孺人贊之，便溺亦親滌廁牏而待命焉，凡五年如一日。孝莊翁諱昶，字世宏，純孝王祥之儔也。靜庵先生諱曉，字光曙，人謂先生逮玉坡世顯，皆孝莊之慶云，其詳載家乘。

玉坡好客，孺人與同，情及嬬諸子，有親友至，延之如初，或無具即脫簪珥易之。玉坡之復補兵科也，孺人扶母孝而從。未幾，李思歸，玉坡留。孺人曰：「人家休咎叵測，苟思歸而不得，他日有遺悔不可追也。」玉坡乃使人送歸。比歸，其子婦相繼歿，李及見焉，舅氏李得濟之，妻江氏，冬啼寒於孺人，孺人即解諸燠衣裳而衣之。母弟之歿也，其孤老姐幼乃收而子之，見族屬之貧者，必問其日用，知不足則周之，凡婢僕有過，務覆蓋焉，甚則誠諭之而已。憐老幼癃疾之丐者，令炊者日出各食品少許，名曰盆頭，以待其人。或食時至，則給食，非其時，則盆頭焉。其少壯者否，有盜園葱、反林木者，獲之，白送官。孺人令釋之，曰：「夫送官則刺文其身，靡由悔改。今暮夜釋之，全其廉恥，安知其不爲善邪？」孺人初在室，及歸，用常豐裕。中年值玉坡謫，家貧，所食漸惡。及孀，累遇凶歲，日益不給，間絶糧而容色自若云。

性醇慧勤慎，女紅無不精絶，耆年而耳目聰明，刺繡不輟，晨興必問耕省織。親執勞事，諸郎或勸少逸豫，即以古訓折之，弗入其言。通孝經及日記故事，暇即爲諸内人講說，冀其則焉。母李之疾也，迎而養之如程淑人，歲餘不愈，乃送還趙氏，居無何卒，凡衣衾棺槨皆自備焉。先淑人疾，孺人事之，至容悴髮白。及卒，自傷侍姑無功，痛哭。及玉坡死，傷其非考終也，又痛哭。至是又痛哭，遂成痼疾云。然恐諸子之憂也，恒諱之，比劇，猶對之談笑弄孫。至是遂不起云。是爲嘉靖壬辰十一年二月四日申時，距生成化癸巳九年十二月十四日申時，蓋六十年矣。

生子男六人，曰維德，娶王氏，繼李氏；曰維哲，娶杜氏，俱縣學生；曰維熙，娶王氏；曰維一，娶李氏；曰維善；曰維敘。殤女五人，殤孫男一曰侍聘馬氏。孫女二，曰大姐，適秦子男；曰二姐，許適李苾。

維德等卜以是年十一月二十八日，啟玉坡壙而合葬焉。玉坡吾友也，二生又從吾遊，夫孺人之賢，聞之熱〔一〕矣。是故爲之銘，銘曰：「清河之曲，有木如雲。忠臣孝婦，於茲焉墳。於萬斯年，其遺芬。」張玉坡遺芳録

知春老人寇大備墓碣

知春老人者，姓寇氏，諱元，字大備，淳化南浮里人也。少遊鄉校，通書史大義，稍長，有知謀，好從賢士大夫遊，不畏強禦。里有凶人爲盜主，盟烝父妾而虐其族，父恚而死。他日，老人問其鄉人曰：「今歲樂乎？」鄉人曰：「二害未除，何樂之有？」老人曰：「其謂凶人未除，盜賊未息矣乎？」曰：「然。」回使其宗人首其事于御史，己從而證之，凶人遂走死，盜賊隨息。

〔一〕「熱」，據文意，疑當作「熟」。

淳化有劉令者，山西人也，調郃陽令，繫西安府獄，獄成而革其職矣。老人聞，急馳而赴之，求所識王郎者而白其誣，王郎故與守厚，語其冤而令獲，全由是老人。有聲于三原、涇陽、長安、咸寧間，故凡諸邑縉紳先生，老人往往識之，亦往往與之交也。

予與老人交二十八年矣，凡吾鄉有山水佳處，必以告予。予登臨輒導之，終歲不厭。鄉人見老人與予密也，或以請託事託老人，老人輒笑而不答。或見老人與士夫遊也，疑其積而能散，就而千之弗獲乃已。其亦淺之乎，知予知老人矣。淳化學故面牆，老人即井陘人畢丞，謀而徙之。淳化二三子欲學，老人導之來三原，三原建嵯峨精舍，老人董之。正德間嘗謂予曰：「遲遲乎其行也，吴鎮、華嶽、終南之勝，吾從容與先生盡之。」去歲之冬尚三復與予，有商山之約，今乃不起，痛哉。

書

與康對山書

行日天寒，不及湁西，一別此心殊闕。然抵京後，懷抱不適，即欲西歸，相拉卒歲於終南、太華之下，然臥病在告，累月未遂，奈何想遲。秋後此約可諧，相從亦不遠矣。所居與涇野爲鄰，幸日夕得往返，相就言笑旅，況庶不孤耳。涇野情事頗同會東谷，能言也。

與呂涇野書

克述所知動靜爲慰，顧歲不得書，無乃過疏也耶？林下日長，想多著述，便中可見示也。昔示都下薦紳，有得孔孟學者，近聞其言則亦邪說耳矣。寡陋之見，不敢與辨，亦莫能與之同也。子敦近專經爲學，學益篤實。仲鳧易多新知，久詣秦、漢間矣。仲修治體，明習奏議，駸駸賈誼行也。道甫平心處物，臨事犯難，在朝有公議矣。惟理也，日荒月蕪，猶夫人焉耳，夫實不及而毋以名處焉。公不足而毋以私滅焉，舊未敦而毋以新加焉，是則有志焉而未能也。慚慚負負，不盡不盡。正月五日。

尊叔母侍者處草次，不敢奉書，冀致微悃友朋，及權生、張生輩，與理者希道意也。

連日天忽作寒，甚於臘月，七日八日恐落雪，赴會不便。擬元宵後十六日寺有遊人，十七日可不更約而直至寺中，如何？惠濟寺對山及吾子俱周，季靈屢欲持鐵筆刻之。若至日，使季靈刻之，亦一事也，如何如何。否則幡竿寺已也。小兒久廢書，冀教之教之。正月五日。

舍親張六素者，婿之伯父也。家園種柏甚富，向聞執事先塋欲樹此物，有願饋意，理欲婿謁門下求教，使因自獻之，未告也。昨者主人親詣寒舍白云，春來土脈將動，樹藝維時，過此則失時矣。小園之柏，呂子及吾子當分取之，故敬問暨執事，使人來也，餘不具。正月五日。

執事欲觀先君書院箴範稿本，緣先君遺稿頗多，別本又多。理往京師後，小兒修理房屋，乃貯徙諸遺書他所，其箴範定本遂失，所在方尋索謄。奉問老母，乃臥疾，殘軀及家人先是亦疾，近弱息亦疾。先隴又復栽植樹木，修築牆垣，所欲奉命者，故復中已。去歲擬今春首謁奠先夫子墓，下乃再負夙約者，亦以是也。比又問執事，偶獲血疾，不得躬視罪罪，然血疾恐爲憂中，過於哀毀，焦勞所致，當以茯苓補心湯主之。向此方得之張文光，文光得之李孟卿，理因伯光醫兄疾，投之甚驗，時掘小薊燒菜食之良，理百憂攢心，言無敘惟照亮。二月八日。

高陵之行，屢戒屢廢，擬秋涼，賤體稍適一至。然未敢預爲約也。吾子諭祥既久，乞勉進蔬果麵食，以慰先靈，是望。近人來武功，得對山信，春末喪其少子，可痛可痛。然理亦未及作書弔也。便中奉問不悉。

一川至蒲州，毁東嶽，非地下祀，祀帝舜，配以夷齊，及時賢文清公輩矣，一川即九川也。七月十四日。

昨承遣趙、楊二高弟來弔問，俱有禮度，且道吾友之所以教者甚悉。趙慎而儉，楊文而恭，皆佳士也。來教謂理宜有所告，顧以理之不敏，當哀病中，夫何言哉？緣二子再四以來，教迫逐義不可辭，以故略述平日商確之論，一一答之第塞責耳。實於渠無所裨也。但楊子謂吾輩當是江西之派，理稍論南北，傳授頗不相接，見今江西之學有書可考，況庶東之於江西，師生所得已自不同，愚輩又安敢附其派也。若江西之風聲所著，使後學之人聞而輒生慕心者，則有之矣。以是語之，未知可乎否也。

前所託，擇其可求者而求之。得所謂張阜兆巖者，即仕原之從弟，今爲太學生者也，夫既具之數日矣。秋來農事稍忙，故不得專人報且致之也。其數爲三十兩，如不足用，當更圖也。脫儉用可足，則亦勿復用圖矣。如何如何。武功對山所人來有滸西集定本，將達諸執事，今在初亭所俟，覽畢當敬奉也，不備。八月四日。

久闕奉慰家兄行，因以致悃，亦以家兄數欲弔吾子耳，不意哀中取擾太甚感感。家兄所云稱貸事，今已有辨，無庸舉也。勘合事祥，後還當一往，匆匆言不盡意，尚俟更徐復也。十月望日。西渠或云謫驛丞，然不詳地方，恐亦虚消息也。近讀温公自題畫像詩，心竊愛之，想亦執事之所喜也，故奉之。外唐人集帖一幅，併奉上。十月二十一日。

賤疾承屢問，感感然。今幸小愈，但飲食後腹中殊不快，且不生肌膚氣力，徒昏悶耳。又家人尚多病，病者起，行者復臥，是理罪惡積深，天罰之不已也，何尤何尤。前先妣累蒙弔奠，及會葬未能一謝，實以此故，罪過千萬，諒執事亦察之也。理實自十二月二十四日虞事畢，輒得内傷病，正月中甫愈。二月八日後得此疾，内外俱虚，故病多日耳。友朋理未及謝者，亦望以此告之爲荷。令親鄧秀才開名事，彼弗從，臨時只作假，亦無妨，如何。三月二十日。

端毅公夫人墓表并先君志銘，如脱稿希賜温生帶還，他日理當躬自造府謝也。即日病愈，可趣裝北上，病作而歸，病愈而起，雖旋作旋起，不爲害。京師諸友，乃有斟酌出處之説，此理所未喻也，喪病中不暇與之深講，故特聊爲吾子言耳。世觀曾與談及，不知昨過吾子，言之否也。聞屢向世觀所稱貸未得，如必欲得之，以濟所急，當見告相與區處之也。餘不悉。十月二十一日。

高弟及高生輩承遺致祭先君感感，諸君不及另爲書，謝希道意。

與執事相邇者二年矣，以喪病之軀不得時相親就，以求漸磨之益，中心恒如飢也。今執事又將爲千里之别，而不肖尚焉所望耶？念惟執事迪德日新，俾明光于海隅，則不肖之所賴斯不爲淺矣，茲往見故舊，亦以此佈之。十月十三日。

十二日静夫之子還，得侍者十五日去信，冗中不得，更拜餞，故遣弟珊來也。外菲物不足爲儀，聊將敬耳。以上從墨蹟録出。

序

賀封君寇毅庵老先生耋壽序

榆次中丞寇公，巡撫陜西三年，於是大父毅庵先生誥封嘉議大夫，都察院右副都御史矣。是年適壽躋八袠，關中人士咸走賀。理友中丞受先生教益久，能無祝願乎哉？

念昔弘治戊午，理始鄉舉，赴會試，經榆次，訪故人罕山金氏，中丞亦罕山友也。聞客至，僧寺偕來視客，明日客報施。

又明日胥餞客於北郊別矣，時主客未有見也。越三年，辛酉中丞鄉舉。明年，俱會試下第，入太學時相見，而講說見所行事焉。於是理見中丞之心，中丞亦謂理有足諒者，乃謀同舍居，遂定交焉。時晝而同者七八人，晝夜同者四人，咸得飲，聞先生之道而私淑之矣。

先生孝友之情發於至誠，好義之行本乎忠信，則大之氣充於浩然，仁恕之心出於瑟僩，自強之功向乎不息，其他小物之勤、細行之矜未易悉數，故夫善者樂從而不善者憚焉。由乎門而敬業達材者實多矣。時理屬既私淑先生，但以未獲親炙爲恨。無何先生至，皆以從父禮事焉。數從先生遊，獲教益，皆大悦，先生亦悦。理屬所學向裏，不徒舉子業也，益誘而進焉。及歸，餞先生于中城西少海之上，臨歧復有所示，理屬拜而服膺，迄今三十年矣。諸友緣是皆有樹立，而吾友則加顯焉，是皆先生之澤之所及也。吾友之顯也，先生時判定州，乃輟而就封，封文林郎，南京大理寺左評事，晉中順大夫，應天府府丞，暨今封。

於戲！是皆自其教而得之，不亦光乎？先生昔在定，未久云日，民泣送之不釋，亦足以見其政矣，使遭際又奚啻是哉？先生嘗教吾友移孝爲忠，吾友心籍之，今果能盡忠於國而榮其親，譬諸稼穡，是先生種而獲也。

嗚呼！先生年躋八袠，官封三品，乃有獲如是，亦少慰矣。竊見步履強健，精神矍鑠，視昔三十年先理始見時，殆無少異。由是推之，福壽其可量耶？夫均是日也，孝子之庭其景舒，不孝者反焉。吾友能移孝爲忠，又全忠爲孝，吾知先生之景舒矣。

然全忠之孝豈易言哉？是故保乎民而視諸赤子之謂仁，禦乎寇而外攘內寧之謂勇，感乎神而災消祥集之謂成，守乎道而顯仁藏用之謂智。斯四者中丞之忠也，亦孝也。吾友誠全是四者，則先生種而獲者，奚啻是哉？是在吾友，亦舊約意也。吾友其念哉，其念哉！

賀閻公見勞於侍御魏君詩序

嘉靖辛丑，歲旱禾槁，胡塵蔽晉陽，羽檄日至，民饑且危矣。是冬，我民父母閻公至，禱雨得霖，麥禾種焉。明年築城濬池，除器練士，金湯設而師千試，患足防矣。夏來麰薄收，秋禾盛而旱，幾槁。公三日禱獲雨，早黍熟，稷亦秀且實矣，衆稍安。公益求民瘼而日療之，闇然修職而已，不知求於人也。

乃御史西蜀魏君移檄自臺，奬之曰：「夫西土邇，饑饉多虞。予監察諸群工，知拯民于饑，唯汝魯賢；衛民于艱，唯汝魯賢，故特勞之以禮。汝三原丞，簿典史官，儒學師生，其爲我用牲及幣至，厥室勞用酒于時教，諭汝寧周。」子曰：「京知公賢，奚啻是哉？朔望恒至學，課諸生給以紙筆，勸懲行焉。此澤在學校，非檄所及也。」訓導解梁呂子曰：「嗚韶知公賢，奚啻是哉？公疇昔照臨我宇，乃作新學門，壯我士氣，諸廨宇學舍，將次第增葺，亦澤在學校，非檄所及也。」鄠都徐子曰：「騰知公賢，奚啻是哉？公疇昔照臨我宇，視諸寒士月給粮，士用勸學，亦澤在學校，非檄所及也。於是諸生集堂下，言公之澤人人殊，又非師所知者。」曰：「吾儕盍詩以賀，詩成，請予序。予在竹林館中，亦稍知公者，故輒復以序而不辭云。」

賀涇川處士壽官王君配碩人李氏年八旬榮壽詩序

王配李氏碩人者，吾邑冢宰太師端毅公侄婦，吾徒輝母，馮村名門李良姊也。其兄曰：「增嫂曰蘇氏，蘇氏出必障面以巾，亦潔淑婦也。」繼姑乃虐而箠之，遂閉口不能食矣。碩人時候而拯之，朝夕爲麵羹，強開其口而灌之蘇，由是獲生，活終身，賢碩人焉。既歸涇川，涇川方在太師公蔭下，殊難事，碩人能和以居室，敬以事上，間以羞奉太師，太師公稱精善焉。

涇川之商於外也，偶獲劇疾，幾不起矣。碩人齋戒籲天而禱之，乃手自炊食，食諸貧人者三年，故涇川敬之如賓鄰。姬李二之有急疾也，顧無臧獲可語治者，碩人聞而急使呼僕拯之，迄無恙。於戲，碩人賢類如此，其獲偕耋壽有以哉！諸親多以詩者託予序，故弗辭而叨叨云。

送李軒瑞拜官南歸序

某聞諸師曰：「用人不惟其類惟賢，帝王之道也。」宜取以爲內交之法，某佩服焉。吾寧之李軒瑞者，武人也，察其心夷政，其行則非武人也。故夙與之遊，居則相求語古今道理義以爲樂，少不見必鬱鬱於懷。弘治十四年，予再如京師，應會試舉不圖，別軒瑞，久思甚。明年軒瑞來拜，襲先爵于朝，得邂逅，爰尋舊盟，又交相慶。未幾，軒瑞趣襲，告別匆匆，行不可留也。

乃與諸故舊屬戚鄉之人餞諸柳林，酒三行賓起。有執爵而揖賓者，曰：「吾儕思君，久不得見，見又不得久集，何以爲情。人生暌違恒多，合并恒少，良可悲也。君歸善，復以圖如後約，敬爲君壽酒已。」

復有執爵而揖賓者，曰：「君子所貴乎交者以同德也，故不以聚散爲欣戚，而惟以德之修否相勸規，故同厥德，則雖相越千里而無異心，不害其爲會集，不同厥德，則雖日與之同室處而人各其心，相對之頃，已如胡越之迥隔矣。吾儕與軒瑞遊，曷不以同德而爲會集，顧乃效兒女子態，以仳離而爲戚哉？吾不德懵於茲，所望在軒瑞是歸也，其益慎厥修敬爲君壽酒已。」

復有執爵而揖賓者，曰：「某聞爲人後者，嗣守先業一器一物，罔敢墜失，失則爲不孝，如先王之所錫也，又爲不忘。軒瑞之先人在高皇帝時以勳官慶歸，衛百戶，傳世至今，則今之官乃先王之所錫也，先祖之所受也，其重非一器一物可儔。盡忠盡孝是誠在軒瑞，遇惟德之修，亦惟在是。適今西北多事，正人臣效力之秋，軒瑞能益光先烈，又忠孝之大者，又得之大者，其懋之敬爲君壽。」

軒瑞拜且諾，顧予曰：「子謂我何？」予曰：「二先生之言盡之矣，予尚何言。君惟敬哉，日修罔覺。」軒瑞唯唯，予遂次群公之言以贈其行。

雙壽序

丙戌歲，慶陽傅子立之舉進士，觀政于考功氏，明年乃翁隱。君行年五十有四，母王夫人亦五十有二矣。立之欲歸而雙壽焉，問考功氏，考功氏未之應也。明年，立之爲大行人，考功氏亦由納言氏養痾，還三原矣。立之於是有專封之命，兼有諗將之喜。

冬十一月，道經三原，過納言氏，欣然曰：「學禮今真獲雙壽親矣，請終教之。」納言氏曰：「夫大人何爲？」大行曰：「家君初爲舉子業，厭而不爲，家有積，取其陳而散之，若累焉。客至輒觴，觴先醉，徑臥去。聞友朋過失，輒面規。里人爭求平，即是甲非乙。頃之，人問規與平，已惄惄儚儚不識焉。嘗餉邊而冠紳焉，弗適也。母氏之居于壺也，惟敬以集事，儉以足用，儲以待乏，故家君之嗣越先服，賴以不墜而所好來順之交，鮮有失焉。知學禮之蒙，可養而不可繫也。口授之籍而誘之讀，手爲之式而課之書，此學禮所以苟，焉以爲業也。」

納言氏曰：「予聞對山氏學於無纍氏，歸而陳其籍，盪盪乎若登春之臺，而無所搴也。故悉其意而忘其辭，及有事乎辭也，申申莫莫，屏物之交而聽其意，生滔滔乎來也，斯爲之末及乎室也，斯已矣。九川氏者，忘惕氏之徒也，九川氏時入神龍之所而批鱗焉。其友聞而言之，入其閭，東鄰氏懼而逋，西鄰氏憂而疢，乃隔垣而伺，主人則轟轟乎鼾睡焉。覺而琴，亂而歌，渢渢乎無懷之遺音也。客往揶揄其鄰而笑之，於是疢者愈，逋者還。小山氏者，申簡氏之徒也。小山氏斂百家之編而加以徽，約五籍之簡而納諸櫝，凡席之隅，獨周易在焉。視其文，孔子而上存。君子曰：『善劍者，其用不同，愛其鋒而利之，一也，是謂善養生矣。隱君之跡得無類是矣乎？』」夫張嫗者，吾東鄰嫗也，監于西鄰之室而相良人焉。疏矣而補之，嚴放矣而濟之，納愛其子而勞之。他日子哲艾顯，嫗由是黎髪而翬翟焉。鄉人榮之，燕于張氏爲之賦，既醉也，夫夫人之跡得無類是矣乎。諺曰：『火培而不熄，隱君有焉，水流而不腐，夫人有焉，乃賦鴛鴦。』」

大行拜曰：「是用福禄祝吾親也，敢不拜祝。」賦北山之首章，拜曰：「夫子懼我以王事，憂父母也。學禮雖不敏，敢貽罹哉？」遂賦皇華。納言氏曰：「知恤哉，是謂雙壽爾矣。」

送涇陽太尹吴君三載入覲序

司封氏曰：「予於守令授之六事焉。三年而舉，則入覲而待擢焉。然有不及覲與不得覲而去者，則存乎人焉耳。」或曰：「涇陽之令有不及覲者矣。問之則曰：『長衫之爲害也。』有不得覲者矣。問之則曰：『長舌之爲害也。』」「何謂長衫？」曰：「不菑不畬而有獲焉，不商不賈而有販焉，不經不史而有文焉。令起居，居而司注焉。訟滅及興而司柄焉，故令之至也，獲者種之，販者鬻之，文者飾之，注者録之，柄者以之。於是令之突，弗及黔焉而有行矣。嗚呼，覲！故曰：『長衫之爲害也。』」「何爲長舌？」「涇陽之吏有三千焉，有府郡，有藩臬，有見參，有候參。其見參也，分房而直事，其候參也，分藩而直事，凡令之事，不在於府則在於藩，不在於藩則在於臬，不能外二參也。故見參爲之，候參媒之，媒而弗獲，則機心生焉。於是令日多事，席弗暇及暖矣。嗚呼，覲！故曰：『長舌之爲害也。』」君子曰：「不然。至誠動物，至誠感神，居畏弗畏，居休弗休，何憂乎長衫長舌者哉？」

正德末，西蜀羅江吴君由淳化令調涇陽。下車之明年，爲嘉靖元年，居其位朝夕而視事者二年矣，長衫未之見也；又明年，爲嘉靖二年，居其位朝夕而視事者三年矣，而長舌未之見也。故六事不擾而底績焉，行且得覲而擢可待也。然吴君不自以爲績而讓諸寮寀，曰「弼佐之力也」； 又不自以爲積〔二〕而讓諸邑之縉紳，曰「匡持之力也」； 又不自以爲績而讓之多士，曰「論政之力也」。 故寮寀不居而歌君績焉，縉紳不居而歌君績焉，多士不居而歌君績焉。 咸侑之爵曰：「君往哉，覲事不可緩也。」於是君子曰：「嗟乎，吴君于德，其將庶幾矣乎！ 惟德惟誠，著而且明，動而且化，行矣吴君，懋之懋之。」

方山先生文録序

華州王槐野宫諭示余文一帙，曰：「此江左薛武進之文也。維楨不敏，行將敘之而未成，公試覽之，其謂斯文何？」余披誦旬月乃復之，曰：「太上忘言，其次有言，其次多言。 言非聖人之所貴也，故曰：『予欲無言。』文則言之精而道之顯也。 且曰：『文莫猶人躬行，不逮誠行矣，安用文爲？』其垂諸文者，非不逮於行也，沮於行而不得已也。 不然空言何補哉？

三代以還大都文與道離，行與言戾，而行道有得之文，蓋亦有之，我則未之多見也。 乃今見武進之文，始讀之，言質事核，經遠思深，淵然而光，躍然而變，其諸出入於馬、班、韓、歐諸大家者乎？ 再三讀之，究極天人，闡發性命，渾而不淆，析而不支，其諸體會於周程張朱大儒者乎？ 果何以得此哉？

余嘗守官留都，與武進君并舍，見其孜孜問學，身體力行，唯時徐養齋、黄泰泉與余四三人，日相遊衍論議，咸謂其鋭志，古人不屑，凡近而施之，政教考課，諸不負其所學，固已竊嘆而景慕之矣。 迨余老商山，罕聞世故，而武進董浙學政，力挽士趨，籍籍於賢者之口，猶及聞之。 乃今調改備兵鄜坊，下車甫三月，即信孚化行，而井伍疾苦，一朝除去，流民逋卒，相

〔二〕「積」，疑當作「績」。

率來歸，如嬰兒之見慈母。每一按節巡行，百姓三軍，頂香嚙指，遮迎道左，邊關千里，歡呼鼓舞，膏雨景星，所至蒙福，此又余之所躬逢，快睹喜談而樂道者，其爲文也大矣。是録若盡，見諸施行可量也哉。

余觀武進君先後入仕，今且二十餘年。動忤於時，屢見播遷，屹立不變，蓋其中自有卓然者在也。故其文皆根本於中行之枝葉，真切懇至不祈文而自工。若此，若應辦口耳，飾辭比擬，則文人之文焉耳，寧有是哉？請以是復之。宮諭宮諭，固長於文者，其謂吾言何？」曰：「公之言是也，可以序斯録矣。」

嘉靖乙卯秋九月既望薛方山文集

仇氏族譜序

予自納禄而還，一日寓峨山書院。邑庠生仇子彦登持族譜以示予，且曰：「仇氏之先自受姓以來，豈無譜牒，迨至始祖金國居士，諱汝霖者，昆弟十人值亂避兵，不知某祖傳至某處，其詳不可得而見矣，豈敢妄附古之貴顯以自誣乎？今修譜以傳後，願有言而序諸首以增重焉。」

予惟史氏亡，而族姓志作；科目興，而族姓志不傳。仇氏爲吾原著姓，代有聞人，宜乎系族以譜也。近世士庶之家，崇聲利而略族譜，或詢其祖貿焉莫知，延及數世久而漸疏，至有同里而不相恤，犯諱而不相較，如塗人者，世倍偷薄，又何足怪也哉？

今仇子讀書明理，惓惓以敦本厚族爲慮，其志亦偉矣。雖遠始未得其詳，幸家藏宗派一圖猶存，歲久殘缺，難永其傳，迺別爲一帙而輯録之。未續者而附益之，譜其所可知，闕其所不知，校編直書，最爲詳明，真傳家之一寶。俾後人興起，以光先者，一覽瞭然，雖支分派別，亦可知其血脈貫通也。

世系明，禮讓興，倫理正，恩誼敦，化及鄉閭，以達天下，傳之子孫，垂諸永而顧有不昌者乎？故譜之作也，由於族之興；族之興也，存乎人之志。若不能勵志迪行，而或又失之。雖族姓藩衍而名義蕩然矣，其如後世嗣續何？嗚呼，仇氏子孫尚其念之哉！仇氏族譜

商略舊序

玄黃肇判，山川淑清。秦東藩蔽，終南互縈。[一]重蔭胚作，華陽帳屏。千巖松響，萬壑泉鳴。星分輿鬼，地畛雍梁。貢陳三錯，津渡千箱。軒轅造運，玄契封商。畫啟六書，教敷五常。河圖弼政，洛典興疇。姬公問數，微子奔周。算經是衍，雅頌兼收。賜族子氏，本姓源流。望於上國，茲維名區。前無紀述，後乃虛車。維質斯傳，維鑑斯書。民風物祥，原始迪初。孰出典籍，孰躬次編。縹囊殘闕，閱歷歲年。民用瞢若，政用猝然。於今作則，於古爲便。日華不至，良夏艱成。西施絕步，嘉縭奚盟。遺風邁電，歷塊斯名。赤霄飛景，斷玉方呈。爰有劉侯，咨於任君。矢心協力，揚蘭抉芸。萃而筆之，旁及絲棼。溯而登之，極於典墳。屬辭記事，左史是評。辨物徵跡，爾雅爲程。分官列秩，周禮擬精。品山題水，國語同情。大綱既挈，細瑣咸摧。幽曷語怪，常豈同雷。文簡雍録，確審而該。龍圖秦志，明簡而瑰。崇古絕俗，韞寶藏珍。德潛用闡，民隱獲伸。直不枉己，譽不媚人。三長二美，繼馬昭麟。鼓衆成化，謀始覺迷。表儀樹則，尚友思齊。吉士斯厲，凡民罔眂。於焉適治，途亦孔夷。劉侯者誰，文和之孫。親承庭訓，躬懷玉存。號曰龍洋，東土聿尊。一德與政，人和俗淳。任君商產，遠有師承。蒙泉懷麓，二世曾甥。厥器彬彬，厥質瑛瑛。瑑文繪句，學博辭宏。板録楮印，洵都可傳。請予質字，韻語於篇。商州志

[一] 原文爲「縈」，據直隸商州志改。

贈魏千戶侯序

余兄伯光與邑陰陽家魏宗正遊，余友高陵呂仲木太史於宗正表兄弟也。宗正嘗與兄述其先人宣使公事，太史亦嘗與余述其先外翁宣使公事，言皆合。

蓋云宣使公在先朝時，樹勳業於世，有天子賜琉璃瓦第，有升降金龍誥函，函存第廢，瓦猶多存者。然累經兵燹，譜牒亡逸，其勳爵之詳皆出於傳誦，而未能悉也，太史公深惜之。宗正之從父益，襲靖遠總旗温官。温翁者，太史公祖妣之翁也，爲宣使公之孫。益既襲先官，屢從帥破賊於北。又寧羌於西，故授陞百戶，老而榮襲。往年平流賊有功，陞千戶，秩矣。

茲有事於西安，宗正與之燕。又因兄伯光而謂予曰：「彼儒將別，宜贈以言。」太史與吾子言之，予徐曰：「太史公於千戶嘗有言矣，理何言哉？仰聞之人子以嗣嚴爲孝，人臣以致身爲忠，千戶爾之先宣使公遺烈如此。今二魯跳梁於外，主上方憂勤於內，千戶能夙夜以忠孝爲心，則上以紓九重之憂，下以紹宣使公之勳，特易易耳。若夫龍誥之褒，賜第之寵，安知其不猶宣使公也，安知其不猶宣使公也。」靖遠縣志

記

重修高陵城隍廟記

弘治初，太原朱令璜首重祀典，鼎新前後殿各三間。嘉靖庚子、辛丑間，蜀人江津徐令效賢復重祀典，前後殿各增爲五

間，其舊者亦新之。前殿前仍，創建獻殿五間，既而憂去。於是于令至益重祀典，三殿兩廡，棟楹榱棁，門牖壁圬，黝堊丹漆，室堂階戺俱磚。庭栽植柏株三十，門外設磚屏一座，石狻猊一對。於是廟貌尊嚴，入者肅敬。工始於嘉靖戊申八月，落成於十月云。高陵縣志

楊侯去思記

楊侯名時泰，字道亨，直隸正定人，嘉靖乙丑〔一〕進士。庚寅歲，治吾富平。是時予爲行人司行人，每見邑人以事至京者，即問其爲政何如。皆曰：「可畏哉！民皆慄慄危懼，而不敢犯其法矣。」既而又有至者，予又問焉。皆曰：「可愛哉！民皆浸浸悦服，而不欲犯其法矣。」予即仰而嘆曰：「楊侯之治富平庶幾焉，可謂能也已矣。夫繼前政之墜失，約人心之恣放，不震之以威，非義也；令既行矣，禁既止矣，而威德之遠昭，不濟之以寬，非仁也。或抑或揚，或與或奪，乃撫世酬物之大幾，而爲仁義理道之時出，非識微之君子，不足以語此，若楊侯者，可不謂之能矣乎？」

侯之御下，繩之以法，而不輕宥。然本其忠厚慈愛之心，而欲人之無所犯，始雖甚嚴，終歸於寬，而民知愛。器宇沉靜，遇歲旱，憂形色，教民掘井種田，民得免於饑莩。又欲引北山之水以溉民田，方有事於疏鑿，以才優調劇而功不果成。使當留此數月，則川澤隱利爲人所食，而不至於無用矣，此其政蹟顯著，人所懷思，而可爲來世告。方之前令，如高公應舉、陳公潤、李公壽昌之類，名行事業可並稱而無忝然，此一縣之功業耳。使侯位益高，而報國之心益無懈，則予獲知人之名矣。吁後之人，其監於此。富平縣志

〔一〕「乙丑」，據楊時泰中進士時間爲嘉靖八年，疑當作「己丑」。

憫忠祠記

予聞甘州中衛王將軍憫忠祠事，見世勳之昭焉，見死事之烈焉，見嗣子之孝焉，見皇猷之大焉。

將軍者，諱綱山，後閭陽縣中途村人也。伯曾大父諱買買。洪武三年從戎通州，二十三年弟敬伐役。敬者，將軍曾大父也。二十五年壬申兌換燕山護衛。己卯隨駕南征，壬午平定京師，陞淮安衛右所副千戶。永樂八年北征，累敗本牙失里、阿魯台醜，陞正千戶。洪熙元年，調陝西行都司今衛。宣德七年，敬老男智襲。天順二年，智老男洪襲。八年洪把沙禦虜，獲元三。成化二年陞世襲，指揮僉事。弘治十一年黑山禦虜，獲元四十多俘，陞世襲，指揮同知。正德元年，洪老男襲，是爲將軍。五年虜酋亦卜剌、阿爾秃斯犯莊浪回回墓，將軍禦之，獲元六，遁去。其年，虜犯鎮夷硝池墩，將軍禦之，獲元九，遁去。六年五月，論莊浪功，陞指揮使。六月，論鎮夷功，加陞世襲。

夫由從戎至斯，今代奮忠勇，樹績公家，黄屋著籍，玉堂銀臺，多士司清，非世勳之昭而何？書曰：「惟乃祖乃父，世篤忠貞，服勞王家，厥有成績，紀於太常。」此之謂也。乃若將軍鎮夷之奏功也。是年十一月，虜犯甘峻堡，將軍禦之，追至把雞兒境，戰勝深入，虜忽雲集，薄我數帀，矢刃環攻，將軍鏖戰自巳至酉，士亡，以身禦之。復矢盡兵窮，乃空拳冒敵，遂死於鋒鏑之下。賊劇怒深恨，剜心取膽，抽腸折骸而去。

嗚呼！將軍持節之堅，隕身之酷，報國之忠，一至此哉！求之於古，蓋裂背碎齒，解身斷舌，不共賊生之流，非死事之烈而何？詩曰：「彼其之子，舍命不渝。」將軍有焉。將軍之死忠也，嗣將軍輔誓竭忠，復讎以殲虜爲志續。於嘉靖十五年四月，涼州深山報賊出没，襲至扒沙孤山，獲虜元五十有七，大纛二，多俘，我軍全勝以歸。五月，莊浪報賊出没，襲至散岔，獲虜元七十有二，復多俘，我軍全勝以歸。如所志焉，乃疏辭爵賞，乞賜先臣祠額，荷蒙俞允外，先後魚溝柴堆，寬溝白崖，沙嘴卯藏河，黄羊川石溝，復獲虜元七十有奇。嗣將軍竭忠復讎，戰陣之勇如此。其上不負君，下不負親，一舉而立身，顯揚之道俱得焉，非孝而何？詩曰：「永言孝思，孝思維則；昭哉嗣服，受天之祐。」此之謂也。將軍之死忠也，撫按憲臣交以事聞，聖天子憫悼致惜，準令建祠致祭，示殊恩矣。及嗣將軍有請皇上，又特俯就曲從，賜以憫忠祠額，敕下禮部下達施行。

嗚呼！褒其忠，而臣勸；褒其孝，而子勸；褒一人，而千萬人勸，非皇猷之大而何？祭法曰：「以死勤事則祀之。」將軍有焉。詩曰：「永言配命，成王之孚；成王之孚，下土之式。」皇猷之謂也。君子曰：「人臣服義以事上，宜至死不渝。人君推誠以恤下，宜生死無間。」易困之象曰：「澤无水，困。君子以致命遂志，此人臣之義也。」夬之象曰：「雲上於天，夬。君子以施禄及下，此聖君之仁也。」是故義需血而不遷，仁怙冒而無外，義道盡則精貫日星，氣塞天地而靈神永不没矣。仁道盡則神罔怨恫，人心胥悦而禍亂永不作矣，此將軍憫忠之祠所以立，而享祀所以延也。

嗚呼！詩曰：「孔惠孔時，維其盡之，子子孫孫，勿替引之。」王氏子孫，其念之哉，念之哉！甘州府志

新建西寧忠節祠記

嘉靖間，中丞趙公節鎮河西，下教諸道，俾修舉祀〔一〕事。教至西寧，兵備憲副李侯報曰：「兹湟中自漢迄今，多柔遠殿邦，及委身報國人。副使欲祠之，未敢。」公曰：「兹國典匪僭，盍舉諸。」憲副得報〔二〕，乃經營，因〔三〕闢地一，區爲垣門二，

〔一〕「祀」，乾隆甘肅通志卷四十七作「祠」。

〔二〕「報曰『兹湟中……盍舉諸。』憲副得報」原脱，據甘肅通志補。

〔三〕「因」字原脱，據甘肅通志補。

堂廡碑亭惟備，乃擬應祀〔一〕賢。報公曰：「某祠于張掖某地某法，不應祀。」他〔二〕所擬漢後將軍壯侯，諱充國趙公；彊弩將軍樂成侯，諱延壽許公；伏波將軍忠成侯，諱援馬公；平壽敬侯，諱訓鄧公；隋衛尉，諱權劉公；唐平章事幽州都督，諱師德婁公；宋秦鳳經略使〔三〕，諱韶王公；河州團練使，諱永年高公；隴右節度使，諱厚王公；皇明長興侯，諱秉文耿公；世襲土官指揮，諱南哥李公；會寧伯，諱英李公；合序列正祠〔四〕；指揮陳治，千戶李淳，百戶毛泰、佛元、葛昶、丁顯、葛鎮合序列兩廡祠。依文廟式，爲木主，春秋置祭，憲副得報，遂以時禋祀如公言。

光禄寺卿馬理聞而善之曰：「湟中自漢武使去病開疆，至壯侯討畔，用王師屯田，其間前後降羌至三萬一千二百餘人，全勝以還。及老，朝廷有四夷，大議常與咨謀。比卒，思其功德，不置圖形未央。至成帝時，尤感事追美，召黄門揚雄即圖頌焉。伏波建議不棄湟中，以除羌害，討畔至矢貫其脛，桓桓自若，卒。恩威遠孚，諸羌咸服。又爲奏〔五〕置長吏，開導水田，勸以耕牧。敬侯用恩信結胡〔六〕，得其死力破殲迷。唐使諸羌内附，威信大行，羌俗親死，歌呼不哭〔七〕。比侯卒，羌臨者日數千人至，欲捐生以殉，遂家立侯祠，恒禱祀焉。是皆功德著於華夷，垂於後世，真社稷礎楹，人臣表模〔八〕，何可訾也？樂成下獨婁公長者，無忝先烈，足爲後矩。其次長興諸賢，亦開疆展土，仗節死義，宜報祀者。然遺棄弗祀久矣，不有君子，何以勸忠？」

〔一〕「祀」，原作「祠」，據甘肅通志改。
〔二〕「他」，原作「也」，據甘肅通志改。
〔三〕「使」，原作「事」，據甘肅通志改。
〔四〕「祠」，原作「司」，據甘肅通志改。
〔五〕「奏」字原脱，據甘肅通志補。
〔六〕「胡」，甘肅通志作「羌」。
〔七〕「羌俗親死，歌呼不哭」原脱，據甘肅通志補。
〔八〕「人臣表模」，原作「大臣規模」，據甘肅通志改。

於戲！兹舉中丞，公之教也，憲副之力也，有裨風教多矣。中丞公名載，字文載，山西垣曲人，正德辛未進士。憲副名經，字文極，河南真陽人，正德甲戌進士。其祠垣南北，東西袤廣尺丈，堂廡門亭楹數，悉記于碑末云。西寧府志

重修商州文廟記

粵若天地既判，結繩治疏，倉頡出焉。自我商域，始制文字，官治民察，契因神農、后稷粒我蒸民，陳常時夏。俾人異禽獸，參於兩間，封國於兹，是爲玄王。其後，至聖孔子，因倉文字，弘契彝教，删述垂憲，萬世不夜，報祀靡京。

我明嘉靖間，太守夏公理我商域，下車入廨，廨舍就敝。翌日謁朝視學，廟學就敝。肆謁玄王廟，亦就敝。肆謁倉帝，帝有主無廟。肆謁蠟祭諸神，有神農、后稷諸神主，寄置龍王廟中，廼喟然興嘆，即欲營爲，視民勤食，未之遑〔一〕也。廼亟率民生財以道，安節自身，儉諸庶用，民力寬矣。廼復鋤厥莠民，輔翼善良，輿情和矣。於是公廼相諸山木暨石，俾罪人贖刑，於是集材鳩工，卜日行事，廼首葺文廟儒學，壞者易之，故者新之。廼建齋室一所，於時群黎子來，計日底績。次葺玄王廟如前，計日底績。次建蠟祭神廟，奉安舊主於内，計日底績。次葺公署廨舍郵亭，計日底績。諸所費，里甲一無所與焉。工始於嘉靖甲寅七月一日，訖於九月八日。

於是郡學諸生遊吾門者，與其師長商曰：「吾守夏父，和我小民，建此大功，百廢興矣，苟無紀述，後何則焉。」廼議使南生桐著狀，即予問記。予曰：「夏公兹舉，人神安矣，父其自慊乎哉？」桐曰：「未也。父曰：『楊墨弗熄，斯文未著。今倉帝主寄書院，異端剎居山端，斯文未振，吾之責也，何慊乎哉？』」余曰：「今可憂者豈惟是哉？吾見有糠塵經籍者矣，見有專事良知，廢諸學問思辯篤行者矣，此達磨、惠能之徒也。率是而行，則將棄儒焚典，聾瞽天下，孟子所謂邪説之

〔一〕「遑」，原作「皇」，據直隸商州志改。

害，甚於洪水猛獸者，正謂是耳，可不懼哉？吾願今之君子闢邪以力而施經正之政，今之學者闢邪以心而明經正之學，則庶乎民無邪慝，洪水猛獸之害息矣。君奚不慊乎哉，何如？」桐曰：「善。」理乃次其書，以授桐。夏守名文憲，相工者爲判官畢時，吏目齊志道，問記者爲學正張廷、司訓嚴憲、樊永淑、耿汝耘也。商州志

傳

崔文敏公傳

後渠先生姓崔氏，諱銑，字仲鳧，號曰後渠先生，山東樂安人。厥考參政公，隨父委吏翁居安陽，少司徒李公以女妻之，遂占籍安陽云。

後渠生而白皙，漆發玉質，始能言，即識文字。參政公時以小學方教之。年十三，參政公知延安府事，攜之任。時延安多髦士，屬官有名士七八人。公取髦士與共日課所會文，每文成，謄七卷，馳使七人者筆削之，仍合爲一卷，使後渠通閲之。久之，諸髦士及七子才美皆萃於後渠，以故成童時舉業已過人。既聞吴聘君康齋，學於甘泉教諭李健子乾。他日，公擢四川參政，又聞白沙陳氏之學於成都通判吴氏廷舉。

年二十一，中河南戊午鄉舉第九。己未，不第。遊太學時，文字攬筆而成，月試嘗日中投卷，榜出輒列名第一。時太學有廣東舉人梁宗烈者，白沙高第，後渠即與何氏仲默往約會文。又聞翰林檢討劉氏德符以斯文自任，即日就而求益，德符亦賢後渠，與締交焉。時後渠有知人之明，又見賢思齊，凡海内學者，邪正淺深，識與不識，咸察而知之。於是多聞多見，諸史群籍亦涉獵而得其概矣。時理與一二友人同居辟雍，講習明辨篤行之學，後渠三就三省而是之，遂相與日簪聚焉。蓋自

是切問近思，以濂洛之學爲階梯，以洙泗授受爲準的，斂華就實，有得於內，不復求諸外矣。乃益相與，析義規過，力行數年，所得益深純。

乙丑，會試舉詩魁，殿試賜三甲進士第一。已而遴入翰林爲庶吉士，選授編修。正德初，宦瑾竊政，改官留都吏部主事。瑾戮，復官。嘉靖間，歷官學士，至南京國子監祭酒，禮部侍郎。蓋所在行其所學，恒在道云。

生于成化十四年戊戌，卒於嘉靖二十年辛丑，年六十四。訃聞，皇帝命吏部贈官爲禮部尚書。禮部議謚曰文敏，工部營葬，仍贈祭翰林，撰贈誥祭文，實特恩也。配李氏，工部尚書湯陰李公女，明敏賢淑，相夫子取友爲學及仕，明明有功，雖吾儕友朋家事亦裁處之，女士之英，非世所常有者也。先卒贈淑人，生二子，長滂從予學舉人，娶邵氏；次汲好古，敏學篤行，爲鄉黨及當路縉紳所重，當路早舉孝廉，其父聞而力止之，乃已。

後渠舉子時，學朱子文成矣。後入史館，鄉人有誦習文選者，以選體相望。後渠不屑，乃效法左氏，遂自成一家言。云所著有洹辭、中庸凡、松窗寤言，所删述有中說考，所編集有文苑春秋，皆有關治道風化，非徒文也。他歷履詳墓誌表中，不著。

田史氏曰：「予觀近世學者，文雖名世，傳後多無，與于斯文。蓋其始學未嘗志道，故終身無聞，能不畔乎哉？間有慎言，能不畔者，然往往温故傳述而已。」夫天地開闢以來，生人多矣，而面目鮮有同者，此造化日新盛德，而道亦如之，無窮盡焉。是故前聖語道至矣，而後聖猶發所未言；前賢語道詳矣，而後賢猶發所未盡。故温故知新，斯可以繼往開來，而爲人師也。間有自謂知新而非實有見者，則支誕而誤人，故不如温故傳述者爲愈。復有厭常喜新，取異端止觀之說，闢吾儒明經之學，以六經爲糠塵者，此又焚典之流也。乃若昭代名儒，能温故知新而不畔不誤人者，後渠及予二三友人有焉，予膚淺非阿所好也，管見如斯，後之君子其辨諸。崔文敏洹詞

祭文

祭石渠先生文

天生哲人，固異于常。愚亦見只，互有短長。齒而不角，足而不翔。惡有我公，莫概以量。公之爲學，衣錦絅裳。不偏以卑，不倚以強。擇乎中庸，服膺弗忘。實焉若虚，理焉若荒。左圖右書，朝夕皇皇。一息尚存，望道未央。公之爲文，井然有章。藴而不發，焉焉斯臧。似近而遠，似疏而詳。直而不訐，憂而不傷。布帛菽粟，可衣可糧。公之德政，所在遺芳。公在棘焉，人稱于張。公在州牧，民誦龔黄。公在藩垣，召伯南行。公之出師，方叔洸洸。山甫補闕，袞衣煌煌。旦爲冢宰，百工孔明。左之右之，弗僭弗爽。公之節操，冬冰秋霜。周道蹶蹶，振衣以將。豈無他蹊，有自弗皇。赫赫權門，火烈具揚。孰不惴惴，予心則傷。泰山之下，雷霆之傍。倏歘之間，若存若亡。將余龍之，曾靡驚惶。翼我孝廟，正位當陽。戢彼凶渠，若遁而藏。公之爲德，蒼海汪汪。岸而測之，淺不濡杠。泅而探之，殆輕舟航。進言于朝，匪虞則唐。退咨于野，宜耕宜桑。婉孌小子，兮義是讁。碩彼大儒，亦既翼廷。方予靜止，慘無鍔芒。逮其動止，規圖矩方。謂嚴則温，謂和則剛。謂簡則恭，謂矜則良。

於戲，公之異於人者如此。若夫必得其壽百齡之強，必得其名播於夷羌。禄位之隆，祚胤之昌。穹階美謚，生榮死愴。福祉緜緜，自天降康公，如種而獲，如施而償。亦唯公完，人孰頡頏。意公今没矣，無可憾矣，第念夫愚也。生長闕里，頓望宮牆。瞻忽芳躅，步趨且僵。川流學海，徒爾望洋。誤受公知，愛如珪璋。彼曰嘻來，慎厥趨蹡。後當似今，于前有光。

於戲，昨傳講席，今拜影堂。嗟高山之行，曷歸大川之濟無梁。望几筵而一奠，隳涕泗之淋浪。

喪服解

喪服：斬衰裳，苴絰、杖。絞帶，冠繩纓，菅屨者。傳曰：「斬者何？不緝也。」苴絰者，麻之有蕡者也。苴絰大搹，左本在下，去五分一以爲帶。齊衰之絰，斬衰之帶也，去五分一以爲帶；大功之絰，齊衰之帶也，去五分一以爲帶；小功之絰，大功之帶也，去五分一以爲帶；緦麻之絰，小功之帶也，去五分一以爲帶。苴杖，竹也；削杖，桐也。杖各齊其心，皆下本。杖者何？爵也。無爵而杖者何？擔主也。非主而杖者何？輔病也。童子何以不杖？不能病也。婦人何以不杖？亦不能病也。絞帶者，繩帶也。冠繩纓，條屬，右縫；冠六升，外畢；鍛而勿灰。衰三升。菅屨者，菅菲也，外納。居倚廬，寢苫枕塊，哭晝夜無時。歠粥，朝一溢米，夕一溢米。寢不脱絰帶。既虞，翦屏柱楣，寢有席，食疏食，水飲，朝一哭，夕一哭而已。既練，舍[一]外寢，始食菜果，飯素食，哭無時。

父。傳曰：「爲父何以斬衰也？父，至尊也。」諸侯爲天子。傳曰：「天子，至尊也。」君。傳曰：「君，至尊也。」[二]父爲長子。傳曰：「何以三年也？正體於上，又[三]乃將所傳重也。庶子不得爲長子三年，不繼祖也。」爲人後者。傳曰：「何以三年也？受重者，必以尊服服之。何如而可爲之後？同宗則可爲之後。何如而可以爲人後？支子可也。爲所後者之祖父母、妻，妻之父母、昆弟，昆弟之子，若子。」妻爲夫。傳曰：「夫，至尊也。」妾爲君。傳曰：「君，至尊

[一]「舍」，原作「合」，據喪服改。
[二]「君。傳曰：『君，至尊也。』」七字原脱，據喪服補。
[三]「又」，原作「之」，據喪服改。

也。」女子子〔一〕在室爲父，布總，箭笄，髽，衰三年。傳曰：「總六升，長六寸，箭笄長尺，吉笄尺二寸。子嫁，反在父之室，爲父三年。公、士大夫之衆臣，爲其君布帶、繩屨。」傳曰：「公、卿、大夫室老、士，貴臣。其餘皆衆臣也。君，謂有地者也。」衆臣杖，不以即位。近臣，君服斯服矣。繩屨者，繩菲也。疏衰裳齊、牡麻絰、冠布纓、削杖、布帶、疏屨，三年者。傳曰：「齊者何？緝也。牡麻者，枲麻也。牡麻絰，右本在上，冠者沽〔二〕功也。疏屨者，藨〔三〕蒯之菲也。」父卒則爲母，繼母如母。傳曰：「繼母何以如母？繼母之配父，與因母同，故孝子不敢殊也。」慈母如母。傳曰：「慈母者何也？」傳曰：「妾之無子者，妾子之無母者，父命妾曰：『女以爲子。』命子曰：『女以爲母。』若是，則生養之，終其身如母，死則喪之三年如母，貴父之命也。」母爲長子。傳曰：「何以三年也？父子〔四〕之所不降，母亦不敢降也。」疏衰裳齊，牡麻絰，冠布纓，削杖，布帶，疏屨，期者。傳曰：「問者曰：『何冠也？』曰：『齊衰、大功，冠其受也。緦麻、小功，冠其衰也。帶緣各視其冠。』」父在爲母。傳曰：「何以期也？屈也。至尊在，不敢伸〔五〕其私尊也。父必三年然後娶，達子之志也。」妻。傳曰：「爲妻何以期也？妻，至親也。」出妻之子爲母。傳曰：「出妻之子爲母，期則爲外祖父母無服。」傳曰：「絶族無施服，親者屬。出妻之子爲父後者，則爲出母無服。」〔六〕傳曰：「與尊者爲一體，不敢服其私親也。」父卒，繼母嫁，從，爲之服，報。傳曰：「何以期也？貴終也。」不杖麻屨者，祖父母。傳曰：「何以期也？至尊也。」世父母，叔父母。傳曰：「世父、叔父，何以期也？與尊者一體也。」然則昆弟之子，何以亦期也？旁尊也，不足以加尊焉，故報之也。父子

〔一〕「子」，字原脫，據喪服補。
〔二〕「沽」，原作「沾」，據喪服改。
〔三〕「藨」，原作「粗」，據喪服改。
〔四〕「子」字疑衍。
〔五〕「伸」，原作「神」，據喪服改。
〔六〕「傳曰：『絶族無施服，親者屬。出妻之子爲父後者，則爲出母無服。』」原脫，據喪服補。

一體也，夫妻一體也，昆弟一體也，故父子首足也，夫妻胖合也，昆弟也四體也。故昆弟之義無分，然而有分者，則辟子之私也。子不私。〔一〕

錂板已竣，復得遺篇，附録於後。

贈扶風令楊叔後

河東處士扶風令，有範刑家政似之。路上行人金不拾，天門颶去定何時。扶風縣志

重修河北新城記

三原古焦穫地，今縣治在龍橋鎮古黄白城西，清水南。元時所遷築也，有縣學及諸公署在焉。其水北民與南等，公卿大夫士多於南無城。

嘉靖丙午，北虜犯塞，窺三原。於是巡撫謝公檄我完縣，葺舊城於水南，創新城於水北，皆重隍。原人賴以無恐，其事詳理新城記中。伊時事棘僝功速，甫五載而城隍坍塌淺矣。

辛亥，巡撫姚公至，視之患焉。曰：「三原爲關中要邑，集四方商賈重貨，昏曉貿易，故虜思内侵朶頤在此。此無險，虜易而至，則關以西，三川南北無寧所矣。」乃移檄至縣，俾貳守劉侯申令行事。貳守至，乃登臨察所損淤拓舊模，擬新式立

〔一〕 本篇不全，馬理注解亦闕。

表幟焉。復責成我馬宰，宰爰度地，計工分役，宣力役用，大千五百有奇，夫分工一尺有奇。蓋役諸新城居民，糧自備。肇工於辛亥八月望日，至九月十有二日底績。於是卑者高，薄者厚，淺者深矣。計磚甃城上下水道四十餘所，女牆垛口一千六百有奇，牆垛舊版，築土壚，雨易粉。今以磚坯疊砌，麥稭泥墁糯汁和石灰堊之，固矣。蓋留芳、焦吴二里，附郭民應避患者之所營也，亦於是月底績。

嗚呼！是役也，豈易營者哉？昔弘治間，王端毅公嘗圖之，民弗從，弗克城。正德間，王康僖公嘗圖之，撫按從，令從，民弗從，弗克城。嘉靖初，康僖公曁理儕復圖之，撫按從，藩臬從，守從，令從，民弗從，弗克城。至是六十年矣。謝公始創建，姚公繼之。

嗚呼，斯豈易營者哉？蓋君子知幾，凡民不見利不趨，不見害不避。夫趨避有時，上之人乘其時而使之，又道以驅之，斯子來而忘其勞矣。城之葺也，邊人有過者曰：「吾鄙虜出没，有樊城虜望，望弗邇。況此腹裏巖險如是，虜敢覬覦而深入之耶？」有諜者曰：「虜前此實有盗心，屢形諸言，聞城此且厚備知威，恣心灰矣。」

嗚呼，要害之地，險設而患息，則斯城之創之葺也，豈一邑之計哉？所保廣矣，廣矣。是故民於謝公既構堂而建祠，於姚公復曁碑志遺愛焉。姚公名一元，字惟貞，號畫溪，登嘉靖甲辰進士，浙江長興人。貳守名體仁，字元甫，號北盤，山西交城人。馬宰名斯臧，字遠謀，號穎谷，河南鈞州人。分工者爲三原縣丞王朝相，主簿曹豸，典史冉誥，其備諸使令者則義官張淮云。三原縣志

封建論

易師之上六曰：「開國承家，小人勿用。」比之象曰：「先王以建萬國，親諸侯。」蓋師之終即比之始，此封建之事也。先儒釋經，謂小人不宜封建，優以金帛可也。夫經意豈謂是邪？後世行師，含仁義之律，惟譎詐是尚，雞鳴狗盜，無不賓禮，及成功之際，然後審而用之。此下之所以怨望，上之所以誅戮，不相保也。蒯徹有兔死狗烹、鳥盡弓藏之說，皆衰世之事，夫經意豈謂是邪？不觀諸湯武之師乎？聿求元聖，與之戮力者尹也，他日位極保衡者亦尹也。維師尚父，時惟鷹揚者望也，他日封國於齊者亦望也。尹、望天下之仁者也，舉以爲將而興師，則不仁者遠，師出以律而成功必矣。歆至策勳，伊小人何與焉？不然，則弟子輿師，師有覆亡而已，何開國承家之有？縱有之，亦其君有不嗜殺人之仁而天命攸歸，惜不盡行師之道，而使小人參於其間，此三伐之大賚，所以惟善人是富，而後世山河帶礪之盟，所以無足憑也。嗚呼！欲封建之盡善，其盍謹於命將出師之初矣乎？此經之義也，儒者不察，誤釋此義，使輔世者聞之，安得不至汶汶於前而察察於後，致師比之道俱壞也哉？故善治之道出於吾儒，吾儒之學在乎明經。

戶役論

嘗觀民之初生，一夫一婦而已。其再葉之後，子孫滋多，十葉之後，則一人之裔可以百計考。自古及今，蒸民之生，不知幾千葉矣。乃戶口反不如古昔之盛，豈民皆避役而隱漏之耶？亦養之者，或未盡道；保之者，或未得方焉耳。蓋腹裏之民，賴上之養，苟不盡道，一遇水旱，則餓殍載途，有舉戶逃亡，無一存者，此腹裏戶口之耗也。邊境之民，賴上之保，苟不得方，一遇虜寇，則避匿無門，有盡室劫掠，無一存者，此邊境戶口之耗也。夫內無九年之儲，而外有長平之患，欲無耗，不亦難哉？稽諸古昔，文王時則讓畔路而興於仁者，斯民也；武王時，則如熊如羆而勇於義者，斯民也；漢文景時，則粟積紅腐不可勝食者，斯民也；武帝時，則虛耗而窮困者，斯民也；唐太宗時，則外戶不閉者，斯民也；至玄宗末年，則潼關不能保者，亦斯民也。故爲政者，不慮夫戶口之耗，惟慮夫在我，所以養民而保之者，有未盡道焉耳，抑戶口之增耗，又有說焉。水寬則魚鱉集，林寬則禽鳥集，苟池沼之間而網罟，日尋獨樹之下而彈射，時至乃病其物之不息焉，豈物之情哉？姑以秦蜀之民觀之，蜀民主戶一而客戶數十，故一人應役而數人輔之，故役雖繁而民不疲，此猶夫水林寬而鱗羽集也，故寬益集，集益寬，寬益不知其疲也。乃若陝西則不然，里無遺戶，戶無遺丁，死亡在於歲月之間，冊籍造於十年之後，故人雖死而丁猶存，戶雖耗而其差不免，況審差之時，閭閻之情叵測，里書之弊多端，民之害可勝言耶？爲民上者，誠損其戶口，嚴其存亡，寧爲保障之計，毋徒存繭絲之心，由尹鐸之寬，因而膏澤之如召伯，懷保之如文王，則國家將固如磐石。斯民也，雖謂之文武之民可也，謂之堯舜之民可也，則何戶口消耗之足患哉？

兵防論

愚按三代而下，兵防之政，我皇明爲盛；我皇明兵制之備，將士之勇，陝西爲盛。漢唐方隆之時，世以帝女天孫嬙嬪和戎，宋以金幣和戎。張元一浮薄士耳，一佐元昊即舉世不能以禦其武備，皆可知矣。追原其故，前代之得天下，皆有資於匈奴，故世受其患。我太祖皇帝則不然，龍飛淮甸，用夏變夷，掃蕩乾坤，洗滌日月，使宇宙無腥羶之氣，華夏還禮樂之風，既非前代創業者所可班矣。其兵防之制盡善，而陝西又加密焉。統於兵部，則周官司馬之制也；屬於五府，則府兵寓農之意也。諸鄙既各有兵，而腹裏又有防秋之制；諸將既各有兵，而應援又有遊擊之制；關津既各有兵，而凡城市鄉村又各有民壯兵快保甲之制；郡邑既各有兵，而深山窮谷又有巡檢巡邏捕虎射熊之士。況八郡三邊之地，人閑〔二〕騎射，士長韜略，故麓川有蠢，資三原杜氏而平；荆襄有變，賴石渠王公而平；戎在禁近，則茲土一王戮之而平；虜圍京城，則茲土二石破之而平。南山王彪之亂，原都御史傑用土兵而平；北山薛賊之亂，王都御史堯封用民兵而平；廖賊四川之亂，幸庵率關中甲士而平；劉賊中原之亂，咸寧偕蘭州儒臣而平。往年樊紳之變，乾州用二三士大夫而平；近日鑛徒之亂，撫臣用二三守令而平。蓋關中無士非將，無民非兵，罝兔之士，古稱干城，斥堠之妻，今嘗折馘。況天設百二之險地，藏九死之區，虜敢匪茹，蹈我機阱，則外有衆殲之禍，內遭覆巢之慘，其不畏之哉？今考內外兵防之制，未能悉志，聊舉其概，俾我鄙病，厎知之亦足鼓勇生氣，驕虜聞之，實足破膽寒心云。

河套論

按河套之地，大河外環，此天地設險，以界華夷之所。虞夏敘貢，未嘗外焉。自是以來，凡中國盛時，咸有其地，我皇祖時亦然。嘗設立將士，阻河以守，蓋因天地之險，帝王之軌防外虞、靖中夏也。後委之俾胡虜巢穴於內，因而侵犯我鄙，幾無寧歲矣。昔秦取其地，募內郡貧民，充實其中，然政教不聞，故卒没入匈奴。漢武時，復取其地，立朔方郡縣募民，徙者十萬口。及山東大水，徙其貧民於中者又七十餘萬口，自是隴西北地河西胡寇益少。然當其時，皆仰給縣官，使者分護費以億計，其後政教未聞，亦終没入匈奴。今內郡民十室九貧，有無産有家之民，有無家有身之民，豐歲尚多缺食，稍值饑饉，則易於爲亂。故白蓮、赤眉之徒，一唱輒和者如蟻。往歲流賊横行，海內頃假虜屢蠢，山西皆此輩也。保釐大臣誠請旨招募，并諸鑛洞壯士，悉收蓄之，稍加訓練，皆精兵也。夫然後授以妻室以漸，自南而北，按周官井田之法，給以斯地，凡爲邑爲丘

〔二〕「閑」，通「嫻」。

爲甸，悉如周制。但洫澮稍深廣之，其廬舍爲堡，久之食裕。倣西戎雕房之式，爲之可也。其始授田給費半載，若種黍時授田，給以四月之費可也。農暇則訓以孝弟忠信之道，師律戰陣之法，如是三年，可使有勇知，方十年，則岐周之政可復，匈奴將喙息遁逃不暇，又何侵犯之足虞哉？然此特大略而已，若夫大綱小紀，舉而張之，以合時宜，以不失先王之軌，以盡經綸之道，則在當路君子云。

西域論上

雍人曰：「西域自古内屬之國也。其民皆城郭宫室而居，耕而食，織而衣，非若匈奴遷徙無常，水草是逐，不耕不織，射獵爲生，盜竊爲心者比也，故其人猶可施以政教焉。」燉煌亦西域地也，方政教行時，其賢才輩出，與三輔無異，可以西戎言耶？蓋人之心性本同，使所業又同，政教又同，則其賢才之出，何獨不然？若夫匈奴與我謀食既殊，其心必異，殆猶矢人與函人，然亦胡能同之哉？是故先王嘗外之於西戎，則施以政教，此即敘之績所由底也。今考燉煌即沙州衛地，哈密去沙州僅三百里，故亦燉煌地。此外諸域舊稱哈密，地圖其極邊又有巡檢公署，及漢人村落屋廬數處，是昔嘗内屬之域也。故悉圖而志之，以俟政教。君子思繼即敘之烈者，其有所稽焉。

西域論下

愚按孔子論政，曰：「近者悦，遠者來。」蓋爲政在於悦近，悦近在於修德，修德之至則不特用人，行政之間無有過舉。雖一喜一怒，一皆出於天理之公，而無一毫人欲之私矣。誠如是，則盛德至善，非但民不能忘，天且弗違，寒暑正而雨暘時，率土之人無弗被澤，而歸向之矣。故帝舜舞干羽于兩階而有苗格，武王永清四海而西旅貢獒，周公成文武之德致天，無烈

風淫雨，海不揚波，而越裳氏獻雉，皆修德之致也。後世不明此義，乃求善使絕域之人以通之，又求善戰之將以威脅之，故

所得不償所失，終於以外夷而困中國，作無益而害有益，爲覆車之轍也。今西域誠吾燉煌故地之屬，其人亦農桑可導之民，

誠欲招來而奠之，爲吾有司者，能修德悅近，如孔子之論，如帝舜之格苗，如武王、周公之底貢獻其可也。否則爲漢武以來

之事，貴其異物，寶其遠物，則民始不足，其亦人朝從而夕違之矣，何益哉？以上五首見婁樞明文教録

明故中順大夫浙江紹興府知府瑞泉南先生墓表

南瑞泉先生者，諱大吉，字元善，渭南秦村人也。今有宅在邑儒學右。其先居河東及蒲城，世行詳渭陽公志碑中。渭陽公諱金，仕至資縣學教諭，配焦，寔生先生。先生別號瑞泉，爲遠邇學者師表，遂稱爲瑞泉先生云。

爲兒時嘗指揮群兒以嬉，若官長然。太宜人怒，以朽木詈之。王父聞而嗔曰：「此吾家棟梁，乃以朽木視耶？」稍長，渭陽公授之書，即日誦數千言。爲析其義，即聲入心。説興以詩，即音韻鏘洋。父執咸異，以神童目之。弘治間，先生承庭訓，既熟小戴禮矣，又學易于滎昌冷氏，又學禮于常鄧州暘，遂通二經。

正德庚午，以禮舉于鄉。辛未連第進士，益集諸時英，尚友講學。壬申冬，授户部湖廣司主事，出餉邊及理天厫、天津諸倉，遭外艱。後補江西司，尋理保定糧儲，改京坊草場。戊寅五月考績，獲錫命階承德郎，贈渭陽公如其官，母焦封太安人。配張氏，封安人。已釐上郡，尋以學爲群僚所推，攝部中諸章奏事。辛巳進浙江司員外郎，理下糧廳，晉福建司郎中，調雲南司，攝章奏如故。會推恩獲再命，晉階奉政大夫，加贈渭陽公如先生官，母焦加封太宜人。配張加贈宜人，繼馮封如張。

先生既文學過人，又明習政務，在部所蒞有聲，章疏復逆得體，上下咸賴焉。初保定事有當釐革者，然蒞者憚難，恒因之。先生至，輒條上便宜四事行焉。草場時，先生持法無私，奸人盜焚場，圖易先生，先生竟以賢不易，而奸人遠焉。郎中

時，值九峰孫公、鳳山秦公相繼以部事委任，先生亦殫心所事。二公以司徒名時，鮮有顛躓，先生蓋有力焉。漕運，文武大臣朝有會議事，至今遵行爲典，蓋自先生題奏始也。京營士故多冒支月糧，部議清查奸人，以夜行攝政事，恐之衆懼，先生慨然往，卒弊除無虞。時京衛有賞典十庫，宦寺乃屯膏，以惡金易之。先生走謂其長曰：「此聖上龍飛盛典，主者欲云云可邪？」其長懼亟，使其屬以精金易之。於是諸衛士實沾沛恩，咸望闕呼萬歲焉。故至今十庫及諸衛所人，猶畏懷先生云。

又嘗因事敷陳，多訏謨至言。未幾晉浙江紹興知府。紹興多鉅室及諸黠民，號難治。先生至，視城惡堂敝壞，吏胥房火，視典神廟頹廢，庠序亦然。乃揆厥緩急，次第圖之。又擇諸僚佐之賢，以諸細事任之。凡舊政行久弊生，弗便民者，一切罷之。又親諸郡之名賢，時以道及政咨之。於是六事修，百廢舉。大禹陵廟、南鎮神廟及城郛、樓堞、諸公廨，罔弗葺之一新。

至於前錢氏所遺鎮東山閣，晦翁所建稽山書院，俱存遺址而已，先生舉肇造之如初。府學及八邑諸生嘗躬率諸令，誨之課之。復拔諸髦士於稽山書院，令其親炙，仍給之飲食筆札。俾專心向學，無他累焉，以故從遊之士成者十九。至今紹興稱科目之盛，始於乙酉。夫先生作人之功，顧可少邪！

毛氏毆人死，田妻誣陷二人死，俱御史至親，經多官勘鞫弗決。先生鞫得其情，咸論死，無能以勢利脱者。若衢州守、上虞令，被誣停官，則特爲洗雪，弗避嫌焉。嘗盡力陂塘，備諸旱澇，運河爲勢家所侵，乃究尋舊防，疏而復之。郡有越人大盜，數爲權要所芘，悉極死不貰。有戒珠山、東山者，王右軍、謝太傅故居遊所也，有學士以漸侵而漁之，先生悉割其地而歸其主焉。諸暨有石氏者，莠民之雄也，以法鋤之，有禁近人，囑之弗聽。越人嫁女，分財如男，至生女多弗敢舉者，喪葬率作佛事，及肆筵設樂，集賓以求勝人。乃裁定婚喪二禮，刊布郡邑，俾各遵行，違斯有罰，於是俊民格心，頑亦畏法免刑。俗變風移，謳歌浸以興矣。

乃勢家顧以不遂所私怨之，乃騰謗於兩京，兩京有怨家又佐之。時陽明公以道鳴于東南，輔臣深惡之，未嘗忘也。陽明書有傳習録者，以道自任，編也先生特爲序而梓之。於是輔臣及部院大臣密議罷先生，以抑陽明焉。時諸與事人悉未之知也，先是部議考察諸方面人，冢宰見兩京科道疏下，輒曰：「近言者諸人，雖孔孟在，恐不免如紹興守，吾儕何病焉？」每預擬去留人，言必如是。及行事日，執筆至紹興，冢宰拱手遜中丞，中丞遜亦如之。如是相遜者良久，于是與事諸人咸厭倦，欠伸思睡耳矣。乃中丞公忽持筆曰：「愚遜不已，當任怨。」遂舉筆勾之。冢宰亦奮然言而舉筆，如中丞然，始終實未嘗議可否也。

于是先生遂浩然西歸。先生之歸也，時郡人老稚者望泣於閭，丁壯者走泣於野，士大夫交泣餞于舟，如失父母。嗚呼，先生亦可以無愧已矣。

先生少穎敏絕倫，承庭訓即知求聖賢之學，稍長與常鄧州子倫嘗睥睨一世，尚友古人，與文選所載先明，爭高下焉。中年親賢，益聞深造之說，自是遂棄其辭章之學，探討日邃，有弗言，言益旨矣。西玄馬氏曰：「今世以講學名者，往往高談以誣民夷，考其行，或猶市人，豈先生伍邪？」

先生奉親孝，執喪盡禮，爲人師表。誨弟逢吉學，中己卯鄉舉，戊戌進士，授禮部儀制主事。其宦遊家居，視如左右乎！凡飲食裳衣必同，有聞未嘗不以告焉。侄軒又以重遠之道教之，軒文逼漢人肖父，丁酉鄉試亦中式。王氏妹孀，二男四女幼孤，俱嫁且娶之，長男祼教之學，爲邑增廣生。先生次女許適郭舉人伯盛子珠，珠孤而貧，先生即妻而教養之。珠爲廩膳生，文學與軒伯仲焉。蓋先生嘗婚嫁諸甥諸從子女，急於所出，所出雖差幼，實若緩然。故西玄子以躬行君子稱之，汙其阿所好邪？

先生歸田，日溫尋舊學弗輟，四方弟子雲從，乃構湭西書院以居，至弗能容。皆虛往實歸，多取紫拾青，位列方岳，文行名世者焉。

先生初配張宜人，邑人祿女。繼馮宜人，武功左衛經歷世隆女。又繼范，永清人，京營都指揮僉事錦女。子五男三，輶聘孫氏復騰女，邑人；軨聘武氏謙女，轒聘東氏工部郎中實女，皆華州人。范出女二，長許適李廷珍，殤。次所適即珠，張出。

先生生於成化丁未十月三日，卒於嘉靖辛丑八月十九日，享年五十有五。所著有瑞泉集二十二卷，紹興志、渭南志各若干卷。先生始以古文鳴，中以道鳴。然與人和而有容，簡易可親，怒不至詈。雖有不合，而親舊不失，唯善是揚。至於當官任事，則毅然有執，屹〔二〕若砥柱，立於狂瀾洪濤，無能撼者。蓋先生邊幅不飾而錦美在中，門戶不立而深造堂奧，故實踐有餘而睽異不爲，故所在人樂親就云。

理繼室季張，張宜人妹也，以故受益于先生爲多。今觀宿草在墓，乃拜而書石。懷先生之懿德，猶潸然出涕云。南大吉

瑞泉集

〔二〕「屹」，原作「圪」，據文意改。

輯佚

涇野先生文集序

涇野文集者何？皇明禮部侍郎呂子所著集也。呂子諱柟，初字大棟，渼陂王子敬夫謂理更字之曰仲木，號曰涇野，西安高陵人也。弘治辛酉，子在辟雍，與理及秦西澗世觀、寇涂水子惇，均携妻子，同邸居者數年，内外旦夕，以修齊之道相切磨，相觀法也。嘗有約言，曰：「文必載道，行必顧言。毋徒舉業，以要利禄。毋徒任重，弗克有終。」于時異居而志同者，有張西渠仲修、崔文敏仲鳧、馬柳泉敬臣，皆簪聚規過，輔仁肄禮。講學時，涇野已卓然自立而弗惑矣。後由是殿試，賜狀元及第，爲翰林修撰，而居之燕然。由是進諫，降謫解州判官，而居之燕然。由是歷官吏部考功、尚寶司卿、國子監祭酒、禮部侍郎，而居之燕然。蓋居職尚能而道前定焉，應斯不窮；居位尚賢而道前定焉，應斯不窮。是故境有順逆，位有小大，素位以行，無入而不自得爾矣。是故自太學卒業，迄禮部謝政，恒有暇日。是故啟沃之外，有以講説至者則應之，有以贈處至者則應之，有以慶賀、弔輓至者則應之，有以敘、述、記、志、表、誄、祠、祭求者則應之，有以登臨賦詠偕者則應之。蓋仁義道德之言，隨寓而發，猶源泉混混，其出不竭；猶菽粟之可食、布帛之可衣也；亦猶鐘鏞在懸，扣殊小大，鳴亦如之，足使醉者醒、寐者覺；亦猶空谷之聲，所感萬殊，妙應如之，若有神焉，而莫知所存也。故君子評其所撰，謂自孟子歿，漢有經生、史才、賦客，晉人工書，唐人賦詩，宋多文士。然據其言行，考所見聞，多未見道，唯董仲舒爲西京醇儒，然他儒亦多駁雜。東漢之末，唯孔明卓然特立，可以與權。管寧以潛龍爲德，確不可拔。兩晉人才，有不爲流俗所染、異端所惑、安貧近道者，唯陶潛一人而已。李唐人才，杜甫之詩，韓愈之文，最爲近道。然甫有啜人殘杯冷炙之失，愈有相門上書之恥，況闢佛而復友其徒，任道而牽情妓妾。杜韓如此，自餘可知。趙宋文士，蘇黄諸人，皆宗尚釋教；呂文諸賢，率聽法參禪。唯濂溪周子學得其精，康節邵子學爲甚大，二程兄弟、横渠張子學爲至正，晦庵朱子能繼諸賢之緒。自元以來及今，見道而能守者，唯魯齋許氏及我皇明薛文清公數人而已。涇野子則爲漢之文賦，懷其史才，傳其經學，而無駁雜戾道之失；工晉人之書、唐人之詩、宋人以上之文，而多純實之語，醇如魯齋而著述則多，確如文清而居業則廣。蓋其學詣周之精，同邵之大，得程張之正，與晦庵朱子匹美者也。

子之逝也，諸弟子録其文成集，子仲子昀及長孫師皋藏之家。西安、高陵嘗梓之，然豕亥之訛尚多，於是門人侍御建德五台徐君紳、海寧初泉吴君遵，率武強學諭閩中王大經，藁城學諭莆田江從春校正編次，俾真定守成都于君德昌重梓行，集爲卷凡三十有六，爲編凡一十有六。然尚有遺逸，外此有經説，有語録，有詩集，有史約，有四子抄釋，爲卷册頗多，門人與槐謝君少南有刊于西安者，胡子大器有刊於蕪湖者。茲不與總校斯集而終其事者，則門人侍御彭澤陶君欽皋吾廬子；相其成者，則保定巡撫米脂艾公希淳居麓子也。

賜進士出身、中大夫光禄卿，嵯峨、商山書院院長三原馬理撰

（吕柟涇野先生文集）

科貢題名記

國家育賢於學，三年設鄉試科以羅之，入羅之賢曰舉人。羅而集於春官，復設會試科以羅之，入羅之賢策於天子曰賜進士。外此，又設貢士科以羅之，入羅之賢亦試於天子曰歲貢士。三羅設，天下之豪傑漏者寡矣。君子曰：「當今之世設科貢以羅賢，雖孔孟欲行道濟時，亦必由是以進。」不其然耶？有不由是進者，則國初時吴方伯印、楊學士寓數人而已。故國家得人，科貢爲盛。陽城居析城、太行間，地靈人秀，科貢之賢，若原公傑位至尚書而血食三省，若楊公繼宗官至都憲而列於名臣，非特爲三晉之良，實一世之英也。其他棟宗榱桷之材，未易枚舉，亦云盛矣。

然自國初迄今百有八十年矣，諸賢題名僅用木板，歲久易滅。嘉靖間，韋令來蒞之，始圖易以石刻。凡先後諸賢皆大書其名於上，細書其出處及所歷官階於下，仍託予爲記，以垂永久。予曰：「君子名世，亦在乎爲之而已。夫題名者，前賢

往矣，後賢予有望焉。誠胥以上達爲心，如原如楊，則爲世巨瞻，無愧於題名義也。苟非所安益以上達爲心，希孔希孟，則百世萬世巨瞻，無賴於題名，尤義之義也。否則人將目名而指議之，題何益哉？令今亦題名於上，其無愧與否，無賴與否，同諸賢。盍均勉之哉，均勉之哉！」

令名文英，字本和，涇陽人。其令也，宜民宜人，上官交以賢能，與之亦有志於上達者，余故因而厚望之。

（古今圖書集成經濟彙編選舉典卷七十五）

重修絳州文廟記略

絳州昔有先聖廟及學，絳先守所建修也。宮牆内爲正殿，兩廡外爲二門，門外左右爲名宦、鄉賢二祠。外爲大門，皆舊制，今劉守所新修也。其外爲泮池，舊遠於門，今改作而邇之。池南爲屏，屏東西爲二門。東爲外號舍，諸生有室者居焉。其北爲講堂，東爲蔬圃，皆新之垣之。屏南爲槐道，榴櫜皆易之。聖殿後爲禮門，爲明倫堂。堂前東西爲齋三，齋南爲神庫，後爲内號舍，諸生無室者居焉。西北爲啟聖祠，明倫堂後爲尊經閣，皆葺而新之。閣臨北城，城上舊有樓曰「奎光」，廢矣，重搆之，縹緲如也。廟西爲學外門，直北爲馬道，舊有二門亦廢，今重立。迤東即禮門三，師弟子之所由也。内號舍南爲射圃，圃有亭有池，池引清流，盈科而達於泮池，悉劉守所更新。

工始於嘉靖春日，落成於秋日。守臨洮舉人名朝麟，別號信軒，先爲眞定府通判。是役也，工食皆出於贖刑之金，而民不擾。相之者，爲同知方弁、判官馮宣、吏目劉闌。繼之者，則判官周衡、吏目雷錫。其董役者，則省祭張鑒云。

（光緒直隸絳州志卷十五）

重修城隍廟碑記

興平故有城隍廟，在縣治北東西街中。元至正二年建，皇明成化十四年增廣之者，王令琮也。嘉靖初，修葺阻於饞頑者。王令者，玉鉉也。今重修而底績者，郭令也。王令嘗用里甲夫役，庫藏錢修用是。饞頑誣訟之官，後事白，饞頑死于臬司，然亦弗卒事焉。郭令鑑之，不起一夫，不動藏庫一錢，惟用鄉老，率諸義民效力，不足則以贖刑金補之，故迄工而人無議焉。

廟之成也，令祀以落之，祝諸神曰：「官於斯者，其有剥民以自肥者乎，時謂之貪；其有殺人以自恣者乎，時謂之酷。有一於此，神必殛之，俾窮困麗刑，短折異鄉，毋得肆惡於上，可也。民於斯者，其有爲惡於家，不孝於親，不弟於長者乎；其有爲惡於鄉，凌暴寡弱，蔑視官法者乎？有一於此，神必殛之，俾災禍薦臻，生養不遂，毋得作惡於下，可也。神能如是，吾官民斯畏而敬之，使廟貌常新，祀事豐腆，否則神亦不靈，人其不玩之哉？」於是聞者惕然，咸生善心。

廟爲正殿五間，寢獻殿如之。穿堂二間，廊廡共五十餘間。二門一，爲間五；大門一，爲間三。傍角門二，靈祐坊一。廟基前闊九丈七尺，長二十三丈；後闊一十七丈，長二十六丈。造工於嘉靖庚子二月一日，迄於壬寅八月一日。

郭令名孔完，字元成，新鄉人。由舉人嘗廬墓六年，鄉以孝稱。在官清謹有爲，撫巡屢以賢能勞薦之。督工鄉老范萬齡、楊廷美、閻珂三人。請記其事者，張元極、李綸二生員也。廟有祠堂二，其祀王令者，郭令不能止；諸民祀郭令者，止之，民亦弗能違也。

（張元際興平縣志卷七）

河東運司重修鹽池神廟記

河東運司舊有鹽池神廟，其爲殿三，其妥神五： 中殿神二，東、西鹽池之神； 左殿神二，曰條山、風洞之神； 右殿神一，曰忠義武安王之神，皆祀典神也。何謂祀典？ 祭法曰：「山林川谷，能出財用利民者則祀之，以死勤事則祀之。非此族也，不在祀典。」茲五神，其族矣。

夫粤鹽池，自古有之。昔者伏羲時創制文字，説文曰鹽。河東鹽池，是文字以前已有是鹽池。其後神農氏、諸侯白沙氏始煮海作鹽。觀鹽從古從鹽，義可識矣。唐虞時，是名「鹽販之澤」。舜命伯益掌之，嘗琴而歌，所謂「薰風時而阜民財」者，卽是物也，故至今鹽池候薰風而成。故虞坂在左，今青石槽者，騏驥困車所也。禹平水土，蓋由雷首、虞坂而北瞰斯澤，又北登景山而南望焉。其後九功既敘，勸以九歌，俾勿壞者，斯其一也。遂定賦上上，作都其墟。異時商都、周官、魏郛、秦郡皆邇。是澤自漢武設鹽官牢盆，迄今軍需邊餉多倚賴之。偶水旱爲災，亦藉是以賑農不困焉。

今觀條山之陰，路村之陽，安邑之西，解之東，有澤焉，方百二十里，淵然紫色者，是斯池也。坎而平，涵而不流，值夏日薰風時至，則一夕鹽如斗如鏤，如鑄如瓊，而英玉而屑，昔君子品鹽以茲爲勝。今本草地志所載，曰食鹽，曰大鹽，曰顆鹽，曰印鹽，曰㪷鹽，曰乳鹽，曰鹽花，曰鹽鹽，曰種鹽，皆是物也。種鹽者，梁人所謂畦地而沃以池水，南風急則成鹽滿畦是也。唐、宋皆然。宋人以三月墾畦，四月沃種，至八月而止，是謂種鹽，亦曰鹽鹽。池鹽則攎取而已，且種且攎，所獲滋多。元人惟鹽池，不復畦種，今三場因之，洵主者德馨，祠享誠潔則神罔怨恫，或池或畦，生生不窮。以祀神養人，療疾攻瘍，罔不攸宜。苟國無是者，則百味不成，百穀不旨，其民腫，柴瘠而墨。夫鹽也，誠民生日用不可缺者。故曰：「食之將也，國之寶也，天之藏也。」夫條山、風洞者，池泉所自出也，薰風所從生也。其於地爲蒙，爲咸，爲中孚，至若忠義武安王者，解之常平村人，池南故里存焉。

王學明彝倫之道，身任綱常之重，心無愧於幽獨，行可質諸鬼神。非其義也，非其道也，雖軒冕而泥塗之也，雖珠玉而塵埃之也；如其義也，如其道也，雖萬衆之中必往而無懼也，雖白刃當前，蹈之而自如也。清比伯夷，信如仲由，以身殉國，爲臣死忠，其浩然剛大之氣，千古長存。譬如日星麗天，山嶽拔地，罔不瞻仰祇肅而洋洋乎如在焉。爲老氏言者，又尊而神之，以爲雷霆。夫申自岳降，説爲列星，蓋元氣所鍾，終還造化，亦理之恒，無足駭者。諺曰：「英雄之殁，必爲神明，以驅除虚耗魍魎，以歆禋祀，其此之謂歟！」禮有之曰：「君子生而敦行，能表正鄉俗者，殁而祀之社，謂之鄉先生，以興斯民禮也。」蓋王者所謂以死勤事者也。

是廟創於唐太宗朝度支韓滉之所奏兩池之神。宋徽宗時封之爲公，元成宗時加封爲王，至明太祖改以今稱。遂修廟，令每歲季春上旬致祭。後弘治初張都御史敷華嘗一新之。至是廟壞，御史方子涯病之，欲繕，致疏請於上，得旨。侍御章邱王子昺、祁門余子光相繼而至，謀諸運使劉子夢詩，牟子泰，丁子相，韓子暹鳩工而行事焉。於是卑者崇之，狹者廣之，材不勝任而敝者易之。於是中爲穹殿三間，奉神如前。霤前小亭，易爲厦屋五間，墄而石欄爲十有七丈，左右爲殿各少穹間如之，奉神如前。前巖廊今爲間四十有八，爲樂臺一，爲二門三，角門二，爲間五，匾仍舊曰「洪濟」。外左右爲神厨，爲土地廟各五間。大門爲岑樓間五，匾曰「海光」。外爲鹽風亭一，候薰風也。外折道爲坊門三，後⿰目奥爲官廳二，有廂池。南爲南禁樓一，池外葺城暨堤維周葺鋪，凡二十有六。諸場廨施工有差，於是廟貌巍然穆然。有事於斯者，敬心油然而生矣。爲費計用贖金若干，經始於嘉靖癸巳之秋，落成於甲午之夏。董役者，爲本司副使程伯祥、經廳汝頤、知事曾宜、典膳張訥云。

（乾隆河東鹽法備覽卷十二）

新建運學尊經閣記

河東尊經閣者，運司學宮之閣也。學有書千卷，藏之庫。正德辛巳，侍御邱公來理鹺政，如學宮，進諸生講誦，出書於庫。庫則敝且壞也。公曰：「異端賊道，今其言遍天下，天下敬其言，弗盥弗視，金匱錦帙，藏之惟謹。視其書，自諸隱怪妄誕之外，多淫辭漫語，絕之猶懼滋蔓，乃天下公崇之，何也？亦緣其徒先自重，故人為所惑。先聖王之書，於人若水火飲食，信而行之，則危者安，亂者治，亡者存，猶覆手也。吾徒顧不知重，使風雨鼠蠹至亡滅而不救，愧於彼之徒矣。吾今為若藏之。」他日，得學宮東隙地垣之南，面條山為樓，樓崇二仞，朱戶雕欄，貯書其上。

公曰：「書其得所矣乎！然書孰為尊？經為尊。學者先明乎經，有餘力則以及他書。否則窮經而致用，亦足矣。夫經有聖人之道四而害之者五。以經邦者尚其道，以潤身者尚其德，以致博者尚其文，以守約者尚其禮。斯四者，聖人之道也，而他書不與焉。異端之害一，風雨鼠蠹害二，訓詁而臆說害三，詞章而枝葉焉害四，舉業而干祿焉害五。斯五者，天下之達害也。今風雨鼠蠹之害免矣，除四害，興四尚，是在諸子，於是名閣曰尊經。示下上，於斯者知先務也。」

（乾隆河東鹽法備覽卷十二）

孟姜女祠碑記

宜君南三十里，鎮曰哭泉，有姜女祠。祠下有泉，詢及父老，云：「孟姜女者，前秦澧川人也，適范喜郎。秦築長城，喜郎從役，怠其工，乃築死於城土中。姜女爲送寒衣至邊，始知之。悲憤號哭，城自崩隳，屍骨暴露，莫辨真僞。乃嚙指滴血，歷驗諸骨，其一血入骨，乃知其爲范郎也，遂負之以歸。至宜君南三十里，息道左，渴欲飲，無水，仰哭而泉湧。士人哀重之，共爲立廟。至同官，姜女亦斃，後人復爲立廟，夫婦二骸在焉。」

余稚年間，閭里庸俗人歌謳此事，未以爲必然。今鎮以哭泉名，且兩地俱有廟貌，而父老之言，又詳悉若是，則此事信有之矣。赴陝行迫，未暇入觀。既還，復過廟前，風雨大作，趨避廟中遂息。無乃姜女之神留我，爲彼表異耶？因重有感焉。

噫！一婦人女子，乃知守節義，重夫綱，感天地如此！世有徒爲丈夫，較其行，反婦人女子之不若者，則姜女之懿行，有益於風教也多矣，豈可以尋常視之哉！

（銅川市志卷三十七）

重修涇川五渠記

涇川五渠者何？鄭國渠、白公渠、通濟渠、新渠、廣惠渠也。重修者何？都御史松石劉公也。白、新二渠間，有豐利焉，不曰六渠者何？豐利廢，通濟代之，施工止五渠耳。

蓋七國時，鄭國自瓠口鑿渠堰水，而東南注鄭，北注韓，會冶谷、清谷、濁谷、石川、温泉、洛六河，溉凡所經田者，鄭國渠也。其後涇河六渠，首卬不可用，六河亦下甚，渠南北尾俱斷不可用。漢趙大夫白公，乃自洪口鑿山，及麓二千七百餘步，下達鄭渠項，迄南斷尾者，白公渠也。先是倪寬爲六輔渠，後人志之無定所，其諸前六河之渠歟？蓋倪公謂鄭渠中斷不可用，而所會何存，乃各自上流爲渠以輔鄭，故曰六輔耳。蓋白續其首，倪續其尾，夫然後鄭渠之利完也。洪口者何？中流有山根焉。蓋一山勢而下之，其諸禹導涇之功歟？其山根斷爲巨石，水機之不動，乃中鑿而下，激石鳴如雷，是之謂洪口。白公于此爲渠，蓋因其勢而利導之也。唐人從而堰之，殆亦修復白公之功，仍舊貫歟？故所用歷年久，是謂洪堰。今相地勢，堰猶可作，白公之識，誠遠矣哉！

後宋熙寧、大觀間，殿中丞侯可、秦鳳，經略使穆京，累自洪口上流鑿山爲渠，疊石爲岸，凡四十有二丈，下達白渠，獲敕賜名者，豐利渠也。後豐利渠首卬不可用，元御史王琚又於其上流鑿山爲渠，凡□十一丈[一]，下達豐利渠項者，新渠也。後新渠首卬不可用，國朝都御史項公忠更於上流鑿山一里三分爲渠，下達新渠項者，廣惠渠也。其視豐利、新二渠，功加數倍焉。

正德間，豐利渠壞，都御史蕭公翀更自里鑿山，以上接新渠，下達白渠者，通濟渠也。渠甫成，工未訖，而蕭公去任。後御史榮昌俞公、都御史榆次寇公，累命工鑿之。未幾，俱去任。於是松石公至，于諸渠淤塞，而通濟涉議施工。于時，分幽憲副劉公雍謀協，遂督理焉。乃自通濟淺所，更下鑿三尺許，闊至八尺許。長一丈，深四寸五分爲一工，凡六千五百工。工訖，復上下疏諸渠，分工如石工，悉樹以桑棗榆柳，中爲三限。用水之法，嚴禁曲防，故水利均而博焉。時有單貳守者，嘗託理紀事至再，理未之暇也。無何，松石公丁内艱去。歲餘，涇陽霍宰復託理曰：「松石公之功不可没也，先生請終紀之。」

十月，理躬至其地，視諸渠咸塞焉，喟然嘆曰：「事未紀而若是耶！」霍宰曰：「前人之事，在後人嗣之耳。使鄭國之後無倪公、白公，又無侯公、穆公，又無王公，又無項公、蕭公、俞公、寇公、松石公，則諸渠廢已久。是故前人之功，在後人嗣之耳。」

或曰：「龍山之北，有名鍾兒嘴者，不鑿而渠，以下達廣惠，恐前功終隳。」君子曰：「水不入渠，是渠卬之過也。今水入渠口，山泉復□□而下瀉，渠皆一切吞而吐之，則咽喉塞之耳，豈渠之咎？塞者通之，渠口石囤，廢者設之，是在乎人。故曰：『前人之事，在後人嗣之耳。』」進士呂子和曰：「應祥嘗讀書龍山巖，每役夫修渠，獲狎見焉。分工者咸枕臿而臥，官至斯，起而僞作。去，臥如初，石工亦然。官監之不易，固也。作數，乃稍通泉水而罷。」吾徒張生世臺曰：「生家有役夫，自述如呂子言。事之難集，乃如此。」

或曰：「二麥秋種，生根在冬，禾黍春種，苗秀于夏，實於秋。苟雨雪闕，多死。故舊法，十月引水，至明年七月始罷。

[一] 原文闕一字，據元史河渠志稱王琚所修新渠是于豐利渠上「展修石渠，爲萬世之利」，「更開石渠五十一丈」，故所闕字當爲「五」。

今甫春天，而水止不通，奈何？」君子曰：「聞三原之市有土石之工焉，計役夫所費，取十之一以雇之，不勝用矣。夫諸工者，遊食之民也，貨取之于渠所，編而爲夫，遂分工而使之。訖工者，驗其值，否則役，闕者補，如周之閑民，今之灶石。然則財不傷，民不害，而事易舉矣。」理曰：「此其大略也。若夫闊澤之，則在當，而君子故曰：『前人之事，在後人嗣之耳。』」

於戲！雍州之而每爲天下先：天下未有人倫，伏羲作嫁娶制而有人倫；天下未有文字書契作，倉頡出而有文字；天下未有衣食宫室制度，神農、黄帝、后稷作而有衣食宫室制度；天下未知教化，契出敷教而知教化；天下禮樂未備，文武周公出而天下禮樂始備；天下未有水利，涇水爲渠以富饒關中而有水利。

於戲！先天下以興事，苟無超世之見，其能然耶？詳觀斯渠，前人之功備矣。苟用超世之見，相爲後先，斯功成不朽，名亦隨之具。

於戲！君子其勉諸，勉諸！松石公，麻城人，名天和，字曰養和云。

賜進士出身中順大夫南京通政司右通政谿田居士三原馬理撰

碑成，駝灣老人暨白水石工程甲來觀。老人曰：「昔項公主鑿廣惠，然宣力者實布政楊公璿也。後楊公擢他方，語送者曰：『未疏是渠。分工初，各留石隔，如門限然，擬渠成而去之。今吾去而隔存，是遺憾也。』石工曰：『通濟渠役，甲原與焉。董者懼役久，爰告底績，然所未鑿石，當有□久許耳。』」理聞而嘆曰：「是使劉公聞之，又得無遺憾矣乎。」未幾，霍宰白曰：「邇者，都御史王公有新教焉。今疏鑿諸渠，伊廣惠之隔，通濟之涉，諸渠淤塞，咸令謂之。又復申明水法，俾有司行焉。」理曰：「此其所謂後先相續，用夫超世之見以立功者乎？他日渠成，並六河、諸渠各疏鑿之，以溉關輔，則鄭渠金功，可以復見，他渠尚足言哉！尚足言哉！是用筆之以俟。」王公，直隸定興人，號南臯，名安封，字曰伯圻云。

是年冬十二月既望日亞中大夫光禄卿前右通政谿田居士馬理續記

（李慧咸陽碑刻）

運城鄉學養蒙精舍記

古峰余子巡鹽河東三月，乃觀民而嘆曰：「惟茲唐虞遺民，乃或弗淳，厥責在予，其何尤？」乃圖教其父兄以及子弟，爰遵制建學，於鄉學成，爰入學崇訓修約，講學行禮，觀德養老，訓諸蒙士。凡入學修約，立約正、約副、約贊三。執事人惟民之父兄，惟俊。夫訓者乃皇祖之訓，所謂教民文者是也。凡月朔望，三俊率諸義民入學，乃讀教文，俾衆諦聽，以戒以勸，是謂崇訓。夫約者呂氏鄉約，古峰就加潤澤者也。嘗揭以示衆，俾日率由。至是考詳省慝，是謂修約。於是言言，於是語語，於是詰難，率以言法行是明，是謂講學；於是陟降周旋，循矩蹈矱，是謂行禮；於是張侯設物，主賓就位，衆耦有敘，揖讓和容，興舞以射，是謂觀德；於是序坐以齒，揚觶飲酒，肆歌風雅，以侑以燕，諸慝不興，是謂養老。是諸父兄之教也。學有規制，先古峰記載詳矣。

由學而入，而東則養蒙精舍在焉。中有遊息亭者，即觀德所也。亭後有堂六楹，曰養正，擇師居之所以教也。左右四齋曰孝弟，曰謹信，曰恭敬，曰藝文，各六楹，弟子居之所以學也，是謂養蒙。是弟子之教也。凡朔望施教，古峰子涖焉。凡淑慝必聞，行有小大，勞亦如之。其大者即如製表閭免役，以榮以耀，俾衆望以歸，厥不在時。諸冥頑匪人，行有小大，罪亦如之。其大者則屨校荷校，滅趾滅耳，以戮以徇，俾衆威以遠，是故罟阱設而安宅麗焉。夫父兄斯知歸矣，弟子焉往？是故河東民故健訟，今日相觀而善，恥訟改行，夫誰之力也？初古峰涖衆和易，小人竊議不威，君子退而嘆曰：「御史以德禮教我，弗率且移屏，弗齒是殆，甚於不可仰視者矣。」卒乎威如君子言。

夫古峰尊師取善，非自用也。夫鄉約雄山仇氏嘗行之，涇野呂子仲木爲解州判日，嘗爲仇氏訂正，行於解城，解俗至今美焉。古峰乃又教學於斯，安邑人太學生王世相者，仲木之徒也，古峰嘗選爲約贊，呈十善，即榜而行之，其尊聞行知，又舍己從人，如此非尊師取善而何？古峰其真不自用矣夫。夫古今高明之患在自用，其甚者則妒賢而嫉能。乃古峰獨異撰，他日休休之度，其可量乎？

於戲！古峰攸行，可以爲君子法矣。後之君子於古峰有取焉，以光厥休。吾知堯舜之民會可復見，又不啻古峰子也。盍監哉？

（雍正山西通志卷二〇七）

欽賜表閭王義士行實記[一]

韋令之治陽城也，谿田馬氏問曰：「令得人焉爾乎？」曰：「有王海者，義士也。」「何如？」曰：「其爲人，事親孝，恭而儉，積而能散，好義而聞於上，獲表厥里焉。其亦匪夷所及矣夫。」曰：「其詳何如？」曰：「父在，不敢自專；事母，聞義稟命而行。如賞功用財，必請母命而後行是也。喪葬，不以貨財厚親，不作佛事，哀毁而已。然三年不入其室，非孝而何？有攸往，目不邪視，舉足安而重。衣不重帛，食不重肉。一日，設鷄猪二肉供早飯，公曰：『外人尚有無飯者，我食用何重味？』令徹去一味，其自奉有如此者。積其財將有爲也，非恭儉而何？其積也，水旱，人饑則賑之。家積萬石粟，常因年不順成，賑貸貧者。歲終，親舊不給則賑之。每歲終，詢故舊無節麵者，量口給之。貧不能婚者，婚之。見年長而無妻者，給布帛令其擇娶，不責償焉。病不能醫者，醫之。如嵐生齊榮曉醫術，公館以空舍，買給藥材，以濟病者。死不能棺及葬者，棺之葬之，爰立義冢焉。見貧而葬無棺者即給之棺，又買地十畝立義冢，以葬無主者是也。士學而無資者，資之。如蕭縣劉生仁、虞城縣王生經，各資銀十五兩，以充束脩之類是也。士及掾赴選而不能裝者，爲裝之。如給監生李經麥豆百石，省祭彭杲銀十兩之類是也。鄉鄰子弟宜學而未能者，爲延師教之，爰立義學焉。立舍數間，延儒士殷孟學教鄉間俊秀子弟，免其供給，名義學。避兵而來依者，一士一民皆養之。兵謂流賊之

[一] 小字部分爲陽城知縣涇陽韋文英注。

亂。凡依來者，男子給以器械從軍；婦女居之以室，仍各給之以糧餉。思歸而不能歸者，歸之。送老人倪景仁歸鳳陽之類。其遊食者則否，有稱貸而不能償者，則焚其券而罷徵。一日，僮僕駱鷟催貧人償貸急迫，貧人來訴。責其僕，遂焚其券，焚券自此始。河隄之決也，則出財處夫補之。黃河隄決水没民田，遣郭傲修補成功。非能散而何？盗之起也，有柳庄屯賊劫庫而殺人，則會兵平之；有王德周兄弟聚嘯而劫掠，則會衆擒之；胡父橋、張七兒之亂也，則佐以糧芻及壯士勦之；湯家集屯賊之亂也，則從薛御史，遼人名鳳鳴者，兵討之；大盗劉六、劉七、趙風子、邢老虎之反逆也，白諸官請給帖文行事。察鎮無儲者，散麥五百餘石、豆二百餘石。仍出貲率人築城鑿池，建門及樓，造諸兵器、火器禦賊。賊至，東破蕭縣，南破永城，西破夏邑，北破碭山，乃攻海所居鎮。海守且戰，賊攻不利且敗，且索財講和，不許。賊退，俘獲馬騾三百，一毛不取。白巡撫鄧公，卓州人名璋者，給義勇士焉。鄧賞功給銀二十兩，受之，送夏邑縣修學。時總治彭公，嵐州人名澤者是也，劄付海。會淮安朱指揮兵、歸德萬指揮兵截殺流賊。二兵不至，海捷後白彭，參二將，咸抵罪焉。鎮有靳富者，歐〔二〕死曹瓚。海曰：『富不死，亂道也。』令富族人迫富自經于市，衆服。彭兵五千過鎮，餉以熟飯千桶，兵食之不盡。徐州將官陳經領兵至鎮，不理兵事，唯徵錢賞妓夜飲。海曰：『此亦賊也。』令義勇夜執而晨縱之，陳愧而遁。王堂反，何都御史，湖廣人名天衢者，征勦。令家人從征，餉以白金百兩。事平，何奏聞，蒙敕賜表閭曰好義坊，遠近因名其地好義集云，夫是之謂義士。然聖天子既表其僑居所矣，陽城其本邑也，令乃不能奉行聖天子德意，昭其行以勸善，安在其爲令也？兹欲豎石東郭，勒其行何如？」

谿田馬氏曰：「昔布衣之士，鄭有弦高，魯有曹劌，春秋書之；戰國有魯仲連，漢有杜子春，史記、漢書書之。論其功，昔肉食者未能先也。今義士犒師，則弦高之儔；其禦虜而保衆，則曹劌與倫；使其遇變而當途用事，安知其不與仲連、子春同其烈也。彰其義以勸善，此誠令之政也。令其行之哉！」令曰：「諾。」

義士字大量，陽城上佛里人。弱冠從父爲賈、韓，家道口鎮。生于天順己卯，卒于嘉靖癸未。生二子，鯨、鰲，皆能繼述

〔二〕「歐」，疑當作「毆」。

其志事。孫相臣，亦繩武不替。韋令名文英，字本和，涇陽人，嘉靖壬寅歲及甲辰令陽城云。

（嘉靖夏邑縣志卷八）

洨濱蔡子贍田記

曰：「愚聞君子用財以義，周窮恤急，義也；篤親養賢，義也。昔范文正公以義田周族黨，以所居爲學舍，義矣；寇萊公捐所居爲僧寺，崇異端，不亦失耶？今觀洨濱蔡子用財，得范公之義，無寇公之失焉，是故君子尚之。」蔡子名靉，字天章，號洨濱，直隸寧晉縣人也。初受學於恒山張子，登己丑進士，授以行人。擢御史，復授學於甘泉湛子。後巡按河南，行所學激揚有聲。嗚呼！爲進士，爲御史矣，乃不自足，復隆師而學者，世豈多斯人哉！

及晉擢而再，退於鄉也。幾二十年，益深造而道充，乃曰成己而不成物，非誠也。於是構洨濱書院，設科而受徒焉。久之，學徒雲集，如扶風馬氏、河汾王氏盛矣。乃視寒士婚葬饔飧無給也，乃以耕稼所入，節儉所積累，置義田六千畝。乃以三千畝爲儒學贍田，凡寒士婚喪饔飧悉於此給。以三千畝爲書院贍田，凡合族祠堂墳墓祭祀婚喪有給，其外族婚喪視本族給有差。寒士親故來學者，其師之束脩，士之日用，悉給之。非親非故而來學者，亦如之。其事詳於贍田記中。

嗚呼！昔孔孟之徒皆傳食於諸侯，亦有不尊德而樂道者，乃有七日絶糧之阨。今蔡子處贍田如此，吾知不俟傳食，無絶糧之阨矣。況諸婚喪大事，無慮士集而不學，其誰之尤耶？苟集而學，奚啻如扶風，如河汾，雖尚友洙泗，可也。或曰：「蔡子膴仕而求，益復篤親養士，開來學焉。此其志不淺，使鴻漸而大行道，何可量惜哉？晋而擢也。」丈人曰：「不然。君子聞道，進而行政，則澤被於一時；退而淑人，則澤被於天下、於後世。是故稷契皋夔澤被一時，孔子則澤被於萬世。蔡子蓋學孔子者也，又何可惜耶？」

寧晋令劉君戒慮斯田疆界頃畮久難稽也，值族孫廷彩幕此邑，以公便來省，因徵予作記，立之學宫，以詔後人。

又谿田馬理有銘，其序曰：「息存有銘，美蔡教也。寧晋蔡子，自稱曰㲋。字曰天章，號曰汶濱。昔歲己丑，甲榜題名。始授行人，晋擢御史。澄清中土，聿駿有聲。及再閑居，設館授徒。退居有堂，扁曰息存。谿田耄夫，夙與同情。善厥重任，爰著扁銘。」銘曰：「汶濱豸史，對揚有聲。乘驄南巡，中土以清。晋再擢如，閑居遠放。設館授徒，開來継往。退居息遊，有温有敦。爰扁其堂，命曰息存。息之在人，呼吸則是。苟無呼吸，大耋斯至。我識汶濱，所期非淺。希曾踐言，任重道遠。任重維何，中心好仁。仁以成己，又以淑人。成己維何，克己復禮。學不如顔，若淑弗濟。淑人維何，覺知自躬。道不如伊，擠人溝中。體乾之元，視人猶己。亹亹斅學，斃而後已。一息尚存，茲志匪懈。全吾心德，通於覆載。谿田鄙夫，耄矣尚賢。爰銘斯堂，尚同勉旃。」

（隆慶趙州志卷二）

書樓記

河東書院者，張子侍御之所建也。侍御巡河東鹺省，無益作有益，故有茲建也。由門而入，歷齋而堂而寢而亭，備矣。由亭而入，有重屋焉，巍然而臨乎臺池者，藏書樓也。張子曰：「夫書隆也，藏焉爾矣。夫寧無不善誦習者乎？以舉業者尚乎利，以文辭者尚乎名，以訓詁者尚乎緯，以索隱者尚乎誕。故尚利，斯不足與言義矣；尚名，斯不足與言實矣；尚緯，斯不足與言經矣；尚誕，斯不足與言恒矣。亦寧無廢書者乎？」曰：「率性之道，吾固有之也，在行之而已，夫焉用書？是誕之説也，佞之徒也。故仁斯愚，義斯慘，禮斯窒，智斯蕩，信斯賊，直斯絞，剛斯狂，勇斯亂，不可與入道焉。予爲是懼，故樂人之善學而藏書焉。藏欲富，惡濕與蠹，故用樓也。藏以序，故先諸經而後及其他也。藏欲久，故擇人以典之，貯諸匱而扃且鑰也。誕之害人久矣，故藏之富者，欲博以文也，蓋惡徑約者也，務博者鮮知要焉，故藏先諸經示以要也。而司教者，使利者，義之名者，實之緯者，經之於道也，其庶矣乎？」谿田理聞而善之曰：「於戲！侍御與人爲善，如是哉？

可志也。」夫遂志之。侍御者，安陽張仲修也。

（雍正山西通志卷二百〇七）

陶恭介公像贊[一]

公諱琰，字廷信，別號逸庵，山西絳州人。成化辛卯解元，辛丑進士，歷官刑部主事員外郎，陝西固原、福建按察使，浙江、福建、山東左右布政使，巡撫河南，總督漕運兼撫鳳陽左副都御史，南京刑部右侍郎，戶、工二部尚書，南京兵部尚書加太子太保，進階光禄大夫柱國，贈少保，謚恭介。

明致仕光禄大夫柱國太子太保，南京兵部尚書，贈少保，謚恭介陶逸翁先生像贊：

於懿恭介，斷斷休休。全才高節，世鮮匹儔。
鄉舉發解，卒業太學。師取其撰，覺諸後覺。
進列秋官，封章攸憑。于時庶獄，平直如繩。
提刑關中，握兵固原。虜聞遠遁，中夏以安。
如閩啜蔬，伸冤理枉。人呼神明，青菜憲長。
浙位方伯，閩遷左秩。朝會萬邦，政居第一。

〔一〕中國國家圖書館藏明刻本陶恭介公像贊一册，具體時間不詳，馬理著，書前附陶恭介公像，全書以篆體大字刻印，每頁三行，每行四字，文末有「馬理之印」朱文章和「谿田」白文章。

保釐中州，除酷曁貪。煢獨細民，室家湛湛。
晉少司寇，淑問踐跡。瑾奪封章，仍罰米百。
瑾誅督漕，兼撫鳳陽。運通民安，豺虎羔羊。
肆轉刑曹，欽厥攸侀。訖富訖威，莫余敢承。
河北黃巾，橫行中原。姚源赤眉，醜亦孔繁。
命公討之，威靈靡京。招搖所指，次第剿平。
寧紹颶作，千里漂溺。公隄且援，民寧頌績。
盜衝之區，公設金湯。生祠報德，以烝以嘗。
再起督漕，下車霖霽。淮人迓公，歡聲動地。
北轉司空，膏車秣馬。淮人瞻依，哭聲震野。
南參機務，拯饑如焚。多方渙丘，先發後聞。
歸休養恬，天恩存問。大行不矜，阨窮不慍。
八旬四終，俯仰無慚。一代名公，韓范與參。
理昔總角，公收增生。爰筆蕪詞，越公睟容。

賜進士出身中大夫，兩京光祿寺卿，三原門人馬理拜手謹撰

明朝列大夫宗人府儀賓松谿張先生墓誌銘

松谿張先生者，諱統，字宗元，號松谿，有文行，縉紳雅敬之，稱曰松谿先生云。先渭南人，其徙涇陽大石里今居者，自

夫高祖興始也。興生文成。文成生旌表義民數。數，字從學，生三子：孟安、仲樂、季壽。壽字世齡，配劉氏，身及冢男，置田二十餘頃，生子九人，松谿其第七子也。

幼醇謹，作心不苟，父兄遺就傅，即執業有常。弘治初，年十二，蒙選爲臨潼靖安王長女昆明郡君儀賓。七年十一月二十二日，合巹禮成。明年四月二十八日，誥封爲朝列大夫云。年十四時，與余及劉子明興學于孟店寺中，即志於正學。後又遊涇陽儒學，與褚宣玉、王良臣、劉汝温、魏禮元諸賢爲友。後又與會城諸賢同遊府谷祭□玉之門，而學益邃，爲法制所拘，不試。

以詩鳴關中。其□孝子云：「雙□流江漢，一誠感鬼神。」即事云：「野性偏宜野外寬，愛山成癖用醫難。嵯峨就我終南遠，濃淡嵐光取次看。」山行云：「路轉山形變，石横水彎斜。穿林常畏虎，披草忽驚蛇。」送劉西陂恤刑聯云：「國典身爲主，民生職所司。」又志云：「門第次高大，公侯出在茲。」遊管平田園亭云：「四時分造化，百物遂生成。雲外看山出，花間聽鳥鳴。」聞蛩云：「清吟潛細草，低語近窗紗。客夢回千里，砧聲起萬家。」詠李斯云：「荀卿論性本來非，受業卒爲不善師。及至臨刑思狡兔，此心終是未忘機。」苻堅云：「水去魚存失所依。」讀徙戎云：「假使五胡終不亂，斯言畢竟是良謀。」山簡云：「海内升平一事無，人臣方可作歡娱。如何國步艱難日，酩酊直教左右扶。」周顗云：「王導全生更受恩，伯仁屈死反含冤。是非只可分明説，留却教奴取印看。」梁武云：「忘齊妖物是徐潘，豪傑如何著眼看。情欲滿懷猶未舍，須知他日挺身難。」魏武云：「廣布恩威久擅權，山陽付與子孫遷。平生自比周文德，五世方延四十年。」趙普云：「丞相高才迥異常，深知傳弟絕非良。如何後語殊前然，不畏秦王畏晉王。」其志可概見矣。

初共學日，約曰：「他日婚，生男女，當聯爲婚姻，以敦世好。」理然之。後二十六年，長男尚忠娶余次女如約，其交信如此。

正德初，有邢慮長者，招余教子於公署，理難之，謀諸松谿。松谿曰：「聞昔長安介庵李氏，爲馬端肅公所延；秦州小泉周氏從戎，爲其帥所延。俱是招也，辭而不就。小泉嘗曰：『役則往役，師則不可。』介庵言亦如之。而吾子可就之耶？」余從以應邢，邢不能屈。其爲人謀忠又如此耶？故三輔縉紳多與賡唱締交，稱良朋焉。

昆明郡君嘗謂其子曰：「爾父一生好學，德能潤身，才足輔世，以我故不及一試，稍不自怵，若爾知乎。」然昆明以君心爲心，無私好惡，善內相君，百爾攸爲，不耑而嚶，故其琴瑟之和愈常情。及昆明遊，松豁哀甚，哭詩曰：「好事無邊歸昨夢，佳緣有分待來生。檐前雨滴長流淚，樹梢風添永嘆聲。花徑香閨俱在眼，何時同坐復同行。」蓋自是入內視而多不如意，鬱鬱不樂，久之寢成疾焉。

一日因感而踦，□而語艱，手足不仁，療久，能舉動、語嘆、吟詠，未大痊也。時在會城居，理以堯夫春秋行樂詩招之，乃欣然移家還，蓋感疾二年餘矣。茲孟春二十有七日，值余誕辰前，期兒輩[二]速之共觴，連日盡歡。厥明書告，攜酒速賓就飲。及期，賓至，且□矣，乃輿及村西，而疾作，從者曰：「盍歸乎？」乃搖手使進。須臾，目瞑，輿心寒。告人急往，復之蘇，護送歸。余連日問疾，侍者白：「有領狀，然弗能視及言也。」閱三日而歿。始終厚余如此，痛可言耶？

所生男女凡十二人：長尚忠，娶余女，即幼約結婚踐言者。次尚德，聘刑部鄒郎中汝良女，未娶而殤。次保家、保全、保祐、保真，俱殤。次尚義，娶雲南曲靖軍民府經歷趙希悅女。次重喜，殤。女曰春蘭、曰淑女，並殤，俱昆明出。次尚智，室人朱氏出。次女曰閏女，室人唐氏出。孫男三：曰弘支、□祥、齊祥，尚義出。孫女三：曰孟春，殤；曰仲春，許適三原昝進士兒貞士如心男約，俱尚忠出；曰孟冬，尚義出。昆明先卒，葬莊東北新塋，事詳本志。

松豁生於成化十三年二月五日，卒於嘉靖十九年正月三十日，享年六十有四，卜是年四月十二日，開昆明右壙而合葬焉。理爰泣而銘，銘曰：

「温温松豁，明而能裁，方而能圓乎而。年未成□，約余結婚，卒踐其言乎而。與人恭遜無失，朋來源源乎而。胸有蘊蓄，即事寫傾，珠玉淵淵乎而。締交于余，有始有卒，豈以聯姻乎而。乃攜榼而壽餘，置座而還，而卒，斯其痛餘觸乎而。」

[二]「輩」，整理者誤爲「軍」，據碑文改。

賜進士出身中大夫光禄寺卿谿田居士眷生三原馬理撰並書

（李慧咸陽碑刻）

明誥封奉政大夫南京戶部郎中柳渠馬公墓誌銘

奉政馬公者，諱憲，字天章，別號柳渠。子書林之顯也，初封承德郎、南京刑部雲南清吏司主事，繼封奉政大夫、南京戶部廣西清吏司郎中，故鄉人稱曰奉政云。先世咸寧縣人，元末避亂，徙今居，遂爲高陵慶安鄉慶豐里康橋磑人矣。世行詳厥考朴翁志中。

朴翁諱文質，配張氏，生三子。繼配高氏，無出。三子者，長奉政，次桐柏尹宥，次寧，俱高陵之良也。朴翁始以配張簪珥微金貿易起家，至富有，三世百口，同爨無異心者，蓋有奉政嗣服故也。奉政幼隨朴翁賈于蜀之富順，從師問學，通經義，解真草書矣，乃幹蠱。朴翁性嚴厲難悅，奉政自幼隨侍至老，嘗能得其歡心，或有他怒，必從容和顏以解之，悅而後已。後朴翁踰耋壽終，奉政踴哭婁絕而復蘇，執喪殯葬以禮，不作佛事。

其事母氏亦然。正德丁丑冬，奉政出商，母病革，思見奉政，伏枕泣。時奉政在汴，忽心惕不寧，疑父母有患，即兼程返。七日至家，果母欲求訣。既見慰悅，囑以後事，三日瞑目。率其純孝如此。

友愛諸弟。仲氏宥學，服食必腆給之，恒自薄焉，故仲氏學成，獲貢於朝，仕爲桐柏知縣。與季寧居，和樂且孺，終其身。朴翁之處諸弟也，無私蓄，無私飲食。子孫皆教之學，學而無進者，始令農商。奉政一遵道弗違。

嘗誦朴翁言以誡諸家人曰：「凡人起家保身，有二字符焉，勤、儉是也。盍時省之？有弗孚者，懲之，甚則弗面以絕之，孚而後已。」故子弟執業雖異，而所立則同。鄉人治家者，以爲法焉。與人謀忠交信，未嘗有爭。見有窘急，及大事不能舉者，必拯濟之不懈。疾病則棲棲就而問之，其在旅中亦然。故遠邇皆宗之如朴翁。有事則就而謀之，多倚賴焉。

配齊氏，初敕封安人，後誥封宜人。能孝事舅姑，友諧妯娌，嚴訓子孫，以勤率諸内人，各執婦道，以相夫子。而奉政十九居外，其成一家百口肅雍之政，宜人内助之力實多焉。

生二男三女，男：長書林，次桂林，幼日皆令讀勸學文，誘之學。少進，則令叔氏宥誨之。既，乃令卒業于涇野呂子之門。書林由是登嘉靖乙酉鄉舉、乙丑〔二〕進士，授河南輝縣知縣，歷升南京刑部主事、戶部郎中、汝寧府知府。其入官也，每以清慎戒之，故所在有賢聲。桂林學亦駸駸鳴于時矣。奉政及宜人，敕誥辭俱著行實，兹不載。書林娶王氏，初敕封安人，後加封宜人。桂林娶李氏。三女者：孟適本縣蕭紀用，仲適本縣李朝選，季適涇陽承差王守仁，俱先卒。孫男三：琮、珩，書林出；瑤，桂林出。珩，殤。孫女五：一適涇陽吴佩，二適本邑吴三畏，早卒，書林出；餘幼。曾孫男二：辛生、卯生，琮出。辛生，殤。卜以嘉靖乙巳正月八日葬于所居村西朴翁新塋左昭之首位。

理，宗人，爰志其壙而銘。銘曰：

「嗟嗟奉政，克紹先翁。式穀爾嗣，享受榮封。康橋新宅，鬱鬱葱葱。爾後方茂，祉其有窮？」

賜進士出身中大夫南北光禄寺卿谿田馬理撰

（李慧咸陽碑刻）

兵部武選司郎中陶公滋墓誌銘

先生姓陶氏，諱滋，字時雨，山西絳州人。陝西參議諱銓公孫、南京兵部尚書少保恭介公諱琰子也。參議公及恭介公卒，絳人祠之學宮，先生蓋棺亦然，蓋三世爲鄉先生云。

〔二〕 據查，應爲嘉靖八年己丑科（一五二九）。

恭介公配麻夫人，生先生。七歲授書，十歲屬文。癸酉年三十，博且雅矣，登鄉舉。明年登進士，選行人司行人，屢承命册封藩王，禮儀不忒，四國是式。王有好賄，一介不取，凡厥所至，如上親臨，咸敬憚焉。會宸濠搆逆，陰結權貴，詐設淫樂，誘致萬乘，天下皆知其謀。獨武廟未知，必欲南巡，舟行有日矣。先生及朝臣危懼，急抗疏極諫，武廟震怒，械繫而廷笞之，幾死。時死者甚衆，巡幸由是止。無何亂作，乘輿無虞，諫之力也。其爲諫首，而生者悉左遷。

先生遷太學誠心堂學正之任，躬率諸生修德講學，廟列周宣。石鼓有毁爲白者，文多殘缺，歷代諸儒如韓愈、鄭樵皆病於誦述。先生獨考索精詳，爲石鼓正誤一書，幾完其文，讀者快焉。已賜還初職，尋陞司正錫命褒嘉。嘉靖癸未，陞刑部河南司郎中。有滯獄數十，先生淑問得情決之，囹圄頓空。尚書金公獻民稱賢，令掌奏牘總部事。有梁錦衣者，懷金五百求援重辟，及見先生，知不可，乃已。是秋轉兵部武選司郎中，革吏弊，塞倖門，一時武弁感激，生勇氣焉。

甲申大禮興，先生奏議不合，戒繫廷笞如前，仍謫戍榆林。先生奔命戎服，從事將帥，恒以方略咨焉。丙申蒙恩宥歸。戊戌秋疾，甫三日，卒。

（焦竑國朝獻徵録卷四十一）

明周處士銘墓誌

周處士銘，字克新，孟店鎮人也。師事先王父靖川先生，敦行禮義。父喪，使人問喪、祭二禮于師，守而行之。孟店之俗，由是而美焉。厥後師歿，喪之如考妣。每經墓所，必下所乘騾而捧之曰：「弟子銘，將適某所，幹某事，過此。」還，亦捧致辭而退。清明必墓祭之，蓋皆終身焉。今處士墓，木亦合抱爾矣，然尚無紀載，徒傳諸故老[一]之口。予懼夫久而泯也，故詠歌其事，命曰歌風之詩。詩曰：

「頭上金絲換玉絲，膝前兒女又生兒。出門早晚經師墓，猶把行藏跪致辭。」

孟店鎮法相禪院僧應櫟，好語人以善事，嘗礱石求[二]余書，化導明人善事。余爲語本鎮周處士事，應櫟贊嘆不已。吾徒澗里孫景陽，本鎮龍佐權度，咸贊余書之，以詔後學。余既詠歌處士事，其於是援筆而書之。時嘉靖庚寅九年秋七月廿有五日也。

賜進士中順大夫南京通政司右通政三原馬理書

（李慧咸陽碑刻）

明典膳劉仲及邸氏夫妻墓表

高陵有劉典膳者，諱錫，字廷器，號鄰渠，西吴里姚莨墓隅人也。其先乾州人，配邸氏。夫妻之卒也，鄉以四善稱。

仲少時貧瘦，以□制面羅爲生；妻則紡織于室。内外勤儉有蓄，遂商于三邊、兩淮間。裕矣，乃益戒其徒，旅敏事而節用焉。兩淮客有淫侈風，弗染也。妻復能心記内外諸事弗忘，夙夜酌量而蓄之用之。數年殖產，雄于西吴，金帛以萬計焉。

仲性孝，凡出商，必拜其妻，以親託之；入而省其□也，必拜而謝焉。兄弟之異炊也，約分養父母。仲妻獨不然，服食

[一]「老」，整理者誤爲「志」，據碑刻改。
[二]「求」，整理者誤爲「球」，據碑刻改。

皆預具，及時問所欲而進之，設几席而並之。故舅姑悅其養，不他之也。仲愛兄，過於其身。客南漳日，宿蝎蟄嶺。夜盜至，欲戕兄。仲操戈與戟，以身蔽兄。有賊魁二人來攻，接鋒，連斃于戈下。賊敗，遂遁去。兄徐曰：「廷器平日謙謙而已，乃武如是耶？微爾，吾喪吾元矣。」邸處仲姊妹，厚于同胞，娣姒猶姊妹，故垂老皆相依如初。仲好周三族之親。仲出，諸親有不給，邸濟之猶其在也。君子曰：「夫婦居室，一唱一隨，而後家道成矣，父母順焉，兄弟□焉，行義修焉。其典膳夫妻之謂與？」是之謂四善。

仲之有蓄也，遇恩例，輸粟爲秦府典膳散官。高祖諱允忠，生文禮。文禮生綱，綱生賢及讚。賢耆而有德，爲鄉飲正賓，配王氏，生鉉及仲。仲妻邸，生男一，進蘭娶吴氏，繼馬氏，再繼冉氏；二室張，生男二，進芝娶關氏，進芳娶吴氏，繼娶孫氏。邸生女二，長適邑南郭監生吴山，次適山族弟生員時。仲孫男四：訓、講、壘壘、卜壘；孫女三：巧巧、年年、小年。

仲生天順七年二月八日，卒於嘉靖四年正月二十五日。邸生成化四年正月十五日，卒於嘉靖二十年八月二十九日。嘉靖二十四年二月九日，葬于白渠高望支渠北新塋祖位云。

（董國柱高陵碑石）

侯季父墓表

侯季父臣，字良佐，郃陽之路井鎮人也。先世居河東，元末高祖仲禮，與兄仲良踰河避亂適令居。仲禮生守欽，守欽生福，福生清，清輸粟助邊爲義官，配白氏，生四子，曰珏、曰宰、曰相，四即季也。

正德間，季與兄相亦輸粟助邊爲義官。嘉靖初，有楊令者賢季，筵之爲鄉賓云。季少讀書，通大義，稍長能幹蠱嗣業，以事父母。父母有疾，季進而養，則易色焉，退而爲湯藥，則易色焉。其執喪也，毀而柴立者三年。禫既成矣，乃屏酒與肉，不御者二十有五年。君子曰：「季之孝，難矣哉？」其事諸兄，能恭順而孺樂，故諸兄于季亦無弗愛者。與鄉人遊，必先擇而後交。歲出貲若干，修合藥餌，以拯療諸病人而弗取其值，邑人多賴焉。

配梁氏，勤儉如季，親黨稱賢，先卒。生男子四，鳳來娶白氏，繼郭氏、季氏；鳳岐雷氏，鳳禎李氏，鳳閣趙氏。女子三，孟適朝邑田壘，仲適雷九霄，季適廩膳生員張衿。孫男，琮、璜、琚、瑍、瑬、珮凡六人。

季生於成化五年七月二日，至嘉靖七年八月二日，享年凡六十，以疾終。是年九月三日，鳳來兄弟合葬季及梁於此。是爲鎮之北西偏，厥祖塋之穆也，於是封且樹矣。

衿乃狀其行，走三原村居求表識焉。余詢諸鄉舉友秦令世昌，及秦生繼周，率謂衿言爲然，蓋皆郃陽人也。衿復朝暮見余不衰，既二十日矣。余於是嘆曰：「是豈徒甥舅者哉？」衿復言：「季素好讀老子書，及疾作，諸子籲禱於神祇，乃戒以無所事禱，言既而逝。」於戲，是果於老子書而有得耶？嘗觀季執親之喪，不御酒肉者十倍其期，豈老子家可相爲謀耶？衿亦深矣。倘聽用衿言，移所好於吾孔子，籍而玩之，又就夫有道而正焉。季乎，吾莫敢量矣。〔二〕

（李元春關中兩朝文鈔卷五）

壬辰仲春上洪堰有作

鬼鑿重山透，巖根引濁流。施工追禹跡，爲而慚民謳。海立龍難睡〔三〕，山搖虎怯遊。東看何所似，千里是瀛洲。

（李慧咸陽碑刻）

〔二〕清李元春於篇末題曰：「此篇谿田集中不載，録之以見，今刻遺者尚多，文末一段亦自是有道之言。」

〔三〕「睡」，整理者誤爲「眠」，據碑文改正。

詠胡山中麓

金人來甘泉，僧宇盈八埏。聃翁終南居，説經世共傳。
異端自如此，吾道何不爾。乾坤有名山，皆屬賢聖趾。
伏羲畫八卦，乃在三陽川。終古顯踪跡，雪後益昭然。
希夷著易圖，乃在蓮花峰。周邵兩傳派，至今爲儒宗。
登嘯蘇門顛，長入茅山眠。隱者固有託，况復中行賢。
東有君子儒，聞是謫仙族。愛卜名山居，結茅向中麓。
中麓岱宗支，左腳滄溟繞。百川灌扶桑，衣帶參差小。
更深見海日，良久雞初鳴。世人正酣睡，黑白幾分明。
諸峰青無雲，下界雷雨殷。徒步行狀異，陟降春秋分。
頹風下檐霤，海上乾坤浮。天昊驚鵬奮，鼇戴三山遊。
朝飯黄精嬉，夕飲玉泉娱。却失昌黎屬，身爲飢渴敺。
空谷鳴琴響，蘿磴絶輪輞。松岑豈寂寥，鶴馭時來往。
至此神清絶，空平鑑衡設。渥如顔生春，萬事從生滅。
少室心跡睽，終南徑亦邪。英雋遠人群，東山好樂奢。
心閑造物俱，坐對雲卷舒。舒即澤物周，卷即聲臭無。
人因麓爲名，麓託人益廡。莘野隆中岡，人與齊不腐。

（康熙章丘縣志卷十一）

送閿鄉郭鴻臚之繁昌

曾將封事扣天關，鐵券功臣心膽寒。今日牧民雖暫别，一天雨露促征鞍。

（順治閿鄉縣志卷五）

佚句

富貴或能極，勳名間可圖。眞純兼志道，邦有斯人無。

養素無他好，探微但著書。門前遵道客，應任雪埋除。

物集因人好，心恬錢不神。平生却自懌，道在未爲貧。

陝郡魚通渭，秦川雁屬雲。傳聲殊未斷，原只爲斯文。

君髮玄初變，余鬢霜漸明。百年倏爾至，願勿負平生。〔二〕

（嘉靖翼城縣志卷四）

〔二〕 馬理贈王松詩。志曰：「王松字安節，仵級里人。由歲貢任河南陝州學訓導，陞陝西宜君縣學教諭，終晉榮澤王府教授。忠信誠篤，安貧樂學，所著有易繫辭主意、洪範五行解、定性書解、通書箋解等篇。谿田馬先生稱其立言有見，寄詩以贈之。」

山鬼渾知心似鐵，岳神亦識囊無金。〔二〕

（乾隆東陽縣志卷二十二）

宗遷商域依芝叟，祖是伊川闡道人。〔三〕

（乾隆直隸商州志卷十二）

谿田先生嘗講學國泰庵，其留題云：「俛首三秦入兩眸，山明水秀帝王州。去來好舉如云錨，正是横渠波斷流。」又題庵中竹軒云：「隔窗一陣雨拳驕，打落桃花半赤絛。說與東風漫著力，新篁手種不堪搖。」此二詩亦不見集中，故録之。

（賀瑞麟三原縣新志卷八）

馬理字伯循，三原人。正德甲戌進士，吏部文選郎中，累官光禄卿。乃作五洪並壽，詩云：「湖南有一老，申申美姿容。釋褐司錢穀，清譽聞兒童。當途逢睽弧，遂步陶潛蹤。結茅五洪谷，一畊三紀窮。同心者誰子，中閴有孟江。時餂巖石下，相對如賓恭。積善生鳳雛，枚數及六雙。一鶵儀韶樂，帝悅録其庸。綸音九天下，湛恩及嫗翁。嫗年七旬六，翁躋九

〔二〕　馬理贈袁廷英詩。志曰：「袁廷英字光甫，性和夷，飲人如醇。以嘉靖乙酉舉人，任商州知州。居官清慎，致政日官橐蕭然。」

〔三〕　馬理贈程氏詩。志曰：「程氏始祖覺玉，其先河南洛陽人，伊川先生之裔。南渡時，徙家上蔡縣。明初，覺玉慕茹芝之風，占籍於商，號依芝翁。」

九豐。章服照春醞，並酌顏偕紅。膝前雛將鶵，舞列紛叢叢。相彼湖南域，煇煇草木穠。願言如日月，福履方疃朧。」

（廖道南楚紀卷五十四）

（嘉靖）四年十月，内臣道南赴部考滿，該吏部考功司郎中馬理注考語云：「多見多聞，藴出群之志；有學有行，負經世之才。」

（廖道南楚紀卷六十）

程霖，浮山吏員，嘉靖六年任。今按馬谿田送詩有「受檄翦荆棘，當道驅豺狼。提戈方在郛，四境武已揚」之句。

（賀瑞麟三原縣志卷五）

附录

附録一

關中四先生要語　谿田馬先生

(一)先生坐，諸子侍，乃教其斂容居敬。頃曰：「如此心中樂否？」曰：「然。」曰：「此邪念銷矣。」先生又曰：「必如此，方有進步。」

(二)存心如持權衡，常在定盤星上，稍錯，便不低則昂，把捉不定。

(三)因問門人曰：「顔子不違仁，曉得渠下手處否？」曰：「不知。」先生曰：「只爲此工夫便是。」

(四)先生言方寸中常要整齊，整齊便幹得事。人有周章者，只爲方寸不整齊故也。

(五)先生言：「程子曰：『人能放此一身，公共在天地萬物中一般看，有甚妨礙。』說甚有滋味，予嘗欲體之而未能也。」

(六)江浦張公瑄以尚書致仕，其長子衣裳藍縷，不能出門戶；番陽童公軒以太常卿致政，公服之外，別無褻服，貨莊田以給衣食，莊田又盡，以賣藥爲生，俱廉吏也。

(七)先生偶被人侵侮，不覺發怒，已而悔之，令良心誦王文正公喜怒不見故事一條數過，徐曰：「某學力端的全欠，而今而後敢不努力。」

(八)榮不足以驕，辱不足以剉，利不足以歆，害不足以怵，常不足以肆，變不足以驚，方見學力。

(九)敬非只是閉門叉手靜坐，要在隨事謹恪做去。若只閉門靜坐，即是禪學，有體無用。

（十）自反而縮，曾子之學得其要也；克己復禮，顔子之學得其要也。其視篤信聖人者，有本末、内外之間矣。

（十一）先生言：「毋輕人，禍之門；毋輕己，實自棄。」

（十二）人不可恃其有。恃其道德者，與無者均也，況恃其富貴者哉？

（十三）處事貴從容，切不可急迫。急迫中從容，不害事；從容中急迫，欲事之濟，難矣。

（十四）今人常將勢利在口頭，動説某人得某官却能使人畏，某人得某職有錢，説得口津津。

（十五）今之學者有體無用，只緣止讀得硬本子，不曾用身心工夫，故别無展拓，遇事便周章，莫措手處，反被刀筆吏笑。於戲，吾儒果真有體無用者哉？但不能用力於身心之學故耳，果能有用力於身心之學者，則天地可位，萬物可育，於天下國家何有乎？

（十六）治天下、國家易，治一己之私難。己治而不及於天下、國家者，有矣；己不治而能治天下、國家者，未之有也。

（十七）先生語門人曰：「凡富貴功名在外者，切不可入於方寸，在我者服膺而勿失，可也。」

（十八）或有言某人不可與處者，先生曰：「人皆有長，苟取其長，略其餘，則但見其可愛，不見其可憎。人無有不可與處者矣。」（固如此，然亦有不可處者。處之要在不失己。）

（十九）佩問：「求放心爲學問之要，如何？」曰：「心不可斯須放。且如讀書一事，稍放心，便記不得，收入腔子來却記得。讀書且然，況天下之事乎？」

（二十）悦問：「吾弗能已矣，是如何？」曰：「言不知遵道則已，知則如行者之赴家，不至於家不已也；如食者之求飽，不至於飽不已也。」

（二十一）悦問：「孔子嘗不忘於天下，觀其擊磬于衛，常夢周公，如有用我，吾爲東周，欲接楚狂，使子路告隱者，其用世之意如此。中庸言『遁世不見知而不悔，正吾夫子之事』，何謂也？」曰：「遁世不悔，此是聖人之體，其他欲用世處，都是聖人之用。惟其有體，故能有用，二者並行而不相悖者也。」又曰：「遁世不悔是不怨不尤，潛龍之德也。其他欲用世處，是欲爲見龍而未能也。有龍之德，然後可見，故夫子皇皇于用世，亦不爲過。若他人，便是學至於穀。」

（二十二）世禄問：「何如斯，可謂之好人？」先生曰：「學曾子之三省，體顔子之四勿，行有不得，當如孟子之三反，雖不及人，不爲憂矣。」（數語簡而盡。）

（二十三）昂問：「康誥曰：『如保赤子？』」曰：「如保赤子一節，通言孝弟慈，皆在於誠也。」

（馮從吾關中四先生要語卷二）

附録二

明史　儒林門　馬理

馬理，字伯循，三原人。同里尚書王恕家居講學著書，理從之遊，得其指授。楊一清督學政，見理與呂柟、康海文，大奇之，曰：「康生之文章，馬生、呂生之經學，皆天下士也。」登鄉薦，入國學，與柟及林慮馬卿、榆次寇天敘、安陽崔銑、張士隆、同縣秦偉，日切劘於學，名震都下。高麗使者慕之，録其文以去。連遭艱，不預試，安南使者至，問主事黄清，曰：「關中馬理先生安在？何不仕也？」其爲外裔所重如此。

正德九年舉進士，一清爲吏部尚書，即擢理稽勳主事。調文選，請告歸。起考功主事，偕郎中張衍瑞等諫南巡，詔跪闕門，予杖奪俸，未幾復告歸。教授生徒，從遊者衆。嘉靖初，起稽勳員外郎，與郎中余寛等伏闕爭大禮，下詔獄，再予杖奪俸，屢遷考功郎中。故戶部郎中莊襗者，正德時首導劉瑾覈天下庫藏，瑾敗落職。至是奏辨求復，當路者屬理，理力持不可，寢其事。五年，大計外吏，大學士賈詠、吏部尚書廖紀以私憾欲去廣東副使魏校、河南副使蕭鳴鳳、陝西副使唐龍。理力爭曰：「三人督學政名著天下，必欲去三人，請先去理。」乃止。明年，大計京官，黜張璁、桂萼黨吏部郎中彭澤，璁、萼竟取旨留之。理擢南京通政參議，請急去。居三年，起光禄卿，未幾告歸。閲十年，復起南京光禄卿，尋引年致仕。

三十四年，陝西地震，理與妻皆死。理學行純篤，居喪取古禮及司馬光書儀、朱熹家禮折衷用之，與呂柟並爲關中學者所宗。穆宗立，贈右副都御史。天啟初，追謚忠憲。

（明史卷二百八十二）

明儒学案　三原學案　光禄馬谿田先生理

馬理字伯循，號谿田，陜之三原人。爲孝廉時，遊太學，與呂涇野、崔後渠交相切劘，名震都下。高麗使人亦知慕之，録其文以歸。父母連喪，不與會試者兩科。安南貢使問禮部主事黄清曰：「關中馬理先生何尚未登仕籍？」其名重外夷如此。

登正德甲戌進士第。時以大學衍義爲問，先生對曰：「大學之書，乃堯舜禹湯文武之道也。傳有『克明峻德，湯之盤銘，堯舜帥天下以仁』之語，真氏所衍唐、漢、宋之事，非大學本旨也。真氏所衍，止於齊家，不知治國平天下皆本於慎獨工夫。宋儒所造，大率未精。」以此失問者之意，故欲填首甲而降之。授稽勳主事，改文選，與郎中不合，引疾告歸者三年。

戊寅，值武廟將南巡，與黄伯固等伏闕極諫，杖於廷。未幾送嫡母還鄉，乃設教於武安王祠。藩臬爲建嵯峨精舍以居生徒。嫡母喪畢，起員外郎，議大禮，復杖於廷。尋轉考功郎中。丙戌，例當考察外官，内閣冢宰各挾私忿，欲去廣東、河南、陜西三省提學。先生昌言曰：「魏校、蕭鳴鳳、唐龍，今有數人物，若欲去此三人，請先去理。」由是獲免。

丁亥，陞南通政。過河池驛，見其丞貌類黄伯固，問之，乃其弟叔開也。時伯固已死，先生泫然泣下，作詩贈之云：「六年復見先生面，爲過河池見叔開。」戊子，引疾歸。辛卯，起光禄卿。涖事未幾，又歸林下者十年。癸卯，復起南光禄，至即引年致仕，隱於商山書院。又十年而卒，嘉靖乙卯十二月也，年八十二。

先生師事王康僖，又得涇野、後渠以爲之友，墨守主敬窮理之傳。嘗謂：「見行可之仕，唯孔子可以當之，學聖人者當自量力。」故每出不一二年即歸，歸必十數年而後起，綽綽然於進退之間。後渠稱其「愛道甚於愛官」，真不虚也。

（黄宗羲明儒学案卷九）

關學編　谿田馬先生

先生名理，字伯循，號谿田，三原人。弘治戊午舉人，正德甲戌進士，皆高等。初授吏部稽勳司主事，尋調文選。甫一年，即謝病歸。戊寅，薦起考功。庚辰，又送母歸。嘉靖甲申，復薦起稽勳員外郎，尋遷稽勳考功郎中。丁亥，擢南京通政司右通政。戊子，又謝病歸。辛卯，復薦起光禄寺卿。甫一年，又謝病歸。歸十年，又薦起南京光禄寺卿，至即引年致仕。乙卯，年八十又二，其年十二月十一日夜，地大震，先生即以是夜卒，人皆慟之。

先生幼敏慧，醇雅如成人。年十四爲邑諸生，即稱説先王，則古昔，研究五經，指義多出人意表。弘治癸丑，先生年二十矣，會王端毅公致仕，康僖公以進士侍歸，講學弘道書院，先生即受講康僖公所，于是得習聞國朝典故與諸儒之學。先生一切體驗于身心，與同門友秦西澗偉作告文告先師，共爲反身循理之學，以曾子「三省」、顔子「四勿」爲約，進退容止，力追古道。康僖公深器異之，一時學者即以爲今之横渠也。

邃庵楊公督學關中，見先生與康德涵、呂仲木，大驚曰：「康之文辭，馬、呂之經學，皆天下士也！」是時，身未出里中而名已傳海内，動京師矣。既如京，益與海内諸名公講學，其意見最合者，則陳雲逵、呂仲木、崔仲鳧、何粹夫、羅整庵諸君子。于是學日純，名日起，所在學者多從之遊。督學漁石唐公爲建嵯峨精舍，漁石作記，稱先生「得關、洛真傳，爲當今碩儒」。四方學徒就講者日益衆，其教以主敬窮理爲主，士無問少長與及門不及門，無不聞風傾慕者。先生又特好古儀禮，時自習其節度，至冠、婚、喪、祭禮，則取司馬温公、朱文公與大明集禮折衷用之，處父喪與嫡、生母之喪，關中傳以爲訓。乃其難進易退之節，人尤以爲不可及，嘗曰：「身可絀，道不可絀；見行可之仕，惟孔子能之。下此者，須自揣分量可也。」仲鳧稱先生「愛道甚於愛官」，當世以爲確論。往安南貢使謂部郎黄清曰：「故聞馬先生名，願一見。今不在仕列，何也？」黄曰：「先生高志不欲官。」使人嘉嘆以去。朝鮮國王奏乞頒賜主事馬某文，使本國傳誦爲式，其名重外夷若此。

先生主事時，上書諫武宗巡遊者二，後伏闕諍益力，杖于廷。員外時，值議大禮，率百官伏闕進諫，世宗震怒，命開伏闕者姓名，百官以先生名爲首，逮繫詔獄，復杖于廷，尋復官郎中。時奏寢莊襌之奏，即執政言亦不從。考察力罷執政私人彭澤，廣東人。力主被劾。調用魏校、蕭鳴鳳爲正人，卒不改官，公論翕然，至今稱爲「真考功」。嘉靖丙戌，分校禮闈，所取皆海内名士，人尤服其藻鑑。

先生喜接人，又喜汲引後生。年七十，歸隱商山書院，名益重，來學者远近踵集，縉紳過訪與海内求詩文者無虚日。先生亹亹應之不倦，山巾野服，鶴髮童顔，飄然望之若仙，人以是益願侍先生談。諸得詩文者，又願得先生親書。先生不談佛老，不觀非聖書。初年介而毅，方大以直，至晚年則益恭而和，直諒而有容。其執禮如横渠，其論學歸準于程朱，然亦時與諸儒異同，蓋自有獨得之見云。所著四書注疏、周易贊義、尚書疏義、詩經删義、周禮注解、春秋修義、陜西通志與詩文集各若干卷。隆慶間，追贈副都御史，賜祭葬。

先生門人最盛，有河州何永達，字成章，自號拙庵。以歲貢爲清豐縣丞，尋棄去。讀書講學，老而彌篤，壽九十有四。著春秋井鑑、林泉偶得、聖訓補注，井鑑續編諸書。先生嘗寄以詩云：「楊柳灣頭撫七弦，故人零落似飛綿。河濱尚有鍾期在，青鳥音來動隔年。」其見重如此。

（馮從吾關學編卷四）

商州志　馬理

明馬理，字伯循，號谿田，三原人。少受講康僖公於弘道書院，成進士。官至光禄卿，名重朝野。朝鮮使至，購求其文。後至商，主敷教書院。山巾野服，執經問難，户外履滿。其學以程朱爲准，其教以主敬窮理爲要。居二年，親友請歸，商人士追而送之。

（乾隆直隸商州志卷十二）

三原縣新志　馬理

明馬理

馬理明史本傳：　字伯循，號谿田。同里王承裕作宏道書院講學，理從之。楊一清督學三秦，見理与呂柟、康海文，大奇之，曰：「康生之文章，馬生、呂生之經學，皆天下士也。」弘治十一年，以春秋魁鄉試。再試禮闈，未第。遊國學，與柟及林慮馬卿、榆次寇天敘、安陽崔銑、張士隆、同縣秦偉，交相切劘，文章德義，名震都下。

正德九年，舉進士。授吏部稽勳司主事，改文選，與郎中不合，引疾歸。居三年，起考功司主事，偕郎中張衍瑞等，諫南巡，被杖。未幾，復歸，授徒講業。嘉靖三年，復薦起稽勳員外郎，與郎中余寬等伏闕，爭大禮，下詔獄，再予杖奪俸。復職，屢遷考功郎中。故戶部郎中莊襗正德時首導劉瑾覈天下庫藏，瑾敗落職。至是奏辨求復，當路者屬理，理力持不可，寢其事。五年，大計外吏，大學士賈詠、吏部廖紀以私憾，欲去廣東副使魏校、河南副使蕭鳴鳳、陝西副使唐龍。理力爭曰：「三人督學，名著天下，必欲去三人，請先去理。」乃止。明年，大計京官，黜張璁、桂萼黨，吏部郎中彭澤，璁、萼竟取旨留之。遷理南京通政參議，復謝病。歸三年，復薦起光祿卿。未幾，告歸。閱十年，復起南京光祿卿。尋引年致仕。理自筮仕至謝政，無日不從事學問。其學以居敬窮理爲主，四方學徒轉相授受。縉紳士子，下逮田夫野叟，無不欣慕之，雖四裔亦知其名。安南使至，問吏部郎黃清，曰：「遠聞馬道學名，所願一見，今何不在仕列？」清曰：「馬公高尚，朝廷不薄馬公，馬公自高尚也。」高麗使至，亦問：「馬主事爲聖朝第一人，宜加厚遇，乞頒賜所爲文，使國人矜式。」其見重如此。

年八十三，嘉靖三十四年，關中地震，理與妻俱死。穆宗立贈右副都御史，賜祭葬。天啟初，追謚忠憲。馮從吾關學編：「先生好古儀禮，時自習其節度。至冠婚喪祭禮，則取司馬温公、朱文公與大明集禮折衷用之。處父喪與嫡生母之喪，關中傳以爲訓。乃其難進易退之節，人尤以爲不可及。嘗曰：『身可絀，道不可絀，見行可之仕，惟孔子能之。下此者，須自揣分量可也。』崔銑稱其『愛道甚於愛官』，當世以爲確論。先生不談佛老，不觀非聖書。初年介而毅，方大以直，至晚年則益恭而和直，諒而有容。其執禮如横渠，其論學歸準于程朱，然亦時與諸儒異同，蓋自有獨得之見云。」今按：所著有四書注疏、周易贊義、尚書疏義、詩經刪義、周禮注解、春秋修義、陝西通志，詩文集若干卷。

語録附：

先生坐，諸子侍，乃教其斂容居敬。頃曰：「如此心中樂否？」曰：「然。」曰：「此邪念銷矣。」先生又曰：「必如此，方有進步。」

存心如持權衡，常在定盤星上，稍錯，便不低則昂，把捉不定。

因問門人曰：「顔子不違仁，曉得渠下手處否？」曰：「不知。」先生曰：「只爲此工夫便是。」

先生言方寸中常要整齊，整齊便幹得事。人有周章者，只爲方寸不整齊故也。

先生言：「程子曰：『人能放此一身，公共在天地萬物中一般看，有甚妨礙。』説甚有滋味，予嘗欲體之而未能也。」

江浦張公瑄以尚書致仕，其長子衣裳藍縷〔二〕，不能出門戸；番陽童公軒以太常卿致政，公服之外，别無褻服，貨莊田以給衣食，莊田又盡，以賣藥爲生。俱廉吏也。

先生偶被人侵侮，不覺發怒，已而悔之，令良心誦王文正公喜怒不見故事一條數過，徐曰：「某學力端的全欠，而今而後敢不努力？」

榮不足以驕，辱不足以剉，利不足以歆，害不足以怵，常不足以肆，變不足以驚，方見學力。

〔二〕「藍縷」，依文意當爲「襤褸」。

敬非只是閉門叉手静坐，要在隨事謹恪做去。若只閉門静坐，即是禪學，有體無用。自反而縮，曾子之學得其要也；克己復禮，顔子之學得其要也。其視篤信聖人者，有本末、内外之間矣。

先生言：「毋輕人，禍之門；毋輕己，實自棄。」

人不可恃其有。恃其道德者，與無者均也，況恃其富貴者哉？

處事貴從容，切不可急迫。急迫中從容，不害事；從容中急迫，欲事之濟，難矣。

今人常將勢利在口頭，動説某人得某官却能使人畏，某人得某職有錢，説得口津津。

今之學者有體無用，只緣止讀得硬本子，不曾用身心工夫，故别無展拓，遇事便周章，莫措手處，反被刀筆吏笑。於戲，吾儒果真有體無用者哉？但不能用力於身心之學故耳。果能有用力於身心之學者，則天地可位，萬物可育，於天下國家何有乎？

治天下、國家易，治一己之私難。己治而不及於天下、國家者，有矣；己不治而能治天下、國家者，未之有也。

先生語門人曰：「凡富貴功名在外者，切不可入於方寸，在我者服膺而勿失，可也。」

或有言某人不可與處者，先生曰：「人皆有長，苟取其長，略其餘，則但見其可愛，不見其可憎。人無有不可與處者矣。」

佩問：「求放心爲學問之要，如何？」曰：「心不可斯須放。且如讀書一事，稍放心，便記不得，收入腔子來却記得。讀書且然，況天下之事乎？」

悦問：「吾弗能已矣，是如何？」曰：「言不知遵道則已，知則如行者之赴家，不至於家不已也；如食者之求飽，不至於飽不已也。」

悦問：「孔子嘗不忘於天下，觀其擊磬于衛，常夢周公，如有用我，吾爲東周，欲接楚狂，使子路告隱者，其用世之意如此。中庸言『遁世不見知而不悔，正吾夫子之事』，何謂也？」曰：「遁世不悔，此是聖人之體，其他欲用世處，都是聖人之用。惟其有體，故能有用，二者並行而不相悖者也。」又曰：「遁世不悔是不怨不尤，潛龍之德也。其他欲用世處，是欲爲見龍而未能也。有龍之德，然後可見，故夫子皇皇于用世，亦不爲過。若他人，便是學至於穀。」

世禄問：「何如斯，可謂之好人？」先生曰：「學曾子之三省，體顔子之四勿，行有不得，當如孟子之三反，雖不及人，不爲憂矣。」

昂問：「康誥曰：『如保赤子？』」曰：「『如保赤子』一節，通言孝弟慈，皆在於誠也。」

上羅整庵先生書附：

續得答人語、良知書二篇，先貴鄉學者，傳其師說如此，理嘗辭以闢之，不意尊意正如是也。夫良知者，即孩提之童良心所發，不慮而知者也，與夫隱微之獨知異矣。與夫格致之後知至，則又異矣。其師曰：「此知則彼知也。」又以中途有悟，如夢斯覺爲言，此真曹溪餘裔，其師如此，徒可知矣。乃又以其所見非程朱之學。夫程朱釋經之言，自今觀之，千百言中似亦有一二誤處，然語其體認宗旨之真，持守斯道之正，續孔孟既墜之緒，闢佛老似是之非，則千古不可泯滅，可遽輕議之哉？今乃往往是陸非朱，又復陰主僧說排吾儒焉。於戲！此亦欺人自欺已也。昔唐虞之時，深疾讒說，恐驚我師，故侯明撻記，書識工颺，若驅洪水猛獸，不敢緩也。及周末老莊氏出，讒慝又作，賴孔孟相繼明道，彼如螢火在晝，無能輝焉。自漢以來，又增佛教，孔孟不作，二氏遂熾。由是迄於宋世，唯讒慝是崇，雖人主、宰相，鮮有不宗師焉者，天下之災，視諸洪水猛獸，害人尤甚。幸而茂叔輩二三君子迭作，極力闡闢，吾道復明，至今三尺童子通句讀者，無不排斥二氏，知趨向焉。非斯人之功而誰功？嗚呼！辨苗莠而鋤之以粒食，後人良亦勞矣。今乃復拾鋤去之，莠播而種之以亂我苗，其亦不知唐虞之政，孔孟之教，斯人之功矣，夫其亦不知斯害之大矣。夫我夫子辭而闢之，良是良是，使微夫子言，愚聞之亦潛有說也，不盡不盡。〔二〕

〔二〕 見谿田文集卷四。

谿田先生諸書多失存，存者惟文集，語録尤罕見。今從馮少墟關中四先生要語鈔附如右，雖止二十餘條，亦可見先生學問之一端，學者所當熟讀而深玩之也。語録諸家志多不載，然鄧潛谷函史有之，陸稼書靈壽志有之。蓋有德之言，簡切明白，尤足爲學者修己治人之準，仿其例載之，知道君子亦或有取於此。

又按張志有曰：黄梨洲明儒學案：關中理學，長安馮從吾，渭南薛敬之，高陵吕柟，蘭州段堅，三原王恕、子承裕，及馬理七人。熊愚齋學統持論最嚴，止列吕、馬於附統，五人不與焉。

（賀瑞麟三原縣新志卷六中）

學統　馬理

馬理，字伯循，三原人。弘治十一年，以春秋魁爲鄉試，再試禮闈未第。遊太學，與吕柟、崔銑諸公交相切劘，文章德義，名震都下。正德九年，登進士，年四十一矣。授吏部稽勳主事，改文選，與郎中不合，引疾歸。居三年，復任。與黄鞏等諫南巡被杖。未幾復歸，授徒講業。嘉靖三年，復薦起，率同官伏闕爭大禮被杖。復職，歷員外郎考功郎中。時考察外官，内閣冢宰各挾私忿，欲去廣東提學魏校、河南提學蕭鳴鳳、陝西提學唐龍，理曰：「三人者有數人物，若欲去之，請先去理。」既考察京官，有附勢三人，輒首黜之，曰：「搏獸先虎，擒賊先王。」已遷南京通政使，復謝病歸。復薦起光禄寺卿，復謝病。二十年，復薦起南京光禄寺卿，亡何，引年致仕。

理居嘗言：「身可絀，道不可絀，行可則仕，惟孔子能之。下此惟當守經。」以故屢進屢退，自其筮仕以至謝政，無日不從事學問。其學一以窮理居敬爲主，四方學徒轉相授受，自縉紳、士子以至田夫野叟無不欣慕之。雖四彝亦聞其名。安南貢使至，問部郎黄清曰：「遠聞馬道學名，所願一見，今何不在仕列？」清曰：「馬公高尚，朝廷不薄馬公，馬公自高尚也。」高麗使至，亦問：「馬主事爲聖朝第一人，宜加厚遇。乞頒賜所爲文，使國人矜式。」其見重如此。年八十餘，嘉靖乙卯，關中地大震，與其妻同壓土窑中。隆慶三年，贈右副都御史，賜祭葬。

（熊賜履學統附統卷之四十二下）

關學宗傳　馬忠憲公　門人何楊任周四先生附

公諱理，字伯循，號谿田，三原人，靖川子。幼聰慧，年十四爲諸生說五經，指義多出人意表。弘治癸丑，年二十，適康僖公講學於弘道書院，公往受學，與同門友秦西澗偉共爲反身循理之學，以顏四曾三相約，康僖公深器重之。一時學者皆以爲横渠復出也。督學楊公邃庵語人曰：「康德涵之文辭，吕仲木、馬谿田之經學，皆天下士也。」

弘治戊午，舉於鄉，遊太學，與吕仲木、崔後渠輩交相切劘，名震京師。高麗使者慕之，録其文以歸。以父母喪，兩科不與會試。安南貢使問禮部主事黄清曰：「三原馬先生何尚未登仕籍乎？」其名重外夷如此。登正德甲戌進士第，授吏部稽勳司主事。尋調文選。不合，引疾告歸者三年。戊寅，值武廟將南巡，公與黄伯固等伏闕極諫，杖於廷。未幾，送嫡母還鄉，設教武安王祠，督學漁石唐公爲建嵯峨精舍，以居生徒。嫡母喪畢，起員外郎，議大禮，復杖於廷，尋轉考功郎中。丙戌，例當考察外官，内閣冢宰各挾私忿，欲去廣東、河南、陝西三省提學。公昌言曰：「魏校、蕭鳴鳳、唐龍今有數人物，若去此三人，請先去某。」由是獲免，至今稱爲「真考功」。既而校試禮闈，得人稱盛。丁亥，陞南通政。戊子，引疾歸。辛卯，起光禄卿。涖事未久，又歸林下者十年。癸卯，復起南光禄，至即引年致仕，歸隱商山書院。來學者遠近踵接，公亹亹應之不倦。山巾野服，鶴髮童顏，望而知爲神仙中人。公師事王康僖，又得涇野、後渠爲之友。墨守主敬窮理之傳，不談佛老，不觀非聖書。嘗謂：「見行可之仕，惟孔子可以當之。」學聖人者，自當量力。故每出不一二年即歸，歸必數十年而後起，綽綽然於進退之間。後渠稱其「愛道甚於愛官」，諒不誣也。

嘉靖乙卯十二月卒，年八十有二。所著四書注疏、周易贊義、尚書疏義、詩經删義、周禮注解、春秋修義、陝西通志，詩文集若干卷。隆慶間，追贈副都御史。天啟間，追謚忠憲。

公門人有何先生，諱永達，字成章，一號拙庵，河州人。以歲貢爲清豐縣丞，尋棄去讀書講學。老而彌篤，壽九十有四，著春秋井鑑、林泉偶得、聖訓補注、井鑑續編諸書行世。楊先生諱守信，字大寶，號對川，高陵人。遵父宗道，命遊於門。嘉靖壬子，舉於鄉，官滎河縣教諭，陞大寧縣知縣，有政聲。任先生，諱舜臣，字承華。正德辛未進士，選給事中，以忌出，知長洲縣。周先生，諱廷，字公所。發憤懋學，能變化氣質，中嘉靖戊子鄉試。長安生黄甲爲異端學來嵯峨精舍，忠憲命與先生居而化之。俱三原人。

（張驥關學宗傳卷十八）

附録三

谿田馬公墓誌銘

薛應旂

嘉靖三十四年乙卯冬十二月十三日亥時，關中谿田先生馬公卒。是時全陜地震，山城傾圮，覆屋折木，士民壓死者以數萬計。遠近震驚，謂斯文之丧，有關于氣運。雖人百其身，莫可贖也。

先是九月初，公有疾謝客。武進薛某適在陜，闌撤棘視師。鄜延過公里第，公强起延見，且輿疾送于郭門，設席拜别，屬爲身後之文。某謂：「余未去陜，公方壽考，何以有此？」固辭。公曰：「子遂忘吾寄浙之言乎？值明夷之象，爲火地之占，宜再玩之。」遂拜，某甚疑焉，詎謂不幾月而訃至，余亦罷官去矣。公之子光禄君希古服公治命，賫公門人趙富平所爲狀。徒步三百里，逆余于歸途，衰絰稽顙，伏地涕洟，必請銘公墓上之石。余憶曩昔與公論道白下，晨夕比鄰，唯公信余，遂爲忘年之交。二十年來，南北暌隔數千里，余數被譴謫，而公書問每至兹，不忍負公之託，亦不敢負公之知也。遂按狀書之。

公諱理字伯循，恬於仕進，唯欲明農，學者稱爲谿田先生。其先陜西富平孫姜里人也。元末有名仕禄者，徙三原之王村，洪武初再徙丁村，是爲三原始祖。仕禄生仲良，公曾祖也，配傅氏。仲良生貴，配張氏。貴生公之父江，配劉氏，貳李氏。曾祖至父，皆以公累贈光禄卿，配俱贈淑人。李實生公，贈亦如之。江隱居教授，行義著聞，人號爲雲巖先生，其詳具載高陵吕涇野先生所撰志中。然則公之賢，蓋有自哉！

公幼穎異，四歲能讀書作字，十歲能文，旋又能詩，十四補縣學生，受易于同學生雷鳴。後雷不第，公聞譽日起，執弟子禮唯謹，三原士人知尊師道實自公始。鄉先達王氏端毅、康僖二公，父子闡明禮樂，俱屬意于公，而公之明經博史，康僖則或未之逮也。時邃庵楊文襄公督學關西，每試公即稱爲天下士。於是涇野吕先生尚未及第，遂相結會。先是，關中士人多以文藝相高，動稱先秦、兩漢，其以理學相講明，而知紹張子厚之傳者，實自先輩始。

弘治戊午，公以春秋中鄉試第四，再試禮闈未第。益邃于學端毅公，著四書五經臆見集、歷代名臣奏議，皆公手正。山西李五至三原，以左道惑衆，公即聞于縣，逐之出境。

既遊太學，與涇野及安陽崔後渠諸公相交切劘，而文章德義，名震都下。高麗使人亦知慕之，録公文以歸。及撥歷清黄同事有陳情表者，傲物使酒，衆皆遠之，公獨與處踰月，其人禁酒改行，遂爲善士。孝廟上賓，公哭之慟，蓋已預知逆豎之萌，將兆正德初年之變矣。昔人謂范文正公自做秀才時，便志在天下國家，謂公其人非邪！乙丑冬，公生母卒，服闋踰年。爲正德庚午秋，又遭父喪，公先後哀毁，煢然骨立祥禫中，會檢三禮，編集成書唯是。戊辰、辛未皆不預會試。安南貢使至京，問禮部主事黄清曰：「關中馬理先生何尚未登仕籍？」清曰：「乃先生不仕進耳，非遴選之有失也。」其名重外國若是。

至甲戌科，公年四十一矣，復上春官。公卿以下，咸請識面。四方學者，至聚觀之。公初以春秋魁于鄉，至是乃以詩中會試第九，及殿試策問大學衍義，公對略曰：「大學之書，乃堯、舜、禹、湯、文、武之學也。傳有「克明峻德」，湯之盤銘，堯舜帥天下以仁」之語。真氏所衍漢、唐、宋之事，非大學本旨，伏願陛下惟以聖經爲學，以堯、舜、文、武爲法。」又云：「真氏所衍，止于齊家，不知治國，平天下皆本於慎獨工夫。德秀宋儒，其所造詣，大率未精。願陛下惟以聖賢爲學，勿泥真氏之見。」以公失發問之意，置於二甲第二。識者咸以公不預及第爲惜。公笑曰：「王曾及第，謂志不在温飽，而理之志則不在及第也。」君子愈重之。

是年秋，授吏部稽勳主事，尋調文選。一應銓注，陞遷郎中，或有所上下，公皆以義規之。一日，公疾，同僚代爲巡風，司偶火，公曰：「是安可以累僚友也？」遂扶疾赴部聽參，後竟釋之。維時，郎中與公議論不合，公即引疾上疏，告歸者三年。戊寅復任。值武廟將南巡，公與黄鞏諸同志伏闕極諫，雖受廷杖，駕亦遂止。未幾，送母劉太淑人還鄉。乃設教于武安王祠藩臬，諸君爲建嵯峨精舍，以居生徒。既劉卒，公哀慟，以謝諸生，諸生皆依依不忍散去。

初，公舉禮闈，實黄鞏所取。既公與黄同官，而公師事之，曲盡恩禮。及黄陞南大理寺丞，後以進表，至京病卧，朝房甚革。公亦適以領勘合至京，聞而亟往視之。黄張目曰：「汝至矣！」遂瞑而逝。公爲位而哭，經紀其喪，以歸。甲申，公復除以議禮，不合，廷杖，尋轉文選員外郎，陞考功郎中。

有莊襗者，在正德初附瑾，首開查盤，革職，至是奏辨求復。下吏部，看行公寢之諸要路，俱爲託公，公請病求歸。内閣遣人謂公曰：「所託事不行亦得，不必求歸也。」事竟寢。丙戌，例當考察外官。公博訪詳審，以定去留。時臨潁内閣、東光冢宰各挾私忿，嗾人論劾，欲去廣東、河南、陝西三省提學副使。公乃昌言曰：「魏校、蕭鳴鳳、唐龍即今有數人物，若欲去此三人，請先去理。」唐由是獲免，魏、蕭調用，上疏後公猶争之，不置。蕭補廣東，魏補河南，仍各爲提學。公之保全善類，以扶元氣，如此類者甚多。丁亥京察，公力去巨奸彭澤，澤雖夤緣入館，而心跡已昭，卒以取敗。是年，陞南通政。赴任，過河池，見驛丞，貌類黄鞏，問之，乃其弟也。公即泫然泣下，既乃作詩贈之，有「六年復見先生面，爲過河池遇叔開」之句。丞名肇，叔開其字也。或謂：「主司取人，自是其本分内事，公何德之深也？」公曰：「生我者父，成我者師。父之生子，亦是其本分内事，子當如何？」言者愧謝之。蓋公之厚于倫理類如此。在通政時，見本狀赴訴，有關于人倫風化者，公反覆諭之，訟者愧服，多弗克訟。戊子五月，引疾告歸。辛卯，陞光禄寺卿。赴公于家，故事凡解事百，需率先關節中官，否則留難，人甚苦之。及公至，釐革宿弊，德望所孚，雖中官亦無敢梗者，人稱便焉。尋疏致仕，不允。癸巳秋，上病疏，獲歸林下者十年。癸卯，復起公南光禄卿。仍以病辭，不允。赴任踰年，公七十一矣。引例陳情致仕，乃得賜歸。

歸即隱于商山書院，諸生問道者，遠近踵集。公山巾野服，鶴髮童顔，望而即之，固充然皆德容令色，亦飄然若仙風道氣。如是者十餘年，而公始告終，距其生，爲成化甲午正月二十七日，年蓋八十有二矣。謂爲存順歿寧者非邪？嗚呼，賢人君子，代不數人。公生國家全盛之時，鍾河華英靈之秀，所稟固已不凡，而一時聲氣相應者，又多理學之士。宜其直接横渠，以泝濂洛，爲世大儒也。公嘗謂：「見行可之仕，唯孔子可以爲之。學聖人者，當自量力。」故公每出不一、二年而即歸，歸必十數年而後起，綽綽然於進退之間。雖欲磨涅者，亦未如之何也。

公所著有四書注疏、周易贊義、書經疏義、詩經刪義、周禮注解、春秋修義、全陝通志、詩集、文集，凡若干卷。公娶姜氏，再娶張氏、劉氏，生子一曰希古。娶李氏，生服輿，公長孫也，以公廕授光禄寺署丞。希古封如其官，李封孺人。女二，一適涇陽張尚忠，一適邑人郝釁。孫男五，長即服輿，次曰服驂，曰服駱，曰服騊，曰服箱。孫女六，曾孫男四，曰驅，曰馳，曰騄，曰駣，曾孫女四，嫁娶皆士族。希古卜以某年月日，葬公于丁村塋雲巖翁之次。銘曰：「嗚呼谿翁，三秦豪傑，一代鉅公。文章道德，爲世所宗。其存也，中原式化，四夷嚮風；其亡也，上爲星辰，下爲河嶽，蓋將與天地相爲始終。四尺之封，千古之崇，嗚呼谿翁！」

附：復馬光禄　薛應旂

尊翁豈直關中豪傑，實天地間偉人也！墓石勒銘，豈宜委諸鄙人？憶翁存日，嘗以此見託，而余即以翁平日所言辭之矣。執事獨不聞之乎？翁平日嘗謂余曰：「吾關中人甚自知。李空同與何栢齋素厚，空同將死，命其子無請栢齋爲銘，曰：『栢齋一生清古，吾則涉於任俠，不當以人累文，縱栢齋曲筆，人亦不之信也。』王渼陂亦與吕涇野素厚，涇野既没，其子請渼陂爲銘，渼陂曰：『涇野一生高古，吾則放于聲色，不當以文累人。縱吾直書，人亦反疑之也。』」僕固硜硜，鄙人不敢少有恣肆，以此誤受尊翁知。然迂妄忤人，方且爲擯棄，將不文累尊翁乎？執事以尊翁之誤託，遂不遠百里，必欲得余文了事。而趙富平又爲執事致詳，余見執事之跋涉遠道，且感尊翁平生，知長别永訣，亦願一附名者，謹于關鄉逆旅。撰次以授來使，深愧蕪陋，且道途匆促，不能發揚盛美，尚乞轉致三石諸公删潤，庶或可以入石，不然置之可也。儀幣過厚，附使返璧，不允，赧甚赧甚。

（黄宗羲明文海卷四百四十九）

谿田馬光禄傳

李開先

谿田馬先生歿也，趙尹狀其行，楊司馬喬憲長爲之志，且表之矣，獨未有傳。生前每有書來，借書勉予以學業，兼有身後文之託，傳非予爲之而更可屬之誰？

昔予使徐將行，先生置酒作餞，以李愚谷相陪，李既有事於下糧廳，而先生方在官寺未迴，予則至其寓。雖主人不在，略啜茶啖果，留一謝簡。出門即爲同鄉于工部留飲。先生復遣人邀致，不可得。次日，問于夜來會何客，乃應以亦是餞予。先生悵然如失。走一吏追送至三忠祠，是後不復會談，惟有代候及坐憶而已。近爲涇野作傳，見者以爲太長，此則縮而短之，惟無遺其生平大節斯可矣。

先生馬姓，理其名，而伯循、谿田則其字與號也。陝西三原縣人。父江隱居教授，歿贈中大夫光禄寺卿，祖母、母、妻皆贈淑人。先生幼即敏慧馴雅，長而凝重端嚴，老而練達和易，望之如山嶽之聳觀，就之如春風之煦物。自開卷讀書，即輕舉子業，不屑爲，而勵志聖賢之學。從庠生雷鳴授易，每遇雷，拱立道傍，待其過而後行。士人知尊重師道，寔自先生始。會端毅公致仕，子康僖以進士侍養，有餘力，設教聚徒，先生即遊其門，得盡覽王氏家藏書。又因王氏父子得習聞朝家故典及儒先性理奧旨，不徒虚事口耳，真能體驗於身心。邃庵楊提學每試，奇其文，稱爲天下士。年二十五，以春秋魁鄉試。四十一，始以毛詩魁南宫。其孟義已選入古文中。對策大廷，力陳真德秀衍義之歧，坐此，不獲及第，猶不失爲二甲第二名，即以舉進士之。

甲戌年，授吏部稽勳司主事。尋調文選，謝病歸。薦起考功，送母歸。嘉靖甲申，復薦起，歷遷員外郎，考功郎中，南通政，又謝病歸。復薦起光禄寺卿，甫一年，即又謝病歸。歸十年，仍復薦起南光禄。無何，又以引年致仕歸。

五仕五已，在朝不數年，退處恒數十年，古稱難進易退，先生真其人哉！居嘗自念曰：「身可絀，道不可絀；行可之仕，惟孔子能之，下此者守經可也。」友有稱其「愛道重於愛官」，識者以爲確論。安南貢使至京，謂部郎黃清曰：「遠聞馬道學名，願一見之。今不在仕列，何也？」黃云：「志高尚，不欲官，朝廷非有所薄之也。」使者嘉嘆去。高麗使又嘗執奏狀馬主事爲聖朝第一人才，宜加厚遇，仍乞頒賜所爲文，使其國人作矜式。又「馬理文章景明詩」等語，亦傳聞外國。

在吏部兩上書，諫止武皇巡遊，廷杖幾死。嘉靖初服，率同官伏闕，諫大禮，亦杖於廷。上意諒其無它，竟不深罪，復其職。提學副使魏校、蕭鳴鳳、唐龍，執政惡而欲去之。先生昌言：「三者皆人傑也，如欲去之，請先去理。」以爲之倡。閹瑾奸黨有莊襗者，曾首開查盤，以禍天下。乃百計夤緣，欲復其官，先生執不肯從，復奏請事下本部看了來說。凡如此，旨意限在五日內，先生既不查行，亦不題覆，束閣月餘。廖冢宰曰：「此余故人。在南兵部日，嘗許之試，爲全其信，如何？」會楊內閣亦言之甚力，先生竟寢其事。考察京官，風裁愈厲。常云：「搏獸先搏虎，擒賊先擒王。」有附勢三人，首黜之，其餘不職者，亦鮮漏網，雖翰林清貴亦去數人。在通政司，本狀赴訴，有父訟子、妻訟夫者，以善言導諭之，遂感泣而罷。凡解送物料，率先閱節中貴，以致留難。先生悉與釐革，驗訖即收之，而侵漁乾没之患，由之獲免，此則在光禄時事也。

先生官不久任，又不當重任，其政蹟可考見者，雖止於此。然海內知治心之學，朝中有因心之治，其陰相默助亦已多矣。初居嵯峨精舍，晚隱商山書院，四方學徒從者日衆。每令久而有得者，轉相授受。初至者必先令靜坐許時，始與之言。蓋曰：「預養受教之地云。」其爲教既非信耳塗目，又非掩耳閉目，以窮理主敬爲本，讀書作文爲末。乃養身之菽粟，而療病之藥石也。隨材成就，有受而無拒。或縉紳過訪，則與之談時務。遇村叟田夫，則與之談稼穡。人以是益欣慕先生。願得日侍，或共夜坐。得詩文者，又願得先生親書。兩目不殊少年，燈下猶能作小楷字。其篆隸有漢意，雖西涯、左贊不是過也。書大扁尤善，遠近學士家無不有。

年雖八十有二，視履如四五十者，僉謂天將篤佑斯文，或如文彥博年九十，猶平章軍國重事，虜使加額稱嘆。乃乙卯季冬十二夜，地忽大震，死者數萬人，而秦晉河華之間爲尤甚。先生與其配同壓土窑中。先是嘗謂憲副薛應旂曰：「值明夷之象，爲火地之占，吾其不免矣。」先生素深於易，豈固知數不可逃耶？商巖餘板築，而渭水閑釣絲，不亦重可傷哉！

先生自成童以至垂老，無一日不爲學；自筮仕以至謝政，無一日不講學。座主之官尊也，人或敬之，先生事黄通參之死，有如孝子之於親。同年之存者，人或忘之，先生於吉編修之後，有如慈父之於子。或謂主司：「取人乃其分内事，何必德之深？同年一時偶相值，何必待之厚？」先生言：「生我者父，成我者師。父之生子，亦其分内事耳，一時同舟同館，猶自有情，況同年有兄弟之誼，世講之好耶？」自胡元微言之絶，先生與何栢齋、崔後渠、吕涇野力迴其瀾，可直繼濂洛關閩之緒。自晚宋文體之腐，先生與王渼陂、李崆峒、康對山首振其弊，天下始知有先秦、兩漢之文。素又特好古儀禮、周禮，時自步趨舞蹈，習其文而求其實，至喪祭禮則取司馬温公、朱文公與大明集禮等參用之。執父喪及劉嫡母、李生母之喪，關中傳以爲訓。

先生初娶姜氏，繼娶楊氏，俱贈淑人，再娶張、劉、崔、許四氏。子一名希古，希古以子服輿爲光禄署丞，封如其官。總之五孫男，四曾孫，一玄孫；二女，六孫女，三曾孫女。所著有四書注疏、周易贊義、尚書疏義、詩經刪義、周禮注解、春秋修義、陝西通志與詩文集各若干卷，皆得諸精思力踐之餘。先生學行重四海，遊從半三秦，述作傳百代，聲名播四夷，而慶澤可庇其十世子孫。生雖未得大用，殁豈復有遺恨哉！

（李開先閑居集卷九）

馬谿田先生墓碑

喬世甯

谿田先生與涇野吕先生並起弘治中，其執禮如横渠，其論學歸準於程朱，然亦時與諸儒異同其言，蓋各有見云。涇野仕至南禮部侍郎，先生南、北光禄卿，皆莫究其用。然皆以學行並稱大儒，當世推尊焉。嘉靖乙卯，先生八十又二，其年十二月十二日之夜，地大震，先生即以是夜卒矣。其慘戚安忍哉？嗟乎！天胡不佑不遺壽耇，世甯蓋重有斯文之嘆云。

先生姓馬氏，三原人，名理，字伯循，號谿田，海內稱谿田先生云。弘治戊午舉人，正德甲戌進士，皆高等。先生幼即敏慧，即醇雅如成人。稍長，即稱說先王，則古昔。弱冠時，業已究五經指義。會王端毅公致仕，康僖公以進士侍歸講學，先生即受講康僖公所。康僖公大器異之，於是得盡覽王氏家藏書，又以王氏父子得習聞國朝典故與諸儒之學。而先生一切體驗於身心，一時學者即以爲今之横渠也。會楊文襄公督學關中，見先生與康對山、呂涇野，大奇之，曰：「康之文辭，馬、呂之經學，皆天下士也。」是時，身未出里中，而聲稱傳海內、動京師矣。

既入京，乃益與海內諸名公講學。其意見最合者，則呂涇野、崔後渠、何柏齋、羅整庵。先生、呂、崔在太學，同舍者五年，何、羅則吏部時相與者。於是學日益純，詩文益典厚中道。盛傳縉紳中所在學者，多從之遊。漁石唐公爲建嵯峨精舍，四方學徒就講者益多至。令門人轉相授習，故士無問少長與及門不及門，無不聞風傾慕者。先生又特好古儀禮，時自習其節度。至冠婚喪祭禮，則取司馬温公、朱文公與大明集禮折衷用之。處父喪與嫡生母之喪，關中傳以爲訓。乃其難進易退之節，人尤以爲不可及云。

正德甲戌，授稽勳主事，尋調文選。甫一年，即謝病歸。戊寅，薦起考功。庚辰，又送母歸。嘉靖甲申，復薦起稽勳員外郎，尋遷稽勳考功郎中。丁亥，遷南通政。戊子，又謝病歸。辛卯，復薦起光禄寺卿。甫一年，即謝病歸。歸十年，又薦起南光禄，至即引年致仕歸。嘗曰：「身可絀，道不可絀。見行可之仕，惟孔子能之。下此者，須自揣分量可也。」後渠稱先生「愛道甚於愛官」，當世以爲確論云。

往安南貢使謂部郎黄清曰：「故聞馬先生名，願一見，今不在仕列，何也？」黄曰：「先生高志，不欲官。」使人嘉嘆以去，其名重外夷若此。先生主事時，上書諫武皇巡遊者二，後次伏闕諍益力。郎中時寢莊禘之奏，即執政者爲言亦不從。考察則力罷彭澤，又力主魏校、蕭鳴鳳爲正臣，卒不改官。時彭爲執政所庇，魏與蕭則被劾調用者，先生竟以公論持之，至今稱真考功云。先生仕不久，又不當大任，故政業概見者若斯。然皆正議直道，大者以足覘功業所至矣。

先生喜接人，又喜汲引後生。致仕後，名益重。縉紳過訪與海內求詩文者，先生日應酬不倦。與門生日講經義，縉紳至則究論時事，遇鄉人則談稼穡，隨事因問各有開益。人以是益願侍先生談。諸得詩文者，又願得先生親書。先生年八十，猶能燈下作細字，篆隸精超古法，自成一家，學士家無不珍重藏之。

所著四書注疏、周易贊義、尚書疏義、詩經刪義、周禮注解、春秋修義、陝西通志與詩文集各若干卷。通志刻省司，贊義刻大梁，餘稿其子希古者藏焉。希古以世甯撰先生墓碑，自世甯得侍先生，見先生不談佛老，不觀非聖人書。初年介而毅，方大以直，至晚年則益恭而和，直諒而有容。至其稽古論治，又質有文武之具矣。私以爲古之醇儒佐帝王者，乃今曷可得見也。

先生家世詳墓志中，不復著。著其學術所自，令後世知關中自横渠之後，蓋有先生與涇野先生云。先生官三品，故事得請恤典，故不敢私謚先生。

銘曰：「雍古陝區，聖哲肇茲。去聖云遠，學益多歧。詞豈不華，於道遠而。公與涇野，倡道明時。追維絶學，横渠是師。人有扣者，足慰渴飢。志在中行，名播遐夷。仕以殉道，行屹言危。道苟弗伸，輒疏以辭。許身則清，莫究厥施。身退道亨，作世蓍龜。國有老成，元化攸毗。乙卯降割，地坼其維。哲人萎矣，云胡不悲。實慟承學，匪哭予私。名山有書，與日星垂。賢軌聖塗，茲實啟之。清河北曲，有冢纍纍。玄室既扃，繫牲有碑。鐫詞誄德，世萬有知。」

（喬世甯丘隅集卷十四）

附録四

贈中大夫光禄寺卿馬公墓表

韓邦奇

公諱貴，字尚賓，以字行，號靖川，姓馬氏，三原丁村人也。正統癸亥，公没。弘治甲子，冢宰端毅王公表其墓。嘉靖癸巳，以孫谿田子貴推恩贈官。皇帝若曰：「處士貴，光禄卿理之祖父也。篤孝友于家庭，化良善於里黨。優游不仕，人稱靖節之風；授受有徒，世仰河汾之化。其贈中大夫光禄寺卿。」理者，谿田子也。谿田子思所以昭皇恩、光先德也。故再表其墓，以文命予。

曾祖仕禄服田求志，祖彦真膂力絶人，能舉牛馬，逾垣度險，徙居王村。元亂避兵淳化山中，卒全其家。洪武四年，天下大定，乃返王村，村人盡死於兵，廬室盡毁，乃徙丁村云。祖妣徐孺人，太原同知眭嚴先生女也。父仲良，仁讓謹飭，口不言人過失，與人交久而敬之，處鄉里犯而不校。嘗有野鴿群集所居廬，若忘機者。將卒，出未命一編，皆篤厚親故鄰里之説，子孫至今珍存云。妣傅孺人生公。予讀馬氏家史而知谿田子所以大也。夫湍不急則淵不深，畜不極則發不輝光。馬氏自仕禄以來，論篤可欲，代為善人，及公則日新充實，益弘世德，使當時置之廊廟之間，加之烝民之上，其施為建立，豈不道光富有哉？乃竟抑而莫伸，隱没巖穴，乃今谿田子興焉。急而淵，畜而發，孰謂非公所不盡哉？請詳論公世而表其墓。

公幼而靈俊，徐孺人教之學，乃日夜誦讀太原遺書，即能曉識大意。家貧弗能時具紙筆，常以荻畫地學書。及長，友同邑杜知府棠、張教諭顯、石處士彦華、高處士銘，切磋講輔，考尋載籍，上稽天文，下測地理，中極人事。然未有指歸也。一日，徐孺人語之曰：「吾聞之爾太原外府君，道在中庸，不必旁求也。」公悟，遂專意中庸。

師處士敏深于中庸者也，又相與研極中庸之理。公南居丁村，處士北居巷村，間有石橋，每相過講，有遺論送，各期於橋則止。一夕自巷村歸，論難不已，不覺其曙也。忽見行人過，始別去，鄉人因曰「分襟橋」。久之，於六籍兩間無弗見中庸，而日以自學，舉以教人者，皆中庸也。吉士解栖霞嘗就問退而嘆服，贈公詩有「公生質類顏淵」之句，一時學子大夫皆尊信之。公于中庸，蓋手舞足蹈矣。永樂中，詔舉隱遺，有司以公應詔，不就。

公能用周易、六壬、皇極諸書，占事知來，皆奇驗。事親孝，父病，藥不即功，乃割股肉和羹以進，疾遂愈。時杜知府、師處士皆親喪廬墓，人稱三孝子云。

公生於洪武二十七年甲戌，卒於正統八年癸亥。年五十，預知卒期，語門人曰：「某日日入時大風，吾歸矣。」果如期卒。葬于丁村之幞頭田，杜知府所相地也。門弟子服心喪，歲時拜掃其墓。涇陽周銘者過其墓，必拜告所，如還反面。

公所著有語録一卷，周易雜占一卷，中庸講義一卷。配張淑人。古有恒言，探數原者鬼忌，泄天機者神嫉。由漢以來，京、翼、李、郭之流，皆能察兆知先，洞照今古，禎祥妖孽，毛髮莫逃，然卒不能自有其身。嚴君平、邵堯夫，蓋能將之以德，則鬼神之道自我出矣。如公者，方且慶延嗣世，綿綿無窮，豈特身安而德尊也哉？御史大夫何栢齋謂當與君平、堯夫同傳，信矣。予又謂中庸之旨，原誠明于天道，致精一于人心，其極至於位天地、育萬物。公能升其堂而窺其大焉，雖與程朱之徒同傳亦可也。益見谿田子之興，源流深長矣。

（韓邦奇苑洛集卷七）

雲巖先生耆德官馬公墓誌銘

呂柟

正德五年庚午八月二十九日，雲巖先生耆德官三原馬公卒。公諱江，字文淵，一字鉅源，初號雲巖居士，中歲號浩然子，晚號竹園老人。縣尹屢宿鄉飲正賓。正德元年，應詔授耆德官，距生洪熙元年乙巳五月一日，閱春秋八十有六矣。正德七年壬申三月壬申日，其子舉人理。理字伯循，中弘治戊午科春秋經元。選兆于丁村之東，遷公之二室李氏合葬焉。迺作狀請銘，理之友高陵吕柟執狀而嘆曰：嗚呼！雲巖先生得君子之道有九焉，其細者勿論也。

曾祖毅齋，力舉牲武，肇家丁村。馬氏之先富平縣孫姜里人，有號醇齋，名彦真，字孝誠，力能舉持大武。當元末辟難，徙居三原之王村。洪武四年，又徙丁村，今綺野莊，故遂爲三原人。配徐氏，乃生抑庵。厥祖抑庵，割田拯貧，德來野鴿。抑庵諱仲良，字惟真，性仁厚。里人李自遠歸，失業焉，仲無産，皆割田畀之。買蒲田矣，憐其貧也，焚券以還。時有野鴿千百，常巢于檐，馴且狎，不驚去。配傅氏。父曰靖川，博學篤孝，齊名師、杜，不就辟舉。靖川諱貴，字尚賓，博通經史及小、大禮記、中庸，人號曰思爛中庸，尤邃易及邵堯夫之學。雲南知府邑人杜裳，涇陽人師敏庸，常刲股和羹以事親，率别于中途橋上，里人遂名其橋曰「友善」，人稱三孝子焉。其與師孝子談講中庸講義，門人追述分襟。永樂間，有司舉賢良方正，不起，著先生與録。配張氏，有靖川集。公繩厥武，隱居讀書，不殞家聲。上事靖川，鉅細中禮，有所承受，罔弗誦習。既其没也，言稱行稱，老而不替。馬氏之緒，爰滋有光，可謂得子道矣。

躬煮稻粥，以養湧病，伯氏湧異處且老，歲饑當病，公爲稻粥，親執匙箸以進。臥起扶持之，湧病不藥而愈。可謂得弟道矣。

渭遺子女，予有室家；仲氏渭遠忘返，遺子女，子聯之。河既早卒，老而猶念；河，季弟也，少聰慧。收鞠馬營，爰有居處；營從弟，遠之子也，自歸無家。可謂得兄道矣。

舉先人草莖學書，及已然薪誦讀，以誨璠、理、珊、琇。理蚤聞道，未有爵秩，著名四海。公室劉氏，生男璠，女昭。二室李氏，生男理、珊、琇，女御。璠妻袁氏，理妻，繼娶楊氏，珊娶李氏，琇學且成，殤矣。理生男希古，一女淑潔，昭適王鐃，御適袁珣。公嘗誨諸子曰：「昔元亂，人莫敢學。先君時以草莖畫地學書，先生母懼禍，輒没其迹，先君學不衰也，卒成名儒。予少時亦嘗燃薪讀書，爾曹宜嗣先光。」又嘗謂理曰：「勤儉，起家之本，以富天下可也；忠信，修身之本，以化天下可也。」又曰：「正以居官，民斯可得而治矣。廉以立身，心可得而正矣。」故理自少聞道，文行重于朝野。可謂得父道矣。

教學不倦，興之以詩，肆之以禮，博之以群史，約之以小學、大學、論語、孝經，先後弟子數以千計，邦伯州牧亦出其門，公初授徒唐衛公里中，後于學古書院，最後于竹園故邑。人有父祖子孫從之遊者。可謂得師道矣。

糾合耆俊，共舉鄉約，剖決里訟，人無後言，丁村之俗，婉若膠庠。公修抑庵之約，會鄉之耆俊談經肆禮，令舍長月斂白銀儲之，以贊婚喪之難舉者。他如呂氏約，又善解爭，故丁村人尚詩禮。可謂得處鄉之道矣。

數化盜賊，艾爲良民。公嘗晚至王村，圃獲盜薪者，西里人也，又嘗獲盜蔬者，南里人也。乃予薪蔬，戒而縱之，終身不泄，後二盜俱自艾爲良民。又夜被酒自天齊原歸，遇群盜譟而前，公從容曰：「徒行之人何厚財，戰鬬之事無鼠寡。丈夫相遇，文武惟命，焉用譟爲？」盜却立，公不睨而往。可謂得禦暴客之道矣。

貫穿百家，受命如響。賦詩豪敏，每驚座客，凡所注釋，多關日用。公居家，凡冠婚喪祭者求其節，慶弔頌禱行處，譜牒卷册求其言，祠廟齋堂額扁求其書。有事于大衍、洪範、素問、靈樞、權和、仲景、郭□、呂才、京房、關朗諸家學者求其要，權度之難明者求其數，事有齟齬傾危者求其謀，其語辭章肆意爲之尤佳。鄉友王本性雪月延客，限韻賦詩，以酒行一周爲節，遲節者罰，公詩輒先成，雖索諸變體，亦不難。他日，王端毅公飲客設酒籌，籌刻古樂府目約目操，籌而能誦者酌鄰，否酌讓爵，能和之者酌，通席飲慶爵，公數酌鄰而飲慶爵。其捷類如此。著有遵述録，雲巖閑閑稿，浩然于竹園。近草通鑑節略，小學、論語直說各若干卷。可謂得遊藝之道矣。

年既耆耋，童顏兒齒，步履登降，未嘗憑杖。屬纊之刻，猶能前知。公狀廣額豐下，軀幹碩膚，修頤既老，顏如渥丹，人疑有神仙術，乃自爲詩曰：「人言寡欲精神爽，自覺高年面色妍。」病且革，曰：「今夕亥分雨，吾始去矣。」至亥，果雨而卒，尋霽焉，人皆神之，弔客自邑宰以下哭。可謂得養身之道矣。

故得子之道則不孝者勸，得弟之道則不恭者勸，得兄之道則不友者勸，得父之道則不慈者勸，得師之道則不善教者勸，得處鄉之道則不睦者勸，得禦暴客之道則不武者勸，得遊藝之道則粗鄙不文與玩心無益者勸，得養身之道則徇欲以喪生者勸，是故不可泯焉而弗銘也。銘曰：「雲巖先生壽且德，歿而葬之嵯峨側。」

（呂柟續刻呂涇野先生文集卷六）

馬母李氏墓誌銘

呂柟

馬母姓李氏，雲巖先生三原馬公之次室，吾友伯循理之母。理蚤著文行，應弘治十一年省春秋第一舉人。十五年，柟卒業太學，同舍居四年。

十八年冬十一月，同歸省。行邯鄲而馬母訃至，伯循驚怖僵冷，移時而蘇。已行，泣語柟於彰德路曰：「吾母未逮事吾王父母，每當忌辰，哭之哀。其相母君劉奠祭，必齋戒。恥世俗婦女，不時相問遺，不饁不出閫，不有故不至外家閫。身能勤儉，當病不廢紡績。其有羨貲，藏以待乏。成化末年，歲大兇，人相食，母出所藏以給日用，予家得以全，田疇室宇且拓於其舊。吾父嗜詩禮，賓朋生徒訪而至者，日不絕踵，母每儲不時之需以當其意。其慈吾輩，恐其讀書不一也，服飲必親之。侍膝下，則諭以嘉言嘉行而誘之學。吾父爲鄉大賓，深衣冠皆其手製，其他帷殺袗著冠、襟巾、襪履倍常履。」因指所著布履曰：「此履也，將十年矣而未綻裂。性嚴重，見諸婦多言笑者必斥之，諸婦莫敢不懾。嗚呼！理不能狀矣！歸將修葬事，子爲母志之。」柟飲泣而諾曰：「此皆柟之宿聞而以訓其內者也！」

至淇，柟以事留淇旬餘，稿落淇邸。至家，伯循貧不克葬，有俟於二麥之登，乃又狀曰：「母垂没，舅氏乘間乞一纚布。曰：『女娣平日不私假與，舅氏所知也。今豈以病且死而忽移其心哉！』舅氏嘆息而去。没之日，學語之穉行坐啼失聲，吾父及母君哭之病。」柟撫牀理前稿而嘆曰：「姆氏之學廢久矣。若馬母也，苟非天資之美，則必有所學之也。伯循自謂粗知禮義，固父師之教，亦母之力。然柟與伯循交最厚，其賢信乎自於此也。」

誕於正統十四年己巳夏五月四日，卒於弘治十八年冬十月十有八日，享年五十八。子男三：理、珊、琇。女一：御。理娶姜，生男希古、希一，女淑潔。珊娶李。琇未娶。御適袁氏。嫡長男璠，娶袁氏，生女淑靜。嫡長女昭，適王氏。皆字之厚。

欲筮正德元年六月十二日，葬於先塋之次。銘曰：

嵯峨之堂，清谷之陽，友人馬伯循有居曰綺野莊。西北行一二里，葬其母。其德當於斯山而高，斯水而長！

（呂柟涇野先生文集卷二十二）

郝列女

賀瑞麟

馬氏，郝峨南妻，忠憲理女也。夫亡撫孤。博通女史、内則、史鑑諸書，有近體詩百餘首。其自嘆云：「寒暑推移物變遷，光陰倏忽換流年。難停烏兔東西轉，久識葵茹歲月緣。對鏡窺形袛自嘆，蒼顔皓首有誰憐。解來駒隙看今昔，都作黄粱夢裏天。」憂子遠行云：「歲逢戊子大春寒，作客真憐行路難。暮雨愁添重渡水，曉風欲過萬盤山。塞南塞北心無限，春去春來夢已殘。傳道邊庭烽火急，好尋歸計理征鞍。」

（賀瑞麟三原縣新志卷六下）

附録五

周易贊義七卷　浙江范懋柱家天一閣藏本

明馬理撰。理字伯循，三原人。正德甲戌進士，官至南京光禄寺卿。事蹟具明史儒林傳。其書雖參用鄭玄、王弼及程、朱二家之説，然大旨主於義理，多引人事以明之。朱睦㮮序稱此書發凡舉例，闡微摘隱，博求諸儒異同，得十餘萬言。原書十有七卷，其門人涇陽龐俊繕録藏於家，河南左參政莆田鄭絅爲付梓。今本僅存七卷，繫辭上傳以下皆佚。案朱彝尊經義考已注曰闕，則其來久矣。

（四庫全書總目卷七）

谿田文集十一卷補遺一卷　兩江總督採進本

明馬理撰。理有周易贊義，已著録。是集凡文六卷，詩五卷。補遺一卷，則有文無詩。理少從王恕遊，務爲篤實之學，故所詁諸經，亦多所闡發。惟其文喜摹尚書，似夏侯湛昆弟誥之體。遺詞宅句，塗飾雕刻，其爲贋古，視李夢陽又甚焉。明史儒林傳載，楊一清督學關中，見理及吕柟、康海文，大奇之，曰：「康生之文章，馬生、吕生之經術，皆天下士也。」則一清雖賞識之，已不以文章許理與柟矣。史又稱理名震都下，高麗使者慕之，録其文以去，蓋亦以其人重之耳。

（四庫全書總目卷一七六）

附録六

藏書跋[一]

朱彝尊[二]跋

周易贊義七卷　明嘉靖刊本　朱竹垞藏本　谿田馬理著

前有嘉靖三十五年朱睦㮮序，谿田先生自卿寺謝歸，雅志著述，謂易爲六籍之原，發凡舉例，博求諸儒同異，得十萬餘言，釐十有七卷。南泉公，名俊，涇陽進士；葵山公，名絅，莆田進士，二公以經術飾吏事，蓋有合於是編者，特爲表章云。又有鄭絅序及理自序。理字伯循，三原人，正德甲戌進士，官南京光禄卿，明史有傳，是書先爲門人龎俊繕藏，繼爲鄭絅付梓，所序稱十七卷而此僅七卷，所闕者止繫辭下及序卦、說卦、雜卦等傳，不應尚有十卷，或刻時歸併者歟？竹垞著經義考即據是本，未可以殘缺少之耳！

〔一〕南京圖書館館藏周易贊義本前有清代藏書家朱彝尊和丁丙所題書跋，對於周易贊義的版本等問題提出了重要的學術觀點，茲附録於此。

〔二〕朱彝尊（一六二九—一七〇九），字錫鬯，號竹垞，浙江秀水人，爲清初著名藏書家之一。

丁丙〔一〕跋

四庫提要存目周易贊義七卷

浙江范懋柱〔二〕家天一閣藏本

明馬理撰。理字伯循，三原人。正德甲戌進士，官至南京光禄寺卿，事蹟具明史儒林傳。其書雖參用鄭玄、王弼及程、朱二家之説，然大旨主於義理，多引人事以明之，朱睦㮮序稱此書發凡舉例，闡微擿隱，博求諸儒異同，得十餘萬言，原書十有七卷。其門人涇陽龐俊繕録，藏於家，河南左參政莆田鄭絅爲付梓。今本僅存七卷，繫辭上傳以下皆佚。案朱彝尊經義考已注曰闕，則其來久矣。

謹案浙江採集遺書總録，題周易贊義六卷，繫辭上傳一卷，以下闕。刊本與此相合，此即竹垞著經義考所閲本，豈鄭絅本未刊竣耶？不然，何范、朱所藏同屬刊本，闕卷何又適相符耶？兹所闕僅繫辭下及序卦、説卦、雜卦等傳，不應尚有十卷，與原序十七卷亦不合，或刻時歸併歟？然未可以殘闕少之耳。

光緒三年七月十二日循俗迎祖鐙下檢記

八千卷樓主人

〔一〕丁丙（一八三二—一八九九），字松生，號松存，浙江錢塘人，别署八千卷樓主人，與兄丁申並爲清末著名藏書家。

〔二〕范懋柱（一七二一—一七八〇），字漢衡，號拙吾，浙江鄞縣人，清代藏書家，乾隆朝修撰四庫全書時，范懋柱進獻天一閣藏書數百種。

圖書在版編目(CIP)數據

馬理集/［明］馬理著．許寧，朱曉紅點校、整理．—西安：西北大學出版社，2014. 10

（關學文庫/劉學智，方光華主編）

ISBN 978-7-5604-3517-6

Ⅰ．①馬…　Ⅱ．①馬…②許…③朱…　Ⅲ．①馬理（1474～1556）—理學—文集　Ⅳ．①B248. 99－53

中國版本圖書館 CIP 數據核字(2014)第 242128 號

出品人　徐　曄　馬　來

篆　刻　路毓賢

出版統籌　張　萍　何惠昂

馬理集　［明］馬理 著　許寧 朱曉紅 點校整理

審定專家　郝潤華　　責任編輯　黄偉敏　張紅麗

裝幀設計　澤　海　　版式統籌　劉　爭

出版發行　西北大學出版社

地　址　西安市太白北路 229 號　　郵　編　710069

網　址　http://nwupress. nwu. edu. cn　　E－mail　xdpress@ nwu. edu. cn

電　話　029-88303593　88302590

經　銷　全國新華書店

印　裝　陝西博文印務有限責任公司

開　本　720 毫米×1020 毫米　1/16

印　張　43. 5

字　數　673 千字

版　次　2015 年 1 月第 1 版　2015 年 1 月第 1 次印刷

書　號　ISBN 978-7-5604-3517-6

定　價　155. 00 圓